역사 앞에서 우리는 어린아이 일 뿐이다.
　　　　　　　—저자(著者) 제기(題記)

지은이 : 손가홍(孫家紅)

1978년 11월 길림(吉林) 사평(四平)에서 출생했다. 경제학학사(강서재경대학[江西財經大學], 2001), 역사학석사(북경대학, 2004), 법학박사(북경대학, 2008). 2008~2011년, 북경대학 경제대학[經濟學院]에서 이론경제학(理論經濟學) 박사후연구(博士後研究)에 종사하였다. 현재 중국사회과학원(中國社會科學院) 법학연구소(法學研究所)에 재직하고 있다. 국가급(國家級)·성급[省部級]의 다수 과제에도 참여·주관하였다.

간행물에는 『청대의 사형감후(淸代的死刑監候)』(사회과학문헌출판사[社會科學文獻出版社], 2007)·『경세제민으로 가는 길-북경대학 경제학과 발전사(通往經世濟民之路-北京大學經濟學科發展史)』(북경대학출판사[北京大學出版社], 2012)라는 전저(專著) 두 권과 『100년 법학-북경대학 법과대학 원사(百年法學-北京大學法學院院史)』(북경대학출판사, 2004)라는 공저(共著) 한 권이 있다. 『번산정서(樊山政書)』·『명청송사비본8종휘간(明淸訟師秘本八種彙刊)』·『맹삼정논문집간(孟森政論文集刊)』·『맹삼정법저역집간(孟森政法著譯輯刊)』 등 총 천만 자(字)를 상회하는 학술자료를 정리·출판하였다. 『중외법학(中外法學)』·『법제사연구(法制史研究)』·『비교법제사(比較法制史)』·『중국사연구(中國史研究)』·『사회과학논단(社會科學論壇)』 등 국내외의 전문적인 간행물에 학술논문 수십 편을 발표했다.

옮긴이 : 전영섭

부산대 사학과를 졸업하고, 동 대학원에서 석사학위·문학박사 학위를 취득했다. 현재 부산대학교 등에서 강의하고 있으며, 당·송·원 시기 동아시아 법률교류사를 연구하고 있다

주요 연구로는 『중국중세 신분제 연구』, 『고려시대 율령의 복원과 정리』(공저), 『중국형법사연구』(공역), 「위서 형벌지 역주」, 「수서 형법지 역주」, 「당 전기 외래인의 생활과 율령(상·하)」, 「고려시대 신분제에 대한 재검토」, 「당송원·고려의 율전(律典)에 구현된 모반죄(謀反罪)의 구성요건과 형벌체계」 등이 있다.

중국사회과학원 혁신공정 출판지원 프로그램(中社科院新工程出版助目)
이 책은 중국사회과학원 혁신공정 출판기금으로 출판되었다(本出版得中社科院新工程出版助)
Published with financial support of the Innovation Program of the Chinese Academy of Social Sciences

'자손의 교령위반[子孫違犯教令]'에 관한 역사적 고찰

초 판 인 쇄 일   2018년 12월 7일
초 판 발 행 일   2018년 12월 10일

지 은 이   손가홍(孫家紅)
옮 긴 이   전영섭
발 행 인   김선경
책 임 편 집   김소라
발 행 처   서경문화사
            주소 : 서울시 종로구 이화장길 70-14(동숭동) 204호
            전화 : 743-8203, 8205 / 팩스 : 743-8210
            메일 : sk8203@chol.com
등 록 번 호   제1994-000041호
ISBN   978-89-6062-212-8   93360

경북대학교 아시아연구소(CASKNU)
아시아총서 제6집

'자손의 교령위반[子孫違犯教令]'에 관한 역사적 고찰

-미시법사학적(微視法史學的) 시도-

손가홍(孫家紅) 지음
전영섭 옮김

서경문화사

한국 경북대학교 임대희 교수의 따뜻한 배려와 전영섭 선생의 심혈을 기울인 번역·교정을 거쳐 이 책이 마침내 한국의 독자들과 만나게 되었고 또한 공식적으로 여러 학자(學者)들의 비평까지 받게 될 것을 참으로 영광스럽게 생각합니다.

한중(韓中) 양국은 사상·문화적으로 동질적인 콘텐츠를 적지 않게 공유하고 있기 때문에 우리는 서로를 소중히 생각하고 또 존중할 가치도 있습니다. 현대화·세계화라는 시대적 상황에서, 양국은 특히 학술사상 분야에서 더욱 깊이 교류할 필요가 있습니다. 이 책이 여러 독자들에게 영감(靈感)을 줄 수 있기를 바라마지 않습니다.

이 책은 '중국사회과학원 혁신공정 학술출판기금(中國社會科學院創新工程學術出版資助)'으로 출판되었습니다. 이 책의 출판에 도움을 주신 모든 분들에게 삼가 경의(敬意)를 표하는 바입니다.

손가홍(孫家紅)

출국하는 비행기 안에서 잠깐 보았던 어느 신문에서 치우(蚩尤)를 주인공으로 하는 소설이 연재되고 있는 것을 읽었다. 중국에서 알려진 최초의 전쟁은 신농(神農)이 부수(斧燧)를 토벌한 전쟁이며, 그 뒤에는 황제(黃帝)와 치우(蚩尤)의 탁록(涿鹿) 싸움이 잘 알려져 있다. 약 4~5천 년 전, 산서(山西) 서남부의 황제족(黃帝族)과 염제족(炎帝族)이 융합한 후 황하 양쪽 계곡을 따라 오늘날 화북(華北) 대평원의 서부지대로 뻗어나갔다. 그에 비해서, 하북·산동·안휘 지역의 접경지역에서 흥성하였던 치우(蚩尤)의 구려(九黎)족들은 동쪽에서 서쪽으로 발전하여 나갔다. 이 두 세력이 맞닥뜨리게 된 것이 바로 탁록(涿鹿)이라는 곳으로서 이곳에서 이들은 오랜 전쟁을 치렀다. 탁록(涿鹿)의 싸움은 여러 가지 이야깃거리를 남기고 있지만, 마침내 이 전쟁에서 승리한 부락 연맹의 수령인 황제(黃帝)는 화하(華夏)족의 공동 조상이 되었다. 탁록(涿鹿)이라는 곳은 당시에는 매우 중요한 전략적인 위치에 놓여 있었던 것이다.

그런데, 이 전쟁과 비슷한 내용이 인도에서는 오릿사(Orissa) 전쟁이라는 것이 있다. 기원전 3세기에 마우리아 왕국의 아쇼카 왕이 가링가 왕국을 정복하는 과정에서 오릿사에서 매우 격렬하고 참혹한 전쟁을 치르게 되었다. 그후에 이곳에서 불교의 수행승(修行僧)을 만나게 되어 불교에 귀의하게 되었다고 한다. 그리고 기원전 2세기에는 쟈이나교의 수행자들이 이 서쪽 지역에서 고행(苦行)을 시작했다고 한다. 지금도 이곳에는 사찰들이 매우 많으며, 인도 국기(國旗)에 들어있는 바퀴둘레도 이곳에 있는 사찰에서 비롯된 것이다. 이 지역은 마치 한국의 오대산 자락의 물이 홍천강(洪川江)에 모이는 지형을 가지고 있으며, 홍천에서 바다에 맞닿아 있는 것과 유사하다고 볼 수 있다. 그리고 오릿사 주의 변두리 산악 지역에 철광(鐵鑛)과 석탄(石炭)이 무진장 매장되어 있으며, 아직 개발되지 않았다고 보면 된다.

위에서 언급한 두 곳 모두, 지금은 옛 전쟁의 모습을 찾아보기 힘들고, 각기 현지에서는 포근한 바람결이 자연스럽게 불어오는 따사한 곳이다. 그런데 여기서 장황하게 옛 전쟁터의 이야기를 하는 것은 우리가 외국에 제대로 잘 진출하기 위해서는 전략적인 접근이 필요하다는 점을 이야기하고 싶었기 때문이다. 위의 오릿사(Orissa)지역에는 POSCO가 포항제철 규모의 제철소를 짓기 위해서 지금 몇 년 동안 여러 가지 절차를 진행 중이다. 인도 내의 규정이 있기에 서둘러서 될 일도 아니다. 현지 사정에 걸맞게 추진할 수 밖에 없을 것이고, 이를 위해서는 현지의 정서를 파악해야만 한다. 현지 주민의 감성은 한국 사람과는 전혀 다르다는 것도 이해해야 한다. 물론 그 가운데에는 오로지 보상비를 높이기 위해서 무지한 주변사람들을 동원해서 사업 자체에 항거하게 만드는 악덕인도 있을 것이다. 이러한 복잡한 환경 속에서 현지의 부정확한 언론 보도에만 너무 민감해서도 안 될 것이고, 또 한편으로는 의사소통의 방법이 전혀 없이 너무 무시해서도 안 될 것이다.

지금, 한국 경제를 활성화시킬 수 있는 가장 좋은 방법은 각국과 좋은 조건의 FTA를 체결하여, 한국에서 생산된 물품들을 좋은 조건으로 세계 각국으로 파는 것이다. 이 방법은 국내의 실업률 문제도 해결하면서도 우리의 삶의 질도 보장받을 수 있는 길이다. 그러나 다른 나라들이 이렇게 우리에게 유리한 방식을 그대로 바라보고만 있을 리는 없다. 그렇다면 우리는 어느 정도의 어려움을 감수하면서 외국으로 진출해 나갈 수밖에 없다. 그러려면 우리가 진출하기에 적합한 외국을 제대로 잘 선정하여야 할 것이고, 또한 그렇게 선정된 외국에 대해서 심도 깊게 파악하여야 할 것이다. 또한 진출방식에 있어서는 개별적인 진출보다는 선단형(船團型)의 진출이 바람직하다는 이야기도 덧붙여두고 싶다.

이제 우리가 외국에 진출할만한 남아있는 분야는 한정되어 있을 것이다. 어느 한 분야의 개별 기업이 진출하는 것은 결코 바람직하지 않다. 장소 선정에서도 그러하다. 이제 남아있는 시장은 대상 지역의 특수성 때문에 우리 쪽에서 기업이 진출하는 것이 유리할 경우에 나가야 할 수 밖에 없겠다. 적어도, 아직은 외국기업이 많이 들어가 있지 않지만, 적어도 항구라는 좋은 조건을 갖추고 있는 곳으로 들어가야 할 것이다. 가령, 인도의 오릿사 주(州)의 바로 남쪽에 있는 Andhra Pradesh 주(州) Vishakhapatnam 시(市)는 인구 300

만 도시인데, 천혜(天惠)의 항구를 가지고 있는 곳으로 유명하다. 이곳에서 한국 기업에 여러 가지 좋은 조건을 제시한다면, 우리들이 그곳으로 진출할 수 있는 여지가 있는데, 어느 하나의 기업이 진출해서는 안 될 것이다. 대단위 기업이 들어가면서, 그 부품공장들도 같이 들어가고, 그 하부의 부품공장도 또한 들어가게 되어서, 심지어는 그곳에 한국음식점마저도 들어갈 수 있도록 되어야 한다.

본 연구소는 아시아 각 지역에 대한 연구를 촉진하고자 설립되었는데, 그 가운데에서도 중국과 인도에 중점을 두고 있다. 중국에 관한 연구는 최근 40 여 년 동안 많은 진전을 이룩했지만, 중국·일본 및 서구 각국 등의 다른 나라에 비해서는 아직도 다루어지지 않고 있는 분야도 꽤 남아 있다. 특히 학문적인 융합이 필요한 부문에서는 이를 수용해 줄 수 있는 대학 내의 학과가 제대로 없다보니 전공하는 교수가 제대로 갖추어지기가 쉽지 않아서, 전공자가 거의 없는 편이다. 가령, 전통 중국법은 그 당시 시대에는 지금과는 다른 법체계 속에서 살았던 것이므로, 우리들의 법문화 전통을 이해하는 데에 필수적인 분야이지만, 법학에서도 소홀히 취급되고 역사학에서도 힘들일 수 있는 형편이 되지 못 하는 형편이다.

그리고 인도에 관련해서는 문학·철학·종교·미술 및 요가 등의 분야에서는 이미 세계적인 수준의 성과를 이룩하고 있다고 자랑할 만하다. 그러나 현실적으로 중소기업들이 경제적으로 인도에 진출하려 할 때에 기초적인 이해를 위한 학문적인 뒷받침이 모자란다는 지적을 받게 된다. 인도에 대해서 사회적·경제적으로 체계적인 정리가 필요하다. 이들 각 분야에 관련된 내용에 대해서는 활용할만한 자료가 부족하다. 마치, 두상(頭像)은 잘 만들었는데, 신체 전체의 모습을 다듬어내지 못하는 조각상과 같다고나 할까.

앞으로, 본 연구소에서는 상업성이 좀 떨어지더라도, 각 지역을 이해하기 위해서 꼭 출판되어야 할 도서를 선정하여 세상에 햇빛을 보게 하고 싶다. 각 분야를 골고루 다루어주면서도 전체적으로 커다란 윤곽을 그릴 수 있도록 기획하고 싶다. 그리하여, 우선은 앞으로 10년동안 아시아 지역과 관련한 도서를 50권정도 만들어내고 싶다. 이러한 책들이 바탕이 되어서, 우리들이 해당 지역을 이해하는 데에 자그마한 징검다리 역할을 할 수 있었으면 좋겠다.

한편으로는 학술적인 접근을 시도하면서도, 다른 한편으로는 우리 학계가 성장하는 데에 뒷받침이 되고 있는 이 사회에 보답하는 방편이 되었으면 좋겠다. 적어도 우리의 다음 세대가 이 세계에서 풍요롭고 희망차게 살아가는데, 서로가 도울 수 있는 방안이 그 가운데에 배어있기를 기대하는 바이다.

지금 한국의 몇몇 주요 기업 산하의 연구소에서는 풍부한 자금력과 훌륭한 인력을 바탕으로 하여 상당한 해외지역에 대한 정보력을 갖추고 있는 경우가 많다. 그러면서도 그들이 갖고 있는 훌륭한 정보력이 사회에 스며들지는 않고 있다. 이것은 그들 기업 연구소들의 애초 설립 목적이 사회 전체를 대상으로 하고 있지는 않기 때문에, 이점에 대해서 안타깝게 생각할 필요는 없을 것이다. 이러한 점에서 대학 부설 연구소는 한편에서는 그 자체가 가지는 전문 연구과제도 수행하면서, 다른 한편으로는 해외에 관련된 이해를 사회에 환원시키려는 노력도 겸할 수 있다. 어쩌면 사회에서 필요로 하는 내용을 서비스하는 차원일 것이다. 바로 이러한 점에서 대학 부설 연구소가 건실하게 육성되어야 할 필요가 있는 것이다. 본 연구소에서는 이러한 사회적인 수요를 충분히 살펴가면서, 국가사회에 이바지하고 싶다. 앞으로 본 연구소가 추진하는 아시아총서가 사회 각지에 좋은 기여를 할 수 있도록 최선을 다하고자 한다.

2009년
인도 오릿사에서
경북대학교 아시아연구소
소장 임대희(任大熙)

하편
‘자손의 교령위반[子孫違犯敎令]’: 입법과 사법의 연계(連繫)

제3장 입법(立法) 확장
　　　－명(明)·청률(淸律)을 중심으로 …………………………… 176

제4장 사법(司法)의 경계
　　　－청대의 안례(案例) 자료를 중심으로 …………………… 256

서론(緒論)

동풍이 꿈을 불어
장안으로 보내주다[東風吹夢到長安][1]

1

만청(晚淸) 이후 거대한 중국은 어렵게 사회변화의 역사과정을 개시했다. 100여 년의 역사를 통해 우리는 이러한 사회변화의 내용이 왕조와 정권의 흥쇠(興衰) · 교체(交替)를 의미할 뿐 아니라 정치 · 경제 · 법률 · 문화 등 다방면의 모든 변화도 포괄하였음을 보았다. 즉, 기물(器物)시스템(system) 방면도 새롭게 개조(改造)되어야 하였고, 정신문화 방면도 심도(深度) 있게 개량(改良)되어야 하였으며, 중화민족의 '자아[本我]'도 견지(堅持)되어야 하였고, 또 세계 민족의 '집단[大我]'에도 융합(融合)되어야 하였다. 따라서 이러한 일들은 복잡다단(複雜多端) · 규모웅대(規模雄大) · 사려주밀(思慮周密)한 하나의 체계적인 대공정(大工程)이었다. 동시에 이 100년 동안에 이미 수많은 지사인인(志士仁人)[2]

---

1) 〈옮긴이주〉 "동풍이 꿈을 불어 장안으로 보내주다[東風吹夢到長安]"는 이백(李白, 701 ~762)의 「강하에서 남릉현령 위빙에게 주다[江夏贈韋南陵冰]」라는 시(詩)의 한 구절(句節)이다.

2) 〈옮긴이주〉 '지사인인(志士仁人)'이라는 용어는 『논어주소(論語注疏)』(『십삼경주소(十三經注疏) 하(下)』, 절강고적출판사[浙江古籍出版社], 1998) 권15, 「위령공(衛靈公) 제15」에서 "공자가 말하기를 '뜻있는 선비와 어진 사람은 (자기) 삶을 구하려고 인을 해침이 없고, (자기) 몸을 죽여서 인을 이룸이 있다'라고 하였다[子曰 志士仁人 無求生以害仁 有殺身以成仁]"(2517쪽)라고 한 문장에 보인다. 이후 유교문화권에서는 대체로 지사(志

이 혼신(渾身)의 힘을 다하고 각고(刻苦)의 노력을 하는 등 국가·민족의 아름다운 비전(vision)을 위하여 청춘(靑春)과 열정(熱情)을 바쳤던 것을 목격하였고 또 인정도 해야 한다.

우리의 선배들 및 그들이 바친 노력에 십분 경의(敬意)를 표하면서, 현재 진행 중인 이 사회변화와 관련된 시대적 특징으로서 주의해야 할 것은 적어도 두 가지 점이다.

첫째, 사회변화의 목표는 매우 큰 불확정성(不確定性)이 상존(尙存)하고, 또 사전설정(事前設定)이 매우 어렵다는 것이다. 비록 100여 년에 걸친 중국사회의 변화 과정에서 유수(有數)의 무한한 정치학설·이론모형 또는 제도전범(制度典範)이 중국인 앞에 제시되었지만, 현재까지도 중국의 사회변화는 시종 완성되지 않았기 때문에 어떤 선택 가능한 이론도 복잡한 중국의 현실 속에 전혀 적절히 융합되지 못했다는 것이 오히려 숨길 수 없는 사실이다. 역사적으로 보면, 중국은 선진(先秦) 시기 이래 적어도 세 차례의 대규모적인 사회변화를 겪었다. 제1차는 춘추전국 시기(기원전 770~221)이고, 제2차는 위진남북조 시기(220~589)이며, 제3차는 바로 만청(晩淸)에서 시작되어 현재 경험하고 있는 사회변화이다. 이 세 차례의 대규모적인 사회변화에 대하여 어떻게 정의(正義)를 내리고 성격을 규정하든 대략 시간적으로 계산하면, 앞선 두 차례의 사회변화는 짧게는 3,4백년, 길게는 5,6백년이었지만, 이번의 사회변화는 겨우 100여 년이 경과되었을 뿐이고, 이전에 비해 시기도 짧고 극히 많은 문제도 여전히 해결을 기다리고 있기 때문에 중국의 사회변화가 현재 아직 종결되지 않은 것도 엄연(奄然)한 사실이다. 동시에 우리도 포함하여, 만청(晩淸) 이래 오늘에 이르기까지 모든 세대(世代)는 이번 사회변화의 경험자[經歷者]·증인(證人) 또는 참여자일 뿐이고 종결자(終結者)가 아닌 것도 분명하다. 이 과정에서 미래 중국의 아름다운 몽상(夢想: 꿈)이 옷을 짜듯이 하나하나 편직(編織)될 것이지만, 억(億) 단위로 계산되는 중국인은 끊임없이 몽상 −현실[夢醒]− 재몽상(再夢想) 사이를 배회할 것이다. 당연히 그 속에서 간혹 몽상이 실현되는 기쁨을 맛볼 수도 있지만, 때로는 불가피하게 몽상이 파멸되는 고통 내지

士)와 인인(仁人)의 살신성인(殺身成仁)을 군자(君子)의 절개(節介)로 여기고 있다. 본 역서(譯書)에서 인용한 모든 경전(經典)은 『십삼경주소 상·하』(절강고적출판사, 1998)에 의거하며, 표기는 『십삼경주소 상』·『십삼경주소 하』로 약기(略記)한다.

몽상 속에 빠져서 스스로 헤어나지 못할 수도 있다. 그러나 꿈이 있는 것이 없는 것보다 좋다. 꿈이 있다는 것은 우리의 영혼이 참담한 현실에 오롯이 굴복하지 않았다는 것을 말해주기 때문이다. 우리는 지금의 사회변화의 결과에 대하여 명확하게 알 수 없다고 해도 유위(有爲)와 무위(無爲) 사이에서 알게 모르게 미래를 향해 살아갈 것이다.

둘째, 이번 제3차 사회변화의 동력(動力)은 주로 내생적(內生的)인 것이 아니라 외부의 거대한 압력 속에서 촉성(促成)되었다는 것이다. 이러한 상황은 설명할 필요 없이 자명(自明)하다. 비록 교과서에서는 일관되게 1840년 이후의 역사를 중국 근현대사(近現代史)라고 칭(稱)하고 있지만, 1840년 이후 반세기의 시간 속에서 노쇠한 대제국(大帝國)은 시종(始終) 제도(制度)에 대한 성찰이 부족하였고, 비록 열강과의 교전 중에 거듭 패배하여 주권과 영토를 상실하였더라도 원래 인정하고 싶지 않았던 노쇠한 제국체제(帝國體制)는 이미 "천고(千古)에 없던 비상 국면[變局]"에 적응할 방법이 없었다. 큰 타격을 받은 후에야 겨우 실패를 반성하고 '궁변통구(窮變通久)'3)라는 성철(聖哲)의 유훈(遺訓)을 회상하여 제도·방침·방법의 경장[改弦更張]4) 등 "변법(變法)은 변도(變道)가 아니

---

3) 〈옮긴이주〉 '궁변통구(窮變通久)'는 『주역정의(周易正義)』(『십삼경주소 상』) 권8, 「계사하(繫辭下)」에서 "궁하면 변하고 변하면 통하며 통하면 오래간다[窮則變 變則通 通則久]"(86쪽)고 하는 말을 줄인 것이다. 이 말은 『주역』이 가진 변화철학의 핵심사상으로 알려져 있다.

4) 〈옮긴이주〉 '개현경장(改弦更張)'은 원래 "거문고의 줄을 바꾸어 매다"라는 뜻이지만, 이후 "제도·방침·방법 등을 바꾸다"라는 의미로 사용되었다. 줄여서 '경장(更張)'이라고도 한다. 이 용어는 『한서(漢書)』 권56, 「동중서전(董仲舒傳)」에 수록된 내용 중에서 동중서가 한무제(漢武帝)에게 올린 대책(對策)에 보인다. 본전(本傳)에 의하면, 무제(武帝)는 즉위하자 현량(賢良)과 문학(文學)의 선비를 천거(薦擧) 받았는데, 그 수가 전후 100명이었다. 이 때 동중서도 현량의 자격으로 천자(天子)의 책문에 대하여 논하였다[對策]. 그 책문(策文)에 있는 관련문장을 옮기면 다음과 같다. "지금 한(漢)나라는 진(秦)나라의 뒤를 계승하여 썩은 나무나 썩은 흙으로 친 담장[朽木糞牆: 『논어주소』(『십삼경주소 하』) 권5, 「공야장(公冶章)」 제5, 2474쪽]과 같아서, 잘 다스리고자 하여도 어찌할 도리가 없습니다. …… 삼가 이를 비유하면, 거문고가 낡아서 소리 조절이 안 되고, 심한 경우에 반드시 줄을 풀어서 새롭게 매어야만 소리를 낼 수 있는 것과 같습니다[竊譬之琴瑟不調 甚者必解而更張之 乃可鼓也]. 이와 마찬가지로 정치를 하여도 행해지지 않고, 심한 경우에 반드시 법을 바꾸고 개혁해야만 다스릴 수 있습니다. 마땅히 새롭게 줄을 매어야 하는데 매지 않는다면[更張而不更張], 아무리 좋은

다"고 하는 한정된 개혁을 기도(企圖)하였지만, 이미 산산이 부서진 민족의 자긍심만 겨우 세웠을 뿐이었다. 그러나 냉혹한 현실 앞에서 옛날의 자긍심은 하루아침에 회복되기 어려울 뿐 아니라 대다수는 이러한 경장(更張) 방법에 대하여 반신반의하였고, 심지어 동요되기까지 하였다. 처음에 사람들은 순진하게도 국가의 전체적인 경제수준이나 군사력을 향상시키거나 또는 성공할 듯이 보이는 어떤 정치제도를 이식(移植)만 하면 국가 · 민족의 위대한 부흥을 실현할 수 있다는 생각도 품었다. 그러나 우리는 강국의 꿈이, 물질재부의 증식이 결코 국민 소질(素質)의 자연적인 제고(提高)를 의미하지 않기 때문에 물질재부의 증식만으로 구현되지 않을 뿐 아니라, 무력으로 전쟁을 일삼는 것도 강국의 자존(自存)의 길[道]이 아니기 때문에 세계를 위협하는 군사력을 보유하는 것에도 있지 않으며, 반대로 정치문명 · 경제발전 · 문화진보 등 방면에서 고르게 비교적 높은 수준을 유지함과 동시에 서로 조화를 이루며 함께 나아가야만 비로소 세계강국의 대열에 설 수 있다는 것을 깨달았다.

말할 나위도 없지만, 이전 두 차례의 사회변화에 비해 현재 겪고 있는 이 사회변화는 그 시대적 배경과 변화의 내용이 복잡다단(複雜多端)할 수밖에 없다. 상대적으로 국지적(局地的)인 옛 화하민족(華夏民族)의 시각에서 보면, 중국 고대사의 중요 구성부분이 되었던 이전 두 차례의 사회변화 과정에서 일찍이 수많은 민족(民族) 또는 부락(部落)이 유한자원(有限資源)을 획득하기 위하여 결국 옛[古] 화하민족과 서로 경쟁함으로써 옛 화하민족의 생활향상 · 문화발전에 거대한 압력으로 작용하였다. 다만 역사가 거듭 증명하듯이, 결과적으로 옛[古] 화하민족은 막강한 문화겸용(文化兼容)과 개조능력(改造能力)을 갖추어서 일찍이 '외족(外族)'은 결국 거의 예외 없이 한족(漢族)과 중화민족 —이것은 매우 추상적인 민족 명칭이다— 에게 융합되었다. 이에 상응하여 기물(器物)과 정신 방면의 융합흡수 · 개조경신(改造更新)도 상황에 따라 바뀌었다. 그러나 이 두 차례의 사회변화가 어떤 방향으로 진행되었든 결과는 모두 중화문명의 전개에서 중요한 일환(一環)이 되었을 뿐 천고(千古)의 동방문명의 발전궤적을

악공(樂工)이라도 연주를 잘 할 수 없듯이, 개혁해야 하는데 개혁하지 않는다면 아무리 뛰어난 현자[大賢]라도 잘 다스릴 수 없습니다. 따라서 한나라가 천하를 차지한 이래로 나라를 잘 다스리고자 항상 노력했음에도 지금껏 잘 다스릴 수 없었던 것은 개혁해야 할 때 개혁하지 않은 실책에 그 원인이 있습니다."

벗어난 것이 아니었다. 상대적으로 만청(晚淸) 이래의 이 사회변화, 중화민족이 직면한 생존압력 · 경쟁도전은 단언컨대 전례(前例)가 없었던 것이다. 사회변화의 내용면에서 볼 때, 이전 두 차례 진행된 사회변화의 임무가 단순히 주변 인근(隣近)의 민족부락(民族部落)을 겸용(兼容)하는 것이었다면['이적(夷狄)의 겸용'], 이번의 사회적 대변화가 직면(直面)한 임무는 '사해(四海)를 겸용'할 수 있도록 학습하여 세계 형세의 변화에 적응하려는 것이다. 민족 또는 종족 경쟁의 형세에서 볼 때, 이러한 "전체를 수용하는" 과정이 의외로 이처럼 피동적(被動的)으로 바뀐 것은, 이전에는 민족의 자긍심에 약간의 교만함이 묻어 있었지만, 열강과의 수차(數次)에 걸친 전쟁에서 패배한 이후 손실이 막대하였기 때문만이 아니라 또 고유의 체제에 대한 의문과 비판도 처음에는 주로 외부에서 제기되었으나 '망국멸종(亡國滅種)'의 위기가 날로 고조됨에 따라 최후에는 내부에서 부지불식간(不知不識間)에 싹이 트고 부단히 확산되었고, 그 결과 민족의 자신감은 극도로 상실되었으며, 민족의 자신감이 일단 상실되자 만회하기도 매우 어려워졌기 때문이다.

이번의 사회변화 과정에서 어떻게 민족의 '자아[本我]'를 유지하면서 세계의 '집단[大我]'에도 융합되어 갈 것인가? 이것은 결국 변화의 시기에 우리의 눈앞에 놓인 준엄한 문제이다. 100여 년의 역사경험에서 볼 때, 강력한 세계 각 민족의 문물제도(文物制度)가 우리를 따르게 하는 것은 불가능할 뿐만 아니라 심지어 터무니없기도 하지만, 자민족 고유의 문물제도를 모두 버리고 타민족을 따르는 것도 사실 받아들이기에는 결코 쉽지 않다. 따라서 자신의 민족적 특성을 온전히 지키면서 동시에 이질적 문화요소를 흡수하여, 그들의 장점을 배워서 자기의 단점을 보완하고, 경신(更新) · 개조(改造)하며, 사람들을 교화하고 자기를 완성하여 세계 민족 집단에 융합되어 가는 것이 유일(唯一)하게 가능한 선택일 것이다. 종래 두 차례의 사회변화 속에서 사람들의 심리상황이 어떠하였는지는 모르지만, 이번의 사회변화 과정에서 강렬한 민족적 위기감과 압박감은 여전히 내재(內在)되어 있다. 이뿐만 아니라 이러한 위기감과 압박감을 가능한 빨리 벗어나서 새로운 사회의 이상(理想)을 실현하여 옛날의 영광을 재현하려는 초조 · 긴장 · 급박한 정서(情緒)는 상당히 보편적으로 깔려있다. 따라서 이번의 사회변화는 자연발생적인 것도 또 조용히 진행되는 것도 아니고, 가지 않을 수 없을 뿐더러 또 빨리 가고자 하는 조급증

도 있다. 바로 이러한 조급증 때문에 사회변화라는 배경 속에서 (제기되는) 여러 인물들의 표현이 보수적이기도 하고 지나치게 급진적이기도 하며 심지어 일부 황당한 주장까지 나오는 것도 어쩌면 당연할 것이다.

상술(上述)한 사회변화의 배경 속에서 법률(法律)도 사회의 중요한 일환(一環)으로서 반드시 상황에 맞게 바뀌어야 한다. 첫째, 법률은 공평(公平)·정의(正義)를 신장(伸張)시키는 일 외에도 가장 중요한 기능이 분쟁 해소를 통해 정상적인 사회질서를 실현하여 사회 안정을 유지하는 것이다. 이런 점에서 법률은 사회의 '안정기(安定器)'에 비유될 수 있다. 그러나 사회의 변화기(變化期)에 끊임없이 변동하는 사회정세(社會情勢) 속에서 법률은 항상 안정성과 융통성 사이에서 선택해야 하고, 때로는 사회를 개조(改造)하는 기능까지 부여할 수 있어야 하기 때문에, 이런 점에서는 사회진보의 '추진기(推進器)'에도 비유된다. 다만 이러한 법률의 기능조정(機能調整)과 전화과정(轉化過程)에서 법률의 통일성·안정성이 때때로 불가피하게 희생될 수도 있다.

둘째, 실체적 공법(公法)·사법(私法)이든 절차적 사법심판제도(司法審判制度)이든, 일국(一國)의 법률적 전통은 필연적으로 해당 국가의 민심과 풍속(혹은 민족성)에 기반을 두며, 그 형성·변천은 종종 장기간에 걸쳐 용해되어야 하고 결코 하루아침에 이루어지지 않는다. 그러나 한편으로 근대 이후 사회의 대변화 속에서 법률의 기초가 되는 중화민족의 민족성은 아직도 근본적으로 개변(改變)되지 않았다. 또 한편으로 민족의 위박감(危迫感)이 강렬하게 팽배해짐에 따라 법률의 사회추진기(社會推進器)로서의 기능이 지나치게 강조되었는데, 혹자는 이것을 안정적 신질서(新秩序)·신국면(新局面)에 유효한 공구(工具)로 간주하여 시대를 앞서는 입법(立法)과 국민정서를 초월하는 입법 활동도 도처에서 행해졌다.

앞서 서술한 사회변화의 전체 상황과 매우 유사하게 중국 구래(舊來)의 법률체계·법률문화도 이번의 사회변화 과정에서 일찍이 없었던 도전에 직면하였다. 사실 전통법률의 모든 체계는 이미 붕괴되었고, 법언(法言)·법어(法語)도 일찍이 지양되었으며, 이를 대신한 것은 서방의 법률형식을 모방(模倣)하여 성립된 새로운 법률체계였다. 이것을 이제는 '신중화법계(新中華法系)'5)

---

5) 〈옮긴이주〉 근대 이전 중국의 법률체계는 일반적으로 '중화법계(中華法系)'로 칭해지

라고 칭(稱)할 수는 없지만, 이러한 체계가 각 방면에서 완전히 확립되는 날에는 반드시 전통 중화법계(中華法系)와는 뚜렷이 차이가 날 것이다. 이러한 법률체계의 득실과 호오(好惡)에 대한 평가는 잠시 유보하고, 법사(法史)를 전문(專門)으로 하는 연구자로서는 이 새로운 법률체계가 완전히 확립되는 과정에서 중국 법률의 전통적 요소가 부분적으로 지식(知識)의 내원(來源), 심지어 철학적 기초(基礎)가 된다는 것을 자각해야 한다. 왜냐하면 어떠한 법률체계도 그것이 적용되는 사회 환경 –및 이 사회 환경 속의 민중– 을 벗어나서 허무(虛無)하게 방치될 수 없기 때문이다.

2

이전의 법사연구(法史硏究) 중에서 청말(淸末)의 법률개혁에 관한 연구는 지속적으로 사람들의 관심을 끄는 영역이었다. 이것은 매우 자연스런 일이다. 왜냐하면 청말 법률개혁은 중국 법률현대화의 역사적 발전과정을 강력하게 추진하였기 때문이다. 이 때의 위[上]에서 아래[下]로의 법률개혁운동을 통해 심가본(沈家本) 등의 주도(主導)로 구미(歐美)를 답습하고 열강을 모범(模範)으로 삼아 중국과 서구[中西]의 법률전통을 흡수 · 융합하여 천고(千古)의 중화법계를 고대에서 현대로 전환시켰을 뿐만 아니라 현대중국의 법률 · 법학 체계의 구축과 발전에도 심원(深遠)한 영향을 끼쳤다. 그러나 이 중국과 서구의 법률전통을 융합하는 과정은 순풍에 돛을 단 듯이 순조롭게 진행되지는 않았다. 법률개혁이 지속적으로 심화되면서 고유의 법률전통에 대한 처리문제를 둘러싸고 이른바 '예교파(禮敎派)'와 '법리파(法理派)' 간(間)에 의견이 극단적으로 양분되었고, 그 결과 전례(前例)가 없는 대규모 '예법논쟁[禮法之爭]'6)이 초래되

기 때문에 저자는 이것을 고려해서 서양의 법률체계를 모방하여 성립된 근대법을 '신중화법계'로 칭하고 있는 듯하다.

6) 〈옮긴이주〉 '예법논쟁[禮法之爭]'은 노내선(勞乃宣) · 장지동(張之洞)을 대표로 하는 예교파(禮敎派)와 심가본(沈家本)을 대표로 하는 법리파(法理派) 간(間)에 전개된 논쟁을 말한다. 이 논쟁은 근대화 과정에서 오륜(五倫) 등 예교와 관련된 전통법률[舊法]에 대

었다. 이 논쟁은, "문화적 측면에서는 외래문화와 전통문화의 투쟁이었고(혹자는 공상문화[工商文化]와 농업문화[農業文化]의 투쟁이라고 한다), 제도적 측면에서는 구법(舊法)과 신법(新法)의 투쟁이었으며, 사상적 측면에서는 가족윤리와 개인자유의 투쟁이었다(혹자는 국가주의와 가족주의의 투쟁이라고 한다)."[7] 이 '예법논쟁'에 대한 종래의 연구 성과는 수량 면에서 실로 장관(壯觀)이라 할 수 있고, 연구의 관점도 정설(定說)이 어느 정도 확립된 듯하다.

그러나 한편으로 이와 관련된 연구 성과물 가운데 거시적인 고찰과 사변(思辨) 방면에서의 고전적인 성취를 이룬 초기의 몇몇 저서와 논문을 제외하면, 대다수는 여전히 피상적인 문제에 머물렀고, 예법논쟁의 구체적 문제에 대한 인식수준도 그다지 만족스럽다고 할 수는 없다. 다른 한편으로 비교적 한정적이기는 하지만, 예법논쟁에 대한 구체적인 문제를 다룬 몇몇 연구 성과의 경우, 이들 문제에 대한 평가와 논의가 지나치게 현대적 법리(法理)로 구명(究明)하였거나 혹은 청말 법리파(法理派) 인물들이 가졌던 관점만 집중 수용하여 상호 비교하였기 때문에 청말 예법논쟁에 대한 구체적이고 핵심적인 문제를 둘러싼 인식과 논의는 아직 전면적으로 진행되지 않았다고 생각된다. 게다가 이들 문제는 중국고대 또는 중국 구(舊)법률전통에서 표출된 구체적인 현상이었음에도 기본적으로 장기간 공백 상태에 있었다.

예법논쟁의 단계적 발전에서 보면, 광서(光緒) 32년(1906) 장지동(張之洞)의 『형사 · 민사 소송법 초안(刑事民事訴訟法草案)』에 대한 최초의 논박(論駁)에서부터 『신형률초안(新刑律草案)』 · 『수정형률초안(修正刑律草案)』으로 촉발된 대규모 논쟁에 이르기까지, 심지어 자정원(資政院)의 토론과정에서의 격렬한 충돌로 예(禮) · 법(法) 양파(兩派) 간(間)의 모순은 확실히 조화될 수 없는 것이었다. 이 과정에서, 예교파는 오직 수구(守舊)만을 고집하지 않았고, 법리파와 마찬가지로 군주입헌(君主立憲)에 의해 위기국면을 타개해야 한다고 주장하였다. 법리파도 전통을 철저하게 배척하지 않았고, 예교파와 마찬가지로 일부 전통은 여전히 존치(存置)할 필요가 있다고 생각하였다. 따라서 예 · 법 양파는 청말 법률개혁 과정에서 이미 충돌과 모순이 있었지만 사실 융통(融通)될 수 있는

한 수구(守舊: 예교파)와 혁신(법리파)을 둘러싼 논쟁으로 정리된다. 이에 대하여는 장국화 엮음, 윤진기 등 옮김, 『중국법률사상사』(아카넷, 2003), 751~753쪽 참조.
7) 이귀련(李貴連), 『심가본전(沈家本傳)』(법률출판사[法律出版社], 2000) 제11장, 297쪽.

기반(基盤)도 있었다. 실제로 예교파·법리파를 불문하고 전체적인 법률개혁 과정에서 쌍방 모두 일정한 타협을 시도하였다. 예컨대, 『대청신형률(大淸新刑律)』의 기초(起草) 과정에서 예교파의 "국수는 유지해야 한다[維持國粹]"는 주장에 대하여 법리파도 이를 수용하여 신률(新律) 중에서 가족주의 요소를 상당히 유지하였다. 즉 비유(卑幼)의 존속(尊屬)·친속(親屬)에 대한 범죄는 여전히 '일반인[凡人]'보다 가중(加重)(처벌)되었고, 평등한 권리·의무 관계도 장유(長幼)·존비(尊卑) 간(間)에는 여전히 통용되지 않았다. 법리파가 구율(舊律)의 구조를 개혁하려는 행위나 일부 예교파에서 고수하였던 예교적(禮敎的) 법률 조항을 삭제하려는 행위 등에 대하여 예교파도 논박은 하였지만, 최종적으로 (그들의) 일부 주장을 포기하였다. 또한 예교파의 실력자 노내선(勞乃宣)은 심가본의 "문장에 의한 통박[著論痛駁]"[8]에 직면하고는 자기의 관점을 해명·수정하지 않을 수 없었다. 그러나 쌍방이 모두 타협하는 부분이 있었더라도(특히 예교파) 청말 법률개혁의 마지막 고비는 『대청신형률』의 총칙(總則)과 각칙(各則)에 대한 토론 과정에서 노내선·유정침(劉廷琛) 등 예교파 인사(人士)가 의외로 집요하게 양(兩) 조문(「자손의 교령위반[子孫違犯敎令]」과 「남편이 없는 부인의 간통[無夫奸]」)이 신률(新律) 속에 유지되어야 하며 결코 삭제할 수 없다는 부분이었다. 예교파가 완고하게 지키려는 태도를 통해 이 양 조문이 적어도 그들의 '개혁 마지노선(Maginot Line)'을 의미하였음을 알 수 있다. 어쩌면 예교파의 안중(眼中)에 이 양 조문은 전통법률을 대표하는 핵심이었을 수 있다. 이 핵심을 상실해버리면 예교법률(禮敎法律)의 성질은 곧장 근본적인 변화가 발생할 수도 있다. 그렇다면 무엇 때문에 「자손의 교령위반[子孫違犯敎令]」과 「남편이 없는 부인의 간통[無夫奸]」이 예교파가 반드시 고수(固守)해야 하는 대상이 되었을까? 또 이 양 조문이 어떻게 그들의 심중(心中)에 전통법률의 핵심으로 자리하게 되었을까? 이 양 조문은 중국고대 장기적인 법사(法史)의 변천 과정에서 과연 구체적으로 어떻게 표현되고 있었을까? 이러한 문제들은 기존의 연구 성과 중에서는 그다지 만족스런 회답(回答)을 찾기가 어렵다.

---

8) 〈옮긴이주〉'저론통박(著論痛駁)'은 "문장을 지어 자기의 논점(論點)을 천명한다"라는 의미이다. 노내선과 심가본의 논쟁에 대하여는 장국화 엮음, 윤진기 등 옮김, 『중국 법률사상사』, 751~753쪽 참조.

역사를 충분히 이해해야만 보다 정확하게 현재를 인식하고 미래를 파악할 수 있다. 이 양(兩) 조문에 대한 중국고대 법사(法史)에서의 구체적인 표현 형태를 미시적·전면적으로 연구하는 것은 예교파가 고수하려는 예교법률(禮教法律)의 내용 그 자체를 더욱 잘 인식하는데, 더욱이 이 토대 위에서 재차 100년 전(前)의 저 격렬한 논쟁을 세심하게 살피는데 유리할 뿐만 아니라 중국인으로서 중국 법률현대화에 대한 깊은 역사적 의의도 되돌아볼 수 있다. 본서(本書)는 상술(上述)한 양 조문 중 「자손의 교령위반[子孫違犯教令]」의 역사적 변천을 연구대상으로 삼아 법사학(法史學)의 미시적인 각도에서 이 조문 및 그것을 대표하는 중국 구율(舊律)의 정신원칙(精神原則)이 중국고대 법사학에서 변천하는 궤적(軌迹)을 고찰하여 청말(清末) 법률개혁에 관한 연구를 진행할 때 역사적으로 참조할만한 내용을 세공하고자 하였다.

구체적으로, 본서는 「자손의 교령위반[子孫違犯教令]」이 중국고대의 역사에서 가정윤리사상(家庭倫理思想)에서 법률제도(法律制度)가 되기까지의 변천 및 본(本) 조문의 입법연혁(立法沿革)과 사법실천(司法實踐)을 연구대상으로 하여 본 조문 및 그것을 대표하는 가족주의(家族主義) 법률정신과 그 속에 내포된 권리·의무 관계의 법사적(法史的) 원형(原形)을 전면적으로 제시할 생각이다. 대략 상·하 두 편으로 나누어 논의를 진행하였다.

상편에서는 주로 법률사상과 법률제도의 관계라는 관점에서 중국고대 가정윤리의 성문법화(成文法化) 과정을 서술했다. 첫째, 선진(先秦) 시기 제자(諸子)의 가정윤리(효도)사상에 대한 주요 관점을 고찰하였고, 아울러 제자(諸子)의 상호 연관된 사상적 명제(命題) 상(上)에서의 이동(異同) 추세를 대비시켜 분석하였다. 둘째, 「자손의 교령위반[子孫違犯教令]」 조문이 진한(秦漢)에서 위진남북조(魏晉南北朝)를 거쳐 수당(隋唐)에 이르러 성문법에 입법(立法)된 역사과정을 자세히 서술하였다. 셋째, 당률(唐律) 중 「자손의 교령위반[子孫違犯教令]」 조문의 법률구성 및 본(本) 조문과 '불효죄'의 구별과 연계(連繫)를 중점적으로 분석하였다. 마지막으로, 이전 학자들이 통상(通常) 중국고대의 가장전제권(家長專制權)과 로마법 중의 가부권(家父權)을 함께 논(論)하였던 것을 감안하여 재차 당률(唐律) 중의 '교령권(教令權)'과 로마법 중의 가부권을 간략하게 대비하였다.

하편에서는 주로 명(明)·청(淸) 시기의 법사(法史) 자료에 의거해서 명·청 양대(兩代) '자손의 교령위반[子孫違犯敎令]'에 관한 입법(立法)과 사법(司法)에서의 실천을 고찰하였다. 첫째, 성문법의 관점에서 교령권과 관련된 권리·의무 관계에 주목하여, 구체적으로 명률(明律)과 당률(唐律) 간(間)의 연원(淵源)과 계승관계를 분석하였다. 둘째, 청률(淸律) 중 「자손의 교령위반[子孫違犯敎令]」 조문의 법률 확장문제에 대하여 조문별(條文別) 해당(該當) 조문의 입법연혁을 분석하였고, 또한 청대(淸代) '율례합편(律例合編)' 체계에서 이러한 '법률 확장'의 입법과 사법에 대한 영향과 의의를 논(論)하였다. 셋째, 청대 안례(案例) 자료를 중심으로 중국 역사상 최후의 왕조, 즉 청말 법률개혁 직전 '자손의 교령위반[子孫違犯敎令]' 안건(案件)에 대한 사법실천을 종합적으로 고찰하였다. 세부적으로는 청대 사법권(司法權)의 배치방식에 의거해서 청대 '자손의 교령위반[子孫違犯敎令]' 안건(案件)에 대한 사법실천을 3개조, 즉 지방자리안건(地方自理案件)·형사중안(刑事重案)·추심안건(秋審案件)으로 나누고, 각각 약간의 사법안례(司法案例)와 결부시켜 구체적으로 논지(論旨)를 전개하였다. 끝으로, 상술한 양편(兩篇)의 논지를 토대로 「자손의 교령위반[子孫違犯敎令]」 조문(條文)의 중국고대 법사(法史)에서의 구체적인 표현 형태에 대하여 종합적으로 평가하였다.

'자손의 교령위반[子孫違犯敎令]'이 전형적인 예교법률(禮敎法律) 조문인 것은 부인할 수 없다. 이 조문을 통해 가장(家長)에게 일종의 절대적 전제권능형세(專制權能形勢)를 유지시켰을 뿐만 아니라 재산과 사람 등 방면에서도 자녀를 가정 내에 속박시켜 결국 예교치례(禮敎治禮)라는 목표를 위해 봉사하게 만들었다. 이러한 성격규정 이외에도 본서는 구체적인 관점에서 이전 사람들의 논술과 일부 차이가 있지만, 연구의 주된 목적은 (기존의 연구경향을) 부정하거나 비판하기 보다는 이들 사상과 제도·입법·사법의 구체적인 내용을 통해 본 조문의 역사적 변천과정을 전면적으로 제시하여 중국고대 법사(法史)의 구체적인 문제에 대한 인식을 풍부하게 함으로써 중국 전통법률을 더욱 이해시키는데 있다.

본서에서는 본문(本文) 다음에 법사학(法史學) 방법론에 관한 비평성(批評性) 논문 1편을 첨부하였다. 부론(附論)이라고는 하였지만, 저자(著者)에게 이것은 본문의 내용과 똑같이 중요하고, 오히려 더 중요하다고 할 수 있다. 게다가 본편(本篇)이 완성된 것은 시간적으로 본문 내용보다 빠르기 때문에 본편은 본인의 중국 법사학에 대한 전체적인 반성이고, 또한 이러한 생각은 이미 본서의 주된 연구 속에 녹아 있다. 이것을 권말(卷末)에 첨부한 것은 본(本) 비평성 논문이 새우로 잉어를 낚듯이 고견(高見)을 끌어내는[抛磚引玉] 효과를 충분히 발휘하여 수많은 연구자들이 중국 법사학의 역사·현상과 미래에 대하여 전면적으로 성찰하는 계기가 되기를 바랐기 때문이다.

상편

'자손의 교령위반[子孫違犯敎令]'
: 사상(思想)과 제도(制度)의 사이[間]

제1장

가정윤리에서
'자손의 교령위반[子孫違犯教令]'으로

제1절
선진(先秦) 시기 제자(諸子)의 가정윤리(효도)사상에
관한 보편성[趨同]과 특수성[異致]

어떤 제도이든 그 발생단계에서는 반드시 사상이 선도적 역할을 한다. 마찬가지로 어떤 법률규칙(法律規則)이 제정될 때에도 상응하는 법률사상(法律思想)이 선도적 역할을 하기 마련이다. 환언하면, 법률은 사회보다 앞서 존재할 수 없고 그 사회의 습관·풍속과 정신을 체현해야 한다. 「자손의 교령위반[子孫違犯教令]」 조문이 중국 전통법률에 규정된 것은 (본 조문이) 당시 가정윤리에 대하여 극단적으로 중시하는 부분 중에서 대표성을 띠었기 때문에 법률적인 강제력에 편승하여 유지하는 상황까지 되었음을 말해준다. 「자손의 교령위반[子孫違犯教令]」 조문이 출현한 사상적 근원을 전반적으로 이해하기 위해서는 선진(先秦) 시기 가정윤리관념(家庭倫理觀念)에 대하여 개략적으로 고찰할 필요가 있다. 이에 대하여 고찰할 경우, 선진 시기 유(儒)·묵(墨)·도(道)·법(法) 등 제가학파(諸家學派)의 경전문적(經典文籍)은 당연히 좋은 연구 자료가 된다. 아래에서는 유·법 양가(兩家)를 중심에 두고 일부 사상 유파(流派)도 포함하여 각 가(家)의 기본적인 관점을 자세히 서술하여 선진 시기 가정윤리와 효도사상에 대한 대략적인 추이를 탐구하고자 한다.

1. 유가(儒家)

유가사상은 오랜 기간 중국고대 의식형태(意識形態)의 정통(正統)으로 인식되었다. 또한 유가사상의 무고(武庫)[1] 중에서 '십삼경(十三經)'은 최고의 대작(大作)으로서 유가 원전(原典)의 집대성으로 간주되었다. 그런데 "육경은 모두 역사이다[六經皆史]"라고 하면, '십삼경'에 수록되어 있는 당시 가정윤리 방면의 자료는 실로 매우 많게 된다. 그러나 이 속에서 유가의 가정윤리 방면에 대한 관점을 탐구할 경우, 우선 이해해야 할 것은 '십삼경' 중 선진(先秦: 양한[兩漢]까지) 시기 사회사상(社會思想)의 진실 기록으로 간주되고 있는 일부 내용들이 오직 유가에만 속하지 않고 상당히 보편성을 띠었다는 점이다. 지금 몇 가지 문장을 채택하여 간략하게 제시하고자 한다.

첫째, 『상서(尙書)』에는 다음과 같은 말이 있다.

> 자식[子]이 그 아버지[父]의 일[事]을 공경하고 복종하지 아니하여 크게 그 아버지의 마음을 상(傷)하게 한다면, 아버지가 능히 그 자식을 사랑하지 아니하여 이에 그 자식을 미워할 것이며, … 너[乃]는 그 빨리 문왕(文王)이 지으신 벌(罰)로 말미암아 이를 형벌(刑罰)하여 용서하지 말라.[2]

---

1) 〈옮긴이주〉 『진서(晉書)』 권34, 「두예전(杜預傳)」에 의하면, 두예(222~284)는 서진(西晉)의 정치가이자 군사가이며 저명한 학자로서 다재다능했다. 사람들은 박학다식하고 백성을 위하는 두예를 다양한 무기가 갖춰진 무기 창고에 비유하여 두무고(杜武庫)라고 불렀다. 본문의 무고(武庫)는 우리가 흔히 사용하는 보고(寶庫)에 해당한다.

2) 『상서정의(尙書正義)』(『십삼경주소본(十三經注疏本)』, 중화서국[中華書局], 1957. 이하 제경전[諸經典]은 모두 이 본[本]에 근거하며, 재차 달리 주[注]를 달지 않는다) 권14, 「강고(康誥) 제11」.
〈옮긴이주〉 『상서정의』(『십삼경주소 상』) 권14, 「강고 제11」「주서(周書)」에 있는 문장을 옮기면 다음과 같다. "왕(王)이 말하기를 '봉(封)아, 큰 악[元惡]은 크게 미워하왕(王)께서는 당신[乃]의 덕(德)을 힘쓰시어 당신[乃]의 열조(烈祖)를 살피시어 한시도 편안하고 게을리 마소서. 선조(先祖)를 받드시되 효(孝)를 생각하시며, 아래[下]를 대(對)하시되 공손함을 생각하시다.3)

분주히 그 부모[考]와 그 어른[長]들을 섬기며 …… 그 부모(父母)를 효양(孝養)하여 그 부모가 기뻐하시니, 스스로 씻고 넉넉히 하여 술[酒]을 쓰도록 하라.4)

위의 사례들은 모두 자식[子]이 부모를 섬길 때에는 정성[忠]과 효도[孝]를 다하고 근면하고[勤] 신중해야[謹] 하며, 그렇지 않으면 형벌로써 대처(對處)해야 한다고 말하고 있다.

둘째, 『시경(詩經)』 중(中) 「육아(蓼莪)」편에서는 다음과 같이 말하고 있다.

길고 큰 새발쑥[莪]인가 하였더니 새발쑥이 아니고 못난 제비쑥[蒿]이로다. 슬프고 슬프도다, 부모님이시여, 나[我]를 기르시느라 힘쓰시어 고생하셨도다.

───────────────

니 하물며 효도하지 않고[不孝] 우애하지 않음[不友]이 있음에야. 자식이 그 아버지의 일을 공경하고 복종하지 아니하여 크게 그 아버지의 마음을 상(傷)하게 한다면, 아버지가 능히 그 자식을 사랑하지 아니하여 이에 그 자식을 미워할 것이며, 아우[弟]가 하늘[天]의 드러냄을 생각지 아니하여 이에 능히 그 형(兄)을 공경하지 아니하면, 형 또한 (부모가) 자식[子]을 기른 애처로움을 생각지 아니하여 크게 아우에게 우애하지 않으리니, 오직 이를 위로하고, 우리 정치하는 사람들[我政人]에게 죄(罪)를 얻지 아니하면, 하늘이 우리 백성들[我民]에게 주신 떳떳함이 크게 없어져 버리리니, 가로대 너는 그 빨리 문왕이 지으신 벌로 말미암아 이를 형벌하여 용서하지 말라'고 하였다."(204쪽)

3) 『상서정의』 권8, 「태갑중(太甲中) 제6」.
〈옮긴이주〉 『상서정의』(『십삼경주소 상』) 권8, 「태갑중 제6」 「상서(尙書)」에 있는 전체 문장은 다음과 같다. "왕께서는 당신의 덕을 힘쓰시어 당신의 열조를 살피시어 한시도 편안하고 게을리 마소서. 선조를 받드시되 효를 생각하시며, 아래를 대하시되 공손함을 생각하시며, 멀리 보시되 밝음을 생각하시며, 덕을 들으시되 귀 밝음을 생각하시면, 저[朕]는 왕의 아름다움을 받들어 싫어함[斁]이 없으리이다."(165쪽)
4) 『상서정의』 권14, 「주고(酒誥) 제12」.
〈옮긴이주〉 『상서정의』(『십삼경주소 상』) 권14, 「주고 제12」 「주서(周書)」에 있는 전체 문장은 다음과 같다. "매 땅[妹土]의 사람들이여, 너희들[爾]의 다리와 팔을 계속 놀려서 크게 그 기장[黍稷]을 심어 분주히 그 부모[考]와 그 어른들[長]을 섬기며 민첩하게 수레[車]와 소[牛]를 끌어 멀리 장사를 나가 그 부모를 효양하여 그 부모가 기뻐하시니, 스스로 씻고 넉넉히 하여 술을 쓰도록 하라."(206쪽)

길고 큰 새발쑥인가 하였더니 새발쑥이 아니고 천한 제비쑥[蔚]이로다.

슬프고 슬프도다, 부모님이시여, 나를 기르시느라 수고하시어 초췌하셨도다.

작은 술병[缾]이 비어 있음이여, 큰 술병[罍]의 수치로다. 나약한 백성[民]의 삶이여, 죽느니만 같지 못한지 오래로다.

아비[父]없이 누구를 믿으며, 어미[母]없이 누구를 믿을꼬. 나가도 근심 품고, 들어가도 몸 둘 곳 없노라.

아비[父] 날 낳으시고 어미[母] 날 기르시니, 나를 어루만져주시고 나를 먹여주시며, 나를 키우시고 나를 길러주셨도다.

나를 돌보시고 나를 살펴주시며, 나가거나 들어오거나 나를 품으시니, 덕을 갚고자 할진댄 넓은 하늘같이 다함이 없도다.

남산(南山)이 높고 높아서 회오리바람[票風風]이 세차도다. 백성[民]은 좋지 않음이 없거늘, 나 홀로 어찌 해(害)를 당하는고.

남산이 높고 커서 회오리바람이 세차도다. 백성은 좋지 않음이 없거늘, 나 홀로 다하지 못하노라.5)

　여기에는 부모가 (자식을) 양육(養育)한 깊은 은혜가 상세하게 기술되어 있고, 자식[子]이 이러한 "덕을 갚고자 할진댄 넓은 하늘같이 다함이 없기" 때문에 자녀는 부모에 대한 감사의 정(情)을 남김없이 모두 드러내야 한다는 것이다.

　셋째, 유가의 '삼례(三禮)' 중에는 이와 유사한 문구(文句) 또한 일일이 들 수 없을 정도로 많다. 예컨대, 『의례(儀禮)』에서는 "어린 아이[幼者]와 말을 할 때에는 부형(父兄)에게 효도하고 공경[孝悌]하는 도리를 말하고",6) "아버지[父]는

---

5) 『모시정의(毛詩正義)』권13, 「곡풍지십(谷風之什)·고훈전(詁訓傳) 제20」. 이 편(篇)은 이후 중국고대 관부(官府)가 백성들[民]에게 효도를 선양하고, 훈장(訓長)이 동생(童生)에게 효심(孝心)을 계몽하며, 가장(家長)이 자녀에게 보은(報恩)토록 하는 경전(經典) 교재(教材)가 되었다.
　〈옮긴이주〉 『모시정의』(『십삼경주소 상』) 권13의 1[十三之一], 「소아(小雅)·곡풍지십·고훈전 제20」 「육아(蓼莪)」, 459쪽.
6) 『의례주소(儀禮注疏)』권7, 「사상견례(士相見禮) 제3」.
　〈옮긴이주〉 『의례주소』(『십삼경주소 상』) 권7, 「사상견례 제3」에 있는, 선비들이 공식적으로 서로 만나 인사하는 예절(禮節)인 사상견례 중 본문과 관련된 문장을 제시하면 다음과 같다. "군주와 더불어 말을 할 때에는 신하를 부리는 도리를 말하고, 경대부[大人]와 더불어 말을 할 때에는 군주를 섬기는 도리를 말하며, 늙은 사람[老者]과 더불어 말을 할 때에는 아우[弟]와 자식[子]을 부리는 도리를 말하고, 어린 아

자식[子]의 하늘[天]이다"[7]고 하였다. 『주례(周禮)』에서도 '육행(六行: 여섯 가지의 선행)'을 제창하였는데, 첫째가 효행(孝行)이었고,[8] 반대로 '향팔형(鄕八刑: 향의 여덟 가지 형벌)'에서도 처음에 '불효'를 규거(糾擧)[9]하고 있다.[10] 『예기(禮記)』의 첫째 편(篇)[11]에서도 "군주와 신하[君臣], 윗사람과 아랫사람[上下], 아버지와 자식[父子], 형과 아우[兄弟](의 분수)도 예(禮)가 아니면 정해지지 않으며",[12] "아버지[父]의 집우(執友)를 뵈었을 때, 나아가라고 말하지 않으면 감히

이[幼者]와 더불어 말을 할 때에는 부형(父兄)에게 효도하고 공경하는 도리를 말하며, 무리[衆]와 더불어 말을 할 때에는 충성(忠誠)과 신의(信義), 자비(慈悲)와 선행(善行)을 말하고, 벼슬한 자[居官者]와 더불어 말을 할 때에는 충성과 신의를 말한다."(977쪽)

7) 『의례주소』 권30(원서에는 '0'이 '3'으로 되어 있다), 「상복(喪服) 제11」.
   〈옮긴이주〉『의례주소』(『십삼경주소 상』) 권30, 「상복 제11」, 1106쪽.

8) 『주례주소(周禮注疏)』 권2, 「지관(地官)·사도(司徒)」.
   〈옮긴이주〉『주례주소』(『십삼경주소 상』) 권10, 「지관·대사도(大司徒)」에서는 "(대사도는) 향의 세 가지 일[鄕三物]로써 만민(萬民)을 가르쳐서 인재를 천거하는데, 첫째는 육덕(六德)으로 지(知)·인(仁)·성(聖)·의(義)·충(忠)·화(和)이고, 둘째는 육행(六行)으로 효(孝)·우(友)·목(睦)·인(婣)·임(任)·휼(恤)이며, 셋째는 육예(六藝)로 예(禮)·악(樂)·사(射)·어(御)·서(書)·수(數)이다"라 하였고, 이 중 육행(六行)에 대하여 정현(鄭玄)의 주(注)에서는 "부모에게 잘하는 것이 효이고, 형제에게 잘하는 것이 우(友)이며, 목(睦)은 구족(九族)과 친한 것이고, 인(婣)은 외족[外親]과 친한 것이며, 임(任)은 벗과의 도리[友道]에 믿음이 있는 것이고, 휼(恤)은 우빈자(憂貧者)를 진휼하는 것이다"(이상 707쪽)고 하였다.

9) 〈옮긴이주〉 '규거(糾擧)'는 "죄상을 조사하여 들추어내다"라는 뜻.

10) 『주례주소』 권2, 「지관·사도」.
   〈옮긴이주〉『주례주소』(『십삼경주소 상』) 권10, 「지관·대사도」에서는 향팔형(鄕八刑)에 대하여 "(대사도는) 향(鄕)의 여덟 가지 형벌[八刑]로써 만민(萬民)을 규찰(糾纏)하니, 첫째는 불효에 대한 형벌이고[不孝之刑], 둘째는 친족(親族) 간에 화목하지 않은 행위에 대한 형벌이며[不睦之刑], 셋째는 외족(外族) 간에 친하지 않은 행위에 대한 형벌이고[不婣之刑], 넷째는 공손하지 않은 행위에 대한 형벌이며[不弟之刑], 다섯째는 벗 사이에 믿음이 없는 행위에 대한 형벌이고[不任之刑], 여섯째는 가난한 사람을 구휼하지 않은 행위에 대한 형벌이며[不恤之刑], 일곱째는 없는 말을 지어낸 행위에 대한 형벌이고[造言之刑], 여덟째는 백성을 어지럽게 한 행위에 대한 형벌이다[亂民之刑]"(707쪽)고 하였다.

11) 〈옮긴이주〉 '『예기』의 첫째 편'은 「곡례상(曲禮上)」을 가리킨다(아래의 주 참조).

12) 『예기정의(禮記正義)』 권1, 「곡례상 제1」.
   〈옮긴이주〉『예기정의』(『십삼경주소 상』) 권1, 「곡례상 제1」에 있는 관련 문장을 제

나아가지 않고, 물러가라고 말하지 않으면 감히 물러가지 않으며, 묻지 않으면 감히 대답하지 않는다. 이것이 효자(孝子)의 행동이다"13)고 하였다. 요컨대 '삼례(三禮)'는 특히 효순의 도[孝順之道]를 중시하였고, 냉철하게 말하면 그 중에는 비록 일부 지나치게 번잡한 부분도 있었지만, 사람의 마음[人情]을 살피는 것조차 소홀히 하지 않았던 것이다.

넷째, 『효경(孝經)』은 모든 편(篇)이 효(孝)를 논(論)하면서 부문별로 분류하였고 체제(體制)도 상세하고 분명하였기 때문에 '십삼경' 중에서도 특히 효도이론(孝道理論)에 대한 '집대성(集大成)'이라고 할 수 있다.

위에서 인용한 『상서』·『시경』 및 '삼례(三禮)'·『효경』 등은 이후에 모두 '공자학설[孔家店]'14)의 특허품(特許品)이 되었지만, 이로써 이미 원고(遠古) 시기 가정윤리(家庭倫理)와 효도(孝道)에 관한 관념은 사회민중의 일종의 보편적 심리로서 사회 전체가 공유(共有)하였고 유가(儒家)의 독점이 아니었음을 유추해 낼 수 있다. 또한 중국고대의 국가형성 과정에서 이러한 가정윤리와 효도 관념이 국가의 법률에 들어갈 수 있었던 원인에 대한 연구자들의 연구 경향을 보면, 입법(立法)을 통해 창제(創制)된 것이 아니라 국가가 원시적 습관(習慣)을 인가(認可)하고 유지·보호할 목적에서 비롯되었다는 관점이 대세(大勢)를 이루고 있다.

그러나 유가는 결국 중국 수천 년의 역사에서 일대(一大) 주류(主流)가 되어

시하면 다음과 같다. "도덕과 인의(仁義)도 예(禮)가 아니면 이루어지지 않는다. 가르치고 훈계하여 풍속을 바로잡는 일도 예가 아니면 완비되지 않는다. 분쟁을 분간하고 송사(訟事)를 변별하는 일도 예가 아니면 결정되지 않는다. 군주와 신하, 윗사람과 아랫사람, 아버지와 아들, 형과 아우(의 분수)도 예가 아니면 정해지지 않는다. 벼슬하고 학문을 함에 스승을 섬기는 일도 예가 아니면 친애할 수 없다. 조정의 반열을 정하고, 군대를 다스리며, 관직에 임명하고, 법을 시행하는 일도 예가 아니면 위엄이 서지 않는다. 기도(祈禱)하고 제사하여 귀신을 섬기는 일도 예가 아니면 정성스럽지 않고 단정(端正)하지 않다. 그런 까닭에 군자(君子)는 공정하고 절제하며 사양하고 겸손하여 예를 밝히는 것이다."(1231쪽)

13) 『예기정의』 권1, 「곡례상 제1」.
〈옮긴이주〉 『예기정의』(『십삼경주소 상』) 권1, 「곡례상 제1」, 1233쪽.

14) 〈옮긴이주〉 '공가점(孔家店)'은 '공자의 상점' 또는 '공자의 유교 사상을 선전하는 거점'이라는 부정적인 의미를 가지며, 주로 신문화운동(新文化運動) 시기(1915~1921)에 유교와 예교(禮敎)를 타도하자는 구호로서 '타도공가점(打倒孔家店)'이 제창되었다.

중국 전통문화 방면을 전승(傳承)하고 창조한 공적은 매우 컸다. 근대 이후 '유가점(儒家店)' 또는 '공가점(孔家店)'의 간판은 한동안 지상(地上)까지 떨어졌고 상점도 파괴되었지만, 사실상 우리는 여전히 끊임없이 '공가점'의 특산품을 소비하고 있으며, 그 중에는 매우 세속적인 도덕훈계(道德訓戒) 및 여러 '상투적인' 정치이념도 포함되어 있다. 따라서 우리가 지금처럼 유가 성현(聖賢)에 대해서 어떤 태도를 견지하든, 윤리(倫理)·효도(孝道) 사상사(思想史)에 대한 정리는 여전히 공자(孔子, 기원전 551~479)·맹자(孟子, 기원전 372~289)와 순자(荀子, 기원전 313?~238?)부터 서술해야 한다. 이 경우에 반드시 알아야 할 것은 선진 시기 유가학파를 대표하는 이 세 사람은 공통적으로 유가 이론체계의 개창(開創)에 기초를 세운 공로(功勞)가 있지만, 이들이 살았던 시대적 배경이 다르고 또 개성(個性)·천성(天性)에도 차이가 있었기 때문에 가정윤리와 효도에 관한 이들의 관점에도 일치하는 부분과 크게 차이가 나는 부분이 병존(竝存)하고 있었다는 점이다.

그러면 종래의 방식대로 먼저 공자부터 서술하기로 한다. 『논어(論語)』는 공자사상의 근원(根源)에 가장 근접하였고, 이 중 많은 문장이 가정윤리에 대하여 언급하고 있다. 그 요점을 종합하면 대략 다음과 같다.

(1) 자식[子]은 부모를 효양(孝養)할 때는 몸소 힘써 행하고 모든 힘을 다해 섬겨야 할 뿐 아니라[15] 마음속에 삼가 공경하는 뜻도 있어야 하며,[16] 부모의 생각에 따르고,[17] 부모의 뜻을 즐겁게 해야 하며, 또 날마다 항상 세밀한 곳

---

15) 『논어』에서는 "자하(子夏)가 말하기를 '어진 이[賢]를 어질게 여기되 낯빛을 바꾸어 공손히 하고, 부모(父母)를 섬기되 그 힘을 다하며, 군주[君]를 섬기되 그 몸을 다하고, 벗과 사귀되 말에 신의(信義)가 있으면, 비록 (그가) 배우지 않았더라도 나[吾]는 반드시 배웠다고 말하리라'고 했다"(권1, 「학이(學而) 제1」)라고 하였다.
　〈옮긴이주〉 『논어주소』(『십삼경주소 하』) 권1, 「학이 제1」, 2458쪽.
16) 『논어』에서는 "자유(子游)가 효를 묻자, 공자는 '지금의 효라는 것은 (부모를) 잘 봉양하는 것이라고 할 수 있다. (그러나) 개나 말에 이르러서도 모두 능히 길러줌이 있으니, 공경하지 않으면 무엇으로 구별하겠는가!'라고 했다"(권1, 「위정[爲政] 제2」)라고 하였다.
　〈옮긴이주〉 『논어주소』(『십삼경주소 하』) 권2, 「위정 제2」, 2462쪽.
17) 『논어』에서는 "맹의자(孟懿子)가 효를 묻자, 공자는 '어김이 없어야 한다(無違)'고 했다"(권1, 「위정 제2」)라고 하였다.
　〈옮긴이주〉 『논어주소』(『십삼경주소 하』) 권2, 「위정 제2」, 2462쪽.

까지 세심하게 살피고 관심을 가지며,18) 살아서는 섬기기를 다하고 죽어서는 정중하게 장사(葬事)를 지내며, (이 모든 것을) 오로지 예(禮)로써 해야 한다.19) (2) 자식[子]은 (아버지가) 살아있는 동안에 힘써 순종하고 아버지[父]를 본보기로 삼아야 할 뿐 아니라 또 계승하는 것이 있어야 하고 가볍게 고치지 말아야 한다. 이것이 바로 이른바 "아버지[父]가 살아계시면 그(자식)의 뜻을 살피고, 아버지가 돌아가시면 그(자식)의 행실을 살필 것이로되, 3년 동안 아버지의 도(道)를 고치지 말아야 효(孝)라고 할 수 있다"20)라는 것이다. (3) 효도를 다한다는 것은 '선비[士]'가 수신(修身)할 때의 기본적 요구일 뿐 아니라21) 신하가 충신(忠信)과 인의(仁義)를 행할 때 반드시 갖추어야 할 도덕적 핵심이기도 하다.22)

---

18) 『논어』에서는 "맹무백(孟武伯)이 효를 묻자, 공자는 '부모는 오직 자식이 병들까 근심한다'고 했다"(권1, 「위정 제2」)라고 하였고, 또 "공자는 '부모의 나이는 알지 않을 수 없으니, 한편으로는 기쁘고 한편으로는 두렵다'고 했다"(권2, 「이인(里仁) 제4」)라고 하였다.
 〈옮긴이주〉『논어주소』(『십삼경주소 하』) 권2, 「위정 제2」, 2462쪽 ·『논어주소』(『십삼경주소 하』) 권4, 「이인 제4」, 2472쪽.
19) 『논어』에서는 "번지(樊遲)가 수레를 몰고 있는데, 공자가 '맹손씨(孟孫氏)가 나[我]에게 효를 묻기에 나는 어김이 없어야 한다[無違]'고 하였다. 번지가 '무엇을 이르신 것입니까?' 하니, 공자는 '살아계시면 예(禮)로써 섬기고, 돌아가시면 예로써 장사지내며 예로써 제사지내는 것이다'고 하였다"(권1, 「위정 제2」)라고 하였다.
 〈옮긴이주〉『논어주소』(『십삼경주소 하』) 권2, 「위정 제2」, 2462쪽.
20) 『논어집주(論語集注)』 권1, 「학이 제1」.
 〈옮긴이주〉『논어주소』(『십삼경주소 하』) 권1, 「학이 제1」, 2458쪽.
21) 『논어』에서는 "자공(子貢)이 '어떠해야 선비[士]라고 할 수 있습니까?'라고 묻자, 공자는 '몸가짐에 부끄러움이 있으며, 사방에 사신(使臣)으로 가서는 군주의 명(命)을 욕되게 하지 않으면 선비라고 할 수 있다'고 하였다. (자공이) '감히 그 다음을 묻겠습니다'고 하니, (공자는) '종족(宗族)들이 효성스럽다고 칭찬하고, 고을[鄕黨]에서 공손하다[弟]고 칭찬해야 한다'고 하였다"(권7, 「자로(子路) 제13」)라고 하였다.
 〈옮긴이주〉『논어주소』(『십삼경주소 하』) 권13, 「자로 제13」, 2507~2508쪽.
22) 『논어』에서는 "유자(有子)가 '그 사람됨이 효성스럽고 공손한데도 윗사람[上]을 범하기를 좋아하는 자는 드무니, 윗사람 범하기를 좋아하지 않고서 난을 일으키기를 좋아하는 자는 있지 않다. 군자(君子)는 근본을 힘쓰니, 근본이 서면 도(道)가 생기는 것이다. 효도와 공손[孝弟]은 그 인(仁)을 행하는 근본일 것이다'라고 하였다"(권1, 「학이 제1」)라고 하였다.

이상 세 가지는 일찍부터 유가(儒家)들이 부단히 선전하여 사람들의 마음속에 깊이 파고들었다. 이외에도 다음의 두 가지 점은 주목할 필요가 있다. (1) 공자의 관점에서 보면, 개인이 효도를 다하는 것이 국가에 충성을 다하는 도덕적 기초가 될 수 있지만, 양자(兩者) 간에는 종종 충돌이 일어날 때도 있다. 즉 충(忠)·효(孝)는 쌍방을 모두 충족시킬 수 없는 경우도 있는 것이다. 공자의 본의(本意)를 보면, 이러한 선택하기 어려운 문제에 대하여 그는 다소 전자즉 먼저 양친(兩親)을 효양(孝養)할 책임을 이행해야 한다는 것에 치중하였던 듯하다.23) (2) 가정 내(內)에서 부모와 자녀 간에는 의견 충돌이 일어나지 않을 수 없다. 공자는 이때 자녀는 부모의 의견을 기계적으로 집행해서는 안되고 변별(辨別)해야 한다고 보았다. 즉 공자는 "부모를 섬길 때는 은근하게 간(幾)하고, 따르지 않는 뜻을 보여도 더욱 공경하여 거스르지 말 것이며, 수고롭더라도 원망하지 말아야 한다"24)고 하였다. 요지(要旨)는 부모를 섬길 때는 먼저 순종해야 하지만, 부모의 의견 또는 교령(敎令)이 정당하지 않거나 심지어 국법(國法)을 위반하였을 때 자식[子]은 다른 생각을 제시하여 간언할 수 있다는 것이다. 그러나 만약 부모가 받아들이지 않았다면 자식[子]은 계속 삼가 공경하고 명령에 따라야 하며, 수고로움을 마다하지 않고 원망을 두려워

〈옮긴이주〉『논어주소』(『십삼경주소 하』) 권1, 「학이 제1」, 2457쪽.

23) 『공자가어(孔子家語)』(요녕교육출판사[遼寧教育出版社], 1997)에는 다음과 같이 기술되어 있다. 공자가 제(齊)나라로 가던 중에 길에서 구오자(丘吾子)를 만났다. 구오자가 개탄하여 "무릇 나무는 고요하고자 하지만 바람이 멈추지 않고, 자식[子]은 봉양하고자 하지만 부모[親]가 기다려주지 않습니다. 한번 가면 다시 오지 않는 것이 세월이요, (가시면) 다시 뵐 수 없는 이가 부모[親]입니다"라고 했다. 공자는 뭇 제자들에게 '너희들[小子]은 기억해두어라. 이것이야말로 족히 경계로 삼을 만하다'라고 했다. 이에 제자들 중에 고향으로 돌아가 부모[親]를 봉양하는 자가 열에 셋이나 되었다"(「치사(致思: 원서에는 致가 觀으로 되어 있다) 제8」, 19쪽). 이 속에는 공자가 부모의 봉양을 중시하는 태도가 명시(明示)되어 있다. 이와 관련해서는 뒷부분의 한비자(韓非子)의 논술도 참조할 만하다.
〈옮긴이주〉이민수,『공자가어』(을유문화사, 2015) 권2, 「치사」, 88~89쪽.『공자가어』에 있는 이 문장은 풍수지탄(風樹之嘆)이란 고사(故事)로 회자(膾炙)되고 있다. 이 기사는『설원(說苑)』권10,「경신편(敬愼編)」등에도 보이는데, 문구(文句)에 약간의 차이가 있다.

24) 『논어집주』권2,「이인 제4」.
〈옮긴이주〉『논어주소』(『십삼경주소 하』) 권4,「이인 제4」, 2471쪽.

하지 않으며, 여전히 부모에게 순종하는 것을 옳다고 여겨야 한다는 것이다. 공자의 이러한 주장은 "부모[父]를 높이고 자식[子]을 억압하는" 혐의(嫌疑)를 피하기는 어렵지만, 그는 이러한 잠재적 모순을 깨달았고, 아울러 자식에게 다른 의견을 제시할 수 있는 기회를 주어야 한다고 생각한 것은 역시 탁견(卓見)이라고 할 수 있다. 아쉬운 것은 이 탁월한 정신이 유가사상의 그 이후의 발전 중에서 일찍이 단편적인 도덕과 법률의 의무적인 훈교(訓敎)에 매몰되어 버린 점이다.[25)]

맹자는 이른바 "사람은 모두 남에게 차마 하지 못하는 마음[不忍人之心]을 가지고 있다"는 '성선설(性善說)'을 주장하였다. 곧 사람은 모두 측은지심(惻隱之心: 측은하게 여기는 마음)·수오지심(羞惡之心: 부끄러워하는 마음)·사양지심(辭讓之心: 사양하는 마음)·시비지심(是非之心: 시비를 가리는 마음)을 가지며, 진실로 이를 충족시키면 작게는 부모를 섬길 수 있고, 크게는 사해(四海)를 보존할 수 있다는 것이다.[26)] 『맹자』를 전체적으로 보면, 다음의 점들을 알 수 있다.

---

25) 중국고대에서 효도를 선양(宣揚)하는데 가장 적합하고 또 널리 사용된 교재가 바로 『효경(孝經)』이었다. 그 속에는 공자의 이러한 언사(言辭)가 온전히 인용되어 있다. 다만 오랜 기간 교화(敎化)를 관장(管掌)하였던 관리들은 대체로 공순(恭順)한 도리를 강조하여 오직 더 많은 순민(順民)이 만들어지기를 희망하였을 뿐 '은근한 간언[幾諫]' 등과 같은 행위에 대하여는 그다지 주의하지 않았다.

26) 『맹자주소(孟子注疏)』 권3, 「공손추장구상(公孫丑章句上)」.
〈옮긴이주〉『맹자주소』(『십삼경주소 하』) 권3하, 「공손추장구상」에 있는 문장을 옮기면 다음과 같다. "맹자가 말하였다. '사람은 모두 남에게 차마 하지 못하는 마음[不忍人之心]을 가지고 있다. 선왕(先王)은 사람에게 차마 하지 못하는 마음이 있어서 이에 사람에게 차마 하지 못하는 정치[不忍人之政]를 하였다. 사람에게 차마 하지 못하는 마음으로 사람에게 차마 하지 못하는 정사(政事)를 행하면, 천하를 다스리는 것은 손바닥 위에서 움직일 수 있다. 사람이 모두 남에게 차마 하지 못하는 마음을 가지고 있다고 말하는 까닭은, 지금 갑자기 어린아이가 우물에 빠지려 하는 것을 보면 모두 깜짝 놀라고 측은한 마음이 드는 것이니, 이것은 아이의 부모(父母)와 친교를 맺으려는 것도 아니고, 고을 사람과 벗들에게 칭찬을 듣기 위한 것도 아니며, 나쁜 소문을 싫어해서 그렇게 한 것도 아니다. 이로 말미암아 보건대, 측은지심(惻隱之心)이 없으면 사람이 아니고, 수오지심(羞惡之心)이 없으면 사람이 아니며, 사양지심(辭讓之心)이 없으면 사람이 아니고, 시비지심(是非之心)이 없으면 사람이 아니다. 측은지심은 인(仁)의 시작[端]이요, 수오지심은 의(義)의 시작이요, 사양지심은 예(禮)의 시작이요, 시비지심은 지(智)의 시작이다. 사람이 이 사단(四端)을 가지고 있다는 것은 사람이 사지(四肢)를 가지고 있는 것과 같다. 이 사단을 가지고 있으면서 스스

(1) 맹자는 공자의 효도에 관한 주장을 계승하여, 자식[子]은 생사(生死)에 관계없이 예(禮)로써 부모를 섬겨야 하고,[27] 죽을 때까지 그리워해야 하며,[28] 또한 반드시 후손을 두어서 조선(祖先)의 혈통을 이어야 한다고[29] 보았다.

(2) 자식[子]은 부모에 대하여 유순(柔順)해야 할 뿐만 아니라[30] "부모를 존

로 능히 (인의예지[仁義禮智]를) 실천할 수 없다고 하는 자(者)는 자신을 해치는 자이며, 군주더러 실천할 수 없다고 하는 자는 그 군주를 해치는 자이다. 무릇 나에게 있는 사단을 넓혀 채울 수 있음을 안다면, 마치 불이 타오르기 시작하고 샘이 솟기 시작하는 것과 같아서, 진실로 이것을 능히 채운다면 사해(四海)를 보존할 수 있고, 진실로 채우지 못한다면 부모조차 섬기지 못할 것이다.'"(2690∼2691쪽)

27) 『맹지주소』 권5, 「등문공장구상(藤文公章句上)」. 이 속에는 등정공(藤定公)이 죽자, 연우(然友)가 추(鄒) 땅에 가서 맹자에게 어떻게 상례(喪禮)를 치를 것인지에 대하여 가르침을 청(請)하니, 맹자가 대답한 내용이 기록되어 있다. "증자(曾子)는 '(부모가) 살아서는 섬기기를 예(禮)로써 하고, 죽어서는 장례(葬禮)를 지내기를 예로써 하며, 제사를 지내기를 예로써 하면 효(孝)라고 이를 만하다'고 하였다. 제후(諸侯)의 예는 내[吾]가 아직 배우지 못하였다. 그러나 나는 일찍이 들은 바가 있으니, 3년 상(喪)에는 굵은 베로 지은 상복[齊疏]을 입고 미음과 죽[飦粥]을 먹는 것은 천자(天子)로부터 서인(庶人)에 이르기까지 삼대(三代: 하[夏]·은[殷]·주[周]─옮긴이) 이래 똑같이 하였다.'"
〈옮긴이주〉『맹자주소』(『십삼경주소 하』) 권5상, 「등문공장구상」, 2701쪽 .

28) 『맹자』에서는 "큰 효도[大孝]는 죽을 때까지 부모를 그리워한다"(권9, 「만장장구상[萬章句上]」)고 하였다.
〈옮긴이주〉『맹자주소』(『십삼경주소 하』) 권9상, 「만장장구상」에 있는 문장을 인용하면 다음과 같다. "만장(萬章)이 물었다. '순(舜)임금은 밭에 나가서 하늘을 우러러 소리쳐 울었사온데, 무엇 때문에 그렇게 소리쳐 울었습니까?' 맹자는 '원망하고 사모해서이다. …… 사람이 어려서는 부모(父母)를 사모하고, 여색(女色)을 알게 되면 예쁜 여자를 그리워하고, 처자(妻子)를 두면 처자를 그리워하고, 벼슬을 하면 군주를 사모하고, 군주에게 받아들여지지 않으면 마음을 태운다. 큰 효도[大孝]는 죽을 때까지 부모를 그리워하나니, 50세가 되어도 그리워하는 것을 나는 위대한 순임금에게서 보았다'고 하였다."(2733∼2734쪽)

29) 『맹자』에서는 "불효(不孝)에는 세 가지가 있는데, 후사(後嗣)가 없는 것이 (가장) 크다"(권7, 「이루장구상(離婁章句上)」)고 하였다.
〈옮긴이주〉『맹자주소』(『십삼경주소 하』) 권7하, 「이루장구상」에 있는 전체 문장을 옮기면 다음과 같다. "맹자가 말하였다. '불효에는 세 가지가 있는데, 후사가 없는 것이 (가장) 크다. 순(舜)임금이 (부모에게) 고(告)하지 않고 장가간[娶] 것은 후사가 없기 때문이었으니, 군자(君子)는 이로써 고(告)한 것과 같다고 하였다.'"(2723쪽)

30) 『맹자』에서는 "부모[親]에게 인정을 받지 못하면 사람이 될 수 없고, 부모[親]에게

경·봉양[尊親養親]"까지 할 수 있어야 한다.31)

(3) 부모와 자녀 간에는 '이(利)'로써 접촉하거나 오직 이익만을 탐해서도 안 되고, 또 일반 사람의 선악(善惡)을 기준으로 가늠해서도 안 되며, 인의(仁義)를 품고 서로 화목하게 지내야 한다.32)

이밖에 맹자는 국가와 정부는 자녀에게 부모에 대한 효양(孝養)의 의무를 실천하도록 독려해야 할 뿐만 아니라 그에 따라 사회도 교화(敎化)하고 양육(養育)할 책임을 다해야 한다고 여겨서 "상(庠)·서(序)33)의 가르침[敎]을 삼가 길러서[謹] 효제(孝悌)의 도의[義]34)를 거듭 밝혀야[申]"35) 한다고 하였다. 왜냐

순종하지 아니하면 자식[子]이 될 수 없다"(권7, 「이루장구상」)고 하였다.
〈옮긴이주〉『맹자주소』(『십삼경주소 하』) 권7하, 「이루장구상」에 있는 전체 문장을 옮기면 다음과 같다. "맹자가 말하였다. '천하 사람들이 크게 기뻐하여 장차 자기[己]에게로 돌아오려 하는데, 천하가 크게 기뻐하여 자기에게로 돌아오는 것 보기를 초개(草芥)처럼 여긴 것은 오직 순임금이 그러하였다. 부모에게 인정을 받지 못하면 사람이 될 수 없고, 부모에게 순종하지 아니하면 자식이 될 수 없다. 순임금이 아버지[父]를 섬기는 도(道)를 극진히 하여 아버지 고수(瞽瞍)가 기뻐함에 이르니, 고수가 기뻐함에 이르러 천하가 감화를 받았으며, 고수가 기뻐함에 이르러 천하의 부모와 자식[父子]이 다 안정하게 되니, 이것을 큰 효도[大孝]라 이르는 것이다.'"(2723쪽)

31) 『맹자』에서는 "효자의 지극함[至]은 부모를 높이는 것[尊親]보다 큰 것이 없고, 부모를 높이는 것의 지극함은 천하로써 봉양하는 것보다 큰 것이 없으니, (고수는) 천자(天子)의 아버지[父]가 되었으니 높임이 지극하고, (순임금은) 천하로써 봉양하였으니 봉양함이 지극하다"(권9, 「만장장구상」)고 하였다.
〈옮긴이주〉『맹자주소』(『십삼경주소 하』) 권9상, 「만장장구상」, 2735쪽.

32) 『맹자』에서는 "남의 신하된 이가 인(仁)과 의(義)를 품고 그 군주를 섬기고[事], 남의 자식[子]된 이가 인과 의를 품고 그 아버지[父]를 섬기며, 남의 아우[弟]된 이가 인과 의를 품고 그 형(兄)을 섬긴다면, 이는 군신(君臣)·부자(父子)·형제가 이익[利]을 버리고 인과 의를 품고 서로 접촉하는 것이다. 그러하고도 왕 노릇하지 못한 사람은 아직 있지 않았다"(권12, 「고자장구하(告子章句下)」)고 하였다.
〈옮긴이주〉『맹자주소』(『십삼경주소 하』) 권12상, 「고자장구하」, 2756쪽.

33) 〈옮긴이주〉 서(序)는 은(殷)나라에서 지방에 설치한 학교, 상(庠)은 주(周)나라에서 지방에 설치한 학교.

34) 〈옮긴이주〉 원서에는 '養'으로 오기(誤記)되어 있다.

35) 『맹자주소』 권1, 「양혜왕장구상(梁惠王章句上)」.
〈옮긴이주〉『맹자주소』(『십삼경주소 하』) 권1상, 「양혜왕장구상」, 2666쪽 ·『맹자주소』(『십삼경주소 하』) 권1하, 「양혜왕장구하」, 2671쪽. 이와 관련된 문장은 아래의 주) 참조.

하면 이것이 "왕자의 다스림[王者之治]"을 실현하는 합당한 도리[義]였기 때문이다.36) 그는 "항산(恒産: 일정한 재산)이 있으면 항심(恒心: 일정한 마음)이 있다"37)

36) 〈옮긴이주〉 맹자의 이러한 주장은 『맹자주소』(『십삼경주소 하』) 권1상, 「양혜왕장구상」에 있는 맹자와 양혜왕의 문답에 보인다. "양혜왕이 말하였다. '과인(寡人)은 나라[國]에 있어서는 마음을 다하고 있습니다. 하내(河內)에 흉년(凶年)이 들면 그 백성[民]을 하동(河東)으로 옮기고, 하동의 곡식을 하내로 옮깁니다. 하동에 흉년이 들면 역시 그렇게 하고 있습니다. 이웃 나라[鄰國]의 정치를 살펴보면, 과인이 마음을 쓰는 것처럼 하는 자가 없는데도 이웃 나라의 백성[民]은 줄지도 않거니와 과인의 백성[民]은 늘지 않으니 무엇 때문입니까?' 맹자가 대답하였다. '왕께서 전쟁을 좋아하시니 청컨대 전쟁에 비유(比喩)하겠습니다. 북소리가 울리고 접전(接戰)이 벌어졌을 때, 갑옷을 버리고 무기를 끌고서 도망지는데, 어떤 자는 100보(步)를 간 뒤에 멈췄고, 어떤 자는 50보를 간 뒤에 멈췄는데, 50보를 간 자가 100보를 간 자를 비웃는다면 어떠하겠습니까?' (양혜왕이) 말하였다. '옳지 않습니다. 단지 100보가 아닐 뿐이 또한 도망친 것입니다.' (맹자가) 말하였다. '왕께서 만약 이것을 아신다면, 백성[民]이 이웃 나라보다 많아지기를 바라지 마십시오. 농사철[農時]을 어기지 않으면 곡식을 다 먹을 수 없고, 잔 그물을 못에 넣지 않으면 물고기와 자라를 다 먹을 수 없으며, 도끼를 제때에 산림(山林)에 들이면 재목(材木)을 다 쓸 수 없을 것입니다. 곡식과 물고기ㆍ자라를 다 먹을 수 없고 재목을 다 쓸 수 없다면, 이는 백성[民]으로 하여금 산 사람을 기르고 죽은 사람을 장사(葬事) 지내는데 유감(有憾)이 없게 하는 것입니다. 산 사람을 기르고 죽은 사람을 장사 지내는데 유감이 없게 하는 것이 왕도(王道)의 시작[始]입니다. 5무(畝)의 택지(宅地)에 뽕나무를 심는다면 50세가 된 자는 비단옷을 입을 수 있고, 닭ㆍ돼지와 개 등을 기르는데 그 때를 잃지 아니하면 70세가 된 자는 고기를 먹을 수 있습니다. …… 상(庠)ㆍ서(序)의 가르침을 삼가 닦아서 효제(孝悌)의 도의(道義)를 거듭 밝힌다면 반백(斑白)이 된 자는 길에서 (짐을) 지거나 이거나 하지 않을 것입니다. 70세가 된 자가 비단옷을 입고 고기를 먹으며, 백성[黎民]이 굶주리지 않고 춥지 않게 되고서도 왕 노릇을 하지 못하는 자는 아직 있지 않습니다. 개ㆍ돼지가 사람 먹을 곡식을 먹어도 금지시킬 줄 모르고, 길에 굶어 죽은 송장이 있어도 곳집을 열어 구제할 줄 모르며, 사람이 죽어도 내 책임이 아니라[非我] 흉년 때문이라고 하면, 이것은 사람을 찔러 죽이고도 내가 죽인 것이 아니라[非我] 칼[兵]이 죽인 것이라고 하는 것과 무엇이 다르겠습니까? 왕께서 흉년을 탓하지 않으시면 천하의 백성[民]이 이를 것입니다.'"(2666쪽) 비슷한 내용은 『맹자주소』(『십삼경주소 하』) 권1하, 「양혜왕장구하」, 2671쪽에도 보인다.

37) 〈옮긴이주〉 『맹자주소』(『십삼경주소 하』) 권1하, 「양혜왕장구상」에서는 "항산(恒産)이 없으면서도 항심(恒心)이 있는 것은 오직 선비[士]만이 가능합니다. 백성[民]으로 말하면, 항산이 없으면 항심도 없어지게 됩니다. 만일 항심이 없게 되면 방탕하고 편벽되며 사악하고 사치스러운 짓을 하지 않음이 없을 것이니, (백성이) 죄에 빠지게 된 다음에 쫓아서 이들을 형벌[刑]한다면, 이는 백성[民]을 그물질하는 것입니다. 어

는 이론에 입각하여 국가가 공공정책(公共政策)을 제정할 때 백성 개개인의 이익을 고려해야 한다고 제기(提起)하였다. 그는 명군(明君)을 본보기로 삼았는데, 이른바 "명군(明君)이 백성의 생업을 제정할 때[制民之産]는 반드시 위로는[仰] 부모를 섬길 만하고, 아래로는[俯] 처자(妻子)를 기를 만하며, 풍년[樂歲]에는 내내 배불리 먹고, 흉년에는 굶어 죽는 것을 면하게 한다"[38]고 하여, 통치자들이 국가와 자신의 이익을 추구할 때 백성의 가정에서의 풍족(豊足) 문제도 해결할 수 있기를 바랐다. 동시에 그는 일부 위정자(爲政者)들의 도리에 어긋나는 행위[倒行逆施][39]를 준엄하게 비판하여 "지금은 백성의 생업을 마련해주는데[制民之産], 위로는[仰] 부모를 섬기기에 부족하고, 아래로는[俯] 처자를 먹이기에 부족하니, 풍년[樂歲]에도 내내 고생하고 흉년에는 죽음을 면치 못한다"[40]고 하였다. 이러한 조건 하에서 백성은 죽음에서 벗어나는 것도 힘이 모자랄까 두려운데 하물며 예의(禮義)를 닦을 여력(餘力)이 있겠는가?[41] 통치자들이 만약 이를 방치하고도 "제후(諸侯)를 다스리고자" 생각한다면, 이는 근본적으로 실행될 수 없다는 것이다. 이외에도 맹자는 주문왕(周文王)이 "노인

찌 인(仁)한 사람이 왕위(王位)에 있으면서 백성[民]을 그물질하는 일을 할 수 있겠습니까? 그러므로 명군(明君)이 백성의 생업을 제정할 때[制民之産]는 반드시 위로는[仰] 부모를 섬길 만하고, 아래로는[俯] 처자를 기를 만하며, 풍년[樂歲]에는 내내 배불리 먹고, 흉년에는 굶어 죽는 것을 면하게 하니, 그런 연후에야 몰아 선(善)한 길로 나아가게 합니다. 그러므로 백성[民]이 이를 따르기가 쉬운 것입니다"(2671쪽)고 했다.

38) 〈옮긴이주〉위의 주) 참조.

39) 〈옮긴이주〉'도행역시(倒行逆施)'는 "시대의 흐름에 역행하다", "도리에 맞지 않는 일을 하다"의 뜻.

40) 『맹자주소』 권1, 「양혜왕장구상」.
   〈옮긴이주〉『맹자주소』(『십삼경주소 하』) 권1하, 「양혜왕장구상」, 2671쪽. 관련 문장은 아래의 주) 참조.

41) 〈옮긴이주〉본문에 있는 "지금은 백성의 생업을 마련하는데~예의를 닦을 여력이 있겠는가?"라는 문장은 앞의 주 36)에 제시한 문장에 이어서 나오는 맹자의 말이다. 관련 문장을 옮기면 다음과 같다. "지금은 백성의 생업을 마련해주는데, 위로는 부모를 섬기기에 부족하고, 아래로는 처자를 먹이기에 부족하니, 풍년에도 내내 고생하고 흉년에는 죽음을 면치 못합니다. 이렇게 되면 (백성이) 죽음에서 벗어나기에도 힘이 모자랄까 두렵거늘 어느 겨를에 예의를 닦겠습니까?"(『맹자주소』(『십삼경주소 하』) 권1하, 「양혜왕장구상」, 2671쪽)

을 잘 봉양했다[善養老者]"는 성공사례를 들어[42] 국가가 법률을 제정할 때 삼가 국가의 공권력(公權力)을 이용하여 가정에서 효양(孝養)의 실현과 직결된 부문들을 보장해야 한다고 주장하였다. (이에 대한) 주된 조치(措置)는 두 가지인데, 첫째는 "백성에게 생업을 마련해주는 것[制民之産]"[43]이었고, 둘째는 "백성의 농사철을 빼앗지 않는 것[不奪民時]"[44]이었다. 국가가 부분적으로 양로

---

42) 『맹자주소』 권13, 「진심장구상(盡心章句上)」.
 〈옮긴이주〉『맹자주소』(『십삼경주소 하』) 권13하, 「진심장구상」에 있는 '선양노자(善養老者)'에 대한 내용은 아래의 주) 참조.

43) 『맹자』에서는 "서백(西伯)이 노인을 잘 봉양한다[善養老者]는 것은 백성의 전지(田地)와 택지(宅地)를 제정[制]하여 심고 기르는 법을 가르치고, 그 처자(妻子)를 이끌어서 그 노인을 봉양하게 하는 것이다"(권13, 「진심장구상」)라고 하였다.
 〈옮긴이주〉『맹자주소』(『십삼경주소 하』) 권13하, 「진심장구상」에 있는 '선양노자(善養老者)'와 '제민지산[制民之産]'과 관련된 내용은 다음과 같다. "맹자가 이르기를 '백이(伯夷)는 주왕(紂王)을 피해서 북해(北海)의 물가에 살다가 문왕(文王)이 일어났다는 소식을 듣고 떨쳐 일어나 어찌 돌아가지 않겠는가! 나[吾]는 서백(西伯)이 노인을 잘 봉양한다고 들었다고 하였고, 태공(太公)이 주왕을 피해 동해(東海)의 물가에 살다가 문왕이 일어났다는 소식을 듣고 떨쳐 일어나 어찌 돌아가지 않겠는가! 나는 서백이 노인을 잘 봉양한다고 들었다고 하였으니, 천하에 노인을 잘 봉양하는 사람이 있으면 어진 이[仁者]는 자신이 갈 곳으로 생각한다. …… 이른바 서백이 노인을 잘 봉양한다는 것은 백성의 전지와 택지를 제정하여 심고 기르는 법을 가르치고, 그 처자를 이끌어서 그 노인을 봉양하게 하는 것이다. 50세에는 비단옷이 아니면 따뜻하지 않고, 70세에는 고기가 아니면 배가 부르지 않는다. 따뜻하지 않고 배가 부르지 않는 것을 얼고 굶주리는 것[凍餒]이라 이르니, 문왕의 백성[民] 중에 얼고 굶주린 노인이 없었다는 것은 이를 말한다'라고 하였다."(2768쪽)

44) 『맹자』에서는 "저들[彼]이 자기 백성의 농사철[民時]을 빼앗아 밭을 갈고 김을 매어 그들의 부모를 봉양하지 못하게 하면, 부모는 얼고 굶주리며, 형제(兄弟)와 처자(妻子)는 헤어져 흩어질 것이다"(권1, 「양혜왕장구상」)고 하였다.
 〈옮긴이주〉『맹자주소』(『십삼경주소 하』) 권1상, 「양혜왕장구상」에 있는 전문을 옮기면 다음과 같다. "양혜왕이 말하였다. '진(晉)나라가 천하에 막강함은 선생도 아시는 바입니다. 과인(寡人)의 몸[身]에 이르러 동으로는 제(齊)나라에 패하여 큰 아들[長子]이 죽었고, 서로는 진(秦)나라에 땅을 7백리(里)를 빼앗겼으며, 남으로는 초(楚)나라에 욕(辱)을 보았습니다. 과인이 이를 부끄럽게 여겨, 죽은 사람을 위해 한번 설욕을 하려는데 어떻게 하면 좋겠습니까?' 맹자가 대답했다. '땅이 100리가 되면 왕 노릇을 할 수 있습니다. 왕께서 만약 백성[民]에게 어진 정치를 베풀어 형벌[刑]을 줄이고 세금 징수[稅斂]를 적게 하고 깊이 밭 갈고 찬찬히 김매게 하고, 장정[壯丁]들은 일 없는 날을 이용해서 효성[孝]과 우애[悌]와 충성[忠]과 신의[信]를 닦아, 집에 들어

(養老)의 책임을 부담(負擔)하는 이러한 정책(사회보장이라고도 이해할 수 있다)은 진실로 맹자사상의 뛰어난 점으로서 "백성이 나라의 근본이다"라는 민본사상(民本思想)과도 매우 부합(符合)된다.

공자·맹자[孔孟]에 비해 순자(荀子)는 유가(儒家) 체계에서 지위가 장기간 그다지 확고하지 못하여 천년에 걸쳐 의견이 분분하였고, 청대(淸代)에 이르러 비로소 정통(正統)으로 추존되어 선진(先秦) 시기 유가 중 최후로 "유도(儒道)를 깨우친[得道]" 사람이 되었다. 그러나 한편으로 청말(淸末)이 되면 사회는 급변하여 무수한 개혁가가 전통사상을 비판하는데 주력하였고, 순자도 청대 통치자들의 2백여 년 동안의 주창(主唱)으로 마치 국가 이데올로기(Ideologie)의 표적(標的)처럼 되어 가장 먼저 화를 당하였으므로45) 진실로 "성공도 청조(淸朝) 덕분이요, 실패도 청조 때문이다"고 할 만하다. 다른 한편 순자의 입론의 기초인 '성악설(性惡說)'은, 표면적으로는 맹자의 '성선설(性善說)'과 모순되어 유가 내부에서도 존립하기 매우 어렵게 했을 뿐 아니라, 유가 외부에서도 오해를 받기 쉽게 하였다. 그렇다면 '성악'은 '성선'과 정반대인 듯이 보이지만, (맹자의 '성선'은) 결코 (순자에게) 영향을 준 것이 아니며, 순자의 국가·사회와 가정질서에 대한 주장은 공자·맹자[孔孟]와 근본적으로 일치하는 입장을 취하고 있다. 이에 대해 간략하게 서술하면 다음과 같다.

가서는 그 부형(父兄)을 섬기고, 나가서는 연장자와 윗사람[長上]을 섬기도록 하신다면, 몽둥이를 들고서도 진(秦)나라와 초나라의 견고한 갑옷과 예리한 무기를 치도록 만들 수 있을 것입니다. 저들(적국)이 자기 백성의 농사철을 빼앗아 밭을 갈고 김을 매고 부모를 봉양하지 못하게 하면, 부모는 얼고 굶주리며, 형제와 처자는 헤어져 흩어질 것입니다. 저들이 그 백성을 곤경에 빠뜨리는데 왕께서 가서서 정벌하신다면 대체 누가 왕께 대적(對敵)하겠습니까? 그러므로 어진 자는 적이 없다[仁者無敵]고 하는 것입니다. 왕께서는 청컨대 이를 의심하지 마십시오.'"(2667쪽)

45) 예를 들어 청말 양계초(梁啓超) 같은 이는 진한(秦漢) 이후 정치적 학술(學術)은 모두 순자에게서 나오며, "유가가 오랫동안의 폐단을 벗어나지 못하고 후세의 비난을 받게 된 까닭은 순자학파[荀派]의 '살아있는 예[活禮]'를 '죽은 예[死禮]'로 바꾸었기 때문이다"(『선진정치사상사(先秦政治思想史)』, 동방출판사[東方出版社], 1996, 본론[本論], 121쪽)고 하였다. 담사동(譚嗣同)도 순자에 대하여 분격(憤激)하는 말을 토로(吐露)하고 있는데, 그는 "2천년의 정치는 진(秦)나라의 정치로서 모두 큰 도적[大盜]이고, 2천년의 학술은 순자의 학문[荀學]으로 모두 위선자[鄕愿]이다"(『인학(仁學)』 29, 화하출판사[華夏出版社], 2002, 96쪽)고 하였다.

『순자』「성악편(性惡篇)」서두에서는 (성악에 대한) 요지를 명시하여[開宗明義]46) "사람의 성(性)은 악(惡)하고, 그 선(善)한 것은 위[僞]이다"고 하였다. 이어서 "무릇 자식[子]이 아버지[父]에게 사양하고, 아우[弟]가 형(兄)에게 사양하며, 자식이 아버지를 대신하고, 아우가 형을 대신하는, 이 두 가지 행동은 모두 성(性)에 반대되고 정(情)에 어긋나지만 효자의 도리[道]이고 예의(禮義)의 문채 · 조리[文理]이다. 그러므로 정(情) · 성(性)에 따르면 사양하지 않게 되고, 사양하면 정 · 성을 거스르게 된다"47)고 상술(詳述)하고 있다. 이를 통해 순자의 관점에서 예의 · 사양 등 선(善)한 행위는 결코 자연적(自然的)인 정 · 성에 연원하는 것이 아니라 인위적 · 강제적으로 형성된 것이고, 따라서 이른바 '위(僞)'는 곧 인위 · 강제의 뜻인 것을 알 수 있다. 그런데 '자연적인 정 · 성'을 무엇 때문에 인위적 수단을 시용해서 굳이 그것을 위반히려고 히는가? 순자는 "사람의 천성[生]은 본래 소인(小人)이어서 스승[師]도 없고 예법(禮法)도 없다면 오직 이익만 탐할 뿐이다"48)라고 하여, 즉 사람의 천성(天性)은 결코 순연하게 선량(善良)하지 않기 때문에 만약 스승의 가르침도 없고 예의 · 법도도 지키지 않으면 오직 이익만 탐할 뿐이라고 보았다.49) 나아가 만약 사람마다 모두 오직 이익만 탐하고 본성(本性)을 방일(放逸)하면, 쌍방의 형세는 용납하지 못할 뿐만 아니라 한정된 자원으로 욕망이란 골짜기를 채우기도 어렵기 때문에50) 형세는 반드시 분쟁을 계속 야기하여 천하가 크게 혼란하게 된다.

---

46) 〈옮긴이주〉 '개종명의(開宗明義)'는 원래 『효경(孝經)』 제1장의 편명(篇名)으로 책 전체의 요지를 설명하고 있다. 이에 의거하여 '개종명의'는 "말 또는 글의 첫머리에서 요지를 밝히다"라는 성어(成語)로 사용되고 있다.

47) 왕선겸(王先謙), 『순자집해(荀子集解)』(총서집성초편본[叢書集成初編本]) 권17, 「성악편 제23」.
〈옮긴이주〉 순자 지음, 김학주 옮김, 『순자』(을유문화사, 2001) 「제23편 성악」, 657 · 662~663쪽.

48) 〈옮긴이주〉 순자 지음, 김학주 옮김, 『순자』 「제4편 영욕(榮辱)」, 107쪽.

49) 『순자』에서는 "사람이 사람인 까닭은 무엇 때문인가? 그것은(이상 옮긴이 보충) 분별력이 있기 때문이다. 배고프면 먹고자 하고, 추우면 따뜻해지고자 하고, 피곤하면 쉬고자 하며, 이익을 좋아하고 손해를 싫어하는 것은 사람이 태어나면서부터 가지고 있는 것이고, (배운) 이후에 그렇게 된 것이 아니다. 이는 우(禹)와 걸(桀)이 마찬가지이다"(「비상편(非相篇)」 제5)고 하였다.
〈옮긴이주〉 순자 지음, 김학주 옮김, 『순자』 「제5편 비상」, 126쪽.

이를 고려해서 "성왕(聖王)은 예(禮)를 제정하여" 분쟁을 해소하고 질서를 규범
화하고자 하였던 것이다.51) 이처럼 순자의 눈에 예(禮)는 분쟁 해소·질서 규
범화의 중요한 수단이었을 뿐만 아니라 사람과 금수의 본질적인 구별이기도
했다.52) 그러므로 사양의 예[辭讓之禮]가 정(情)·성(性)에 어긋난다고 해도 순
자는 오히려 적극 제창하였다. 이것이 바로 이른바 '융례(隆禮)'53)이다.

순자가 '융례'를 강조한 이상 가정윤리와 효도를 중시하지 않을 수 없다.

---

50) 『순자』에서는 "무릇 귀하기로는 천자(天子)가 되고, 부유하기로는 천하를 소유하고
자 하는 것은 인정(人情)이 모두 바라는 바이다. 그러한 즉 사람의 욕심을 따른다면
형세가 그것을 다 받아들일 수 없고 물건은 충분할 수 없을 것이다"(「영욕편 제4」)고
하였다.
〈옮긴이주〉순자 지음, 김학주 옮김, 『순자』「제4편 영욕」, 114쪽.

51) 『순자』에서는 "예(禮)는 어디에서 생겨났는가? 사람은 나면서부터 욕망이 있어서
그것을 채우고자 하나 얻지 못하면 추구하지 않을 수 없다. 추구하는데 일정한 기준
과 한계가 없으면 다투지 않을 수 없다. 다투면 혼란스럽고, 혼란스러우면 궁해진
다. 선왕(先王)이 그 혼란을 싫어하였기 때문에 예의를 제정하여 분계를 정함으로써
사람들의 욕망을 충족시켜주고 사람들이 원하는 바를 공급해주었던 것이다. 욕망은
반드시 사물을 다하지 않도록 하고, 사물은 반드시 욕망에 부족함이 없도록 하여,
이 두 가지가 서로 의지해서 자랄 수 있게 하였으니, 이것이 예가 생겨난 이유이
다"(「예론편(禮論篇) 제19」)고 하였다.
〈옮긴이주〉순자 지음, 김학주 옮김, 『순자』「제19편 예론」, 533~534쪽.

52) 『순자』에서는 "사람이 사람인 까닭은 무엇 때문인가? 그것은 분별력이 있기 때문이
다. …… 무릇 금수도 부모(父)와 자식[子]이 있지만 부모·자식의 친밀한 윤리는 없
고, 암컷·수컷이 있지만 남녀를 분별하는 윤리는 없다. 따라서 사람의 도리에는
분별이 있지 않음이 없는 것이다(이상 옮긴이 보충). 분별은 분수[分]보다 큰 것이 없
고, 분수는 예(禮)보다 큰 것이 없다"(「비상편 제5」)라고 하였다.
〈옮긴이주〉순자 지음, 김학주 옮김, 『순자』「제5편 비상」, 126~127쪽.

53) 『순자』에서는 "군주된 자가, 예를 숭상하고 현자를 존중하면[隆禮尊賢] 왕자(王者)가
되고, 법을 중시하고 백성을 사랑하면[重法愛民] 패자(覇者)가 되며, 이익을 좋아하고
사술(詐術)이 많으면 위태롭다"(「대략편(大略篇) 제27」)고 하였다. 이전 사람은 대부분
순자가 '융례'·'중법'을 동일 선상에서 언급했다고 보았지만 사실은 그렇지 않다.
이른바 왕자가 되고 패자가 되는 것은 유가의 가치체계에서 확실히 전자가 후자보
다 높고, 동일한 이치에서 '융례존현'도 '중법애민'보다 좋다. 따라서 순자의 관념에
서 '융례'가 '중법'보다 당연히 높아야 한다고 단언할 수 있다.
〈옮긴이주〉순자 지음, 김학주 옮김, 『순자』「제27편 대략」, 733쪽. 동일한 문장은
「제16편 강국(彊國)」(452쪽)·「제17편 천론(天論)」(490쪽)에도 보인다.

실제로 순자는 공자·맹자[孔孟]와 동일하게 효의 기본적 의미는 부모에 대해 살아서도 죽어서도 모두 예(禮)로써 섬겨야 하는데 있다고 보았다.54) 이외에도 그는 사람은 그 부모[親]를 잊어서도 안 되고, 심지어 다른 사람과 싸워서도 안 된다고 강조하였다. 왜냐하면 '싸움[鬪]'의 연쇄반응은 매우 엄중하여 (자신의) 몸을 망치거나 목숨을 잃을 수 있을 뿐만 아니라 때때로 위해(危害)가 부모─이것은 순자의 관점에서는 말할 가치조차 없는 일이다─에게까지 미칠 수 있기 때문이다.55) 또한 그는 공자를 예로 들어 "젊은이[少]가 어른[長]을 섬기고, 천한 사람[賤]이 귀한 사람[貴]을 섬기며, 어리석은 사람[不肖]이 현인(賢人)을 섬기는 것은 천하에 통하는 도의[通儀]이다"56)는 것을 설명하였다. 다시 말하면 개인은 자신이 처한 사회적 지위에 의해서 자기의 본분을 다해야 한다─자식[子]은 낭연히 윗사람을 섬기고 효순의 도[孝順之道]를 행해야 한다─는 것이다.57) 그러나 순자는 결코 절대극단적(絕對極端的)인 효도를 주장하지

---

54) 『순자』에서는 "예는 태어남[生]과 죽음[死]을 다스림에 있어 삼가는 것이다. 태어남은 인생의 시작이고, 죽음은 인생의 끝이다. 끝과 시작이 모두 좋아야만 사람의 도리가 잘 마무리 된다"(「예론편 제19」)고 하였다.
〈옮긴이주〉순자 지음, 김학주 옮김, 『순자』「제19편 예론」, 549쪽.

55) 순자는 "싸우는 사람은 그 자신을 잊은 것이고 그 부모[親]를 잊은 것이며 그 군주를 잊은 것이다. 잠깐의 분노를 터트리고 죽을 때까지 육신(肉身)을 잃게 되는데도 또 그러한 일을 행하는 것은, 이는 그 자신을 잊은 것이다. 집안이 당장 해(害)를 입고 친척들이 형벌을 면치 못하는데도 또 그러한 일을 행하는 것은, 이는 그 부모[親]를 잊은 것이다. 군주가 싫어하는 일이고 형법으로 크게 금지하는 일인데도 또 그러한 일을 행하는 것은, 이는 그 군주를 잊은 것이다. 근심으로 그 자신을 잊고, 안으로는 그 부모를 잊으며, 위로는 그 군주를 잊는 것은, 이는 형법이 그대로 버려두지 않을 것이고 성왕(聖王)이 보육(保育)해주지 않는 바이다. …… 사람으로서 근심으로 그 자신을 잊고, 안으로는 그 부모[親]를 잊으며, 위로는 그 군주를 잊는다면, 이러한 사람은 개나 돼지만도 못하다"라고 하였다. 그는 또 싸우기를 좋아하는 사람들을 비판하여 "반드시 자신은 옳고 남은 그르다 생각하여" 생을 가볍게 여기고 싸우게 되면 위험이 자신의 가족에게 미치고, 후과(後果)는 심히 우환(憂患)을 초래하게 된다고 하였다(「영욕편 제4」).
〈옮긴이주〉순자 지음, 김학주 옮김, 『순자』「제4편 영욕」, 95쪽.

56) 『순자집해』권3, 「중니편(仲尼篇) 제7」.
〈옮긴이주〉순자 지음, 김학주 옮김, 『순자』「제7편 중니」, 170쪽.

57) 『순자』에서는 "예(禮)에는 세 가지 근본이 있으니, 하늘과 땅[天地]은 생명의 근본이고, 선조(先祖)는 종족(宗族)의 근본이며, 군주[君師]는 다스림의 근본이다. 천지가 없

않고, 자식[子]은 "의(義)를 따르고 부모[父]를 따르지 않"아야 한다고 보았다. 즉 먼저 부모[父]의 명령[命] 중 따를 수 있는 것과 없는 것을 분명히 식별한 연후에 따를 수 있는 것을 선택해서 따라야 한다는 것이다. 그는 「자도편(子道篇)」에서 다음과 같이 말하였다.

> 명령[命]을 따를 수 있는데 따르지 않는 것은 자식[子]이 아니고, 따를 수 없는 데 따르는 것은 충(衷)이 아니다. 따라야 할 것과 따르지 않아야 할 것의 의(義)를 밝혀서 공경(恭敬)과 충신(忠信)을 다하고, 단정하고 신중하게 행동한다면 큰 효[大孝]라고 할 수 있다. 전(傳)하는 말에 "도(道)를 따르고 군주[君]를 따르지 않으며, 의(義)를 따르고 부모[父]를 따르지 않는다"고 한 것은 이를 말한 것이다.58)

이어서 또 공자와 노애공(魯哀公)의 사적(事迹)을 인용하여 증좌(證左)로 삼았다. 예컨대, 노애공이 효는 "자식[子]이 부모[父]의 명령[命]을 따르는 것입니까?"라고 물었고, 세 번을 물었으나 공자는 대답하지 않았다. 공자는 (노애공이) 돌아간 후에 이 일을 자공(子貢)에게 말하면서 동시에 그의 생각을 물었다. 자공은 "자식[子]이 부모[父]의 명령을 따르는 것"이 효도라고 하였다. 공자는 그가 효도를 깨닫지 못했다고 비평하고, 효의 요체[精義]는 오직 (부모의) 명령[命]만을 따르는 것에 있지 않고, "따라야 할 바를 살펴서 행하는 것을 효라고 한다"59)고 하여, 곧 거듭 살펴서 신중히 행하는 것에 있다고 하였다. 『순자』

으면 어찌 태어날 수 있고, 선조가 없으면 어찌 출생할 수 있으며, 군주가 없으면 어찌 다스려질 수 있겠는가? 세 가지 가운데 하나라도 없으면 편안한 사람이 없게 된다. 따라서 예는(이상 옮긴이 보충) 위로는[上] 하늘[天]을 섬기고 아래로는[下] 땅[地]을 섬기며 선조를 높이고 군주를 숭상하는 것이니, 이것이 예의 세 가지 근본이다"(「예론편 제19」)고 하였다.

〈옮긴이주〉 순자 지음, 김학주 옮김, 『순자』「제19편 예론」, 538쪽.

58) 『순자집해』 권20, 「자도편(子道篇) 제29」.

〈옮긴이주〉 순자 지음, 김학주 옮김, 『순자』「제29편 자도」, 818쪽. 또한 본편에는 다음과 같은 말도 있다. "들어와서는 효도하고 나가서는 공손한 것은 사람의 작은 행위[小行]이다. 윗사람에게 순종하고 아랫사람에게 돈독한 것은 사람의 일반적 행위[中行]이다. 도(道)를 따르고 군주를 따르지 않으며, 의(義)를 따르고 부모[父]를 따르지 않는 것은 사람의 큰 행위[大行]이다."(817쪽)

59) 〈옮긴이주〉 순자 지음, 김학주 옮김, 『순자』「제29편 자도」, 819~820쪽.

「법행편(法行篇)」에서도 공자의 말을 인용하여 "부모[親]가 있는데 능히 보답하지 못하면서 자식[子]을 두면 효도하기를 바라는 것은 서(恕)가 아니다"[60]고 하였다. 현대중국어[白話]로 해석하면, 자기는 부모에게 효를 다하지 못하면서 자기의 자녀에게 효를 다할 것을 요구하는 것은 인정(人情)·천리(天理) 면에서 통하지 않는 바가 있다는 것이다. 효도·효행(孝行)을 분명히 드러내는 것은 세대와 세대 간에 연속해서 전달될 가능성이 있기 때문에 당연히 더욱 중시되어야 한다. 이상 두 가지 내용은 모두 공자의 입을 빌려 말한 것이지만, 순자의 견해에 속하는 것은 확실하다. 그러나 비교적 흥미로운 것은 『논어』에서는 오히려 그것들을 직접 발견하기가 매우 어렵다는 점이다.

이상 공자·맹자·순자 세 사람의 가정윤리와 효도에 대한 기본사상을 관련 자료에 의거해서 간단하게 개괄하였기 때문에 사실 생략된 부분이 많을 수밖에 없다. 다행인 것은 이들 자료는 각자의 사상을 기록하고 있는 동시에 우리가 그 시대를 관찰할 경우에 이용할 수 있는 내용도 적지 않게 남기고 있는 점이다. 예컨대, 『맹자』에는 다음과 같이 기록되어 있다.

> 세속(世俗)에 이른바 불효가 다섯이니, 그 사지(四肢)를 게을리 하여 부모의 봉양을 돌아보지 않는 것이 첫째 불효이고, 도박하고 술 마시기를 좋아하여 부모의 봉양을 돌아보지 않는 것이 둘째 불효이고, 재화(財貨)를 좋아하고 처자(妻子)만 편애하여 부모의 봉양을 돌아보지 않는 것이 셋째 불효이고, 귀와 눈이 하고자 하는 것을 좇아 이로써 부모를 욕되게 하는 것이 넷째 불효이고, 용맹을 좋아하고 서로 다투고 싸워서 부모를 위태롭게 하는 것이 다섯째 불효이다.[61]

---

60) 〈옮긴이주〉 순자 지음, 김학주 옮김, 『순자』「제30편 법행」에 있는 전문은 다음과 같다. "공자가 말하였다. '군자(君子)는 세 가지의 서(恕)가 있다. 군주가 있는데 능히 섬기지 못하면서 신하를 두면 부리고자 하는 것은 서가 아니다. 부모[親]가 있는데 능히 보답하지 못하면서 자식[子]을 두면 효도하기를 바라는 것은 서가 아니다. 형(兄)에게 능히 공경하지 못하면서 아우[弟]를 두면 명령을 듣기를 바라는 것은 서가 아니다. 선비가 이 세 가지의 서에 밝으면 자신을 바르게 할 수 있다.'"(835~836쪽)

61) 『맹자주소』권8, 「이루장구하」.
〈옮긴이주〉 『맹자주소』(『십삼경주소 하』) 권8하, 「이루장구하」, 2731쪽. 이 말은 맹자의 제자인 공도자(公都子)가 "광장(匡章)을 온 나라가 모두 불효라고 칭하거늘 선생님께서 그와 사귀시고 또 나아가 예모(禮貌)하시니, 감히 여쭙겠습니다. 어째서입니까?"(「이루장구하」, 2731쪽)라는 질문에 대한 맹자의 답변이다. 맹자는 본문처럼 다

여기에 열거되어 있는 다섯 가지 '불효' 행위는 맹자 본인의 관점이었을 뿐만 아니라 '세속'의 관점이기도 하였기 때문에 당시 사회 민중의 '불효' 행위에 대한 보편적인 비평태도를 나타낸 것이 분명하다. 『맹자』에서는 또 '규구회맹(葵丘會盟)'의 일을 다음과 같이 기록하고 있다.

오패(五霸) 중에서 제환공(齊桓公)이 가장 강성하였다.[62] 규구(葵丘)의 회맹(會盟, 기원전 651)에서 제후(諸侯)들이 희생을 묶어놓고 (그 위에 맹세의 글을) 올려놓고는 삽혈(揷血)을 하지 않았다. 그 맹약의 첫 번째 조항은 "불효자를 죽이고[誅不孝], (한번) 세운 태자(太子)를 바꾸지 않으며, 첩(妾)을 처(妻)로 삼지 않는다"고 하였고, 두 번째 조항은 "현자(賢者)를 존중하고 인재[才]를 육성함으로써 덕(德)이 있는 자를 현창(顯彰)한다"고 하였으며, 세 번째 조항은 "늙은이를 공경하고 어린이를 사랑하며[敬老慈幼] 빈객(賓客)과 여행자[旅]를 잊지 않는다"고 하였고, 네 번째 조항은 "선비[士]에게 관직(官職)을 세습시키지 않고, 관직의 일을 겸임하지 못하도록 하며, 선비를 등용할 때는 반드시 적임자로 하고, 대부(大夫)를 마음대로 죽이지 않는다"고 하였으며, 다섯 번째 조항은 "제방(堤防)을 구부려 쌓지 않고, 이웃나라에서 양식을 매입(買入)하는 것을 막지 않으며, (영토를) 분봉(分封)하고서도 고(告)하지 않는 일은 없도록 한다"고 하였다. (그리고) "무릇 우리[我] 동맹한 사람들은 맹약한 후에는 우호적으로 지낼 것이다"고 하였다.[63]

이 문장의 의미[文義]를 보면, 춘추 시대(기원전 770~403) 제후들이 회맹할 때 의외로 "불효자를 죽인다", "늙은이를 공경하고 어린이를 사랑한다[敬老慈幼]" 등의 내용을 맹서(盟書)에 기록한 것에 대하여 독자들은 자못 의아스러울 것이다. 이 맹서의 효력 여부를 반드시 구명할 필요는 없지만, 이로써 당시 각 제후정권이 법률적으로 '불효' 및 '경로자유(敬老慈幼)' 행위에 대한 성격 규정에 실로 상당히 공통된 인식을 가졌다는 정도는 대략 추정할 수 있다.

섯 가지 불효의 요건을 나열한 다음에 "장자(章子)가 이 중에 하나라도 있는 가?"(2731쪽)라고 반문하고 있다.
62) 〈옮긴이주〉 원서에는 '(제환공)'으로만 되어 있다.
63) 『맹자주소』권12, 「고자장구하(告子章句下)」.
  〈옮긴이주〉『맹자주소』(『십삼경주소 하』) 권12하, 「고자장구하」, 2759쪽.

2. 법가(法家)

법가의 인물은 매우 많지만, 그들이 살았던 시대로 구분하면 대략 전기·후기로 나눌 수 있다. 전기의 대표적인 인물은 주로 이회(李悝, 기원전 455~395)·오기(吳起, 기원전 440~381)·상앙(商鞅, 기원전 395?~338)·신불해(申不害, ?~기원전 337)·신도(愼到, 기원전 395?~315?) 등이다. 이 중 상앙은 진효공(秦孝公)이 변법(變法)하는데 보좌하였기 때문에 공적이 가장 뛰어났다. 표면적으로 상앙은 "잘 다스리는 군주[治主]에게는 충신이 없고, 인자한 아버지[慈父]에게는 효자가 없다"[64]고 공언(公言)하여 유가와 절연히 대립한 듯 보이지만, 사실 충효의 도[忠孝之道]를 유지·보호하는 방면에서는 유가와 조금도 차이가 없었다. 예컨대, 『상군서』에서는 "이른바 의(義)라는 것은, 신하된 자는 충성스럽고, 자식[子]된 자는 효성스러우며, 어린 사람과 어른 간에는 예(禮)가 있고, 남녀 간에는 구별이 있는 따위이다. …… 이는 법(法)에 있는 일반적인 규정들이다"[65]고 하여, 충효(忠孝)·인의(仁義)를 숭상하고 남녀 간에 구별이 있는 것은 명확하게 모두 법의 일상적인 상태라고 보았기 때문에 유지·보호되어야 했던 것이다. 이와 유사하게 신도도 "효자는 인자한 아버지[慈父] 집[家]에서 나오지 않고, 충신은 성군(聖君) 밑에서 나오지 않는다"고 하였는데, 이 말도 종종 오해를 받았다. 그런데 『신자』라는 책에 의하면, 거기에서는 공개적으로 "군주가 현명하고 신하가 정직한 것은 나라의 복(福)이다. 아버지[父]가 자애롭고 자식[子]이 효성스러우며, 남편[夫]이 믿음이 있고 처(妻)가 정숙(貞淑)한 것은 집[家]의 복이다"라고 인정하였다. 나아가 신도는 비간(比干)과 신생(申生)의 예(例)를 들어 다음과 같이 논증을 가하였다. "비간은 충성스러웠지만 은(殷)나라를 존속시킬 수 없었고, 신생은 효성스러웠지만 진(晉)나라를 안정시킬 수 없었다. 이들은 모두 충신·효자였는데 국가가 멸망·문란한 것

---

64) 『상군서(商君書)』「획책(畵策) 제18」.
　　〈옮긴이주〉 장현근, 『상군서 동양의 마키아벨리즘』(살림, 2005) 「화책 제18편: 정책기획」, 240쪽; 신동준 역주, 『상군서』(인간사랑, 2013) 「제18편 획책」, 228쪽.
65) 『상군서』「획책 제18」.
　　〈옮긴이주〉 장현근, 『상군서 동양의 마키아벨리즘』「화책 제18편: 정책기획」, 245쪽; 신동준 역주, 『상군서』「제18편 획책」, 233~234쪽.

은 무엇 때문이었을까? (이들의 간언을) 들어줄 명군(明君)·현부(賢父)가 없었기 때문이다. 따라서 효자는 인자한 아버지 집에서 나오지 않고, 충신은 성군 밑에서 나오지 않는다."66) 이로써 그의 기본적인 논리는 (간언을) 들어줄 '명군·현부'가 없었기 때문에 비간·신생 등과 같은 '충신·효자'가 있었더라도 '국가의 멸망·문란'을 제지(制止)할 수 없었다는 것임을 알 수 있다. 그 실질(實質)을 고구(考究)하면, 그가 충효를 주장한 것은 명군·현부를 바라고 있었던 것이 거의 틀림없다. 이밖에 이회·신불해·오기 등도 모두 이와 같았는데, 지면관계상 자세히 서술하지 않는다.

후기 법가의 대표적인 인물은 한비(韓非, ?~기원전 233)이다. 한비는 대개 민간의 일상적인 일화를 이용하였는데, 그는 선진(先秦) 시기 법가의 '집대성자'였다고 할 수 있다. 그렇지만 한비의 학설사상(學說思想)은 번잡하여 결코 순연(純然)한 '법가' 일파(一派)는 아니었다. 그의 학문을 보면, 진(秦)나라 승상(丞相) 이사(李斯)와 함께 순자(荀子)의 문도(門徒)였기 때문에 순자의 유가학설의 영향을 받지 않을 수 없었다. (또한) 그의 저서를 보면, 「관도(觀道)」·「해로(解老)」·「유로(喩老)」 등 제편(諸篇)에는 명확히 도가적 요소도 포함되었음을 알 수 있다. 그러나 그의 사상적 주지(主旨)를 보면, 강력하게 엄형중법(嚴刑重法)·이법치국(以法治國: 법에 의한 국가 통치)을 주장하였고, 동시에 (이것을) 계통적으로 상세하게 논증하였기 때문에 스스로도 법가의 거장(巨匠)임을 의심치 않았다. 그는 엄형중법은 국가의 근본 이익과 부합하고, 특히 난세에 직면하여 군주가 엄형을 세우고 중법을 행하지 않으면 군주는 위해(危害)를 당할 환란(患亂)을 면하기 어렵다는 것을 확신했다. 그는 의연히 군신(君臣) 간은 실로 일종의 적나라한 이익(利益) 관계인 것을 지적했는데, 바로 이른바 "신하된 자의 마음[情]은 반드시 그 군주를 사랑하는 것이 아니고, 본래 이익[利]이 되는 연고(緣故)를 중시하며",67) "신하된 자는 그 군주의 마음을 엿보고 살피느라 잠시도 쉬지 않지만, 군주는 그 위에서 게으름을 피우며 교만하게 처신한다. 이것이 세상에서 군주를 협박하고 시해하는 일이 발생하는 까닭이다"68)고

---

66) 『신자(愼子)』 신자일문(愼子逸文).
67) 『한비자(韓非子)』 권2, 「이병(二柄) 제7.
　〈옮긴이주〉 김원중 옮김, 『한비자』(글항아리, 2010) 「이병」, 76쪽; 신동준, 『한비자』(인간사랑, 2012) 「이병」, 286쪽.

하였다. 그런데 한비는 무엇 때문에 이러한 잔혹한 결론을 내렸고, 또 무엇 때문에 군신관계를 이처럼 부정적으로 보았을까? 우리는 그가 군신관계를 탐구할 때 종종 두 가지 특징이 있었음을 알 수 있다. 첫째, 기본적으로 인간은 이익[利]을 좇고 손해[害]를 멀리하는 특성을 전제로 하였다는 점이고, 둘째, 그는 통상 군신관계를 가정 내의 부자(父子)·부부 관계와 비교하기를 좋아했다는 점이다. 전자가 일종의 객관적 인성(人性)을 비교하는 인식론(認識論)에 속한다는 것은 두말할 나위가 없다. 후자가 비교적 흥미를 끄는데, 한비가 가정 내의 부자·부부 관계에 기초를 둔 이러한 관점은 아마 그의 군신관계에 대한 판단에 영향을 주었다고 할 수 있다. 아래에서는 이러한 시각에서 한비의 가정윤리와 효도에 관한 사상에 대하여 간략하게 통찰(洞察)하고자 한다.

우선, 『한비자』 권6에는 다음과 같은 두 문단(文段)이 있다.

의(義)는 군(君)·신(臣)과 상(上)·하(下)의 도리[職分]이고, 부모[父]·자식[子]과 귀(貴)·천(賤)의 차이[差異]이며, 지기(知己)·벗[朋友]과의 교제(交際)이고, 친(親)·소(疎)와 내(內)·외(外)의 분별(分別)이다. 신하는 군주를 섬기는 것이 마땅하고, 아랫사람[下]은 윗사람[上]을 따르는 것이 마땅하며, 자식[子]은 부모[父]를 섬기는 것이 마땅하고, 천한 이는 귀한 이를 존경하는 것이 마땅하며, 지기와 벗은 서로 돕는 것이 마땅하고, 친한 자는 가까이 하고 소원한 자는 멀리하는 것이 마땅하다. 의(義)는 그 마땅함을 말한다. 마땅히 그것을 행해야 하는 것이다. 그러므로 "최상의 의[上義]는 이를 행하면서 행한다고 의식(意識)하는 것이다"[69]고 하였다.

예(禮)는 마음 속 감정(心情)을 겉으로 드러낸 의식이고, (위에서 말한) 모든 의(義)를 규정한 제도로서, 군신(君臣)과 부자(父子)의 관계를 만들고, 귀(貴)·천(賤)과 현명하고[賢] 어리석음[不肖]을 분별하는 수단이다.[70]

---

68) 『한비자』 권5, 「비내(備內) 제17」.
　　〈옮긴이주〉 김원중 옮김, 『한비자』 「비내」, 184쪽; 신동준, 『한비자』 「비내」, 453쪽.
69) 〈옮긴이주〉 왕필 지음, 임채우 옮김, 『왕필의 노자주』 「38 큰 덕은 덕 같지 않으나 그래서 덕이 있고」, 172쪽.
70) 『한비자』 권6, 「해로(解老) 제20」.
　　〈옮긴이주〉 김원중 옮김, 『한비자』 「해로」, 217~218쪽; 신동준, 『한비자』 「해로」, 498~499쪽.

여기서 한비는 군신·부자 관계를 예의(禮義)의 중요 내용으로 보았을 뿐만 아니라 "군신·상하의 질서, 부자·귀천의 차별" 및 "신하가 군주를 섬기고", "아랫사람이 윗사람을 따르며", "자식이 부모를 섬기는 것"도 모두 "마땅히 해야 하는 것"으로 보았다. 이러한 인식에 대하여, 그것이 유가(儒家)가 일관되게 주장하는 예의와의 본질적인 차이를 설명하기란 매우 어렵다. 이뿐만 아니라 『한비자』 중 어떤 편(篇)에는 충효에 대하여 전문적으로 논술한 문장도 있는데, 특히 이를 통해 한비는 유가와 가정윤리 방면에서 그 지향점이 매우 동일하였음을 설명할 수 있다. 여기서는 그 중 세 문단을 적록(摘錄)한다.

〈갑〉 내가[臣] 들은 바로는 "신하는 군주를 섬기고[事], 자식[子]은 부모[父]를 섬기며, 처(妻)는 남편[夫]을 섬긴다. 이 세 가지를 따르면 천하가 다스려지고, 이 세 가지를 거스르면 천하가 혼란스러워진다"고 하였다. 이것은 천하의 상도(常道)이기 때문에 명철(明哲)한 군주와 현명한 신하라도 바꿀 수 없다.[71]

〈을〉 천하의 사람들은 모두 효제(孝悌)·충순(忠順)하는 도리[道]가 옳다고 하면서도 효제·충순하는 도리를 자세히 살펴 행하는 것을 알지 못한다. 이것이 천하가 어지러워지는 이유이다.[72]

〈병〉 충신(忠臣)은 그 군주를 위해(危害)하지 않고, 효자는 그 부모[親]를 비난하지 않는다.[73] …… 무릇 자식[子]된 자가 항상 남의 부모[親]를 찬미하여 "아무개 자식[某子]의 부모[親]는 늦게 자고 일찍 일어나서 부지런히 일하며 재산을 모아 자손(子孫)·종[臣妾]들을 먹여 살렸다"고 하면, 이것은 자신의 부모[親]를 비방하는 것이다. (또) 신하 된 자가 항상 선왕(先王)의 덕(德)이 두텁다고 칭송하고 앙모하면, 이것은 자신의 군주를 비방하는 것이다. 자신의 부모[親]를 비난하는 것은 불효라는 것을 알면서도 자신의 군주를 비난하는 것은 천하 사람들이 이를 현명하다고 한다. 이것이 (천하가) 어지러워지는 이유이다.[74]

상술한 세 문단 중, 〈갑〉에서 말한 "신하는 군주를 섬기고[事], 자식은 부모

---

71) 〈옮긴이주〉 신동준, 『한비자』 「충효(忠孝)」, 1377쪽.
72) 〈옮긴이주〉 신동준, 『한비자』 「충효」, 1375쪽.
73) 〈옮긴이주〉 신동준, 『한비자』 「충효」, 1379쪽.
74) 이상 『한비자』 권20, 「충효 제51」.
   〈옮긴이주〉 신동준, 『한비자』 「충효」, 1383쪽.

를 섬기며, 처는 남편을 섬긴다"에서 "섬긴다[事]"는 것은 받들어 모시고 순종한다는 뜻이다. 한비는 "신하는 군주를 섬기고, 자식은 부모를 섬기며, 처는 남편을 섬긴다"는 것은 천(天)의 상도(常道)로서 천하의 치란(治亂)에 관계되기 때문에 명철한 군주와 현명한 신하라도 바꿀 수 없다고 보았다. 이것이 바로 한비의 '삼순론(三順論)'이다. 〈을〉은 한비의 당시 사회에 대한 비평태도가 은연중에 드러나 있는데, 사람들은 보편적으로 '효제(孝悌)·충순(忠順)'이 상도(常道)·정도(正道)임을 인정하면서도 행하는 방법에 대해서는 정확하게 알지 못하기 때문에 천하에 대란(大亂)을 초래한다는 것이다. 〈병〉에서, 한비는 신하는 자신의 군주를 위험한 경지에 처하게 해서는 안 되고, 자식[子]도 자신의 부모를 비난하는 행위를 해서는 안 된다고 보았다. 만약 자식[子]이 항상 남의 부모는 '자손·종'을 위해 전심전력(全心全力)한다고 상찬했다면, 바로 자신의 부모가 전심전력하지 않는다는 불평으로서 자신의 부모를 "비난하는" 것에 다름 아니며, (이는) 사실 불효라는 것이다. 동일한 이치로서 만약 신하가 항상 선왕(先王)의 도덕을 상찬하고 게다가 그러한 시대의 생활을 앙모한다면 다름 아닌 자신의 군주를 비방한다는 것이다. 그런데 일반적으로 세상 사람들은 종종 식견이 좁아서 "부모를 비난하는 자"에 대해서는 불효라고 하지만, "자신의 군주를 비난하는 자"에 대해서는 오히려 현덕(賢德)이라고 여기고, 이 때문에 시비(是非)가 어지러워진다는 것이다.

이상 세 문단은 반복적으로 한비는 효순의 도[孝順之道]에 대하여 배척하지 않았을 뿐 아니라 이와 같은 '천하의 상도(常道)'를 강력하게 주장했고, 나아가 이러한 가정관계를 기초로 군신 간의 정치관계와 비교·탐구했다는 것을 말해준다. 이것들은 모두 한비가 가정윤리질서에 대해 상당히 중시한 태도를 명확히 나타내고 있다. 이뿐만 아니라 한비는 부모와 자녀 간 혈육의 정(情)은 결코 믿을 수 없고, 변수(變數)도 있을 수 있다고 보았다. 그의 말을 옮기면 다음과 같다.

부모(父母)가 자식[子]을 대할 때, 아들[男]을 낳으면 서로 축하하고, 딸[女]을 낳으면 죽여 버린다. 모두 같은 부모에게서 태어났는데도 남자(男子)였다면 축복을 받고 여자(女子)였다면 죽이는 것은 훗날의 편의(便宜)를 생각하고, 먼 장래의 이익[利]을 헤아리기 때문이다. 이처럼 부모는 자식[子]에 대해서도 이미 타산적(打算的)인 마음으로 대(待)하고 있는 것이다.[75]

한비의 소견(所見)에 의하면, 부모는 친생(親生) 자녀에 대해 본래 혈육의 사랑이 있지만, 또한 '이(利)'라는 글자를 벗어날 수도 없었기 때문에 자신들의 편의를 도모하고 장기적인 이익을 추구하며, 심지어 딸[女]을 살해하는 인륜의 참극까지 저지르기도 한다는 것이다. 부모가 한편으로 그러했을 뿐 아니라 자식[子]도 이익이라는 관점에서 생각하면, 부모가 자기를 양육하는데 쏟은 정성을 따져서 그에 따라서 보답하는데, 소홀했다면 박(薄)하게 보답하고, 정성을 들였다면 후(厚)하게 보답한다.76) 쌍방의 이익이라는 계산 하에서 부모·자녀 간에는 이미 혈육의 정(情)이 조금도 없기 때문에 "효자가 부모[親]를 사랑하는 것은 백(百) 사람에 한 사람 정도이다"77)고 할 수 있다. 청(淸) 말의 양계초(梁啓超)는 이에 대하여 "그(한비)는 인성(人性)의 어두운 방면을 충분히 들추어내었기 때문에 본래 철저하게 비관적인 논리였다고 하지 않을 수 없다"78)고 논평하였다. 한비는 인성 중 "이익을 좋아하고 해악을 싫어하는" 본성에 기초하여 온순하고 화목한 분위기가 넘치는 가정에서 끊임없이 상연되는 것은 이익을 위해 각축을 벌이는 활극(活劇)이라고 보았다. 이 점에 귀결

---

75) 『한비자』 권18, 「육반(六反) 제46」.
   〈옮긴이주〉 신동준, 『한비자』 「육반」, 1256쪽.
76) 『한비자』에서는 "사람은 어렸을 때 부모가 소홀히 양육하면 자식[子]은 자라서 원망하고, 자식이 자라서 성인(成人)이 되어 부모를 소홀히 봉양하면 부모는 화를 내며 꾸짖는다. 자식[子]과 부모[父]는 가장 가까운 사이지만 꾸짖기도 하고 원망하기도 하는 것은 모두 상대방을 위해서 한다는 마음을 가지고 있고, 자기를 위하는 것이라는 마음이 충분하지 않기 때문이다. …… 이처럼 주인이 노동력을 제공한 자를 봉양하는 데는 부모·자식[父子]의 혈육 간에도 그대로 적용된다. (노동하는 자가) 하는 일에 마음을 집중하는 것은 모두 자신을 위해서 한다는 마음을 가지고 있기 때문이다. 그러므로 사람이 일을 하거나 남에게 베풀 때 서로 이익이 된다고 생각하면 (먼) 월나라 사람[越人]과도 쉽게 친해지지만, 해가 된다고 생각하면 부자지간[父子之間]도 멀어지고 원망하게 된다"(권11, 「외저설좌상(外儲說左上) 제32」)고 하였다.
   〈옮긴이주〉 신동준, 『한비자』 「외저설 좌상」, 878~879쪽).
77) 『한비자』 권15, 「난이(難二) 제37」.
   〈옮긴이주〉 『한비자』 「난이」에 있는 관련 문장을 인용하면 다음과 같다. "부모[親]가 적(敵)에게 포위당하였다면 화살이나 돌멩이를 가리지 않고 뚫고 들어가 구하는 것은 효자가 부모[親]를 사랑하기 때문이지만, 이처럼 효자가 부모[親]를 사랑하는 것은 백 사람에 한 사람 정도이다."(신동준, 『한비자』 「난이」, 1219쪽)
78) 양계초, 『선진정치사상사(先秦政治思想史)』, 본론(本論), 184쪽.

시키면, 이른바 효순(孝順)과 자애(慈愛)는 이해(利害) 앞에서는 통상 믿을 수 없게 된다. 가정 내 부모와 자녀의 관계는 그래도 이와 같았지만, 군신관계는 골육지친(骨肉之親)과 같은 친밀함도 없었고 부모 · 자식과 같은 사랑도 없었기 때문에 더 믿을 수 없을 뿐 아니라 더더욱 음흉해진다.

그렇다고 해도 앞서 인용한 몇 가지 자료를 통해 여전히 한비는 실제 효도의 찬동자(贊同者)였지 반대자가 아니었다고 단언할 수 있다. 그가 근본적으로 실현되기를 바랐던 '삼순(三順)'이라는 상도(常道)는 유가가 주장한 오상(五常) 이론과 차등적 질서구조를 유지하는 관점에서 보면 본질적으로 차이가 없었다. 비록 한비는 인성론(人性論)에서 비관주의자(悲觀主義者)였지만, 이러한 비관은 일종의 실망상태(실제 그렇다는 것)에 대한 반응일 뿐이었고 그의 가정윤리질서와 효도(당연히 해야 하는 것)에 대한 인정(認定)과 제창(提唱)에 영향을 주지는 않았다. 이와 같을 뿐 아니라 한비는 더욱이 정부도 부모가 자녀를 기르고 가르치는 행위에 간섭할 수 있고, 심지어 엄형(嚴刑)에 기대어서 그들이 '재능[才]'을 완성하도록 도와야 한다고 주장하였다. 그 말은 다음과 같다.

> 요즘 재능[才]이 없는 자식들[子]은 부모(父母)가 꾸짖어도 고치려 하지 않고, 마을 사람들[鄕人]이 질책해도 움직이려 하지 않으며, 스승[師]이나 어른[長]이 가르쳐도 바꾸려고 하지 않는다. 대체로 부모의 사랑, 마을 사람의 지도, 스승과 어른의 지혜라는 세 가지 도움이 더해져도 끝내 움직이지 않고 털끝만큼도 고치지 않는다. 그런데 고을의 관리[州部之吏]가 관병(官兵)을 이끌고 나라의 법령[公法]을 발동해서 간사한 사람을 색출한 연후에는 두려워하며 그 태도를 바꾸고 행동을 고친다. 그러므로 부모의 사랑으로 자식[子]을 가르치기에 부족한 까닭에 반드시 고을의 엄형에 기대야만 하는데, 이는 백성[民]이 본래 사랑에는 교만하고 권위에는 복종하기 때문이다.[79]

이밖에 한비는 가정에서의 가없는 효도와 국가를 위한 끝없는 충성 사이에 간혹 모순도 발생할 수 있다고 보았다. 예컨대, 「오두편」에서는 다음과 같이

---

79) 『한비자』 권19, 「오두(五蠹) 제49」.
　　〈옮긴이주〉 김원중 옮김, 『한비자』 「오두」, 569쪽; 신동준, 『한비자』 「오두」, 1327
　　~1328쪽.

말하고 있다.

초(楚)나라 사람으로 몸가짐이 곧은[直躬] 자가 있었는데, 그의 아버지[父]가 양(羊)을 훔치자 관리(官吏)에게 고발하였다.[80] 영윤(令尹)이 말했다. "그를 죽여라." 군주에게는 정직한 것이지만, 아버지[父]에게는 패륜이라고 생각해서 재판하여 벌을 준 것이다. 이로써 보면, 무릇 군주의 정직한 신하는 아버지에게 포학한 자식[子]이 되는 셈이다. 노(魯)나라 사람이 군주를 따라 전쟁터에 나갔지만, 세 번 싸울 때마다 도주하였다. 공자[仲尼]가 그 까닭을 묻자 이렇게 대답하였다. "저[吾]에게는 늙은 아버지[老父]가 있는데, 제가 죽으면 봉양하지 못하게 됩니다." 공자는 효성스럽다고 생각하고 그를 천거해서 높은 자리에 오르게 하였다. 이로써 보면, 무릇 아버지[父]의 효성스런 자식[子]은 군주를 배신하는 신하가 되는 셈이다. 그러므로 영윤이 죽여서 초나라에서는 간사한 일이 군주에게 들리지 않게 되었고, 공자가 상을 내려서 노나라 백성[民]은 쉽게 항복하거나 달아나게 되었다. 윗사람과 아랫사람[上下]의 이익[利]은 이와 같이 다르다. 군주가 덕행(德行)이 있는 필부(匹夫)를 등용해서 사직(社稷)의 복(福)을 구하고자 하면 결코 이루지 못할 것이다.[81]

한비가 거론한 초나라와 노나라의 두 가지 사례에 대하여, 전자는 선진(先秦) 시기 매우 광범위하게 유전(流傳)되어 다른 판본도 있지만, 여러 변화와 파생 과정을 거친 후에 최종적으로 후세 법률의 '용은(容隱)' 조문으로 귀착되었다.[82] 후자에서 기술한 공자의 일은 상고(詳考)할 수는 없지만, 유가(儒家)의

---

80) 〈옮긴이주〉 이 문장은 『논어주소』(『십삼경주소 하』) 권13, 「자로(子路) 제13」의 "섭공(葉公)이 공자에게 '우리 무리[吾黨]에 몸이 곧은[直躬] 자가 있으니 그 아비[父]가 양(羊)을 훔치자 자식[子]이 고발하였습니다[證]'고 하였다. 공자는 '우리 무리의 곧은 자는 이와 다릅니다. 아비는 자식을 위하여 숨기고[父爲子隱] 자식은 아비를 위하여 숨기나니[子爲父隱], 곧음이 그 가운데에 있습니다'고 하였다"(2507쪽)는 문장과 통한다.

81) 『한비자』 권19, 「오두 제49」.
   〈옮긴이주〉 김원중 옮김, 『한비자』「오두」, 572쪽; 신동준, 『한비자』「오두」, 1332~1333쪽.

82) 〈옮긴이주〉 "후세 법률의 용은(容隱) 조문으로 귀착되었다"고 한 문장에 보이는 '용은 조문'은 『당률소의』「명례46」(제46조) 「동거상위은조(同居相爲隱條)」를 가리킨다. 당률의 상용은(相容隱) 규정과 입법원칙 등을 분석한 논고에는 전영섭, 「당률 동거상위은조의 '상용은' 규정과 입법원칙」(『역사와 세계』 48, 2015) 참조.

정통(正統) 관점을 충분히 반영하고 있다. (그런데) 한비가 여기에서 인주(人主)가 국가이익을 추구할 때와 평민백성 개개인의 이익을 고려할 때, 간혹 진퇴양난의 지경에 직면할 수 있음을 지적한 것은 매우 중요하다. 즉 이른바 "군주의 정직한 신하는 아버지에게 포학한 자식이 되고", "아버지의 효성스런 자식은 군주를 배신하는 신하가 된다"는 진퇴양난의 상황에서 인주(人主)의 선택에 따라 "영윤이 죽어서 초나라에서는 간사한 일이 군주에게 들리지 않게 되었고, 공자가 상을 내려서 노나라 백성은 쉽게 항복하거나 달아나게 되었다"고 하듯이, 결과도 크게 달랐다. 한비 사상의 대요(大要)를 종합적으로 판단하면, 국가이익과 개인 또는 가정의 이익 사이에서 시종 국가이익의 추구를 우선시했고, '효자'의 양성(養成)은 그 다음이었던 것처럼 보인다.

3. 기타(其他) 제자(諸子)

유(儒)·법(法) 양가(兩家) 이외에 선진(先秦) 시기 제자(諸子)의 가정윤리와 효도에 대한 인정(認定)과 제창(提唱)도 매우 보편적이었다. 여기서는 재차 한두 가지를 보충하고자 한다.

먼저, 관자(管子, ?~기원전 645)·안자(晏子, ?~기원전 500)에 대하여 논(論)한다. 관자는 공자가 유가학파를 창립(創立)하기 이전의 인물에 속하였다. 『관자』[83]라는 책을 살펴보면, 본서의 사상체계는 방대하고 내용도 난잡하여 유가나 법가처럼 단순화 할 수는 없지만, 사상학설은 후세 유가에 상당히 심후(深厚)한 영향을 주었다. 예컨대 유가가 가장 중시하는 '삼강(三綱)·사유(四

---

83) 『관자』라는 책은 유전(流傳) 과정에서 여러 사람의 손을 거쳤기 때문에 이미 원래의 모습이 아니었다. 비록 많은 학자[家]의 고증을 거쳤지만, 본래의 모습을 회복하기란 사실상 불가능하다. 그러나 이 책을 통하여 관자의 사상을 볼 경우, 이처럼 부득이(不得已)한 부분도 있지만 또 크게 염려할 필요도 없다. 왜냐하면, 관자가 처한 시대는 결국 제가(諸家)의 분파(分派)·쟁명(爭鳴)의 형세가 아직 격렬(激烈)하지 않았기 때문이다. 필자의 좁은 소견(所見)으로는 『관자』라는 책의 사상적 번잡성은 제자(諸子)가 분화(分化)하기 이전 일종의 사상적 융합상태를 체현(體現)하고 있었던 듯하다.

維)·오상(五常)' 중 '사유'(인[仁]·의[義]·예[禮]·지[智])설(說)은『관자』에서 유래되었다. 이밖에『관자』에는 가정윤리와 효도에 관하여 논급(論及)한 글이 적지 않지만, 거기에 보이는 관점도 공자·맹자[孔孟]의 주장과 매우 일치하고 있다. 이에 대하여는 다음의 두 문단만을 발췌·열거해도 충분하다.

군주가 군주답지 못하면 신하도 신하답지 못하게 되고, 아버지[父]가 아버지답지 못하면 자식[子]도 자식답지 못하게 된다. 윗사람[上]이 그 자리를 지키지 못하면 아랫사람[下]이 절도(節度)를 어긴다. 윗사람과 아랫사람이 화목하지 못하면 (군주의) 명령[令]이 시행되지 않는다.[84]
천하(天下)는 나라[國]의 근본이고, 나라는 지역[鄕]의 근본이며, 지역은 가정[家]의 근본이고, 가정은 사람[人]의 근본이며, 사람은 나[身]의 근본이고, 나는 다스림[治]의 근본이다.[85]

앞 문단의 이른바 군신·부자에 관한 논법(論法)은 유가 경전(經典)에 자주 보이고, 뒤 문단의 나[身]를 국가·천하의 근본으로 삼은 것은『대학(大學)』의 '수신제가치국평천하(修身齊家治國平天下)'와 그 취지(趣旨)가 판에 박은 듯이 일치한다. 또한『관자』에서는 칠체(七體)·팔경(八經) 설(說)[86]을 주장하여 "아버

---

84)『관자』권1,「형세(形勢) 제2」.
〈옮긴이주〉 김필수 등 옮김,『관자』(소나무, 2015 개정판) 권1,「제2편 형세」, 34쪽.
85)『관자』권1,「권수(權修) 제3」.
〈옮긴이주〉 김필수 등 옮김,『관자』권1,「제3편 권수」, 42쪽.
86)『관자』에서는 "의(義)에는 칠체(七體)가 있으니, 칠체란 무엇인가? 효도[孝]·공경[悌]·자애[慈]·은혜[惠]로 부모[親戚]를 봉양하고, 공손[恭]·경건[敬]·성실[忠]·신의[信]로 군주를 섬기며, 중립[中]·정직[正]·친애[比]·화순[宜]으로 예절(禮節)을 행하고, 장엄[整]·엄숙[齊]·억제[摶]·겸손[詘]으로 형륙(刑僇)을 피하며, 세밀히 절약하고 용도를 줄여서 기근을 대비하고, 돈후[敦]·충성[懷]·순박[純]·전일[固]로 화란(禍亂)을 대비하며, 화합[和協]·화목[輯睦]으로 구적(寇戎)을 대비하는 것이다. …… 백성[民]이 의(義)를 알되 예(禮)를 알지 못하면, 팔경(八經)을 정비하여 예(禮)로 이끈다(옮긴이 보충). 이른바 팔경이란 무엇인가? 위아래[上下]에 의(義)가 있고, 귀천(貴賤)에 분수가 있으며, 장유(長幼)에 차등이 있고, 빈부(貧富)에 법도가 있는 것이다. 무릇 이 여덟 가지는 예(禮)의 상법(經)이다. 따라서 위아래에 의가 없으면 어지럽고, 귀천에 분수가 없으면 다투며, 장유에 차등이 없으면 배반하고, 빈부에 법도가 없으면 (절제를) 잃게 된다. 위아래가 어지럽고, 귀천이 다투며, 장유가 배반하고, 빈부가 (절제를) 잃고서도 나라가 어지러

지는 자애하고 자식은 효도하며[父慈子孝], 장유에는 질서가 있다[長幼有序]"는 점을 중시하였고, 특히 아버지는 자애하고 자식은 효도하는[父慈子孝] 것을 사람의 '숭고한 행위[高行]'로 간주하여, 부모는 인의(仁義)·은애(恩愛)로 자녀를 가르치고 길러야 하고, 포악하여 은애하지 않으면 안 되며, 반대로 자녀는 (부모를) 친애하고 공경해야 하고, 받들어 모시고 가르침을 받으며, 공순히 명령을 들어야 한다고 제창하였다.[87] 나아가 『관자』에서는 "아버지는 자애하고 자식은 효도하는[父慈子孝]" 것을 추구(追求)하기 위하여 아버지[父]는 "아버지[父]와 자식[子]의 의(義)를 밝혀서 그 자식[子]을 가르치고 바로잡아"야 하고, 자식[子]은 "자식[子]의 도리를 알고서 그 아버지[父]를 섬겨야" 한다고 주장하였다.[88]

워지지 않았다는 것을 아직 들은 적이 없다"(권3, 「오보(五輔) 제10」)라고 하였다.
〈옮긴이주〉 김필수 등 옮김, 『관자』 권3, 「제10편 오보」, 124~125쪽.
87) 『관자』에서는 "자애[慈]란 부모(父母)의 숭고한 행위이다. …… 효란 자식[子]과 며느리[婦]의 숭고한 행위이다. …… 부모(父母)란 자식[子]과 며느리[婦]가 가르침을 받는 사람이어서, 사랑과 교훈을 주고 이치를 잃지 않으면 자식[子]과 며느리[婦]가 효도한다. …… 자식[子]과 며느리[婦]란 부모[親]를 편안히 해주는 사람이어서, 효성스럽고 공손히 부모[親]를 따르면 부모[親]를 만족시키게 된다. …… 부모(父母)가 포악하고 은혜롭지 않으면 자식[子]과 며느리[婦]가 친근해지지 않는다. …… 자식[子]과 며느리[婦]가 부모(父母)를 편안히 모시지 않으면 화란과 우환이 닥친다. …… 자손을 화목하게 하고 친척을 뭉치게 하는 것이 부모(父母)의 떳떳한 일이다. (부모는) 의(義)로써 일을 처리하므로, 끝나면 다시 시작한다. …… 부모[親]를 사랑하고 잘 모시며, 공경을 생각하고 가르침을 받드는 것이 자식[子]과 며느리[婦]의 떳떳한 일이다. (자식과 며느리는) 그것으로 부모[親]를 섬기므로, 끝나면 다시 시작한다. …… 부모(父母)가 그 떳떳함을 잃지 않으면, 자손은 화목하고 순종하며 친척은 서로 기뻐한다. …… 자식[子]과 며느리[婦]가 그 떳떳함을 잃지 않으면, 장유(長幼)의 질서가 세워지고, 친한 이든 소원한 이든 모두 화목해진다. 따라서 떳떳함에 따라 일을 처리하면 다스려지고, 떳떳함을 잃게 되면 어지러워진다. …… 가르치고 집안일을 돌보는 것이 부모(父母)의 법칙이다. …… 힘을 다해 (부모를) 공양하는 것이 자식[子]과 며느리[婦]의 법칙이다. …… 부모(父母)가 그 법칙을 바꾸지 않기 때문에 집안일이 잘 처리된다. …… 자식[子]과 며느리[婦]가 그 법칙을 바꾸지 않기 때문에 부모[親]가 봉양을 받아 온전하게 된다"(권20, 「형세해(形勢解) 제64」)고 하였다.
〈옮긴이주〉 김필수 등 옮김, 『관자』 권20, 「제64편 형세해」, 604~607쪽.
88) 『관자』 권20, 「형세해 제64」.
〈옮긴이주〉 김필수 등 옮김, 『관자』 권20, 「제64편 형세해」에서는 "아버지[父]가 되어서 부자(父子) 사이의 의(義)를 밝혀 자식[子]을 가르쳐 바로잡지 못하면, 자식[子]

안자(晏子)는 공자와 대략 같은 시대로서, 그 역시 가정윤리와 효순의 도[孝順之道]를 매우 중시하였다. 그는 이른바 "사람이 금수(禽獸)보다 귀한 까닭은 예(禮)가 있기 때문이다"[89]고 하여, 예를 사람과 금수의 본질적인 구별이라고 보았고, 더욱이 신하와 자식[子]은 반드시 예로써 일을 행하고 충성과 효도를 다해야 한다고 생각하였다. 그리고 충효의 기본적인 요건은 요컨대 '전횡하지 않은 것[不專]'과 명령에 순종하는 것[順命]이었다.[90] 이와는 달리 "부자간에 예가 없다면 그 집은 반드시 흉가(凶家)가 되고, 형제간에 예가 없다면 오랫동안 함께 살 수 없다"[91]고 하였다.

다음으로, 묵자(墨子, 기원전 479?~381?)에 대하여 논(論)한다. 묵자의 설(說)은 선진(先秦) 시기 한 동안 크게 유행하였고, 심지어 유가에게 엄중한 위협을 주기도 하였다. 그러나 가정윤리와 효도라는 관점에서 살펴보면, 유·묵 양가(兩家)는 외형적으로 '방법에는 차이[殊途]'가 있었지만, 사실 '결과는 동일[同歸]'한 점이 적지 않았음을 알 수 있다. 이에 대하여는 그의 유명한 '겸애(兼愛)' 학설을 통해 논(論)하고자 한다.

은 자식[子]의 도리[道]를 알지 못하여 아버지[父]를 섬기지 않을 것이다"(624쪽)고 하였다.

89) 『안자춘추(晏子春秋)』 권7, 「외편(外篇) 중이이자(重而異者) 제7」 「경공이 술을 마시면서 안자에게 예를 차리지 말자고 명하자, 안자가 간하다(景公飮酒命晏子去禮晏子諫) 제1」.
〈옮긴이주〉 임동석 역주, 『안자춘추』 권7, 「외편 중이이자」 「7-1 경공이 술을 마시면서 안자에게 예를 차리지 말자고 명하자, 안자가 간하다(景公飮酒命晏子去禮晏子諫)」, 290쪽.

90) 『안자춘추』 권2, 「내편(內篇) 간하(諫下: 원서에는 내간편하[內諫篇下]로 되어 있다) 제2」 「경공이 양구거의 장례를 후하게 치르려 하자, 안자가 간하다(景公欲厚葬梁丘據晏子諫) 제22」. 그 중에는 "신하가 그 군주에게 전횡(專橫)을 하는 것을 불충(不忠)이라 하고, 자식[子]이 그 아버지[父]에게 독단(獨斷)을 부리는 것을 불효(不孝)라고 하며, 처(妻)가 남편[夫]에게 마음대로 하는 것을 질투(嫉妒: 원서에는 不嫉로 오기)라고 한다"라는 말이 있다.
〈옮긴이주〉 임동석 역주, 『안자춘추』 권2, 「내편 간하」 「2-22 경공이 양구거의 장례를 후하게 치르려 하자, 안자가 간하다(景公欲厚葬梁丘據晏子諫)」, 97쪽.

91) 『안자춘추』 권7, 「외편 중이이자 제7」 「경공이 술을 마시면서 안자에게 예를 차리지 말자고 명하자, 안자가 간하다(景公飮酒命晏子去禮晏子諫) 제1」.
〈옮긴이주〉 임동석 역주, 『안자춘추』 권7, 「외편 중이이자」 「7-1 경공이 술을 마시면서 안자에게 예를 차리지 말자고 명하자, 안자가 간하다(景公飮酒命晏子去禮晏子諫)」, 290쪽.

묵자는 '겸애' 학설을 천명(闡明)하면서 우선 세상 변란(變亂)의 근원을 탐구하여 모두 '서로 사랑하지 않는 것[不相愛]'에서 비롯된다고 보았다. 즉 "자식[子]은 자신만을 사랑하고[愛] 아버지[父]를 사랑하지 않기 때문에 아버지[父]를 해치고 자신을 이롭게 한다. 아우[弟]가 자신만을 사랑하고 형(兄)을 사랑하지 않기 때문에 형을 해치고 자신을 이롭게 한다. 신하가 자신만을 사랑하고 군주를 사랑하지 않기 때문에 군주를 해치고 자신을 이롭게 한다. 이것이 이른바 혼란[亂]이다. 아버지[父]가 자식[子]을 사랑하지 않고, 형이 아우를 사랑하지 않으며, 군주가 신하를 사랑하지 않더라도 이 또한 천하의 이른바 혼란이다. 아버지[父]가 자신만을 사랑하고 자식[子]을 사랑하지 않기 때문에 자식[子]을 해치고 자신을 이롭게 한다. 형이 자신만을 사랑하고 아우를 사랑하지 않기 때문에 아우를 해치고 자신을 이롭게 한다. 군주가 자신만을 사랑하고 신하를 사랑하지 않기 때문에 신하를 해치고 자신을 이롭게 한다"92)는 것이다. 이미 천하의 혼란이 '서로 사랑하지 않는 것[不相愛]'에서 비롯되었기 때문에 묵자는 '겸애'가 치란(治亂)의 근본방책임을 제시하였다. 나아가 그는 '겸애' 이후의 아름다운 상황을 다음과 같이 구상했다.

남[人]의 나라[國] 보기를 자기 나라 보듯이 하고, 남의 가문(家門) 보기를 자기 가문 보듯이 하며, 남의 몸[身] 보기를 자기 몸 보듯이 하는 것이다. 그리하여 제후(諸侯)들이 서로 사랑하게 되면[相愛] 들[野]에서 싸우는 일이 없게 되고, 가장[家主]들이 서로 사랑하게 되면 서로 빼앗는 일이 없게 되며, 사람과 사람이 서로 사랑하게 되면 서로 해치지 않게 되고, 군주와 신하가 서로 사랑하게 되면 은혜롭고 충성하게 되며, 부자(父子)가 서로 사랑하게 되면 자애롭고 효성스럽게 되고, 형과 아우가 서로 사랑하게 되면 화목하고 조화를 이루게 된다. 천하의 사람들이 모두 서로 사랑하게 된다면 강한 자가 약한 자를 억누르지 않고, 무리가 많은 사람들이 적은 사람들을 겁탈하지 않으며, 부자는 가난한 사람을 능멸하지 않고, 귀한 사람은 천한 사람을 업신여기지 않으며, 간사한 자는 어리석은 자를 속이지 않게 된다.93)

---

92) 『묵자』 권4, 「겸애상(兼愛上) 제14」.
  〈옮긴이주〉 묵적 지음, 박재범 옮김, 『묵자』(홍익출판사, 2008 제2쇄) 「제14 겸애상」, 114쪽.
93) 『묵자』 권4, 「겸애중(兼愛中) 제15」.

묵자가 묘사한 바에 의하면, 난세(亂世) 때 아버지[父]는 자애롭지 않고[不慈], 자식[子]은 효도하지 않지만[不孝], 치세(治世) 때 아버지는 자애롭고 자식은 효도하고[父慈子孝], 형과 아우는 화목하고 조화롭다고 하여, 매우 선명하게 대비하였음을 볼 수 있다. 이로써 묵자가 지향한 것이 필시 후자, 즉 아버지는 자애롭고 자식은 효도하는[父慈子孝] 치평세계(治平世界)였음을 인정할 수 있다. 게다가 「상현편(尙賢篇)」에서 묵자는 다음과 같이 말하고 있다.

> 집에 들어오면 부모를 사랑하거나 효도하거나 하지 않고[不慈孝父母], 밖에 나가면 향리에서 (어른을) 공경하거나 (아우에게) 자애롭거나 하지 않으며[不長弟鄕里], 거처에 절도가 없고[居處無節], 출입에 법도가 없으며[出入無度], 남녀에 분별이 없다[男女無別]. 관부(官府)를 다스리게 하면 도적질을 하고, 성(城)을 지키게 하면 배반하며, 군주에게 어려움이 있으면 죽음을 무릅쓰지 않고, 군주가 망명을 하면 따르지 않게 된다. 옥사를 처리하게[斷獄] 하면 공정하지 않고, 재물을 나누게 하면 공평하지 않으며, 더불어 도모하는 일마다 얻는 것이 없고, 하는 일마다 이루지 못하며, 들어와서 지키면 견고하지 못하고, 나가서 주벌(誅伐)하면 강하지 못하다. 그러므로 옛날 삼대(三代: 하·은·주―옮긴이)의 폭군인 걸(桀)·주(紂)·유(幽)·여(厲)가 그 국가(國家)를 잃고 사직(社稷)을 무너뜨린 것은 이 때문이었다. 왜냐하면, 모두 작은 일에는 밝았으나 큰일에는 밝지 못하였기 때문이다.[94]

이로써 묵자는 엄연히 유가와 마찬가지로 개인의 도덕적 수양과 국가사회의 치리(治理)는 큰 관련이 있다고 보았고, 심지어 개인의 가정 내에서 "부모를 사랑하고 효도하는[慈孝父母]"소양(素養)을 매우 중시하였음을 알 수 있다. 왜냐하면 그것들은 사람이 향리(鄕里)·거처(居處) 등 방면에서 행하는 일련의 행위들에 대한 수준을 결정하였을 것이기 때문이다. 이것은 유가가 주장하는 '수신제가치국평천하' 이론과 논리적 맥락에서도 매우 유사하다. 게다가 부모를 사랑하고 효도하는 행위[慈孝父母], 향리에서 (어른을) 공경하고 (아우를) 자애하는 행위[長弟鄕里], 거처에 절도가 있는 행위[居處有節], 출입에 절도가 있

〈옮긴이주〉 묵적 지음, 박재범 옮김, 『묵자』 「제15 겸애중」, 118쪽.

94) 『묵자』 권2, 「상현중(尙賢中) 제9」.

〈옮긴이주〉 묵적 지음, 박재범 옮김, 『묵자』 「제9 상현중」, 78쪽.

는 행위[出入有度], 남녀에 분별이 있는 행위[男女有別] 등 방면에 대한 중시는 맹자학설과 구분하기 어려울 정도이다.

그 다음으로, 도가(道家)에 대하여 서술한다. 도가는 도덕을 논하고, 명(名) 과 실(實)을 구별하는 등 대부분 추상적이고 형이상적(形而上的)인 말을 하지 만, (여기서는) 형이하적(形而下的)인 실체[物]를 이용해서 설명할 수밖에 없다. 도가의 문장들을 통해서도 그들의 가정윤리와 효도사상에 관한 일단(一端)을 엿볼 수 있다. 예컨대, 『노자(老子)』에서는 다음과 같이 말하고 있다.

> 큰 도[大道]가 없어지니 인(仁)과 의(義)가 있게 되었고, 지혜[慧智]가 나타나니 큰 거짓[大僞]이 있게 되었다. 육친(六親)이 불화(不和)하니 효(孝)와 사랑[慈]이 있 게 되었고, 국가가 혼란(昏亂)하니 충신(忠臣)이 있게 되었다.95)
> 성스러움[聖]을 끊고 지혜[智]를 버리면 백성[民]이 백배는 이롭고, 인(仁)을 끊 고 의(義)를 버리면 백성[民]이 효(孝)와 사랑[慈]을 회복하며, 기교[巧]를 끊고 이 익[利]을 버리면 도적(盜賊)이 없어진다. 이 세 가지는 예법[文]으로 삼기에는 부 족하므로 소박함을 간직하고 사욕(私慾)을 줄이는데 매어놓게 한다.96)

진대(晉代) 왕필(王弼)97)은 '육친(六親)'에 대해 주석하여 "육친은 부자, 형제,

---

95) 『노자』 상편(上篇), 제18장.
  〈옮긴이주〉 왕필(王弼) 지음, 임채우 옮김, 『왕필의 노자주』(한길사, 2005) 「18 대도 가 없어지니 인의가 드러나고」, 102쪽.
96) 『노자』 상편, 제19장.
  〈옮긴이주〉 왕필 지음, 임채우 옮김, 『왕필의 노자주』 「19 지혜를 버리면 백성의 이익이 백배가 되고」, 104쪽. 원서에는 "사욕을 줄이는데 매어놓게 한다"는 구절 다 음에 "배우기를 포기하면 걱정이 없다[絶學無憂]"라는 문장이 있지만, 이는 『노자』 상편, 제20장의 첫 문구(왕필 지음, 임채우 옮김, 『왕필의 노자주』 「20 배우기를 포기하면 걱정이 없나니」, 106쪽)이기 때문에 역서에서는 생략하였다.
97) 〈옮긴이주〉 왕필(226~249)은 삼국(三國) 시대 위(魏)나라 사람으로, 당시 수도였던 낙양(洛陽)에서 태어났다. 자(字)는 보사(輔嗣)이고, 명제(明帝) 때 상서랑(尙書郎)을 지 냈다. 23세의 나이에 요절하였으나 후견인이었던 하안(何晏)과 함께 위진(魏晉) 현학 (玄學)을 대표하는 사상가로 명성을 떨쳤다. 파란의 시대를 살았던 짧은 생애에도 불구하고 현존하는 노자주(老子注) 가운데 최고의 명주석으로 꼽히는 『노자주(老子 注)』, 천여 년 동안 과거시험의 교과서로 쓰였던 『주역주(周易注)』를 남겼다. 이외에 『노자』 사상을 간결하게 요약한 「노자지략(老子指略)」, 『주역』 해석의 방법론을 체 계화한 「주역약례(周易略例)」라는 명문이 전해지며, 『논어』의 일부에 주석을 단 『논

부부이다. 만약 육친이 저절로 화목하고 국가가 스스로 다스려지면 효자(孝慈)·충신(忠臣)이 그 있는 곳을 알지 못하게 된다"98)고 하였다. 이것을 하단의 "인(仁)을 끊고 의(義)를 버리면 백성이 효(孝)와 사랑[慈]을 회복한다"는 말과 합쳐서 보면, 노자사상에서 '인의(仁義)'는 결코 주관적으로 폐기하는 범주에 있지 않고 오히려 정반대로 "백성[民]이 효와 사랑[慈]을 회복하는 것", 다시 말하면 인의를 더욱 높이는 목표였음을 알 수 있다.

청대(淸代)의 대유(大儒) 왕부지(王夫之)는 일찍이 "효는 자식[子]으로서 마음에 생기는 것이다. …… 장자[莊]도 묵자[墨]도 모두 일찍이 이를 가르침으로 삼았다"99)고 하였다. 왕씨의 이 말은 진실로 근원을 탐구한 견해라고 할 수 있다. 묵자에 대해서는 앞서 이미 언급하였기 때문에 여기서는 장자(기원전 369?~286)에 대하여 서술한다. 『장자』 「인간세편(人間世篇)」에는 다음과 같은 말이 있다. "공자[仲尼]가 대답하기를 '세상에는 크게 경계할 일이 두 가지가 있습니다. 그 하나는 운명[命]이고, 또 하나는 의리[義]입니다. 자식[子]이 부모[親]를 사랑하는 것은 운명이며, (자식의) 마음에서 그것을 풀어 버릴 수는 없습니다. …… 이 세상 어디에서도 이 두 가지로부터 벗어날 수는 없습니다. 이를 두고 크게 경계할 일이라고 합니다. 그러므로 무릇 부모[親]를 섬기는 자는 신분의 고하를 막론하고 부모[親]를 편하게 모시는 것이 최고의 효행(孝行)입니다'고 하였다."100) 여기에서는 비록 공자의 입을 빌려서 도가의 이상(理想)을 해석하였지만, 장자의 가정윤리와 효도에 대한 주장이 마치 사실처럼 생동감 있게 묘사되어 있다. 또 예컨대, 「천도편(天道篇)」에서는 "군주가 앞서면 신하가 따르고, 아버지가 앞서면 자식이 따르며[父先而子從], 형(兄)이 앞서면 아우[弟]가 따르고, 연장자[長]가 앞서면 젊은이[少]가 따르며, 남자가 앞

어석의(論語釋疑)』도 있다. 그와 관련된 기록은 『삼국지』 권28, 「위서(魏書)·종회전(鍾會傳)」에 있는 배송지(裴松之)의 주(注)에 서진(西晉)의 하소(何劭)가 쓴 전(傳)이 인용되어 있다.
98) 『노자』 상편, 제18장.
  〈옮긴이주〉 왕필 지음, 임채우 옮김, 『왕필의 노자주』 「18 대도가 없어지니 인의가 드러나고」, 103쪽.
99) 왕부지, 『독통감론(讀通鑑論)』(중화서국[中華書局], 1998) 권7, 159쪽.
100) 『장자』 권1, 「인간세 제4」.
  〈옮긴이주〉 안동림 역주, 『장자』(현암사, 1993) 「인간세 제4」, 121쪽.

서면 여자가 따르고, 남편[夫]이 앞서면 처[婦]가 따른다. 대저 존귀한 자가 앞서고 비천한 자가 뒤선다는 것은 천지의 운행(이 갖는 자연스런 질서)이다. 그러므로 성인(聖人)은 그것을 본보기로 삼는다"[101]고 하였는데, 이른바 "아버지가 앞서면 자식이 따른다"고 하는 것은 대체로 유가의 '부위자강(父爲子綱: 아버지는 자식의 벼리가 된다)'의 설(說)과도 큰 차이가 없다.

마지막으로, 황로(黃老)에 대하여 논(論)한다. 선진(先秦) 시기, 황로학(黃老學)은 세력이 비교적 늦게 형성되었지만, 중국고대 사상사·정치사에 끼친 영향은 심원(深遠)하였다. 1973년 말, 호남성(湖南省) 장사(長沙) 마왕퇴한묘(馬王堆漢墓)에서 「경법(經法)」·「십대경(十大經)」·「칭(稱)」·「도원(道原)」 등 네 편(篇)의 백서(帛書)가 출토되었다. 당란(唐蘭) 등의 고정(考訂)을 통해 이 네 편은 『황제사경(皇帝四經)』으로서, 현존하는 최초의 완정(完整)된 황로도가(黃老道家)의 작품에 속하는 것으로 인정되었다. 이 『황제사경』에 의해 황로학 중 가정윤리와 관련된 사상을 대략 엿볼 수 있다.

예컨대, 『황제사경』 「도원편」에서는 "각자의 분(分)에 따라 나누면 백성[民]은 다투지 않고, 그 명(名)에 의거하여 수여하면 만물은 스스로 안정된다"[102]고 하였다. 다시 말하면 사람들의 명분(名分)을 확정해야 하고, 명분을 확정하면 천하 만민은 다투지 않는다는 것이다. 구체적으로 가정에서 부자(父子) 간의 명분은 매우 엄격해야 하고 그것을 어지럽히거나 뛰어넘어서는 안 된다는 것이다. 또 예컨대, 「칭편」에서는 "자식[子]이 아버지[父]와 대등한 권력을 갖고 있으면 그 집안은 반드시 어지럽다"[103]고 하였다. 즉 자식은 (아버지의) 권력과 지위를 참람(僭濫)할 수 없고, 아버지와 서열이 같을 수 없으며, 그렇지 않으면 가정의 질서는 문란해진다는 것을 뜻한다. 반대로 아버지도 반드시 자기의 도리[職分]를 다해야 한다. 만약 아버지가 어떤 행위를 할 때 "아버지[父]다운 행동이 없으면" 자식[子]의 효성스런 보은(報恩)과 공순(恭順)을 받을

---

101) 『장자』 권4, 「천도 제13」.
　　〈옮긴이주〉 안동림 역주, 『장자』 「천도 제13」, 353쪽.
102) 『황제사경』 「도원」, 409쪽.
　　〈옮긴이주〉 김선민 옮김, 『황제사경 역주』(소명출판, 2011) 「도원」, 203쪽.
103) 『황제사경』 「칭」, 372쪽.
　　〈옮긴이주〉 김선민 옮김, 『황제사경 역주』 「칭」, 193쪽.

수 없다.104) 이 책에서도 부자(父子)관계를 빌려서 군신관계를 비유하고 있다. 예컨대, 이른바 "사람이 자신을 미워하게끔 행동을 한 이후에 그 사람에게서 사랑받기를 구한다면, 이것은 아버지[父]가 자식[子]에 대해서도 할 수 없는 일이다. 사람을 업신여기는 행동을 한 이후에 그 사람에게 공경받기를 구한다면, 이는 군주가 신하에 대해서도 할 수 없는 일이다"105)고 한 문장이 있는데, 이것은 통치자가 본직(本職)을 잘 수행하고 책임을 이행하여 "부세(賦稅)를 절도 있게 거두고 백성의 농사철[民時]을 빼앗지 않아"야 하며, 그렇지 않으면 장차 인민(人民)의 존경과 추대를 얻기 어렵다는 점을 권계(勸誡)한 것이다. 상술한 이들 내용에는 황로 일파(一派)도 근본적으로 가정윤리질서와 효도관계를 유지·보호해야 한다는 주장이 반영되어 있고, 또한 아버지의 자애[父慈]와 자식의 효도[子孝]라는 양자의 인과관계도 명시(明示)되어 있다.

여기에 이르러 기본적인 몇 가지 관점을 도출할 수 있다. 첫째, 선진 시기 가정윤리와 효도 관념은 상당히 보편성을 가졌고, 결코 유가(儒家)에게 독점되지 않았다는 점이다. 이러한 관념은 그 역사가 매우 오래되었고, 심지어 유가가 출현하기 이전의 원고(遠古) 시대까지 소급할 수 있다. 중국고대 국가 형성 이전 및 형성 초기에 이러한 관념은 보편적이었을 뿐만 아니라 세속의 민중 간에도 심후(深厚)한 심리적 기초가 되었다. 이 때문에 법률의 가정윤리와 효도에 대한 보호 및 그에 상응하는 제재조치의 입안(立案) 등은 대개 이러한 가정윤리와 효도 관념을 창제(創制)하는데 있지 않고 대부분 이러한 관념 혹은 관습을 인정(認定)하고 유지·보호하는데 있었다. 둘째, 선진 시기 제자(諸子) 간에는 일찍이 백가(百家)가 쟁명(爭鳴)하는 형국(形局)이 출현하였지만, 각 학파는 논점이 달랐을 때도 가정윤리와 효도의 문제에서는 상당히 일치된 면이 있었다는 점이다. 그들은 모두 기본적으로 일종의 이상적·차등적 예적질

---

104) 『황제사경』「경법·군정(君正)」, 73쪽.
〈옮긴이주〉 김선민 옮김, 『황제사경 역주』「경법·군정」에서는 "아버지[父]다운 행동이 없으면 자식[子]을 부릴 수가 없고, 어머니[母]다운 품덕(品德)이 없으면 백성[民]이 힘을 다하도록 할 수 없다"(54~55쪽)고 하였다. 다만 「경법·군정」에는 "자식의 효성스런 보은과 공순(恭順)을 받을 수 없다"를 명시한 문장은 없지만, 대체적인 내용은 상통하는 점이 있다.
105) 『황제사경』「칭」, 372쪽.
〈옮긴이주〉 김선민 옮김, 『황제사경 역주』「칭」, 189쪽.

서(禮的秩序)를 인정·추구하였고, 이러한 예적질서 속에서 가정윤리와 효도 관념은 모두 그 논제(論題) 중에 당연히 있어야 할 내용이었다. 예적질서를 실현하기 위해서는 대체로 모두 개인과 가정을 출발점으로 하였는데, 이것은 천하의 태평을 실현하는데 반드시 거쳐야 할 단계였고, 반대로 가정윤리관계 및 자녀가 부모에게 해야 할 효도를 저버리거나 문란시켰다면, 최후에는 천하의 대란을 초래할 수 있다고 보았다. 셋째, 선진 시기 제자(諸子)의 가정윤리와 효도 관념을 대국적으로 살펴보면, 그것들에는 상당히 일치된 추세가 보인다는 점이다. 그것들은 다른 시각에서 각자의 관점을 천명(闡明)하였지만, 보편적으로 다음과 같은 문제가 있었다. 즉 자녀가 마땅히 해야 할 의무에 대해서는 대부분 강조하였지만, 부모가 해야 할 의무에 대해서는 그다지 강조하지 않았고, 부모가 누리는 권리에 대해서는 대부분 강조하였지만, 자녀가 누리는 권리에 대해서는 그다지 강조하지 않았다. 따라서 선진 시기부터 중국 전통문화의 이면(裏面)에는 고정적이고 단편적인 일종의 '자녀 의무론'과 유사한 사상이 있었다고 할 수 있다. 이후 역사의 변천과 왕조의 흥망에 관계없이 만약 외부로부터 참조(參照)할 만 한 일종의 새로운 자료가 제공되지 않았다면, 게다가 철저하게 타파되어 버렸다면, 이러한 사상은 근본적으로 변경되기가 매우 어려웠을 것이다.

제2절
'교령'의 입률(入律)

당률에 의하면, 「투송47」(제348조)「자손위범교령조(子孫違犯敎令條)」106)의 내

---

106) 〈옮긴이주〉 원서에는 「자손위범교령조(子孫違犯敎令條)」로만 되어 있다. 원서에는 『당률소의』의 「편목(篇目)」과 「조목(條目)」 등을 표기할 때, 이처럼 '「조목」'만 제시한 경우가 있고, 이외에 '「편목」「조목」' 또는 '권수(卷數)「편목」「조목」'을 제시한 경우도 있다. 그러나 본 역서에서는 「자손위범교령조(子孫違犯敎令條)」를 예(例)로

용은 다음과 같다. "무릇 자손이 (조부모·부모의) 교령을 위반하였거나[違犯敎令] 공양에 궐함이 있었다면[供養有闕] 도형 2년에 처한다. (교령을) 따를 수 있는데 위반하였거나 공양을 감당할 수 있는데 궐한 경우를 말한다. 반드시 조부모·부모가 고소[告]해야 처벌한다."107) 본(本) 법률 조문의 규정은 실제 두 가지 방면 또는 두 가지 죄명(罪名)을 포함하고 있다. 즉 자손의 교령위반[子孫違犯敎令]과 자손의 공양 결여[子孫供養有闕]이다. 이 양자에 대하여, 전자는 부모와 조부모에게 일종의 교령을 내릴 권리를 주었고, 동시에 자손에게 부모와 조부모의 교령에 대하여 복종해야 할 의무를 강조하였다. 후자는 부모와 조부모에게 공양을 받을 권리를 주었고, 동시에 자손에게 부모와 조부모에 대하여 공양해야 할 의무를 강조하였다. 우리는 자연히 다음과 같은 질문을 하게 된다. 중국고대에서 궁극적으로 상술한 권리·의무 관계가 언제부터 법률에 명확하게 규정되었는가 하는 것이다. 전인(前人) 심가본(沈家本)·정수덕(程樹德) 등의 고정(考訂)에 의하면, 모두 진률(晉律)을 최초로 보았는데, 그러한 입론(立論)의 근거는 기본적으로 『송서(宋書)』 중 한 문단(文段)의 자료에서 비롯되었다. (그런데) 남조(南朝) 송(宋)의 법률은 직접 진률(晉律)을 계승하였기 때문에 이를 시간적으로 추론하면, 「자손의 교령위반[子孫違犯敎令]」 조문이 최초로 (법률에) 수록된 것은 응당 진률로 보아야 한다는 것이다. 이 부분에 관한 법사(法史)에 대하여는 뒤에서 상세히 설명하기로 한다.108) 여기서 지적하고자 하는 것은, 본(本) 조문이 『송서』에 처음 보인다고 해도 「자손위범교령조(子孫違犯敎令條)」에 규정된 두 가지 방면의 내용이 국가 성문법상에 입법됨과 동시에 사법적 실천으로 전환된 것은 사실상 진조(晉朝) 혹은 남조 송에서 시작되지 않고 그

들면, '「투송47」(제348조)「자손위범교령조」' 형식으로 표기하였다(이하 동일). 이 중 「투송47」은 「투송률 제47조」를 말하고, (제348조)는 『당률소의』의 총 조수(條數: 502조) 중 제348조를 가리킨다.

107) 『당률소의』(법률출판사[法律出版社], 1999) 권24, 「투송」「자손위범교령」. 이 중 '궐(闕)'자(字)는 '결(缺)'과 의미가 완전히 동일하다. 당률에서 명청(明淸) 법률에 이르기까지 두 가지 작법(作法)이 모두 존재하였고 결코 통일되지 않았다. 지금은 원문(原文)에 따랐고 고치지 않았다.
〈옮긴이주〉 『역주 당률소의-각칙(하)-』(이하 『역주율소-각칙(하)-』로 약칭)(한국법제연구원, 1998) 「투송47」(제348조)「자손위범교령조」 및 「주(注)」, 3121쪽.

108) 〈옮긴이주〉 이에 대한 설명은 2항 「위진남북조 시기」에 보인다.

보다 상당히 앞선다는 점이다. 본 조문의 역사적 발전상황을 분석·정리하면 다음과 같다.

1. 선진(先秦)~진한(秦漢) 시기

상술한 선진 시기 제자(諸子)의 가정윤리와 효도 관념에 관한 분석을 통해 가정윤리와 효도에 대한 인정(認定)과 강조는 선진 시기 일종의 보편적 사회 관념에 속하였다는 것을 알 수 있었다. 그러나 효(孝)는 그 의미가 매우 넓었고, 그 의무도 매우 번잡하였으며, 가정윤리도 사회풍속의 변천에 따라 부단히 분화되고 풍부해졌다. 선진 시기 제자(諸子)의 가정윤리에 대한 공통된 인식을 종합해서 보면, 자손은 가장(家長)의 의지를 따라야 하였고 동시에 공양(供養)의 의무도 이행해야 하였으며, 그 반대인 경우에는 가정윤리를 파괴하고 효도를 다하지 않은 것이었다. 게다가 『상서(尙書)』109)와 『맹자』110) 등의 기록에 의하면, 선진 시기 이미 부모를 섬기지 않은 불효 행위에 대해 입법(立法)하여 엄중히 처벌하였음을 알 수 있다. 실제로 선진 시기에는 이미 불효 행위를 법률의 중점적인 처벌대상으로 분류하였고, 진한의 법률도 마찬가지였다. 이 점에 대하여 기존의 연구자들은 대체로 간과(看過)하였다. 왜냐하면, 사전(事前)에 유(儒)·법(法) 양가(兩家)는 절연히 대립한다는 관념이 마음속에 충일(充溢)하였기 때문이고, 게다가 구동조(瞿同祖)가 그의 논저(論著)에서 거듭해서 "진한의 법률은 법가계통으로서, 유가의 예적(禮的)인 요소는 내재(內在)되어 있지 않다"고 강조하였고, 그의 탁월하고 광범위한 학술적 영향력은 사람들의 관념에서 불효 행위를 처벌하는 법률조문을 진한의 법률(특히 진률[秦律])에서 배제시켰기 때문이다.

당시 설윤승(薛允升)·심가본(沈家本)·정수덕(程樹德) 등도 일찍이 「자손위범교령조(子孫違犯敎令條)」에 대한 근원을 구명(究明)하였지만, 대부분 정사(正史)

---

109) 『상서정의』 권14, 「광고(康誥) 제11」.

110) 『맹자주소』 권14, 「고자장구하」.

자료에 편중되었고 실제 이용할 수 있는 자료도 매우 한정되어 있었다. 이러한 이전 학자들에 비해 우리는 전통 법률과 상대적으로 거리가 멀지만, 행운도 적지 않게 가지고 있다. 근래 몇 십 년 동안『수호지진묘죽간(睡虎地秦墓竹簡)』·『장가산한간(張家山漢簡)』·『돈황현천한간(敦煌懸泉漢簡)』등 중대한 고고학적 발견은 연구자들이 진한의 법률을 인식(認識)하는데 구하기 어려운 귀중한 자료를 제공하였고, 이것들로써 진한 시기 법률의 형상(形象)을 풍부하게 할 수 있을 뿐 아니라 종래 인식상의 차이점들도 바로잡을 수 있다. (특히) 이러한 자료를 통해 진한 시기 가장(家長)과 자녀의 권리·의무 관계에 관한 법률규정에는 당시 법률의 가정윤리질서에 대한 강력한 유지·보호가 십분 현시(顯示)되어 있고, 또 이른바 예치정신(禮治精神)도 상당히 포함되어 있음을 확연히 알 수 있다. 아래에서는 진한 시기 법률의 일부 규정에 의거하여 그 일단(一端)을 살펴보기로 한다.

『수호지진묘죽간』「법률답문(法律答問)」에는 다음과 같은 내용이 있다.

〈갑〉(율문에서는) "자식[子]을 천살(擅殺)하였다면 경위성단용(黥爲城旦春)에 처한다. 자식[子]을 낳았는데 그 몸에 이상한 것이 붙어있거나 신체가 온전치 아니하여 이를 살해하였을 경우에는 논죄(論罪)하지 않는다"고 하였다. 만일 자식[子]을 낳았는데, 자식[子]의 신체가 온전하고, 이상한 것이 붙어있지 않음에도, 단지 자식[子]이 많다는 이유로, 살려두는 것을 원치 않아서, 이를 거두어 양육하지 않고 살해하였을 경우에는 어떻게 논죄하는가? 자식[子]을 살해한 죄목(罪目)으로 논죄한다.[111]

〈을〉사오(土伍) 갑(甲)이 자식[子]이 없어서, 동생[弟]의 아들[子]로 후사(後嗣)를 삼아, 더불어 동거(同居)하다가, 그를 천살하였을 경우, 사오 갑은 마땅히 기시(棄市)에 처한다.[112]

〈병〉(율문에서는) "조부모[大父母]를 구타(毆打)한 경우에는 경위성단용에 처한다"고 하였다. 만일 증조부모[高大父母]를 구타하였다면 어떻게 논죄하는가? 조부모를 구타한 경우와 같이 논죄한다.[113]

---

111) 〈옮긴이주〉 윤재석 옮김, 『수호지진묘죽간 역주』(소명출판, 2010)「법률답문」, 339~340쪽.
112) 〈옮긴이주〉 윤재석 옮김, 『수호지진묘죽간 역주』「법률답문」, 340쪽.
113) 〈옮긴이주〉 윤재석 옮김, 『수호지진묘죽간 역주』「법률답문」, 341쪽.

〈정〉 부세(賦稅)와 요역(徭役)을 면제받을 수 있는 노인[免老][114]이 자식[子]을 불효(不孝)로 고소[告]하여, 사형에 처할 것을 요구한[謁殺] 경우, (피고를) 세 번 용서해주는 과정[三宥]을 거치는가? 용서해주는 과정을 거쳐서는 안 되고, 즉각 체포하여 도주하지 못하도록 해야 한다.[115]

상술한 네 문단의 내용 중, 〈갑〉에서는 당시 법률은 가장(家長)에게 선천적 잔질(殘疾: 불구자)인 신생아(新生兒)를 살해할 권한은 인가(認可)하였지만 자식[子]을 천살(擅殺)하는 행위는 엄금하였고, 특히 가장이 "자식이 많다[多子]"는 이유로 혹은 선천적 잔질을 구실로 양육하지 않고 살해한 경우에는 법률상 천살(擅殺)과 같이 논죄하여 "경위성단용"에 처해야 한다고 설명하고 있다. 〈을〉에서는 동거하는 양자(同生의 아들[子]을 후사(後嗣)로 한 것)를 천살한 경우에는 엄중한 범죄 행위에 속하였기 때문에 친자(親子)를 천살한 경우보다 가중해서 극형[기시(棄市)]으로 처벌해야 한다고 설명하고 있다. 〈병〉에서는 당시 법률은 자손이 조부모[大父母]·증조부모[高大父母]를 구타하는 행위를 엄금하였고—부모에 대한 구타도 엄금하는 범위 내에 있었다—, 증조부모와 조

---

114) 〈옮긴이주〉 윤재석 옮김, 『수호지진묘죽간 역주』 「진률십팔종(秦律十八種)」에서는 '면로(免老)'의 '면'에 대해 "면은 면로의 연령에 도달하다'는 뜻인 것 같다"고 하면서 『한관의(漢官儀)』의 사례를 인용하여(124쪽) '면로'를 '60세 이상의 노인'(「법률답문」, 361쪽)으로 해석하였지만, '면(免)'의 의미에 대해서는 일체 언급이 없다. 원서에서는 이에 대하여 "법률상 부세와 요역을 면제받을 수 있는 노인"이라고 하였기 때문에 일단 본 역서에서도 '면로'에 대하여 이렇게 옮겨 둔다.

115) 수호지진묘죽간정리소조(睡虎地秦墓竹簡[원서에는 竹簡 두 글자가 빠져있다]整理小組), 『수호지진묘죽간(睡虎地秦墓竹簡)』(문물출판사[文物出版社], 1978) 「법률답문」, 181~182·184·195쪽.
『돈황현천한간(敦煌懸泉漢簡)』 「적률(賊律)」 중에도 〈병〉의 조문(條文)과 유사한 규정이 있다. "친부모(親父母) 및 친부모의 형제[同產]를 구타하였다면[毆] 내위사구(耐爲司寇)·작여사구(作如司寇)에 처한다. 무례(無禮)하게 함부로 욕을 하였다면[詢詈] 벌금(罰金) 1근(斤)에 처한다"(II 0115 : 421)(호평생[胡平生]·장덕방[張德芳], 『돈황현천한간석수(敦煌縣泉漢簡釋粹)』, 상해고적출판사[上海古籍出版社], 2001, 8~9쪽). 양자(兩者)를 대조하면, 양형(量刑)에 큰 차이가 있음을 알 수 있다. 이 경우처럼, 한률(漢律)에서 자손이 부모·조부모·증조부모를 구타·욕을 한 행위에 대한 양형이 진률(秦律)보다 감경된 것은 한초(漢初)의 상황에서는 불가능했을 것이다.
〈옮긴이주〉 윤재석 옮김, 『수호지진묘죽간 역주』 「법률답문」, 361~362쪽.

부모를 구타한 경우에도 동일하게 제재(制裁)를 가하여 모두 '경위성단용'에 처한다고 설명하고 있다. 〈정〉에서는 ① 가장(家長)은 불효라는 명분으로 자녀를 관부(官府)에 고소[告]하여 극형(사형)에 처할 것을 청구할 권리가 있었고, ② 관부는 '면로(免老)'(법률상 부세[賦稅]와 요역[徭役]을 면제받을 수 있는 노인)가 자식[子]의 불효를 고소[告]한 행위에 대하여 즉시 피고인을 체포해서 도망할 수 없게 해야 한다고 설명하고 있다.

이밖에 「봉진식(封診式)」에도 다음과 같은 두 문단(文段)이 있다.

〈무〉 자식 고소[告子] 원서(爰書)[116]: 모리(某里)의 사오(士伍) 갑(甲)이 고소[告]하였습니다. "갑의 친아들[親子]인 같은 이[同里]의 사오(丙)이 불효하여 사형에 처해주기를 청구합니다[謁殺]." 즉시 영사(令史) 기(己)에게 명령하여 가서 병을 체포토록 하였습니다. 영사 기가 작성한 원서(爰書): 뇌예신(牢隷臣) 모(某)와 더불어 병을 체포하러 가서, 모의 집[某室]에서 그를 체포하였습니다. 현승(縣丞) 모(某)가 병을 신문(訊問)하니, 병이 진술하기를 "(본인은) 갑의 친아들로서, 갑에게 불효한 것이 확실하고, 이외의 다른 죄(罪)를 범한 적은 없습니다"고 하였습니다.[117]

〈기〉 자식 유배 청구[遷子] 원서(爰書): 모리(某里)의 사오(士伍) 갑(甲)이 고소[告]하였습니다. "친아들[親子]인 같은 이[同里]의 사오(士伍) 병(丙)의 발을 절단하여 촉군(蜀郡)의 변경 현[邊縣]으로 유배하고, 죽을 때까지 유배지를 떠나지 못하도록 해줄 것을 요청합니다[謁]. 삼가 고소[告]합니다." 폐구현(廢丘縣)의 담당관(擔當官)에게 삼가 고(告)합니다. 사오(士伍)로서 함양(咸陽)의 모리(某里)에 거주하는 병에 대하여, 아버지[父] 갑이 그의 발을 절단하고, 촉군의 변경 현으로 유배하여 죽을 때까지 유배지를 떠나지 못하도록 해줄 것을 고소[告]하였습니다. 갑이 고소[告]한 바에 따라서 병을 유배하고, 아울러 율(律)에 따라 병의 가속(家屬)을 그와 함께 유배지로 가도록 논죄(論罪)하였습니다. 현재 병의 발을 절단하고 (병을 호송하는) 이(吏)와 도예(徒隷)로 하여금 통행증[傳]과 호송문서[恒書] 한 통을

---

116) 〈옮긴이주〉 '원서(爰書)'는 죄인(罪人)이 진술한 죄상(罪狀)을 적은 서류를 말한다. 원(爰)은 '바꾸다'는 뜻으로, 옛날 재판관의 편파성(偏頗性)을 막기 위해 서로 옥서(獄書)를 교환하여 심리(審理)하게 한 것에서 유래하였다. 원서에 대하여는 오오바 오사무(大庭脩), 「원서고(爰書考)」(『진한법제사의 연구(秦漢法制史の硏究)』, 창문사[創文社], 1982), 626~647쪽 참조.
117) 〈옮긴이주〉 윤재석 옮김, 『수호지진묘죽간 역주』 「봉진식」, 475쪽.

휴대케 하여 (폐구현의) 영사(令史)에게 제출토록 하였으니, (이들이 지나는 각 현 [縣]에서는 죄인을 호송하는) 이(吏)와 도예를 교체해 주고, 통과하는 현(縣)의 순서에 따라 범인을 호송하여 성도(成都)에 이르게 하며, 성도에 도착하면 호송문서를 태수(太守)에게 제출하고, 율(律)에 따라 음식을 지급해주십시오. 죄인(罪人)을 호송하는 자들이 폐구현에 도착하면, 응당 이 사실을 보고해주십시오. (폐구현의) 담당관에게 삼가 고(告)합니다.[118]

이 중, 〈무〉에서는 재차 가장(家長)은 친자(親子)를 불효의 죄명(罪名)으로 관부(官府)에 고소[告]하여 극형(사형)에 처할 것을 청구할 권한이 있었음을 말해준다. 〈기〉에서는 가장은 관부에 불효자를 사형에 처할 것을 청구할 권리가 있었을 뿐 아니라 친자(親子)를 유배하고 (종신) 돌아오지 못하게 할 것을 청구할 수도 있었음을 설명하고 있다.

심가본(沈家本)은 일찍이 '진법(秦法)'을 논(論)하여 "위앙(衛鞅) 이전 진나라에는 자신들의 법이 있었고, 상앙(商鞅)도 모두 바꾸지 못하였다"[119]고 하였다. 상술한 여섯 문단의 내용은 시간적으로 볼 때 대체로 당연히 '상앙변법(商鞅變法)' 이후의 법이다.

이상 선진 시기 가정윤리와 효도 관념에 대한 전체적인 분석을 종합하면, 이 중 대부분은 태고(太古)부터 이어져 온 것이었고, 개괄적으로 말해서 이상의 내용은 모두 진률(秦律)이 가장(家長)의 전제적 권력을 인가(認可)·보호하였다는 명증(明證)이 된다. 게다가 가장은 불효라는 명분으로 관부에 친자(親子)를 사형 혹은 유형에 처할 것을 정청(呈請)[120]할 수 있었고, 이러한 법률적 내용(불효의 고소·유배의 정청—옮긴이)은 후세 '자손의 교령위반[子孫違犯敎令]'에서 부여한 가장의 전제적 권력(오역[忤逆]의 정송[呈送])[121]과 발견[發遣][122]의 정청[呈

---

118) 『수호지진묘죽간』「봉진식」, 261~263쪽.
〈옮긴이주〉윤재석 옮김, 『수호지진묘죽간 역주』「봉진식」, 474쪽.
119) 심가본, 『역대형법고(歷代刑法考)』(중화서국[中華書局], 1985)「율령(律令)2」, 845쪽.
120) 〈옮긴이주〉'정청(呈請)'은 공문(公文)으로 상청(上請)하는 것을 말한다.
121) 〈옮긴이주〉'정송(呈送)'은 피해자(被害者)나 다른 고소권(告訴權)이 있는 사람이 그 범죄지(犯罪地) 또는 범인(犯人)이 있는 지역의 사법관(司法官)에게 구두(口頭)나 서면(書面)으로 피해 사실을 신고(申告)하여 범인의 소추(訴追)를 청구(請求)하는 법률용어이다.

請] 등)과 비교하면, 절차와 형식에서 상당히 유사할 뿐 아니라 양형(量刑)의 경중(輕重)에서도 가중(加重)되었고 감경(減輕)되지 않았다. 그러나 진률에서 가장이 그 자식[子]을 천살(擅殺)할 수 없다는 규정은 당시 입법자가 가장에게 전제적 권력을 인정함과 동시에 가장의 전제적 권력이 남용(濫用)될 수도 있다는 것을 의식해서 엄중한 법을 정립(定立)하여 대대적인 제재(制裁)도 표명한 점에서 자못 중시할 만하다.

진조(秦朝)가 멸망하고 대신해서 한조(漢朝)가 발흥하였다. 『장가산한간(張家山漢簡)』의 「이년율령(二年律令)」과 「주언서(奏讞書)」를 통해 진한(秦漢) 간의 법률상(法律上) 밀접한 연계(連繫)를 볼 수 있다. 「이년율령·적률(賊律)」에는 다음과 같은 조문이 있다.

> 자식[子]이 부모(父母)를 살해하고자 모의하였거나[牧殺], 조부모[泰父母]·부모(父母)·계조모[假大母]·여주인[主母]·계모[後母]를 구타[毆]·욕[詈]을 하였거나, 부모가 자식[子]을 불효(不孝)로 고소[告]한 경우에는 모두 기시(棄市)에 처한다. 그 자식[子]에게 죄가 있어서 성단용(城旦舂)·귀신백찬(鬼薪白粲) 이상(以上)에 해당하였거나 타인(他人)의 노비(奴婢)가 된 경우에는 부모가 (자식을) 불효로 고소해도 수리(受理)하지 않는다. 나이 70세 이상이 자식[子]을 불효로 고소[告]한 경우에는 반드시 세 번 다시 돌려보내야 한다[三環]. 세 번 돌려보낸 것이 각각 다른 날인데도 여전히 고소[告]한 경우, 이에 그것을 접수(接受)한다. 타인에게 불효를 교사(敎唆)하였다면 경위성단용(黥爲城旦舂)에 처한다.[123]

이 중 "부모가 자식을 불효로 고소한 경우에는 모두 기시에 처한다"고 명언(明言)한 것은 진률(秦律)에서 친자(親子)를 불효로 고소[告]하여 "사형에 처해줄 것을 청구[讞殺]"한 법률과 실제로 동일하며, 모두 가장(家長)에게 전제적 권

---

122) 〈옮긴이주〉 '발견(發遣)'은 청조(淸朝)가 입법(立法)한 형벌(刑罰)의 일종으로서, 범죄인을 변강(邊疆) 지역으로 보내어 관병(官兵)에게 주어 노역(奴役)에 종사시키는 것이다. 이것은 충군(充軍)보다 가중(加重)된 형벌로서 대부분 정치범에게 적용되었고, 대개 황제의 명령이 없으면 종신토록 벗어날 수 없다는 규정이 부가(附加)되었다.

123) 장가산247호한묘죽간정리소조(張家山二四七號漢墓竹簡整理小組), 『장가산한묘죽간[247호묘](張家山漢墓竹簡[二四七號墓]』(문물출판사[文物出版社], 2006), 13쪽.

력을 부여한 것이다. 동시에 부모를 "살해하고자 모의하였거나[牧殺]"124) 조부모 · 부모 · 계조모(繼祖母: 또는 서조모[庶祖母]) · 여주인[女主] · 계모[後母] 등을 구타(毆打) · 욕[罵詈]한 죄행(罪行)도 모두 극형(사형)에 처해지고 있다. 진률과 유사하게 한률(漢律)에서도 가장의 이러한 전제권력에 대하여 상당한 제재(制裁)를 가하고 있다. (이밖에 위의 문장은) 다음과 같은 점들을 포함하고 있다. (1) 자녀 방면에서 보면, 자녀가 이미 형법(刑法)을 위반하여 이치상 국가의 법률적 제재를 받아야 하거나 또는 타인의 노비가 된 경우, 부모는 모두 재차(자식을) 불효로 고소[告]할 수 없고, (2) 부모 방면에서 보면, 나이 70세 이상인 자(者)가 자식[子]을 불효로 고소[告]한 경우, 관부(官府)에서는 반드시 첫째 부모가 연로(年老)하여 고소[告]의 주체가 되기에 적합한지를, 둘째 쉽게 타인(他人)의 유혹(誘惑)에 의해 한 것인지를 세밀하게 살펴서 처리해야 하며, (3) 타인에게 불효를 교사(敎唆)하였다면 엄중한 죄행(罪行)에 속하였기 때문에 형벌은 단지 살인죄에서 1등급 아래인 '경위성단용'에 처한다. 동시에 「이년율령」에서는 "자식[子]이 부모를 고소[告]하였거나, 처(妻)가 시부모[威公]를 고소하였거나, 노비가 주인 · 주인의 부모와 처자(妻子)를 고소한 경우에는 허용하지 않고 고소한 자를 기시(棄市)에 처한다"고 규정하였다. 본(本) 조문에서 열거한 "자식이 부모를 고소한 경우"와 "처가 시부모를 고소한 경우" 등의 범죄행위는 당(唐)에서 명청(明淸)까지의 법률 중에 전문적으로 '간명범의(干名犯義: 명교[名敎]와 도의[道義]의 위반)'라는 죄목(罪目)으로 규정하였고, 이들 조문에서는 모두 불효와 동등(同等)하게 논죄(論罪)하여 기시에 처하고 있다. 이로써 한률도 진률과 마찬가지로 가정(家庭) 내(內)의 엄격한 등급질서를 강력하게 유지 · 보호하였고, 가장(家長)에게 상당한 전제적 권력을 인가(認可)하였으며, 자녀에게 극진(極盡)한 효순(孝順)의 의무를 십분 강조하였음을 알 수 있다. 이뿐만 아니라 『장가산한간』「주언서」에 수록된 제20125) 안례(案例)를 통해 더 많은 점들을 엿볼 수 있다.

---

124) 『수호지진묘죽간』「법률답문」의 해석에 의하면, "주인[主]을 살해하고자 모의하였지만 살해하기 전에 체포된 것이 목(牧)이다"(184쪽)고 하였다. '목살(牧殺)'은 주관적인 범죄의도[犯意]를 가진 상황에서 부모가 결국 피살(被殺)된 경우, 직접 살해하지 않았더라도 상응하는 법률책임을 져야하였다.

125) 〈옮긴이주〉 원서에는 '0'이 '1'로 되어 있다.

「주언서」에는 해당 안례(案例)의 기본정황이 다음과 같이 기록되어 있다.

　　지금 두현(杜縣) 호리(濠里)의 여자(女子) 갑(甲)의 남편[夫] 공사(公士) 정(丁)이 질병으로 사망하였고, 상관(喪棺)이 당상(堂上)에 있었는데, 장례(葬禮)가 끝나지 않아 정(丁)의 모친(母親) 소(素)가 밤에 복상(服喪) 중에 관(棺)을 돌며 곡(哭)을 하였다. (이때) 갑이 남자 병(丙)과 관 뒤의 실내(室內)에서 화간(和奸)하고 있었다. 다음날 아침, 소(素)가 갑을 관리[吏]에게 고소[告]하였다. 관리가 갑을 체포하였으나 갑의 죄를 결정하기 어려웠다.126)

　대의(大意)는 다음과 같다. 여자 갑(甲)의 남편이 병사하였고, 집에서 장례가 끝나지 않아 시어머니가 밤에 복상(服喪) 중에 곡(哭)을 하였는데, 이때 (갑이) 다른 남자와 관 뒤에서 화간하였다. 다음날 아침에 시어머니가 갑의 행위를 관부에 고소하니, 관부가 갑을 체포하여 재판에 회부[歸案]하였고, 이로써 여자 갑이 어떤 죄에 해당하는가를 상세히 심의(審議)하였다. 갑에게 적용할 죄명(罪名)을 상세히 심의하는 과정에서 함께 심의하던 정위(廷尉) 등 관원(官員)이 다시 다른 조항(條項)의 율문(律文)을 참조·인용하였는데, 그 내용은 다음과 같다.

　　마침 정사(廷史) 신(申)이 요역(徭役)의 일로 외출하고 돌아온 후에 정위(廷尉)의 논단(論斷)이 잘못되었다고 보았다. 그는 "(정위의) 논단은 타당하지 않다(이상 옮긴이 보충). 율(律)에서는 '불효(不孝)는 기시(棄市)에 처한다'고 하였다. 아버지[父]가 살아있는데 3일 동안 음식을 올리지 않았다면, 관리는 또 자식[子]을 어떻게 논죄(論罪)해야 하는가?"라고 하였다. 정위 곡(穀) 등이127) "기시(棄市)에 처해야 한다"고 하였다. (신[申]이) 또 "아버지[父]가 죽었는데 그 가(家)에서 3일이 지나도록 제사지내지 않았다면 자식[子]을 어떻게 논죄해야 하는가?"라고 하자, 정위 곡 등이 "논죄해서는 안 된다"고 하였다. (신이) "자식[子]이 살아있는 아버지[生父]의 교령(敎令)을 듣지 않는 것과 죽은 아버지[死父]의 교령을 듣지 않는 것과 어느 쪽이 더 죄가 무거운가?"라고 하자, 정위 곡 등이 "죽은 아버지의 교령을 듣지 않은 것은 논죄해서는 안 된다"고 하였다.128)

---

126) 『장가산한간묘죽간』「주언서」, 108쪽.
127) 〈옮긴이주〉 원서에는 '정위 곡 등' 부분이 생략되어 있다(이하 동일).

여기서는 "불효는 기시에 처한다"는 기본적인 법률원칙 속에서 세 가지 구체적인 불효 행위를 열거하여 그것에 상응하는 죄명(罪名)과 형벌 처리에 대하여 논(論)하고 있다. 첫째, 부친(父親)이 살아있는데 3일 동안 자식[子]이 음식을 올리지 않았다면, 자식은 불효로 논죄하여 기시에 처해야 한다. 둘째, 부친이 사망한 후에 3일이 지나도록 자식이 제사음식을 올리지 않았다면, 자식은 불효로 논죄해서는 안 된다. 셋째, 부친이 살아있는데 교령을 듣지 않은 것은 실제 불효가 되어 율(律)에 따라 기시에 처해야 한다. 그러나 부친의 유명(遺命)은 듣지 않았더라도 불효죄로 처벌해서는 안 된다. 이상 세 가지 논의를 통해 다음과 같이 개괄할 수 있다. (1) 당시 법률은 가장(家長)은 자녀에게 공양(供養)을 받을 권리가 있고, 자녀는 공양할 의무가 있음을 인가(認可)하였고, (2) 가장은 교령을 내릴 권리가 있었고, 자녀는 교령을 순수할 의무가 있었으며, (3) 자녀가 공양의 의무를 다하지 않았거나 가장의 교령을 준수하지 않았다면 불효에 속하여 모두 사형에 처해야 하였다. 이와 동시에 한률(漢律)의 경우, 부모·조부모 등 직계친속(直系親屬)도 불효죄의 범죄객체인 점을 고려하면, 상술한 두 가지 방면(공양[供養]의 향수[享受]와 교령의 시행)의 권리를 누리는 친속 범위에는 조부모(祖父母)도 당연히 포함되었음을 추찰할 수 있다. 나아가 이를 전술한 당률(唐律)의 「투송47」(제348조)「자손위범교령조(子孫違犯教令條)」의 두 가지 방면과 비교하면, 당률이 인가(認可)한 이러한 권리·의무 관계는 모두 한률에 이미 실현되었음이 거의 확실하다.

또한 이것을 이전 학자의 「주언서」에 대한 연구[129]와 결부시키면, 기본적으로 한대(漢代)의 상술한 두 가지 권리·의무 관계에 대한 법률규정은 실제

---

128) 『장가산한묘죽간』「주언서」, 108쪽.
129) 예컨대, 채만진(蔡万進)이 연구를 통해 제시한 내용, 즉 "(1) 한고조(漢高祖) 연간의 치옥(治獄) 안례(案例)는 진왕(秦王) 정(政: 시황) 시기의 치옥 안례와 한 책[一書]에 수록되었지만, 본래 한대(漢代) 법제(法制)의 진제(秦制)에 대한 연혁을 설명한 것이고, (2) 「주언서」의 진한대(秦漢代) 안례의 사법소송절차와 격식(格式) 용어는 기본적으로 모두 직관적으로 진한 법률의 계승과 발전을 반영한 것이며, (3) 「주언서」는 진말한초(秦末漢初)의 일부 사법제도의 변천에 대한 탐구에서 그 중간의 부분적인 자료를 제공하였다"(채만진, 『장가산한간〈주언서〉연구(張家山漢簡〈奏讞書〉研究)』[광서사범대학출판사(廣西師範大學出版社), 2006], 제6장 「〈주언서〉와 진한 법률의 실제 응용(〈奏讞書〉與秦漢法律實際應用)」, 91~93쪽)라고 한 것과 같다.

진률(秦律)과 일맥상통하였음을 확인할 수 있다. 그러므로 진률에 이미「자손위범교령조(子孫違犯教令條)」에서 언급한 두 가지 방면의 법률내용이 포함되었다면, 이러한 결론은 당연히 문제가 없어야 한다. 이것도 (후대 학자는) 청대(淸代) 경학가(經學家) 유봉록(劉逢祿)의 "불효는 곧 진법(秦法)이다"는 관점을 진일보 검증하였다.130) 이로 말미암아 우리는 이러한 구체적인 법률내용을 근거로 미시적인 시각에서 "한(漢)나라는 진제(秦制)를 계승하였다"는 주장에 대한 신빙성을 재차 증명하였을 뿐만 아니라「자손위범교령조(子孫違犯教令條)」에 대한 입법사(立法史)도 진대(秦代)까지 추급(推及)할 수 있었는데, 이것은 설윤승(薛允升)·심가본(沈家本) 등이 견지(堅持)하였던 "진률(晉律)에 처음 이 법률규정이 있었다"고 한 견해보다 근 500년을 앞당겼다.

나아가 우리는 두 가지 방면의 문제를 재고(再考)해야 한다.

첫째, 진한(秦漢) 법률 중 이러한 규정의 공통점은 무엇인가 하는 점이다. 아마 다음과 같이 개괄할 수 있을 듯하다. (1) 진한 법률은 모두 가정윤리질서와 등급차별을 힘써 강조하였고, 자녀의 가장(家長)에 대한 순종(順從)과 공양의 의무를 매우 중시하였다. (2) 진한 법률은 가장의 전제권력을 인가하였고 동시에 입법(立法) 상(上) 가장의 전제권력의 남용에 대한 예방도 매우 중시하였기 때문에 절차와 실제에서도 그에 상응해서 제한적인 법률내용을 갖추었다. (3) 진한 법률은 가장의 전제적 권력에 대해 완전히 방임(放任)하지 않았고 그 자위(自爲)에 맡기되 가장의 전제적인 사권(私權)의 행사는 이론적으로 반드시 국가 공권력에 의탁해야 비로소 실현될 수 있도록 함으로써 국가는 근본적으로 권력의 천단(擅斷)과 남용을 반대하였다. 따라서 진한 법률에서 가장의 전제권에 대한 인가(認可)에는 구조적으로 일정한 제한이 가해졌던 것이다. 가장이 가정(또는 가족) 내에서 누리는 전제적인 사권(私權)은 표면적으로는 전권(專權)의 내용에 관계없이 실제는 국가 공권력에 제압되었다. 일단 국가 공권력의 영역에 진입하게 되면 국가 정권에 대한 가장의 전제적인 사권

---

130) 정수덕(程樹德)은『구조율고(九朝律考)』「한률고(漢律考)」에서,『공양전(公羊傳)』「문공(文公) 16년조」의 하주(何注)에서(옮긴이 보충) "군주[上]를 존중하지 않았거나, 성인(聖人)을 비난하였거나, 불효한 경우에는 참수(斬首)하여 효수(梟首)한다"고 한 것에 대하여 유봉록(劉逢祿)이『공양석례(公羊釋例)』에서 이것은 곧 "진법(秦法)이다"고 한 관점을 간접적으로 인용하고 있다(96쪽).

(私權)은 논할 필요조차 없었던 것이다.

둘째, 이러한 법률규정을 유가(儒家)의 '예적(禮的)인 요소'로 본다면, 구동조(瞿同祖)가 "진한 법률은 순수 법가계통이다"고 한 견해는 또 어떻게 해석해야 할 것인가 하는 점이다. 확실히 논리적으로 "진한 법률은 순수 법가계통이다"는 것을 인정한다면, 진한 법률은 그 내부에 일말의 '유가의 예적인 요소'도 포함하지 않는 배타성을 띠어야 한다. 게다가 '자손의 교령위반[子孫違犯敎令]'에 관한 법률내용을 '유가적 법률조문'으로 규정하고 또 '예적인 요소'로 인정(認定)한다면, 이러한 내용은 진한 법률 중에 있지 않아야 한다. 그러나 앞서 언급하였듯이, 이러한 법률규정이 진한 법률 중에 있었다는 것은 의심할 여지가 없는 사실이다. 이러한 논리와 사실의 모순에 대해서는 또 어떻게 해석해야 할까? 확실히 주관적인 관점에서 객관적인 사실을 부정하기 보다는 논리와 인식상의 문제를 더 많이 검토해야 한다.

앞부분의 선진(先秦) 시기 가정윤리 관념과 효도사상에 대한 분석에 따르면, 진한 법률 중에 이러한 법률규정은 있었지만, 그것은 결코 유가나 법가의 창조물이 아니었을 뿐만 아니라 법률상의 창제(創制)도 아니었으며, 대부분 국가 법률이 당시 사회의 보편적인 가정윤리 관념을 흡수하고 인가(認可)한 것이었고, 아울러 흡수 · 인가하는 과정에서 이것을 국가 공권력의 '세력범위'에 포함시켰다고 할 수 있다. 법률 발전의 일반적인 규율에서 보면, 이러한 과정은 의심할 여지없이 관습법에서 성문법으로 나아가는 일종의 표현 형식에 속하였기 때문에 사실 이것에 유가 또는 법가라는 표지(標識)를 붙일 필요는 없다.[131]

그러나 진한 법률이 '법가계통'이라는 이러한 견해에 대해서는 또 어떻게 해석해야 할까? 진한 법률 중의 이러한 규정을 당률(唐律) 내지 명청(明淸)의 법률과 대비하면, 다음과 같은 점들을 알 수 있다. 즉 진한 법률은 입법과정에서 자손이 공양의 의무를 이행하지 않았거나 교령을 준수하지 않은 불효

---

131) 조여녕(曹旅寧)도 『진률신탐(秦律新探)』(중국사회과학출판사[中國社會科學出版社], 2002)에서 "진률 중의 불효죄는 유가윤리(儒家倫理)의 영향을 받았다고 하기 보다는 오랜 전통에 내원(來源)한다고 보는 것이 타당하다. 왜냐하면 고대의 풍속은 후세 종종 예제(禮制)로 전환되어 각 학파(學派)에 흡수 · 관통(貫通)되었기 때문이다"(83쪽)고 지적하였다. 이는 필자의 여러 견해들과 완전히 일치한다.

행위 등에 대해 극형(사형)에 처하였을 뿐 아니라 가장(家長)이 자손을 천살(擅殺)한 행위 등에 대해서도 일률적으로 엄중하게 처벌하였다는 점이고, 당(唐)·명(明)·청(淸) 삼대(三代)의 법률은 피차간에 경중의 차이는 있지만, 전체적으로 양형(量刑)은 명확하게 감경되었다(도형 2년 혹은 장형 100대)는 점이다. 이러한 강렬한 시대적 차이는 진한 법률이 법가의 '엄형중법(嚴刑重法)' 주장을 관철시키는 가장 좋은 사례가 아닐까? 따라서 진한 법률의 '법가계통'은 다음과 같이 해석할 수 있다. 즉 '엄형중법'(또는 중형주의[重刑主義]·준형주의[竣刑主義])의 영향은 가정윤리와 예적질서(禮的秩序)를 배척하지 않고 당사자 쌍방에 대해 법률상 장유존비(長幼尊卑)를 강조함과 동시에 일률적으로 엄형으로 처리했다는 것이다.

이상 서술한 것은 모두 입법(立法)에 대하여 말한 것일 뿐, 기본적으로 사법적(司法的) 실례(實例)는 포함되지 않았다. 종래 일부 논저(論著)[132]에서 진한대 법률의 불효죄[133]를 논할 때 통상 두 가지 사례가 인용되었던 것을 볼 수 있다. 하나는, 진시황(秦始皇)이 사망하고 조고(趙高)가 조서(詔書)를 위조하여 공자(公子) 부소(扶蘇)를 살해하였을 때 그 (조서) 중에 "자식[子]으로서 불효하여 칼을 하사하니 자결하라"[134]고 한 말이고, 또 하나는, 서한(西漢) 때 (형산왕[衡山王]의─옮긴이) "태자(太子) (유)상(劉爽)은 왕부(王父: 형산왕 유사[劉賜]─옮긴이)를 고발하였기 때문에 불효로 좌죄되어[坐告王父不孝] …… 기시(棄市)에 처해졌다"[135]

---

132) 예컨대 정수덕의 『구조율고』(중화서국[中華書局], 2003), 조여녕의 『진률신탐』·『장가산한률연구(張家山漢律研究)』(중화서국, 2005), 염애민(閻愛民)의 『한진가족연구(漢晉家族研究)』(상해인민출판사[上海人民出版社], 2005) 등.

133) 〈옮긴이주〉 진한대의 불효죄를 분석한 국내 논고에는 김진우, 「진한률의 '불효'에 대하여─수호지진간(睡虎地秦簡)·장가산한간(張家山漢簡)의 '불효' 관련 조문을 중심으로─」(『중국고중세사연구』19, 2008) 참조.

134) 『사기(史記)』 권87, 「이사열전(李斯列傳) 제27」.

135) 『한서(漢書)』 권44, 「형산왕전(衡山王傳)」.
〈옮긴이주〉 『한서』에서는 전한(前漢) 무제(武帝) 때 "형산왕 유사의 태자 유상이 왕부(王父)를 고발하였기 때문에 불효죄로 좌죄되어[坐告王父不孝] 기시에 처해졌다"고 되어있지만, 『사기』 권118, 「회남형산열전(淮南衡山列傳)」에서는 "태자 (유)상은 (부)왕(父王)의 불효를 고발토록 한 것에 연좌되어[坐王告不孝] 모두 기시에 처해졌다"고 하여, 두 열전(列傳)의 내용에 차이가 있다. 이에 대하여는 와카에 겐조(若江賢三), 「진한율에서의 '불효'죄(秦漢律における'不孝'罪)」(『동양사연구(東洋史研究)』55─

는 기사이다. 논자(論者)들은 대부분 이 두 사례를 진한 시대 전형적인 불효죄 안건(案件)으로 간주하였다. 그러나 필자가 볼 때, 그것들의 시대성에는 모두 문제가 있다. 전자의 경우, 조서의 위조는 잠시 논외로 하고, 시황제와 부소의 관계는 부자(父子)이기도 하고 또 군신(君臣)이기도 한, 사실 이중적 법률관계였다. 앞서 논한 바를 근거로, 만약 부자(父子)에 비중을 둔다면, 당시 법률에 따라 부친은 결코 그 자식[子]을 천살(擅殺)할 수 없고 그 자식에게 "죽음을 내릴" 정치권력도 없다. 만약 군신에 비중을 둔다면, "군주가 신하에게 죽어라고 하면 신하는 죽지 않을 수 없다"고 하듯이, 군주의 전제(專制) 하에서는 전적으로 그 자식에게 죽음을 내릴 수 있다. 이밖에 조고가 조서를 위조해서 부소에게 죽음을 내린 것은 사실 정치적 색채가 짙기 때문에 근본적으로 보통의 형안(刑案)과 동일하지 않다. 따라서 부소의 죽음은 결코 전형적인 불효죄 안건으로 처리될 수 없다. 같은 이치로서 후자의 태자 유상이 왕부(王父)를 고발[告]하였기 때문에 불효죄로 기시에 처해졌다는 것은 『한서』의 관련 기록을 통관(通觀)하면, 이 안건도 정치적 의미가 농후하기 때문에 이것을 일반적인 불효죄 안건의 범주에 넣을 수 없다는 것을 알 수 있다.

진한 시대는 현재로부터 요원(遙遠)하였기 때문에 지금까지 유전(流傳)될 수 있는 안례(案例)는 사실 한정되어 있다. 주지하듯이, 이미 당시 성문법에는 불효 및 '자손의 교령위반[子孫違犯敎令]' 등 방면에 관한 규정이 포함되어 있었지만 많은 수량(數量)의 죄안(罪案)을 찾기란 쉽지 않다. 『후한서』에 있는 동한(東漢) 때의 '구람교효(仇覽敎孝: 구람이 효를 가르치다)' 사례는 대체로 전형(典型)인 듯한데, 지금 열거하면 다음과 같다.

> 구람은 …… 나이 40세에 현(縣)에서 이(吏)[136]를 보충하는 모집에 응하여 선발되어 포정장(蒲亭長)이 되었다. …… 구람이 처음 정(亭)에 부임하였을 때, 진원(陳元)이란 자가 홀로 모친[母]과 살고 있었다. 그 모친이 구람에게 와서 진원이 불효하다고 고소[告]하였다. 구람이 놀라면서 "내[吾]가 근래 집을 지나가는데, 거처(居處)가 정돈되어 있었고, 때에 맞춰서 농사일도 하고 있었다. 이는 (그가) 악인(惡人)이 아니라 당연히 교화가 미치지 못해서 그런 것일 뿐이다.[137] 모친은

2, 1996) 참조.
136) 〈옮긴이주〉 원서에는 '史'로 되어 있다.

과부(寡婦)로 수절(守節)하고 고아(孤兒)를 양육하며 홀몸으로 늙어가면서 어찌하여 하루아침에 화풀이를 하려고 자식[子]을 불의(不義)에 빠뜨리려고 하는가?"라고 하니, 모친이 듣고는 감복하여 후회의 눈물을 흘리며 갔다. 이에 구람이 친히 진원의 집에 가서 모자(母子)와 함께 술을 마시며 인륜(人倫)과 효행(孝行)에 대하여 설명하면서[陳]138) 화복(禍福)으로써 비유하자, (진)원이 마침내 효자가 되었다.139)

이에 의하면, 진원의 모친이 자식[子]을 불효로 고소[告]하였고, 구람은 포정의 장이었지만 진원을 즉시 법으로 처리하지 않았다. 왜냐하면, 그가 진원의 집을 관찰해본 결과 "거처는 정돈되어 있었고, 때에 맞춰서 농사일도 하고 있었"으며, 이로 말미암아 진원을 결코 불효할 사람이 아니라고 판단하였기 때문이다. 이에 진원은 결국 원근(遠近)에 이름이 회자되는 효자가 되었다. 앞서 인증(引證)한 한률(漢律) 조문(條文)을 참고하면, 구람의 이러한 처리방식은 연로한 사람이 자식[子]을 불효로 고소[告]하면 신중히 처리하고 가볍게 불효라는 중죄(重罪)로 처벌해서는 안 된다는 법(法)(의 처리방식)과 기본적으로 부합된다. 이 안건은 중국고대에 매우 광범위하게 유전(流傳)되었고, 후에는『절옥귀감(折獄龜鑑)』140)·『당음비사속편(棠陰比事續編)』등의 책141)에 수록되어 지방관원이 민간의 불효죄(不孝罪) 안건(案件)을 처리할 때 하나의 범례(範例)가 되었다. 오늘날에서 보면, 이 안례(案例)는 유전과정에서 사람들의 열렬한 환영을 받아서 과거 순리(循吏)의 "백성을 사랑하기를 다친 사람처럼 한다[愛民如傷]"는 감당(甘棠)이념142)으로 선양되었을 뿐 아니라 실제 법률상에서도 통상

---

137) 〈옮긴이주〉"당연히 교화가 미치지 못해서 그런 것일 뿐이다"의 원문은 "敎化未及至耳"인데, 원서에는 '至耳'가 '之耻'로 되어 있다.

138) 〈옮긴이〉원서에는 '節'로 되어 있다.

139) 『후한서(後漢書)』권67, 「순리열전(循吏列傳) 제66·구람전(仇覽傳)」.

140) 〈옮긴이주〉『절옥귀감』의 국내 번역본으로는 정극 편저, 김지수 옮김, 『절옥귀감 ―중국 고대의 명판례』(소명출판, 2001; 전남대학교출판부, 2012)가 있다.

141) 정극(鄭克), 『절옥귀감』권8, 「긍근(矜謹)」; 오눌(吳訥), 『당음비사속편』「구람성효(仇覽成孝)」.

142) 〈옮긴이주〉『모시정의(毛詩正義)』(『십삼경주소 상』) 권1의 4[一之四], 「국풍(國風)·소남(召南)」「감당(甘棠)」에서는 "무성한 감당나무를 자르지도 말고 치지도 말라. 소백(召伯)께서 초막(草幕)으로 삼은 곳이니라. 무성한 감당나무를 자르지도 말고 꺾

불리한 지위에 처하였거나 불평등한 대우를 받았던 비유(卑幼)에 대한 당시 사람들의 일종의 보편적인 애휼지심(愛恤之心)을 담고 있는 것으로 생각되었다. '구람교효'사례와 마찬가지로 동한(東漢) 때 가표(賈彪)의 방법도 당시 입법 정신에 부합하였다. 『후한서』에는 다음과 같이 기술되어 있다.

> 백성[小民]이 빈곤하여 대부분 자식[子]을 양육하지 않자, (가)표는 엄중히 제도를 만들어 살인(殺人)과 같은 죄[同罪]로 처벌하였다. 성(城)의 남쪽에는 강도짓을 하다[盜劫] 사람을 해친 자가 있었고, 북쪽에는 자식[子]을 살해한 부인(婦人)이 있었다. (가)표는 나가서 죄상(罪狀)을 조사하고자 했다. (그런데) 연리(掾吏)는 (수레를) 끌고 남쪽으로 가고자 했다. (가)표는 화를 내며 "구적(寇賊)이 사람을 해치는 것, 이것은 일상적인 일이다. 모자(母子)가 서로 해치는 것은 천리(天理)를 거스르고 도(道)를 어기는 것이다"고 하였다. 마침내 수레를 몰아 북쪽으로 가서 그 죄상을 조사했다. 성(城) 남쪽의 구적(寇賊)도 이것을 듣고는 면박(面縛)해서 자수하였다. (이에) 수년 동안 자식[子]을 양육하는 사람은 천(千)으로 헤아렸고, 모두 "가부(賈父)가 기른 것이다"고 하였다. 아들[男]을 낳으면 이름을 '가자(賈子)'라고 하였고, 딸[女]을 낳으면 이름을 '가녀(賈女)'라고 하였다.[143]

앞서 언급한 바에 의하면, 진한의 법률규정에서 가장(家長)은 선천적으로 잔질(殘疾)인 신생아를 살해할 권한이 있었지만, 자식[子]을 천살(擅殺)하였다면 사죄(死罪)에서 1등 감경되어 '경위성단용(黥爲城旦舂)'에 처해졌다. 가표는 민간에서 대부분 자식[子]을 기르지 않는 것을 보고는 이에 엄법(嚴法)을 세워 자식을 살해한 경우[殺子]에는 일반인[凡人]을 살해한 것과 같은 죄로 처벌하였다. 성(城)의 북쪽에는 그 자식을 천살(擅殺)한 부인(婦人)이 있었다. 가표는 (이

지도 말라. 소백께서 휴식한 바이니라. 무성한 감당나무를 자르지도 말고 휘지도 말라. 소백께서 머문 곳이니라"(287~288쪽)고 하였다. 이 편은 소백이 남국(南國)을 순행하면서 문왕(文王)의 정치를 펼 적에 간혹 감당나무 아래에서 쉬었는데, 그 후 사람들이 그 덕을 사모했기 때문에 그 나무를 아껴서 차마 상하게 하지 않았음을 노래한 것이다. 저자는 '구람교효(仇覽敎孝)'안례(案例)를 "백성을 사랑하기를 다친 것처럼 한다"는 감당이념과 연결시키고 있다. '애민여상(愛民如像)'은 『맹자주소』(『십삼경주소 하』) 권8상, 「이루하(離婁下)」에서 맹자가 "문왕은 백성을 보기를 다친 사람 보듯이 하였다[文王視民如傷]"(2727쪽)라고 한 말에 근거한다.

143) 『후한서』 권67, 「당고열전(黨錮列傳) 제57 · 가표전」.

사건을) 성(城) 남쪽의 강도[盜劫] 행위보다 더욱 엄중하다고 생각하여 즉시 형(刑)을 집행하고자 했다. 여기에 보이는 가표의 법 집행은 필경 진률(秦律)보다 엄중하였기 때문에 그의 의도를 이해할 수는 있지만, 결코 장구지계(長久之計)는 아니었다.

법률을 장기적으로 시행하고자 하면, 단순히 입법(立法)에만 편중되어서도 곤란하고 법률관계의 여러 방면도 고려해야 하며, (따라서) 이 두 가지를 겸용(兼用)하면서 현실적으로 접근할 필요가 있다. 한대(漢代)는 효도를 매우 숭상(崇尙)하여 "효(孝)로써 천하를 다스렸다"고 하듯이 형식적인 문장도 적지 않았지만, 실무적인 부분도 있었다. 즉 법률상에서는 자녀에게 부모·조부모에 대하여 공양을 다하고 교령(敎令)을 따를 것을 강조하였을 뿐 아니라 항상 국가와 정부도 효양(孝養)의 책임이 이루어지도록 힘써 돕고자 노력하였던 것이다. 예컨대, 서한(西漢) 문제(文帝) 시기(기원전 180~157) 반포한 '양로령(養老令)'이 바로 그러하였다. (그) 조서(詔書)에서는 다음과 같이 말하고 있다.

"늙은이[老者]는 비단옷[帛]이 아니면 따뜻하지[煖]144) 않고, 고기[肉]가 아니면 배부르지 않다. 지금은 연초[歲首]이니, 때 없이 사람을 시켜 장로(長老)를 살피고 문안케 하라[存問]. 또 베[布]와 비단[帛]·술[酒]과 고기[肉]를 하사하지 않는다면 장차 어찌 천하의 자손들이 그 부모[親]에게 효양(孝養)하는 것을 도왔다고 하겠는가? 최근 듣건대, 관리들이 응당 죽[鬻]을 받아야 하는 자(者)에게 묵은 곡식[陳粟]으로 준다고 하는데, 어찌 늙은이를 봉양하는 뜻이라 칭(稱)하겠는가! 이에 대한 조령(詔令)을 갖추어 만들도록 하라"고 하였다. 담당 관리[有司]의 청(請)에 따라 현(縣)과 도(道)에 영(令)을 내려서 나이 80세 이상인 자에게는 1인당(人當) 매월(每月) 쌀[米] 1석(石)과 고기[肉] 20근(斤), 술[酒] 5말[斗]을 하사하였다. 나이 90세 이상인 자에게는 또 비단[帛] 2필(匹)과 솜[絮] 3근(斤)을 하사하였다. 하사한 물품 및 응당 지급해야 할 죽미(鬻米)는 (현[縣]의) 장리(長吏)가 검열하고, 승(丞)·위(尉)에게 직접 가보게 했다. (나이) 90세가 되지 않은 자는, 색부(嗇夫)·영사(令士)에게 가보게 하였다. 2천석의 군수(郡守)는 도리(都吏)를 파견해서 순행하면서 (조칙의 뜻과) 같지 않게 행하는 자를 독찰(督察)시켰다. 형(刑)을 받은 자 및 죄가 내(耐) 이상인 자에게는 이 조령(詔令)을 적용하지 않았다.145)

---

144) 〈옮긴이〉 원서에는 '暖'으로 오기되어 있다.
145) 『한서』 권4, 「문제기(文帝紀) 제4」.

동한(東漢) 장제(章帝) 원화(元和) 3년(86)에도 조서를 내려 "영아(嬰兒) 중에 부모 등 친속(親屬)이 없는 경우 및 자식[子]이 있으나 먹여서 기를 수 없는 경우에는 곡식(穀食)을 율(律)과 같이 지급하라"146)고 하였다. 이로써 당시 정부는 입법(立法)으로 자녀가 부모[親]를 봉양하는 목표를 실현할 수 있도록 도왔을 뿐 아니라 입법으로 부모가 자녀를 양육하는 것도 도왔음을 알 수 있다. 상술한 입법은 시행하고 얼마 되지 않아 "마땅한 사람이 있으면 정치와 교화가 시행되었고, 마땅한 사람이 없으면 정치가 종식되었"147)지만, 이러한 국가의 역량을 통해 '환과고독(鰥寡孤獨)과 폐질자(廢疾者)'의 생존과 봉양 문제를 해결하는 방법은 후세 왕조의 본보기가 되었다.

장기적인 역사과정에서 볼 때, 한조(漢朝) 정부의 가정윤리 관계와 관련된 다방면의 입법 및 효양(孝養) 관념에 대한 제창은 당시 내지 후세에 두 빙면에서 심원(深遠)한 영향을 주었다. 한 방면은 효양 관념을 사람의 마음속에 더욱 깊이 각인시켜서 갈수록 더 많은 '효행(孝行)'(효행고사[孝行故事])이 민간에 전파되어 중화(中華) 전통미덕의 육성에 공헌하였다. 예컨대, 동영(董永)의 '매신장부(賣身葬父: 몸을 팔아 아버지의 장례를 지내다)' 고사(故事)는 한대(漢代)에 이미 미담(美談)으로 전해졌고 화상전(畵像磚)의 경전제재(經典題材)로도 되었다.148) 또한 방면은 종래의 '오륜(五倫)'(군신·부자·부부·형제·붕우) 관념이 대부분 대

〈옮긴이주〉 『한서』 권4, 「문제기」 「원년(기원전 179) 3월조」.

146) 두귀지(杜貴墀), 『한률집증(漢律輯證)』(광서25년간본[光緒二十五年刊本]) 권2.

147) 〈옮긴이주〉 이 말은 『예기정의』(『십삼경주소 하』) 권52, 「중용(中庸) 제31」에 의하면, 애공(哀公)이 정치에 관하여 묻자, 공자가 대답한 말 가운데 일부이다(1629쪽).

148) 예컨대, 위(魏)나라 조식(曹植)의 악부시(樂府詩) 「영지편(靈芝篇)」에서는 "동영은 집이 가난하였고, 아버지[父]는 연로(年老)하였지만 남긴 재산도 없었다. (그는) 돈을 빌려서 공양(供養)하였고, 노동을 해서 식료(食料)를 벌었다. 돈을 빌린 집에서 와서 빚 독촉을 하였지만, 어떻게 갚아야 할지를 몰랐다. 하늘이 지극한 덕[至德]에 감복하여 신녀(神女)에게 베를 짜게 하였다."(정복보[丁福保], 『전한삼국진남북조시(全漢三國晉南北朝詩)』, 중화서국[中華書局], 1959)고 하였다. 동진(東晉) 시대 간보(干寶)의 『수신기(搜神記)』(요녕교육출판사[遼寧教育出版社], 1997) 권1에서는 "한(漢)나라의 동영은 천승(千乘) 사람이다. 어려서 어머니[母]를 여의고 아버지[父]와 함께 살았다. 힘써 농사를 지었고, 작은 수레[鹿車]에 아버지를 모시고 다녔다. 아버지가 돌아가셨지만 장례(葬禮)를 지내지 못하자, 이에 제 몸을 종[奴]으로 팔아 장사(葬事)를 치렀다"고 하였다. 이 두 사례는 동영이 몸을 팔아 효를 다했다[賣身盡孝]는 고사로 미화(美化)되었지만, 신화적인 색채가 다분하다.

구(對句)로 사용되었지만, 한대(漢代)에서는 일변(一變)해서 극단적인 '삼강(三綱)' 학설이 되었으며,[149] 특히 신하의 군주에 대(對)하여, 자식[子]의 부모[父]에 대하여, 처(妻)의 남편[夫]에 대하여 일방적 의무만 강조되어 후세에 폐해를 남긴 것은 한대에 극단적으로 효행과 효양 관념을 표방·숭상한 것과 실로 관계가 없다고는 할 수 없다.

2. 위진남북조(魏晉南北朝) 시기

진한(秦漢) 이후부터 당조(唐朝) 이전까지, 3,4백 년 동안은 분열된 때가 많았고, 통일된 때는 적었다. 수많은 정권이 동시에 병립(竝立)·대치(對峙)하거나 연이어 교체되면서 변란(變亂)이 계속 일어났기 때문에 "흥망(興亡)이 조석(朝夕)처럼 빨랐다." 그러나 세상변란(世相變亂)·정권경질(政權更迭) 속에서도 진한 시기에 확립된 법률기초 및 법률의 가정윤리질서에 대한 엄격한 입법은 대부분 계승·연속될 수 있었다. 이 시기를 종합해서 보면, 삼국정립(三國鼎立)은 마침내 진(晉)으로 귀결되어 잠시 통일된 후, 팔왕(八王)의 난을 거쳐 오호(五胡)의 내천(內遷)에 따라 건강(建康)으로 동도(東渡)하면서 천하 정권은 마침내 남북 두 계열로 나뉘었고, 법률발전도 남북 두 궤도(軌道)로 나뉘었다. 그러나 정권은 양분되었어도, 법률은 가는 길은 달랐지만 도달하는 곳은 같았기[殊塗同歸][150] 때문에 최종적으로 수당(隋唐)에 집성(集成)되어 후세 천여

---

149) 하린(賀麟), 「오륜관념의 새로운 검토(五倫觀念的新檢討)」(『문화와 인생(文化與人生)』 전재[全載], 상무인서관[商務印書館], 1988], 51~62쪽 참조.

150) 〈옮긴이주〉 '수도동귀(殊塗同歸)'는 "가는 길은 다르지만 도달하는 곳은 같다"라는 뜻으로 『주역정의(周易正義)』(『십삼경주소 상』) 권8, 「계사하(繫辭下)」의 '천하동귀이수도(天下同歸而殊塗)'에서 유래하였다. 관련 문장을 옮기면 다음과 같다. "『역(易)』에 이르기를 '그리워선 동동거리고 왕래하면 벗만이 너의 생각을 따른다'고 하였다. 공자(孔子)는 말하였다. '천하에 무엇을 생각하고 무엇을 염려한단 말인가! 천하의 모든 일이 도달하는 곳은 같지만 가는 길은 다르며[天下同歸而殊塗], 이루는 것은 하나이지만 생각은 백 가지가 되니, 천하가 무엇을 생각하고 무엇을 염려한단 말인가! 해가 지면 달이 뜨고, 달이 지면 해가 뜨니, 해와 달이 서로 밀어 주어 밝

년 성문법의 거대한 국면(局面)을 열었다. 사적(史籍)을 보고 남북조 시기 여러 입법(立法)과 사법(司法)의 사례들을 취합하면, 당시 법률이 가정윤리질서를 강력하게 유지·보호한다는 원칙을 계승하고 바꾸지 않았음을 족히 증명할 수 있다.

사서(史書)의 기록을 보면, 건안(建安) 13년(208)에 조조(曹操)는 공융(孔融)[151]의 죄상(罪狀)을 선시(宣示)하였는데, 그 중에는 공융이 주장한 "부모와 자식[子] 간에는 친애(親愛)함이 없다. 비유컨대 질항아리에 물건이 담겨있는 것과 같다. 또 만약 기근이 들었을 때 그 아버지[父]가 본받을 만한 인물이 아니면 차라리 다른 사람을 먹여 살리는 것이 낫다"라는 말을 인용하고 있다. 조조는 공융이 성인(聖人)의 후예이지만, 이러한 논설(論說)은 사실 "천도(天道)를 위반

음이 생기는 것이다. 추위가 가면 더위가 오고 더위가 가면 추위가 오니, 추위와 더위가 서로 밀어 주어 한 해를 이루는 것이다. 가는 것은 굽히는 것이고, 오는 것은 펴는 것이니, 굽히고 펴는 것이 서로 느끼어 이로움이 생기는 것이다. 자벌레가 몸을 구부리는 것은 다시 펴기 위함이요, 용과 뱀이 칩거하는 것은 그 몸을 보존하기 위함이다. 사물의 이치를 치밀하게 생각하여 신묘한 경지에 들어서는 것은 세상에 널리 쓰기 위함이요, 쓰는 것을 이롭게 하여 몸을 편안하게 하는 것은 덕(德)을 숭상하기 위함이다. 이것 외에는 모두 추구할 필요가 없다. 사물의 신묘한 변화의 이치를 궁구(窮究)하는 것이 최고의 덕이다.'"(87~88쪽)

151) 〈옮긴이주〉 공융(153~208)의 자(字)는 문거(文擧)이고, 예주(豫州) 노국(魯國: 지금의 산동성[山東省] 곡부현[曲阜縣]) 사람이다. 후한 말의 문학가로서 건안칠자(建安七子)의 한 사람으로 알려져 있다. 공자의 20세손(世孫)으로서, 아버지 주(宙)는 태산도위(太山都尉)를 역임했다. 중평(中平) 초(185)에 고제(高第)로 추거되어 시어사(侍御史)가 되었고, 헌제(獻帝) 즉위 후에 북군중후(北軍中侯)·호분중랑장(虎賁中郎將)·북해상(北海相) 등을 역임하였는데, 이 때문에 당시에는 공북해(孔北海)로 칭해졌다. 조조가 헌제를 허창(許昌)으로 옮길 때 부름을 받고 장작대장(將作大匠)·소부(少府) 등에 임명되었고, 후에 태중대부(太中大夫)를 역임했다. 건안(建安) 13년(208)에 조조의 형주(荊州) 정벌을 비판하였기 때문에 결국 조조에 의해 처형되었고(향년 55세), 가족은 몰살당하였다. 대표적인 저서에는 『천예형표(薦禰衡表)』가 있지만 원문은 산일(散佚)되었고, 현재는 명대(明代)의 장부(張溥)가 집록(輯錄)한 『공북해집(孔北海集)』(총10권)이 통행되고 있다. 또 『수서(隋書)』 「경적지(經籍志)」에는 『공융집(孔融集)』(9권)이 보이지만 산일되었고, 통행본에는 『한위육조백삼가집(漢魏六朝百三家集)』·공소부집(孔少府集)』(1권)이 있다. 그의 문장은 엄가균(嚴可均)의 『전상고삼대진한삼국육조문(全上古三代秦漢三國六朝文)·전후한문(全後漢文)』에, 시(詩)는 정복보(丁福保)의 『전한삼국진남북조시(全漢三國晉南北朝詩)·전한시(全漢詩)』에 보인다. 그의 전기는 『후한서(後漢書)』 권70에 수록되어 있다.

하고 윤상을 해치고 도리를 어지럽히기[敗倫亂理] 때문에 처형하여 저자나 조정에 늘어놓더라도[肆市朝]152) 오히려 늦었다고 한탄할 일이니" 마땅히 제군(諸軍)에 선시(宣示)하고 동시에 극형에 처해야 한다고 생각하였다.153) 이 중 "부모와 자식 간에는 친애함이 없다. 비유컨대 질항아리에 물건이 담겨있는 것과 같다"고 한 논조(論調)는 부모의 자녀에 대한 생양(生養)·애육(愛育)의 정(情)을 한마디로 설파(說破)한 것인데, 자녀의 출생을 문자 그대로 추호(秋毫)의 인성(人性)도 없는 행위로 간주한 것은 세상을 경악(驚愕)케 하였다고 할 수 있다. 그러나 이 공안(公案)에 대하여 세인(世人)들은 대부분 조조가 날조(捏造)한 것이라고 보았기 때문에 상술한 논조도 공용의 입에서 나오지 않았을 것이라고 자못 의심하는 사람도 꽤 있고, 심지어 이 논조는 조조 자신의 관점일 것이라고 보는 사람조차 있다. 그러나 이 논조가 공용의 입에서 나오지 않았음을 논구(論究)하든 하지 않든 이 "윤상을 해치고 도리를 어지럽히다[敗倫亂理]"는 말은 이미 당시 사회의 보편적 가정윤리 관념에 크게 어긋났고, 법률상에서도 엄중(嚴重)한 죄에 속하였음을 말해준다. 이뿐 아니라 조위(曹魏)는 감로(甘露) 5년(260) 5월에 다시 조서(詔書)를 내려 "무릇 오형(五刑)의 죄는 불효보다 큰 것이 없다. 무릇 사람 중에 불효한 자식[子]이 있다면, 반드시 고소[告]

---

152) 〈옮긴이주〉 '사시조(肆市朝)'라는 용어는 『논어주소』(『십삼경주소 하』) 권14, 「헌문憲問」에서 "공백료(公伯寮)가 자로(子路)를 계손(季孫)에게 참소(讒訴)하자, 자복경백(子服景伯)이 이로써 (공자에게) 고(告)하여 '부자(夫子: 계손씨)가 진실로 공백료(의 말)로 (자로에게) 의혹의 뜻을 두니, 저의 힘으로 오히려 (공백료를 죽여) 저자와 조정에 늘어놓을 수 있습니다(吾力 猶能肆諸市朝)'고 하였다. (이에) 공자가 말하기를 '도(道)가 장차 행해지는 것도 천명[命]이고, 도가 장차 폐(弊)해지는 것도 천명이니, 공백료가 그 천명을 어찌하리오'라고 하였다"라는 문장에 보인다. 정현(鄭玄)은 '吾力 猶能肆諸市朝'에 대하여 주해(註解)하여 "나의 세력이 오히려 계손에게 자로의 무죄(無罪)를 변호(辯護)하여, 계손으로 하여금 요(寮)를 죽여 그 시신(屍身)을 늘어놓게 할 수 있다는 뜻이다. 죄인(罪人)을 처형(處刑)한 후에 그 시신을 늘어놓는 것을 '사(肆)'라고 한다"라 하였고, 형병(刑柄)의 소[疏]에서는 '시조(市朝)'에 대하여 응소(應劭)가 "대부(大夫) 이상은 조정[朝]에 늘어놓고, 사(士) 이하는 저자[市]에 늘어놓는다"(이상 2513쪽)고 한 말을 인용하고 있다. 『주례주소』(『십삼경주소 상』) 권35, 「추관(秋官)·사구(司寇)·향사(鄕士)」에서는 "협일(協日)에 형살(刑殺)하여 3일 동안 시신을 늘어놓는다(陳尸)"(876쪽)고 하였다.
153) 『조조집(曹操集)』(중화서국[中華書局], 1974) 「문집(文集)」 권2, 38~39쪽.

하여 치죄(治罪)해야 한다"154)고 하여, '불효'는 상당히 엄중한 죄행(罪行)이 되었기 때문에 가장(家長)은 자녀의 불효 행위를 고소할 권리가 있다는 것을 재차 강조하였다.

진한(秦漢)과 유사하게 동진(東晉)에서도 율(律)을 제정하면서 가장(家長)에게 전제권력(專制權力)을 부여했고, 동시에 해당 권력의 남용(濫用)도 엄격히 방비하여 자녀(子女)를 천살(擅殺)한 행위에 대하여 중형(重刑)으로 처벌하였다. 예컨대, 동진 영강(寧康) 원년(373) 7월에 "대사마부(大司馬府) 군인(軍人) 주흥(朱興)의 처(妻) 주씨(周氏)는 친아들 도부(道扶)가 나이 3세였지만 일찍이 간질병[癇病]을 얻었고, 그 병이 재발(再發)하자 땅을 파서 생매장하였다. 이 때문에 도부의 고모(姑母) 쌍문(雙文)에게 고발[告]을 당하였고, 주씨의 죄는 기시형(棄市刑)에 해당하였다. 서선지(徐羨之)155)가 제의(提議)하기를 '천연(天然)의 사랑은 범과 이리[虎狼]같은 맹수도 (자식에게는) 오히려 자애[仁]합니다. 주씨(周氏)의 흉악하고 잔인함[凶忍]은 사형에 처하는 것이 마땅합니다. 신(臣)이 생각건대 법률(法律) 이외에 진실로 만물을 구제하는 이치도 숭상해야 할 것입니다. 아뢰옵건대, 모친(母親)의 목숨을 특별히 사면하여 먼 변경으로 유배하십시오'라고 하니, 따랐다."156) 이에 의하면, 주씨의 신분은 생모(生母)로서, 간질병을 앓고 있는 아들 주도부(周道扶)를 생매장하여 주도부의 고모에게 고발당하였고, 법률에 따르면 죄는 기시에 처해져야 하였지만, 서선지의 제의로 1등

---

154) 『삼국지(三國志)』 권4, 「위서(魏書)・삼소제기(三少帝紀) 제4」.
155) 〈옮긴이주〉 서선지(364~426)의 자(字)는 종문(宗文), 동해군(東海郡) 담현(郯縣) 사람이다. 동진(東晉) 말에 이부상서(吏部尙書)・단양윤(丹陽尹)을 지냈다. 유유(劉裕)가 동진(東晉)을 대신해서 송(宋)을 건국하자, 남창현공(南昌縣公)에 봉해졌고 양주자사(揚州刺史)에 올랐다. 422년 무제(武帝) 유유가 죽자, 부량(傅亮)・사회(謝晦) 등과 고명(顧命)을 받들어 소제(少帝)를 보좌했다. 이후 소제가 지나치게 유희에 몰두하자, 424년에 소제와 여릉왕(廬陵王) 유의진(劉義眞)을 폐위・살해하였고, 대신 여릉왕 유의륭(劉義隆)을 문제(文帝)로 즉위시키고 자신은 사도(司徒)가 되었다. 그러나 원가(元嘉) 3년(426)에 그의 전횡을 싫어한 문제에 의해 소제를 살해한 시역죄(弑逆罪)로 추궁을 당하자 목을 매어 자살했다. 그의 전기는 『송서(宋書)』 권43에 수록되어 있다.
156) 단도란(檀道鸞), 『속진양추(續晉陽秋)』(광아서국간본[廣雅書局刊本]) 권2.
〈옮긴이주〉 『송서(宋書)』 권43, 「서선지전」에 동일한 내용이 수록되어 있는데, 본전(本傳)에서는 이 기사가 의희(義熙) 14년(418)의 일로 되어 있다.

이 감경(減輕)되어 그 목숨을 사면(赦免) 받아 유형(流刑: 먼 변경으로 유배)에 처해졌다. (본율[本律]을) 앞서 인용한 진률(秦律)과 비교하면, 모두 부모가 자녀를 천살(擅殺)한 행위를 엄중한 범죄로 보았고, 처벌한 형벌도 모두 사형 다음의 등급, 즉 진률은 '경위성단용(黥爲城旦春)'이었고, 동진률은 유형(流刑)이었다. 이로써 형벌방식에는 변화가 있었지만, 모두 이러한 죄행(罪行)의 엄중성을 인식하고 있었음을 볼 수 있다. 그러나 생모가 친자(親子)를 천살한 경우에는 간혹 감등(減等)하여 유형에 처할 수 있었지만, 계모[後母]가 전처(前妻)의 자식을 구살(毆殺)한 행위에 대하여는 법률상 쉽게 사면되지 않았다. 예컨대, 『태평어람(太平御覽)』에서는 『삼십국춘추(三十國春秋)』중의 안례(案例)를 재인용하고 있는데, 백성[民] 곽일(郭逸)의 계처(繼妻)가 죽장(竹杖)으로 전처(前妻)의 자식[子]을 구타해서 치사(致死)하였기 때문에 "처(妻)는 상형(常刑)과 같이 기시(棄市)되었다."[157] 이로써 계모[後母]가 전처(前妻)의 자식을 고살(故殺)하였다면 원래의 강상(綱常) 관계를 파괴하였기 때문에 법률상에서는 일반인[常人]과 동일시하여 죄는 응당 기시(棄市)에 처해졌음을 추찰(推察)할 수 있다.

동진 이후, 남조(南朝) 송(宋)에서는 역사적으로 비교적 완정(完整)된 '자손의 교령위반[子孫違犯敎令]'에 관한 안례(案例)를 제공하고 있다. 예컨대, 『송서(宋書)』에 의하면 다음과 같이 기록되어 있다.

> 하승천(何承天)은 동해(東海) 담(郯) 사람이다. …… 남만장사(南蠻長史)가 되었다. 당시 윤가(尹嘉)라는 자가 있었는데, 집이 가난하여 모친(母親) 웅씨(熊氏)가 스스로 몸을 저당(抵當) 잡아 가(嘉)의 부채를 상환(償還)하였기 때문에 (윤가는) 불효로 좌죄(坐罪)되어 사형(死刑)에 처해지게 되었다. 승천이 제의(提議)하여 "관부(官府)에서 선포한 법령(法令)에 의하면, 윤가의 대벽죄(大辟罪) 사안(事案)을 전면 심의(審議)하는 것은 법리(法吏) 갈등(葛滕)이 소장[簽]에서 어머니[母]가 자식[子]을 불효로 고소[告]하여 살해하고자 한 경우에는 허용한다는 것에 부합(符合)합니다. 법령(法令)에서는 '교령을 위반하였거나[違犯敎令] 공경·공순에 궐함이 있었던[敬恭有虧] 경우, 부모가 살해하고자 하면 모두 허용한다. 그 피고소인(被告訴人)에 대한 처벌은 오직 (고소인의) 요구에 의해서 허용한다'고 하였습니다. 삼가 이 사건의 경위(經緯)를 탐구(探求)하면, 윤가(尹嘉)의 모친은 스스로 몸을 저당 잡아 자식

---

157) 『태평어람』 권511, 「종친(宗親)」.

[子]의 부채를 상환하고자 했다고 말하였습니다. 윤가가 교의(敎義)를 위반하였지만, (모친) 웅씨(熊氏)는 살해를 청(請)하는 말이 없습니다. 웅씨가 구(求)하고자 한 것은 (자식을) 살리고자 한 바인데 지금 그를 살해하는 것은 구하고자 한 바에 따르지 않는 것이라 할 수 있습니다. 처음에는 불효로 핵실(覈實)되었고, 종국에는 화매(和賣)로 결형(結刑)되었는데, 처음과 끝에 의거하여 모자(母子)가 모두 처벌되는 것은 갈등(葛縢)이 기소한[簽] 법문(法文)에 이러한 조문(條文)이 없습니다. 윤가가 살아야 할 의의는 매우 크나, 이치(理致)로는 해명하기 어렵습니다. 다만, 교의(敎義)를 명백히 한 연후에 사실을 밝혀서 그 무지몽매(無知蒙昧)함을 불쌍히 여겨야 합니다. 대저 덕을 밝히고 형벌을 신중히 하는 것[明德愼罰]은 문왕(文王)이 백성을 구휼(救恤)한 까닭이고, 옥사를 심의하여 사형을 면제한 것[議獄緩死]은 「중부(中孚)」가 후세에 전해진 까닭입니다. 이것을 정리(情理)라는 점에서 보면, 어머니[母]가 자식[子]을 위해 숨긴[隱] 것이고, 공경(恭敬)이라는 점에서 보면, 예의가 미치지 못한 것입니다. 지금 사면을 청하는 논의를 폐기하고 살해를 청하는 조문에 의거해서 공순(恭順)의 법도(法度)로 굶주리고 추위에 떠는[飢寒] 빈민을 책벌(責罰)하는 것은 진실로 '형벌이 의심스러우면 감경할진댄 차라리 유죄(有罪)를 놓치는 실수를 하겠다'라는 말에 맞지 않습니다. 생각건대, 윤가의 사형을 감면하는 것은 봄의 은택이 만물을 두루 비추는 은정(恩情)과 같고, 웅씨의 과실을 사면하는 것은 자식[子]을 용은(容隱)하는 마땅함을 밝히는 것입니다. 그렇게 하면 포정(蒲亭)은 비록 누추해도 폐하의 현명함은 (대)덕(大德)에 비견될 것이고, 돼지와 물고기 같은 미물(微物)도 지금의 감화를 대대로 전할 것입니다"고 하였다. (윤가의 일은) 아직 판결되지 않은 중에 대사(大赦)를 만나 방면되었다.[158]

이 안례(案例)는 전형적(典型的)으로 중국고대 통치자가 "옥사를 심의하여 사형을 감면한[議獄緩死]" 인정(仁政) 이념을 체현하였고, 이로 인하여 북송(北宋)의 저명(著名)한 유서(類書) 『책부원구(冊府元龜)』 중[159]에 수록되었을 뿐 아니라 청대 심가본(沈家本)·정수덕(程樹德) 등이 (『당률소의』) 「투송47」(제348조)「자손위범교령조(子孫違犯敎令條)」의 연원을 탐구할 때 핵심자료가 되기도 하였다. 지금 보면, 이 안례(案例)에 내포된 법사(法史) 정보는 매우 풍부하다. 본 안례(案例)의 기본적 사실에 대하여 개괄(槪括)하면 다음과 같다. 윤가는 집이 가난

---

158) 『송서(宋書)』 권64, 「열전 제24·하승천전」.
159) 왕흠약(王欽若), 『책부원구』 권615, 「형법부(刑法部)」 「의언(議讞)2」, 7387~7388쪽.

하여 남에게 빚을 지자, 그 모친 웅씨(熊氏)가 자신을 자매(自賣)하여 자식[子]의 부채를 상환하였다. 관부(官府)가 체포·신문(訊問)하여 윤가의 죄를 심의(審議)·의정(擬定)하였다. 대다수 의견은 이것이 불효 행위에 속하기 때문에 율(律)에 따라 사형에 해당한다고 보았다. 특히 그 중 법리(法吏) 갈등(葛滕)은 소장[簽]에서 "어머니[母]가 자식[子]을 불효로 고소[告]하여 살해하고자 한 경우에는 허용한다"는 법률규정을 원용하여 사형에 처해야 한다고 보았다. 그러나 하승천은 다음과 같은 의견을 고수(固守)하였다. 즉 비록 법률에서는 "교령을 위반하였거나[違犯教令] 공경·공순에 궐함이 있었던[敬恭有虧] 경우, 부모가 살해하고자 하면 모두 허용한다"고 규정하였지만, 윤가의 모친이 아직 고소[告]하지 않았고, 몸을 판[賣身] 것도 화매(和賣)였으며, (이것도) 자식[子]의 채무를 상환하기 위한 것이지 결코 친자식[親子]을 사지(死地)에 빠트리고자 한 것은 아니었다. 따라서 윤가의 행위는 "공경·공순에 궐함이 있었[敬恭有虧]"기 때문에 율(律)에는 불효에 해당하지만, 인정(人情)에서 보면 그 사죄(死罪)를 감면해야 한다. (그리고) 그 모친에 대하여는, 율에 따르면 어머니[母]는 자식[子]을 위하여 용은(容隱)하기 때문에 역시 죄과(罪科)를 면제할 수 있다는 것이다. 결과적으로 이 안건은 종심판결(終審判決)이 있기 전에 대사(大赦)를 만나서 윤가 및 그 모친은 모두 면죄될 수 있었다.

첫째, 법률의 실체적인 측면에서 볼 때, 이 속에는 "교령을 위반하였거나[違犯教令] 공경·공순에 궐함이 있었던[敬恭有虧] 경우, 부모가 살해하고자 하면 모두 허용한다"는 당시의 법률규정을 명언(明言)하고 있다. 이것을 앞서 인용한 당률(唐律)의 「투송47」(제348조)「자손위범교령조(子孫違犯教令條)」와 비교하면, ①'교령위반[違犯教令]' 부분은 완전히 동일하고, ②'공경·공순 결여[敬恭有虧]' 부분도 '공양 결여[供養有闕]'와 대략 차이가 없지만, ③ 양형(量刑)의 기준은 차이가 매우 커서, 전자의 경우에는 부모가 살해하고자 하면 허용, 즉 사형에 처할 수 있었지만, 후자의 경우에는 단지 도형 2년에 처할 뿐이었다. 이것을 앞서 인용한 『장가산한간(張家山漢簡)』중의 법률 내용과 비교하면, ①'교령위반[違犯教令]'은 '살아있는 아버지[生父]의 교령을 듣지 않은 행위'와 대략 차이가 없고, ②'공경·공순 결여[敬恭有虧]'는 '아버지[父]가 살아있는데 3일 동안 음식을 올리지 않은 행위'와 동일하며, ③ 죄명은 모두 '불효'이고, ④ 양형의 기준도 모두 사형에 처해질 수 있었다.

둘째, 법률의 절차라는 측면에서 볼 때, 하승천이 여기서 중점적으로 강조한 것은 두 가지 이유가 있었기 때문이다. 그 중 하나는 그 모친이 주관적으로 윤가를 사지(死地)에 빠트리고자 하지 않은 점이고, 또 하나는 그 모친이 객관적으로 관부(官府)에 윤가의 불효를 결코 고소하지 않은 점이다. 이런 점에서 (이 안건은) "어머니[母]가 자식[子]을 불효로 고소[告]하여 살해하고자 한 경우에는 허용한다"는 법률규정과 부합하지 않기 때문에 윤가를 불효에 의한 사죄(死罪)로 판결해서도 안 된다는 것이다. 이로써 그 모친이 관부에 그 자식[子]을 불효 행위로 고소[告]하는 것은 본(本) 죄를 구성하는 필수요건이었음을 알 수 있다. 이것을 당률의 「투송47」(제348조)「자손위범교령조(子孫違犯教令條)」와 진한(秦漢) 법률의 상관규정과 비교하면, 당률(唐律)의 "반드시 부모·조부모가 고소[告]해야 처벌한다"고 명언(明言)한 것과 진한률(秦漢律)의 '알살(謁殺)' 중의 '알'자(字) 즉 "가장(家長)이 관부에 고소하여 (살해를) 청구해야 한다"고 한 것은 (자손의) 교령위반[違犯教令]과 공양 결여[供養有闕] 행위에 대한 가장의 고소(告訴)가 필수적인 절차상의 요건이었음을 의미한다.

셋째, 법률의 적용이라는 측면에서, 하승천은 "공순의 법도로 굶주리고 추위에 떠는 빈민을 책벌하는 것"은 성왕(聖王)의 "형벌이 의심스러우면 감경할진댄 차라리 유죄(有罪)를 놓치는 실수를 하겠다"는 뜻을 잃은 것이라고 보았다. 그 이면에는 이 조문의 적용과정에서 반드시 당사자(當事者)의 실제 부담 능력을 고려해야지 가혹하게 요구해서는 안 된다는 의미가 내포되어 있다. 자식[子]으로서 기한(飢寒)이 극심한 상황에서도 진실로 근면하고 게으르지 않았다면 '공경·공순 결여[敬恭有闕]'로 책벌할 수 없고, 같은 이치로 만약 교령이 부당(不當)하였거나 심지어 법률에 위배되었다면 준수·복종할 수 없기 때문에 역시 '교령위반[違犯教令]'으로 책벌할 수 없다는 것이다. 이것은 당률의 「투송47」(제348조)「자손위범교령조(子孫違犯教令條)」「소주(小注)」의 "(교령을) 따를 수 있는 데 위반하였거나 공양을 감당할 수 있는데 궐(闕)한 경우를 말한다"160)고 한 것과 의미가 부합된다. 진한 법률에는 이러한 명확한 규정은 보이지 않지만, 자녀 등에 대한 천살(擅殺)을 엄금한 것에서 보면, 당시에도 이

---

160) 〈옮긴이주〉 『역주율소-각칙(하)-』 「투송47」(제348조)「자손위범교령조」「주(注)」, 3121쪽.

미 이러한 법률적용문제에 주의하였음을 추단(推斷)할 수 있다.

이상 세 가지 비교를 통해 남조(南朝) 송(宋) 법률 중 이 조문에 대한 몇 가지 특징도 알 수 있다. (1) 진한 법률과는 정죄양형(情罪量刑) 면에서 보다 근접하여, 모두 불효에 의한 사죄(死罪)로 처벌되었고, (2) 당률과는 조문형식 면에서 보다 근접하여, 교령위반[違犯敎令]과 공양 결여[供養有闕](공경 · 공순 결여[敬恭有虧])라는 이 두 가지 방면(죄명)이 통합되어 단일 법률조문을 구성하였으며, (3) 법률절차 면에서 기본적으로 일치하여, 세 법률(진한 · 송 · 당률—옮긴이)은 모두 '친고(親告)'가 필수요건이 되었다. 이로써 진한(秦漢)—남조(南朝) 송(宋)—당조(唐朝) 간의 「자손위범교령조(子孫違犯敎令條)」에 관한 입법(立法) 변천에는 이처럼 한 조문의 연속적 발전맥락이 있었음을 볼 수 있다. 심가본 · 정수덕 등은 「자손위범교령조(子孫違犯[161]敎令條)」의 역사적 변천을 탐구할 때 모두 『송서』 「하승천전」의 이 기록에 의거하였고, 또한 이에 대하여 다음과 같이 추론하였다. 남조 송의 법률은 실제 진률(晉律)이고, 따라서 '자손의 교령위반[子孫違犯敎令]'에 관한 법률규정은 최초로 진률 중에 출현했다는 것이다.[162] 그렇다면 진률은 조위율(曹魏律)을 기초로 했고, 조위율은 또 한률(漢律)을 모본(模本)으로 했으며, 한률은 직접 진률(秦律)을 잇는 등 한 계통으로 전승(傳承)되었기 때문에 가히 오랜 역사를 가진다고 할 수 있다. 그런데 한(漢) 이후 · 남조(南朝) 송(宋) 이전, 이 몇 백 년 동안 궁극적으로 언제 · 어떤 성문법 중에 최초로 교령위반[違犯敎令]과 공양 결여[供養有闕](또는 공경 · 공순 결여[敬恭有虧])라는 이 두 방면의 내용이 하나로 통합되었을까? 이러한 법률문장(法律文章)은 남조 송의 법률에서 창조되었을까? 문헌이 부족(不足)하여 단시일에 확정하기는 쉽지 않다. 그러나 이상의 추소(追溯)를 통해 두 가지 점은 인정할 수 있다. 한 가지는, 후세(後世)의 '자손의 교령위반[子孫違犯敎令]'에 관

---

161) 〈옮긴이〉 원서에는 '反'으로 오기되어 있다.

162) 심가본, 『심가본미각서집찬(沈家本未刻書集纂)』(중국사회과학출판사[中國社會科學出版社], 1996), 212쪽; 정수덕, 『구조율고』 권3, 「진률고(晉律考) 중(中)」, 259(원서에는 '9'가 '2'로 오기)쪽. 오단(吳壇)의 견해는 약간 차이가 있는데, 이것은 '조위(曹魏) 이래의 구율(舊律)'이지만, 성문법(成文法)에서는 교령위반[違犯敎令]과 공양 결여[供養有闕]의 양자가 언제 한 죄[一條]로 통합되었는지 명시(明示)하고 있지 않다고 보았다(『대청율례통고교주[大淸律例通考校注]』, 중국정법대학출판사[中國政法大學出版社], 1992, 895쪽).

한 두 방면의 법률내용(교령위반[違犯敎令]과 공양 결여[供養有闕])이 성문법에 수록(收錄)된 것은 결코 남조 송 혹은 진조(晉朝)에서 시작된 것이 아니고 적어도 향후(向後) 5백 년 동안 추진되었다고 할 수 있는 점이고, 또 한 가지는, 남조 송의 법률 중 상관(相關) 법률규정은 틀림없이 당률 내지 당 이후 법률 중 「자손위범교령조(子孫違犯敎令條)」에 원본적(原本的) 범례(範例)를 제공했다는 점이다.

남조 각 정권은 모두 단명(短命)했지만, 유송(劉宋) 이후 법률상에서 가정윤리질서에 대한 유지·보호, 불효죄에 대한 엄중한 처벌은 일관(一貫)되고 있었다. 사서(史書)의 기록에 의하면, 동위(東魏) 때, 임회왕(臨淮王) 효우(孝友)는 정리(政理)에 밝아서 일찍이 표를 올려[奏表] "그 처(妻)에 아들이 없는데[無子] 첩(妾)을 들이지 않는 것은, 이는 스스로 (대를) 끊고 조부(祖父)의 제사를 지내지[血食] 못하는 것이니, 청건대 불효의 죄로 처벌하고 그 처를 내쫓도록 하십시오"163)라고 하였다. 이른바 "불효에는 세 가지가 있는데, 후사(後嗣)가 없는 것이 (가장) 크다"164)고 하듯이, 대를 이을 아들[子]이 없어서 조종(祖宗)의 제사를 유지하지 못하는 것은, 원효우(元[원서에는 왕(王)으로 되어 있다-옮긴이]孝

---

163) 『책부원구』 권288, 「종실부(宗室部)」 「충간(忠諫)」.
　　〈옮긴이주〉 "동위(東魏) 때, 임회왕(臨淮王) 효우(孝友)는 정리(政理)에 밝아서 일찍이 표를 올렸다[奏表]"는 문장은, 원서에는 "남조(南朝) 제(齊) 때, 임회(臨淮)에는 성(姓)이 왕씨(王氏), (이름이) 효우(孝友)라는 자가 있었는데, 일찍이 조정에서 효를 교화하는[敎孝] 뜻에 감화를 받아서 나아가 표를 올렸다"로 되어 있다. 그러나 『책부원구』 권288, 「종실부」 「충간」에는 '남조(南朝) 제(齊)'라는 말이 없고, "조정에서 효를 교화하는 뜻에 감화를 받아서" 운운하는 문장도 없다. 오히려 『위서(魏書)』 권18, 「태무오왕전(太武五王傳)·임회왕효우전(臨淮王孝友傳)」·『북제서(北齊書)』 권28, 「원효우전(元孝友傳)」·『북사(北史)』 권16, 「태무오왕전·임회왕효우전」에 의하면, 효우(?~551)는 성(姓)이 원씨(元氏)이고, 북위(北魏) 태무제(太武帝)의 현손(玄孫)이며, 동위(東魏)의 황족(皇族)으로서, 임회왕(臨淮王) 원창(元昌)의 아들[子]로 태어났는데, 형(兄) 임회왕 원욱(元彧)에게 아들[子]이 없었기 때문에 효우가 임회왕의 지위를 계승하였다. 효우가 본문처럼 주표(奏表)할 때의 동위 황제는 효정제(孝靜帝)였다. 원효우는 550년에 북제(北齊)가 건국되자, 임회현공(臨淮縣公)으로 강등되었고, 광록대부(光祿大夫)에 제수되었으며, 551년에 진양궁(晉陽宮)에 들어가 원휘업(元暉業) 등과 함께 살해되었다. 이로써 효우는 왕씨가 아니고 원씨이며, 또 동위 때의 왕족이었음을 알 수 있다. 저자는 임회왕을 '임회의 왕씨'로 오인한 듯하다.
164) 〈옮긴이주〉 이 말은 『맹자주소』(『십삼경주소 하』) 권7하, 「이루장구상」에 나온다[앞의 주 29) 참조].

友)의 관점에서 보면 실제 불효에 속하였기 때문에 조정에 입법(立法)을 강화하여 "불효의 죄로 처벌하고 그 처를 내쫓아야 한다"고 건의하였던 것이지만, 오늘날 시각에서 보면, "예(禮)로 살인(殺人)하는" 진부한 광경이라 하지 않을 수 없다. 이와는 상대적으로 당시의 법률은 부모의 전제적 권력을 인가(認可)하였기 때문에 친자(親子)에게 공양(供養)을 다하고 교령(敎令)을 준수할 책임을 강조했을 뿐 아니라 부모에게도 법률상 완전한 인격(人格)을 가진 것으로 인정하고 친자를 부모에게 부속(附屬)시켰기 때문에 친자가 범한 죄에 대하여 부모는 상응하는 연대책임을 져야 하였다.165) 이밖에 남조 법률 중 가정윤리 방면에 관한 입법·사법 사례는 일찍 산일되었기 때문에 많은 지면(紙面)을 할애(割愛)하기는 어렵다.

북조(北朝) 법률과 한진(漢晉) 법률의 밀접한 연원(淵源)에 대하여 진인각(陳寅恪) 선생은 『수당제도연원약론고(隋唐制度淵源略論稿)』에서 이미 치밀(緻密)하게 논술하였다. 그는 "고대 율례(律例)는 밀접한 관계가 있었다. 사마씨(司馬氏)가 동한(東漢) 말년의 유학대족(儒學大族)으로서 진실(晉室)을 세워 중국을 통치하면서 제정한 형률(刑律)은 더욱 유가화(儒家化) 되었고, 남조(南朝)의 역대 왕조가 이것을 답습했을 뿐 아니라 북위(北魏)도 율(律)을 개정할 때 다시 이것을 채용(採用)하였으며, 시대의 흐름에 따라 거듭 변화하면서 (북)제(北齊)·수(隋)를 거쳐 당(唐)에 이르러 실로 중국[華夏] 형률의 불멸(不滅)의 정통(正統)이 되었다"166)고 하였고, 또 "북위[元魏]의 형률은 실로 중원(中原) 사족(士族)이 겨우 전수(傳授)하였던 한학(漢學) 및 영가(永嘉)의 난(亂) 이후 하서(河西)에 유우(流寓)하던 유자(儒者)가 유지하였거나 발전시켰던 한위문화(漢魏文化)를 종합하였고,

---

165) 두우(杜佑), 『통전(通典)』 권164, 「형법(刑法)2」 「형제중(刑制中)」에는 남조(南朝) 때 '형벌제도[獄法]'가 있었는데, "자식[子]에게 죄가 있었다면 그 죄가 부모에게까지 미쳤다"고 기록되어 있다.
〈옮긴이주〉 두우(杜佑), 『통전』 권164, 「형법2」 「형제중」, 양무제(梁武帝) 천감(天監) 초의 기사에서는 "예전의 형벌제도[舊獄法]에서는 남편[夫]에게 죄가 있었다면 그 죄가 처자(妻子)에게까지 미쳤고, 자식[子]에게 죄가 있었다면 그 죄가 부모에게까지 미쳤다"고 하였다. 동일 문장은 『수서(隋書)』 권25, 「형법지(刑法志)」에도 보인다(전영섭, 「수서 형법지 역주」 『중국사연구』 29, 2004, 388쪽).

166) 진인각(陳寅恪), 『수당제도연원약론고(隋唐制度淵源略論稿)』(생활·독서·신지삼련서점[生活·讀書·新知三聯書店], 2001), 111쪽.

아울러 여기에 강좌(江左)에 전승(傳承)되었던 서진(西晉) 이래의 율학(律學)을 추가하였기 때문에 이것은 진실로 당시의 집대성이었다고 할 수 있다. …… 북위가 율(律)을 제정할 때, 종합·비교하면서 풍부한 자료에서 정수(精髓)를 취하였는데, 이 위대한 사업을 이룰 수 있었던 것은 실로 자료를 널리 수집하는데 성공하였기 때문이지 결코 우연히 이루어진 바가 아니었다"[167]고 하였다. 본서(本書)에는 북위 법률의 한위문화의 계승에 대하여 극찬하는 마음이 완연히 드러나고 있다. 그렇다면 북위가 율을 제정할 때 가정윤리질서와 효도에 대한 유지·보호를 중시한 것도 당연히 의심의 여지가 없다. 여기서는 두 세가지의 기록을 발췌·인용하여 당시 법률의 편린(片鱗)을 보고자 한다.

『책부원구』의 기록에 의하면, 북위 연창(延昌) 3년(514), 기주(冀州) 원성민(袁城民) 비양피(費羊皮)는 어머니[母]가 사망했지만 집이 가난하여 장례(葬禮)를 치루지 못하였기 때문에 이에 7세인 딸[女]을 팔았는데, 먼저 동성(同城) 사람 장회(張回)에게 주어서 비(婢)가 되게 하였고, (장)회는 또 다른 현(縣)의 양씨(梁氏)에게 전매(轉賣)하였다. 그러나 "이 여아(女兒)는 비록 아버지[父]가 팔아서 비가 되게 하였지만, 신분은 본래 양인(良人)이었기" 때문에, 「도율(盜律)」의 "사람을 약(掠)·약매(掠賣)·화매(和賣)하였다면 사형에 처한다"는 규정에 따라 고발당하였고, 이로써 의죄(議罪)되었다. 이평(李平)이 평의(評議)하여 "이미 비(婢)가 되었기 때문에 팔았든[賣] 팔지 않았든[不賣] 모두 양인이 아닌데 어찌 반드시 불매(不賣)는 용서하고 전매(轉賣)는 용서하기 어려운 것입니까? 장회의 죄는 마땅히 편장(鞭杖) 100대에 처해야 합니다. 자식[子]을 팔아서 어머니[母]의 장례를 치루는 것은 효성(孝誠)이 가상(嘉尙)한데도 상(賞)을 기리는 의론(議論)이 들리지 않고 형벌의 판결만 감경(減輕)해버리면, 풍속을 장려하고 덕(德)으로 백성[民]을 이끈다고 말할 수 없을까 두렵습니다. 청컨대, (비)양피의 죄는 사면하고 관부[公]에서 매가(賣價)를 배상토록[酬] 하십시오"라고 하였다. 조서(詔書)를 내려 "(비)양피는 딸[女]을 팔아서 어머니[母]의 장례를 치렀으니 그 효성은 참으로 가상하다 할 수 있으므로 특별히 그의 죄를 사면한다. 장회는 그 아버지[父]에게서 샀다고는 하지만 전매해서는 안 되기 때문에 오세형(五歲刑)에 처한다"[168]고 하였다. 이 안건(案件)은, 도덕적인 측면에서 보면, 관

---

167) 진인각, 『수당제도연원약론고』, 123~124쪽.

부(官府)에서는 비양피가 딸을 팔아서[賣女] 어머니[母]의 장례를 치른 것은 효행(孝行)에 속하기 때문에 상찬(賞讚)해야 한다는 것을 인정하였다. 그러나 법률적인 측면에서 보면, (1) 당시 법률은 아버지[父]에게 어느 정도 딸을 팔 권리가 있는 것을 인가(認可)했고, (2) 딸은 팔린 이후 신분에 감등(減等)이 발생, 즉 양인에서 노비로 강등되었으며, (3) 그러나 이러한 신분 강등은 법률상 절대적 또는 영원한 것으로 인정되지 않고 단지 상대적 또는 임시적이었을 뿐이기 때문에 전매(轉賣)는 허용되지 않았고, (4) 율(律)을 위반하고 전매한 경우에는 「도율(盜律)」에 준(準)하여 치죄(治罪)하였다. 이와 같이 입법(立法)은 한편으로 가장(家長)에게 팔린 자녀를 (대금을 치루고) 되찾을 여지를 남겨서 가장의 자녀에 대한 신분적 '소유권'을 보호하였지만, 또 한편으로 팔린 자녀의 신분권도 어느 정도 보호하여 그들이 태어나면서 자유롭지 못한 노비처럼 완전히 물화(物化)된 재산으로 전락(顚落)하지 않도록 하였다. 이로써 당시 법률에는 가부(家父)의 자녀에 대한, 또는 가주(家主)의 노비에 대한 신분적 소유권에 조금의 제한(制限)도 가하지 않았던 것이 아니었음을 볼 수 있다.

이뿐만 아니라 북위의 법률은 조부모·부모가 자손을 노살(怒殺: 분노 살해)·구살(毆殺)·고살(故殺)한 죄행(罪行)에 대하여도 상응하는 형벌기준을 제정하였다. 예컨대, 당시 「투율(鬪律)」에서는 "조부모·부모가 칼·창 등 무기로 자손을 노살하였다면 오세형(五歲刑)에 처하고, 구살하였다면 사세형(四歲刑)에 처한다. 만약 심중(心中)에 애증(愛憎)이 있어서 고살하였다면 각각 1등을 가중(加重)한다"[169]고 규정하였다. 이로써 당시 법률은 가장에게 자녀에 대한 완

<hr>

168) 왕흠약(王欽若), 『책부원구』 권615, 「형법부(刑法部)」 「의언(議讞)2」, 7394~7395쪽.
　　〈옮긴이주〉 이와 동일한 문장은 『위서(魏書)』 권111, 「형벌지(刑罰志)」에도 있다(전영섭, 「위서 형벌지 역주」 『중국사연구』 11, 2000, 262~268쪽). 『위서』 「형벌지」에는 특정 사건의 처리나 판결을 둘러싸고 당시 궁정에서 관료나 법술(法術) 관료들 사이에서 벌어졌던 법률적 논의를 자세히 전해주는 흥미로운 두 가지의 사건이 기록되어 있는데, 그 중 하나가 바로 모친의 장례비용을 마련하기 위해 자기 딸[女]을 노비로 판 아버지[父]와 그 딸을 다시 다른 사람에게 팔아넘긴[轉賣] 사람의 죄상에 대한 논의이다. 이 불법적인 인신매매를 둘러싸고 네 사람의 관료가 이 죄에 연루된 두 사람의 죄상에 대하여 조정에서 격렬한 논쟁을 벌이고 있다(전영섭, 「위서 형벌지 역주」, 262쪽, 주 216)).
169) 왕흠약, 『책부원구』 권615, 「형법부」 「의언2」, 7397쪽.
　　〈옮긴이주〉 전영섭, 「위서 형벌지 역주」, 279쪽.

전한 생살여탈권(生殺與奪權)을 부여하지 않았다고 할 수 있다. 이밖에 자녀의 부모에 대한 불효(不孝)·불공(不恭)·불경(不敬) 등 행위도 법률이 엄금하는 범위 내에 있었다. 그러나 관련 사료의 기록에는 양형기준에 상당한 차이가 있다. 예컨대, 『위서(魏書)』의 기록에 의하면, 북위 태화(太和) 11년(487)에 조서(詔書)를 내려 "3천 가지의 죄 중에서 불효보다 큰 죄는 없다. (그런데) 율에 의하면, 부모에게 불손(不遜)한 경우, 그 죄의 최고형은 곤형(髠刑)으로 되어 있다. 이것은 이치에 맞지 않기 때문에 다시 상고(詳考)하여 개정하도록 하라"[170]고 하였다. 또 예컨대 『태평어람(太平御覽)』의 기록을 보면, "자식[子]이 부모에게 불효했다면 기시(棄市)에 처한다"[171]고 하였다. 이러한 기록의 차이에 대하여는 대체로 다음과 같이 이해할 수 있다. 즉 전자의 이른바 "부모에게 불손한 행위"는 죄상(罪狀)이 경미(輕微)하였지만, 후자의 기시에 처해야 하는 불효 죄행은 죄상이 비교적 엄중했다는 것이다.

북위가 멸망한 후, 동위·서위, 북제·북주가 계속해서 흥기하였다. 그 중 특히 북제의 북위 법제(法制)에 대한 계승이 많았고, 또한 수당 법률에 대한 영향도 심대(深大)하였다. 진인각(陳寅恪) 선생은 "당률(唐律)은 수(隋) 개황(開皇)의 구본(舊本)에 근거하였고, 수 개황의 정률(定律)은 또 대부분 북제에 의거하였으며, 북제는 다시 북위 태화(太和: 477~499)·정시(正始: 504~507)의 구율(舊律)을 계승하였다. 그런즉 그 원류의 변천은 본래 요연(瞭然)하게 고구(考究)하여 알 수 있다"[172]고 하였다. 그렇다면 북제가 율을 제정하는 과정 중에 파생(派生)된 '중죄십조(重罪十條)'는 당률에 흡수되어 (「십악조[十惡條]」로) 발전했을 뿐 아니라 청말(淸末)까지 계속됨으로써 「자손위범교령조(子孫違犯敎令條)」와 「십악(十惡)」 중 「불효(不孝)」 조항(條項)이 장기간 병존하는 법률 구조를 조성하였다. 수조(隋朝)의 법률은 "북주[後周]의 제도를 모방하여 십악의 조목(條目)을 따로 설정하지 않고 십악을 각 조목에 분속(分屬)하였"[173]지만, 가정윤

---

170) 『위서』 권111, 「지(志)」 제16·형벌7.
　　　〈옮긴이주〉 전영섭, 「위서 형벌지 역주」, 255쪽.
171) 이방(李昉), 『태평어람』(중화서국[中華書局], 1960) 권640, 「형법부(刑法部)6」「결옥(決獄)」.
172) 진인각, 『수당제도연원약론고』, 125~126쪽.
173) 정수덕, 『구조율고』「수율고(隋律考) 하(下)」, 444쪽.

리질서의 유지 · 보호도 매우 중시하였다. 예컨대, 『태평어람』에 의하면, 다음과 같은 기록이 있다.

두참(竇參)이 봉선위(奉先尉)가 되었을 때, 북군(北軍)의 예하(隸下)에 있던 현인(縣人) 조분(曹芬)은 평소 흉포(凶暴)하여 그 아우[弟]와 함께 여동생[女弟]을 구타(毆打)하였고, (조)분의 아버지[父]가 구(救)하였지만 막지 못하였기 때문에 마침내 우물에 투신(投身)하여 죽었다. (두)참이 체포하여 치죄(治罪)하였는데, (조)분 형제(兄弟)는 사형에 해당하였지만, 여러 관원들이 모두 초상(初喪)이 끝날 때까지 사형을 중지할 것을 청(請)하였다. (두)참은 "자식[子]은 아버지[父] 때문에 살았고, 아버지는 자식 때문에 죽었다. 만약 초상으로 죄(의 집행)를 연기하는 것은 아버지를 살해한 자를 처벌하지 않는 것이다. 그 죄를 (법에) 맞추어 살해한다면 현(縣) 전체가 모두 승복할 것이다"고 하였다.[174]

이에 의하면, 봉선현(奉先縣) 사람 조분이 아우와 함께 그 여동생을 구타하였고, 조분의 아버지[父]는 구하였지만 막지 못하였기 때문에 우물에 투신하여 죽었다. 현위(縣尉) 두참이 조분 형제를 체포해서 재판에 회부하여 의죄(議罪)한 결과 사형에 해당하였다. 뭇 사람이 상사(喪事) 후에 다시 형벌을 집행할 것을 청하였지만, 두참은 본(本) 안건에서 아버지의 사망은 실로 자식들의 어리석은 행위에서 비롯되었고, (이는) 법률상 아버지를 살해한 행위와 동일하기 때문에 이러한 아버지를 살해한 범죄에 대하여는 연기해서는 안 되고 즉시 법대로 처리해야 한다고 보았다. (그런데) 다행히 천 년 이후인 청조(淸朝)의 사법적 실천에서 이러한 유형의 형안(刑案)을 볼 수 있다. 이러한 형안은 처음에는 「위핍인치사조(威逼人致死條)」에 분류되었고, '자손의 교령위반[子孫違犯教令]'에 준(準)하여 정죄(定罪)되었지만, 이후 특별히 입법을 거쳐 단일 조목[專條]이 됨과 동시에 「자손위범교령율(子孫違犯教令律)」 다음에 수록(收錄)되었기 때문에 넓은 의미의 '자손의 교령위반[子孫違犯教令]'에 속하였고, 중죄(重罪)를 범한 자도 사죄(死罪)에 처해질 수 있었다. 이로써 가정윤리등급질서에 대한 강력한 유지 · 보호는 중국고대 법률의 영원한 주제(主題)의 하나로서, 수천수백 년을 거치면서도 쇠퇴하지 않았음을 볼 수 있다.

---

174) 이방, 『태평어람』 권640, 「형법부6」 「결옥」.

제2장

당률(唐律) 중의
'자손의 교령위반[子孫違犯敎令]'

제1절
'자손의 교령위반[子孫違犯敎令]'과
불효죄(不孝罪)의 구별과 연계(連繫)

당률 이전 성문법의 발전·변천사를 종합적으로 보면, 당률의 「투송47」(제 348조)「자손위범교령조(子孫違犯敎令條)」에 포함된 두 방면의 법률내용(교령위반[違犯敎令]과 공양 결여[供養有闕])은 선진(先秦) 시기 이래 장기간 성문법 속에 있었음을 알 수 있다. 특히 최근 몇 년간 진한(秦漢) 법률에 관한 고고학적 발견은 극히 믿을 수 있는 중요한 증거들을 다수 제공하였다. 그러나 두 방면에 관한 죄형규정(罪刑規定)은 또 장기적으로 불효죄와 밀착되어 갔다. 이러한 정황은 대략 선진 시기에 이미 보인다. 예컨대, 진한 법률 중 자손의 '교령위반[違犯敎令]'과 '공양 결여[供養有闕]'에 대해서는 각각 입법(立法)을 행하여 엄형으로 처벌하였지만, 양자를 모두 '불효'의 죄명(罪名)에 포함시켰다. 그러나 장기적인 법사(法史)의 발전을 거치면서 남조(南朝) 송(宋)의 역사에서 처음으로 상술한 두 방면의 법률내용이 한 조(一條)-자손위범교령조(子孫違犯敎令條)-로 통합된 명확한 기록이 출현하였다. 다만 「자손위범교령조(子孫違犯敎令條)」의 출현 이전 내지 출현 이후에도 '불효'는 여전히 함축성이 매우 강한 죄명으로서 존속하였다. 특히 북제(北齊)에서 '불효'를 내포하는 「십악조(十惡條)」가 성문법전(成文法典)에 명시됨과 동시에 후세 법전(法典)에 계승되면서 '불효'와 「자손위범교령조(子孫違犯教令條)」는 장기간 병행하는 국면이 형성되었다. 이러한 법률구조에서 '불효'와 '자손의 교령위반[子孫違犯教令]'은 어떤 관계에 있었을까? 또 어떠한 구별과 연계가 있었을까? 아래에서는 당률(唐律)을 대상으로 먼저 「불효」 조항과 「자손위범교령조(子孫違犯教令條)」의 법률구성을 구분해서 상세히 설명하고, 나아가 양자의 구별과 연계를 분석하면서 비교를 통해 「자손위범교령조(子孫違犯教令條)」의 성문법에서의 지위와 작용을 탐구하며, 마지막으로 다시 두 세 가지의 안례(案例)를 열거하여 죄형규정(罪刑規定)과 관련된 법률적용을 살펴보고자 한다.

1. 불효

불효의 죄는 기원이 매우 오래되어 『상서(尚書)』 「강고(康誥)」에 '불효'라는 명칭이 있다.[1] 선진(先秦) 시기부터 진한(秦漢)까지 법률에는 부모[父]·조부모[祖]의 명령을 위반[違犯]하였거나 공양(供養)을 돌보지 않은 각종 죄행(罪行)이 모두 불효에 포함되었다. 당시 법률은 불효의 죄행에 대하여 엄형으로 처벌(가중해서 기시[棄市]로 처벌)할 수 있었을 뿐 아니라 가장(家長)에게는 징계와 고소의 권한까지 주었다. 『당률소의』 「명례6」(제6조) 「십악조(十惡條)·불효(不孝)」 「소의(疏議)」에서는 '불효'의 죄를 해석하여 "부모를 잘 섬기는 것을 효라 하고, 이미 어기고 위반한 것이 있었다면, 이것이 곧 불효의 죄명이다"[2]고 하였다. 그렇다면 부모를 잘 섬기는 행위도 여러 가지가 요구되었지만, 부모[父]·조부모[祖]를 위반한 행위도 많은 내용을 망라하였기 때문에 불효죄의

---

1) 〈옮긴이주〉 제1장 주 2) 참조.
2) 『당률소의』 권1, 「명례」 「십악」.
   〈옮긴이주〉 『역주 당률소의-명례편-』(이하 『역주율소-명례편-』으로 약칭)(한국법제연구원, 1994) 「명례6」(제6조) 「십악조(十惡條)·불효(不孝)」 「소의(疏議)」, 121쪽.

범위는 오랫동안 상당히 모호하였고 또 매우 광범위하였다. 북제(北齊)에서는 율(律)을 제정할 때 예의(禮儀)·강상(綱常)을 위반한 중죄(重罪)를 종합해서 10조(條)로 하였고, 이것이 후세 성문법 '십악(十惡)'의 조법(祖法)이 되었다. 예컨 대,『당육전(唐六典)』의 "처음 북제(北齊)에서 중죄(重罪) 10조(條)를 세워 십악으로 하였는데, 첫째 반역(反逆), 둘째 대역(大逆), 셋째 반(叛), 넷째 강(降), 다섯째 악역(惡逆), 여섯째 부도(不道), 일곱째 불경(不敬), 여덟째 불효(不孝), 아홉째 불의(不義), 열째 내란(內亂)으로, 이 (죄를) 범한 경우 팔의(八議)와 속(贖)으로 논죄(論罪)하는 범위에 있지 않았다. 수(隋)에서 상당히 가감(加減)하였고, 당(唐)은 이를 따랐다"[3]는 기록에 의하면, 당률의 '십악'과 '불효'에 관한 규정은 모두 북제와 수조(隋朝)의 법률을 계승하였음을 알 수 있다. 그러나 북제와 수소의 법률사료는 한정적으로 남아 있지만, 당률은 상당히 완정(完整)된 자료를 보존하였을 뿐 아니라 법률 조문에 대해서도 상세히 해석하였기 때문에 불효죄의 구체적인 법률구성을 파악하는데 귀중한 자료를 제공하고 있다.

당률의 「명례(名例)」를 보면, 그 중 「명례6」(제6조)「십악조」의 규정은 북제와 조금 달리 첫째 모반(謀反), 둘째 모대역(謀大逆), 셋째 모반(謀叛), 넷째 악역(惡逆), 다섯째 부도(不道), 여섯째 대불경(大不敬), 일곱째 불효(不孝), 여덟째 불목(不睦), 아홉째 불의(不義), 열째 내란(內亂)이다.[4] 실제로 (당률은) 북제의 '넷째 강(降)'을 제외하였고,[5] 또 '불효' 다음에 '불목'을 증설하여 '불효'를 일곱째에 위치시켜서 위차(位次)를 한 단계 앞당겼다. 그 다음에 또 「명례6」(제6조)「십악조·불효」「주(注)」에서는 불효의 죄행(罪行)을 열거하여 "조부모

---

3) 『당육전』 권6, 「형부낭중원외랑(刑部郎中員外郎)」.
   〈옮긴이주〉 김택민 주편, 『역주 당육전 상』(신서원, 2003) 권6, 「상서형부(尙書刑部)·형부낭중원외랑(刑部郎中員外郎)」, 583~584쪽.
4) 〈옮긴이주〉『역주 당률소의-명례편-』「명례6」(제6조)「십악조」, 107~130쪽.
5) 북제의 '중죄 10조' 중 '넷째 강(降)'의 귀추(歸趨)에 대하여 나[筆者]는 삭제(削除)되었다는 견해를 취하고 있다. 종래 이와는 다른 의견을 제시한 학자도 있는데,『당률(唐律)』은 『북제율(北齊律)』의 '셋째 반(叛), 넷째 강(降)'을 '모반(謀叛)'으로 통합했다는 것이다. 이에 대하여 나[筆者]는 「북제 '중죄 10조' 중 '넷째 강'의 귀추 문제에 관하여[關于北齊"重罪十條"中"四降"的去向問題]」라는 논문에서 전문적으로 논박(論駁)하였기 때문에 참조할 만하다(http://www.iolaw.org.cn/showArticle.asp?id=3080).

·부모를 고발[告言]하였거나 저주하고[詛] 욕하였거나[詈], 조부모·부모가 생존 중인데도 호적을 따로 하고[別籍] 재산을 나누었거나[異財] 또는 공양에 궐함이 있었거나[供養有闕], 부모의 상중(喪中)에 스스로 혼인[嫁娶]하였거나 또는 음악을 연주하였거나[作樂] 상복을 벗고[釋服] 길복(吉服)을 입었거나, 조부모·부모의 초상(初喪)을 듣고도 숨기고 거애(擧哀)6)하지 않았거나, 조부모·부모가 죽었다고 사칭(詐稱)한 행위를 말한다"7)고 하였다. 이로써 다음과 같은 점들을 알 수 있다. (1) 당률의 「명례」「불효」에 대한 규정에서는 불효의 죄행이 병렬(竝列)되어 있지만, 구체적인 양형의 기준까지 언급되어 있지 않다. (2) 「불효」는 사실 개괄적인 죄명(罪名) 또는 죄명의 집합이라 할 수 있고, 단일 죄명은 아니었다. 『당률소의』에서는 위에서 서술한 「불효」의 죄행을 다섯 부분, 즉 ① 조부모·부모를 고발[告言], 저주[詛]·욕한[詈] 행위, ② 조부모·부모의 생존 중에 별적(別籍)·이재(異財)한 행위, ③ 공양에 궐함이 있었던 [供養有闕] 행위, ④ 부모의 상중(喪中)에 스스로 혼인[嫁娶]한 행위, 음악 연주[作樂] 또는 상복을 벗고[釋服] 길복(吉服)을 입은 행위, ⑤ 조부모·부모의 초상(初喪)을 듣고도 숨기고 거애(擧哀)하지 않은 행위, 조부모·부모의 사망을 사칭한 행위로 나누었고, 각각에 대하여 해석하고 있다. 말할 나위도 없지만, 당시 법률가(法律家)가 이와 같이 분류한 까닭은 본래 그 이유가 있었을 것이다. 그러나 더욱 미시적인 시각에서 「불효」 항목(項目)에 포함된 죄명을 유형별로 분석(分析)하면, 상술한 다섯 가지는 그다지 철저하지 않은 듯하다. 필자는 구체적인 법률의 편목[門類]·조목(條目) 및 대응하는 형벌 기준 등 측면에서 「불효」 항목에 포괄된 죄명을 아홉 가지로 분석하였는데, 대략 〈표 2-1〉과 같다.

---

6) 〈옮긴이주〉 '거애(擧哀)'는 근친자의 초상 소식을 들으면, 그 자리에서 통곡하여 애통함을 다하고 그 연유를 묻지 않으면 안 되는 것을 말한다(『예기정의』「십삼경주소 하」 권56, 「분상(奔喪) 제34」, 1653쪽).
7) 『당률소의』 권1, 「명례」 「십악」.
  〈옮긴이주〉『역주율소-명례편-』「명례6」(제6조)「십악조·불효」「주」, 121~124쪽.

〈표 2-1〉 당률의 「명례6」(제6조) 「십악조(十惡條)」 「불효」 항목(項目)의 죄명(罪名)
분석(分析)[8]

	죄명(罪名)	권수	편목[門類]	조목(條目)	형벌[刑罰]	확장[延伸]
1	조부모·부모에 대한 고발 [告言]	23	투송44	고조부모부모 (告祖父母父母)	교수형	1. 의(議)·청(請)·감(減)하는 법례(法例)에 준(準)하지 않는다. 2. 상청(上請)하여 존친을 시양하는[侍親] 법례에 준하지 않는다. 3. 사면령(赦免令)이 내려도 제명(除名)한다.
2	조부모·부모의 총애[愛媚]를 구하기 위한 염매[厭]·저주[呪]	18	적도17	증오조염미 (憎惡造厭媚)	유형 2천리	
3	조부모·부모에 대한 욕설 [罵]	22	투송28	구리조부모부모 (毆詈祖父母父母)	교수형	
4	조부모·부모의 생존 중 별적(別籍)·이재(異財)	12	호혼6	자손별적이재 (子孫別籍異財)	도형 3년	
5	공양 결여[供養有闕]	24	투송47	자손위범교령 (子孫違犯教令)	도형 2년	
6	부모의 상중(喪中) 스스로 혼인[嫁娶]	13	호혼30	거부모부상가취 (居父母夫喪嫁娶)	도형 3년	
7	부모의 상중 음악 연주[作樂] 및 탈상복[釋服]·길복(吉服) 착용	10	직제30	익부모부상 (匿父母夫喪)	도형 3년	
8	조부모·부모의 초상(初喪)을 듣고도 은닉(隱匿)·불거애(不舉哀)	10	직제30	익부모부상	유형 2천리 (부모) / 도형 1년 (조부모)	
9	조부모·부모의 사망 사칭 (詐稱)	25	사위22	부모사사언여상 (父母死詐言餘喪)	도형 3년	

〈옮긴이〉

1. 원서에는 편목[門類]란(欄)에 조수(條數)가 없고 '투송률' 형식으로 되어 있다.
2. 憎惡造厭媚: 『역주 당률소의-각칙(상)-』(이하 『역주율소-각칙(상)-』으로 약칭)(한국법제연구원, 1997) 「적도17」(제264조)에는 조목명이 「증오조염매(憎惡造厭魅)」(2420쪽)로 되어 있다.

---

8) 본(本) 표(表)는 유준문(劉俊文), 『당률소의전해(唐律疏議箋解)』(중화서국[中華書局], 1996) 권1, 98~103쪽, 십악죄명일람표(十惡罪名一覽表)를 참고했다. 항목(項目)의 설치와 표의 내용들은 각 율문(律文)의 실제 규정에 의하면 다소 변동(變動)이 있다. 특히 제8항(項)의 "조부모·부모의 초상을 듣고도 은닉·불거애(不舉哀)"한 죄의 경우, 형벌은 사실 조부모(기친[期親])와 부모의 두 가지 정황(情況)으로 구분되었고, 양형(量刑)의 기준도 그에 따라 다소 차이가 있었기 때문에 보충하였다.

3. 子孫別籍異財:『역주 당률소의-각칙(상)-』「호혼6」(제155조)에는 조목명이 자손부득별적이재(子孫不得別籍異財)(2213쪽)로 되어 있다.

아래에서는 먼저 각각의 죄명을 열거하고, (이를) 관련된 조문(條文)과 결부시켜서 나누어 개술(槪述)하고자 한다.

1) 조부모·부모에 대한 고발[告言]

당률의 「투송44」(제345조)「고조부모부모조(告祖父母父母條)」에서는 "무릇 조부모·부모를 고발[告]한 경우에는 교수형에 처한다"고 규정하였고, 또한 「소주(小注)」에서는 "연좌(緣坐)할 죄나 모반(謀叛) 이상이 아닌데도 고의(故意)로 고발[告]한 경우를 말한다. 다음 조문[下條]도 이에 준(準)한다"9)고 하였다. 이른바 '다음 조문[下條]'이란 "만약 적모(嫡母)·계모(繼母)·자모(慈母)가 그 아버지[父]를 살해하였거나 양부모[所養者]가 그 친부모[本生]를 살해하였다면 모두 고발[告]하는 것을 허용한다"10)고 한 규정을 말한다. 여기의 '고(告)'와 '고언(告言)'11)은 "글[文]은 비록 다르지만 그 뜻은 같다."12) 이로써 '조부모·부모에 대한 고발[告言]'이라는 죄명(罪名)은 율(律)에 따라 교수형에 처해졌음을 알 수 있다. 당률은 이에 대해 "아버지[父]는 자식[子]의 하늘[天]이므로 숨기는 것은 있어도 범하는 일은 없어야 한다. 만약 (아버지에게) 법(法)을 어긴 일이나 허물이 있었다면 이치상 간쟁(諫諍)해야 하며, (그것에 따르지 않더라도) 더욱더 공경

---

9) 〈옮긴이주〉 이상은 『역주율소-각칙(하)-』「투송44」(제345조)「고조부모부모조」 및 「주」, 3110쪽.

10) 『당률소의』 권23, 「투송」 「고조부모부모」.
   〈옮긴이주〉 『역주율소-각칙(하)-』「투송44」(제345조)「고조부모부모조」, 3111쪽.

11) 〈옮긴이주〉 여기서 말하는 '고언(告言)'은 『역주율소-명례편-』「명례6」(제6조)「십악조·불효」「주」의 "조부모·부모를 고발[告]한 경우"(121쪽)의 고언을 가리킨다.

12) 『당률소의』 권1, 「명례」 「십악」.
   〈옮긴이주〉 『역주율소-명례편-』「명례6」(제6조)「십악조·불효」「소의」에서는 "해당 조문에서는 단지 '조부모·부모를 고(告)한다'고 하였고, 본 주(注)에서는 '고언(告言)한다'고 하였는데, 글은 비록 다르지만 그 뜻은 같다"(121쪽)고 하였다. 여기서 말하는 '해당 조문'은 『역주율소-각칙(하)-』「투송44」(제345조)「고조부모부모조」를 가리킨다.

하고 효성스럽게 해야 하며, 죄에 빠지게 해서는 안 된다. 만약 정리(情理)를 망각하고 예(禮)를 버리고서 고의(故意)로 고발[告]하는 일이 있었다면 교수형에 처한다"[13]고 해석하였다. 이는 곧 자손은 부모·조부모의 어떤 행위와 의지에 대해서도 위반할 수 없다는 것이다. 설령 부모·조부모에게 도덕과 법률을 위반한 점이 있거나 또는 합당하지 않은 점이 있더라도 이치에 따라 간쟁만 할 수 있을 뿐이고, 동시에 더욱 공경하고 효순(孝順)해야 하며 관부(官府)에 고발[告言]할 수 없었다. 이것이 바로 '용은(容隱)' 원칙이었다. 즉 법률은 자손에게 부모·조부모의 일반 죄행에 대해 '용은'할 수 있는 권리도 주었지만, 동시에 일종의 강제적인 '용은' 의무도 주었기 때문에 자손이 (이를) 위반하였다면 율(律)에 따라 당연히 중죄(重罪)로 처벌되었다. 이러한 입법(立法)은 근본적으로 가정 내의 등급질서를 강력하게 유지·보호하여 부모·조부모의 자손에 대한 절대적인 우위(優位)와 전제적 권력을 지키는데 그 목적이 있었다.

그런데, 이 '용은' 원칙의 적용에도 두 가지 예외가 있었다. 첫째, 부모·조부모가 모반(謀反)·모대역(謀大逆) 및 모반(謀叛) 등 국가 이익을 엄중하게 위해(危害)한 죄행(罪行: "모두 신하가 아닌 것[不臣]이 된다.")에 대해서는 법률규정에 따라 자손은 그대로 '연좌(緣坐)'의 범주에 포함, 즉 모두 유죄인(有罪人)이 되었다. 이때 자손이 부모·조부모를 고발[告]하였더라도 불효 행위가 되지 않았을 뿐 아니라 교수형에도 처해지지 않았으며, 심지어 '자수(自首)'에 준(準)하여 처리될 수도 있었다. 요체(要諦)는 모반(謀反)·모대역(謀大逆) 및 모반(謀叛) 등의 죄행처럼 국가와 통치자의 이익에 대하여 매우 엄중하게 침범하였는지의 여부에 있었고, 이러한 긴급한 상황에 직면하여 전체적인 통치질서와 국가이익을 유지·보호하기 위해서는 어떤 가정 내부의 윤리질서·가정의 개별 이익도 모두 양보되어야 하였으며, '용은'도 예외가 아니었다. 이것이 바로 율문(律文)「소주(小注)」의 뜻이다. 둘째, 적모(嫡母)·계모(繼母)·자모(慈母)가 그 아버지[父]를 살해하였거나 또는 양부모가 그 친부모를 살해한 행위에 대하여 자손은 이러한 죄행을 고발[告]할 수 있었고, 고발해도 결코 상술한

---

13) 〈옮긴이주〉『역주율소-각칙(하)-』「투송44」(제345조)「고조부모부모조」「소의」, 3110 ~3111쪽.

율문에 준(準)해서 정죄(定罪)되지 않았다. 예(禮)에 의하면, 적모·계모·자모·양모(養母)는 모두 친모(親母)와 동일하였다. 그러나 만약 적모·계모·자모가 자식[子]의 아버지[父]를 살해하였거나 양부모가 자식[子]의 친부모를 살해하였다면, 모두 은의(恩義)를 끊은 것이므로 재차 복제(服制)로 논(論)하지 않고, 율(律)에서는 일반인[凡人]과 동일하게 고발할 수 있었다. 이러한 정황은 범죄자의 죄행이 근본적으로 가정윤리질서를 파괴함으로써 개별 가정의 이익에 대하여 매우 엄중하게 침범하였을 뿐 아니라 사회 전체에 대하여도 일종의 엄중한 범죄 행위였기 때문에 용은에 해당되지 않았고, 자식이 고발할 수 있었던 것이다.

2) 조부모·부모의 총애[愛媚]를 구하기 위한 염매[厭]·저주[呪]

염매(厭魅)와 저주(詛呪)는 무술(巫術)을 이용해서 부서(符書)와 주문(呪文)에 가탁하여 범죄 행위를 저지르는 행위이다. 그러나 염매·저주의 목적·대상과 후과(後果)의 차이에 따라 져야 하는 법률적 책임도 달랐다. 예컨대, 당률의 「적도17」(제264조)「증오조염미조(憎惡造厭媚條)」에서는 "무릇 증오하는 바가 있어서 염매를 만들거나[14] 부서(符書)를 만들어 저주하여,[15] 이로써 사람을 살해하고자 하였다면 각각 모살죄로 논[以謀殺論]하되 2등을 감경한다. 기친

---

14) 〈옮긴이주〉'염매(厭魅)'에 대하여 『역주율소-각칙(상)-』「적도17」(제264조)「증오조염매조(憎惡造厭魅條)」「소의」에서는 "(사람의) 형상을 그림으로 그리거나 인신(人身)을 조각(彫刻)하여 심장을 찌르고 눈에 못을 박거나 수족(手足)을 묶는 것 등 이와 같이 염승(厭勝)은 동일하지가 않다. '매(魅)'라는 것은 귀신에 가탁하거나 망령되이 좌도(左道)를 행하는 것과 같은 경우이다"(2420쪽)고 해석한 것이 참고가 된다. "염매를 만들다"고 한 경우는 이러한 좌도의 도구(道具)를 만드는 의미 정도 일 것으로 생각된다.

15) 〈옮긴이주〉"부서를 만들어 저주하다"에 대하여는 아쉽게도 「소의」에 언급이 없지만, 『청률(淸律)』 권26, 「조축고독살인조(造畜蠱毒殺人條)」 총주(總注)에 의하면, 주술의 부적(符籍)을 쓰기도 하고, 상대방(相對方)의 이름을 적기도 하며, 또는 그것들을 묻어서 요사스런 귀신[邪神]의 숭배를 구하거나 혹은 불태워서 물(物)의 괴이함에 의뢰하기도 하고, 또는 죽이고자 하는 사람의 생년월일을 적어서 저주하는 등이 있다 (율령연구회편[律令研究會編], 『역주일본율령(譯註日本律令)7 당률소의역주편(唐律疏議譯註篇)3』, 동경당출판[東京堂出版], 1987, 133쪽, 해설 참조).

(期親)의 존장(尊長) 및 외조부모·남편[夫]·남편의 조부모나 부모에 대한 경우에는 각각 감경하지 않는다. 이(저주) 때문에 치사(致死)하였다면 각각 본래의 살인법(殺人法)에 따른다. 그로 인해 사람을 병들게 하거나 고통스럽게 하고자 한 경우에는 또 2등을 감경한다. 자손이 조부모·부모에 대한 경우나 부곡·노비가 주인에 대한 경우에는 각각 감경하지 않는다. 만약 조부모·부모 및 주인의 총애(愛媚)만을 구하기 위해서[16) 염매[厭]·저주[呪]한 경우에는 유형 2천리에 처한다. 만약 황제[乘輿]와 관계가 되었다면 모두 참수형에 처한다"[17)고 규정하였다. 염매[厭]·저주[呪] 행위는 좌도(左道)에 속하여 태평한 시대에도 용인되지 않았고, 삼강오상(三綱五常) 질서에도 용인되지 않았기 때문에 이로써 죄를 범한 경우에는 당연히 '십악(十惡)'에 포함되었다. 예컨대, 「명례6」(제6조)의 「십악」과 관련된 해석을 참조하면 첫째, 일반인[凡人]을 염매한 경우에는 "사악한 풍속으로 몰래 불법 행위를 하여 상대로 하여금 병들거나 고통스럽거나 죽게 하고자 한 것"[18)으로서 「부도(不道)」 행위에 속하였다. 둘째, ① 시마(緦麻) 이상 친속, 즉 기친(期親)의 존장 및 외조부모·남편[夫]의 조부모와 부모를 염매[厭]·저주[呪]한 경우, 범행 의도가 살인(殺人)에 있었다면 후과(後果) 여하를 막론하고, ② 조부모·부모를 염매[厭]·저주[呪]한 경우, 살해하고자 하였든 병들거나 고통스럽게 하고자 하였든 관계없이, (①·②는-옮긴이) 모두 응당 「악역(惡逆)」에 포함되었다. 셋째, ① 상술(上述)한 그 이외의 친속을 염매[厭]·저주[呪]한 경우, 의도가 치사(致死)하고자 하였고 또 실제 사망을 야기하였거나, ② 대공(大功) 이상 존장(尊長) 및 소공(小功)의 존속(尊屬)에게 병들거나 고통스럽게 하고자 염매[厭]·저주[呪]하였을 뿐이고, 또 실제 후과가 그렇게 되었다면 「불목(不睦)」에 속하였다. 넷째, 조부모·부모를 염매[厭]·저주[呪]한 경우, 목적이 "총애[愛媚]만을 구하기 위한 것"이었

---

16) 〈옮긴이주〉 "총애만을 구하기 위해서"의 의미는 타인(他人)을 자기에게 복종시켜서 자기 의사에 따르도록 하는 것을 말한다(율령연구회편, 『역주일본율령7 당률소의역주편 3』, 132쪽, 주 6)).

17) 『당률소의』 권18, 「적도」 「증오조염미」.
〈옮긴이주〉 『역주율소-각칙(상)-』 「적도17」(제264조) 「증오조염매조」, 2420~2422쪽.

18) 〈옮긴이주〉 『역주율소-명례편-』 「명례6」(제6조) 「십악조·부도(不道)」 「주·소의」, 115쪽.

다면 「불효(不孝)」가 적용되었다. 다섯째, 염매[厭]·저주[呪]가 "만약 황제[乘輿]와 관계가 되었거나", 사람을 살해하고자 하였거나, 병들거나 고통스럽게 하고자 했다면, 결과를 막론하고 「모반(謀反)」 또는 「대역(大逆)」이 적용되었다. 여섯째, 염매[厭]·저주[呪]가 "황제[乘輿]와 관계가 되었"지만 "총애[愛媚]만을 구하기 위한 것"이었다면 "복어물(服御物)을 훔친" 죄보다 가중되어 「대불경(大不敬)」이 적용되었다. 이상을 종합하면, 염매[厭媚]·저주[詛呪]한 행위는 그 대상·목적·결과의 차이에 따라 모두 「십악」 중 '칠악(七惡)'에 포함될 수 있었다. 이로써 당시 법률의 이러한 범죄 행위에 대하여 엄중하게 단속하는 태도를 미루어 알 수 있다.

또한 이 중 「불효」에 속하는 것은 오직 조부모·부모를 염매[厭]·저주[呪]해서 총애[愛媚]만을 구한 행위를 가리켰고,[19] 율(律)에 따라 응당 유형 2천리에 처해졌다. 이와 같이 처벌된 이유는, 첫째 그 행위 본래의 성질이 매우 악랄하여 좌도(左道)에 속했기 때문에 반드시 엄중히 제재하는 범주에 포함되었고, 둘째 그 행위의 목적이 오직 총애만을 구한 것이었을 뿐 조부모·부모를 살해하고자 하였거나 조부모·부모를 병들고 고통스럽게 하고자 한 것이 아니었기 때문에 그 본심(本心)을 고려해서 사죄(死罪)는 면제되고 삼류(三流: 2천리·2천5백리·3천리) 중 최하로 귀결(歸結)되었다.

3) 조부모·부모에 대한 욕설[詈][20]

당률의 「명례6」(제6조) 「십악조(十惡條)」에서는 「불효」 항목(項目)을 해석할 때, "조부모·부모를 저주하였거나[詛] 욕한[詈] 행위"를 하나로 통합하여 논죄(論罪)하고 있지만, 사실 저주[詛]와 욕설[詈]은 각각 전문적인 조목[專條]에

---

19) 『당률소의』 권1, 「명례」 「십악」에서는 "오직 총애[愛媚]를 받으려고 저주[詛]한 경우에만 이 조항(불효죄)을 적용한다"고 해석하였다.
〈옮긴이주〉 『역주율소-명례편-』 「명례6」(제6조) 「십악조·불효」 「주·소의」, 121~122쪽.

20) 전근대 중국 법률에 보이는 욕설[罵詈]과 관련된 제반(諸般) 규정의 변천을 체계적으로 구명한 논고로는 임대희(任大熙), 「중국 전통법의 '욕설'과 관련된 법규의 변천(傳統中國法中關於'罵詈'相關法律規定的變遷)」(『중화법계국제학술회의논문집(中華法系國際學術硏討會論文集)』, 중국정법대학출판사[中國政法大學出版社], 2007) 참조.

분속(分屬)되어 있다. 이 중 '저주[詛]' 부분은 실제 염매[厭] · 저주[呪]하여 "총애[愛媚]만을 구하기 위한 행위"였다는 것은 이미 상술(上述)한 바와 같다. '조부모 · 부모에 대한 욕설[詈]'의 죄는 「투송28」(제329조) 「구리조부모부모조(毆詈祖父母父母條)」와 결부되어 있다. 즉 당률의 「투송28」(제329조) 「구리조부모부모조」에서는 "무릇 조부모 · 부모를 욕하였다면[詈] 교수형에 처하고, 구타하였다면[毆] 참수형에 처한다. 과실로 살해하였다면[過失殺] 유형 3천리에 처하고, (과실로) 상해(傷害)를 가했다면 도형 3년에 처한다"[21]고 규정하였다.

이 중 '이(詈)'자(字)의 뜻은 '매(罵)'와 같다.[22] 예(禮)에 의하면, 자식[子]은 부모[父]에게 순종하고 어기는 일이 없어야 하는데, 순종하지 않고 조부모 · 부모를 욕하였다면[罵詈] '불효'가 되었다. 또한 욕을 하게 되면 몸싸움이 일어나서 구타(毆打)로 비화(飛火)되기가 매우 쉽다. 율(律)에 의하면, "조부모 · 부모를 구타하였다면" 「십악(十惡)」의 「악역(惡逆)」이 적용되었다.[23] 이로 인해 이러한 불효 죄행(罪行)은 「악역」과도 매우 근사(近似)하여 혼동되기가 쉬웠다. 그러므로 법률에서 조부모 · 부모에게 부여한 교령권(敎令權)의 범위는 "일[事]의 대소(大小)에 관계없이" 무릇 "따를 수 있는데도 고의로 위반하였다면" 교령위반[違犯敎令]이라고 규정하였다.[24] 조부모 · 부모에 대한 구타[毆]나 욕설[詈] 등 엄중하게 교령을 위반한[違犯敎令] 행위 및 자손이 교령을 위반한[子孫違

---

21) 『당률소의』 권22, 「투송」 「구리조부모부모(毆詈祖父母父母)」.
〈옮긴이주〉 『역주율소-각칙(하)-』 「투송28」(제329조) 「구리조부모부모조」, 3076쪽. 원서에는 본 규정에 이어서 "만약 자손이 교령을 위반하여[子孫違敎令] 조부모 · 부모를 구살(毆殺)하였다면 도형 1년 반에 처한다. 흉기를 사용하여 살해하였다면[刃殺] 도형 2년에 처한다. 고살(故殺)하였다면 각각 1등을 가중한다. 만약 적모(嫡母) · 계모(繼母) · 자모(慈母) · 양모(養母)가 살해하였다면 또 1등을 가중한다. 과실로 살해하였다면[過失殺] 각각 논죄하지 않는다"(3076쪽)는 규정이 인용되어 있다. 그러나 본 규정은 논지전개상 여기에는 필요하지 않고, 또 본문에 보이듯이 뒤에 동일한 문장이 나오기 때문에 생략하였다.
22) 〈옮긴이주〉 『역주율소-명례편-』 「명례6」(제6조) 「십악조 · 불효」 「주 · 소의」에서는 "이(詈)는 매(罵)와 같(은데 욕하다는 뜻이)다"(121쪽)고 해석하였다.
23) 〈옮긴이주〉 『역주율소-명례편-』 「명례6」(제6조) 「십악조 · 악역」 「주」에서는 악역죄의 구성요건에 대하여 "조부모 · 부모를 구타[毆]하였거나 모살(謀殺)하였거나 백숙부모 · 고모[姑] · 형(兄) · 누나[姉] · 외조부모 · 남편[夫] · 남편의 조부모와 부모를 살해한 것을 말한다"(111쪽)고 규정하였다.
24) 〈옮긴이주〉 『역주율소-각칙(하)-』 「투송28」(제329조) 「구리조부모부모조」, 3076쪽.

犯敎令] 일반 행위에 대하여 가장(家長)은 모두 교화·징계할 권한이 있었다. (그런데) 사실상 자손이 교령을 위반한[子孫違犯敎令] 죄행에 대하여 조부모·부모의 교화·징계가 정당하게 행해졌더라도 불가피하게 과도(過度)할 때도 있었고 심지어 자손을 고살(故殺)할 때도 있었다(대의멸친[大義滅親]: 대의를 위해서는 부모·형제도 돌보지 않는다). 이 때문에 당률은 동시에 "만약 자손이 교령을 위반하여[子孫違犯敎令] 조부모·부모가 구살(毆殺)하였다면 도형 1년 반에 처한다. 흉기로 살해하였다면[刃殺] 도형 2년에 처한다. 고살(故殺)하였다면 각각 1등을 가중한다. 만약 적모(嫡母)·계모(繼母)·자모(慈母)·양모(養母)가 살해하였다면 또 1등을 가중한다. 과실로 살해하였다면[過失殺] 각각 논죄(論罪)하지 않는다"25)고 규정하였다. 이로써 자손이 교령을 위반한[子孫違犯敎令] 행위가 있었더라도 조부모·부모가 구살하였거나 흉기로 살해하였거나 고살하였다면 법률상 모두 상응하는 형벌에 처해졌음을 알 수 있다. 적모·계모·자모·양모가 이러한 죄행을 범했다면, 그들은 자식[子]과의 은의(恩義)가 비교적 소원(疏遠)하였기 때문에 조부모·부모가 처해지는 각각의 형벌에서 1등씩 가중 처벌되었다. 그러나 자손이 교령을 위반하였기[子孫違犯敎令] 때문에 조부모·부모 및 적모·계모·자모가 처벌하다가 과실로 살해했다면[過失殺] 면책(免責)될 수 있었다. 이때 부모·조부모(적모·계모·자모도 포함)와 자손이 서로 대립해서 쌍방이 동일한 행위를 범하였다면, 법률상 져야 하는 책임과 누리는 권리는 확실히 대등하지 않았다. 자손에 대해 말하면, 행위의 정당(正當) 여부에 관계없이 법률적 형평[天秤]에서 항상 조부모·부모보다 우위를 점할 수 없었다.

4) 조부모·부모의 생존 중 별적(別籍)·이재(異財)

당률의 「호혼6」(제155조) 「자손별적이재조(子孫別籍異財條)」에서는 "무릇 조부모·부모가 살아있는데 자손이 호적을 따로 하였거나[別籍] 재산을 나눈[異財] 경우에는 도형 3년에 처한다. 만약 조부모·부모가 (자손에게) 호적을 따로 하

---

25) 『당률소의』 권22, 「투송」 「구리조부모부모」.
　　〈옮긴이주〉 『역주율소-각칙(하)-』 「투송28」(제329조) 「구리조부모부모조」, 3076쪽.

게 하였거나 자손에게 함부로 타인(他人)의 후사(後嗣)를 잇게 한 경우에는 도형 2년에 처하며, 자손은 처벌하지 않는다"고 규정하였고, 또한「소주(小注)」에서는 "호적을 따로 한[別籍] 조건과 재산을 나눈[異財] 조건이 반드시 함께 갖추어져야 하는 것은 아니다"26)고 하였다. 아울러 본 조(條)「소의(疏議)」27)에서는 특히 "조부모·부모가 살아있다고 말하였는데, 증조(曾祖)나 고조(高祖)가 살아있는 경우도 이와 같다"28)고 해석하여, 명확하게 여기에 포함된 친속관계는 조부모·부모와 자손 간(間)에 한정되지 않고 고조·증조부모까지 확대되었다. 이로써 여기서 말한 호적·재산은 일반적으로 대(大)가정(또는 가족)에 착안(着眼)하였고 결코 소(小)가정(핵심가정[核心家庭]과 주간가정[主幹家庭])29)만을 가리키지 않았음을 알 수 있다.

「명례6」(제6조)「십악조·불효」「주·소의」30)의 "조부모·부모가 살아있으면, 자손은 모든 방법을 다하여 봉양해야 한다. 외출할 때는 그 가는 곳을 알리고, 돌아와서는 부모를 뵙고 인사를 드리며, 제멋대로 행동하는 일이 없어야 한다. 더구나 재산을 나누었거나[異財] 호적을 따로 하였다면[別籍], 마음에 지극한 효심이 없는 것이니, 이로써 명분(名分)과 도의(道義)가 모두 무너지게 되며, 정리(情理)와 예절(禮節)은 이에 모두 폐기되는 것이므로, 전례(典禮)에 비추어 볼 때 그 죄악(罪惡)은 용납될 수 없다. 이 두 가지 일은 원래 모두 갖추어야 하는 것은 아니므로 (하나라도) 위반하였다면 모두 십악(十惡)을 적용한다"31)고 한 것에서 추측하면, 본 조(條)가 입법(立法)된 것은 주로 가장(家長)의

---

26)『당률소의』권12,「호혼」「자손별적이재」.
   〈옮긴이주〉 이상은『역주율소-각칙(상)-』「호혼6」(제155조)「자손부득별적이재조(子孫不得別籍異財條)」·「주(注)」, 2213쪽.
27)〈옮긴이주〉 원서에는 '본조「소의」'라는 문구가 없다(이하 동일).
28)〈옮긴이주〉『역주율소-각칙(상)-』「호혼6」(제155조)「자손부득별적이재조」「소의」, 2213쪽.
29) 이 중 핵심가정은 부모 및 미성년 자녀로 구성된 가정형태를 가리키고, 주간가정은 부(父)·조(祖)·손(孫) 3대(代)의 직계혈족(直系血族)으로 구성된 가정형태를 가리키며, 대가정은 3대의 직계혈족 이상(以上)으로 구성된 가정형태를 가리킨다.
30)〈옮긴이주〉 원서에는 '명례'로만 되어 있다.
31)『당률소의』권1,「명례」「십악」.
   〈옮긴이주〉『역주율소-명례편-』「명례6」(제6조)「십악조·불효」「주·소의」, 122~123쪽.

가정(또는 가족)의 재산권에 대한 절대적인 지배를 유지·보호하여 가정(또는 가족)의 재산을 완벽하게 지키고, 또한 이로써 가장이 연로(年老)한 후에 공양(供養)을 받을 권리가 실현되도록 보증하는데 있었음을 알 수 있다. 이론적으로 자손은 자기에게 속한 재산권이 없었고, 가장이 전유(專有)하는 재산권에 대해서도 개입(介入)이 허용되지 않았다. 자손이 별적(別籍)하였거나 이재(異財)한 행위는 가장의 재산권에 대한 침범이었고 게다가 효양(孝養)하지 않겠다는 뜻을 나타낸 것이었다. 그러나 가정 자체의 신진대사로 아버지[父]·할아버지[祖]가 사망한 후에 자손이 가장의 지위를 얻게 되면 이러한 권리도 자동 계승된다는 것을 알아야 한다.

본 조(條)의 규정에서 주의해야 할 것은 다음의 세 가지 점이다.

(1) 자손은 조부모·부모(및 고조·증조부모)가 살아있을 때, 가정(또는 가족) 재산의 점유와 사용·호적의 분이(分異)에 대하여 전권(專權)이 없었던 반면에 조부모·부모는 자손에 대하여 교령권은 가졌지만, "만약 조부모·부모가 (자손에게) 호적을 따로 하게 하였거나 자손에게 함부로 타인의 후사를 잇게 한 경우에는 도형 2년에 처하며, 자손은 처벌하지 않"았던 점이다. 즉 조부모·부모는 법률상 우월적 지위를 전유(專有)하였고, 자손은 조부모·부모의 교령권에 종속되었지만, 교령에 강제되어 별적(別籍)하였거나 조부모·부모가 자손에게 "함부로 타인의 후사를 잇게 하였다면" 법률상의 처벌도 조부모·부모가 져야 하였고, 자손은 이에 의해 처벌되지 않았으며 「불효」에도 해당되지 않았다.

(2) 본(本) 죄명(罪名)의 성립요건은, 자손이 주체적으로 별적(別籍) 또는 이재(異財)한 경우, 반드시 별적·이재가 동시에 갖추어져야 하는 것은 아니고 두 가지 중 한 가지만 있어도 죄명은 성립될 수 있었던 점이다. 이것이 "두 가지 일은 원래 모두 갖추어야 하는 것은 아니므로 (하나라도) 위반하였다면 모두 십악죄를 적용한다"[32]고 하는 것이다.

(3) 별적(別籍)과 이재(異財)라는 본 죄명은 성질(性質) 면에서 차이가 있었던 점이다. 별적은 가정(가족)의 호적을 따로 만들었을 뿐 아니라 국가의 호적도

---

32) 〈옮긴이주〉『역주율소-명례편-』「명례6」(제6조)「십악조·불효」「주·소의」, 123쪽.

달리 만들었기 때문에 국가의 호적관리와 부역징수에 직접적인 영향을 줄 수 있었지만, 이재는 가정(또는 가족)의 재산을 나누었을 뿐이기 때문에 전자처럼 국가와 직접적인 관계가 발생하지는 않았다. 따라서 조부모·부모가 자손에게 별적하도록 교령한 행위에 대해서는 가장(家長)을 연좌하여 은연중(隱然中)에 호적을 파괴한 처벌이 가해졌지만, 자손에게 이재하도록 교령한 행위에 대해서는 처벌하지 않았다.

5) 공양 결여[供養有闕]

당률의 「명례6」(제6조) 「십악조·불효」 「주·소의」33)에서는 예경(禮經)을 증거로 인용하여 "효자가 부모[親]를 봉양할 때 그 마음을 즐겁게 하고, 그 뜻을 어기지 않으며, 음식으로 정성을 다해 봉양해야 한다"34)고 해석하였다. 또 「투송47」(제348조) 「자손위범교령조(子孫違犯敎令條)」에서도 "무릇 자손이 (조부모·부모의) 교령을 위반하였거나[違犯敎令] 공양에 궐함이 있었다면[供養有闕] 도형 2년에 처한다. (교령을) 따를 수 있는데 위반하였거나 공양을 감당할 수 있는데 궐한 경우를 말한다. 반드시 조부모·부모가 고소[告]해야 처벌한다."35)고 규정하였다. 앞서 말했듯이, 이 「자손위범교령조(子孫違犯敎令條)」에는 실제 두 가지 죄명, 즉 '교령위반[違犯敎令]'과 '공양 결여[供養有闕]'가 포함되어 있다. 그러나 「불효」 조항에 들어가는 죄행(罪行)은 엄격한 죄형법정주의(罪刑法定主義)에 따르면 '공양 결여'만이 해당되었고, '교령위반'이 '불효'에 들어가지 않은 것은 진한(秦漢)의 법률규정과 다른 점이다. 그 원인에 대해서는 뒤에서 부연하기로 하고, 여기서는 첨언(添言)하지 않는다.

이른바 '공양 결여[供養有闕]'란 「소주(小注)」에서 말한 바에 의하면 "공양을 감당할 수 있는데 궐한 행위", 즉 가정의 경제조건이 허용된 정황에서 조부

---

33) 〈옮긴이주〉 원서에는 '「명례」'로만 되어 있다.
34) 『당률소의』 권1, 「명례」 「십악」.
　　〈옮긴이주〉 『역주율소-명례편-』 「명례6」(제6조) 「십악조·불효」 「주·소의」, 123쪽.
35) 『당률소의』 권24, 「투송」 「자손위범교령」.
　　〈옮긴이주〉 『역주율소-각칙(하)-』 「투송47」(제348조) 「자손위범교령조」 및 「주」, 3121쪽.

모·부모에 대하여 적절한 공양을 하지 않은 행위이다. 이른바 '공양'이란 『예기(禮記)』에 의하면 "70세가 되면 항상 맛좋은 반찬 두 가지를 올린다. 80세가 되면 항상 진미(珍味)가 있어야 한다"[36]고 하듯이, 연로한 부모·조부모의 음식에는 특별히 필요한 부분이 있음을 고려하여 다양하게 준비해서 천수(天壽)를 누리도록 양생(養生)에 최선을 다해야 한다는 것이다. 그러나 살림살이가 확실히 곤궁하였다면, 자손은 자활(自活)하기도 어렵기 때문에 이러한 경우에는 당연히 불효의 죄로 규제[律]할 수 없다. 또 이러한 죄는 가정의 사생활과 관련되어 있기 때문에 소송절차상에서도 반드시 조부모·부모가 친히 고소[親告]해야 불효의 죄로 처벌하여 '도형 2년'에 처해졌다. 그렇다면 자손이 공양의 의무를 다하고자 할 경우에는 반드시 일정한 경제적 기초, 즉 일정한 재산을 소유해야 하는 것이 전제가 되었다. 따라서 본 조(條)의 규정을 통해 당시 법률이 강력하게 가장(家長)의 가정(또는 가족)에 대한 전권(專權)을 주장하고 유지·보호하였지만, 일종의 현실적 필요에서 자손은 가정(또는 가족)이라는 범위 내에서 상당한 재산권과 물질재산을 소유하였고 또 이러한 정황은 일정 범위 내에서 장기간 존속하였음을 반추(反推)할 수 있다. 이 때문에

---

36) 원대(元代) 왕원량(王元亮)의 해석에 의하면, (1) "70세가 되면 항상 맛 좋은 반찬 두 가지를 올린다"는 것은 "음식에 보조음식[副]이 있는 것을 말한다. 무릇 사람은 나이가 50세가 되면 혈기(血氣)가 바야흐로 쇠락(衰落)한다. 70세가 되면 쇠락이 극(極)에 달(達)하기 때문에 배가 고프고[飢] 부른[飽] 것이 일정하지 않다. 효자의 마음은 공양(供養)에 궐(闕)함이 있지 않은지를 걱정하기 때문에 끼니때마다 항상 보조음식을 남겨두어 끼니때가 아닌 시간[非時]의 요구에 대비한다"고 하였고, (2) "80세가 되면 항상 진미가 있어야 한다"는 것은 "80세가 되면 끼니때마다 먹는 음식은 항상 진미(珍味)가 있어야 한다. 대개 그 기(氣)와 혈(血)은 모두 의지할 수 없고 오직 진미로 노쇠함을 보충해야 하기 때문에 항상 진미를 먹어야 한다는 것을 말한다"고 하였으며, (3) "90세가 되면 음식이 거처하는 침소(寢所)에서 떠나지 않아야 한다"는 것은 "음식물이 항상 좌우에 있어야 한다는 것을 말한다. 음식이 맛 좋은 것을 진미라고 한다"고 하였다(왕원량, 『당률석문(唐律釋文)』 권24, 『중국율학문헌(中國律學文獻)』 제2집 [第二輯] 제1책[第一冊]).
   〈옮긴이주〉 『예기정의』(『십삼경주소 상』) 권13, 「왕제(王制) 제5」에서는 "50세가 되면 양식(糧食)을 달리하고, 60세가 되면 격일(隔日)로 고기를 올린다. 70세가 되면 항상 맛 좋은 반찬 두 가지를 올린다. 80세가 되면 항상 진미가 있어야 하고, 90세가 되면 음식이 거처하는 침소에서 떠나지 않아야 하며, 맛 좋은 음식과 마실 것이 노는 곳에 따라가야 한다"(1346쪽)고 하였다.

조부모·부모의 자손에 대한 재산권은 전체적으로 보면 절대적·영속적일 수 없었다.

6) 부모의 상중(喪中) 스스로 혼인[嫁娶]

당률의 「호혼30」(제179조)「거부모부상가취조(居父母夫喪嫁娶條)」에서는 "무릇 부모나 남편[夫]의 상중에 혼인[嫁娶]한 경우에는 도형 3년에 처하고, 첩(妾)의 경우에는 3등을 감경하며, 각각 이혼시킨다"[37]고 규정하였다. 이 중 「불효」 조항에 들어가는 죄행은 오직 부모의 상중(喪中), 즉 부모가 사망한 이후부터 27개월 내에 스스로 혼인[嫁娶]한 행위만을 가리킨다. 이 기간 내가 아니었거나 또는 스스로 혼인[嫁娶]히지 않았다면, 즉 타인(他人: 조부모 또는 기타 존속[尊屬]도 포함)이 주혼(主婚)이 되어 혼인[嫁娶]이 행해졌다면, 환언하면 본 죄명이 성립되는 객관적·주관적 요건이 갖추어지지 않았다면 이 죄명은 성립될 수 없었고, 「불효」에도 해당되지 않았다.

본 죄에서 주의해야 하는 것은 대략 세 방면이다. 첫째, 본 죄명의 범죄 주체에는 아들[子]도 포함되었을 뿐 아니라 처(妻)·딸[女]도 포함되었다. 부모가 사망하고 3년(실은 27개월)의 복상(服喪) 기간에 아들[子] 스스로 처(妻)를 취하였거나 처와 딸[女]이 출가(出嫁)하였다면 모두 본 죄가 적용되어 도형 3년에 처해졌다. 둘째, 남자[男夫]가 상중에 첩(妾)을 취하였거나 처·딸[女]이 출가해서 첩(妾)이 되었다면, (첩은) 비천(卑賤)하여 정처(正妻)와 같지 않고 예(禮)에 구별이 있었기 때문에 본 죄가 성립되지 않았다. 비록 '부모의 상중 스스로 혼인[嫁娶]'한 죄는 성립되지 않았지만, '부모나 남편의 상중 혼인[嫁娶]'한 죄는 성립되었고, 양형(量刑)에서 도형 3년이라는 기초(基礎)에서 3등이 감경되어 도형 1년 반에 처해졌다. 셋째, 부모의 복상(服喪) 3년 동안에 부모는 주혼권(主婚權)을 가질 수 없었고, 이로 인해 조부모나 기타 기친존장(期親尊長)이 여전히 자녀의 주혼권을 가지고 있었다고 해도 혼인(婚姻)을 행하는 것은 근본적으로 예경(禮經)의 교의(敎義)와 맞지 않았기 때문에 스스로 혼인[嫁娶]하는

---

37) 『당률소의』 권13, 「호혼」 「거부모부상가취」.
　　〈옮긴이주〉 『역주율소-각칙(상)-』 「호혼30」(제179조)「거부모부상가취조」, 2259쪽.

것도 마찬가지로 할 수 없었다.

7) 부모의 상중(喪中) 음악 연주[作樂] 및 탈상복[釋服]·
길복(吉服) 착용

당률의 「직제30」(제120조)「익부모부상조(匿父母夫喪條)」에서는 "무릇 부모 혹
은 남편[夫]의 초상(初喪)을 듣고도 숨기고 거애(擧哀)하지 않은 경우에는 유형
2천리에 처한다. 상제(喪制)가 아직 종료되지 않았는데 상복을 벗고[釋服)] 길
복(吉服)을 입었거나, 또는 애통함을 잊고 음악을 연주한[作樂] 경우에는 스스로
행했든 남에게 시켰든 동일하다. 도형 3년에 처한다. 잡다한 유희[雜戲](를 행한 경
우에)는 도형 1년에 처한다. 만약 우연히 음악소리를 듣고 귀 기울였거나 경
사스런 자리[吉席]에 참여한 경우에는 각각 장형 100대에 처한다"38)고 규정하
였다. 본 죄명은 오직 이 중 '부모의 상중 음악 연주 및 탈상복[釋服]·길복(吉
服) 착용' 행위만을 가리켰고, 기타는 포함되지 않았다. 「명례6」(제6조)「십악
조·불효」「주·소의」39)의 해석에 의하면, "음악[樂]은 종(鐘)·고(鼓)를 쳤거
나 사(絲)·죽(竹)·포(匏)·경(磬)·훈(塤)·호(箎)를 연주하였거나, 가무(歌舞)와
잡극(散樂) 등을 한 것을 말한다"고 하였고, "'상복을 벗고 길복을 입었다'는
것은 상제(喪制)가 끝나지 않은 27개월 내에 상복을 벗고 길복을 입었음을 말
한다"40)고 하였다.

여기서 주의해야 하는 것은 두 가지이다. 첫째, 음악을 연주한[作樂] 행위는
스스로 행하였든 남에게 시켜서 하였든 모두 본 죄가 적용되어 도형 3년에
처해졌다는 것이다. 둘째, 다음 항(項)의 '조부모·부모의 초상(初喪)'을 듣고도
은닉(隱匿)·불거애(不擧哀)'의 죄명과 비교하면, 여기의 친속범위는 부모에 한
정되어 있었고, 다음 항은 기친존장(期親尊長)에까지 확대되었다는 것이다.

---

38) 『당률소의』 권10, 「직제」「익부모부상」.
   〈옮긴이주〉『역주율소-각칙(상)-』「직제30」(제120조)「익부모부상조」, 2146~2147
   쪽.
39) 〈옮긴이주〉 원서에는 '명례'로만 되어 있다.
40) 『당률소의』 권1, 「명례」「십악」.
   〈옮긴이주〉 이상은 『역주율소-명례편-』「명례6」(제6조)「십악조·불효」「주·소의」,
   124쪽.

8) 조부모·부모의 초상(初喪)을 듣고도 은닉(隱匿)· 불거애(不擧哀)

본 죄명에 대한 규정도 위의 조문(條文)과 마찬가지로 「직제30」(제120조) 「익부모부상조(匿父母夫喪條)」에 보이지만, 포함하는 친속의 범위가 확대되었기 때문에 조문 규정과 양형(量刑) 기준에도 다소 차이가 있었다. 예컨대, 「명례6」(제6조) 「십악조·불효」「주·소의」41)에서는 "(조부모·부모의) 초상을 들으면 거애(擧哀)한다"는 문장에 내포된 의미를 해석하여 "부모의 상(喪)은 그 상처가 더욱 크고 절실하다. 들으면 즉시 혼절(昏絶)하고, 깨어나면 가슴을 치고 뛰면서 하늘을 향해 울부짖는다. 그럼에도 이를 숨기고 거애하지 않았거나 시일(時日)을 가려서 택(擇)한 경우에는 모두 불효죄를 적용한다"42)고 하였다. 이것을 율문(律文)에 대응시키면 대략 (1) "무릇 부모 또는 남편(夫)의 초상을 듣고도 숨기고 거애(擧哀)하지 않은 경우에는 유형 2천리에 처"하고, (2) "기친 존장의 초상을 듣고도 숨기고 거애하지 않은 경우에는 도형 1년에 처한다"43)는 것이 된다. 당률은 이에 대하여 "부모의 은혜는 하늘과 같아서 다 갚을 수 없다[昊天莫報]. 고통[茶毒]이 아무리 심하더라도 (부모의) 초상을 듣는 것과 같은 것은 없다. 부인(婦人)은 남편[夫]을 하늘[天]로 삼으니 애통함은 부모(의 경우)와 같다. 초상을 들으면 즉시 통곡해야 하며, 어찌 날[日]을 가리고 때[時]를 기다리겠는가. 만약 숨기고 곧장 거애하지 않은 경우에는 유형 2천리에 처한다. 그리고 적손(嫡孫)으로서 조부(祖父)를 계승한 자도 부모와 동일하다"44)고 해석하였다. 그리고 이른바 기친존장에 대하여도 "조부모-증조부모·고조부모도 동일하다-·백부모(伯父母)·숙부모(叔父母)·고모[姑]·형자(兄姊)·남편[夫]의 부모, 첩(妾)에게 있어 정처(正妻: 女君) 등을 말한다"45)고 명시

---

41) 〈옮긴이주〉 원서에는 '명례'로만 되어 있다.
42) 『당률소의』 권1, 「명례」 「십악」.
    〈옮긴이주〉 『역주율소-명례편-』 「명례6」(제6조) 「십악조·불효」 「주·소의」, 124쪽.
43) 〈옮긴이주〉 『역주율소-각칙(상)-』 「직제30」(제120조) 「익부모부상조」, 2146·2148쪽.
44) 〈옮긴이주〉 『역주율소-각칙(상)-』 「직제30」(제120조) 「익부모부상조」 「소의」, 2147쪽.
45) 『당률소의』 권10, 「직제」 「익부모부상」.

(明示)하였다.

여기에는 두 가지 특수한 정황이 있었다. 첫째, 복제(服制)에 의하면, 조부모의 초상을 듣고도 거애하지 않는 행위와 부모의 초상을 듣고도 거애하지 않은 행위는 동일하게 「불효」이었더라도 양형(量刑)의 경중(輕重)이 현저히 달라서 전자는 도형 1년일 뿐이었지만, 후자는 유형 2천리였다. 그러나 적손이 그 조부를 계승하였다면[嫡孫承祖] 조부모의 상(喪)은 부모의 상(喪)과 같았기 때문에 이때 조부모의 초상을 듣고도 숨기고 거애하지 않은 경우에도 역시 유형 2천리로서 「십악」의 「불효」에 포함되었다. 둘째, 부모·조부모의 초상을 듣고도 즉시 거애하지 않고 그 후에 날을 택하여 거애한 경우, 일이 발각되어 체포해서 문죄(問罪)하면 "해서는 안 되는[不應爲]"죄가 되었고, 무거운 쪽으로 제재(制裁)를 받아 장형 80대에 처해졌지만, '조부모·부모의 초상을 듣고도 은닉·불거애'의 죄명은 성립되지 않았고 「불효」의 범주에도 속하지 않았다.

9) 조부모·부모의 사망 사칭(詐稱)

당률의 「사위(詐僞)22」(제383조)「부모사사언여상조(父母死詐言餘喪條)」에서는 "만약 조부모·부모 및 남편(夫)이 사망하였다고 사칭하고 휴가를 구하였거나 기피한 것이 있었던 경우에는 도형 3년에 처한다"[46]고 규정하였다. 당제(唐制)에 의하면, 조부모·부모의 상중(喪中)에는 근신해야 하고[守制] 관직에도 재임(在任)할 수 없었다. 이 때문에 본 죄행(罪行)은 위의 죄행(罪行)[47]과 그 목적이 대개 상반되었다. 즉 전자는 휴가를 구하거나 기피하는 것이 있어서 조부모·부모의 초상(初喪)을 사칭한 행위이고, 후자는 지위를 유지하기 위한

〈옮긴이주〉『역주율소-각칙(상)-』「직제30」(제120조)「익부모부상조」「소의」, 2148쪽. 원서에서는 "조부모-증조부모·고조부모도 동일하다-를 말한다"는 부분만 인용하고 있지만, 오해의 소지가 있기 때문에 역서에서는 원문대로 전체를 인용하였다.

46) 『당률소의』권25, 「사위」「부모사사언여상」.
〈옮긴이주〉『역주율소-각칙(하)-』「사위22」(제383조)「부모사사언여상조」, 3192쪽.
47) 〈옮긴이주〉'위의 죄행'이란 '조부모·부모의 초상을 듣고도 숨기고 거애(擧哀)하지 않은 행위'를 가리킨다.

계책의 일환으로 조부모·부모의 초상을 고의로 숨긴 행위이다. 그러나 본 죄는 반드시 객관적으로 조부모·부모가 현재 살아있어야 하고, 또 자손이 휴가를 구하거나 기피하는 바가 있어서 조부모·부모의 사망을 사칭해야 비로소 성립되었다. 만약 부모가 일찍 사망하여 장례를 치렀는데, 이때 기피하기 위해서나 휴가를 구하기 위해 새로이 초상을 사칭하였다면 본 죄가 성립되지 않았고, 「불효」에도 해당되지 않았다.

이상을 종합하면, 다음의 점들을 알 수 있다. (1) 당률의 「불효」 조항에 언급된 아홉 가지 죄명은 각각 구체적인 죄행의 형태와 양형(量刑)의 기준을 갖추었기 때문에 실로 복잡한 집합체였다. (2) 「불효」 조항은 「십악(十惡)」의 중죄에 속하였지만, 거기에 규정된 아홉 가지 죄명에 대한 양형(量刑) 기준도 도형 1년에서 교수형까지로 되어 있었고, 오직 극형(사형)으로만 처벌되지 않았다. (3) 「불효」 조항에 언급된 법률규정은 보호하는 법률관계가 비교적 복잡하여 재산권(財産權) 관계(예컨대 '조부모·부모의 생존 중 별적[別籍]·이재[異財]한 행위')도 있었고 인신(人身)의 자유권(自由權) 관계(예컨대 '[부모의] 상중[喪中]에 스스로 혼인[嫁娶]한 행위')도 있었다. (4) '불효' 행위는 다양하여 적극적인 법률행위(예컨대 '조부모·부모의 사망을 사칭한 행위')도 포함되었을 뿐 아니라 소극적인 법률 행위(즉 '조부모·부모의 초상을 듣고도 숨기고 거애[擧哀]하지 않은 행위')도 포함되었다. (5) 당률의 「불효」에 관한 입법(立法)은 「십악」의 여타 중죄(重罪)와도 밀접하게 관련되어 있었고, 정죄양형(定罪量刑)에서 비교적 세밀하게 구분되었기 때문에 실제 명실(名實)과 경중(輕重)이 혼동될 수 없었다.

이상의 여러 부문을 제외하고, 당률의 「불효」 규정과 관련하여 한 가지 주의해야 할 부문이 아직 남아있다. 그것은 바로 '형벌 확장'의 문제이다. 왜냐하면 상술(上述)한 법률규정은 기본적으로 「불효」 항목(項目)에 열거된 몇몇 '불효' 죄행(罪行)만을 대상으로 입법(立法)되었기 때문이다. 그러나 일단 어떤 [某] 죄행이 '불효'로 분류되었다면 국가 또는 황제가 대사(大赦)·특사(特赦)·강감(降減) 등의 조치를 시행할 때 죄질(罪質)이 특히 악랄하여 기본적으로 사면·감경하는 범위에 포함되기가 매우 곤란하였는데, 이것이 바로 '형벌 확장'이다. 당률에 의하면, '불효' 죄행에 대하여는 대략 다음과 같은 세 가지 '형벌 확장'의 정황이 있었다. 첫째는 의(議)·청(請)·감(減)하는 법례(法例)에 준(準)하지 않았고, 둘째는 상청(上請)하여 존친을 시양하는[侍親]하는 법례에 준하지 않았으며, 셋째는 사면령(赦免令)이 내려도 제명(除名)하였다.[48) 따라서 '불효'가 '십악'에 포함된 것은 이들 죄행이 예교강상질서(禮敎綱常秩序)와 당시 사회도덕정신(社會道德精神)을 엄중하게 위반하였기 때문에 엄형(嚴刑)으로 처벌되지는 않았지만 사회와 법률의 양해를 얻기는 매우 어려웠음을 의미한다.

2. 자손의 교령위반[子孫違犯敎令]

앞서 언급한 당률의 「투송47」(제348조)「자손위범교령조(子孫違犯敎令條)」에 포함된 두 방면의 법률내용 또는 두 가지 죄명, 즉 자손의 교령위반[子孫違犯敎令]과 자손의 공양 결여[子孫供養有闕]는 모두 이미 진한(秦漢) 법률에서 이 두 방면의 법률내용이 '불효'에 포함되었음을 알 수 있었다. 그러나 당률의 조치는 명확하게 진한 법률과 달리 오직 자손의 '공양 결여[供養有闕]'만을 「십악」의 「불효」에 포함시켰을 뿐 '교령위반[違犯敎令]'을 포함시키지 않았다. 이러한 조문(條文) 배열은 그 이유가 어디에 있었을까? 또 교령 및 교령위반[違犯敎令]은 어떠한 법률후과(法律後果)[49)를 낳았을까? 아래에서는 세 가지 방면에서 분석

---

48) 예컨대, 『당률소의』 권2, 「명례」 「응의청감(속장)조(應議請減[贖章]條)」에서는 "무릇 의(議)·청(請)·감(減)할 수 있는 자와 9품 이상 관원(官員) 또는 관품(官品)으로 감장(減章)을 적용받을 수 있는 자의 조부모·부모·처(妻)·자(子)·손(孫)이 유죄(流罪) 이하(의 죄)를 범하였다면 속면(贖免)을 허용한다. 또한 관당(官當)해야 할 경우에는 당연히 관당법(官當法)에 따른다"고 규정하였지만, "불효로 인해 유형(流刑)(에 처해야 할 자)"(소의왈[疏議曰-옮긴이] 부모의 초상[初喪]을 듣고도 숨기고 거애[擧哀]하지 않아 유형에 처해지는 것을 말한다. 조부모나 부모를 고발한 자는 교수형에 처하는데, 종범[從犯]은 유형에 처한다. 조부모·부모를 저주한 자는 유형에 처하고, 염매로써 조부모·부모의 총애를 구한 자도 유형에 처한다)에 대해서는 "감형(減刑)하거나 속면(贖免)할 수 없으며, 제명(除名)하고 유형에 처하는 것을 법대로 한다"고 하였다.
〈옮긴이주〉 이상은 『역주율소-명례편-』 「명례11」(제11조) 「응의청감(속장)조」 및 「소의」, 143·146~147쪽.

49) 〈옮긴이주〉 '후과'는 연속적인 일이나 사건의 마지막 상태를 가리키는 법률용어이다(부정적인 뜻으로 사용되고 있다). 이와 유사한 법률용어로서 일반화되어 있는 것은

하고자 한다.

1) 교령위반[違犯敎令]과 공양 결여[供養有闕]

여기서는 번거롭지만 재차 당률의 「투송47」(제348조) 「자손위범교령조(子孫
違犯敎令條)」를 인용하지 않을 수 없는데, 이 조문(條文)에서는 "무릇 자손이 (조
부모·부모의) 교령(敎令)을 위반하였거나[違犯敎令] 공양에 궐함이 있었다면[供
養有闕] 도형 2년에 처한다. (교령을) 따를 수 있는데 위반하였거나 공양을 감당할 수
있는데 궐한 경우를 말한다. 반드시 조부모·부모가 고소[告]해야 처벌한다."50)고 하
였다. 이 중 두 가지 죄명(罪名) 및 범죄(犯罪)의 구성요건(構成要件)에 대하여는
〈표 2-2〉로써 상세히 설명할 수 있다.

〈표 2-2〉 당률의 「투송47」(제348조) 「자손위범교령조(子孫違犯敎令條)」의 죄명(罪名) 분석(分析)

죄 명	주체	객체	주관방면	객관방면	형벌
자손의 교령위반 [子孫違犯敎令]	자손	조부모·부모	고의	따를 수 있는데 위반한 행위	도형 2년
자손의 공양 결여 [子孫供養有闕]	자손	조부모·부모	고의	감당할 수 있는데 궐한 행위	도형 2년

상술한 두 가지 죄명은 율문의 본의(本意)에서 보면, (1) 객관적인 측면에서
반드시 교령은 따를 수 있어야 하고 공양은 감당할 수 있어야 한다는 것, 즉
합당한 객관적인 기초가 갖추어져야 하였다. 만약 교령이 그다지 정당하지
않았거나 국법(國法)과 도덕의 준칙(準則)까지도 위반하였다면 따를 수 없고,
또 만약 자손의 가정이 실제 곤궁하여 자신도 돌볼 겨를이 없는데 가혹하게
"70세가 되면 항상 맛좋은 반찬 두 가지를 올린다. 80세가 되면 항상 진미(珍
味)가 있어야 한다"51)는 것 등을 요구하였다면, 이때 법률은 모두 가장에게

'결과(結果)'이지만, '후과'도 사용되고 있기 때문에 역서에서도 원서대로 표기하
였다.
50) 『당률소의』 권24, 「투송」.
 〈옮긴이주〉 『역주율소-각칙(하)-』 「투송47」(제348조) 「자손위범교령조」, 3121쪽.
51) 〈옮긴이주〉 연로한 부모·조부모에로의 연령별 음식 공양에 대하여는 앞의 주 35)

교령을 내리거나 공양을 받을 권리를 인가(認可)하지 않았다. (2) 두 가지 죄의 구성(構成)은 주관적인 측면에서 하나의 중요한 공통점이 있었는데, 바로 주관적 고의(故意)이다. 만약 교령위반[違犯教令]과 공양 결여[供養有闕]가 주관적 고의에서 비롯되지 않고 실제 객관적 조건(예컨대 따를 수 없거나 공양을 감당할 수 없는 경우)에 제한이 있었다면 죄명은 성립될 수 없었다.

그렇다면 당률에서는 또 무엇 때문에 이 두 가지가 하나의 조문(條文) 내에 통합되었을까? 필자의 견해에 의하면, 그 원인은 그것들의 범죄주체와 범죄객체 및 범죄의 주관적 방면과 처벌되는 형벌의 방면 등에서 결코 서로 동일한 점에 있지 않고, 사실 세 가지 중요한 (다른) 원인이 있었다. 첫째, 해당 법률조문에서 보호하는 권리·의무 관계에서 볼 때, 교령을 내리고 공양을 받을 권리를 누리는 주체는 모두 조부모·부모였고, 이와 달리 그러한 권리의 객체는 역시 모두 자손이었기 때문에 (자손은) 반드시 교령을 따르거나 공양의 의무를 이행해야 하였다. 당률의 기타(其他) 일부 조목(條目)들을 종합해서 보면, 이 두 가지가 하나의 조문[一條]으로 통합된 것은 당조(唐朝)의 법률편찬의 하나의 기본원칙─사실상 중국고대 법률편찬의 하나의 보편적 원칙이기도 하다─이 반영되었음을 알 수 있다. 즉 권리·의무의 주체와 객체가 동일한 법률 내용 또는 부수적으로 발생할 수 있는 법률 행위 및 서로 관련된 형벌규범들을 하나로 묶어서[52] 전체를 참조하는데 편리하게 한 것이었다. 둘째, 자손의 '공양 결여[供養有闕]'가 「불효」에 속하는 것은 이미 당률의 「명례6」(제6조) 「십악(十惡)」에 보인다. 실제로 '교령위반[違犯教令]'은 넓은 시각에서 보면 대부분 '불효'에 포함될 수도 있다. 앞서 서술하였듯이, 진한(秦漢) 법률 중에 만약 (자식이) "생부(生父)의 교령을 듣지 않았다면" 불효죄로 처벌되는 명확한 기록이 있다. 이 점에서 보면, 자손의 '교령위반[違犯教令]'과 '공양 결여[供養有闕]'가

참조.

52) 전술(前述)한 「투송28」(제329조) 「구리조부모부모조(毆[원서에는 '詛'로 오기]詈祖父母父母條」)와 같이, 자손이 저주하였거나 욕한 행위로 인하여 교계(敎誡)하는 과정에서는 구살(毆殺)·고살(故殺) 등 범죄 행위가 일어날 수 있었기 때문에 관련된 형벌규정을 하나의 조문[一條] 속에 통합하였다.
〈옮긴이주〉 본 조의 구체적인 규정 내용에 대하여는 『역주율소─각칙(하)─』 「투송28」(제329조) 「구리조부모부모조」, 3076쪽 참조.

하나의 법률조문으로 분류된 것도 어느 정도 일리가 있다. 셋째, 자손의 '교령위반[違犯敎令]'과 '공양 결여[供養有闕]'는 대체로 모두 가정의 사적인 권력영역에 속하였기 때문에 국가 공권력이 쉽게 개입될 수 없었다. 이 때문에 본조(條)에서는 상술한 두 가지 죄행에 대하여 모두 반드시 '(조부모·부모가) 친히 고소[親告]'해야 죄명이 성립되어 상응하는 형벌에 처할 수 있다고 규정하였던 것이다. 그렇지 않고 다른 사람이 검거·고발하였더라도 관부(官府)에서는 수리(受理)할 수 없었다. 따라서 소송절차상의 필수요건이 서로 같다는 것은 이 두 가지 죄명의 공통점이기도 하였기 때문에 (양자가) 하나의 조문[一條]으로 통합된 이유가 될 수 있었다. 이뿐만 아니라 소송절차상에 대한 강력한 요구(친고[親告]해야 처벌)도 본 조문이 「투송」이라는 편목에 수록(收錄)된 중요한 이유가 될 것이다.

그러나 자손의 '교령위반[違犯敎令]'과 '공양 결여[供養有闕]' 행위는 결국 동일하지 않았고, 법률조치도 분명히 차이가 있었다. 이론적으로 자손의 '공양 결여[供養有闕]'라는 죄명은 객관적인 측면에서 반드시 공양을 감당할 수 있는데 고의로 궐(闕)해야 성립될 수 있었지만, 자손은 경제적 조건에서 (공양에) 동의하였는가의 여부에 관계없이 모두 조부모·부모를 공양할 의무가 있었다. 이것은 법률적 기본 요구이었고 사회·도덕적 기본 요구이기도 하였기 때문에 누구도 피할 수 없었다. 또한 교령의 범위에도 넓은 것과 좁은 것[廣狹]이 있고, 교령과 관련된 일[事]에도 가벼운 것과 무거운 것[輕重], 정당(正當)한 것과 부당[非正當]한 것, 따를 수 있는 것과 없는 것 등이 있다. 도덕적 관점에서 생각하거나 또는 예교적(禮敎的) 요구에서 볼 때, 원칙적으로 자손은 조부모·부모의 교령을 따라야 하였다. 그러나 교령의 성질이 달랐기 때문에 법률상의 결과도 동일하지 않았다. 본 조문의 「소주(小注)」에서는 명확하게 "따를 수 있는데 위반한 경우"라고 하였기 때문에, 그 이면에는 따를 수 없는 교령을 위반한 경우에는 범죄가 구성되지도 않고 2년의 도형에도 처해지지 않는다는 의미가 내포되어 있다. 실제로 '교령을 위반[違犯敎令]'한 행위가 경미하였다면 간혹 법률상 면책(免責)될 수도 있었고 그 외의 형식을 통해 선을 권장하고 효를 가르칠[勸善敎孝] 수도 있었다. 이러한 사례(예컨대 앞서 인용한 「구람교효(仇覽敎孝)」)는 중국고대에서 매우 상견(常見)하였고 또 민중들에게도 가장 호평(好評)을 받는, 이른바 "형(刑)을 사용하지 않고 심판하는 것"이었다. 이로써 교령의 범위는 상당히 광범위하였기 때문에 자손의 교령위반[子孫違犯敎令]의 법률후과(法律後果)는 모두 동일하지 않고, '불효'에 들어갈 때도 있고 들어가지 않을 때도 있는 등 결코 절대적·고정적이지 않았음을 알 수 있다. 따라서 당률에서 자손의 '교령위반[違犯敎令]'과 '공양 결여[供養有闕]'라는 죄행이 구별·처리되어 오직 후자만이 「십악」의 「불효」에 포함된 것은 실로 깊은 뜻이 있었던 것이다.

2) 교령의 법률후과(法律後果)

여기의 교령은 오직 교령범죄만을 가리키기 때문에 '교령의 법률후과'도 '교령범죄'의 법률후과이다. 이른바 교령범죄는 교령한 사람이 교령을 통해 피교령인(被敎令人)의 행위를 이용해서 범죄를 실행하여 자기의 범죄기도(犯罪企圖)를 실현하는 것이다. 당률의 교령범죄에 대한 규정은 대략 보통교령범죄(普通敎令犯罪)와 가장교령범죄(家長敎令犯罪) 두 가지로 나눌 수 있다.

대염휘(戴炎輝)의 연구에 의하면, 당률의 교령범은 공범(共犯)의 '조의자(造意者)'와는 달랐다. 공범은 "조의자(造意者)를 수범(首犯)으로 하고, 수종자(隨從者)는 1등을 감경(減輕)한다"고 하듯이, '조의자'는 결코 교령범은 아니고 범죄를 공모하고 선두(先頭)에서 발의한 사람으로서 직접 사건에 참여하고 수종자와 범죄를 공모하여 범죄 행위를 분담해서 실행하였다. 교령범은 직접 사건에 참여하지 않는, 즉 범죄 행위를 실행하지 않고 외부(外部)에서 다른 사람에게 범죄를 교도(敎導)·교사(敎唆) 또는 명령했다. 그러나 피교령인의 형사책임능력은 달랐기 때문에 발생하는 법률후과도 동일하지 않았다. (1) 피교령인이 형사책임능력을 완전히 가지고 있었다면, 교령인과 피교령인은 각각 본인의 행위에 대해 책임을 졌다. (2) 피교령인이 형사책임능력이 없었다면 교령인은 간접적인 정범(正犯)을 구성하였지만, 피교령인은 범죄를 구성하지 않았고, 교령인이 부분적인 형사책임능력만 있었다면, 피교령인의 형사책임은 적당히 감등(減等)될 수 있었지만, 교령인의 책임은 결코 감경될 수 없었다.[53] 이와 상응(相應)하여, 예컨대 연령이 90세 이상·7세 이하의 연로[老]·연소

---

53) 대염휘(戴炎輝), 『당률통론(唐律通論)』(정중서국[正中書局], 1977), 제12장, 391~396쪽.

[小]한 사람은 법률상 모반(謀反)·대역(大逆) 등 연좌형(緣坐刑) 이외에는 어떠한 형사책임도 지지 않았고, "비록 사죄(死罪)가 있었더라도 형(刑)이 가(加)해지지 않았다." 따라서 "다른 사람이 교령(教令)하였다면, 그 교령한 자가 처벌받았고," "7세 소아를 교령하여 부모를 구타하게 하였거나 90세의 노인[老]을 교령하여 자손을 작살(斫殺)하였다면, 교령자(教令者)는 각각 당연히 일반인[凡시]을 구타하였거나 살해한 죄와 같이 처벌되었다."54) 또 다른 사람을 교령하여 고발[告]하게 하였다면, "고발한 자가 수범이 되었고, 교령한 자는 종범이 되었다." 다른 사람을 교령하여 그의 시마친(緦麻親) 이상의 친속을 고발[告]하게 하였거나 부곡(部曲)·노비(奴婢)를 시켜 그 주인을 고발[告]하게 하였다면, 피교령자는 당연히 고발한 죄가 적용되었고, 교령자는 피교령자의 죄에서 1등이 감경될 수 있었다. 다른 사람을 교령하여 자손을 고발[告]하게 한 경우에도 고발죄에서 1등이 감경되었다. 상술한 고발[告]이 무고(誣告)에 속하였더라도 역시 그러하였다.55) 게다가 "고독(蠱毒)을 제조하였거나 길렀거나" "교령56)한 경우에는 교수형에 처해졌다."57) 그러나 부녀(婦女)는 책임능력이 완전히 없었기 때문에 "부인(婦人)으로서 (고독을) 제조하였거나 기르는 방법을 교령한 경우에는 교령죄만 적용되었고, 자신이 직접 제조하였거나 기른 죄와는 달리 당연히 일반범[常犯]에 의거해서 죄가 과(科)해졌다."58)

---

54) 『당률소의』 권3, 「명례」 「공악잡호급부인범류결장(工樂雜[원서에는 雜이 없다(이하 동일)]戶及婦人犯流決杖)」.
   〈옮긴이주〉 『역주율소-명례편-』 「명례30」(제30조)「노소급질유범조(老小及疾有犯條)」 및 「소의」, 240~241쪽. 위에 보이듯이 원서(原書)에는 본 규정이 수록된 조목(條目)이 「공악잡호급부인범류결장」으로 오기되어 있다.
55) 『당률소의』 권24, 「투송」 「교령인고사허(教令人告事虚)」.
   〈옮긴이주〉 이상은 『역주율소-각칙(하)-』 「투송56」(제357조)「교령인고사허조」, 3139~3140쪽.
56) 〈옮긴이주〉 여기서 말하는 '교령'은 비밀 지식을 전수하는 행위, 즉 기술 지도를 의미한다(율령연구회편, 『역주일본율령7 당률소의역주편3』, 123~124쪽).
57) 『당률소의』 권24, 「적도」 「조축고독(造畜蠱毒)」.
   〈옮긴이주〉 『역주율소-각칙(상)-』 「적도15」(제262조)「조축고독조」, 2413쪽.
58) 『당률소의』 권3, 「명례」 「공악잡호급부인범류결장」.
   〈옮긴이주〉 『역주율소-명례편-』 「명례28」(제28조)「공악잡호급부인범류결장조」「소의」, 226쪽. 당·송대의 법률에 보이는 형사책임 감면 규정과 입법사상 등을 분석한 논고에는 전영섭, 「당률 '노소급질유범조'·'범시미노질조'의 형사책임 감면 규

그렇다면『당률소의』중의 가장(家長)이 자손에게 범죄를 교령한 경우에 어떻게 처리했는가에 대해서는 상세하게 규정하고 있지 않지만, 총괄적으로 보면 그 원칙은 대략 다음과 같이 개괄할 수 있다.

(1) 가장은 자손의 행위에 대해 전제적 권력이 있었고 동시에 져야 할 책임도 있었다. 자손이 스스로 행한 범죄에 대하여도 가장은 교령을 잘못한 과실이 있었고, (따라서) 교령한 범죄는 더더욱 법률적 제재(制裁)를 피하기 어려웠다. (2) 나이가 7세 이하인 자손은 법률상 책임능력이 없었기 때문에 가장이 7세 이하의 자손을 교령한 범죄는 적어도 간접적인 정범(正犯)으로 처벌되었고, 자손은 어떠한 형사책임도 지지 않았다. (3[59]) 성년(成年)인 자손은 법률상 권한과 책임이 전혀 없지 않았고 부분적인 인격을 가졌으며, 시비(是非)를 분간할 수 있는 의식능력이 있었다. 따라서 가장교령범죄에 대해 피교령자인 자손은 가장의 교령권에 강제되어 어쩔 수 없이 교사(敎唆)된 사실이 있었다면, 죄상[案情]의 경중(輕重)을 보고 적당히 감등될 수 있었고, 교령한 가장도 교령한 죄가 성립되었지만, 스스로 범한 죄[正犯]에 비해 양형(量刑)은 비교적 감경되었다.

3) 자손의 교령위반[子孫違犯敎令]의 법률후과

「투송47」(제348조)「자손위범교령조(子孫違犯敎令條)」에서는 '교령위반[違犯敎令]'과 '공양 결여[供養有闕]'라는 두 가지 죄명(罪名)을 망라(網羅)하고 있기 때문에 넓은 의미[廣義]에서 '자손의 교령위반[子孫違犯敎令]'의 법률후과에는 이 두 가지 죄행에 대한 법률후과가 모두 포함되었다. 그러나 좁은 의미[狹義]에서 이것은 두 가지, 즉 '자손의 교령위반[子孫違犯敎令]'의 법률후과와 '자손의 공양 결여[子孫供養有闕]'의 법률후과로 구분할 수도 있다. 자손의 공양 결여[子孫供養有闕]의 법률후과 및 그 형벌의 확장에 대하여는 앞서 이미 '불효' 죄명의 구성을 분석할 때 논의하였다. 여기서는 자손의 교령위반[子孫違犯敎令]의 법률후과에 대해 간략하게 분석하고자 한다.

정·입법사상과 송률(宋律)-휼형사상과 관련하여-」(『역사와 경계』 92, 2014) 참조.
59) 〈옮긴이주〉 원서에는 4로 되어 있다.

개괄적으로 말하면, 자손의 교령위반[子孫違犯教令]의 법률후과도 대체로 본죄(罪)의 형벌과 형벌 확장 두 가지로 나눌 수 있다. 첫째, 본 죄의 형벌은 조문 규정에 의하면, 자손이 따를 수 있는 교령을 고의로 위반한 경우에는 자손의 교령위반[子孫違犯教令]죄가 구성되어 율(律)에 따라 도형 3년에 처해졌다. 둘째, 형벌 확장은 결코 형벌의 가중(加重)이 아니고 기타(其他) 권리의 연쇄적 상실(喪失)을 의미하였다. 바로 '음권(蔭權)'-가속(家屬)의 신분관계에 기초해서 법률이 부여한 가장(家長)과 친속(親屬) 간의 우대권-이 그러하였다. 대개 '음권'이 있는 사람은, 긍정적인 측면에서 품행(品行)이 우수하였다면 조정의 봉작(俸爵)을 받을 수 있었고, 부정적인 측면에서 본인이 국법(國法)을 어겼다면 감죄(減罪)·면형(免刑)될 수 있었다. 그러나 존장(尊長)의 음(蔭)60)을 이용해서 교령을 위반하였거나[違犯教令] 공양에 궐함이 있었다면[供養有闕] 응당 음할 수 있는 권리가 제한 또는 박탈되었다. 예컨대, 당률의 「명례15」(제15조)「이리거관조(以理去官條)」61)에서는 "만약 존장의 음(蔭)을 믿고 음하는 존장을 범하였거나 소친(所親)의 음을 믿고 소친의 조부모·부모를 범하였다면 모두 음될 수 없다"고 규정하였고, 아울러 「소의」에서는 "존장은 조부모·부모·백숙부모·고모[姑]·형자(兄姊)를 말한다"고 해석하였으며, 또한 "자손으로서 음을 받는 자가 부모[父]·조부모[祖父]의 교령을 위반하였거나[違犯教令] 공양에 궐함이 있었다면[供養有闕] 음하여 속동(贖銅)으로 논죄할 수 있다. 만약 아버지[父]의 음을 받는데 할아버지[祖父]를 범하였다면 음할 수 없다. 만약 아버지[父]를 범하였다면 할아버지[祖父]의 음으로써 (논죄)할 수 있다"62)고 하였다. 따라서 어떤 사람[某人]이 존장에 대하여 교령을 위반하였거나[違犯教令] 공양에 궐함이 있었다면[供養有闕], 그 자손이 (할아버지·아버지의) 음을 받는데 하등 영향을 주지 않았다. 그러나 부모의 음을 받는데 조부모에 대해 교령위반[違犯教令]

---

60) 〈옮긴이주〉 '음(蔭)'은 친속(親屬)의 신분 관계에 따라 법률적 특전(特典)이 미치는 것을 말한다. 음은 다른 사람의 비호를 받는다는 의미로서 '음비(陰庇)'로 칭하는 경우도 있지만, 이것은 당률상의 용어는 아니다. 따라서 본 역서에서는 법률용어의 정확성을 기하기 위하여 '음'으로 표기하였다.

61) 〈옮긴이주〉 원서에는 '당률'로만 되어 있다.

62) 『당률소의』 권2, 「명례」 「이리거관(以理去官)」.
〈옮긴이주〉 이상은 『역주율소-명례편-』「명례15」(제15조)「이리거관조」 및 「소의」, 158~159쪽.

과 공양 결여[供養有闕]라는 죄행이 있었다면, 그 음권이 박탈되었다. 만약 부모에게만 범한 것이 있었다면 그 조부모로부터 계속 음을 받을 수 있었다. 이것은 모두 자손의 교령위반[違犯敎令]과 공양 결여[供養有闕]라는 범죄사실에 기초하여 한층 나아가 자손의 다른 권리도 박탈 또는 제한하였던 것이다.

이외에도 주의해야 하는 것은 다음의 두 가지 점이다.

(1) 자손의 교령위반[子孫違犯敎令] 행위는 저주[詛呪]·욕설[罵詈] 또는 몸싸움으로 비화될 가능성이 있고, 이러한 행위는 대부분 「십악(十惡)」의 「악역(惡逆)」에 포함되었지만, 그 근원을 탐구하면 대체로 교령위반[違犯敎令]에서 기인(起因)하였다. 이러한 교령위반[違犯敎令] 행위에 대하여 당률은 가장(家長)에게 징계(懲戒)·훈계[敎訓]할 권한을 주었지만 일정한 한도 내에서만 통제하였을 뿐이고, 자손을 구살[毆殺]·인살(刃殺: 칼에 의한 살해)·고살(故殺)한 행위는 모두 법이 허용하지 않기 때문에 응당 처벌되었다. 그러나 자손의 교령위반[子孫違犯敎令]으로 인해 조부모·부모가 징계·훈계하다가 자손을 과실(過失)로 살상(殺傷)하였다면 모두 죄가 되지 않았다. 부지불식(不知不識) 간에 가장(家長)의 전제적 권력에 대하여는 강조된 반면 자손의 생명권에 대하여는 경시(輕視)되고 있었다.

(2) 자손의 교령위반[子孫違犯敎令] 행위 중 엄중한 것은 「십악」에 포함되었고, 일단 십악에 포함되었다면 또 자손의 '공양 결여[供養有闕]'와 동일한 '형벌 확장'이 발생하여 의(議)·청(請)·감(減)하는 법례(法例)에 준(準)하지 않았고, 상청(上請)하여 존친을 시양하는[侍親] 법례에도 준하지 않았으며, 사면령(赦免令)이 내려도 제명(除名)하였다. 구체적인 것은 앞서 서술한 바와 같기 때문에 재차 췌언(贅言)하지 않는다.

3. 구별과 연계

앞부분의 서술을 통해 선진(先秦) 시기부터 진한(秦漢)을 거쳐 위진남북조(魏晉南北朝) 시기에 이르기까지 성문법(成文法)의 '불효'와 '자손의 교령위반[子孫違犯敎令]'에 대한 법률조치는 장기간 혼합된 상태에 있었음을 알 수 있었다. 북제(北齊)에서 율을 제정할 때 "중죄 10조(重罪十條)를 세워 십악(十惡)으로 하"[63]면서 비로소 '불효'와 '자손의 교령위반[子孫違犯教令]'이라는 죄명의 구분과 (각각의) 사법조치(司法措置)에 대한 기초가 정립되었다. 그러나 현존하는 북제의 법사(法史)와 관련된 자료는 비교적 한정되어 있기 때문에 그것을 통해 당시 법률 중 '불효'와 '자손의 교령위반[子孫違犯教令]'에 대한 구별과 연계를 살펴볼 방도는 없다. 수율(隋律)도 마찬가지로서, 첫째 자료에 한계가 있고, 둘째 수율에서는 "십악의 죄목(罪目)을 달리 세우지 않고 십악을 각 조(條)에 분산시켰기" 때문에 남은 부분이 있다고 해도 양자의 구별과 연계를 분석하는 데는 도움이 되지 않는다. 이에 비해 당률은 북제의 「십악」 조문을 계승·발전시켰고, 또 이것이 「자손위범교령조(子孫違犯教令條)」와 장기간 병행·대치되는 상황에 있었기 때문에 '불효'와 '자손의 교령위반[子孫違犯教令]'에 대한 구별과 연계를 연구·논술하는데 매우 좋은 자료를 제공하였다. 이하에서는 (양자의 구별과 연계를) 세 가지 관점에서 구명(究明)하고자 한다.

첫째, 법률개념의 운용이라는 관점이다. '효'와 '불효'는 기본적으로 도덕 범주에 속하였고, 가정윤리질서의 우열(優劣)을 의미하였다. 이로 인해 '불효'를 하나의 죄명으로 하면, 매우 강한 '도덕입법(道德立法)'의 의미를 가질 뿐 아니라 관련된 죄행(罪行)도 상당히 광범위하게 되었다. 진한(秦漢)에서 당조(唐朝)에 이르기까지의 법률 중에서 불효 죄명의 변천을 고찰하면, 「명례」 중에서 「십악조(十惡條)」의 출현으로 「불효」는 「악역(惡逆)」·「불목(不睦)」·「부도(不道)」 등 기타 '구악(九惡)'의 죄행들과 결합되면서 (각각의 죄명이) 세밀하게 구분되고 상세하게 열거되었을 뿐 아니라 각(各) 편목(門類) 속에서 그것들에 상응해서 정죄양형(定罪量刑)하는 기준도 제정(制定)되었음을 볼 수 있다. (이로써) 한편으로는, 본래 '도덕입법'의 색채가 농후해서 세밀한 정죄양형이 매우 곤란한 '불효'죄가 구체적인 내용을 가지게 되어 역설적으로 이론상 부분적으로 '도덕입법'의 폐해에서 벗어나게 되었다. 선진(先秦) 시기에서 수당 시기에 이르기까지 불효라는 죄명은 추상(抽象)에서 구체(具體)로의 변천과정이었고, 또 중국고대 입법기술의 부단한 성숙과 과학화도 깊이 느끼게 해준다. 다른 한

---

63) 이임보(李林甫) 등, 『당육전』 「상서형부(尚書刑部)」.
〈옮긴이주〉 김택민 주편, 『역주 당육전 상』 권6, 「상서형부·형부낭중원외랑」, 583~584쪽.

편으로는, 중국고대 법률 본연의 성숙·발전에 따라 불효죄는 점차 구체화되어 자손의 '공양 결여[供養有闕]'가 불효의 죄행에 포함되었을 때, 오히려 진한(秦漢) 법률처럼 자손의 '교령위반[違犯敎令]'은 재차 포함될 수 없었다. 아마 성문법전의 편찬과정에서 '자손의 교령위반[子孫違犯敎令]'이 '불효'에서 배제된 것은 필수적인 행위 또는 필연적인 결과였다고 할 수 있다. 필수와 필연에 대해 말하면, 주로 '교령'은 함의(含意) 면에서 너무 광범위하였고, '교령'의 권리도 너무 탄력적이었기 때문에 당시 구체화·명확화가 요구되었던 불효죄와는 결코 결합될 수 없었다. 사실상 북제 이래 '십악'이라는 중죄(重罪)는 포괄되는 죄행이 비교적 광범위하였지만, 「소주(小注)」의 형식으로 열거된 후에 '십악'이라는 죄행의 내용도 가리키는 바가 명확해졌고, 주제에서 무한정 벗어나지 않았다. 이로써 '십악'이라는 죄형(罪刑)의 안정성도 비교적 강고(强固)하게 되었다고 할 수 있다. 이에 비해 '교령'과 관련된 일[事]에는 큰 것과 작은 것[大小], 정당(正當)한 것과 부당[非正當]한 것이 있고, 형벌도 이에 따라 증감(增減)될 수도 있었고, 유죄(有罪)가 될 수도 무죄가 될 수도 있었다. 자손의 교령위반[子孫違犯敎令] 행위 중에서 엄중(嚴重)한 행위는 '십악'에 들어갈 수도 있었고, 경미(輕微)한 행위는 무죄(無罪)로 면죄될 수도 있었기 때문에 '불효' 등 '십악'이라는 죄형의 안정성과는 매우 큰 차이가 있었다. (그러나) 앞서 말했듯이, 공양 결여[供養有闕]는 교령위반[違犯敎令]과 매우 달라서 가정의 빈한(貧寒)·부유(富裕)에 관계없이 가장(家長)을 공양하는 의무는 반드시 이행되어야 하였다. 이것은 '십악'이라는 죄형(罪刑)의 안정성과도 일치되었고, 성질 면에서도 매우 부합되었다. 이러한 연유로, 법률개념의 과학성에서 볼 때, '교령'은 그 실상(實狀)을 명시(明示)하기가 매우 어려웠기 때문에 결국 불효라는 죄명 속에 포함될 수 없었다.

둘째, 「불효」항목(項目)과 「자손위범교령조(子孫違犯敎令條)」가 당률에 처한 위치에서 보면, 「불효」는 「명례6」에 있었고, 「자손위범교령(子孫違犯敎令)」은 「투송47」에 있었기 때문에 양자 간은 총칙(總則)과 각칙(各則)과 유사한 관계에 있었다. 『당률소의』에서 말한 바를 인용하면 "명(名)이란 오형(五刑)의 죄명이고, 예(例)란 오형의 체례(體例)이다"[64]고 하였다. 이로써 「명례」부분의 기

---

64) 『당률소의』권1, 「명례」.

능은 오형의 죄명·체례와 원칙을 기재·열거하는데 있었고, 정죄양형(定罪量刑)을 구체적으로 규정하는데 있지 않았음을 알 수 있다. 또 앞서 분석(分析)한 바에 의하면, 당률의 「명례6」(제6조) 「십악조(十惡條)」 「불효」 항목에는 아홉 가지 죄명이 포함되었고, 대응하는 아홉 가지 조[九條]의 법률규정도 적도(賊盜)·투송(鬪訟)·호혼(戶婚)·직제(職制)·사위(詐僞) 등 제편(諸篇)에 분포되었다. 「투송47」(제348조) 「자손위범교령조(子孫違犯敎令條)」를 예로 들면, 「명례6」(제6조) 「십악조·불효」 항목에는 '공양 결여[供養有闕]'라는 본 죄명의 부분적인 법률내용만 열거하였을 뿐 '자손의 교령위반[子孫違犯敎令]'은 포함되지 않았다. 실제로 기타(其他) 죄명도 모두 동일한 문제를 가지고 있었다. 즉 「명례」의 「불효」 항목에 포함된 어떤[某] 구체적인 죄명도 각 편목[門類]에서 완전한 조문을 찾아서 이것과 적절히 대응시킬 수밖에 없다. 이러한 현상은 당률의 「명례」와 기타 편목[門類] 간에 복잡하면서도 밀접한 법률적 관련이 있었음을 말해준다.

셋째, 「불효」와 「자손위범교령(子孫違犯敎令)」 조문이 포함·보호하는 법률관계에서 볼 때, 양자는 근본적으로 일치하는 점도 있었지만, 미세한 차이점도 있었다. 근본적으로 일치하는 점에 대하여 말하면, 양자는 모두 차등적인 가정윤리질서에 대한 보호를 종지(宗旨)로 삼았고, 가장(家長)의 자녀에 대한 전제권력(專制權力)의 향유(享有)를 강조하였다. '불효' 항목에 포괄된 아홉 가지 죄명에서 보면, 가장의 권력에는 가정(가족)재산에 대한 절대적인 지배권이 포함되었을 뿐 아니라 자녀의 신분과 혼인에 대한 결정권도 포함되었다. 가장은 생존 시(時)에도 이와 같았을 뿐 아니라 사후에도 자녀에 대하여 막대한 제한을 행할 수 있었다. 「자손위범교령조(子孫違犯敎令條)」에서 보면, 그 중에는 '자손의 공양 결여[子孫供養有闕]'만이 '불효'에 포함되었지만, 가장의 교령권은 광범위하여 일[事]의 대소(大小)를 불문하고 권력이 다양하였기 때문에 '불효' 항목과는 가장의 특권에 대한 제반(諸般) 보호에서 방법은 달랐지만 동일한 효과를 내는 묘(妙)가 있었다. 그렇다면 「불효」는 「십악」의 하나일 뿐이었기 때문에 가정의 윤리질서·가장의 전제권력에 대한 강조와 보호는 「악역(惡逆)」·불목(不睦)·부도(不道) 등 항목에도 포함되었던 것이다. 그러나 '십악'

〈옮긴이주〉 『역주율소-명례편-』 「명례」 「편목소(篇目疏)」, 94쪽.

간(間)에는 피차 경계가 분명하여 함부로 벗어날 수 없었기 때문에 정죄양형(定罪量刑)에 상당한 제약(制約)도 따랐다. 「자손위범교령조(子孫違犯敎令條)」 중에서 '교령위반[違犯敎令]' 부문은 교령의 범위가 너무 광범위하여 법률조문은 타당한 듯하지만, 사실상 모든 것을 금하는 것과 다름이 없었기 때문에 가장(家長)의 권위(權威)는 침범당할 수 없었다. 사법적 실천에서도 종종 "천하에 옳지 않은 부모가 없다[天下無不是的父母]"는 점을 중시하여 가정윤리질서를 유지·보호해야 한다는 주장 앞에서, 한편으로는 가장의 전제적 위세(威勢)를 조장하였고, 다른 한편으로는 자녀의 권리에 대한 소구(訴求)도 억압·무시하였다.

4. 안례(案例) 거우(舉隅)[65]

현존하는 사료 중에서 당대(唐代)의 법률과 관련된 안례는 적지 않지만, 「명례6」(제6조) 「십악조·불효」 항목과 「투송47」(제348조) 「자손위범교령조(子孫違犯敎令)」와 긴밀히 대응하는 안례는 그 수량이 여전히 한정되어 있다. 지금 네가지 사례를 선택해서 간략하게 분석하여 당대(唐代)의 '불효'와 '자손의 교령위반[子孫違犯敎令]'에 대한 법률적용의 대략적인 상황을 보고자 한다.

[안례(案例)A] 이걸이 관을 사게 하다[李傑買棺]
「이걸매관」 사건은 비교적 전형적인 '불효'죄 사건에 속하였다. 『조야첨재(朝野僉載)』에는 다음과 같이 기록되어 있다.

　　이걸이 하남윤(河南尹)이었을 때, 한 과부(寡婦)가 그 아들[子]을 불효(不孝)로 고소[告]하였다. 그러나 그녀의 아들은 스스로 아무런 변명[自理]도 하지 않은 채

---

65) 〈옮긴이주〉 '거우(舉隅)'는 "한 구석을 들어 세 구석을 알게 한다"는 뜻으로, 일부를 들어서 전체를 이해시키는 것을 가리킨다. 이 용어는 『논어주소』(『십삼경주소 하』) 권7, 「술이(述而)」 제7에서 "공자가 말하기를 '(배우는 사람이) 발분하지 않으면 계도(啓導)하지 않고, 답답해하지 않으면 일러주지 않으며, 한 모퉁이를 들고[舉一隅] 세 모퉁이[三隅]를 돌이키지 못하면 다시 가르치지 않는다'고 하였다"(2482쪽)는 문장에 근거한다.

"어머니[母]에게 죄를 지었으니 죽어 마땅합니다"고 할 뿐이었다. 이걸이 그 정황(情況)을 조사해보니, 불효자(不孝子)가 아니었기 때문에 과부에게 말하였다. "그대는 과부로 살면서 슬하에 아들 하나를 두었을 뿐이다. 이제 아들을 고소[告]하여 죄가 사형에 처해지게 되었는데도 후회하지 않겠는가?" 과부가 말하였다. "아들이 무뢰(無賴)하여 어미에게 순종하지 않았는데 어찌 조금이라도 애석하겠습니까?" 이걸은 "정녕 그렇다면 관(棺)을 사서 아들의 시신(屍身)을 거두어 가거라!" 하고는 사람을 시켜 과부의 뒤를 밟게 하였다. 과부는 관부(官府)를 나가서 어떤[一] 도사(道士)에게 "모든 일이 끝났습니다"고 말하였고, 잠시 후 관을 가지고 관부로 갔다. 이걸은 그래도 과부가 뉘우치기를 기대하며 여러 번 타일렀지만, 과부는 여전히 뜻을 굽히지 않았다. (때마침) 도사가 관부의 문밖에 서 있었다. 은밀히 그를 잡아들여 문초(問招)하자, (도사가) 자백하였다. "저는 과부와 사통(私通)하였는데, 일찍이 아들에게 (들켜) 제지당하는 것이 싫었기 때문에 없애고자 하였습니다." (이에) 이걸은 과부의 아들을 방면(放免)하였고, 도사와 과부를 장살하여 (과부가 산) 관에 함께 입관시켰다[杖殺道士及寡婦 使同棺盛之].66)

본 안건(案件)은 과부가 도사와 사통하였는데, 그 아들[子]이 제지(制止)하였기 때문에 도사와 모의해서 아들을 없애고자 한 사건이다. 먼저 과부가 관부(官府)에 가서 아들을 불효로 고소[告]했고, 도사가 (관부의) 문밖에서 기다리고 있었기 때문에 시급히 (아들을) 없애고자 하였다. 하남윤 이걸은 과부의 아들이 결코 불효하지 않았음을 깨달았고, 이에 계책(計策)을 내어 몰래 조사해서 그들의 간통(姦通)을 알아내고는 마침내 도사와 과부는 장살(杖殺)에 처하였고, 과부의 아들은 석방하였다.

본 안례(案例)는 널리 유전(流傳)되어 후에 『신당서(新唐書)』67) · 『절옥귀감(折獄龜鑑)』68) · 『당음비사(棠陰比事)』69) 등에 모두 수록되었다.70) 사서(史書)의 기

---

66) 장작(張鷟), 『조야첨재』 권5, 「사안(查案)」.
67) 『신당서』 권128, 열전53.
　　〈옮긴이주〉 『신당서』 권128, 「이걸전(李傑傳)」에는 내용이 소략(疏略)하다.
68) 정극(鄭克), 『절옥귀감』 권6, 「징악(懲惡)」.
69) 계만영(桂萬榮) · 오눌(吳訥), 『당음비사원편(棠陰比事原編)』(총서집성초편본[叢書集成初編本]) 「이걸매관」.
　　〈옮긴이주〉 『당음비사』의 국내 번역본으로는 박소현, 박계화, 홍성화 역, 『당음비사』(세창출판사, 2013)가 있고, 이 사건은 권상, 「이걸매관」, 59~60쪽에 보인다.

록에 의하면, 이걸은 당초(唐初)의 저명한 관리[名吏]로서, "소송을 심의하고 사건을 판결하는데 근면·성실하여 길을 가던 중이었거나 앉아서 음식을 먹던 중에도 쉬지 않고 조사·처단하였고, 이로써 관부(官府) 내에는 지체된 일들이 없었기 때문에 백성과 관리들[人吏]이 모두 그를 좋아하였다."71) 본 사건은, 절차상(節次上)에서 과부인 모친이 아들[子]을 불효로 고소[告]한 것은 법률의 '친고(親告)' 규정에 부합되었고, 실체상(實體上)에서도 부모는 불효를 명분으로 (자식을) 관부에 고소[告]하여 제재(制裁)를 가하도록 청구(請求)할 권한이 있었다. 그러나 본 사건에서 아들의 '불효'는 거짓이었고, 과부인 모친과 도사의 통간(通姦)은 사실이었다. 아들의 입장에서 보면, '용은(容隱)' 규정을 준수하였을 뿐 아니라 친모(親母)가 '불효'라는 사죄(死罪)로 무고(誣告)한 후에도 여전히 "어머니에게 죄를 지었으니 죽어 마땅하다"는 생각을 고수(固守)해서 순전히 형벌을 받겠다고 하였기 때문에 이미 인의(仁義)가 지극한 경지에 이르렀다고 할 수 있다. 그러나 과부인 모친은 도사와 통간하여 '삼종(三從)'의 도리[義]를 위반하였고, 게다가 친아들[親子]을 사지(死地)에 빠트리기 위해 불효죄로 무고하여 육신(肉身)이 중법(重法)에 걸리게 되었으니, 이것은 자업자득이었다. 하남윤 이걸이 세심하게 분석·판단하고 교묘하게 계책을 세워서 진상(眞相)을 알아내지 못하였다면 '불효'죄로 진정한 효자(孝子)를 오살(誤殺)하였을 지도 모른다! (그런데)『당음비사』와『신당서』의 기록에는 안건의 결말이 이와 달리 단지 "도사를 장살하여 관에 입관시켰다[杖殺道士 以棺盛之]"72)라고만 할 뿐 과부인 모친은 논죄(論罪)되고 있지 않다. (그 이유는) 당률(唐律)의「투송47」(제347조)「고시마비유조(告緦麻卑幼條)」73)에서 "만약 자손(子孫)·외손(外孫)·자손의 처[婦]와 첩(妾) 및 자신의 첩을 무고(誣告)한 경우에는 각각 논죄하지 않는다"고 한 규정과「소의」에서 "'자손(子孫)·외손(外孫)·자손의 처[婦]와 첩(妾)을 무고한 경우'라고 한 것은 증손(曾孫)·현손(玄孫)의 처[婦]·첩(妾)

---

70) 〈옮긴이주〉『구당서』권100,「이걸전(李傑傳)」에는 본 내용이 없다.
71) 『신당서』권128, 열전53.
　　〈옮긴이주〉『구당서』권100,「이걸전」에도 유사한 내용이 있다.
72) 『당음비사』「이걸매관」.
73) 〈옮긴이주〉원서에는 '『당률』'로만 되어 있다. 원서에서 본 조문 규정의 인용상의 문제점에 대하여는 아래의 주) 참조.

을 무고한 경우에도 또한 동일하다"[74)는 규정에 의하면, 이후에 (자손에 대한 무고는) 다시 합법화되었기 때문이라고 해야 할 것이다. 그러나 중국고대 순리(循吏)들은 안건을 판결할 때, 정리(情理)·법도(法度)를 벗어나거나 형벌을 과도하게 시행하는 일도 적지 않았기 때문에 이걸(李傑)이 과부와 도사를 모두 장살(杖殺)한 것도 불가능하지는 않았다. 문헌이 부족하여 사정(事情)의 진상(眞相)을 고증하기 어렵기 때문에 여기서는 의문만 제기해둔다.[75)

---

74) 『당률소의』 권24, 「투송」.
   〈옮긴이주〉 이상은 『역주율소-각칙(하)-』 「투송47」(제347조) 「고시마비유조」 및 「소의」, 3120쪽. 그런데 원서에는 "만약 자손·외손·자손의 처[婦]와 첩 증손·현손의 처[婦]·첩도 또한 동일하다. 자신의 첩을 무고한 경우에는 각각 논죄하지 않는다"고 하여, 조문(條文)과 소의문(疏議文)이 착종(錯綜)되어 있다. 본 역서에서는 원문에 의거하여 수정하였다.

75) 〈옮긴이주〉 저자가 "(그런데) 『당음비사』와 『신당서』의 기록에는~여기서는 의문만 제기해둔다"고 기술한 문장에서 주장한 요점을 정리하면, ① 본 「이걸매관」 안건(案件)의 결말이 『조야첨재』에서는 "도사와 과부를 장살하여 (과부가 산) 관에 함께 입관시켰다[杖殺道士及寡婦 使同棺盛之]"로 되어 있지만, 『당음비사』와 『신당서』에는 모두 "도사를 장살하여 관에 입관시켰다[杖殺道士 以棺盛之]"고 하여, 서로 차이가 있는 점, ② 이러한 차이가 발생한 이유는 '자손에 대한 무고죄'가 『조야첨재』가 출현할 단계에서는 처벌되었지만, 『당음비사』·『신당서』가 출현할 단계에서는 합법화되었기 때문이고, 그 근거를 당률(唐律)의 「투송47」(제347조) 「고시마비유조」에서 찾고 있는 점이다. 그러나 저자의 이러한 주장에 대한 문제점으로서는, 첫째, 박소현 등역, 『당음비사』 권상(卷上)에는 "도사와 과부를 장살(杖殺)하여 (과부가 산) 관에 함께 입관시켰다(옮긴이의 번역은 박소현 등의 번역본과는 차이가 있다)"(60쪽)라 되어 있고, 게재한 원문도 "杖殺道士及寡婦 卽以棺盛之"(62쪽)라고 하여, 저자가 인용한 『조야첨재』 「사안」의 문장과 큰 차이가 없다. 그렇다면 저자가 참조한 『당음비사원편(棠陰比事原編)』(총서집성초편본[叢書集成初編本])에 수록된 「이걸매관」은 박소현 등이 텍스트로 한 양일범(楊一凡)·서입지(徐立志) 주편(主編), 『역대판례판독(歷代判例判讀)』 전(全)12권(중국사회과학원출판사[中國社會科學院出版社], 2005) 중 제1권(박소현 등, 『당음비사』에 있는 해제에 의하면, 『역대판례판독』에 수록된 저본은 『학해유편[學海類編]』이다)에 수록된 「이걸매관」과 내용에 차이가 있을 수 있지만, 박소현 등이 번역한 『당음비사』에 있는 해제에서는 오늘이 산정(刪定)한 판본을 참조하였고 …… 『의옥집(疑獄集)』이나 『절옥귀감』과의 대조를 통해 오탈자를 수정하였다고 하기 때문에 단순 판본의 차이로도 보이지 않는다. 둘째, 『신당서』 권128, 「이걸전(李傑傳)」(중화서국본[中華書局本])에 의하면, 본 사건의 결말 부분도 저자가 원서에서 말한 내용과 유사하지만, 문장은 "杖殺道士 以棺盛之"가 아니고 "傑殺道士 內於棺[(이)걸이 도사를 살해하고 관에 입관시켰다]"으로 되어 있다. 이상의 점들을 고려하면, 저자의 주장에는 재고의

구동조(瞿同祖)도『중국 법률과 중국 사회(中國法律與中國社會)』에서 일찍이 본 안건을 인용하면서 이로써 부모가 절대적 전제권(專制權)을 소유하였다고 설명하였다. 그러나 그가 인용한 내용은 결코 완전한 것이 아니라 직접적·간접적으로 인용한 내용도 포함하였고, 상단(上段)의 인용문도 밑줄 친 부분까지이었을 뿐이기 때문에 뒷부분에 있는 본 안건의 추이와 결말에 대하여 모두 언급하지 않았다. 예컨대, 구동조(瞿同祖)는 "이 과부가 단지 '아들이 무뢰하여 어미에게 순종하지 않았다'고만 하였을 뿐인데도 아들은 즉시 사형에 처해졌다. 이로써 부모가 살해하고자 하였다면 모두 허락했기 때문에 원래 죄가 사형에 이르지 않아도 되었고, 확실한 증거를 제출할 필요도 없었음을 알 수 있다"고 하였고, 또 계속해서 "부모가 불효라는 죄명으로 고소[呈控]하여 아들을 사형에 처할 것을 청구하였다면 정부도 거부할 수 없었던 것이지만, 불효죄의 처리도 고소[告言]·저주(詛呪)에 의해 사형에 처해지는 경우를 제외하고 그 나머지는 모두 죄가 사형에 이르지 않았다"76)고 강조하였다. 그러나 필자(筆者)가 보기에 이 말은 사실 전혀 그렇지 않다.

우선, 이걸의 본 안건에 대한 처리라는 측면에서 보기로 한다. 과부가 아들을 불효로 고소[告]하자, 이걸은 규정에 따라 먼저 수리(受理)는 하였지만, 피고를 조사한 결과 불효자가 아니었기 때문에 이에 교묘한 계책으로 정탐(偵探)하여 그러한 사실을 확인함으로써 과부인 모친과 도사는 모두 엄중한 제재를 받았고, 아들은 석방되었다. 이로써 이걸은 모친이 아들을 불효로 고소[告]한 안건에 대하여 시비곡직(是非曲直)을 불문(不問)하거나 사실의 진상(眞相)을 고려하지 않은 채 조롱박을 놓고 바가지를 그리듯이 판결하지 않고 이 안건에 대해 상당히 신중하게 안건의 올바른 정황을 조사한 이후에야 최종적으로 처단(處斷)하였음을 알 수 있다. 이른바 "관을 사게 하였다[買棺]"는 부분은 순전히 이걸의 계략일 뿐이었고 실제 아들을 사지(死地)에 빠뜨리고자 하지 않았는데도 이에 의해서 "아들은 즉시 사형에 처해졌다"고 결론을 내린 것은 진실로 "아주 작은 차이가 큰 오류를 낳은[毫釐千里]"격(格)이다. 만약 본 안건이 광범위하게 유전(流傳)된 사실을 재고(再考)하면, 그 속에 내포된 법률 정보는

여지가 있다.

76) 구동조,『중국 법률과 중국 사회』(중화서국[中華書局], 2003), 제1장「가족」, 11~12쪽.

관련된 법률절차와 실체적 규정 이외에 실로 이걸의 출중한 사법적 수완을 크게 선양하는데 있었다. 이와 동시에 (본 안건은) 다음과 같은 두 가지 사상적 기점(基點)을 암시하고 있다. 첫째, 부모가 아들을 불효로 고소한 안건에 대해서는 신중하게 처리해야 하고 소홀히 할 수 없었다는 점이고, 둘째, 자녀는 부모의 우세한 법률적 권리에 직면해서 종종 피동(被動)과 약세(弱勢)에 처할 수밖에 없었기 때문에 사법관은 신중하지 않을 수 없었다는 점이다.

다음으로, 당률의 「명례6」(제6조)「십악조·불효」항목(項目)의 설치라는 측면에서 보기로 한다. 「십악(十惡)」 중 「불효」와 그 나머지 '구악(九惡)'은 경계가 분명하여 오직 죄행(罪行)의 경중(輕重)으로 어떤 '악(惡)'으로 분류할 것인지가 결정되었고, 또 그에 따라 최종 형벌도 결정되었다. '불효'와 그 나머지 아홉 가지 죄명과 대응하는 형벌은, 경죄이었다면 도형 1년, 중죄이었다면 교수형인 것처럼 모두 구체적인 기준이 있었고 결코 모호하지 않았다. 이론상에서 보면, 당률의 「불효」 항목은 가장(家長)에게 어느 정도 전제권(專制權)을 부여하였지만, 동시에 이러한 권력의 사용에 제한과 규범을 가하여 그것의 독단적인 남용(濫用)을 허용하지 않았다. 이 점을 「이걸매관」이라는 전형적인 안례(案例)와 결부시키면, 사법 실천에서 부모가 자식[子]을 불효로 고소[告]한 경우, 사법관은 먼저 사실을 명백히 하고, 동시에 이러한 기초 위에서 그들의 심중(心中)의 공평·정의로운 결과를 찾아야 하며, 기계적으로 가장의 청구에 따라서 가볍게 자녀를 사지(死地)로 몰아서는 안 되었음을 알 수 있다. 당연히 당대(唐代) 및 기타 역대 왕조의 사법 실천에서는 임의로 죄형(罪刑)을 가감(加減)하는 정황도 있었음을 부인할 수 없다. 그러나 몇 가지 사법 안건의 비정상적인 처리에만 주목하여 이로써 당시 적극적인 사법이념을 부정해서는 곤란하고, 특히 사회민중의 이상적인 사법상태에 대한 심리적 기대감도 홀시(忽視)해서는 안 된다.

[안례(案例)B] 아무개 갑이 처를 내쫓다[某甲出妻][77]

---

77) 〈옮긴이주〉 원서에는 본 의판의 제목(題目)이 '모갑출처(某甲出妻)'로 되어 있지만, '모을출처(某乙出妻)'로 적록(摘錄)한 논고도 있다(오사와 아키히로[大澤顯浩], 「강시 : 출처의 이야기와 그 변용(姜詩 : 出妻の物語とその變容)」『동양사연구(東洋史研究)』 60-1,

[안례(案例)C] 아들이 아버지의 명령을 어기고 아버지의 첩을 출가시키다
[子違父命嫁其妾]

『백거이판(白居易判)』[78] 중에는 '자손의 교령위반[子孫違犯敎令]'과 관련된 두 가지 의판(擬判)이 있다. 그 내용을 적으면 다음과 같다.

Ⅰ.

[판제(判題)][79] 득(得)[80] : 갑(甲)[81]이 처를 내쫓자[出妻], 처가 소원(訴冤)하여

2001, 114쪽, 135쪽, 주 (22)). 오노 히토시(大野仁), 「당대의 판문(唐代の判文)」(시가 슈조(滋賀秀三), 『중국법제사─기본자료의 연구(中國法制史─基本資料の硏究)』, 동경대학출판회[東京大學出版會], 1993)에 의하면, 『백씨문집(白氏文集)』에 수록되어 있는 백거이(白居易)의 『백도판(百道判)』은 송본(宋本: 송[宋]·소흥[紹興]: 1131~1162) 간[刊]], 북경·문학고적간행사[文學古籍刊行社])과 그것을 계승한 마본(馬本: 명[明]·만력[萬曆] 34[1606]년 간[刊]), 그리고 나파본(那波本: 일본·원화[元和] 4[1618]년 간[刊], 사부총간[四部叢刊] 소수[所收])이 통행되고 있다(275쪽). 본 의판의 제목(題目)이 '모갑출처(某甲出妻)'·'모을출처(某乙出妻)'의 두 종류가 있는 것은 원문이 수록된 판본의 차이 등 여러 원인이 있을 것이다. 본 판문을 내용 면에서 보면, 을(乙)로 해석하는 것도 가능하지만, 판문의 대의(大義)를 이해하는 데는 지엽적인 문제이기 때문에 본 역서에서는 원서대로 해석하였다.

78) 〈옮긴이주〉 주지하듯이 『백거이판(白居易判)』은 통상 『백도판(百道判)』으로 불린다. 『백도판(百道判)』은 서판발췌과(書判拔萃科)의 수험대책용(受驗對策用)의 습작(習作)으로서 덕종(德宗) 정원(貞元) 18년(802)에 작성된 것으로 알려져 있다. 백거이의 『백도판』을 포함한 당대 판문(判文)의 대략적인 형식·내용·성격에 대하여는 오노 히토시(大野仁), 「당대의 판문」 참조.

79) 〈옮긴이주〉 당대(唐代)의 판문의 서식(書式)은 문제부분과 답안부분으로 나눠져 있다. 종래의 연구에 의하면, 문제부분은 보통 '판제(判題)'로, 답안부분은 '판(判)'으로 표기하고 있기 때문에(구승협(邱胜俠), 「백거이 『갑을판』 연구(白居易 『甲乙判』 硏究)」, 중국정법대학(中國政法大學) 석사학위논문, 2011) 독자의 이해를 위하여 원서에는 없지만 본 역서에서는 첨가하였다(이하 동일).

80) 〈옮긴이주〉 백거이의 『백도판』에서는 판제(判題) 앞에 "得 甲出妻 妻訴云無失婦道……" 식으로 '득(得)'자가 있다. 이것은 돈황본판집(敦煌本判集)에서는 '봉판득(奉判得)' 또는 '봉판(奉判)'으로 되어 있고, 시험관(試驗官)의 출제(出題) 서식(書式)으로 인식되고 있다. 따라서 본래는 '봉판득(奉判得)'이었던 것이 문집(文集)의 편찬과정에서 생략되었고, 최종적으로는 '득(得)'자도 소멸되어 갔다(오노 히토시[大野仁], 「당대의 판문」, 269쪽).

81) 〈옮긴이주〉 '을(乙)'로 된 판본도 있다.

"부도(婦道)를 잃지 않았다"고 하였다. 을(乙)이 말하였다. "부모가 좋아하지 않으면 내쫓는데, 어찌 반드시 과실이 있어야 하는가?"

[판(判)] (자식은) 부모를 효양(孝養)해야 하고, 명령이 있으면 반드시 따라야 한다. 예(禮)에 의하면, (처가) 시부모[舅姑]를 섬기는데 (부모가) 좋아하지 않으면 내쫓는다.[82] 을(乙)은 부모[親]로서 평생 아들을 위하였고, 장성하자 혼례를 올려 처(妻)를 두게 하였는데, (처는) 처음에는 화합하여 처(妻)로서의 예의(禮儀)가 있었지만, 덕(德)이 온순·정숙하지 않아서 가도(家道)와는 어긋났다. 만약 (교령을) 듣고 따르는데 어긋남이 없었다면 (시어머니가) 어찌 질책·분노하였겠는가! 참으로 유순함을 잃었으니 이치상 내쫓아야 한다. 또 듣건대 시어머니[母]의 마음을 위로하지도 않았다고 하기 때문에 내쫓는 것이 마땅하다. 어찌 반드시 부도(婦道)를 잃은 연후에 내쳐야 하는가? 소문도 그치지를 않으면 지난 일을 반추(反芻)하게 된다. 강시가 처를 내쫓은 것[姜詩出婦]도 대개 작은 잘못[小瑕] 때문이었고, 포영이 처를 내쫓은 것[鮑永去妻]도 큰 잘못[大過] 때문이 아니었다. 명확한 증거가 이렇게 있는데 어찌 경박하게 소원하는가?

Ⅱ.

[판제(判題)] 득(得) : 갑(甲)이 임종(臨終) 때에 아들[子]에게 폐첩(嬖妾)을 순장(殉葬)하라는 유명(遺命)을 남겼으나 그 아들은 (첩을) 출가(出嫁)시켰다. 모든 사람들은 아버지[父]의 유명을 어긴 것이라고 비난하였지만, 아들은 감히 아버지를 악(惡)에 빠뜨릴 수 없었다고 했다.

[판(判)] 몸과 마음을 다해 위로해야 한다면 아버지의 명령을 삼가 따라야 하지만, 의혹을 분별하고 예(禮)를 지켜서 마땅히 자식의 도리[子道]를 온전히 해야 한다. 갑(甲)은 세상에 나가서는[立身] 곧음[正]을 잃었고, 임종에 이르러서는 착란(錯亂)하여 아들에게 사악한 행위를 하라고 명령하였으며, 여색(女色)을 경계하지 않고 애첩을 순장해서 사람을 해(害)하고자 하였다. 이를 어겼다면 부명(父命)을 물리친 것이고, 따랐다면 악에 빠뜨린 것이다. 3년 상(喪)의 도리[道]는 선친(先親)을 받들고 어겨서는 안 되지만, 그것이 실언(失言)이었다면, 아버지[親]를 불의(不義)로 내몰아서는 안 된다. 성심(誠心)으로 출가시킨 것이었다면 어찌 비난

---

82) 〈옮긴이주〉『예기정의』(『십삼경주소 하』) 권27, 「내칙(內則) 제12」에서는 "아들[子]이 그 처(妻)를 좋아하더라도 부모가 좋아하지 않으면 내쫓아야 하고, 아들이 그 처를 좋아하지 않더라도 부모가 '이 사람은 나를 잘 섬긴다'고 하면 아들은 부부의 예[夫婦之禮]를 지켜서 죽을 때까지 변치 말아야 한다"(1463쪽)고 하였다.

할 수 있겠는가? 하물며 효(孝)로써 상사(喪事)에 예의(禮儀)를 다한 것[愼終]은 마치 위과(魏顆)가 (아버지의) 명령을 처리할 때 그 일을 특히 바로잡은 것과 같으니,[83] 이는 일찍이 맹장자(孟莊子)도 할 수 없는 일이었다.[84] 귓가의 쟁쟁한 말은 잊고 마음에 우러나는 효를 보아야 한다.[85]

이 두 건(件)의 의판 중 제1안(第一案)은, 모친(母親)이 며느리가 그다지 유순(柔順)·현숙(賢淑)하지 않다고 여겼기 때문에 아들 갑(甲)이 마침내 출처(出妻)를 결행하였다. 며느리 입장에서는 오히려 자기는 "부도를 잃지 않았다"고 보고 크게 억울함을 호소하였다. 을(乙)의 경우에는, 재판관의 시각에서 자식[子]은 부모를 효양(孝養)해야 하고, 부모의 명령은 반드시 따라야 하며, 며느리는 예(禮)로써 시어머니를 섬기고 받들어야 하는데, 시어머니가 좋게 생각하지 않으면 며느리에게 잘못이 없어도 출처할 수 있다고 본 것이다. 결과를 통해 원인을 추정하면, 부모가 며느리를 질책하고 분노한 까닭은 반드시 며느리가 시어머니의 명령을 듣지 않았거나 그다지 유순하지 않았기 때문이었다. 또한 (판문에서는) 강시·포영의 사례[86]를 인용하고 그것과 비교를 통해

---

83) 〈옮긴이주〉『춘추좌전정의(春秋左傳正義)』(『십삼경주소 하』) 권24, 「선공(宣公) 15년 추(秋) 7월조(條)」에서는 "위무자(魏武子)에게 폐첩(嬖妾)이 있었으나 자식[子]이 없었다. (위)무자는 병이 들자, 위과에게 명령하여 '반드시 출가시켜라'고 했지만, 병세가 중해지자 '반드시 순장하라'고 했다. 위무자가 죽자, 위과는 폐첩을 출가시키면서 '병세가 중해지면 착란하기 때문에 나는 처음의 명령에 따르겠다'고 했다"(1888쪽)고 하였다.

84) 〈옮긴이주〉『논어주소』(『십삼경주소 하』) 권19, 「자장(子張)」에서는 "내[吾]가 공자[夫子]로부터 들으니, 맹장자의 효도는 다른 것은 할 수 있지만, 아버지[父]의 신하와 아버지의 정사(政事)를 고치지 않은 것은 능히 하기 어렵다"(2532쪽)고 하였다.

85) 백거이, 『백거이판(白居易判)』(민국11년간본[民國十一年刊本]) 권2.

86) '강시가 처를 내쫓다[姜詩出婦]'는 『후한서』 권84, 「열녀전(烈女傳) 제74」에 처음 나온다. 후에는 「24효(孝)」중에서 열한 번째에 올려져있다. 거기에서는 다음과 같이 말하고 있다. "한(漢)나라 강시는 어머니를 효성(孝誠)으로 모셨고, 그의 처(妻) 방(龐)씨는 시어머니를 더 극진히 섬겼다. (방씨는) 시어머니가 생선회를 먹는 것을 좋아하여 매일 회를 구해서 봉양했고(옮긴이 보충), 또 장강(長江)의 물을 즐겨 마셨으므로 집에서 6,7리 떨어진 장강에 가서 물을 길었다. 한번은 바람이 심하게 불어 방씨가 늦게 돌아왔고, 시어머니는 심한 갈증이 났기 때문에 강시는 그를 쫓아냈다. 방씨는 이웃집에 기거하면서 베를 짜 팔아서 먹을 것을 준비하여 시어머니에게 보냈다. 오랜 시간이 흘러 시어머니가 (이 사실을 알고는) 그를 다시 불렀다. (방씨가 돌아

작은 잘못에도 출처한 일이 옛날부터 있었음을 증명함으로써 며느리는 변명·소원(訴冤)하지 말고 억울하더라도 받아들여야 한다고 결론을 내리고 있다. 당률을 보면, 이 안례(案例)는 두 가지 법률원칙과 관련되어 있다. 한 가지는 '칠출(七出)'이다. 출처하는 도리[道]에서 첫째는 "부모에게 순종하지 않는 것"인데, 이것은 부모가 아들[子]이 이혼하는데 주도권을 장악하였음을 뜻한다. 또 한 가지는 '자손의 교령위반[子孫違犯敎令]'이고, 부모의 명령은 위반할 수 없고 마땅히 따라야 하며, 그렇지 않으면 '도형 2년'의 징벌에 처해졌다. 따라서 갑(甲)이 "부모에게 순종하지 않았다"는 이유로 출처한 행위는 법에 증거가 있고, 모친의 명령[母命]을 받들어 출처한 것도 근거가 없지 않았다. (그러나) 이것이 당시 합리적·합법적인 행위였다고 해도, 오로지 처(妻)를 시부모권·부권(夫權) 하에 두고 재산·예속물과 마찬가지로 내치고 싶으면 내치고

온 날) 집 옆에서 갑자기 샘이 솟았는데 장강의 물과 맛이 같았고, 매일 잉어 두 마리가 뛰어올라 잡아서 올렸다." '포영이 처를 내쫓다[鮑永去妻]'는 『동관한기(東觀漢記)』에 나온다. 당(唐) 서견(徐堅)의 『초학기(初學記)』 권17, 「인부상(人部上)·효제(孝弟)4」에는 다음과 같이 전재(轉載)되어 있다. "포영은 자(字)가 군장(君長), 상당(上黨) 사람이다. 젊어서 지조(志操)가 있었고, 계모(繼母)를 지극한 효성(孝誠)으로 섬겼다. 그의 처(妻)가 계모 앞에서 개를 꾸짖자[叱狗] 즉시 쫓아내었다." 이러한 사례들은 모두 일방적으로 효만을 가르칠[敎孝] 뿐이고 인권(人權)을 경시한 잘못이 있기 때문에 훈계(訓戒)로 삼을 수 없다. 『백거이판』 중에도 한 가지 의판(擬判)이 있는데, 이것과 매우 유사하다. 그 내용은 다음과 같다. "사소한 행동에 잘못이 있어도 진실로 처(妻)의 순종(順從)을 의심하고, 작은 잘못[小過]도 참지 못하면서 어찌 남편[夫]의 온화함을 말할 수 있겠는가? 갑(甲)이 효도하고 삼가 공순(恭順)·도의(道義)에 힘쓰는 것은 당연히 그렇게 해야 한다. 삶은 돼지고기를 보내는 것을 도리에 따라 했는데도 복종하지 않는 것을 아직 듣지 못했다. (부모 앞에서) 개를 꾸짖은 것[叱狗]은 예의에 벗어났지만, 대개 미워하고 원망할 정도는 아니다. 비록 크게 소리쳐서 예(禮)를 어겼다고 해도 일반적으로 비난할 정도이다. 만약 실언(失言)했는데도 용서하지 않는다면, 어떤 사람도 잘못이 없겠는가? 비록 군장(君長)의 모친을 공경해야 하지만, 마땅히 왕길(王吉)의 처(妻)를 돌아오게 해야 한다." 이로써 예교(禮敎)는 중용(中庸)이 극단(極端)에까지 치우칠 수 있고, 사람에 대한 교화[敎人]가 살인(殺人)에까지 이를 수 있다는 것이 백거이의 사상(思想) 중에 이미 선명하게 드러나고 있음을 볼 수 있다.

〈옮긴이주〉 '강시출처'에 나오는 강시와 그의 처 방씨에 투영된 인물상을 통해 효(孝)에 대한 관념과 그 변용(變容)을 분석한 논고에는 오사와 아키히로(大澤顯浩), 「강시: 출처의 이야기와 그 변용」 참조.

머물게 하고 싶으면 머물며, 시비(是非)·곡직(曲直)을 불문(不問)하고 처(妻)를 인적(人的) 존재로 보지 않은 것은 심하다고 하지 않을 수 없다.

제2안(第二案)은 아무개 갑(某甲)이 임종 때에 그 아들[子]에게 유명(遺命)하여 생전에 총애하였던 폐첩(嬖妾)을 순장하라고 요구하였다. (그러나) 결국 그 아들은 해당 폐첩을 출가시켰다. 중론(衆論)은 아들이 아버지의 명령[父命]을 위반한 것으로 보았고, (그의 행위는) "(아버지가 죽은 후에) 3년 동안 바꾸지 않아야 한다[三年無改]"는 효도를 위반한 행위에 해당되어 율(律)에 따라 치죄(治罪)될 수밖에 없었다. (그러나) 그 아들은 이렇게 한 까닭에 대하여 부친(父親)을 죄악에 빠뜨리지 않으려고 생각하였기 때문이라고 해명하였다. 이에 관한 법률문제는 앞서 서술한 『장가산한간(張家山漢簡)』「주언서(奏讞書)」 제26안례(第二十六案例)에서 인용한 '죽은 부친의 교령[死父敎]'·'살아있는 부친의 교령[生父敎]'과 상당히 유사하다. 이 문제에 대해 「주언서」에 반영되어 있는 진한(秦漢)의 법률원칙은 "살아있는 부친의 교령을 듣지 않았다"면 불효가 되지만, "죽은 부친의 교령을 듣지 않았다"면 불효가 되지 않는다는 것이다. 본 의판(擬判)에서 작자(즉 백거이)는 부친이 생존 시에는 "몸과 마음을 다해 위로해야" 하기 때문에 아버지의 명령을 따라야 하지만, 이른바 "자식의 도리[人子之道]"는 맹목적으로 부모의 명령에 순종해서는 안 되고 분별하는 바가 있어야 하며 또 예의규범(禮儀規範)도 지켜야 한다고 보았다. 이 중 전자의 경우, 부친 갑(甲)은 "세상에 나가서는 곧음을 잃었고", 임종 때는 명령에 혼란을 초래하였으며, 게다가 자신은 여색(女色)을 경계하지 않았고 또 아들을 사악한 행위에 빠뜨려서 다른 사람을 해치게 하였다. 이러한 명령은 타당성을 잃었기 때문에 훈계(訓戒)로 삼을 수 없다. 후자의 경우, 그 아들[子]은 "의혹을 분별하고 예를 지켜" 폐첩(嬖妾)을 출가시켜서 그 아버지를 죄에 빠뜨리지 않고 상사(喪事)에 예의·공경을 다하였기 때문에 부친(父親)의 유명(遺命)을 위반하였지만 실제는 불효가 아니었다. 이로써 본 문단(文段)이 암시하는 법률원칙은 대략 진한의 법률과 마찬가지로 부모의 생존 시의 명령과 사망 이후의 유명(遺命)은 법률효력이라는 측면에서 차이가 있었음을 알 수 있다.

[안례(案例)D] 진란이 어미를 봉양하다[秦鸞奉母]

「진란봉모」라는 의판(擬判)은 공양 결여[供養有闕]와 관련이 있기 때문에 자못 새겨볼 만하다. 돈황(敦煌)에서 출토된『문명판집잔권(文明判集殘卷)』에는 다음과 같이 기록되어 있다.

[판제(判題)] 봉판(奉判) : 진란은 모친[母]이 병환(病患)으로 병상(病床)에 있었지만, 집[家]이 가난해서 (부처에게) 복(福)을 빌지 못하였다. 자식으로서 (어머니에 대한) 은혜는 깊었지만[情重], 어찌할 방도가 없어서 마침내 절도(竊盜)로 재물을 취해서 부처에게 불공을 드린[齋像] 실로 효자(孝子)였다. 도법(盜法)에 준(準)해서 체포해야 하지만, 두 가지 중에 취사선택해야 한다면 어떤 판결을 내려야 하는가[科結]?

[판(判)] 진란의 모친은 병환으로 오랫동안 병상에 누워 있었다. (그는) 지성(至誠)으로 전전긍긍하면서 돌보았지만, 모친의 자애로운 모습[慈顔]을 잃을까 두려워서 마침내 불심(佛心)에 의탁하여 팔난(八難)을 없애고자 하였고, 사부(四部)에 마음을 쏟아서 삼재(三災)를 면하고자 하였다. 그러나 집안 형편[家道]이 가난하였고 원래 자산(資産)이 없었기 때문에 마음은 있었지만 이루지 못하게 되어 한(恨)만 깊어져갔다. 이에 구차함을 팽개치고 이렇게 절도를 하게 되었다. (그가) 함부로 국법(國法)을 어기고 구차하게 사심(私心)에 따라서 도적질로 재물을 취한 것은 모친[膝下]의 복(福)을 바라고 한 행위였지만, (오히려) 부처[佛]가 죄의 근원[罪根]이 되어 버렸다. 가령 도적질로 공업(功業)을 이루거나 장물(贓物)로 복(福)을 성취한다면, 사람마다 앞으로의 결과만을 노리거나 집집마다 지극한 효자라는 명분(名分)만 쫓아서 오직 이 방법만을 모방하게 됨으로써 지극한 도리(道理)를 심각하게 훼손시킬 것이다. (그의 행위는) 예(禮)에 의하면 결코 효도가 아니고, 법(法)에 준(準)하면 본래 형명(刑名)이 있다. 절도를 행하였다면 이치상 장물(贓物)을 계산해야 하고, 정죄(定罪) 할 경우에는 반드시 다소(多少)를 알아야 하며, 적어서 필(匹)로 셀 수 없다면 죄과(罪科)에도 걸리지 않을 수도 있다. 다시 훔친 장물[盜贓]에 대하여 사문(査問)해서 심의를 거쳐 판결해야 한다[量斷].[87]

---

87)『문명판집잔권(文明判集殘卷)』. 이 권(卷)은 20세기 초에 돈황에서 출토되었는데, 폴 펠리오(Paul Pelliot: 1878~1945)가 약탈해갔고, 현재 프랑스 파리국립도서관(Bibliothèque nationale de France, BnF)에 소장되어 있다. 편호(編號) P. 3813. 권

『당률』의 「투송47」(제348조) 「자손위범교령조(子孫違犯敎令條)」88)에 의하면, "무릇 자손이 (조부모·부모의) 교령을 위반하였거나[違犯敎令] 공양에 궐함이 있었다면[供養有闕] 도형 2년에 처한다"89)고 규정하였다. 비록 여기의 '공양에 궐함이 있었다[供養有闕]'는 것은 "공양을 감당할 수 있는데 궐한 경우"90)를 가리키지만, "효행(孝行)의 시작과 끝은 (조부모·부모의) 생전과 사후의 도리[義]를 갖추어 효자의 정(情)을 다하는 것"91)이기 때문에, "양(羊)이 젖을 먹여 준 어미의 은혜를 잊지 않고, 까마귀가 자라서 어미에게 먹이를 되물어다 주는 정의(情義)가 있"듯이, 자손은 성인(成人)이 된 후에 의무적으로 자기의 조부모·부모 등 대공(大功) 이상의 존친(尊親)을 힘써 봉양해서 의식(衣食)에 궐(闕)함이 없도록 해야 하는 것이고, 이것도 기본적인 '효행'이었다.92) 집이 가난해서 병든 모친을 봉양할 책임을 다하지 않은 것은 사실상 불효 행위로서 도덕과 법률 모두 용납되지 않았다.

본 안건(案件)에서 진란이, 모친이 병환으로 병상에 있었지만, 집이 가난하여 봉양할 여력이 없어서 부처[佛祖]의 보우(保佑)를 바라고자 "마침내 절도로 재물을 취해서 부처에게 불공을 드려" 모친을 위해 기복(祈福)한 것은 도덕·윤리적으로 보면 필시 "타고난 효자의 행실[天生孝行]"이었다. 그러나 법률적으로 보면, 이러한 행위는 또한 확실히 절도였기 때문에 제재(制裁)를 가하지 않을 수도 없었다. 이때 사법관은 진퇴양난의 상황에 직면하여 예(禮)와 법(法)으로 가늠하여 "예에 의하면 결코 효도가 아니고, 법에 준하면 본래 형명(刑名)이 있다"는 기본적인 판단을 내렸다. 이른바 "예에 의하면 결코 효도가 아

(卷)의 처음과 끝 부분[首尾]은 잔결(殘缺)되었다. 이 의판은(옮긴이 보충) 유준문(劉俊文), 『돈황·투르판 당대 법제문서고석(敦煌吐魯番唐代法制文書考釋)』(중화서국[中華書局], 1989)에서 발췌·인용하였다.

88) 〈옮긴이주〉 원서에는 '『당률』'로만 되어 있다.

89) 〈옮긴이주〉 『역주율소-각칙(하)-』 「투송47」(제348조) 「자손위범교령조」, 3121쪽.

90) 〈옮긴이주〉 『역주율소-각칙(하)-』 「투송47」(제348조) 「자손위범교령조」 「주」, 3121쪽.

91) 『당개원어주효경(唐開元御注孝經)』 「상친장(喪親章) 제18」.

92) "효에는 세 가지가 있으니, 작은 효[小孝]는 힘을 쓰고, 중간의 효[中孝]는 마음을 쓰며, 큰 효[大孝]는 모자람이 없게 한다"(『당송백공육첩(唐宋白孔六帖)』 권25, 「효행(孝行)3」).

니다"라는 것은 진란의 이러한 행위가 '예'의 정신에 비추어도 효행(孝行)이라고는 할 수 없다고 본 것이다. 그 이면에는 진란이 모친을 위해 "부처에게 불공을 드려서" 기복(祈福)한 것은 반드시 절도를 통해 실현되는 것은 아니고, 다른 방식(예컨대 남의 집에 일을 하여 보수를 받는 일 등)을 통해서도 목적을 이룰 수 있다는 뜻이 내포되어 있다. 절도하여 결국 체포되면 부모를 치욕스럽게 할 뿐 아니라 부처[佛祖]도 '죄의 근원'에 빠트리게 된다. 따라서 이러한 효행은 문제가 있는 것이다. 진란은 모든 방법을 동원하여 효도를 하려다가 일신(一身)이 법망(法網)에 걸렸기 때문에 그의 처지는 동정(同情)할 만하지만, "법에 준하면 본래 형명이 있"기 때문에 반드시 상응하는 처벌을 내리지 않을 수 없다. 그렇지 않으면 "사람마다 앞으로의 결과만을 노리거나 집집마다 지극한 효도라는 명분만 쫓"을 것이고, 이는 결국 효로써 교화할[敎孝] 수 없을 뿐 아니라 모든 사람이 이를 모방하게 되어 국가의 법도(法度)도 무시할 것이고 사회의 질서도 문란(紊亂)시킬 것이기 때문이다. 이로써 "율(律)은 대법(大法)을 설치하고, 예(禮)는 인정(人情)에 따라야" 한다는 점을 강조한 성당(盛唐)의 치세(治世)에도 도덕윤리와 법률재판은 구별되어서 상호 혼용(混用)되거나 대체될 수 없었다는 것을 이미 의식하고 있었다고 볼 수 있다. 도덕윤리와 법률재판이라는 진퇴양난의 상황에 직면해서, 본 안건의 판문(判文)을 만든 작자(백거이-옮긴이)는 이 양자(兩者)에 대해 효순(孝順)의 도리(道理)도 힘써 주장하면서 동시에 법률적 제재(制裁)도 가해야 한다고 판단(判斷)하였다.

이상 네 가지 안례(案例) 중, 「이걸매관(李傑買棺)」 안례([안례A])는 관련된 기록과 광범위한 유전(流傳)을 고려하면 실제 발생했다고 볼 수도 있다. 그러나 본 안례에 관한 기록이 자주 출현하였더라도 내용은 대체로 유사하여 구체적인 사법심판에 관한 정보(예컨대 규정된 죄명[罪名]과 적용된 율문[律文] 등)를 제시하기는 어렵고, 게다가 일차적인 판문(判文)도 남기고 있지 않다. 또한 『백거이판』 중의 두 가지 안례([안례B · C])는 먼저 안건의 정황을 가상(假想)으로 설정하고, 다시 안건 당사자(當事者)의 성명을 갑(甲) · 을(乙)로 대체한 후에 구체적인 판문(判文)을 제시하고 있기 때문에 시간과 지점 등 요소가 모두 명확하지 않다. 이러한 점들을 고려하면, 대체로 이 두 가지 판문은 의판(擬判) 문장일 뿐 확실히 모종의 실제 발생한 안례를 기초로 한 것이 아니었음을 인정(認定)할 수 있다. 이와 유사하게 「진란봉모(秦鸞奉母)」 안례([안례D])도 먼저 안건의 대략적인 정황을 설명하고, 마지막에 질문("두 가지 중에 취사선택해야 한다면 어떤 판결을 내려야 하는가?")을 설정한 후에 구체적인 의판(擬判) 문장을 제시하고 있다. 본 안례는 당사자(當事者) 쌍방(雙方) 중 한쪽[一方]의 성명(진란)은 있지만, 다른 한쪽(절도를 당한 집)의 성명이 없고, 게다가 안건 발생의 시간과 지점도 명확하지 않다. 따라서 이 안례도 사실에 기초했다고 보기는 매우 어렵고 다분히 의판(擬判)의 안례였을 것으로 생각된다. 그렇다고 해도 뒷부분의 세 가지 안례([안례B·C·D]-옮긴이)는 당대(唐代)에 발생했을 가능성이 매우 크고 게다가 중요한 것이기 때문에 이들 판문은 당시 사람들의 부분적인 법률사상을 깊이 반영했다고 확언(確言)할 수 있다. 따라서 천여 년이 지난 현재, 이러한 안례(案例)를 접한 우리로서는 이들 안건의 진실성 여부에 집착하기 보다는 당시 기록자와 편집자가 전달·보존하려는 법률 정보를 발굴하는 것, 다시 말하면 당시 사람들의 사법적인 가치취향을 파악하는 것이 더 가치가 있고 또 주목해야 할 점이다.

위에서 서술한 네 가지 안례를 통해 대략 다음과 같은 다섯 가지 법률 정보를 석출(析出)할 수 있다.

(1) 사법관의 뛰어난 사법적 기능을 강조하는데 중점(重點)을 두었고, 동시에 은연중에 관료들이 거울로 삼아 학습할 것을 주창하였다([안례A]). (2) 동시에 '불효'죄 안건에 내재(內在)될 수 있는 법률적 함정(陷穽)을 지적하였고, 이 때문에 (불효죄는) 부득불 신중히 대처하고 또 힘써 확실한 죄상을 추구하였다[안례A]. (3) 가정(家庭) 내의 남성(男性)과 존장(尊長)의 입장에서 부권(夫權)과 존장권(尊長權)은 위반·저항할 수 없고, 처(妻)로서는 굴종(屈從)할 수밖에 없음을 강조하여, 당조인(唐朝人)의 가정윤리질서에 대한 법률상의 강제적 요구를 부각시켰다([안례B]). (4) 교령(敎令)의 효력(效力)을 구별(區別)해서 처리하여, 첫째 '죽은 아버지[死夫]'가 내린 교령은 그 효력을 어느 정도 감등(減等)하였고, 둘째 부당[非正當]한 교령은 결코 지지하지 않았다([안례C]). (5) "일준호례(一准乎禮: 오로지 예에 준한다)"는 당률의 구조에서 예(禮)·법(法) 간(間)-또는 도덕과 법률 간이라고도 한다-에 충돌을 피할 수 없었다. 판문(判文)이 제시한 사법태도를 보면, 한편으로 부모를 공양하는 효순(孝順) 행위에 대하여는 법률과 도덕 면에서 모두 인가(認可)되었지만, 다른 한편으로 공양 방식의 방법적 합법성도 십분 중시되어 범죄 행위(예컨대 절도)에 의한 공양 행위는 도덕

적으로 용서되기 어려웠을 뿐 아니라 법률적으로도 제재(制裁)를 피할 수 없었다([안례D]).

상술한 다섯 가지 점을 종합하고 또 앞의 불효죄와 「자손위범교령조(子孫違犯敎令條)」에 관한 분석과 논술(論述)을 참조하면, 당시 사람들은 당초(唐初) 입법자가 불효죄 · 「자손위범교령조(子孫違犯敎令條)」 등에 관한 법률내용을 상세히 분석하고 구별해서 처리한 것에 대하여 중시하기는커녕 "완전히 무시한" 듯 했음을 볼 수 있다. 반대로 심안(審案) · 의판(擬判) 과정에서 불효 · 공양 결여[供養有闕] · 교령위반[違犯敎令] 등 죄행(罪行)은 그 명칭이 종종 모호할 뿐만 아니라 또 혼용(混用)되기도 하였다.[93] 그러나 위의 다섯 가지 분석을 기초로, 옛날 사람들의 이들 안건에 대한 처리방식도 두 가지 측면, 즉 도덕적 측면과 법률적 측면으로 확장시킬 수 있다.

우선, '예 · 법합일(禮法合一)'의 배경 속에서 당률의 '불효' · '자손의 교령위반[子孫違犯敎令]'과 '공양 결여[供養有闕]' 등에 관한 법률적 내용은 모두 일정한 도덕적 입법색채를 가지고 있었음을 부인할 수 없다. 혹자는 당률의 일부 법률적 기능이 국가의 강제력을 통해 가정윤리질서를 유지 · 보호하는데 있었다고 한다. 입법이 이와 같았다면 사법도 당연히 그러하였을 것이다. 위에서 서술한 네 가지 안례(案例)에서 효성으로 공양하는 도리[孝順供養之道]에 대하여는 모두 긍정적인 태도만을 가졌음을 볼 수 있다. 특히 심한 상황도 있었는데, 예컨대 [안례B]의 경우, 부권(父權) · 부권(夫權)의 전제적인 강세(強勢) 속에서 처(妻)는 근본적으로 독립적이고 완전한 인격을 갖지 못하였음을 느끼게 한다. 오늘날의 관점에서 보면, 이러한 가정윤리질서 · 권리 · 의무 관계는 매우 불합리 · 불평등한 것이었지만, 이것은 중국고대 · 당조(唐朝)라는 시기에서는 결국 일종의 잔혹한 도덕적 현실이었다. 솔직히 말해서 그 중 일부 극단적인 도덕적 요인을 제외하면, 무릇 부자자효(父慈子孝) · 형우제공(兄友弟恭) 등과 같은 가정윤리질서에 대한 도덕관념은 국인(國人)의 사상에서 고질적인 것이 되어[深根固蔕] 이미 풀기 어려운 매듭이 되었다고 할 수 있다. 지금은 비록 몇 번의 사회적 대변동을 거쳐 창해상전(滄海桑田) 같은 대변화가 일어났지만,

---

93) 그렇다고 해도 당초(唐初) 입법자의 정치(精緻)한 입법 활동—세밀하고 조리 있는 분석—에 대하여는 경시(輕視)할 수 없고, 그들이 중국 법사(法史)에 가한 공적에 대하여도 응분(應分)의 경의를 표해야 한다.

이 방면에서만큼은 여전히 '고인(古人)의 분묘(墳墓)' 속에서 생활하고 있는 지도 모른다. 이에 기초해서 법률적 수단을 통해 도덕과 풍속의 순후함을 유지·보호하고자 하는 시도는 어떤 시기·사회이든 그 자체를 비난할 수는 없을 것이다.

다음으로, 네 가지 안례를 보면, 당시의 윤리도덕에 대해서는 상당히 인정하는 태도를 취하였지만, 법률적인 측면에서는 추호도 관대하지 않았다. 문제가 있는 교령 행위에 대해서는 '생존 시(時)의 명령'이든 '유언(遺言)'이든 도덕적으로 용납되지 않았을 뿐 아니라 법률적으로도 지지를 받을 수 없었다([안례C]). 하자(瑕疵)가 있는 공양 행위에 대해서는 도덕정신에 완전히 부합되지 않았을 뿐 아니라 법률적인 제재도 면하기 어려웠다([안례D]). 게다가 중요한 것은 고대의 사가(史家)(와 일반 민중)는 특히 이러한 안건을 처리하는 과정에서 발휘되는 법관의 사법적 지혜를 숭상하였고, 죄명(罪名)의 적용·형벌적 제재(制裁) 이전에 이러한 가정윤리 안건에 대해 자세하고 신중하게 조사하고 민첩하게 판결하여 당시 인정·도리에 맞는 공평한 법률결과를 추구할 것을 주장하였다. 이로써 사법관(司法官)은 도덕윤리를 고려함과 동시에 비록 성문법에서의 극히 미세한 차이에 대해 특히 유의하지 않더라도 사건의 실질적인 정의(正義)를 매우 중점적으로 추구하였음을 알 수 있다. 따라서 적극적인 면에서 보면, 당시 사법관은 안건을 심리할 때 단순히 도덕적인 측면에서 문제를 고려하였을 뿐만 아니라 일종의 법률적 가치판단도 하였다고 할 수 있다. 이러한 법률적 가치판단은, 종래의 연구에서는 통상 등한시되었지만 고대의 정사(正史)·정서(政書) 또는 야사(野史)·필기(筆記) 등에 명시(明示)되고 있기 때문에, 오히려 당시 민중의 사법에 대한 광범위한 이상(理想)과 기대(期待)가 되었던 것이다. 정사·정서 또는 야사·필기 등의 유포·전파에 따라 유사한 안건은 누적·첨가되었고, 게다가 전기(傳奇)소설·희곡·시가(詩歌) 등 문예작품에도 생생하게 묘사됨으로써 일부 긍정적인 사법관('청관[淸官]'·'염리[廉吏]'·'능리[能吏]'·'순리[循吏]')들의 형상(形象)은 부단히 강조되었고, 최종적으로는 중국 법사(法史) 속의 청류(淸流)가 되었을 뿐 아니라 심지어 중국 고인(古人)들의 사법적 전통으로서 자기정체성(自我正體性: ego identity)에 대한 대표적인 특징이 되었다. 환언하면 그들의 관점에서 보면, 중국고대 사법에서 각각의 안건에 대해 실질적인 정의를 추구할 경우, 이러한 실질적인 정의는 성문법을 초월하였을 뿐 아니라 일반적인 도덕규범도 초월할 수 있었던 것이다.

　나아가 당시 사람들은 아마 두 가지 방면에서 유례가 없는 '자신감'에 가득 찬 듯 했음을 볼 수 있다. 첫째는 전통적 가정윤리(인륜도덕도 포함)에 대한 자신감인데, 이것은 문화의 정수(精髓)이자 인륜의 대본(大本)으로 간주되었다. 둘째는 사법의 실질적인 정의에 대한 자신감인데, 일정한 법률제도를 통해 실질적인 공평·정의라는 결과를 완전히 이룰 수 있다고 굳게 믿었다. 장기간에 걸쳐 이러한 두 방면의 자신감은 흔들리지 않았을 뿐 아니라 오히려 강력하게 고착화되는[深根固蔕] 추세에 있었다. 특히 양자가 결합하여 가정내부 윤리관계의 법률적 내용에 영향을 미칠 때는 자연히 말하고자 해도 주저되고 그만두려 해도 그만둘 수 없는 진퇴양난의 곤란한 상황에 직면하게 되었던 것이다.

제2절
'교령권(敎令權)'과 로마법 중 가부권(家父權)의 비교

　당률을 연구하는 사람이 로마법[94]을 읽으면, 그때마다 당률과 로마법은 상통(相通)하는 점이 적지 않았던 것에 경탄하게 된다. 동일하게 로마법을 배우는 사람이 당률을 보게 되면, 역시 로마법과 당률은 유사점이 많다는 것을 항상 느끼게 될 것이다. 학자들 중에 중국고대 가장(家長)의 전제권(專制權)을 논할 때 간혹 이것을 로마법 중의 가부권과 비교하기도 하고, 또 그 경우에 대부분 "동·서양이 대개 일치하는[以洋槪中]" 추세에 있었던 것을 기뻐하는 학자도 있지만, 이들은 로마법의 특징과 발전 궤적을 보편적인 진리로 삼아서 이것을 중국고대 법사연구(法史研究)에 적용하였기 때문에 중국 법사 발전

---

94) 여기서는 오직 일반 학술적 의의(意義) 상(上)의 고대 로마법을 가리키며, 결코 오늘날 로마의 법률을 가리키지 않는다.

의 특성을 무시하는 경향도 있었다. 그러나 그 실제를 구명해보면, 거시적 또는 개괄적으로 비교하거나 기계적으로 기타 법사 발전의 모식(模式)을 적용하는 것은 인식문제의 진상(眞相)이라는 관점에서 종종 폐해가 이익보다 크기 때문에 결코 이를 과도하게 사용해서는 곤란하다. 오히려 구체적이고 또 세밀한 법률적 내용을 근거로 심부(深部)에까지 파고들어 보다 풍부한 인식(認識)을 통한 성과를 확보해야 한다. 본 절(節)은 당률의 '교령권'과 로마법의 '가부권'을 예로 삼아 서로 연관되어 있는 권리의 내용과 실질(實質), 권리의 발생과 변천이라는 두 가지 관점에서 비교·고찰하여 양자의 이동점(異同點)을 분석하고자 한다.

1. 권리의 내용과 실질

많은 저자(著者)들이 말한 바와 같이 로마의 위대성은 로마법의 위대성에 기초를 두고 있다.[95] 이 점은 고대 로마인의 눈으로 보면, 결국 긍지에 찬 자신감이었다. "로마의 법학가(法學家)들은 …… 자신들의 법률제도와 국가제도의 우월성에 대해 지나치게 자신감을 가졌다. 따라서 모든 외국법에 대해서는 처음부터 매우 낮게 평가하였다. 키케로(Marcus Tullius Cicero: B.C.106~

---

95) 예컨대, [미국] 배로(Reginald Haynes Barrow: 1893~1984)는 『로마인(羅馬人: The Romans)』(황도[黃韜] 역[譯], 상해인민출판사[上海人民出版社], 2000) 제11장에서 "로마인의 최대 성취는 그 자신들에 대한 고유 가치이든 세계 역사에 대한 영향이든 바로 그들의 법률이었다"(227쪽)고 하였다. 또한 [독일] 몸젠(Christian Matthias Theodor Mommsen: 1817~1903)도 『로마사(羅馬史: Römische Geschichte)』(이가년[李稼年]역[譯], 상무인서관[商務印書館], 2004) 제1권, 제11장에서 "로마인은 하나의 법제(法制)를 스스로 정했고 또 그것을 꿋꿋이 받아들였다. 왜냐하면, 이 법제에서는 자유와 (제국에 대한) 관할, 소유제와 법률절차에 대한 항구적인 원칙이 이미 확실히 또 빈틈없이 통치에 작용했기 때문이다. 게다가 지금도 여전히 이와 같았다. 로마의 위대성은 바로 여기에 있고 또 여기에 기초를 두고 있다"(145쪽)고 하였다.
〈옮긴이주〉 몸젠의 『로마사』는 국내의 경우, 테오도르 몸젠 지음, 김남우, 김동훈, 성중모 옮김, 『몸젠의 로마사 1·2·3』(푸른역사, 2013~2015)으로 출간되었다.

B.C.43)는 일찍이 모든 외국법은 로마법과 대비하면 모두 '매우 혼란스럽고 또 대체로 가소로운 것이다'고 하였고, 간혹 외국의 법률규범을 언급할 경우에도 단지 역사적인 설명이나 이론적인 놀이[遊戱] 정도일 뿐이었다."96) 그리고 로마인이 우월하다고 느끼는 로마법 중에서 '가부권(patria potestas-옮긴이)'은 가장 대표적인 것으로 여겨졌다. 예컨대, 유스티니아누스 대제(Justinianus I: 483?~565. 재위 527~565)는 『법학제요(法學階梯: Institutiones)』에서 진솔하게 "우리가 자녀에 대해 가지는 지배권은 로마시민만이 특별히 가지는 것이고, 사실상 다른 어떤 사람도 자녀에 대해서 우리가 누리는 것과 같은 이러한 권력을 누리지 못한다"97)고 하였다.

로마법 중의 '가부권'을 논(論)하고자 할 경우에는 우선 당시 '가정(家庭)'의 개념부터 명확히 해야 한다. 『유럽가정사(歐洲家庭史: The European family)』의 저자는 다음과 같이 말하고 있다. "라틴어 파밀리아(familia)는 매우 오래되었다. …… 이 단어의 기본적인 뜻은 '가족', 즉 가복(家僕)·가노(家奴)가 포함된 동일 주택에 거주하는 모든 구성원을 말한다. 비록 리베리(Liberi: 자유)라는 단어는 아이가 출생하면 법적으로 인정되는 자유를 가리키지만, 그들의 지위는 대체로 노예와 명확한 차이가 없었다. 마찬가지로 파테르(pater: 父)·마테르(mater: 母)도 혈연관계를 나타내지 않고 권위에 대한 의뢰(依賴)를 나타내었다. …… 사실상 가정에서 부친(父親)의 지위는 생부(生父)의 신분과 조금도 상관(相關)이 없었다. 더욱 명확하게 말하면, 그것은 일종의 특수한 권위적인 지위에서 비롯되었다. '부친'은 최초로 한 집[一家]의 가장(家長)이자 독재자로서, 그는 처(妻)·자녀·노예 및 기타 가정에 속하는 사람들에 대해 권력을 누렸다. 이 사람들이 공동으로 가정을 이루었다."98) 유스티니아누스 대제(Justinianus

---

96) [독일] 츠바이게르트(Konrad Zweigert)·괴츠(Hein Kotz), 『비교법총론(比較法總論: Einfuhrung in die rechtsvergleichung)』(반한전[潘漢典] 등역[等譯], 법률출판사[法律出版社], 2003), 제4장, 74쪽.

97) [고대로마] 유스티니아누스 대제(Justinianus I), 『법학제요(法學階梯: Institutiones)』 (서국동[徐國棟] 역[譯], 중국정법대학출판사[中國政法大學出版社], 2005), 39쪽.

98) [오스트리아] 미터라우어(Michael Mitterauer)·지더(Reinhard Sieder), 『유럽가정사(歐洲家庭史: The European family)-중세기에서 현재에 이르기까지 부권제에 동반되는 관계(中世紀至今的父權制到夥伴關系)』(조세령[趙世玲] 등역[等譯], 화하출판사[華夏出版社], 1991), 「역사·사회적 형태로서의 가정(作爲一種歷史社會形態的家庭: Famiglia

I) 시대의 법학가(法學家) 울피아누스(Domitius Ulpianus: 170?~228)도 '가정'을 "다수의 사람들이 만든 것"으로 보았다. 또한 가정은 광의와 협의의 구분이 있었다. 광의의 가정은 혈연관계가 있는 모든 사람을 포괄하였고, 협의의 가정은 "자연에 기초하든 법률규정에 기초하든 모두 동일한 지배권하에 있는 다수의 사람들, 예컨대 가부(家父)99) · 가모(家母) · 가자(家子) · 가녀(家女) 및 이후 그들의 자리를 대체하는 손자 · 손녀와 같이 모두 순차적으로 대(代)를 잇는 사람들"100)을 가리켰다. 가정에서 최고의 지위를 누리는 사람은 가부였고, 그 나머지는 모두 그 지배하에 있었기 때문에 가부권은 어느 정도 가부의 기타 가족 구성원에 대한 지배권을 의미하였다.

이와는 달리 당률의 '교령권'은 「자손위범교령조(子孫違犯敎令條)」에 기초하여 출현한 것으로서, 신분권(身分權)과 재산권(財産權)을 내용으로 하는 권리의 집합체였다. 우리는 이것을 개괄적으로 가장의 교령권이라 칭(稱)하고 있다. 『당률』의 「투송47」(제348조)「자손위범교령조(子孫違犯敎令條)」에서는 "무릇 자손이 교령을 위반하였거나[違犯敎令] 공양에 궐함이 있었다면[供養有闕] 도형 2년에 처한다"101)고 규정하였다. '교령'이라는 이 개념에 내재된 거대한 포용성 및 외연적 광활성(廣闊性)으로 교령권의 범위는 매우 광범위해졌는데, 혹자는 상당한 불확정성(不確定性)을 띠게 되었다고 하였다. 본 조문 중에서 '자손의 공양 결여[子孫供養有闕]'라는 부분을 제외하면, '자손의 교령위반[子孫違犯敎令]'에 관한 죄명은 본래 법률적으로 명확하게 제시되어 있었다. 그러나 한편으로는 '교령권'의 불확정성 때문에, 다른 한편으로는 사실상 교령위반[違犯敎令] 행위는 매우 많아서 재산에 관한 경우도 있었고 신분 및 기타 권리 · 의무관계와 관련된 경우도 있었기 때문에, '교령권'은 당률의 가정 내부에 관한 법률관계 영역에서 매우 큰 영향력을 가지게 되었다. 바꾸어 말하면, 당률에

dimotrimonio esu ccesione delpatrimonio)」, 6~7쪽.
99) 〈옮긴이주〉 '가부(家父)'는 고대 로마에서 가장권(家長權)의 주체가 된 사람으로서, 반드시 아버지만은 아니며 가족에 대하여 절대적인 권력을 가지고 있었다.
100) [이탈리아] 스키파니(Sandro Schipani: 1940~) 선편(選編), 『혼인 · 가정과 유산계승(婚姻 · 家庭和遺産繼承)』(비안령[費安玲] 역[譯], 중국정법대학출판사[中國政法大學出版社], 2001), 5쪽.
101) 『당률소의』(법률출판사[法律出版社], 1999) 권24, 「투송」 「자손위범교령」, 472쪽.
〈옮긴이주〉 『역주율소-각칙(하)-』 「투송47」(제348조)「자손위범교령조」, 3121쪽.

서 가장의 교령권에 관한 내용은 매우 풍부하였던 것이다. 『혼인·가정과 유산계승(婚姻·家庭和遺産繼承)』102)에 인용되어 있는 『법학제요』·『민법대전(民法大全: Corpus Iuris Civilis)』 등 로마의 법률문서를 참조하면, 로마법의 '가부권'과 당률의 '교령권'의 법률적 구성은 권리의 주체와 객체, 권리의 내용, 권리의 실질과 특징이라는 세 방면에서 대비(對比)할 수 있다.

첫째, 권리의 주체와 객체 방면이다. 울피아누스(Domitius Ulpianus)의 권위(權威) 있는 관점에 의하면, "사실상 로마시민 중에서 일부는 가부(家父), 다른 일부는 가자(家子), 또 일부는 가모(家母), 또 일부는 가녀(家女)가 되었다. 이들 중 가부가 되는 사람은 자권자(自權者: sui iuris-옮긴이)이고 …… 가자와 가녀가 되는 사람은 타인(他人)의 지배권 하에 있었다. 마찬가지로 나(가부-옮긴이)의 아들 및 그 처(妻)가 낳은 자식들, 즉 나의 손자와 손녀·증손자와 증손녀 및 기타 직계비속(直系卑屬)도 모두 나의 지배권하에 있었다."103) 동시대의 가이우스(Gaius: ?~?)도 "'가장(家長: parentis)'이라는 단어는 부친(pater)을 포괄할 뿐 아니라 조부(avus)·증조부(proavus) 및 기타 순서에 따라 위로 배열된 모든 조선(祖先)도 포괄한다. 마찬가지로 '여가장(女家長: parens)'이라는 단어도 모친(mater)·조모(avia)와 증조모(proavia)를 포괄한다"104)고 지적하였다. 이로써 로마법에서 가부권의 권리주체는, 엄격한 의의(意義) 면에서 일가(一家) 중 연령이 가장 많고 유일한 남성 존장에게 귀속되었고, 일반적 의의면에서 이 사람 이하의 기타 가장(여성 가장도 포괄한다)도 자기의 자녀비속(子女卑屬)에 대해서도 부분적인 가장권(家長權)이 있었지만, 이러한 가장권의 존재와 행사에서 전제가 되는 것은 근본적으로 가부권을 침월(侵越)·손상하지 못한다는 것이었다. 가부권의 권리객체도 가부권에 예속되어 있었는데, 거기에는 가자·가녀·손자·손녀·증손자·증손녀 및 기타 직계비속이 포괄되었다. 이뿐 아니라 연령적으로 성인이든 미성년자든 무릇 이러한 부류(部類)들은 모두 가부권에 예속되어 있었다.

당률의 「투송47」(제348조) 「자손위범교령조(子孫違犯敎令條)」를 대비시키면,

---

102) 〈옮긴이주〉 원서에는 '『家庭·婚姻和遺産繼承』'으로 되어 있다.
103) 『혼인·가정과 유산계승(婚姻·家庭和遺産繼承)』, 10쪽.
104) 『혼인·가정과 유산계승(婚姻·家庭和遺産繼承)』, 11쪽.

그 중에는 명확하게 자손과 부모 · 조부모가 대응하고 있고, 또한 "가정(家庭)의 모든 일은 가장 존귀한 한 사람에 의해 결정된다"는 예교경의(禮敎經義)와 결합되어 있는 것에서 '교령권'의 권리주체는 엄격한 의의(意義) 상에서도 가정에서 유일하게 연령이 가장 많은 남성존장이었고, 기타(其他) 가장(家長)도 부분적으로 자녀비속에 대한 교령권을 가졌음을 알 수 있다. 교령권의 권리객체는 일반적으로 가자 · 가녀 · 손자 · 손녀 · 증손자 · 증손녀 및 기타 직계비속도 포괄되었다. 이외에 혼인 · 출산과 수양(收養) 관계에 의해 발생하는 처(妻) · 자식[子]과 피수양인(被收養人)도 가부권의 지배하에 있었을 뿐 아니라 교령권의 범위 내에도 있었고, 인구매매(人口賣買)에 의해 발생하는 노예 및 노예의 후손도 유형(有形)의 재산과 마찬가지로 가부권과 교령권의 통속(統屬)하에 있었다. 게다가 로마법의 가부권과 마찬가지로 권리객체의 연령도 성년과 미성년을 구분하지 않고 원칙적으로 모두 가장의 교령권에 종속(從屬)되었다.

둘째, 권리의 내용 방면이다. 로마법 중의 가부권에 대하여는, ① 한 집[一家]의 제사(祭祀)를 주관하는 권리, ② 한 집[一家]의 심판(審判)을 주관하는 권리, ③ 가자(家子)를 매각(賣却)하는 권리, ④ 재산 일체를 지배하는 권리, ⑤ 혼인에 동의하는 권리가 포괄된다고 보는 학자도 있다.[105] 또 먼저 가부권을 가자에 대한 인신권(人身權)과 가정 재산에 대한 권리라는 두 가지 방면으로 개괄한 다음에 이를 다시 분류한 연구자도 있다.[106] 양자(兩者)를 참조하면, (로마법의 가부권은) 다음과 같은 여섯 가지 항목이 된다.

(1) 가정의 제사권(祭祀權)

"각가(各家)마다 부친(父親)보다 존귀(尊貴)한 대상(對象)이 있다. 그것은 바로 가정의 종교이다. …… 혹자는 이 가신(家神)은 사람의 마음속에 깊이 뿌리를 내리고 있는[深根固蒂] 신앙으로서, 의심할 여지없는 주권(主權)이라고 하였다. 가정의 질서는 바로 이러한 신앙으로 확정되었다. 가신[家火]의 계승자는 부

---

105) 황우창(黃右昌), 『로마법과 현대(羅馬法與現代)』(경화인서국[京華印書局], 민국[民國] 19년), 본론 제1편, 141~147쪽.
106) 강평(江平) · 미건(米健), 『로마법기초(羅馬法基礎)』(중국정법대학출판사[中國政法大學出版社], 2004), 제2장, 138~140쪽.

친이었고, 그는 가신의 주재자(主宰者)였다. 그는 가신에게 제사를 드리는 대사제(大司祭)였다. 각종 제사 때에 그의 직무는 가장 높았다. 즉 그는 희생(犧牲)을 살해하였고, 가(家) 전체의 가호(加護)를 비는 기도문을 구송(口誦)하였다. 가정 및 가제(家祭)는 모두 그에 의해 영원히 상전(相傳)될 수 있었기 때문에 그는 후대의 자손이 연속할 수 있는 상징이었다고 할 수 있다. 그는 가제(家祭)의 토대였다. …… 그는 사망하면, 자손이 응당 제사를 지내고 기복(祈福)하는 신(神)이 되었다."107)

(2) 가정의 심판권(審判權)

가부(家父)는 현실적으로 한 집[一家]의 주인으로서, 가정의 사무(事務)·가자(家子)의 행위에 대한 심판권이 있었다. 심판의 최고단계는 가자에 대한 생살권(生殺權)이었다. 『십이표법(十二表法)』 이전에 로마 최초의 왕 로물루스(Romulus)는 일찍이 "가부에게 가자의 일생(一生)에 대한 절대권을 주었는데, 구금(拘禁)·편달(鞭撻)·노역(勞役)은 물론이고 살해권까지 주었다."108) 그렇다면 "이러한 권력은 독단적인 것은 아니고 일찍이 그것이 출현할 때부터 이미 확정된 형식과 적용방식이 있었던 것이며, 그것은 법(ius)으로 제한을 가하지 않고 각 가정의 제도에 포함되어 조정되었다. 즉 가정법률제도 속에 규정되었던 것이다."109)

(3) 가자(家子)의 매각권(賣却權)

로물루스(Romulus)가 가부에게 추가로 준 권력에는 "가부에게 가자의 매각

---

107) [프랑스] 쿨랑주(Numa Denis Fustel de Coulanges: 1830~1889), 『고대도시-고대 그리스·로마의 제사·권리와 정제 연구(古代城邦-古希臘羅馬祭祀·權利和政制研究)』(담립주[譚立鑄] 등역[等譯], 화동사범대학출판사[華東師範大學出版社], 2006), 제8장, 75~76쪽.
〈옮긴이주〉 본서의 국내 번역본으로는 튀스텔드 쿨랑주 지음, 김응종 옮김, 『고대도시 고대 그리스·로마의 신앙법 제도에 대한 연구』(아카넷, 2000)가 있다.
108) 강평·미건, 『로마법기초(羅馬法基礎)』「부록: 『십이표법』 이전의 로마 법률(附錄: 『十二表法』 以前的羅馬法律)」, 505~506쪽.
109) [이탈리아] 쥬세페 그로소(Giuseppe Grosso: 1906~1973), 『로마법사(羅馬法史)』(황풍[黃風] 역[譯], 중국정법대학출판사[中国政法大學出版社], 1998), 제1장, 13쪽.

을 허가하였고, …… 모두 세 번에 걸쳐 매각해서 이익을 취할 수 있었다. 세 번 매각한 후에 가자는 부권(父權)으로부터 자유롭게 된다"는 내용이 포함되었고, 이것은 『십이표법』 제4표(表)의 규정110)과 기본적으로 일치하였다. 피매각자(被賣却者)인 가자를 로마의 영역 밖으로 매각한 경우에는 기본적으로 즉시 노예로 전락될 수 있지만, 이러한 매매형식은 점차 드물게 되었다. "만약 로마의 영역 내에서 매매하였다면, 매매된 자녀는 결코 노예로 전환되지 않고 일종의 준(準)노예 상태(사역되는 상태[inmancipio])에 처해졌다. 이러한 사역되는 상태는 약간의 미세한 방면에서 노예의 지위와 달랐지만, 주된 차이는 사역되는 상태에 있는 사람은 자유인의 권리가 중지되었을 뿐이었기 때문에 그가 해방되었다면 이러한 권리는 다시 회복되었다."111)

(4) 가정재산의 지배권

로마의 시민법(市民法) 중에서 상당히 오랜 시기 동안 가부(家父)는 가정재산의 유일한 소유인이었고, 가자(家子)는 재산상에서 권능(權能)이 없는 지위에 있었다. 그러나 가부는 가자가 일정한 연령에 도달하면 약간의 재산을 지급할 수 있었고, 혹은 가자를 가정재산의 관리자로 임명하기도 하였다. 이밖에 국가의 전쟁으로 출정한 경우에도 군인의 재산상의 이익을 보호해야 하였다. 따라서 "아우구스투스(Augustus: B.C.63~A.D.14) 시대, 무릇 가자가 군인신분으로 취득한 재산은 모두 합법적으로 보존될 수 있었다. 그 속에는 군비(軍備)로서의 예물(禮物)·채무·노획물도 포괄되었다. 가자는 군인신분으로 이러한 재산에 대해 처분을 유촉(遺囑)할 수 있었고, 계약의 대상물로 사용할 수도 있었으며, 손해배상(損害賠償) 등에 사용할 수도 있었다."112) 유스티니아누스 대제(Justinianus I) 시대에 "그는 의연·결연히 가자에게 타인이 자발적으로

---

110) 강평(江平) 주편(主編), 『십이표법(十二表法)』(법률출판사[法律出版社], 2000) 제4표(表) 제2조(條)의 규정은 다음과 같다. "만일 아버지[父] 가장(家長)이 아들[子]을 세 번 팔아 넘겼다면, 아들은 아버지로부터 자유롭게 된다."(13쪽)

111) [영국] 배리 니콜라스(Barry Nicholas: 1919~2002), 『로마법개론(羅馬法概論: An Introduction to Roman Law)』(황풍[黃風] 역[譯], 법률출판사[法律出版社], 2005), 제2편, 71쪽.

112) 강평·미건, 『로마법기초(羅馬法基礎)』, 제2장, 139쪽.

준 재물 또는 (가자) 자신이 노동으로 취득한 재물에 대한 소유권의 귀속(歸屬)을 허가하였는데, 그 속에는 우연히 취득했거나 직업으로 취득한 재물에 대한 소유권도 포함되었지만, 가부의 용익권(用益權)은 변함없이 유지되었다."[113]

(5) 혼인(婚姻)의 동의권(同意權)

유스티니아누스 황제(Justinianus I)는 일찍이 "어떤 한 명의 남성도 부모의 동의를 거쳤거나 부모가 없을 때 오로지 자기의 희망에 따라서 쌍방에 결혼할 의사(意思)만 있다면 혼인은 유효(有效)하다"[114]는 명령을 발포하였다. 사실상 가부(家父)·가모(家母)(특히 가부)의 동의는 남자의 혼인이 성립될 수 있는 필요조건(必要條件)이었다. 오직 부모가 없을 때에만 자기와 쌍대방의 희망에 따라 혼인이 성립될 수 있었다. 여자에 대해서는 더욱 그러하였다. 울피아누스(Domitius Ulpianus)는 "부친(父親)이 선택한 혼인할 사람[未婚夫]에게 추악(醜惡)한 습관이 있거나 (그가) 비천(卑賤)한 도당(徒黨)일 때에만 딸은 부친의 의견에 이의(異議)를 제기할 자유가 있었다"고 하였다. 이혼도 역시 이와 같아서, "딸이 아직 부권(父權)의 통제 속에 있을 때, 아버지[父]는 딸과 혼인할 사람[未婚夫]에게 편지 한 통을 보내어 혼약(婚約)에 대한 해제(解除)를 선언할 수 있었다."[115]

(6) 부양(扶養)의 향유권(享有權)

이 권리는 자녀를 양육할 의무와 상대적이었다. 울피아누스(Domitius Ulpianus)의 견해에 따르면, ① "부모는 반드시 자녀를 양육해야 하였고", ② "우리들은 모친(母親)에게도 자녀에 대한 양육을 맡도록 요구하였고, 게다가 그 중에는 사생아(私生兒)에 대한 책임도 포함되었으며", ③ "외조부(外祖父)도 양육할 책임이 있었다." 따라서 이에 상응하여 쌍방에 유리한 원칙에 입각해

---

113) [이탈리아] 피에트로 본판테(Pietro Bonfante: 1864~1932), 『로마법교과서(羅馬法敎科書: Istituzioni didiritto Romano)』(황풍[黃風] 역[譯], 중국정법대학출판사[中國政法大學出版社], 1992) 「로마가정(羅馬家庭)」, 131쪽.

114) 『혼인·가정과 유산계승(婚姻·家庭和遺産繼承)』, 45쪽.

115) 『혼인·가정과 유산계승(婚姻·家庭和遺産繼承)』, 23·29쪽.

서 부양을 향유할 수 있는 권리의 주체에는 부친(父親)·종친(宗親) 혹은 증조부, 즉 부계(父系) 및 기타 남성 친속의 부친, 모친과 모친의 친속 및 기타 외척도 포함되었다.[116] 이뿐만 아니라 "설령 부권(父權)에서 해방된 아들도 아직 결혼 적령기가 아니었다면 가난한 부친을 부양할 책임이 있었고", "부유하면서 병역에 복무하는 아들도 응당 부모를 부양해야 하였다."[117]

당률 및 당(唐) 이전 법률을 대비해보면 다음과 같다.

(1) 가정의 제사권

뿌리 깊은[深根固蔕] 조선숭배(祖先崇拜) 전통이 있는 중국고대 사회의 이면(裏面)에서 가정의 제사권(실은 의무이기도 하였다)은 또한 오직 한 집[一家]의 남성 중 장(長)의 수중에 귀속(歸屬)되었다. 남성인 적사(嫡嗣: 정실[正室] 소생으로 대[代]를 잇는 아들-옮긴이)는 가족의 혈통을 잇는 중심[關鍵]이었을 뿐 아니라 조종(祖宗) 제사에 대한 계승이라는 사명(使命)을 완수(完遂)하는데 있어서도 필수적인 존재였다.

(2) 가정의 심판권

한 집[一家] 내부의 사무(事務)에 대한 심판권이 연령이 많고 덕망(德望)이 있는 남성 존장(尊長)에게 주어진 것도 중국고대의 관례(慣例)였다. 게다가 법률에서는 조부모·부모에게 무한(無限)한 교령권(敎令權)을 주었기 때문에 가정 내 전반적인 사무의 결정·시비(是非)의 선택은 모두 가장(家長)의 교령과 재판에 복종해야 하였다. 진한(秦漢) 이래 법률은 이미 가장(家長)이 전제권력을 남용할 수 없다는 점을 명확히 하였고, 자손을 천살(擅殺)하였다면 살육(殺戮)의 죄(罪)를 받았다.

(3) 가자의 매각권

당시 법률은 (이것을) 어느 정도 승인하였고 제한도 가하였다. 예컨대, 북위(北魏) 때의 비양피(費羊皮)가 딸을 팔아서[賣女] 모친(母親)의 장례(葬禮)를 치른

---

116) 『혼인·가정과 유산계승(婚姻·家庭和遺産繼承)』, 137쪽.
117) 『혼인·가정과 유산계승(婚姻·家庭和遺産繼承)』, 141쪽.

사건118)과 같이, 당시 법률에서는 부친(父親)이 딸을 파는 권리에 대하여 상당히 인가(認可)하였고, 도덕적으로도 인정(認定)되었다. 그러나 매매된 딸은 보통의 노비와 달리 법률상으로는 '양인(良人)'이 아니었지만, 재차 전매(轉賣)는 허용되지 않았다. 이와 같이 입법(立法)은, 한편으로는 부친이 딸을 속환(贖還)할 수 있는 권리와 가능성을 보호하였고, 다른 한편으로는 딸이 자유를 회복할 수 있는 권리도 어느 정도 보호하였다. 실제로도 일종의 "준(準)노예상태"가 형성되었고, 혹자는 (이것을) '사역되는 상태'라고 하였는데, 로마법 중의 가부(家父)가 가자(家子)를 매각하는 권리와 매우 유사하였다.

(4) 가정재산의 지배권

당률에서는 명확하게 "자손이 호적을 달리하고[別籍] 재산을 나누는[異財]" 행위를 금지하고 있었다. 즉 조부모·부모가 살아있을 때 내지 증조부모·고조부모가 살아있을 때, 가장(家長)의 명령이 없었다면 자손은 호적을 달리 만들거나 가재(家財)를 나눌 수 없었다. 이와 동시에 자손은 가장의 동의를 거치

---

118) 『책부원구』(권615, 「형법부(刑法部)」 「의언(議讞)2」)에는 다음과 같이 기록되어 있다. 북위 연창(延昌) 3년(514), 기주(冀州) 원성민(袁城民) 비양피(費羊皮)는 모친(母親)이 사망했지만 집이 가난하여 장례를 치루지 못하였기 때문에 이에 7세인 딸을 팔았는데[賣女], 먼저 동성(同城) 사람 장회(張回)에게 주어서 비(婢)가 되게 하였고, (장)회는 또 다른 현(縣)의 양씨(梁氏)에게 전매(轉賣)하였다. 그러나 이 여아(女兒)는 비록 아버지[父]가 팔아서 비가 되게 하였지만, 신분은 본래 양인(良人)이었고, 장회가 그 아버지에게서 샀지만 전매해서는 안 되었기 때문에 결국 오세형(五歲刑)에 처해졌다. 이로써 (1) 당시 법률은 부친(父親)에게 어느 정도 딸을 팔 권리를 인가(認可)했고, (2) 딸은 팔린 이후 신분적으로 감등(減等)의 발생, 즉 양인에서 노비로 강등되었으며, (3) 그러나 이러한 신분 강등은 법률상 절대적 혹은 영원한 것으로 인정되지 않고 단지 상대적 혹은 임시적이었을 뿐이기 때문에 전매(轉賣)가 허용되지 않았고, (4) 율(律)을 어기고 전매한 경우에는 치죄(治罪)되었다는 것을 볼 수 있다. 이와 같이 입법(立法)은, 한편으로는 가장(家長)에게 팔린 자녀를 되찾을 수 있는 여지를 남겨서 가장의 자녀 신분에 대한 '소유권'을 보호하였지만, 또 한편으로는 팔린 자녀의 신분권도 어느 정도 보호하여 그들이 태어나면서 자유롭지 못한 노비처럼 완전히 물화(物化)된 재산으로 전락(顚落)하지 않도록 하였다. 이로써 당시 법률은 가부(家父)의 자녀에 대하여 혹은 가주(家主)의 노비에 대하여, 신분소유권에 조금의 제한(制限)도 가하지 않았던 것이 아니었음을 알 수 있다.
〈옮긴이주〉 동일한 문장은 『위서』 「형벌지」에도 있다(전영섭, 『「위서」 「형벌지」 역주」 『중국사연구』 11, 2000], 262~268쪽).

지 않고 마음대로 가재를 사용할 수도 없었다. 당시 법률에서 자손은 재산상에서도 권능(權能)이 없었고, 가정의 재산권은 원칙적으로 한 집[一家] 중 유일한 남성 존장(尊長)이 장악·지배하고 있었음을 족히 증명할 수 있다. 그러나 가장의 연령이 날로 노쇠하거나 기타 원인으로 가장이 재산을 자손에게 대신 관리케 하는 일도 적지 않았다.

(5) 혼인의 동의권

혼인이 실현되기 위해서는 "부모의 명령, 중매인의 말"이 당률 및 당(唐) 이전의 법률 심지어 당 이후 중국고대 법률에서도 모두 필수적이었다. 이로써 가부(家父)·가모(家母)가 혼인에 동의할 권리가 있었음을 명백히 알 수 있다. 이혼에 대해서는 앞서 언급한 『백거이판(白居易判)』 중 두 가지 의판(擬判)에서 보면, '취처(娶妻)'는 진실로 자기를 생각하기 보다는 전적으로 부모를 위한 것이었기 때문에 "부모에게 순종하지 않았"다면 내쫓을 수도 있었다. 이로써 부모는 그 자식[子]이 이혼하는 문제에 있어서도 절대적 주도권(主導權)을 가지고 있었음을 볼 수 있다.

(6) 부양의 향유권

당률 및 당 이전의 법률에서는 종종 부모가 자녀를 양육해야 할 의무에 대하여는 명언(明言)하지 않은(사실상 상응하는 규범은 도덕과 기타 법률형식으로 있었다) 반면에 자녀가 부모를 부양해야 할 의무, 즉 부모가 부양을 누릴 권리에 대하여는 매우 강조하였다. 도덕적으로 부모를 부양하는 것은 당연한 도리였고, 부모를 부양하지 않은 행위는 '불효'에 속하였다. 진한(秦漢)의 법률이 자녀에게 부모를 부양할 의무가 있다는 것을 명확히 규정함과 동시에 부모를 부양하지 않은 것을 '불효'죄로 규정하고부터 당조(唐朝)가 '자손의 공양결여[子孫供養有闕]'와 '자손의 교령위반[子孫違犯敎令]'을 한 조(條)로 통합하고 동시에 '공양 결여[供養有闕]'를 '십악(十惡)' 중 '불효'로 분류하는데 이르기까지 중국고대 법률에서 부모의 부양에 대한 향유권을 인가(認可)하고 보호한 것은 일맥상통(一脈相通)·일이관지(一以貫之)하였다.

셋째, 권리의 실질과 특징 방면이다. 모건(Lewis Henry Morgan: 1818~1881)은 『고대사회(古代社會: Ancient Society)』라는 책에서 "로마형(型)의 부권제(父權

制) 가족에서 부권은 합리적 범위를 뛰어넘어 지나친 전제(專制)로 흘렀다"119)
고 지적하였다. 진솔하게 말하면, 로마법의 가부권은 본질적으로 가장(家長)
의 가족구성원에 대한 전제권력과 불평등한 권리 · 의무 관계를 대표하였다.
이것은 쥬세페 그로소(Giuseppe Grosso)가 "로마의 가정이 가진 기본적인 특
징은 정치조직의 성질을 갖춘 점이다"120)고 말한 바와 같다. 이상을 당률의
'교령권'에 대한 분석과 대비해보면, 이러한 교령권은 사실상 일종의 등급이
분명한 가정윤리질서도 인가(認可) · 강화하였다고 판단할 수 있다. 이밖에 나
[筆者]는 타이완(臺灣) '중앙연구원(中央硏究院)' 한적전자문헌한전전문검색계통
(漢籍電子文獻瀚典全文檢索系統)을 이용해서 '교령'이라는 단어를 검색하여, 그것
이 정치영역에서 사용되는 확률이 법률영역보다 훨씬 많다는 것을 알 수 있
었다. 따라서 '교령'이라는 단어를 사용해서 가장의 가족구성원에 대한 지배
행위를 묘사한다면, 가정의 내부관계도 정치화시키는 것과 같다. 즉 가장과
가족구성원 간에는 자연적인 혈육(血肉)으로서의 유대를 가짐과 동시에 일종
의 상하 등급의 통속관계이기도 하였다. 이에 근거하면, 고(古)로마의 '가부
권'과 당률의 '교령권'은 자연적인 가정관계의 정치화라는 측면에서는 실로
이곡동공(異曲同工)121)의 묘(妙)가 있었다고 할 수 있다. 그렇다면 권리의 특징
으로써 대비해보면, 로마법의 '가부권'은 권한 · 책임이라는 각도에서 입법하
였고, 당률의 '교령권'은 죄형(罪刑)이라는 각도에서 입법하였기 때문에 양자
의 미세한 차이는 실로 간과(看過)할 수 없다.

(1) '가부권'과 '교령권'은 모두 전제적 권력에 속하였지만, 당시 사회의 가
정습관과 법률규정에서 보면, 모두 절대적으로 편향된 권력도 아니었다. 이
것은 명확히 자손에 대한 천살(擅殺)을 금지하는 법률규정이 로마법과 당률에
모두 있었다는 점이 증명해준다.

---

119) 루이스 헨리 모건(Lewis Henry Morgan), 『고대사회(古代社會: Ancient Society)』(양
동순[楊東蓴] 등역[等譯], 상무인서관[商務印書館], 1995), 470쪽.
〈옮긴이주〉 본서의 국내 번역본으로는 루이스 헨리 모건 지음, 최달곤 외 옮김,
『고대사회』(문화문고, 2000)가 있다.
120) 『로마법사(羅馬法史)』, 제1장, 14쪽.
121) 〈옮긴이주〉 '이곡동공(異曲同工)'은 "방법은 다르지만 똑같은 효과를 낸다"는 뜻으
로서, 같은 말로 '수도동귀(殊塗同歸)'가 있다. '수도동귀'에 대하여는 제1장 주 150)
참조.

(2) '가부권'과 '교령권'은 가장의 특권에 속할 뿐 아니라 동시에 가장은 반드시 상응하는 책임도 져야한다는 것을 의미한다. 한편으로, 가자(家子)는 인신(人身)과 재산 등 방면에서 오직 가장의 지시만을 따라야 했고, 기본적으로 권능(權能)이 없는 상태에 있었지만, 가자의 행위로 발생되는 가정과 가정 간의 권리분쟁에서 국가 법률을 범한 사람이 있었다면, 가장은 자신이 간여하지 않았더라도 교령하지 못한 책임을 면하기 어려웠다. 다른 한편으로, 가장은 가정의 재산·가정의 제사에 대한 권리 및 기타 각종 권리를 누렸지만, 거기에는 종종 가장 자신이 가정을 매우 잘 영도할 수 있다는 것이 전제(前提)되어 있었다. 그리고 부양을 향유하는 권리에 상대해서 가장은 동시에 가자(家子)를 양육할 법정(法定) 의무도 져야 하였다. 이 때문에 양자(兩者)는 권리이자 의무였다고 할 수 있다.

(3) 로마법의 가부권이든 당률의 교령권이든 모두 공법(公法) 영역이 아닌 사법(私法) 영역에 속하였다. 로마 법학(法學)의 격언(格言) 한 마디를 빌리면 가부권은 결코 공법에까지 미치지 않는다는 것이다.[122] ① 공법은 가장의 가족구성원에 대한 전제권력(專制權力)을 인가(認可)·보호함과 동시에 이러한 권력에 대해 부단히 제한과 규범(規範)을 행하였고 심지어 억제하기도 하였다. ② 가부(家父)의 가자(家子) 등 가족구성원에 대한 전제적·불평등적 권리·의무 관계가 일단 가정의 범위를 벗어나게 되면 국가의 공적인 권리와 이익 앞에서 간혹 즉시 그 효력을 잃었다. 로마 시민법에서 가자는 가부와 마찬가지로 모두 공직(公職)을 맡을 기회가 있었고, 혹은 기타 가정 이외의 사회경제활동에 종사하기도 하였다. 심지어 가자는 국가의 공적인 사무(事務: 예컨대 정치적 관리[管理]와 군사적 정벌 등)에서 가부의 영도(領導)를 떠맡을 기회도 있었다. 그러나 가정 내부로 돌아가면, 가부와 가자의 등급·존비(尊卑) 질서는 무조건적으로 준수해야만 하였다. ③ 가정 내부에서 가부는 가자 등 가족구성원에 대하여 전제적 권력을 누렸지만, 전제적인 국가의 정체(政體) 앞에서는 가자

---

122) [영국] 메인(Henry James Sumner Maine: 1822~1888), 『고대법(古代法: Acient law)』 (심경일[沈景一] 역[譯], 상무인서관[商務印書館], 1996), 제5장, 79쪽.
〈옮긴이주〉 본서의 국내 번역본으로는 헨리 숨너 마이네 지음, 정동호 옮김, 『고대법』(세창출판사, 2009)이 있다.

보다 더 많은 자유와 민주적 권리를 누릴 수 없었고, 부자유인(不自由人)과 마찬가지로 국가 전제정치(專制政治)의 대상(對象)이었다.

2. 권리의 발생과 변천

1) 권리의 기원

고(古)로마법과 중국고대 법률 중에서 가장(家長)의 비속(卑屬)에 대한 인신(人身)과 재산 등 방면에서 가지는 전제적 권력과 관련하여 십분 주목을 끄는 것은 로마인은 통상 '가부권(家父權)'을 금지로 여겼을 뿐 아니라 중국고대 세계에 생활한 사람들도 종종 '교령권'을 예교(禮敎)의 정화(精華)로 간주하였던 점이다. 그러나 이러한 법정(法定) 전제권력(專制權力)이 발생한 원천에 대해서는 오히려 만족할 만한 해석을 찾기가 매우 어렵다. 철학자 러셀(Bertrand Arthur William Russell, 3rd Earl Russell: 1872~1970)은 "가정(家庭)은 인류가 출현하기 이전의 일종의 풍속이었다"[123]고 하였다. 그런데 이러한 풍속은 어찌하여 엄격한 전제(專制)로 변하였을까? 또 무엇 때문에 성문법에 들어가게 되었을까?

메인(Henry Sumner Maine: 1822~1888)도 고대법을 연구하였을 때 이러한 해석상의 어려움에 직면하였다. 그는 "미개인(未開人)들이 아버지[父]에게 절대복종(絶對服從)한 것은 틀림없는 주요한 사실이었고, 이러한 사실은 간단명료하게 해석할 수는 없지만, 그것이 그들에게 유리했기 때문이라는 점은 말할 수 있다. 그러나 동시에 자식[子]이 아버지에게 복종하는 것이 자연적인 현상이었다면, 자식이 아버지에게 뛰어난 체력이나 지혜가 있기를 바라는 것도 자연적인 현상이었다. 따라서 사회가 체력과 지력(智力)이 모두 특수한 가치를 가지게 되었을 때, 그로 인해 '가부권'은 확실히 재능과 강력한 힘을 가

---

123) [영국] 러셀(Bertrand Arthur William Russell, 3rd Earl Russell), 「현대의 가정(現代的家庭)」(『진실과 사랑-러셀산문집(眞與愛-素羅散文集)』(강연[江燕] 역[譯], 상해삼련서점[上海三聯書店], 1988에 전재[轉載]), 228쪽.

진 사람에게만 국한되었다."124) 만약 가정의 직능적 변천이라는 측면에서 관찰하면, 다른 해석방법이 있을 지도 모르지만, 가정의 생산직능(生産職能)이 절대적 우세를 점하였을 때 또는 가정의 직능이 현대화가 되기 이전의 전통적 사회 단계에 머물러 있을 때, 개인은 가정에 대해 비교적 강하게 의존하였을 뿐 아니라 가장(家長)의 권위와 권력에 대해서도 신앙보다 숭배하였고 또 기꺼이 복종하였다. "가정이 생산직능을 상실한 후, 상황에 변화가 발생하였다. …… 그 주도적인 사회화직능(社會化職能)은 결코 이전과 동일한 부모의 권위를 요구하지 않았다."125)

여하튼, 로마법 중 가부권의 장기적인 존재와 성행은 필경 하나의 객관적인 사실이었다. 그리고 '가부권'이 법률적 규범이 된 원인에 대해서는 대체로 쿨랑주(Numa Denis Fustel de Coulanges)의 다음과 같은 해석을 수용하고 있다.

가정은 도시국가(polis-옮긴이)로부터 그 법률을 획득하지 않았다. …… 부친 (父親)의 자식에 대한 판매(販賣)나 살해를 허가한 법률은 그리스 · 로마에는 모두 있었고, 반드시 도시국가가 구상한 것이 아니었다. 그렇지 않았을 뿐 아니라 도시국가는 어쩌면 아버지[父]에게 "너의 처(妻)와 자녀의 생명과 자유는 모두 너가 관할할 수 있는 바가 아니고 내가 그들을 보호할 수 있다. 설령 너와는 반대가 되더라도 감수해야 한다. 만약 그들이 잘못을 범하였다면, 너는 그들을 심판하거나 그들을 살해할 수 없고, 오직 우리만이 그들을 심판할 수 있다"고 할지도 모른다. 만약 도시국가가 이러한 말을 하지 않았다면, 실제 도시국가에는 아직 그러한 권력이 없었던 것이다. …… 고대 법률은 입법자(立法者)의 작품이 아니고 반대로 그것은 입법자들이 직면하지 않을 수 없었던 기성(旣成)의 사실이었다. 그것의 발원지(發源地)는 바로 가정이었다. 그것은 고대 가정의 조직원칙(組織原則)에서 형성되었고, 자연스럽게 발생 · 출현한 것이었다.126)

---

124) 『고대법(古代法: Acient law)』, 제5장, 78쪽.
125) 『유럽가정사(歐洲家庭史: The European family)-중세기에서 현재에 이르기까지 부권제에 동반되는 관계(中世紀至今的父權制到夥伴關系)』, 62쪽.
126) 『고대도시-고대 그리스 · 로마의 제사 · 권리와 정제 연구(古代城邦-古希臘羅馬祭祀 · 權利和政制研究)』, 제8장, 75쪽.

이를 근거로 다음과 같이 정리할 수 있다. (1) 국가와 법률의 형성 이전에 이미 가정조직과 부족습관이 있었고, 그 이면에는 이미 불평등적 내지 전제적 가부권이 있었으며, (2) 국가형성 초기, 가정조직과 부족습관에 직면하여 흡수·인가하지 않을 수 없었고, 이것은 불가피한 선택이었을 뿐 아니라 자연적인 추세이기도 하였다. 이것을 앞부분의 선진(先秦) 시기에서 당조(唐朝)에 이르는 법률 중 가정윤리·불효 및 자손의 교령위반[子孫違犯敎令] 죄형(罪刑)에 관한 논술과 대비하면, 중국고대 이 부분 법률관계의 변천과정 중에도 대략 다음과 같은 규율을 발견할 수 있다. 즉 선진 시기 가정윤리와 효순의 도[孝順之道]에 관한 관념은 한 집[一家]의 행위규범이 아닌 사회의 보편적 인식이었고, 한 집[一家]의 말이 아니라 제자백가(諸子百家)가 공동으로 주장했다는 것이다. 개괄(槪括)하면, 선진 시기 가정의 등급윤리질서와 불효 등 죄명(罪名)이 법률에 흡수되기 이전에 이러한 관념은 이미 객관적으로 실제 있었기 때문에 그것이 국가법률(國家法律)의 궤도(軌道)에 들어간 것도 일종의 자연스런 과정이었다. 따라서 교령권은 가부권과 마찬가지로 먼저 가정의 조직내부에서 형성되었고, 이후 가정조직과 부족습관이 점차 국가법률 속에 흡수되었다고 할 수 있다.

2) 국가의 제약(制約)

연구자들은 교령권(敎令權)과 가부권(家父權) 등 가장(家長)의 전제적 권력이 국가법률의 궤도에 진입하기 이전에, 가정조직과 부족(部族) 내에서도 반드시 상당한 권력으로 이것을 제약하여 천단(擅斷)·남용하지 못하게 하였다고 믿는다. 그러나 일단 가장의 전제적 권력이 국가법률 속에 흡수되면 필시 이중의 효과가 발생하였다. 하나는 이러한 권력을 유지·보호하여 유효하게 시행되도록 보장하였고, 또 하나는 이러한 권력에 대해 규제를 가해서 그 행사를 규범화(規範化)함으로써 그것이 국가법률의 정상궤도에서 벗어나는 것을 방지하였다. 혹자는 사실상 로마법의 발전과정에서 로마국가의 제도가 성숙되고 실력이 강대해짐에 따라 가부권이 국가법률로 진입되고부터 국가의 공권력은 가부권에 대한 규제와 개조(改造)가 중단되지 않았고, 심지어 박탈·약화시켰다고 하였다. 쥬세페 그로소(Giuseppe·Grosso)의 말로 표현하면, 로마 가정이 가졌던 정치조직적 성질은 "역사적 발전과정에서 이러한 성질이 점차 쇠퇴하였다."127)

　고(古)로마의 정치제도가 경험한 도시국가·왕정(王政)·공화정(共和政)·제정(帝政) 등 각 시기의 변천과 결합시키면, 법사학자들의 로마 법사(法史)에 대한 분기(分期)에는 대략 2분(分)·3분·4분·5분의 네 가지 분기법이 있다.128) 그러나 거시적인 분기는 미시적인 법률관계의 변천과정을 반영하기에 충분치 않을 때도 있다. 왜냐하면 미시적인 법률관계의 발전은 특수성을 가질 뿐 아니라 완만한 과정도 거칠 수 있기 때문이다. 어떤 학자는 대략 "발렌티니아누스 황제(Valentinianus: 재위 364~375) 때부터 범죄 문제에서 '부권(父權)'은 처음으로 '공권력(ius publicum)'에 자리를 넘겨주게 되었다"는 것을 인정하였다. 또한 "발렌티니아누스 황제(Valentinianus) 때부터 친생아(親生兒)를 살해한 행위에 대해서도 사형[極刑]으로 처벌되었던 것으로 보이고, 유스티니아누스 대제(Justinianus I)도 최초로 유기(遺棄) 행위도 이와 동일하게 처벌하였던 것으로 보인다"129)고 하였다. 마침내 "로마에서, 즉 그리스 시대와 유스티니아누스 법전(Jstinian's Code)에서 부권(父權)은 제한된 교정권(矯正權)과 구속권(拘束權)을 가지게 되었다." 앞서 유스티니아누스 대제(Justinianus I)는 "가자(家子)에게 타인이 자발적으로 준 재물 또는 (가자) 자신이 노동으로 취득한 재물에 대해" 소유권을 가지는 것을 허가하였고, 가부(家父)는 이러한 재산에 대해 용익권(用益權)만 누렸을 뿐이라고 서술하였지만, 가자가 아직 유촉자(遺

---

127) 『로마법사(羅馬法史)』 제1장, 14쪽.
128) 주남(周枏), 『로마법원론(羅馬法原論)』(상무인서관[商務印書館], 2005), 제2장, 23~28쪽 참조. 2분법은 시민법(市民法) 시기와 만민법(萬民法) 시기이고, 대표적인 인물은 프랑스 로마법학자 매이(G. May)이다. 3분법은 고대법(古代法) 시기·법학발전(法學發展) 시기와 제정(帝政) 후기이고, 대표적인 인물은 프랑스 쿡(E. Cuq)이다. 4분법은 관습법(慣習法) 시기(로마 건국에서 『십이표법[十二表法]』까지)·법률진보(法律進步) 시기(『십이표법(十二表法)』에서 키케로[Cicero: B.C.106~B.C.43]까지)·법률발전 시기(키케로에서 세베루스 황제[Marcus Aurelius Severus Alexander: 재위 222~235]까지)·법률성숙기(法律成熟期)(세베루스 황제에서 유스티니아누스 Ⅰ세[Justinianus I]까지)이고, 대표적인 인물은 독일 역사학자 후고(G. Hugo)이다. 5분법은 주요한 것에 귀족법(貴族法) 시기·시민법(市民法) 시기·만민법(萬民法) 시기·자연법(自然法) 시기·법전편찬(法典編纂) 시기이고, 대표적인 인물은 영국 로마법학자 뮤어하트(Muirjart)이다. 각종 분기법에는 열거한 실례 이외에 약간 다른 분류도 있다.
129) 『로마법교과서(羅馬法敎科書)』 「로마가정(羅馬家庭)」, 127쪽.

囑者)를 세우지 않은 정황에서는 일반적인 법정(法定) 계승이 실행되었고, 종래 당연시 된 가부의 계승권은 박탈되었다.[130] 제정(帝政) 시기(B.C.27~A.D.476)에 "가내(家內)에서 처벌할 수 있는 무제한적인 권리는 이미 변질되어 가정범죄는 민사(民事) 담당의 고급관리(高級官吏)가 심판권을 가지게 되었고, 혼인을 주재하는 특권도 일종의 조건적 부정권(否定權)으로 하락하였으며, (자녀를) 매각(賣却)하는 자유도 사실상 폐지되었고, 수양(收養)에 관한 사항도 유스티니아누스 대제(Justinianus I)가 제도를 개량(改良)하는 과정에서 그것에 내재(內在)되어 있던 고대적(古代的) 중요성은 거의 상실되어 자녀의 동의(同意)가 없으면 부모에 대한 급양(給養)을 이전(移轉)하는 것도 실효성이 없었"기 때문에 전체적으로 "이미 현대 세계에서 최근 유행하고 있는 각종 관념(觀念)의 턱밑까지 접근하였다."[131]

로마법 중 가부권의 발전 궤적(軌迹)을 중국고대 가장의 교령권과 대비시키면, 그 중에 적지 않은 공통점이 있었음을 느끼게 된다. 즉 국가법률은 가장(家長)의 전제적 권력을 흡수한 이후 부단히 입법(立法)을 통해 제한하고 제약(制約)하여 이러한 권력의 남용을 방지했고, 또한 이러한 추세는 갈수록 강화되어 갔다. 예컨대, 가장의 자녀에 대한 생살권(生殺權)은 『수호지진묘죽간(睡虎地秦墓竹簡)』과 『장가산한간(張家山漢簡)』 중의 법률사료에 의하면, 적어도 진한(秦漢) 시기에 이러한 권력은 이미 엄격하게 제한을 받았다고 단정할 수 있다. 비록 부모에게 선천적으로 불구(不具)인 영아(嬰兒)에 대한 살해를 허용하였지만, 선천적인 불구를 빙자하여 영아를 유기·살해하는 행위를 엄금하였고, 위반하였다면 중죄에 처해졌다(단지 사죄에서 1등 감경). 자손의 여러 불효 행위에 대해서도 국가는 특별히 입법(立法)하여 국가의 공권력을 통해 엄중하게 제재(制裁)를 가하였기 때문에 가장의 가내(家內) 처벌권은 부단히 침삭(侵削)되었다. 특히 가장이 그다지 합리적이지 않거나 부당하게 과도한 가내 처벌권을 사용하였을 때, 아울러 이로써 엄중한 법률적 후과(後果)를 초래하였을 때, 국가법률은 종종 용서하지 않았을 뿐 아니라 심지어 가장에게 상응하는 감시와 처벌을 가하기도 하였다. 양자(兩者)는 국가의 공권력이 인류 역사

---

130) 『로마법교과서(羅馬法敎科書)』 「로마가정(羅馬家庭)」, 128~132쪽.
131) 『고대법(古代法: Acient law)』, 제5장, 79쪽.

의 초기에 형성된 가장의 전제적 권력에 대하여 개조(改造)·제약을 가한 점에서 기본적으로 동일한 추세에 있었지만, 이후의 역사발전에서 보면, 이러한 추세의 장기적인 효과는 동·서양이 완전히 달랐다. 양자의 가장 큰 차이는 다음과 같다. 로마법은 수백 년의 발전을 통해, 특히 유스티니아누스 대제 (Justinianus I)의 법전(法典) 편찬과 정리를 통해 이미 현대 세계 법률관념의 턱밑까지 접근하였지만, 중국고대 법률의 가장의 전제적 권력에 대한 개조와 제약은 수천 년 동안 완만하게 진전(進展)되어 그 효과는 매우 미미하였고, 청말(淸末) 법률개혁 시기에도 보수파들이 완강하게 지키고자 한 대상이 되었던 것이다.

3) 실제 해방

고(古)로마법과 중국고대 법률 중에서 가장(家長)의 전제적 권력은 이미 현저(顯著)하였지만, 반드시 이하(以下)의 점들도 보아야 한다. 첫째, 일반적으로 당시 법률은 가장의 전제적 권력에 대해 상당한 제약성(制約性) 법률조항을 두어 천단(擅斷)하지 못하도록 하였던 점이고, 둘째, 사회·정치·경제 내지 군사(軍事)와 법률의 발전에 따라 가자(家子)들에 대한 '실제 해방'의 현실적 기초를 마련하였던 점이다. 이른바 '실제 해방'이라는 것은, 법률이 가장의 전제적 권력을 인가(認可)·부여하여 가자를 가부권(家父權) 또는 교령권(敎令權)에 예속시켰지만, 실제 가자가 상당한 재산과 인신(人身)의 자유를 획득한 상태를 말한다. 이 문제는 가정의 내부와 외부라는 두 가지 각도에서 분석할 수 있다.

첫째, 가정 내부에서 보면, 생리(生理)·지력(智力)·체력(體力)과 연령 등 요소의 다양한 천성(天性)과 그 변화로 인해 이론적으로 '가부(家父)' 또는 '가장(家長)'의 (가정에 대한) 완전한 지배권은 보증(保證)될 수 없다. 실제로 '가부' 또는 는 '가장'이 전제적 권력을 행사하고자 하면, 우선 이러한 권력을 행사할 수 있는 상당한 능력을 갖추어야 한다. 생리적으로 엄중한 결함이 있거나 지력과 체력이 그다지 충분하지 않거나 늙어서 실(實)하지 않은 '가부' 또는 '가장'이 '법정(法定) 권력'을 충분히 행사할 수 있다는 것은 상상하기 어렵다. 이러한 정황에서 '가부' 또는 '가장' 또는 그 다음 사람이 (권력의) 담당자로 선택됨으로 인해 상응(相應)하는 권력이 전이(轉移)될 때도 있었고, 혹은 가자가 대신

(지배권을) 행사(行使)함으로써 전체 가정의 재산권(財産權)과 인신권(人身權) 등 방면에 관한 사무(事務)를 관리하기도 하였다. 로마법과 중국고대 법률 중 가자가 가부 또는 가장을 부양(또는 공양)하는 규정을 보면, 부양은 물질적으로 반드시 상당한 독립적인 재산권을 가지는 것이 전제가 되었고, 그렇지 않으면 부양(또는 공양)은 논(論)할 수도 없었다. 이로써 반추(反推)하면, 고(古)로마법과 중국고대법에서는 유사하게 '자손의 별적(別籍)·이재(異財)'에 대하여 엄격한 규정을 두어 가자의 재산 방면에서의 독립적인 권능을 제한하였지만, 사실상 가자–특히 성년인 가자–가 어느 정도 자신의 재산을 획득·소유하는 것은 비교적 자연적인 현상이었음을 기본적으로 확정할 수 있다.

둘째, 가정 외부에서 보면, 국가의 정치적인 점진적 성숙과 공권력의 확장으로 가장(家長)과 가부(家父)가 본래 가지고 있던 권력은 부단히 제한·침삭(侵削)된 반면, 가자(家子)에게는 재산과 인신(人身)에서의 자유도 부단히 주어졌다. 고(古)로마의 역사발전에서 보면, 로마 국가의 점진적인 형성에 따라 국가의 실력도 부단히 충실해졌고, 세력도 계속 확장되었다. 그 결과, ① 대외전쟁 과정에서 대량의 전쟁포로가 발생하였고, 이들이 점차 노예로 전락함으로써 초기 로마의 가정구조에 충격을 가하였고, 가자의 지위도 상승되어 노예와 신분·권리 방면에서의 차이는 갈수록 분명해졌다.132) ② 군인의 이익을 보장하기 위해서, 또한 제국(帝國)의 대외전쟁에 지속적인 동력(動力)을 불어넣기 위해서 국가는 군인이 군공(軍功)으로 획득한 재산에 대한 개인 소유를 인정함으로써 가부는 부수적인 용익권(用益權)만을 누릴 뿐이었다. 이러한 현실적인 고려 때문에 법률도 재차 과거로 회귀(回歸)될 수 없었고, "제국(帝國)이 건립되고 세계가 안정되기 시작할 무렵에 '가부권'을 완화시키자고 주장하는 강력한 정서(情緒)는 이미 확고부동한 상태가 되었다."133)

또한 '가부권'은 결코 공법(公法)을 침범할 수 없었고, 가부와 가자는 국가의 정치(군사[軍事]도 포함) 활동에 참여하거나 공직(公職)을 맡는데 거의 동일한 기회를 가지게 되었다. 메인(Henry Sumner Maine)은 이에 대해 일찍이 "민사(民事) 담당 관리(官吏)로서 고위직을 가진 성년(成年)의 사람이 전제적인 부권

---

132) [영국] 데이비드 쇼트(David Shotter), 『로마 공화의 쇠망(羅馬共和的衰亡)』(허수남[許綏南] 역[譯], 상해역문출판사[上海譯文出版社], 2001), 제2장, 12~13쪽.

133) 『고대법(古代法: Acient law)』, 제5장, 80쪽.

(父權)을 행사하였다면, 필연적으로 큰 비방을 초래했을 것이라는 점은 상상하기 어렵지 않다"134)고 하였다. 이로써 로마의 역사발전 과정에서 경제적 독립・인신적(人身的) 자유・정치적 권리 등 방면에서 가부(家父)와 가자(家子)의 구별이 점차 해소됨에 따라 가자에게 '실제 해방'될 기회와 가능성도 지속적으로 주어졌음을 알 수 있는데, 사실상 '실제 해방'의 사례도 적지 않았다. 이와는 달리 중국고대의 경우, 수천 년의 발전을 거치면서 가자는 경제적 독립・인신적 자유・정치적 권리 등 방면에서 추호도 개선되지 않았다고 할 수 없고, 또한 '실제 해방'된 정황도 있었음을 인정할 수 있지만, 전체적으로 보면, 개개의 가장(家長)들이 자녀를 억압한 고사(故事)들은 종종 우리를 우울하게 한다.

4) 존망(存亡)의 변천

세계 고대의 몇 가지 큰 법계(法系)의 변천사에서 볼 때, 특정(特定) 법률의 발전・성숙・흥망성쇠는 종종 일국(一國)의 운세(運勢)의 추이와 결부되어 있었다. 그러나 역사를 장기적인 안목에서 볼 때, 특정 법률의 생명력은 일국(一國)의 흥망성쇠와 결부되어 있기는 하지만, 근본적으로 이러한 법률체계가 과학성을 갖추었는가의 여부에 있었다. 고(古)로마의 법률—특히 유스티니아누스 대제(Justinianus I)의 『민법대전(民法大全: Corpus Iuris Civilis)』이 대표적이다—은 로마인의 위대성을 증명하는 주된 근거였고, 또한 그 체계의 과학성은 후세 서방(西方) 법률체계의 발달사를 정립할 때 좋은 기초가 되었다. 그 사이에는 고로마제국의 분열과 멸망을 거쳤지만, 아직도 그 찬란한 광채를 가리기 어려울 정도로 역사에서 빛난다고 할 수 있다. 중국의 당률(唐律)도 위로는 2천년 중화(中華)의 법맥(法脈)을 이었고, 아래로는 천여 년 중화법률의 웅대한 국면을 열었으며, 비록 이로써 파생된 중화의 전통법계는 청말(淸末) 이래 논쟁의 대상이 되었지만(심지어 무참히 비난받기도 했다), 그 체계의 과학성은 의심할 여지가 없고, 게다가 지금도 여전히 연구할 필요가 있다. 그러나 고(古)로마법과 당률(唐律)은 그 역사적 변천이 달랐기 때문에 가장(家長)의 전제적

---

134) 『고대법(古代法: Acient law)』, 제5장, 80쪽.

권력이 동·서양 법사(法史)에 끼친 영향도 같지 않았다.

앞서 서술하였듯이, 고(古)로마법의 발전과정에서 국가의 공권력이 지속적으로 가부(家父)의 전제적 권력을 약화시킨 것은 어떤 의미에서는 로마국가의 고유(固有) 기반을 손상시키는 행위였다. 또한 이러한 약화 추세는 마침 로마국가의 흥기(興起)·성세(盛世)와 반조(返照)되었다. 요컨대, 몽테스키외(Charles-Louis de Secondat, Baron de La Brde et de Montesquieu: 1689~1755)가 말한 바와 같이, 로마의 법률은 "소공화국(小共和國)을 대국(大國)으로 전환시키는 과정에서는 좋은 법률이었"지만, "이 국가가 확대되었을 때는 편리하지 않았다. 왜냐하면 이 법률의 자연적인 작용은 하나의 위대한 민족을 탄생시켰지만, 이 위대한 민족을 통치하지는 못하였기 때문이고", "로마가 자기의 자유를 잃어버린 것은 자기의 사업을 너무 일찍 이루었기 때문이다."[135]

이상의 원인 이외에 기독교도 로마 '가부권'의 지속적인 약화를 초래한 하나의 주된 사상적 동인(動因)이었다. 원래 로마는 자기의 종교가 있었기 때문에 기독교에 대해서는 결코 인가(認可)하지 않고 극력 탄압을 가하였다. 313년에 로마황제가 '밀라노 칙령(Edict of Milan)'을 발포함으로써 국가는 종교에 대해 중립적인 입장을 취하기 시작하였다. 게다가 378년, 로마황제는 중립을 버리고 기독교 이외의 여타 종교[異敎]를 엄격히 금지하였다. "이전에는 종교에 대한 탄압이 통일제국의 지속적인 이익을 달성한다는 상상(想像) 속에서 국가는 기독교를 박해하였지만, 현재는 동일한 목적에서 필사적으로 기독교의 적(敵)을 진압하였다."[136] 기독교가 일단 로마제국의 종교가 되자, 가부권에 대한 부정(否定)과 배척은 이미 운명이 되어버렸다. "초기에 기독교는 가정에 대해 다소 적의(敵意)가 있었고, 또 가정을 극히 부차적인 지위에 두는 윤리학(倫理學)을 제정하였다. 이러한 종교윤리학(불교는 제외)은 이전의 어떤 윤

---

135) [프랑스] 몽테스키외(Charles-Louis de Secondat, Baron de La Brède et de Montesquieu), 『로마 성쇠 원인론(羅馬盛衰原因論: Considérations sur les causes de la grandeur des Romains et de leur décadence)』(요령[姚玲] 역[譯], 상무인서관[商務印書館], 2005), 제9장, 51~52쪽.
〈옮긴이주〉 본서의 국내 번역본으로는 몽테스키외 지음, 박광순 옮김, 『로마인의 흥망성쇠 원인론』(종합출판범우, 2007)이 있다.
136) 『로마인(羅馬人: Romans)』, 제9장, 205쪽.

리학보다 가정을 그다지 중시하지 않았다. 기독교의 윤리학에서 사람들 간의 관계는 중요하지 않았고, 중요한 것은 영혼과 하나님[上帝]의 관계였으며", "기독교는 가정에 대해 언제나 호불호(好不好)가 상극(相剋)인 상태를 유지하였다. 성경(聖經)에는 '나보다 자기 부모를 더 사랑하는 사람은 나의 문도(門徒)에 합당하지 않다'137)는 말이 있다. 사실 이 말은 그의 부모가 잘못된 일이라고 여기더라도 그가 옳다고 생각하는 일을 해야 한다는 것이다."138) 그러나 이상의 모든 원인은 로마법에서 가부권이 약화(弱化)되는데 서서히 영향을 주었다. 이후 로마제국은 분열을 거쳐 멸망하였지만, 가부권은 여전히 로마법이 적용되는 지역에 영향을 끼치고 있었다. 심지어 1804년, 『프랑스민법전(法國民法典: Code civil des Français)』139)에서 가부권이 중시된 것은 어쩌면 로마법 중 가부권의 격세유전(隔世遺傳)일지도 모른다.

이에 비해, 중국고대의 교령권(敎令權)을 대표로 하는 가장(家長)의 전제적 권력은 선진(先秦) 시기에서 당대(唐代)에 이르기까지의 기간에 형성되었다. 특히 당률(唐律)에는 상당히 풍부한 법률내용이 수록되었고, 또한 이것들은 송·원·명·청 법률의 전범(典範)이 되는 등 후세에도 전수(傳授)되었다. 게다가 중국고대는 비교적 안정적인 사회구조였고, 국가의 정치제도도 일찍 성숙되어 청말(淸末)의 개혁 이전에는 변화가 상대적으로 적었다. 따라서 가장(家長)의 교령권도 후세의 입법(立法)에서 부단히 강화되었고, 심지어 '천경지위(天經地緯)'의 교조(敎條)가 되기에 이르렀다. 동시에 중국고대 국가의 장기간에 걸쳐 지속된 통일적인 국면은 로마의 분열·멸망과는 큰 차이가 있었고, 이 '교령권'도 특히 장기간 존속하여 중국인의 심중(心中)에 지울 수 없는[根深蒂固] 인상(印象)을 남겼을 뿐 아니라 당연히 오랫동안 예교법률(禮敎法律)의 정화(精華)로 간주되었다. 우리는 이러한 독특한 법사(法史) 현상에 대하여 반추(反芻)하지 않을 수 없다.

---

137) 〈옮긴이주〉 『마태복음』, 10장 37절.

138) 러셀(Bertrand Arthur William Russell, 3rd Earl Russell), 「현대의 가정(現代的家庭)」, 231~232쪽.

139) 〈옮긴이주〉 본서의 국내 번역본으로는 명순구 역, 『프랑스민법전』(법문사, 2004)이 있다.

하편

'자손의 교령위반[子孫違犯敎令]'
: 입법과 사법의 연계(連繫)

제3장

입법(立法) 확장
─명(明)·청률(淸律)을 중심으로

중국고대사에서 당조(唐朝) 이후 명대(明代) 이전에도 오대십국(五代十國)·송(宋)·요(遼)·금(金)·서하(西夏)·원(元) 등 단기간 머물렀거나 장기간 존속한 왕조정권이 있었다. 이 4백여 년의 기간은 실로 중국 구율(舊律)의 기승전(起承轉)이 합쳐지는 중요한 과도기였다. 이 중, 송은 오대십국의 분열국면을 종식시켰고, 또한 한족(漢族)정권에 속하였기 때문에 법률의 전승(傳承)에서 후세에 정삭(正朔)으로 추앙(推仰)을 받았다. 몽원(蒙元)은 소수민족으로 집권(執權)하였지만, 전 세계를 통합하여 강역(疆域)은 역사상 전례(前例)가 없었고, 게다가 명(明)·청(淸)의 정권(政權)과 법권(法權)의 장기적인 통일에 기초를 닦았다. 그러나 본서(本書)에서는 법률문제를 중심에 두었기 때문에 이 4백여 년간의 복잡한 법률 변천─'자손의 교령위반[子孫違犯敎令]' 문제도 포함된다─에 대하여는 잠시 생략하여 논외(論外)로 하고, 명·청 법률을 당률과 직결시켜서 명·청 법률영역 중 '자손의 교령위반[子孫違犯敎令]'에 관한 입법(立法)과 사법(司法) 조치(措置)를 고찰하고자 한다. 이것은 주로 다음과 같은 두 가지 관점(觀點)에서 비롯되고 있다.

첫째, 중국고대 법률발달사를 종합적으로 살펴보면, 송·원 시기는 확실히 중화(中華) 전통법계(傳統法系)의 발전에서 중요한 단계였고, 그 기간에는 정권도 교체되었기 때문에 입법과 사법의 변화도 가일층 복잡하였다. 그러나 이 몇 백 년 동안에는 법률의 거시적이든 미시적이든 여러 다양한 법률적 요인이 변화되었다. 즉, 한편으로는 (이러한 법률적 요인의 변화는) 모두 중화 전통

법률체계의 내부적 변화(양적인 변화라고도 한다)에 속하였기 때문에 중화 전통 법계의 체계구조 및 법률정신에 근본적 변화(질적인 변화라고도 한다)를 초래하지 못하였고, 또 초래할 수도 없었으며,[1] 다른 한편으로는 이러한 변화의 법률적 요인은 장기간의 역사적 정화(淨化), 사회적 선택을 거쳐 일부는 도태되었지만, 일부는 명·청의 법률에 흡수되어 중화 전통법률체계의 항구적인 구성부분이 되었다.

둘째, 명률은 제정(制定)할 때, 기초(起草)는 당률(唐律)을 저본(底本)으로 하였고,[2] 또 (명률은) 청률의 범본(範本)이 되었다. 즉, 청률은 명률을 계승한 기초(基礎)에서 부단히 개수(改修)하고 거듭해서 혁신하였다. 따라서 명·청 법률은 중화 전통법률의 마지막 발달 단계로서, 위로는 수천 년 법사(法史) 변천의 성과를 계승하였을 뿐 아니라 시간적으로는 중국 법률현대화의 새로운 국면

---

1) 예컨대, 서세창(徐世昌)은 「당명률합편서(唐明律合編序)」에서 "당률은 오로지 예를 근본으로 하였기[一本於(원서에는 乎로 오기되어 있다)禮] 때문에 고금(古今)의 공평함을 얻었다. 오대(五代)에서 송(宋)·원(元)에 이르기까지 영조격식(令條格式)은 대대로 경장(更張)되었지만, 영휘(永徽: 당고종[唐高宗]의 연호, 650~655─옮긴이) 때 편찬된 법전(法典[원서에는 傳으로 오기되어 있다])은 계승되고 폐기되지 않았다"(설윤승[薛允升], 『당명률합편(唐明律合編)』[법률출판사(法律出版社), 1999], 「권수(卷首)」, 1쪽)고 하였다.
⟨옮긴이주⟩ 서세창, 「당명률합편서」(설윤승, 『당명률합편』, 법률출판사, 1999), 1쪽.
2) 『명사(明史)』 권93, 지(志) 제69, 「형법(刑法)1」에는 다음과 같이 기술되어 있다. "명초(明初) 이선장(李善長) 등이 '역대(歷代)의 율(律)은 모두 한(漢)의 『구장률(九章律)』을 종(宗)으로 삼았고 당(唐)에 이르러 집대성되었습니다. 지금의 법제는 마땅히 당의 구율(舊律)을 따라야 합니다'고 하자, 태조(太祖: 홍무제[洪武帝])는 그 말을 따랐다"고 하였다. 홍무(洪武) 2년에 『대명률(大明律)』이 완성되자, 한림학사(翰林學士) 송렴(宋濂)은 다음과 같은 상표(上表)를 만들어 진언(進言)하였다(이상은 옮긴이 보충). "그 편목(篇目)은 모두 당(唐)에 준거(準據)하였고 …… 증가하거나 삭제하였고, 혹은 당의 구율(舊律)을 답습하여 그 경중(輕重)을 적절하게 하려고 노력하였습니다." 그 후 또 "「명례율(名例律)」을 편목의 첫째에 두도록 고쳤다." 이로써 명률과 당률은 밀접한 연원(淵源) 관계가 있었음을 알 수 있다. 홍무 22년에 이르러 30문(門)으로 개정하였고, 이(吏)·호(戶)·예(禮)·병(兵)·형(刑)·공(工)으로 분류하여 당률 본래의 면목과 크게 달라졌으며, 이로 인해 조문(條文)도 증감되었지만, 원래 계승한 부분도 많았다. 이밖에 명률은 불가피하게 원률(元律)도 부분적으로 계승하였는데, 이에 대하여는 설윤승의 『당명률합편』에 부기(附記)된 안어(按語)를 참조할 만하다.
⟨옮긴이주⟩ 여기에 보이는 『명사』 「형법지」 문장에 대한 번역은 전영진, 「명사 형법지 역주1」(『중국사연구』 23, 2003, 321~322·325쪽)을 참조하였다.

과도 직결되어 있었다. 청말(淸末)의 법률개혁 시기가 되면 법률체계와 법률 정신은 크게 변하여 유구(悠久)한 중화법계(中華法系)도 전통에서 현대로의 전환을 실현해야 하였다. 법률의 전환과정에서 전통과 현대·중법(中法)과 서법(西法)·신법(新法)과 구법(舊法)이 대립·충돌하였는데, 그 중에서 특히 '자손의 교령위반[子孫違犯敎令]'등 내용 면에서의 표현(表現)이 충돌하였다. 따라서 명·청 법률 중에서 '자손의 교령위반[子孫違犯敎令]'에 관한 입법과 사법 문제를 탐구하고, 또한 이로써 청말 법률개혁 시기(즉 중국법률의 현대화 초기) 중·서방 법률의 충돌과 융합을 탐구·고찰하는 것은 시간적으로 긴밀히 관련되어 있기 때문에 중국 법률의 고대와 현대를 대조·고찰하는데 유리할 뿐 아니라 명·청 법률의 중화(中華) 전통법률에 대한 계승성·종합성·대표성 및 명·청 법률사료의 풍부함 등으로 우리가 신념을 가지고 연구를 행할 수 있는 학술경로까지도 제공해준다.

부연해서 설명하면, 송명이학(宋明理學)은 중국고대 당(唐) 이후 사상적 발전에서 하나의 중요한 단계로서, 중국인의 사회적 생활습관에 대하여 자못 깊은 영향을 주었다. 그것은 당시 사람들의 사상의 규제(規制)·행위의 제한·습관의 양성 등에 대해서는 탁월한 공로를 세웠다고 자처하였지만, 근대 이후 세인(世人)들에게 누차에 걸쳐 그 책임도 회피할 수 없다는 치욕도 당하였다. 그렇다면 법률은 스스로 그 특수한 역사적 발전규율이 있기 때문에 한 시대의 주류적 사상학설(의식형태)의 국가 성문법으로의 영향에 대해 너무 과장해서도 안 되고, 또한 사상학설의 발전 궤적으로 법률의 발전규율을 두루 뭉술하게 대체(代替)해서도 안 되며, 법률의 기술적·미시적 측면에서 법률관계·법률규범의 구체적인 변수(變數)를 철저히 살펴보아야 한다. 그뿐만이 아니라 송명이학을 배경으로 송조인(宋朝人)·명조인(明朝人) 내지 청조인(淸朝人)이 기록한 '정사(正史)' 중 법률관계 내용을 훑어보면, 당시 사람들은 '염낙관민(廉洛關閩)'의 학(學)이 법률에 끼친 영향에 대하여 거의 주목하지 않았음을 발견하기란 어렵지 않다. 이러한 현상은 사회심리적 시각에서 보면, 당시 사람들은 주류적 사상학설(또는 의식형태)의 발생이라는 변화 및 그것의 법률영역에서의 표현(表現)에 대해 의외(意外)라고 느끼지 않고 자연스럽게 사실로 받아들였다는 것을 말해준다. 환언하면 사회적 사상학설의 변천에서 가정에 대한 법률규범·법률관계의 영향은 종종 자연발생적인 것이었다. 넓은 시야에서 관찰하면, 이러한 '자연발생' 과정에서 사람들의 사회적 생활습관은 법률 규범·법률관계와 서로 영향도 주었고 또 부지불식간에 변화도 일어났다. 그러므로 본서에서는 이 점에 대해 이러한 사상적 배경과 결부시켜 이하(以下)에서는 명·청 법률의 '자손의 교령위반[子孫違犯教令]'에 관한 입법과 사법 등 문제를 탐구하는 과정에서 오직 (법률에만) 편폭(篇幅)을 할애하지 않고 송명이학의 당시 법률로의 영향에 대해서도 특히 강조 또는 지적하고자 하였다. 독자들은 필자(筆者)의 이러한 각고면려(刻苦勉勵)에 대하여 이해해주기를 바라마지 않는다.

제1절
명률의 당률(唐律)에 대한 계승과 개정(改定)

『명사(明史)』「형법지(刑法志)」에서는 명초(明初)의 수율(修律) 과정을 개술하고 있는데, 대략 다음과 같다. 홍무(洪武) 6년(1373) 겨울[冬]에 "형부상서(刑部尚書) 유유겸(劉惟謙)에게 조서(詔書)하여 『대명률(大明律)』을 상정(詳定)토록 하였다. 한 편[一篇]이 상주될 때마다 어전(御殿)의 양쪽 행랑채에 걸어두고 (황제가) 친히 검토하여 재정(裁定)하였고," "완성되자 한림학사(翰林學士) 송렴(宋濂)은 다음과 같은 상표(上表)를 만들어 진언(進言)하였다. '신(臣)은 홍무 6년 11월에 조서를 받들어[3] 이듬해 2월에 책이 완성되었습니다. 편목(篇目)은 모두 당(唐)에 준거하였고, …… 도합 606조(條)를 30권(卷)으로 나누었습니다. 삭제하거나 증가하거나 답습하여 경중(輕重)을 적절하게 하고자 노력하였습니다'." 이어서 홍무 9년(1376)·16년(1383)·22년(1389)에도 수정(修正)·개정(改訂)한 바가 있었다.[4] 그리고 『대명률』 반포 이후에 주원장(朱元璋)은 민간에 "범죄가

---

3) 〈옮긴이주〉 "완성되자~조서를 받들어"는 원서에는 없고 원문에 의해 보충하였다.
4) 『명사(明史)』 권93, 지(志)제69, 「형법(刑法)1」.

더욱 증가하는 것"을 보고, "18년(1385), 관리(官吏)와 백성[民]의 범죄 사례를 수집하여 조항(條項)을 분류해서 『대고(大誥)』를 만들었다. …… 이듬해 또 『대고속편(大誥續編)』·『대고삼편(大誥三編)』을 만들어서 모두 학교에 반포하여 사인(士人)의 교과(敎課)로 하였고, 이(里)에서는 숙사(塾師)를 두어 그것을 가르치게 하였다. 죄수가 『대고』를 갖고 있으면 죄를 감등(減等)하였다." 홍무 30년(1397), "『대명율고(大明律誥)』가 완성되었다. …… 오문(午門)에 출어(出御)하여 신하들에게 훈유(訓諭)를 내려5) …… '순서를 세워 편찬하여 책으로 만들어 간행해서 중외(中外)에 반포(頒布)하여 천하로 하여금 알려서 준수케 하라'고 하였고", 이에 "『율고(律誥)』가 반포된 이후『대고』에 기재(記載)된 여러 준엄한 법령은 가볍게 인용되지 않았다. 그 후 죄인에 대해서는 대개『대고』를 원용해서 (죄형[罪刑]을) 감등하였지만, 재차 그 소유 여부는 묻지 않았다." 이밖에 (1)『대명령(大明令)』이 오(吳)원년(1367)에 반포되었는데, 비록 원(元)·명(明) 양대(兩代) 사이의 과도기적 조관(條款)이지만, 명대 중·후기에 이르기까지 여전히 상당한 법률효력이 있었다. (2) 명대 중엽에 또 『문형조례(問刑條例)』가 있었는데, "먼저 홍치(弘治) 13년(1500)에 제정되었고, 가정(嘉靖) 286)년(1549)에 중수(重修)되었으며, 가정 34년(15557))에 증보되었고", 또 만력(萬曆) 13년(1585)에 산정(刪定)·증정(增訂)하여 율(律)과 서로 보완·병행되었다. 이것이 명대(明代) 성문법(成文法)의 대요(大要)이다.8)

명률(明律)에 대해 냉혹한 비평 태도를 취한 청대(淸代) 율학(律學)의 대가(大家) 설윤승(薛允升)은 명대 수율(修律)한 사람이 "자기만 옳다고 고집한"9) 것은

---

5) 〈옮긴이주〉 "오문~내려"는 원서에는 없고 원문에 의해 보충하였다.
6) 〈옮긴이주〉 원서에는 '9'로 되어 있다.
7) 〈옮긴이주〉 원서에는 '4'로 되어 있다.
8) 명대 율전(律典)에 관하여 비교적 상세하게 논술한 것으로는 소역공(蘇亦工), 『명청율례와 조례(明淸律例與條例)』(중국정법대학출판사[中國政法大學出版社], 2000), 제8장 제1절, 190~196쪽 참조.
   〈옮긴이주〉 이상 원서에 인용된『명사』「형법지」문장에 대한 번역은 전영진, 「명사 형법지 역주1」을 참조하였다.
9) 설윤승, 「당명률합편서(唐明律合編序)」(『당명률합편(唐明律合編)』, 「권수(卷首)」), 1쪽.
   〈옮긴이주〉 원서에는 '師心自用'으로 되어 있지만, 원문은 '私心自用'(설윤승, 『당명률합편』, 「당명률합편서」, 1쪽)이다.

실로 좋은 방법이 아니었고, 또 "명률이 당(唐)에 근거하였지만 개정한 것이 너무 많고, 당률보다 더 좋게 하려고 하였지만 양자(兩者)의 차이가 매우 크다는 것을 몰랐다10)"11)고 하였다. 그러나 우리가 의식(意識)해야 하는 것은 첫째, 간단히 형벌의 경중(輕重)·조문(條文)의 번잡(繁雜)을 판단의 기준으로 삼기 보다는 실사구시(實事求是)로 관찰해야 한다는 점이고, 둘째, 명률의 조문 간(間)에는 착종(錯綜)·복잡한 교차(交叉) 관계가 있기 때문에 단일 조항(條項)에 의거하여 고립적·독단적 결론을 내려서는 안 된다는 점이다. 본고에서는 『대명률(大明律)』·『대명령(大明令)』·『문형조례(問刑條例)』·『대고(大誥)』·『당률소의(唐律疏議)』·『당명률합편(唐明律合編)』 등을 주된 자료로 하여 명대(明代) 법률 중 '자손의 교령위반[子孫違犯敎令]'문제에 대해 입법(立法)의 각도에서 고찰하고, 아울러 당(唐)·명(明) 법률의 이 문제에 대한 관련과 변화를 제시(提示)하고자 한다.

1. 자손(子孫)의 진효(盡孝)의 의무

홍무(洪武) 초년에 제정된 『대명률(大明律)』은 당률(唐律)을 모본(模本)으로 하였고, 그 중 특히 자식[子]의 부모에 대한 진효(盡孝)의 의무를 강조하였다. 홍무 19년(1386)에 주원장(朱元璋)은 '유사(有司)와 기숙(耆宿)'12)이 인재(人才)를 천거(荐擧)할 때 모두 '효렴(孝廉)'이라 칭(稱)하는 것을 보고는 (효렴으로) 천거되는 사람의 경우에 무엇을 '효'라고 하는가?라고 묻자, "부모가 가까이 있으면, 아침에는 문안을 올리고 저녁에는 이부자리를 봐드리며, 맛있는 음식으로 공양하고, (부모가) 하는 말은 감히 어기지 않는 것입니다"라는 응답을 들었다. 주원장은 이러한 응답에 대해 그다지 만족하지 않았기 때문에 『대고속

---

10) 〈옮긴이주〉 원서에는 '而不知其相去甚遠也'로 되어 있지만, 원문은 '而不知其相去遠甚也'
    (설윤승, 『당명률합편』, 「예언(例言)」, 1쪽)이다.
11) 설윤승, 『당명률합편』, 「예언(例言)」, 1쪽.
12) 〈옮긴이주〉 '기숙(耆宿)'은 연로해서 덕망이 높고 경험이 풍부한 사람을 가리킨다.

편(大誥續編)』에 특별히 「명효(明孝)」라는 한 편[一篇]을 제정하였다. 그 문장은 다음과 같다.

　　겨울에는 따뜻하고 여름에는 시원하게 해 드리며, 아침에는 문안을 드리고 저녁에는 잠자리를 보살펴 드린다. 음식은 정결(淨潔)하게 하고 절도 있게 한다. 부모의 명령(命令)이 있으면, 성의정심(誠意正心)으로 신속히 행하고 게을리 하지 않는다. 명령이 예법(禮法)에 어긋나면 두세 번 애절하게 간청한다. 부모가 이룬 가업(家業)을 끊어지게 하지 않는다. 부모가 (늙어서) 생활이 어렵고 (또) 가업을 이루지 못하였다면 마땅히 힘써 이를 이루어야 한다. 군주는 충으로 섬기고[事君以忠], 부부 간에는 구별이 있으며[夫婦有別], 장유 간에는 차례가 있고[長幼有序], 붕우 간에는 믿음이 있어야 한다[朋友有信]. 거처하는 곳은 단정(端整)·장엄(莊嚴)해야 하고, 관직(官職)에는 경건(敬虔)으로 임한다. 전장(戰場)에서는 용감하고, 국법(國法)을 어기지 않으며, 육신(肉身)을 손상시키지 않는다. 한가할 때 감히 사람을 욕하거나 꾸짖지 않는다. 아침에 나갈 때는 가는 곳을 아뢰고, 저녁에 돌아와서는 한 일[事]의 진행상황을 아뢴다. 잘못을 하면 바로잡을 기일(期日)을 아뢰되, 부모가 질책하면 매섭게 노려보아서 (부모를) 근심케 하지 않는다. 아아! 효자의 절목(節目)은 일단(一端)에 그치지 않으니, 어찌 맛있는 음식만을 올리는데 있을 뿐이겠는가! 맛있는 음식만을 올리는 것을 효라고 한다면 누가 하지 못하겠는가? …… 짐(朕)의 명(命)을 따르면 가가호호(家家戶戶)는 화목(和睦)·편안할 것이고, 일신(一身)은 강녕(康寧)하게 여생을 보낼 것이며, 세상은 잘 다스려질 것이다.

이어서 또 특히 효행(孝行)에 관한 구체적인 요구사항을 해석하였는데, "추운 겨울에는 부모를 따뜻하게 봉양하고, 더운 여름에는 부모를 서늘하게 봉양한다. 동틀 무렵에는 부모에게 밤 동안의 안부를 묻고, 저녁이 되어서는 잠자리에 들기를 기다려 돌아가며", "부모의 음식은 반드시 십분 정결(精潔)해야 하고, 공양은 반드시 때맞게 또 적당히 섭취케 하고 넘치게 해서는 안 되며", "부모의 명령은 그것이 합리적이면 신속히 받들어 실행한다. 만약 합리적이지 않으면 두세 번 애절하게 간청한다. 만약 전부 받들어 행함으로써 부모에게 재앙이 닥치면 어찌 효(孝)라고 할 수 있겠는가? 비록 명령을 어기더라도 재삼 아뢰는 것이 사실 지극한 효도이고", "자식[子]으로서 부모의 산업(産業)을 계승·준수하는 자는 반드시 상존(常存)시키고 매매하거나 법을 어겨서 끊어지게 하지 않아야 하며", "부모가 노쇠하여 살아갈 방도가 없고 또 가업(家業)마저 이루지 못하였다면, 자식은 마땅히 힘써 그것을 이루어 부모의 의식(衣食)을 궁(窮)하게 해서는 안 된다" 등등13)이 포함되었다. 이 중 효행(孝行)에 관한 대부분의 요구사항은 공자·맹자[孔孟]의 주장과 기본적으로 일치하였고, 예교윤리(禮敎倫理)와도 매우 부합하였다. (그러나) 부모의 명령이 "예법(禮法)에 어긋나는" 경우, 자식이 "두세 번 애절하게 간청하는" 것이 명령은 어겼지만 사실 지극한 효도라는 주장은 고대 제왕(帝王)의 말 중에 비교적 흔치 않기 때문에 중시할 만하다. 이러한 사상이 법률 중에 진실로 관철되었다면, 봉건가장(封建家長)의 전제적(專制的)인 위세(威勢)도 더한층 강화될 수 없었다고 생각된다. 그러나 중국고대에 이러한 사상이 있었더라도 감히 공개적으로 표현할 기회는 오뉴월 써렛발 같이 매우 드물었을 것이다. 사실상 "침묵하는 다수(多數)"는 "천하에 옳지 않은 부모가 없다[天下無不是的父母]"는 강경한 논리 속에서 자복(雌伏)할 뿐이었다.

2. 가정호적(家庭戶籍)의 재산권

이에 대한 가장권(家長權)은, 그것을 입법한 목적이 조부모·부모의 가정재산에 대한 절대적 지배권을 중시하는 데 있었을 뿐 아니라 가정 또는 가족의 완정성(完整性)을 유지하는 데도 있었다. 당률(唐律)에서는 (이것들이) 두 가지 조목(條目)에 포함되었는데, 하나는 「호혼6」(제155조) 「자손별적이재조(子孫別籍異財條)」이고, 또 하나는 「호혼7」(제156조) 「거부모상생자조(居父母喪生子條)」이며, 위범자(違犯者)는 「불효(不孝)」에 속하여 각각 3년과 1년의 도형(徒刑)에 처해졌다.14) 명률(明律)은 이 양(兩) 조문을 계승하면서도 한편으로는 형벌을 감경(減

---

13) 주원장(朱元璋), 『어제대고속편(御制大誥續編)』(속수사고전서본[續修四庫全書本]), 「명효(明孝) 제7」.
14) 『당률소의』 권12, 「호혼」 「자손별적이재」·「거부모상생자」.
  〈옮긴이주〉 『역주율소-각칙(상)-』 「호혼6」(제155조) 「자손부득별적이재조(子孫不得別籍異財條)」에서는 "무릇 조부모·부모가 살아있는데 자손이 호적을 따로 하였거나[別

輕)해서 각각 "장형 100대"와 "장형 80대"로 고쳤고, 또 한편으로는 양조(兩條)를 한 조(一條)로 통합하였다. 즉 조문에서는 "무릇 조부모·부모가 살아있는데 자손이 호적(戶籍)을 따로 만들었거나[別立] 재산을 나눈[分異] 경우에는 장형 100대에 처한다. 반드시 조부모·부모가 친히 고소해야[親告] 처벌한다. 만약 부모의 상중(喪中)에 형제가 호적을 따로 만들었거나 재산을 나누었다면 장형 80대에 처한다. 반드시 기친(期親) 이상 존장(尊長)이 친히 고소해야[親告] 처벌한다"15)고 하였다. 설윤승은 명률이 당률의 도형(徒刑)을 장형(杖刑)으로 바꾼 것은 경중(輕重)에 차이가 커서 "상당히 서로 맞지 않은 듯하다"16)고 하였지만, 경형(輕刑)으로 고친 이유에 대해서는 설명(說明)하고 있지 않다.

이와 동시에 당률의 「호혼6」(제155조)「자손별적이재조(子孫別籍異財條)」에서는 "만약 조부모·부모가 (자손에게) 호적을 따로 하게 하였거나, 자손에게 함부로 타인(他人)의 후사(後嗣)를 잇게 한 경우에는 도형 2년에 처하고, 자손은 처벌하지 않는다"17)고 규정하였다. 설윤승은 조부모·부모가 자손에게 별적

籍] 재산을 나눈[異財] 경우에는 도형 3년에 처한다"(2213쪽)고 규정하였고, 『역주율소─각칙(상)─』「호혼7」(제156조)「거부모상생자조」에서는 "무릇 부모의 상중(喪中)에 자식[子]을 낳았거나 형제가 호적을 따로 하였거나[別籍] 재산을 나눈[異財] 경우에는 도형 1년에 처한다"(2214쪽)고 하였다. 이들 행위들이 「십악」 중 「불효」죄가 적용된 것은 『역주율소─명례편─』「명례6」(제6조)「십악조·불효」「주·소의」에 있는 다음 문장에 근거한다. "조부모·부모가 살아있으면, 자손은 모든 방법을 다하여 봉양해야 한다. 외출할 때는 그 가는 곳을 알리고, 돌아와서는 부모를 뵙고 인사를 드리며, 제멋대로 행동하는 일이 없어야 한다. 더구나 재산을 나누었거나[異財] 호적을 따로 하였다면[別籍], 마음에 지극한 효심이 없는 것이니, 이로써 명분(名分)과 도의(道義)가 모두 무너지게 되며, 정리(情理)와 예절(禮節)은 이에 모두 폐기되는 것이므로, 전례(典禮)에 비추어 볼 때 그 죄악(罪惡)은 용납될 수 없다. 이 두 가지 일은 원래 모두 갖추어야 하는 것은 아니므로 (하나라도) 위반하였다면 모두 십악(十惡)을 적용한다."(122~123쪽)

15) 『대명률(大明律)』 권4, 「호율(戶律)」「호역(戶役)」「별적이재(別籍異財)」.
16) 『당명률합편』 권1, 「십악(十惡)」「불효(不孝)」.
    〈옮긴이주〉 설윤승, 『당명률합편』 권1, 「십악·불효」, 13쪽.
17) 『당률소의』 권12, 「호혼」「자손별적이재」.
    〈옮긴이주〉 원서에는 "자손에게 함부로 타인의 후사를 잇게 한 경우" 부분이 생략되어 있지만, 『역주율소─각칙(상)─』「호혼6」(제155조)「자손부득별적이재조」(2214쪽)에 의해 보충하였다.

(別籍)·이재(異財)토록 교령(敎令)한 것은 "자손에게 법을 위반케 한 것"과 다름이 없기 때문에 응분(應分)의 형벌을 받아야 한다고 보았다. 명률(明律)과는 다소 차이가 있지만, 『대명령(大明令)』「호령(戶令)」에서는 "무릇 조부모·부모가 살아있는 경우에는 자손이 재산을 나누거나[分財] 거처를 달리하는[異居] 것을 허용하지 않는다. 그러나 부모[父]·조부모[祖]가 나누고 달리하는 것을 허락하였다면 허용한다"[18]고 규정하였다. 설윤승은 이것을 근거로 사실 명률에서 "별적(別籍)·이재(異財)는 사소한 일이 되었고",[19] 이것은 당·명 양조(兩朝)의 사회 풍조(風潮)의 차이를 나타낸다고 보았다. 그러나 입법(立法)의 취지를 세밀하게 탐구하면, 당률의 「자손별적이재조」「소의」[20]에서는 "단지 '호적을 따로 한 경우[別籍]'에 대해서만 말하고 '재산을 나눈 경우[異財]'에 대해서는 말하지 않았기 때문에 재산을 달리 하게 한 경우에는 죄가 없는 것이 명백하다"[21]고 해석하고 있기 때문에, 사실 '별적(別籍)'과 '이재(異財)'는 두 가지 사항(事項)으로 간주되었고, 유죄(有罪: 호적을 따로 하게 한 행위)와 무죄(無罪: 재산을 나누게 한 행위)도 서로 혼용(混用)되지 않았다. 명률의 경우, 총괄적으로 말하면, '별적'과 '이재'는 모두 무죄였기 때문에 명률이 가장(家長)에게 부여(賦與)한 가정의 재산과 호적에 대한 지배권은 확대되었음을 볼 수 있다.

3. 주혼권(主婚權)

예(禮)에 의하면, 혼인은 '부모의 명령과 중매인(中媒人)의 말'에 따라야 하였다. 그 말에는 가장(家長)의 주혼권이 결정적이라는 의미가 내포되어 있다. 당

---

18) 『대명률』에 부기(附記)된 『대명령(大明令)』「호령(戶令)」.
19) 『당명률합편』권12, 「별적이재(別籍異財)」.
   〈옮긴이주〉 설윤승, 『당명률합편』권12, 「별적이재」, 295쪽.
20) 〈옮긴이주〉 원서에는 '당률'로만 되어 있다.
21) 『당률소의』권12, 「호혼」「자손별적이재」.
   〈옮긴이주〉『역주율소-각칙(상)-』「호혼6」(제155조)「자손부득별적이재조」「소의」, 2214쪽.

률과 명률은 이에 대해 극력 찬동(贊同)하였고, 관련규정도 대체로 그러하였다. 주된 내용은 이하 네 가지 방면을 포괄하고 있다.

첫째, 가장은 주혼권을 가지고 있었다. 『대명령(大明令)』「호령(戶令)」에서는 "무릇 혼인[嫁娶]은 모두 조부모·부모가 주혼(主婚)하는 것에 따른다. 조부모·부모가 모두 없는 경우에는 그 밖의 친속[餘親]이 주혼(主婚)하는 것에 따른다. 만약 남편[夫]이 사망한 이후 데리고 있는 딸[女]이 출가(出嫁)하는 경우, 그 딸은 어머니[母]가 주혼(主婚)하는 것에 따른다"22)고 하였다. 이 중 '그 밖의 친속'은 주로 백숙부모(伯叔父母)·고모(姑)·형자(兄姉)·외조부모(外祖父母)를 가리킨다. '그 밖의 친속'이 없으면 '그 밖의 친속' 존장(尊長)에 따라야 하였고, 비유(卑幼)는 존장주혼자(尊長主婚者)가 될 수 없었다. 근본적으로 조부모·부모가 생존한 경우, 그 밖의 친속은 주혼권이 없었다.

둘째, 혼인 시기(時機)에 제한이 가해졌다. 당률(唐律) 규정에 의하면, 조부모·부모가 수금(囚禁)되어 있을 때 혼인[嫁娶]할 수 없었고, 조부모·부모의 상중(喪中)에는 혼인[嫁娶]할 수 없었을 뿐 아니라 주혼(主婚)할 수도 없었다.23) 이러한 규정은 첫 번째, 가장의 권위와 존엄은 수금 중이었거나 사망한 후에도 범할 수 없었음을 나타낸 것이고, 두 번째, 자녀에게 조부모·부모의 수금 중에 또는 조부모·부모의 복상(服喪) 기간 내에 혼인[嫁娶]이 허용되지 않은 것은 존경과 애통함을 가져야 함을 강조한 것이다. 명률(明律)의 규정24)도 당

---

22) 『대명률』에 부기된 『대명령』「호령」.
23) 『당률소의』권13, 「호혼」「거부모상가취(居父母喪嫁娶)」·「부모수금가취(父母囚禁嫁娶)」·「거부모상주혼(居父母喪主婚)」.
　　〈옮긴이주〉『역주율소-각칙(상)-』「호혼30」(제179조)「거부모상가취조」에서는 "무릇 부모나 남편[夫]의 상중(喪中)에 혼인[嫁娶]한 경우에는 도형 3년에 처하고, 첩(妾)의 경우에는 3등을 감경한다. 각각 이혼시킨다"(2259쪽)고 규정하였고, 「호혼31」(제180조)「부모수금가취조」에서는 "무릇 조부모·부모가 수금(囚禁)되어 있는데 (자손이) 혼인[嫁娶]한 경우, (조부모·부모의 죄가) 사죄(死罪)였다면 도형 1년반에 처하고, 유죄(流罪)였다면 1등을 감경하며, 도죄(徒罪)였다면 장형 100대에 처한다"(2261쪽)고 규정하였으며, 「호혼32」(제181조)「거부모상주혼조」에서는 "무릇 부모의 상중에 있는 자(者)가 혼인[嫁娶]할 수 있는 사람을 위해 혼인을 주관한[主婚] 경우에는 장형 100대에 처한다"(2262쪽)고 규정하였다.
24) 『대명률』권6, 「호율」「혼인(婚姻)」「거상가취(居喪嫁娶)」·「부모수금가취(父母囚禁嫁娶)」.

률과 대략 유사하였고, 오직 조부모·부모의 3년의 복상 기간 내에 혼인을 주관할 수 없다는 규정만이 없었다. 그러나 이 중에는 또 몇 가지 변통(變通)된 정황도 있었다. (1) 조부모·부모가 수금되었을 때, 개인의 권력과 자유는 제한되었지만, 자녀의 혼인에 대한 결정권에는 결코 영향을 주지 않았다. 이러한 상황에서, 수금 중인 조부모·부모가 자녀의 혼사(婚事)를 명령·허가하였거나 조부모(부모는 수금 중)·부모(조부모는 수금 중)가 주혼(主婚)하였다면, 명령에 따라 혼인[嫁娶]한 자녀는 모두 죄가 되지 않았다. (2) 조부모·부모의 상복(喪服) 기간에 조부모(부모의 상중[喪中])·부모(조부모의 상중)가 혼인[嫁娶]을 명령하였지만 자녀가 스스로 혼인[嫁娶]하지 않았다면 역시 죄가 되지 않았다.

셋째, 가장이 율(律)을 위반하고 주혼(主婚)한 경우에는 상응하는 형벌에 처해졌다. 『당률소의』의 해석에 의하면, 법률상 혼인이 허용되지 않은 금기(禁忌)를 무시하고 혼인하였다면 "율을 위반하고 혼인한" 것이었다. 구체적으로 나타내면, 동성(同姓)끼리 혼인한 행위·처(妻)가 있는데 다시 장가간[娶] 행위·부모의 상중(喪中)에 혼인[嫁娶]한 행위·부모의 수금(囚禁) 중에 혼인[嫁娶]한 행위·비유(卑幼)가 스스로 처를 취한[娶妻] 행위 등등이 있었다. 당률(唐律)에서는 다음과 같이 규정하였다. (1) "무릇 율(律)을 위반하고 혼인하였을 때, 비록 중매인과 빙재(聘財)가 있었더라도 공갈(恐喝)로 처를 취한[娶妻] 경우에는 본죄(本罪)에서 1등을 가중하고, 강제로 처를 취하였다면 또 1등을 가중한다. 강요당한 자는 단지 성혼(成婚)되지 않은 경우에 관한 법례[未成法]에 따른다. 만약 (법적으로) 혼인할 수 있고, 이미 빙재를 들였더라도 혼인 예정일[期要]에 아직 이르지 않았는데 강제로 처를 취하였거나[娶妻] 혼인 예정일이 되었는데 여자 집[女家]에서 고의로 위반한 경우에는 각각 장형 100대에 처하고",25) (2) "무릇 율(律)을 위반하고 혼인하였는데, 해당 조문[當條]에서 '이혼시킨다', '(본래의 신분으로) 회복시킨다'고 한 경우에는 사면령(赦免令)이 내렸더라도 그대로 이혼시키거나 (본래의 신분으로) 회복시킨다. 정혼(定婚)은 하였지만 성혼(成婚)되지 않은 경우에도 그렇게 한다. 빙재는 되돌려 주지 않지만, 여자 집[女家]

---

25) 『당률소의』 권14, 「호혼」 「위율위혼(違律爲婚)」.
　〈옮긴이주〉 『역주율소-각칙(상)-』 「호혼44」 (제193조) 「위율위혼조」, 2282~2283쪽.

에서 속였을 경우에는 되돌려 준다.”26) 일반적으로 혼인은 조부모·부모 또는 그 밖의 친속[餘親]이 주혼자(主婚者)가 되었기 때문에 주혼(主婚)한 조부모·부모·그 밖의 친속[餘親] 및 관련된 사람은 모두 처벌되어야 하였다. 명률(明律)도 기본적으로 당률의 규정을 답습하였는데, 그 조문에서는 “무릇 혼인[嫁娶]하는데 율을 위반한 경우, 만약 조부모·부모·백숙부모·고모[姑]·형자(兄姉) 및 외조부모가 주혼(主婚)하였다면 오직 주혼자(主婚者)만 처벌한다. 그 밖의 친속이 주혼(主婚)하였고, 그 일이 주혼자에게서 비롯되었다면 주혼자가 수범(首犯)이 되고, (혼인한) 남녀는 종범(從犯)이 되며, 일[事]이 (혼인할) 남녀(男女)에게서 비롯되었다면 남녀가 수범이 되고, 주혼자는 종범이 된다. 사죄(死罪)에 이르렀다면, 주혼자는 모두 1등을 감경한다. 그런데 남녀가 주혼자에게 핍박(逼迫)을 받아서 그 일[事]이 남녀[己]에게서 비롯되지 않았거나 남자의 나이 20세 이하 및 미혼의 딸[女]인 경우에도 오직 주혼자만 처벌하고, 남녀는 모두 처벌하지 않는다. 아직 성혼(成婚)되지 않은 경우에는 각각 이미 성혼된 죄에서 5등을 감경한다. 만약 중매인이 실정을 알았다면[知情] 각각 범인에서 1등을 감경하고, 알지 못하였다면[不知情] 처벌하지 않는다. 그리고 율을 위반하고 혼인한 경우, 각 조문에서 이혼시킨다고 하였거나 (본래대로) 바로잡는다고 하였다면, 비록 사면령이 내렸더라도 이혼시키거나 (본래대로) 바로잡는다. 이혼시킨 경우, 부녀자(婦女子)는 모두 본종(本宗)으로 돌아가게 한다. 재례(財禮)는, 만약 장가가는[娶] 자(者)가 실정을 알았다면[知情] 추급해서 관(官)으로 몰수하고, 알지 못하였다면[不知情] 추급해서 주인(主人)에게 되돌려준다”27)고 하였다. “그런데 남녀가 주혼자에게 핍박을 받아서 그 일이 남녀에게서 비롯되지 않았거나 남자의 나이가 20세 이하 및 미혼의 딸인 경우에는 또한 오직 주혼자만 처벌하고, 남녀는 모두 처벌하지 않는다. 아직 성혼되지 않은 경우에는 각각 이미 성혼된 죄에서 5등을 감경한다”는 말에 의하면, 가장(家長)은 자녀에 대해 혼인을 교령(敎令)할 권한이 있었지만, 만약 남자 나이 20세 이하 및 미혼의 딸이 교령을 받아 율을 위반하고 혼인하였다면 오직 주혼(主婚)한 가장만 논죄(論罪)되었음을 알 수 있다. 이로써 추론(推論)하면, 남자 나이 20

---

26) 『당률소의』 권14, 「호혼」 「위율위혼이정(違律爲婚離正)」.
   〈옮긴이주〉『역주율소-각칙(상)-』 「호혼45」(제193조) 「위율위혼이정조」, 2284쪽.
27) 『대명률』 권6, 「호율」 「혼인」 「가취위율주혼매인죄(嫁娶違律主婚媒人罪)」.

세 이상 및 미혼의 딸이 아닌 사람이 가장의 교령(敎令)으로 율을 위반하고 혼인한 경우에는 각각 상응하는 죄책(罪責)을 져야 했고, 결코 존장만이 처벌되지 않았을 것이다. 이 중 "남자 나이 20세 이하"는 당률의 "18세 이하"보다 책임연령이 2세 높아졌고, "성혼(成婚)되지 않은 경우에는 각각 이미 성혼된 죄에서 5등을 감경한다"는 것도 당률의 "2등을 감경한다"는 것보다 형벌이 감경되었다. 이것들은 모두 명률의 찬수자(撰修者)가 의도적으로 그렇게 한 것이었다.

넷째, 비유(卑幼)가 스스로 혼인[嫁娶]한 경우에 죄가 되지 않을 때도 있었다. 당률(唐律)의 「호혼39」(제188조)「존장위비유정혼조(尊長爲卑幼定婚條)」[28]에서는 "무릇 비유가 외지(外地)에 있고, 존장(尊長)이 후에 (그를 위해) 정혼(定婚)하였는데, 비유가 (외지에서) 스스로 처를 얻어[娶妻] 이미 성혼(成婚)된 경우에는 혼인을 법(法)과 같이 한다. 아직 성혼되지 않은 경우에는 존장(이 정한 바)에 따른다. 어긴 경우에는 장형 100대에 처한다"[29]고 규정하였다. 명률(明律)은 「남녀혼인조(男女婚姻條)」에서 "만약 비유가 외지(外地)에서 관직(官職) 생활을 하거나 매매(賣買)에 종사하고 있는데, 그 조부모·부모 및 백숙부모·고모[姑]·형자(兄姉)가 후에 정혼(定婚)하였으나 비유가 스스로 처를 얻었다면[娶妻], 이미 성혼된 경우에는 원래대로 혼인으로 간주하고, 아직 성혼되지 않은 경우에는 존장(尊長)이 정한 바에 따른다. 위반한 경우에는 장형 80대에 처한다"[30]고 규정하였다. 설윤승(薛允升)은 이에 대해 논평하여 "비유가 외지에 있고 부모·존장 등이 후에 (그를 위해) 정혼하였는데, 비유가 스스로 처를 얻어[娶妻] …… 이에 이미 성혼된 경우에는 원래대로 혼인한 것에 준(準)하고 존장이 정한 바에 따르지 않는다. …… 이미 성혼되었다면 부모라도 그것을 바꾸게 할 수 없었음을 볼 수 있다"[31]고 하였다. 이로써 명률과 당률에서는 모

---

28) 〈옮긴이주〉 원서에는 '당률'로만 되어 있다.
29) 『당률소의』 권14, 「호혼」 「비유자취처(卑幼自娶妻)」.
    〈옮긴이주〉 『역주율소−각칙(상)−』 「호혼39」(제188조)「존장위비유정혼조(尊長爲卑幼定婚條)」, 2273쪽.
30) 『대명률』 권6, 「호율」 「혼인」 「남녀혼인(男女婚姻)」.
31) 『당명률합편』 권13하, 「남녀혼인(男女婚姻)」.
    〈옮긴이주〉 설윤승, 『당명률합편』 권13하, 「남녀혼인」, 326쪽.

두 일정한 한도(限度)에서 자손에게 혼인의 자주권(自主權)을 인정하였음을 알
수 있다. 그렇다면 이러한 규정이 일정 정도 합리성을 가졌더라도 그것의 실
현 여부 및 사법(司法)에서 궁극적으로 어느 정도 자녀의 혼인에 대한 자주권
을 지지했는가 하는 점은 파악하기가 거의 불가능하다. 만약 이러한 규정이
진실로 실현되었다면, 중국고대에서 '양축(梁祝)'32)과 같은 애정비극(愛情悲劇)
은 상당히 감소되었을 것이라고 믿는다.

4. 교계권(敎誡權)

당(唐)·명(明) 법률에서 조부모·부모는 자손의 위반[觸犯] 행위-자신과 직결
(直結)된 행위였든 타인 및 사회 권익을 침범한 행위였든-에 대하여 직접 그것에 상
당(相當)하는 교계(敎誡)와 징벌을 행할 권한이 있었고, 또한 관부(官府)에 고소
하여 공권력을 빌려 제재(制裁)를 가할 수도 있었다. 예컨대, 『당률소의』「투
송47」(제348조)「자손위범교령조(子孫違犯敎令條)」33)에서는 "무릇 자손이 (조부
모·부모의) 교령을 위반하였거나[違犯敎令] 공양에 궐함이 있었다면[供養有闕]

---

32) 〈옮긴이주〉 양축전설(梁祝傳說)은 백사전전설(白蛇傳傳說)·맹강녀전설(孟姜女傳說)·
우랑직녀전설(牛郞織女傳說)과 함께 중국 4대 민간전설 중 하나로 알려져 있다. 구두
(口頭)로 전승된 양산백(梁山伯)과 축영대(祝英台)의 비극적 사랑이야기로, 2003년 유
네스코(UNESCO)의 인류구전(人類口傳) 및 무형유산(無形遺産) 걸작으로 등재를 신청
했으며, 2006년 제1차 민간문학(民間文學) 부문 국가급비물질문화유산(國家級非物質文
化遺産)으로 지정되었다. 중국판 로미오와 줄리엣으로 불리는 이 설화는 절강성(浙江
省) 항주(杭州) 서호(西湖)의 장교(長橋)를 배경으로 하였기 때문에 장교애련(長橋哀戀)
이라고도 한다. 양축전설은 수많은 중국고대 서적에 기록되었다. 최초 기록은 당
(唐) 초기 양재언(梁載言)의 『십도사번지(十道四蕃志)』이며, 중국의 전통극인 가자희
(歌仔戱)·월극(越劇)·천극(川劇) 등에서 상연되었다. 최근에도 각종 영화·드라마·
무대극·애니메이션·춤 등의 소재로 사용되고 있다. 국내에서도 조선 후기에 『양
산백전(梁山伯傳)』(작자 미상)이라는 제목으로 소설화되었다. 1962년에는 '양산백과
축영대'(이한상 감독)라는 영화로 제작되었고, 1994년에는 서극(徐克) 감독이 만든
'양축'이라는 영화가 국내에 상영되기도 하였다.
33) 〈옮긴이주〉 원서에는 '당률소의 투송'으로만 되어 있다.

도형 2년에 처한다"[34]고 규정하였고, 동시에 「투송28」(제329조) 「구타조부모부모조(毆詈祖父母父母條)」 「소의」[35]에서는 자손이 "(만약) 교령을 위반하여[違犯教令] 법에 따라 처벌하다가 뜻밖에 치사(致死)하였다면 역시 죄가 없다"[36]고 규정하였다. 상술(上述)한 두 조(條)는 명률도 계승하였는데, 다만 전자(前者)의 형벌이 장형 100대로 바뀌었다.[37] 그러나 이러한 정황은 궁극적으로 특례(特例)에 속하였고, 법률상의 인정(認定)도 매우 엄격하여 반드시 세 가지 요소가 동시에 구비(具備)되어야 하였다. 즉, ① 자손의 교령위반[子孫違犯教令]이 선행(先行)되어야 하였고, ② 조부모·부모가 법에 의해 처벌해야 하였으며, ③ 실제 뜻밖에 치사(致死)하였지만 고의치사(故意致死)가 아니어야 하였다. 다만 세상에는 한편으로 일부 품행이 나쁜 가장(家長)이 사심(私心)을 가지고 위범(違犯)을 칭탁(稱託)해서 존친(尊親)인 것을 믿고 학대하기도 하고, 심지어 비유(卑幼)를 치사(致死)하는 정황도 실제로 누차 발생하였다. 따라서 명률은 특히 이에 상응하는 처벌조항을 다음과 같이 반포(頒布)하였다.

즉, 『대명률』에서는 "그 자손이 교령을 위반하였지만[子孫違犯教令], 조부모·부모가 부당하게 구살(毆殺)하였다면 장형 100대에 처하고, 고살(故殺)하였다면 장형 60대·도형 1년에 처한다. 적모(嫡母)·계모(繼母)·자모(慈母)·양모(養母)가 살해하였다면 각각 1등을 가중한다. 후사(後嗣)를 단절시켰다면 교수형에 처한다. 만약 부당하게 자손의 부인 및 걸양(乞養)한 이성(異姓)의 자손을 구타하여 폐질(廢疾)로 만들었다면 장형 80대에 처하고, 독질(篤疾)로 만들었다면 1등을 가중하며, 모두 (본)종(本宗)으로 돌려보낸다. 자손의 부인에게는 시집올[嫁] 때의 혼수품을 돌려주고, 또한 생활할 수 있도록 은(銀) 10량

---

34) 『당률소의』 권24, 「투송」 「자손위범교령(子孫違犯教令)」.
  〈옮긴이주〉 『역주율소-각칙(하)-』 「투송47」(제348조) 「자손위범교령조」, 3121쪽.
35) 〈옮긴이주〉 원서에는 '「투송28」(제329조) 「구타조부모부모조(毆詈祖父母父母條)」 「소의」'가 없다.
36) 『당률소의』 권22, 「투송」 「구타조부모부모」.
  〈옮긴이주〉 『역주율소-각칙(하)-』 「투송28」(제329조) 「구타조부모부모조」 「소의」, 3077쪽. 원서에는 본 「소의」문이 "違犯教令 而依法決罰 邂逅致死及過失殺者 各勿論"으로 되어 있지만, 원문은 "卽有違犯教令 依法決罰 邂逅致死者 亦無罪"이기 때문에 원문에 따라 번역하였다.
37) 『대명률』 권22, 「형률(刑律)」 「소송(訴訟)」 「자손위범교령(子孫違犯教令條)」.

(兩)을 지급한다. 걸양한 자손[乞養子孫]에게는 생활할 수 있는 합당한 재산을 지급한다. 치사(致死)하였다면 각각 장형 100대·도형 3년에 처하고, 고살(故殺)하였다면 각각 장형 100대·유형 2천리에 처한다. 첩(妾)은 각각 2등을 감경한다"[38]고 규정하였다. 이 규정은 대략 다음과 같이 네 단계로 나눌 수 있다. ① 조부모·부모가 부당하게 자손을 구살(毆殺)한 경우, ② 적모·계모·자모·양모가 구살한 경우, ③ 부당하게 자손의 부인과 걸양한 이성의 자손을 구살한 경우, ④ 부당하게 자손의 첩이나 걸양한 이성 자손의 첩을 구살한 경우이다. 이것들 간에는 대략 혈연과 신분 관계가 점차 소원해짐에 따라 형벌도 상응해서 체감되었다. (그런데) 적모·계모·자모·양모가 부당하게 자손을 구살하여 "후사를 단절시켰다면 교수형에 처한다"는 규정은 당률(唐律)에는 없고 명률(明律)에서 추가된 것이다. 설윤승(薛允升)은 이에 대해 다음과 같이 비평하였다.

> 자식[子]을 살해한 죄에 대하여 당률(唐律)에서 고의[故]·구타[毆] 및 적모(嫡母)·계모(繼母)·자모(慈母)·양모(養母)를 분별(分別)하여 판결[定擬]한 것은 본래 적절하였다. 명률(明律)에서는 후사를 단절시킨 사항이 추가되었는데, 의미상 취할 만한 점도 없고, 또한 상대적으로 자손의 부인을 살해한 죄명만 오히려 추가되었다. 적모가 서자(庶子)를 치사(致死)한 경우에 교수형으로 의정(擬定)한 것도 이미 타당성을 잃었다. 계모가 자기 자식[子]을 낳았다면 후사를 단절시킨 죄로 논할[以絶嗣論] 수 없기 때문에 그 교죄(絞罪)는 면제되는데, 이것(교수형에 처하는 것)은 무슨 이치인가. 양모가 살해한 것은 계승하는 자식[子]이지 남편[夫]의 친자(親子)가 아닌데 어찌 후사를 단절시킨 죄로 논할[以絶嗣論] 수 있는가? 자모는 상대적으로 (그 수가) 적어서 재차 논(論)할 필요도 없다.[39]

설윤승이 논한 바에 의하면, 여기서는 명률의 조치가 타당성을 잃었다고 본 듯하다. 그러나 "후사를 단절시켰다"는 것은 한 가족(가정)의 혈통의 전승(傳承)에서 매우 엄중한 범죄였다. 이것은 "불효에는 세 가지가 있는데, 후사(後嗣)가 없는 것이 가장 크다"고 한 점 및 "살아서는 공양하고[食] 죽어서는 제

---

38) 『대명률』 권20, 「형률」 「투구(鬪毆)」 「구조부모부모(毆祖父母父母)」.
39) 『당명률합편』 권22, 「구조부모부모(毆祖父母父母)」.
  〈옮긴이주〉 설윤승, 『당명률합편』 권22, 「구조부모부모」, 611~612쪽.

사를 지낸다"는 점 등을 중시한 중국고대에서 실로 용서할 수 없는 것이었다.

명률은 당률의 정신을 계승하여 가장(家長)이 자녀를 천살(擅殺)한 행위에 대하여 상응하는 죄로 다스려서 복제(服制)와 삼강오상(三綱五常)을 중시하였을 뿐 아니라 인정(人情)을 세심히 살피는 일도 적지 않았다. 예컨대, 계모가 전처(前妻)의 자식[子]이 친생(親生)이 아니라는 이유로 종종 학대하는 경우가 있었기 때문에 전술(前述)한 규정 중 양형(量刑)이 친모(親母)보다 1등 가중되었다.[40] 이와 상대적으로 계부(繼父)가 전남편[前夫]의 자식[子]을 구타한 경우에도 역시 상응하는 형벌에 처해졌다. 즉 명률(明律)에서는 "무릇 (계부가) 전남편의 자식을 구타하였다면 이전에는 동거하였으나 지금은 동거하지 않는 경우를 말한다. 일반인[凡人]에서 1등을 감경한다. 동거한 경우에는 또 1등을 감경한다. (구타해서) 치사(致死)하였다면 교수형에 처한다"[41]고 규정하였다. 계부는 친부(親父)와 은의(恩義)가 같지 않기 때문에 계자(繼子)를 구타해서 치사(致死)하였다면, 한편으로는 은의 관계가 고려되었고, 또 한편으로는 양형(量刑)도 친부보다 가등(加等)되었다. 그러나 여기서 계부와 계자는 이전(以前) 및 현재의 동거(同居) 여부가 또 양형에서 중요한 참고 사항이 되었다. 만약 이전에는 동거하였지만 현재는 동거하지 않았다면 일반인[凡人]에서 1등이 감경되었고, 시종일관 동거하였다면 재차 1등이 감경되었다. 이로써 시종일관 동거하지 않은 계부와 계자에 대하여 율문(律文)에서는 언명(言明)하지 않았지만, 당연히 일반인으로 논죄하였음을[以凡人論] 추정할 수 있다. (이밖에) 자손의 부인(婦人)과 남편의 조부모·부모에 대하여 범(犯)하는 일도 있었고, 심지어 남편의 조부모·부모에게 능욕당하는 일도 종종 있었다.

상술한 "부당하게 자손의 부인을 구살한" 행위에 대한 규정 이외에도 명률에서는 "무릇 처(妻)·첩(妾)이 남편[夫]의 조부모·부모를 구타하고[毆] 욕하

---

40) 명·청의 입법과 사법 중, 계모(繼母)가 전처(前妻)의 자식[子]을 살해한 악행(惡行)에 대한 입법이 매우 엄중하여 여러 방면에서 방지한 것은 제4장의 관련 내용을 참조할 수 있다. 그런데 북송 시기에 이미 "계모가 자식을 살해한" 죄행(罪行)에 대한 엄격한 입법이 있었다. 예컨대, 『송사(宋史)』에 의하면, 태평흥국(太平興國) 2년(977) 5월 "병인(丙寅)에 조서를 내려 '계모가 (전처의) 아들[子]과 (그) 부인을 살해한 경우에는 살인죄와 같이 논한다'고 하였다[同殺人論]"(본기[本紀] 제4, 태종[太宗]1)라 기록하고 있다.

41) 『대명률』 권20, 「형률」 「투구」 「구처전부지자(毆妻前夫之子)」.

였기[罵] 때문에 남편[夫]이 (처·첩을) 천살(擅殺)하였다면 장형 100대에 처한다"[42]고 규정하였다. 설윤승은 "처(妻)를 구살(毆殺)·고살(故殺)한 행위에 대하여는 본래 전문적인 율(律)이 있었는데, 처음부터 구분하지 않은 것은 무엇 때문일까? 시부모에 대한 불효는 응당 출처(出妻)하는 죄행(罪行)에 포함되어 율(律)에서는 출처는 허용하였지만, 천살(擅殺)은 허용하지 않았기 때문에 당률에는 본 조문이 없었다. 명률에서 추가한 것은 무의미하다고 생각된다"[43]고 하였다. 여기서는 남편[夫]은 처(妻)가 부모[父]·조부모[祖]에 대하여 범죄가 있어도 천살할 권한이 없었고, 공권력에 의해 판단·처리해야 하는 것을 명시(明示)하고 있다. 시부모에 대한 불효는 '칠출(七出)'을 범한 것이지만, 절대 살해할 수는 없었다. 당률과 명률은 이 문제에서는 관점이 완전히 일치하였다. 그러나 필자(筆者)의 견해로는, 명률에서 이 율문(律文)을 단독으로 규정하여 정죄양형(定罪量刑)·사법적 인용 등에서 편리한 것은 말할 나위도 없기 때문에 전혀 무의미하다고 할 수는 없다. 물론 이러한 방법은 율전(律典)의 규모가 더욱 방대해지는 문제를 초래할 수도 있지만 전반적으로 부정해서는 곤란하다. 재차 설윤승은 『당명률합편』에서 전대흔(錢大昕)의 『예경문답(禮經問答)』을 인용하고 있는데, 내용은 다음과 같다.

무릇 부자(父子)·형제(兄弟)는 천합(天合: 천으로 맺어진 관계)이고, 부부(夫婦)는 인합(人合: 사람으로 맺어진 관계)이다. 천합은 천지(天地) 간(間)에 숨을 곳이 없고, 인합은 거취(去就)의 도리[義]를 정할 수 있다. …… 선왕(先王)이 내쫓는[去] 도리[義]를 설정한 것은, (부부관계가) 맺어지면 머물게 되고 맺지 못하면 내쫓는데[去], 부도(婦道)를 지킬 수 있는 자(者)는 하나의 도리[義]를 지켜서 따르게 하고,

---

42) 『대명률』권19, 「형률」 「인명(人命)」 「부구사유죄처첩(夫毆死有罪妻妾)」.
43) 『당명률합편』권18, 「부구사유죄처첩(夫毆死有罪妻妾)」.
〈옮긴이주〉 설윤승, 『당명률합편』권18, 「부구사유죄처첩」, 493~494쪽. 이어지는 문장은 다음과 같다. "'부모가 친고(親告)해야 처벌한다'고 하였기 때문에 구타하고 욕한 죄로 처벌하였음을 말한다. 원률(原律)에는 본 주해(註解)가 없고, 언제 추가되었는지는 알 수 없지만, 한번 관(官)에 가서 친히 고소하였다면[親告], 관에서 심리(審理)하는 것을 허락하였는데, 그 남편[夫]이 어떻게 살해할 수 있었겠는가? 만약 이미 살해하였다면, 부모가 친히 고소하더라도 죄를 면할 수 있겠는가? 또한 죄가 있는 비유(卑幼)를 구사(毆死)한 경우, 율(律)에는 명문(明文)이 없는데 본 조문을 특별히 만든 것은 그 까닭을 알 수 없다."(494쪽)

그렇지 않으면 차라리 부부의 사랑을 끊어서 골육(骨肉)의 은의(恩誼)를 손상시키지 않는다. …… 부인을 내쫓는[去婦] 도리[義]는 한갓 남편만 온전히 할 뿐 아니라 필부(匹婦)도 지켜야 하는 것이다. 후세 여리(閭里)의 부인들 중에는 시부모에게 총애를 잃기도 하고, 시누이들의 험담으로 원통하고 답답해서[抑鬱] 죽는 자도 있다. 혹은 그 남편[夫]이 음후(淫酗)·흉한(凶悍)하고 폐잉(嬖媵)을 총애하고 탐닉하여 능멸과 핍박으로 죽은 자도 있다. 고례(古禮)에 준(準)하면, 본래 내쫓을[去] 수 있는 도리[義]가 있는데, 하필 속박·금고(禁錮)해서 필사(必死)의 지경에 두고서 편안하다고 하겠는가?[44]

게다가 전대흔은 다시 "칠출의 법[七出之法]이 시행되지 않고부터 암탉이 홰를 치는[牝鷄司晨] 일이 날로 성(盛)하게 되었다. 남편[夫]이 부인에게 제압되어도 숨기고 참으면서 내쫓을 수 없었고, 심지어 가(家)를 파멸시키고 후사(後嗣)를 단절시켜도 담당관리[有司]로서 이 옥사(獄事)를 판결하는 자(者)는 오히려 합가(合家)시키고자 하였다. 여자가 지아비 둘[二夫]을 섬길 수 없다는 것은 알아도 부도(婦道)를 잃었다는 것을 알지 못하는 자는 비록 지아비 하나[一夫]만 섬겨도 (부도에 대해) 심하게 말할 수 없다. 이것은 선왕(先王)이 예(禮)를 제정한 의미를 깨닫지 못한 것이다"[45]고 하였다. 이로써 사정은 각각 대립적인 면이 있지만, '칠출'이 반드시 전적으로 남자 일방(一方)의 착상(着想)이 아니었음을 알 수 있다. 남편[夫] 및 그 가족[家人]의 학대를 받은 부녀자(婦女子)의 입장에서 보면, 율(律)에 따라 내쳐지는 것은 자연히 곤경에서 벗어나는데 일조(一助)할 수 있다. 또 한편으로 사납고 난폭한 부녀자가 무정하게 남편[夫] 및 남편 집[夫家]의 사람을 학대하기도 하고 심지어 "가를 파멸시키고 후사를 단절시키기"까지 한 경우, 율(律)에 따라 이혼시키는 것도 선량한 사람을 보전(保全)하는 방책[道]이 된다고 할 수 있다.

---

44) 〈옮긴이주〉전대흔(錢大昕), 『예경문답(禮經問答)』(설윤승, 『당명률합편』권14, 「출처(出妻)」, 352~353쪽).
45) 『당명률합편』권14, 「출처(出妻)」.
  〈옮긴이주〉전대흔, 『예경문답』(설윤승, 『당명률합편』권14, 「출처」, 353쪽).

5. 고소권(告訴權)

당률은 「투송47」(제348조) 「자손위범교령조(子孫違犯教令條)」 「소주(小注)」에서 "반드시 조부모·부모가 고소[告]해야 처벌한다"[46]고 하였고, 명률에서는 '고(告)'를 '친고(親告)'[47]로 고쳤는데, 의의(意義)는 서로 동일했지만 표현은 더욱 정확하게 되었다. 여기의 '친고'는 절차상의 필수요건으로 보이는데, 하나는 가장(家長)의 고소권을 보호하는 것이었고, 또 하나는 교령을 위반한[違犯教令] 행위는 대부분 가정의 사생활과 관련되었기 때문에 반드시 조부모·부모가 관부(官府)에 친히 고소[親告]해야 하였던 것이다. 그 이면에는 여타(餘他) 사람이 고소하였다면 거부하고 수리(受理)하지 않을 수 있다는 의미가 내포되어 있다. 가장이 자손을 불효로 고소할 수 있는 권한을 보호하기 위해 당률에서는 또 "80세 이상·10세 이하 및 독질자(篤疾者)가 모반(謀反)·모대역(謀大逆)·모반(謀叛)·자손의 불효 및 동거(同居)하는 사람에게 침범당한 경우에는 고소[告]를 허락한다. 다른 것은 결코 고소[告]할 수 없다. (주관하는) 관원[官司]이 (고소를) 접수하여 처리한 경우에는 각각 처리한 죄에서 3등을 감경한다"[48]고 규정하였다. 당률에 의하면, 원칙적으로 노인[老]·연소자[小]·독질인 사람은 일반적으로 책임능력이 없어서 무고(誣告)하였더라도 처벌할 수 없었다. 그들에게는 책임능력이 없었기 때문에 반드시 고소권을 제약(制約)하여 법률상의 우대를 남용(濫用)하지 못하게 하였다.[49] 본 규정에서 가장(家長)이 고소[告]할 수 있는 죄행(罪行)은 오직 "모반(謀反)·모대역(謀大逆)·모반(謀叛)·자손의 불효 및 동거하는 사람에게 침범당한 경우"로 한정되었다. 그리고

---

46) 『당률소의』 권24, 「투송」 「자손위범교령」.
   〈옮긴이주〉 『역주율소-각칙(하)-』 「투송47」(제348조) 「자손위범교령조」 「주」, 3121쪽.
47) 『대명률』 권22, 「형률」 「소송」 「자손위범교령」.
48) 『당률소의』 권24, 「수부득고거타사(囚不得告擧他事)」.
   〈옮긴이주〉 『역주율소-각칙(하)-』 「투송51」(제352조) 「수부득고거타사조」, 3128~3129쪽.
49) 〈옮긴이주〉 당·송대의 법률에 보이는 형사책임 감면 규정과 입법사상 등을 고찰한 논고에는 전영섭, 「당률 '노소급질유범조'·'범시미노질조'의 형사책임 감면 규정·입법사상과 송률(宋律)-휼형사상과 관련하여-」 참조.

"자손의 불효"는 "고소[告]할 수 있는" 범주에 포함되었기 때문에 당시 법률이 가장권에 대하여 특별히 보호했음을 알 수 있다. 명률에서는 이 조문을 계승한 다음에 '부인(婦人)' 부문이 추가되었는데,[50] 부인은 당시 법률상 역시 완전한 인격을 갖지 못했기 때문에 남자와 동일한 법률적 책임을 지지 않았고, 법률적 제한 범주에도 포함되었던 것이다.

이론적으로 '친고(親告)'는 이 죄명이 성립되는 필요조건일 뿐이고 결코 충분조건은 아니었다.[51] 명률도 당률과 마찬가지로 가장(家長)이 자손을 불효[違犯敎令]로 고소(告訴)하는 권력을 보호함과 동시에 출현할 수 있는 권력남용에 대해서도 입법 상(上)에서 상당한 방지책을 두었다. 명대(明代) 『문형조례(問刑條例)』중 세 가지 조문(條文) 규정을 제시하여 그 편린(片鱗)을 보고자 한다.

첫째, "계모(繼母)가 자식[子]을 불효로 고소하였거나 백숙부모(伯叔父母)·형자(兄姉)·백숙조(伯叔祖)·동당백숙부모(同堂伯叔父母)·형자(兄姉)가 제질(弟姪) 등이 구타하고 욕하였다고 상주(上奏)하여 고소[告]하였다면 모두 이웃의 친족(親族) 등을 구인(拘引)해서 심문(審問)하여 사실인 경우에는 율(律)에 의해 판결한다. 만약 무고(誣告)하였다면 법에 따라 처리한다. 만약 행적(行迹)과 상흔(傷痕)이 드러나서 죄를 인정하였다면 심문을 행하지 않는다"[52]는 규정이다. 명률은 특히 계모가 전처(前妻)의 자식[子]을 구타하고 욕한 행위에 대해 특히 주의를 기울였다. 왜냐하면 계모는 전처의 자식[子]과 아무런 연관이 없었고, 존비(尊卑)라는 명분은 있었지만 혈연관계가 없었기 때문이다. 남편 집[夫家]의 혈통을 잇고 남성의 가족재산을 안전하게 보호하기 위해 법률은 계모가 계자

---

50) 『대명률』권22, 「형률」「소송」「견금수부득고거타사(見禁囚不得告擧他事)」.
51) 명조(明朝) 후기 법률가[律學家] 왕긍당(王肯堂)은 당시 "형벌을 담당하는[問刑] 아문(衙門)이 조부모·부모가 자손 및 자손의 부인이 욕하였다고 고소[告]한 경우에는 허실(虛實)을 불문하고 즉시 교형(絞刑)으로 처벌하였는데, 이것이 바로 친고(親告)하면 처벌한다는 것이다"고 기록하였다. 이와 동시에 왕긍당은 특히 "친고하면 처벌한다고 하면서 무엇 때문에 자손을 무고(誣告)하면 논죄하지 않는다는 규정이 있는가? 무릇 이것은 반드시 심신(審訊)하여 상세히 조사해야 한다는 것이다"고 강조하였다(왕긍당, 『왕의부선생전석(王儀部先生箋釋)』[강희3년각본(康熙三年刻本)]「형률(刑律)」「자손위범교령[子孫違犯敎令]」). 이로써 이러한 "친고(親告)하면 처벌한다"는 방법은 법리(法理)와 상충되는 점이 있었음을 알 수 있다.
52) 『문형조례(問刑條例)』「형률(刑律)3」「투구(鬪毆)」「구조부모부모례(毆祖父母父母例)」.

(繼子)의 신상에 가하는 악의적인 범죄에 대해 결코 가볍게 용서하지 않았다. 가장이 "자식[子]을 불효로 고소[告]하는" 권력에 대해서도 상당히 제한하여 반드시 "이웃의 친족 등을 구인해서 심문하여 사실인 경우"에만 비로소 율에 의해 판결하는 등, 조금도 경시(輕視)하지 않았다.

둘째, "만약 조부모·부모가 후처(後妻)·사랑하는 자식[愛子]의 유혹(誘惑)에 빠져서 관직(官職)을 세습하거나 재산 등을 빼앗고자 구타·욕하였다고 허위로 고소[告]한 경우, 추궁하여 명백하였다면 범(犯)한 차수(次數)에 구애받지 않고 역시 법에 따라 처리한다"53)는 규정이다. 일반적인 이치에 따르면, 후처가 새로 가정에 들어왔거나 심지어 후사(後嗣)를 낳았다면 원래의 가정관계에 충격을 줄 가능성이 크다. 친애하는 사람들 사이에 행위선택에서 종종 진퇴양난에 빠질 수 있다. 바로 왕휘조(王輝祖)가 『쌍절당용훈(雙節堂庸訓)』에서 "재취는 아버지를 힘들게 하여[繼娶難爲父]", "선을 하라고 꾸짖는 것[責善]도 불가능하고, 혐의를 피하는 것도 할 수 없으며, 행동할 때마다 비방만 듣고", "조정은 어려워서 천(天)만 할 수 있다"54)고 개탄한 그대로였다. 세간(世間)에는 재취(再娶) 후에 '후처·애자(愛子)'의 유혹에 빠져서 친자(親子)가 구타하고 욕하는 불효를 하였다고 허위로 고소[告]하여 관부(官府)에 처벌을 청구하는 행위들이 적지 않았기 때문에 명률(明律)은 이를 엄격히 대비하여 반드시 "추궁하여 명백한 경우"에만 법에 따라 처리하였다.

셋째, "군직(軍職)에 있는 사람이 고소[告]당한 경우, 만약 계조모(繼祖母)·계모를 봉양하지 않았거나 본종(本宗)의 대공(大功) 이상 존장(尊長)·소공(小功) 존속(尊屬)을 구타하였거나 외조부모 및 처(妻)의 부모를 구타해서 상해를 가하였다면[毆傷], 모두 심문하여 명백해야만 비로소 논죄(論罪)하는 것을 허락한다"55)는 규정이다. 군직(軍職)에 종사하는 사람들의 이익을 보호하기 위해, 또 국가의 군사력을 안정시키기 위해 본 조(條)는 전문적으로 군직에 종사하는 사람을 대상으로 입법(立法)하였다. 일단 군직에 종사하는 사람이 "계조모·계모를 봉양하지 않은 행위" 등의 죄목(罪目)으로 고소[告]당한 경우, 명률에서는 일반 백성(百姓)처럼 처리하지 않고 반드시 심문해서 실정을 안 연후

---

53) 『문형조례』 「형률4」 「매리(罵詈)」 「매조부모부모조례(罵祖父母父母條例)」.
54) 왕휘조, 『쌍절당용훈』(광서12년산동서국각본[光緒十二年山東書局刻本]) 권3.
55) 『문형조례』 「명례률(名例律)」 「군관유범조례(軍官有犯條例)」.

에 이에 의거해서 논죄해야 한다고 요구하였다.

6. 자손의 범죄에 대한 종용(縱容)56) · 교령(敎令)과 강제(强制)

　명(明)나라 성조(成祖: 영락제[永樂帝], 재위기간은 1402~1424-옮긴이) 주체(朱棣)는 그가 찬정(撰定)한『성학심법(聖學心法)』「부도편(父道篇)」에서『좌전(左傳)』의 "자식을 사랑하는 방법으로는 올바른 도리[義]로 가르쳐서 나쁜 길로 빠지지 않도록 하는 것이다"57)는 문장을 인용하였다. 한 시대(一代)의 제왕(帝王)이 자녀 교육에서 부모의 책임에 대해 이상적(理想的) 기대감으로 가득 찼음을 볼 수 있다. 그러나 세상 사람들은 품류(品類)가 다양하고, 부모 중에는 스스로 함부로 행동하여 예의 · 염치를 지키지 않는 사람도 있으며, 또 자식에게 법을 어기도록 가르쳐서 음란하고 사악한 곳에 빠트리는 사람도 있다. 앞서 가장(家長)은 주혼권(主婚權)을 가지고 있었고, 가장이 자손에게 "율(律)을 어기고 혼인[嫁娶]"하게 한 일이 적지 않았다고 서술하였다. "예에서 벗어나면 형에 들어간다[出乎禮 則入乎刑]"고 하였는데, 명률(明律)은 이에 입각해서 가장(家長)이 자손의 범죄 행위 등을 종용 · 교령 · 강제하였을 경우에 대하여 구속 · 제재(制裁)하는 조치를 적지 않게 제정하였다. 이하에서는 사례를 들어 설명하고자 한다.
　첫째, 처(妻) · 첩(妾)의 범간(犯姦)을 종용한 경우이다. 당률(唐律)의 범간에 대한 규정은 상당히 개괄적이었다. 예컨대, 「잡률22」(제410조)「간조(姦條)」58)에서는 "무릇 간(姦)한 경우에는 도형 1년 반에 처한다. 남편[夫]이 있는 경우

---

56)〈옮긴이주〉'종용(縱容)'은 관가(寬假)라고도 하며, 보아도 보지 않은 척하고, 알고도 모르는 척하는 것, 즉 그 행위를 간접적으로 승인하는 것을 말한다.
57) 주체(朱棣),『성학심법(聖學心法)』(속수사고전서본[續修四庫全書本]) 권4,「부도(父道)」.
　〈옮긴이주〉이 문장은『춘추좌전정의(春秋左傳正義)』(『십삼경주소 하』) 권3,「은공(隱公) 3년(B.C.720) 동(冬) 12월 계미조」(1724쪽)에 나온다.
58)〈옮긴이주〉원서에는 '그 조문'으로만 되어 있다.

에는 도형 2년에 처한다. 부곡(部曲) · 잡호(雜戶)가 양인(良人)을 간한 경우에는 각각 1등을 가중한다. 만약 관(官) · 사비(私婢)를 간한 경우에는 장형 90대에 처한다. 타인(他人)의 부곡처(部曲妻)나 잡호 · 관호(官戶)의 부녀(婦女)를 간한 경우에는 장형 100대에 처한다. 강간(强姦)한 경우에는 각각 1등을 가중한다. (강간하다가) 부러뜨린 상해를 가한 경우에는 각각 투절상죄(鬪折傷罪)에서 1등을 가중한다"59)고 하였다. 명률(明律)에서는 더욱 구체적으로 "무릇 처(妻) · 첩(妾)이 타인(他人)과 통간(通姦)하는 것을 종용(縱容)하였다면, 본부(本夫: 본 남편) · 간부(姦夫) · 간부(姦婦)는 각각 장형 90대에 처한다. 만약 친딸[親女]이나 자손의 부인(婦人) · 첩(妾)이 타인과 통간하는 것을 종용하였다면, 죄 또한 이와 같다"60)고 규정하였다. 이로써 가장(家長)의 교령(敎令)은 권력이 되었을 뿐 아니라 동시에 책임도 수반(隨伴)되어 자녀 및 자손의 부인 · 첩이 범간(犯姦)한 행위를 방임(放任) · 종용할 수 없었고, 그렇게 하였다면 중장(重杖) 90대에 처해졌음을 알 수 있다.

둘째, 자손의 범죄를 교령한 경우이다. 『대명령(大明令)』「형령(刑令)」에서는 "무릇 가인(家人)이 공범(共犯)한 경우에는 오직 존장(尊長)만을 처벌한다. 타인을 침해[侵損]하였다면 각각 일반인의 수범 · 종범에 따라 논죄하고[依凡人首從論]", "무릇 가인이 함께 도적질을 하였다면[共盜] 모두 일반 도적질의 수범 · 종범에 따라 처단한다[依凡盜首從科斷]"61)고 규정하였다. 『당명률합편(唐明律合編)』에서는 심지기(沈之奇)가 『명률집주(明律輯注)』에서 "자제(子弟) · 동복(僮僕)에게 교사(敎唆)하여 타인을 구타하여 치사(致死)케 하였거나 중상을 가하도록 하였다면, 역시 교사자를 수범으로 하고, 하수인(下手人: 실행인[實行人])을 종범으로 하며, 가인과 같이 처벌을 면제하지 않는다. …… 만약 아직 하수(下手)하지 않았다면 당연히 가인의 법례(法例)에 따라 논죄하지 않는다"62)는 말을

---

59) 『당률소의』 권26, 「간(姦)」.
　　〈옮긴이주〉『역주율소-각칙(하)-』「잡률22」(제410조)「간조(姦條)」, 3227~3228쪽.
60) 『대명률』 권25, 「형률(刑律)」「범간(犯姦)」「종용처첩범간(縱容妻妾犯姦)」.
61) 『대명령』「형령」.
62) 『당명률합편』 권22, 「위력제박인(威力制縛人)」.
　　〈옮긴이주〉 심지기(沈之奇), 『명률집주(明律輯注)』(설윤승, 『당명률합편』 권22, 「위력제박인」, 594쪽). 원서에 인용되어 있는 마지막 문구(文句)는 "若未下手者 自依家人之例科斷"이지만, 설윤승, 『당명률합편』에 의하면 원문은 "若未下手者 自依家人之例勿論"이기

인용하고 있다. 이를 다시 명률의 형사 행위능력에 관한 규정과 결합해서 보면, 가장이 자손의 범죄를 교령(敎令)한 형사책임[刑責]은 다음과 같이 분석할 수 있다. (1) 가장은 한 집[一家]의 대표로서 자손에 대해 전제권(專制權)을 가졌을 뿐 아니라 동시에 자손의 행위에 대해서도 법률상의 책임을 져야 하였다. (2) 원칙적으로 한 집[一家]이 공범(共犯)해서 공공(公共)의 권익을 침범하여 손해를 입혔다면 가장(家長)만이 처벌되었고, 자손은 논죄될 수 없었지만, 개인(個人)의 권익을 침범하여 손해를 입혔다면 가장이 수범, 자손은 종범이 되었다. (3) 가장이 자손에게 범죄를 교령해서 개인의 권익을 침범하여 손해를 입힌 경우, ① 자손의 연령이 10세 이하로서 책임능력이 없었다면, 가장은 간접적인 정범(正犯)을 구성하였고, ② 가장의 연령이 80세 이상이었거나 독질(篤疾)에 걸렸다면, 공범 중 그 다음 존장이 좌죄(坐罪)되었으며, ③ 자손의 연령이 10세 이상으로서 상당(相當)하는 책임능력이 있었다면, 주모자(主謀者)가 수범, 그 나머지는 종범이 되어 각각 상응(相應)하는 형벌에 처해졌다. 나아가 명대(明代) 부친(父親) 모씨(某氏)가 그 자식(子)의 범죄를 교령하였고, 그 자식이 범죄 행위를 실행하다가 타인의 권익에 대하여 침해를 구성하였다고 가정(假定)하면, 상응하는 형사책임의 분담(分擔)은 대략 〈도(圖) 3-1〉에서 제시한 바와 같다.

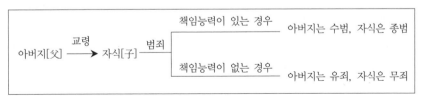

〈도(圖) 3-1〉 부친(父親)이 그 자식[子]의 범죄를 교령한 행위에 대한 형사책임[刑責] 분담 표시

셋째, 이상 자손이 실행한 범죄 행위에 대하여 종용·교령한 경우를 제외하고 더욱 엄중하고 악랄한 것은 당연히 자손에게 범죄를 강제(强制)한 경우이다. 사실 가장이 자손보다 "지위가 높고 권세가 중(重)한" 것은 자손에 대한 전제권(專制權)이 있었기 때문이고, (따라서) 그가 자손의 범죄를 교령하였다면

때문에 원문에 따라 번역하였다.

이미 은연중에 강제라는 의미가 내포되어 있었다. 예컨대, 명률(明律)에서는 "무릇 처(妻)·첩(妾)이 타인과 통간(通姦)한 행위를 종용하였다면, 본부(本夫)·간부(姦夫)·간부(姦婦)는 각각 장형 90대에 처한다. 처·첩 및 걸양(乞養)한 딸[女]에게 타인과 통간토록 강제하였다면[抑勒], 본부(本夫)·의부(義父)는 각각 장형 100대에 처하고, 간부(姦夫)는 장형 80대에 처한다. 부녀자는 처벌하지 않고, 또한 이혼시키고 (본)종(本宗)으로 돌아가게 한다. 만약 친딸[親女] 및 자손의 부인·첩이 남성[人]과 통간하는 행위를 종용하였거나 강제하였다면[抑勒] 죄 또한 이와 같다"[63]고 규정하였다. 가장이 처·첩·걸양한 딸[女]·자손의 부인과 첩에게 남성[人]과 통간토록 강제한 것에 대해 명대(明代) 법률가[律學家] 응공(應㮀)은 "종용·강제[抑勒]는 모두 의절(義絶)한 상황이기 때문에 이혼시키고 (본)종(本宗)으로 돌아가게 한다"[64]고 지적하였다. 그러나 가장이 친딸[親女]을 남성[人]과 통간토록 강제[抑勒]한 것은 혈연·감정·은의(恩義)로써 보면 사실 매우 분노케 하는 일이다. 명조(明朝)는 이러한 사회도덕과 공공질서·미풍양속을 엄중하게 위반한 행위에 대해 법률상 본부(本夫)·의부(義父)를 동등하게 취급하였고, 또 (이러한 행위는) 예교(禮敎)·복제(服制)의 기본 준칙(準則)과도 맞지 않았기 때문에 사실 명률(明律)에서는 본래 용납할 수 없는 것이었다.

이상을 종합하면, 명률은 당률의 '자손의 교령위반[子孫違犯敎令]'에 관한 입법 내용을 대체로 계승하였지만 자주적이고 창의적인 부분도 적지 않았다. 설윤승(薛允升)이 비평한 바와 같이 명률의 당률에 대한 창의성은 전체적으로 그다지 이상적이라고 할 수 없지만, 그 성문법(成文法)의 구조·조목(條目) 배열·조문(條文) 기초(起草) 등 방면에 쏟았던 노력은 결코 헛된 것이 아니었다. 즉 한편으로는, 명인(明人)이 수율(修律)한 많은 성과는 후대의 청률(淸律)에 계승되었고, 또한 거듭해서 약간의 개조(改造)를 가함으로써 중국 법률이 현대화로 향하는 직전의 전통법률에 최후의 한줄기 찬란한 여광(餘光)을 남겼다. 이 때문에 중화(中華) 전통법계(傳統法系) 자체의 발전과정에서 보면, 명률의 당률에 대한 계승과 개조는 과거를 계승하여 미래를 여는 작용을 하였다. 다른

---

63) 『대명률』 권25, 「형률」 「범간」 「종용처첩범간」.

64) 응공, 『대명률석의(大明律釋義)』(명가정28년각본[明嘉靖二十八年刻本]) 권25, 「종용처첩범간(縱容妻妾犯姦)」.

한편으로는, 명률은 당률에 비해 양형(量刑) 면에서 가볍고 완만한 추세에 있었는데, 혹자는 '경형주의(輕刑主義)'를 유지했다고도 하였다. 비록 이것이 성문법에 완전히 관철될 수 없었지만, 명률의 기초(基礎) 위에서 청률은 그 중 모순과 분규(紛糾) 부분을 수정·개진(改進)한 것이 적지 않았다. 한 국가[一國]의 성문법의 완전한 성숙은 즉시 이루어질 수 없고, 필연적으로 장기간의 역사경험과 사회의 신진대사를 거쳐야 하는데, 고대중국에서는 특히 그러하였다. 동시에 명률은 이처럼 형벌이 가볍고 완만하였다는 주장은 전통 경전(經典)에서 창도(唱導)한 "형옥(刑獄)은 신중히 하고", "슬퍼하고 불쌍히 여기되 기뻐하지 말라"[65]는 정신을 반영하였고, 또 세계 형벌변천사(刑罰變遷史)의 대세와도 부합하였다. 다만 수천 년에 걸친 중국 법사(法史)의 발전 속에서 예교(禮教)·강상(綱常) 관념은 고착화되었고[根深蒂固], 가장과 자녀의 법률상에서의 권리·의무 관계의 극단적인 불평등도 이미 '천경지의(天經地義)'[66]를 형성하였다. 따라서 원래의 발전궤도를 시정(是正)하는데 있어서 어떠한 외부적 충격도 없이 중화법계(中華法系) 자체의 발전에만 의존하였다면 필시 근본적으로 권리·자유·민주와 평화 등의 문제를 해결하기는 매우 어려웠을 것으로 생각한다.

제2절
청률(清律)의 「자손위범교령조(子孫違犯教令條)」의 확장

17세기 전반기, 만주부족(滿洲部族)의 흥기에 따라 누르하치(천명제[天命帝],

---

65) 〈옮긴이주〉 이 문장은 『논어주소』(『십삼경주소 하』) 권19, 「자장(子張) 제19」(2532쪽)에 나온다.
66) 〈옮긴이주〉 '천경지의(天經地義)'는 『춘추좌전정의(春秋左傳正義)』(『십삼경주소 하』) 권51, 「소공(召公) 25년(B.C.517)」의 "무릇 예(禮)는 하늘의 길[天經]이고 땅의 의[地義]이며, 백성[民]이 행하는 일이다"(2107쪽)라는 말에서 나왔다. '영구불변의 진리'를 말한다.

재위기간은 건주여진: 1583~1616, 후금: 1616~1626-옮긴이) · 홍타이지(숭덕제[崇德帝]: 1626~1643) 시대에 이미 명조(明朝) 법률을 본보기로 삼아 흡수하기 시작하였다. 순치제(順治帝: 1643~1661)가 중원(中原)에 도읍(都邑)을 정한 이후 전면적으로 명조의 법률을 계승 · 유지시킨 것은 민심을 수람하는 정책이기도 하였고, 실제 그것이 객관적인 대세(大勢)이기도 하였다. 건륭(乾隆) 5년(1740), 율례관(律例館) 총재(總裁) 삼태(三泰)가 맨 처음에 서명(署名)하고 있는 『대청율례부기(大淸律例附記)』에는 청률의 형성과정이 기록되어 있는데, 대략 다음과 같다.

『대청률(大淸律)』은 세조(世祖) 장황제(章皇帝: 순치제)께서 (중원에) 도읍하신 초에 형부상서(刑部[67]尙書) 오달해(吳達海) 등에게 명률(明律)을 상세히 번역해서 국제(國制)에 참고하라고 하시어, 책이 완성되자 주진(奏進)하여 중외(中外)에 간행 · 반포하였습니다. 성조(聖祖) 인황제(仁皇帝: 강희제[康熙帝]: 1661~1722) 강희(康熙) 9년, 대학사(大學士) · 관형부상서사(管刑部尙書事) 대객납(對略納) 등이 다시 교정(校正)을 행하였습니다. 18년(1679), 형부(刑部)에 내리신 특유(特諭)에 따라 정률(定律) 이외에 모든 조례(條例)에서 제거 · 보존해야 할 부분에 대해 자세히 작정(酌定)을 가(加)하여 간각(刊刻)해서 통행(通行)하였는데, 이름을 『현행칙례(見行則例)』라고 명명하였습니다. 28년(1689), 대신(臺臣) 성부승(盛符升)의 주청(奏請)에 준(準)해서 『현행칙례』를 『대청률』 조례(條例) 내에 기입(記入)하면서 명(命)을 내리시어 상서(尙書) 도납(圖納) · 장옥서(張玉書) 등을 총재로 삼았습니다. 46년(1707)에 이르러 수정(修正)해서 진정(進呈)하였지만, 오래도록 열람(閱覽)만 할 뿐 아직 공포하지는 않았습니다. 세종(世宗) 헌황제(憲皇帝: 옹정제[雍正帝]: 1722~1735) 옹정(雍正) 원년(1723), 다시 명(命)하시어 대학사(大學士) 주식(朱軾) · 상서(尙書) 사랑아(査郞阿) 등을 총재로 삼고는 증감(增減)해야 할 곳을 재차 상세하고 분명하게 해서 신속하게 수정 · 완성토록 하였고, 옹정 5년(1727)에 이르러 주상(奏上) · 비준(批准)을 거쳐 반행(頒行)하였습니다. 우리 황상(皇上: 건륭제[乾隆帝]: 1735~1796)께서 등극하신 원년(1736)에 상서(尙書) 부내(傅鼐)의 진주(陳奏)를 윤허하시어 특명(特命)으로 신(臣) 삼태(三泰) 등을 총재로 삼으셨습니다. 신(臣) 등은 어명(御命)을 받들어 제조신(提調臣) 하첨(何瞻) · 찬수신(纂修臣) 악태(岳泰) 등을 선발하여 조목(條目)에 따라 차례로 고정(攷正)해서 거듭 편집(編輯)을 가(加)하였습니다.

---

67) 〈옮긴이주〉 원서에는 '형부(刑部)'가 없다.

또 상세히 교정하고 정례(定例)하여 1049조(條)를 찬수(纂修)하였으며, 순서대로 삼가 수선(修繕)해서 진정(進呈)하였습니다. 황상께서 친히 감정(鑑定)을 가하시어 간혹 뜻이 서로 맞지 않은 곳이 있으면 모두 유지(諭旨)로 개정하시었고, 특명(特命)으로 내외(內外)에 간행·반포하여 영원히 준행(遵行)케 하셨습니다.[68]

청조의 중앙정권은 필경 만주(滿洲)가 주관(主管)하였기 때문에 중원(中原)의 고유한 정치·법률 제도에 대하여 개정(改定)할 부분이 적지 않다는 생각을 가졌을 것이다. 그러나 청률(淸律)을 종합적으로 보면, 순전히 중화(中華)와 일 맥상통하였고, 이른바 "규칙과 복색을 바꾸었다[改章易服]"는 표현이 말해주듯 이 대부분 사소한 것들만 개정되었다. 이 뿐 아니라 청률은 명률(明律) 체제를 계승하여 기본적으로 이·호·예·병·형·공 육부(六部)의 분류 방식을 유지하였고 또 발전도 시켰다. 순치·강희·옹정·건륭 네 황제를 거쳐 건륭 5년(1740)에 『흠정대청율례(欽定大淸律例)』가 제정되고부터 마침내 규범적인 '율례합편(律例合編)' 체례(體例)가 성립되었고, 동시에 그것에 상응하는 수율규칙(修律規則)도 정식으로 시행되었다. (이러한 체제는) 동치(同治) 9년(1870) 마지막 1차 수율(법률개혁 이전)에 이르기까지 130년 동안 체계적으로 착실히 실행되었다.

『대청율례』는 청대 성문법(成文法) 중 가장 뛰어난 것이었지만, 궁극적으로 당시 성문법의 전부는 아니었다. 청대 중앙과 지방의 사법(司法)의 실상(實狀)을 살펴보면, 『대청율례』이외에도 두 종류의 법률적 성격을 가진 문건이 통상적인 사법적 실천 과정에서 두드러지기 때문에 매우 주목·연구할 가치가 있다.

첫째는 '회전(會典)'이다. 청(淸)나라는 입관(入關) 전, 숭덕(崇德) 연간(1636~1643)에 이미 "회전을 의정(議定)한" 일이 있었지만, 현재 본서(本書)는 전해지지 않는다. 일반적으로 알려져 있는 것은 강희(康熙)·옹정(雍正)·건륭(乾隆)·가경(嘉慶)·광서(光緒)의 오조회전(五朝會典)이다.[69] 청대 회전의 제작은 명조

---

68) 『대청율례』(법률출판사[法律出版社], 1999) 권수(卷首), 「삼태등대청율례부기(三泰等大淸律例附記)」(건륭[乾隆] 5년).

69) 〈옮긴이주〉 청대의 회전은, 본문에 서술하듯이, 청나라 일대(一代)에 『강희회전』이하 5회에 걸쳐 간행되었다. 그런데 『강희회전』이전에도 회전이 있었던 것은 아닐

(明朝) 때의 회전 규제(規制)에서 완전히 벗어났지만, 창조성이 풍부한 '회전사례(會典事例)'가 증가되었고, 또 전문적인 조목(條目)별로 정치 · 법률 등 방면의 제도적 연혁도 수록되어 그야말로 장관을 이루었다. '회전' 및 '회전사례'(특히 후자)에는 청대의 제도적 변천의 궤적이 상세히 기록되어 있을 뿐 아니라 당시 사법적 실천과도 밀접한 관련이 있었다. 이 제도적 규정들이 시간의 추이에 따라 옛 일이 되었지만, 현실의 사법적 난제(難題)에 봉착(逢着)하였을 때 역사적 경험과 방식은 항상 권위적인 본보기가 될 수 있었다.

둘째는 '통행장정(通行章程)'70)이다. 청대의 '통행장정'은 일반적으로 특정 사건이나 안례(案例)로 구성되었다.71) 법리상(法理上)에서 이것은 『대청율례』와는 특별법과 보통법과 같은 관계에 있었지만, 그 형태는 다소 복잡한 변화를 보이고 있다. 대략(大略)을 말하면, '통행장정'의 법률적 전도(前途)에는 주로 두 가지가 있었다.

(1) 이론적으로 '통행(通行)'은 종종 시간적으로 제한이 있었기 때문에 시간이 지나면 자동 폐지되었다. 그러나 전부 이와 같이 않았는데, 그 중 한 가지 정황(情況)은, '통행'은 통행기간이 지난 후에는 더 이상 현실적 법률효력이 없었지만, 이전의 보통 성안(成案)에 비해 현실 안건에 대해 사법(司法)에서 참고할 때 그 가치 및 권위성은 여전히 비교할 수 없을 정도로 우월적 지위를 가지고 있었다는 점이다. 또 한 가지 정황은, 어떤 '통행장정'이 정해진 유효기간이 지나 최고사법당국에서 공포한 법령(法令)을 통해 폐지되었더라도 반드

까하는 의문이 제기되었다. 즉 『만문노당(滿文老檔)』 · 『청조실록(淸朝實錄)』 중에 '회전'이라는 문자가 보이고, 이로 인해 중국 · 일본 학계에서는 이것이 『숭덕회전(崇德會典)』일 가능성이 있다고 보았다. 현재 『숭덕회전』의 존재에 대해서는 긍정설과 부정설이 대립되어 있다(시가 슈조[滋賀秀三] 편[編], 『중국법제사 기본자료의 연구(中國法制史 基本資料の研究)』, 동경대학출판회[東京大學出版會], 1993, 486쪽).

70) 오로지 중앙최고사법당국이 인가(認可)하고 반포한 '통행장정'만을 가리킨다. 청대 성(省)에서도 '통행장정'을 제작했지만, 그 정황이 특수하였기 때문에 본 연구 · 논의의 범위에 있지 않다.

71) 안례(案例)로 구성된 '통행장정'은 형식적으로 종종 모(某) 일현(一縣)의 구체적인 안건의 요점 내용을 포함하였기 때문에 이 안례로 도출(導出)된 법률규정은 통행(通行) · 원용(援用)에 도움이 되었다. 따라서 이러한 유형의 '통행장정'은 '통행성안(通行成案)'으로도 불렸다.

시 그렇게 되지는 않고 통행 사실만 종결되었다는 점이다(예컨대, 청말의 「취지정법장정(就地正法章程)」이 그러했다).

(2) 비법정(非法定) 수율(修律) 연도[72]에 제정된 '통행장정'은 제1차 수율(修律) 때에 간혹 『대청율례(大淸律例)』에 흡수되어 '보통법'의 일부가 될 수 있었다. 그러나 『대청율례』에는 율문(律文)과 예문(例文)의 구별이 있었고, '통행'은 흡수되면서 율문도 되고 예문도 되는 등 두 가지가 모두 가능하였으며, 그 결과에 따라 성문법 중의 지위에도 차이가 있었다. ① 율문이 된 경우이다. 『흠정대청율례(欽定大淸律例)』가 건륭 5년(1740)에 반포되었지만, 그 중 율문 부분은 옹정 5년(1727)에 이미 기본적인 정격(定格)이 이루어졌다. 당시 옹정제는 '율(律)'은 만세불변(萬世不變)의 성문법[成憲]이었기 때문에 자신 이후의 자손들도 가볍게 경장(更張)할 수 없다는 규정을 정하였다. 건륭 때의 수율도 이 종지(宗旨)를 받들어 힘써 예문 부분을 규범화 하여 원래 있던 '원례(原例)'·'흠정례(欽定例)'·'증례(增例)'의 구별을 없애고 통합해서 '예(例)'라는 명칭만 사용하였다. 따라서 '통행장정'은 율문이 된 후에 『대청율례』에서의 지위도 상당히 안정될 수 있었다. 그러나 '통행장정'은 옹정 5년 이전에 율문이 될 가능성도 있었지만, 실제 그 가능성은 상당히 막연하였고, 이후에는 기본적으로 그것마저도 소멸되었다. ② 예문이 된 경우이다. 사건 혹은 안건(案件)에 근거해서 제정된 '통행장정'은 『대청율례』의 예문이 되면서 비교적 안정된 법률적 지위를 확보할 수 있었다. 다만 '비교적 안정'이라고 표현한 것은 '율문'에 비해 그 안정성이 그다지 충분치 않았기 때문이다. 게다가 『대청율례』에서 "율(律)은 만세의 상경(常經)이었고", '예(例)'는 시의(時宜)에 따라 증감되었는데, 바로 몇몇 연구자들이 이해한 "청률의 변화는 예에 있고 율에 있지 않다"[73]고 한 그대로였다. 예문은 부단히 수정되었기 때문에 사실상 『대청율

---

72) 건륭(乾隆) 이전, 조정(朝廷)에서 수율할 때는 따라야 할 고정된 규정이 없었다. 건륭 5년(1740), 율례합편(律例合編) 체계(體系)는 안정된 추세에 있었고, 율(律)은 '만세(萬歲)의 성문법[成憲]'이 되어 변경할 수 없었다. 그러나 예(例)는 수시로 제정·사용되었다. 수례(修例)에 대하여 처음에는 "3년마다 한번 작게 수정하고[小修], 5년마다 한번 크게 수정하는[大修]" 형식으로 정해졌지만, 후에는 너무 빈번해졌기 때문에 마침내 "5년마다 한번 작게 수정하고, 10년마다 한번 크게 수정하는" 방식으로 변경되었다. 따라서 여기서 말하는 '수율 연도'는 건륭 5년 이후에서는 '수례(修例) 연도'와 동일하다.

례』는 법전 자체의 탄력성도 유지되었고, 사법적용에도 유효한 매우 중요 수
단이 될 수 있었다. 다시 말하면 '통행장정'이 요행히 『대청율례』의 예문이
되었지만, 향후 수율 과정에서 수정되거나 심지어 삭제될 가능성도 있었다.
일반적인 예문은 말할 나위도 없지만, 옹정제의 '팔의(八議)'에 관한 유지(諭旨:
'흠정례[欽定例]')가 있었음에도, 건륭조(乾隆朝)의 수율 때에 예문의 재정비를
통해 모두 '통합'되었다. 요컨대, 이러한 실례(實例)는 청대 수율의 역사에서
비일비재(非一非再)한 일이었다.

   이상 서술한 '회전'과 '통행장정'은 모두 청대의 입법(立法)과 사법(司法)을
연구하는 과정에서 주목해야 할 대상이었다. 그러나 『대청율례』가 청대 성문
법에서 핵심적인 지위를 대신할 수는 없었지만, 그것이 개창(開創)한 '율례합
편(律例合編)' 체례(體例)는 「자손위범교령조(子孫違犯敎令條)」의 법률 확장에 공간
을 제공해주었다.

   본 연구에서 이른바 「자손위범교령조(子孫違犯敎令條)」의 법률 확장이라는
것은 청대 『대청율례』의 '율례합편' 구조 속에서 당률과 명률 이래 「자손위범
교령조(子孫違犯敎令條)」를 둘러싸고 전개된 세 가지 뚜렷한 현상, 즉 ① 법률조
문의 규모가 확대되어 원(原) 조문과의 관련성이 증가되었다는 점, ② 죄명(罪
名)과 형벌이 확장되어 양형(量刑)의 경중(輕重)에도 변화가 생겼다는 점, ③ 권
리·의무 관계의 복잡화, 특히 가장(家長)의 자손에 대한 전제적 권력이 더한
층 강화되었다는 점을 가리킨다. 이하(以下)에서는 오직 『대청율례』 중 「자손
위범교령조(子孫違犯敎令條)」 및 그밖에 가장과 자손 간의 권리·의무 관계와
관련된 법률 조항(條項)만을 고찰대상으로 해서 이 문제를 구명(究明)하고자
한다.

---

73) 구동조(瞿同祖)는 「청률의 계승과 변화(淸律的繼承和變化)」(『역사연구[歷史硏究]』 1980년
    제4기)라는 논문에서 개괄적으로 청률의 변화는 예에 있고 율에 있지 않다고 하였
    다. 그러나 필자(筆者)는 세밀한 고찰을 통해 『대청율례』의 율문(律文)과 예문(例文)
    의 변화는 이처럼 간단하지 않다는 것을 알았다. 예컨대, 이러한 규율(規律)의 출현
    은 오직 율문이 성숙·안정된 이후에야 가능할 뿐이었다는 것이다. 다시 말하면 대
    략 옹정·건륭 이후 『대청율례』의 변화는 바야흐로 "예에 있고 율에 있지 않다"가
    되었다고 할 수 있다.

1. 청률의 「자손위범교령조(子孫違犯敎令條)」 및 그 연혁(沿革)

청말(淸末) 설윤승(薛允升)의 『독례존의(讀例存疑)』에 의하면, 『대청율례』「형률(刑律)」「소송문(訴訟門)」에 있는 본 조(條)의 율문(律文)과 예문(例文)의 내용은 각각 다음과 같다.

자손위범교령(子孫違犯敎令)

무릇 자손이 조부모·부모의 교령(敎令)을 위반했거나[違犯] 봉양에 결함이 있었다면[奉養有缺] 장형 100대에 처한다. 교령을 따를 수 있는데 고의(故意)로 위반하였거나 가도(家道: 집안 형편)가 봉양을 감당할 수 있는데 고의로 결[缺]한 경우를 말한다. 반드시 조부모·부모가 친히 고소[親告]해야 처벌한다.

조례(條例)

1. 자식[子]이 가난해서 생계를 꾸려[營生] 부모를 공양[養贍]하지 못하여, 부모가 스스로 목을 매고 치사[自縊致死]한 경우에는 장형 100대·유형 3천리에 처한다.

2. 무릇 촉범(觸犯)을 정고(呈告)한 안건(案件) 중, 자손이 실제 구타[毆]·욕설[罵] 행위를 범하여 죄가 중벽(重辟)[74]에 저촉(抵觸)된 경우 및 단지 교령만을 위반한[違犯敎令] 경우에는 각각 율례(律例)에 준(準)하여 분별해서 처리하고, 그밖에 조부모·부모가 자손을 정고하여 발견(發遣)[75]을 간구(懇求)한 경우 및 누차 촉범을 행한[違犯觸犯] 경우, 정고된 자손은 실제 연장(煙瘴) 지방으로 발견하여 충군(充軍)시키고, 기인(旗人)은 흑룡강(黑龍江)으로 발견하여 차역(差役)에 종사시킨다. 만약 조부모·부모가 자손 및 자손의 부인을 함께 정송(呈送)(하여 발견을 간구)한 경우, 정송된 부인은 그 남편[夫]과 함께 (심사하여 서류를) 첨발(簽發)한 후에 (발견하여) 안치(安置)[76]한다.

---

74) 〈옮긴이주〉 '중벽(重辟)'에 대하여 설윤승은 『독례존의』(http://www.3edu.net/gxshibu /43742.html) 권40, 「형률16[刑律之十六]」「소송2[訴訟之二]」「자손위범교령(子孫違犯敎令)」에서 '참결(斬決)·교결(絞決)'이라고 하였다.

75) 〈옮긴이주〉 '발견(發遣)'에 대하여는 제1장 주 22) 참조.

3. 무릇 자손이 간(奸) · 도(盜)를 범한 안건 중, 조부모 · 부모가 아직 종용하지 않은[井未縱容] 상황에서 자손이 사음(邪淫)을 범한 행위로 인해 (조부모 · 부모가) 근심과 분노로 자진하였거나[憂憤戕生] 피해자[人77)]에게 구살[毆死] 및 모살(謀殺) · 고살(故殺)된 경우, (자손은) 모두 교입결(絞立決)로 의정(擬定)한다. 만약 조부모 · 부모가 종용(縱容) · 비호(庇護)한 상황에서, 후에 발각(發覺)되자 죄가 두려워 자진[畏罪自盡]한 경우, 간 · 도를 범한 자손은 운귀(雲貴)78) · 양광(兩廣)79)의 극변(極邊) · 연장(煙瘴) 지방으로 발견하여 충군시키고, 피해자[人]에게 구살[毆死] 및 모살 · 고살된 경우, 간 · 도를 범한 자손은 교감후(絞監候)로 의정한다. 만약 조부모 · 부모가 자손에게 간 · 도를 범하도록 교령(敎令)한 상황에서, 후에 발각되자 죄가 두려워 자진[畏罪自盡]한 경우, 간 · 도를 범한 자손은 장형 100대 · 도형 3년에 처하고, 피해자[人]에게 구살[毆死] 및 모살 · 고살된 경우, 간 · 도를 범한 자손은 장형 100대 · 유형 3천리에 처한다. 만약 자손이 (간 · 도를 범하던 중에) 사죄(死罪)에 처해질 죄[罪犯]을 범하였거나 피해자[人]를 모살 · 고살한 사정(事情)이 폭로되어 조부모 · 부모가 자진한 경우, (자손은) 각각 본래 범한 죄명(罪名)에 준(准)해서 입결(立決)로 의정한다. 자손의 부인이 (이러한 죄를) 범한 경우에는 모두 자손과 동일하게 처벌한다.80)

본 조(條)의 율문(소주[小注] 포함)은 전적으로 명률(明律)을 답습하였기 때문에 당률과 비교하면 (명률과 마찬가지로) 원래의 '도형 2년'의 형벌이 '장형 100대'로 개정되어 있다. 옹정조(雍正朝)의 『대청률집해부례(大淸律集解附例)』「주(注)」에서는 "이것은 효로써 교화시키기[敎孝] 위해 입법하였다. 부모[親]의 훈계(訓戒)는 가볍게 위반할 수 없고, 부모에 대한 공양[親養]은 조금도 결(缺)할 수 없으며, 범(犯)한 경우에는 모두 효도에 궐[虧]함이 있었기 때문에 만장(滿杖)에 처한다. 그러나 반드시 조부모 · 부모가 친히 고소[親告]해야 처벌한다"81)고 하였다. 이로써 당시 (법률에서는) 교령을 위반하였거나[違犯敎令] 공양

76) 〈옮긴이주〉 '안치(安置)'는 통상 유형(流刑)에 처해진 사람을 배류(配流)한 후에 유배지(流配地)에서 일정한 장소에 유주(留住)시키는 것을 말한다.
77) 〈옮긴이주〉 여기의 '인(人)'은 피해자를 가리킨다(이하 동일).
78) 〈옮긴이주〉 '운귀(雲貴)'는 운남(雲南)과 귀주(貴州).
79) 〈옮긴이주〉 '양광(兩廣)'은 광동(廣東)과 광서(廣西).
80) 설윤승, 『독례존의』 권40, 「형률16[刑律之十六]」「소송2[訴訟之二]」「자손위범교령(子孫違犯敎令)」.

에 결함이 있었다면[供養有缺] 모두 불효 행위로 인정(認定)하였음을 알 수 있다. 이와 동시에 두 가지 현상은 심사숙고할 만하다. 한 방면은, 주지하듯이, 청률에서도 「명례(名例)」「십악(十惡)」내에 「불효(不孝)」조항이 두어졌기 때문에-이는 당(唐)·명률(明律)과 기본적으로 동일하다-'불효'죄와 '자손의 교령위반[子孫違犯敎令]'은 연계(連繫)와 구별이라는 문제가 등한시 될 수 없었다는 점이다. 또 한 방면은, 구체적인 법률적 실천 과정에서 「불효」행위들은-「명례」「십악」에 열거된 행위 이외도 포함하여-'자손의 교령위반[子孫違犯敎令]'과 경계가 종종 모호하고 분명하지 않았다는 점이다. 청대의 형안(刑案)을 보면, 예컨대 '자손의 교령위반[子孫違犯敎令]'·'조부모·부모에 대한 구타[毆]'·'조부모·부모에 대한 욕설[罵]'[82] 등은 「십악」에 열거된 「불효」행위에 포함되지는 않았지만 모두 '불효'죄명을 붙일 수 있었다. 바로 심지기(沈之奇)가 말하였듯이, 자손의 불효 행위는 실제 다양하게 표현되었지만, 소주(小注)에 열거된 것들은 율문에 규정된 범위에서만 열거하였을 뿐이었다.[83]

이 중 「자손위범교령조(子孫違犯敎令條)」의 율문 부분을 보면, '교령위반[違犯敎令]'은 『예기(禮記)』의 "부모를 섬김[事親]에 (그 허물은) 숨기되 범(犯)하는 일은 없어야 한다"[84]는 행위 준칙을 위반한 것이고, '봉양 결여[奉養有缺]'는 『맹자』에서 이른바 "그 사지(四肢)를 게을리 하여 부모의 봉양을 돌아보지 않은"[85] 행위에 속한 것으로서, 당시 도덕(道德)·윤리(倫理)·강상(綱常)에 어긋

---

81) 관수(官修), 『대청률집해부례(大淸律集解附例)』(옹정조각본[雍正朝刻本]) 권22, 「형률(刑律)」「소송(訴訟)」「자손위범교령(子孫違犯敎令)」.

82) 이 '자손의 교령위반[子孫違犯敎令]'죄명(罪名)은 협의(狹義)에 속하여 '자손의 공양 결여[子孫供養有缺]'를 포괄하지 않았기 때문에 원래 「불효」에 열거된 범위 내에 있지 않았다. '조부모·부모에 대한 구타[毆]', '조부모·부모에 대한 욕설[罵]'도 원래 「십악」의 「악역(惡逆)」에 속했기 때문에 역시 '불효'와 구별되어 있었다.

83) 심지기(沈之奇), 『대청률집주(大淸律輯注)』권1, 「명례(名例)」「십악(十惡)」「불효(不孝)」.

84) 〈옮긴이주〉 『예기정의』(『십삼경주소 상』) 권6, 「단궁상(檀弓上) 제3」에서는 "부모를 섬김에 (그 허물은) 숨기되 범하는 일은 없어야 하며, 좌우(左右)에 가까이 나아가 봉양하되 일정한 방위가 없으며, (부모를 위해) 죽기에 이를 만큼 매우 힘든 일을 수행하고, (부모가 죽으면) 상주(喪主)로서 3년 상(喪)을 극진히 해야 한다"(1274쪽)고 했다.

85) 〈옮긴이주〉 『맹자주소』(『십삼경주소 하』) 권8하, 「이루장구하(離婁章句下)」에서는 "맹자가 말하였다. '세속(世俗)에서 이른바 불효는 다섯 가지이니, 그 사지를 게을리 하

났을 뿐 아니라 법률도 위반하였기 때문에 모두 응당 "장형 100대"의 형벌에 처해졌다. 그러나 불효 행위는 다양하였고, 행위에 대한 엄중성도 이 두 가지보다 훨씬 심혹(甚酷)한 것도 있었다. 청말의 법률가[律學家] 길동균(吉同鈞)도 본 예문에 대해 "공양하지 못하여 부모가 자진한 죄행(罪行) 및 간도(奸盜)를 범하여 부모가 피살되었거나 자진한 죄행, 또한 불효에 대한 촉범(觸犯)과 정고(呈告)를 규정한 각 조(條)까지도 보충해서 율(律)에서 미진(未盡)한 부분을 확대하였다"[86]고 지적했다. 또한 이러한 "율에서 미진한 부분을 확대"하는 과정에서 「자손위범교령조(子孫違犯敎令條)」는 실제로 규모의 확대, 법률관계의 복잡 및 가장(家長)의 전제권(專制權)의 강화 등 법률후과(法律後果)가 초래되었다. 그 발생학적 구조(mechanism)를 추구(推究)하면, 청대 "율례합편(律例合編)"의 법전체례(法典體例)는 바로 이러한 '조문(條文) 확장'이 이루어지는 토양[溫床]이 되었다고 할 수 있다.

제1조례문(第一條例文) 자식[子]이 가난해서 생계를 꾸려(營生) 부모를 공양하지[養贍] 못하여, 부모가 스스로 목을 매고 치사[自縊致死]한 경우에는 장형 100대·유형 3천리에 처한다.

심가본(沈家本)의 『율례우전(律例偶箋)』에 의하면, 본 조례문은 명조(明朝) 천순(天順) 8년(1464)의 구례(舊例)를 답습하였다. 설윤승(薛允升)·심지기(沈之奇) 등의 관점도 심가본과 기본적으로 동일하였다. 심가본은 범영란본(范永鑾本) 『명률부고(明律附考)』에 있는, 천순 8년에 조서(詔書)하여 "자식[子]이 가난해서 생계를 꾸려[營生] 공양하지[養贍] 못하여 그 아버지[其父]가 이 때문에 스스로 목을 매고 치사[自縊致死]한 경우, 자식[子]은 과실 살해에 의한다[依過失殺]"는 규정을 적록(摘錄)하였고, 또한 "융경본(隆慶本)·만력본(萬曆本)에는 모두 이 조

여 부모의 봉양을 돌아보지 아니한 것이 첫 번째 불효요, 도박하고 술 마시기를 좋아하여 부모의 봉양을 돌아보지 아니한 것이 두 번째 불효요, 사사로이 재화(財貨)를 좋아하고 처자식만 편애하여 부모의 봉양을 돌아보지 아니한 것이 세 번째 불효요, 귀와 눈이 하고자 하는 것만 쫓아 이로써 부모를 욕되게 한 것이 네 번째 불효요, 용맹함을 좋아하여 서로 다투고 싸워서 부모를 위태롭게 한 것이 다섯 번째 불효이다.'"(2731쪽)

86) 길동균, 『대청률강의(大淸律講義)』 권10, 「형률(刑律)·소송(訴訟)」 「자손위범교령(子孫違犯敎令)」.

문이 없고, 『명회전(明會典)』에도 이 조문이 없는 것은 당시 이미 삭제되어 사용되지 않았던 것이 명확하다. 숭정본(崇禎本) 『문형조례(問刑條例)』에도 이 조문이 없기 때문에 언제 수복(修復)되었는지 알 수 없다"[87]고 하였다. 이로써 명대(明代)에 이 조례는 조서를 통해 흠정(欽定)되었지만 오래지 않아 적어도 숭정 연간(1628~1644)에는 이미 본 조(條)가 보이지 않게 되었음을 알 수 있다. 청초(淸初)의 수율(修律) 때, 이 조문은 채택되었고, 또 전후(前後) 몇 번에 걸쳐 개정되었다. ① 순치(順治)·강희조(康熙朝)의 예문은 "자식[子]이 가난해서 그 아버지[其父]를 공양[養贍]하지 못하여, (아버지가) 스스로 목을 매고 치사[自縊致死]한 경우, 자식은 아버지를 과실로 살해한 율[子依過失殺父律]에 따라 장형 100대·유형 3천리에 처한다"고 하여, 명확하게 형벌을 '장형 100대·유형 3천리'[88]로 규정해서 인용·적용하기에 편리토록 하였다. ② 옹정조(雍正朝)의 예문은 "자식[子]이 가난해서 생계를 꾸려 아버지를 공양하지 못하여[營生養贍其父], 그 아버지가 목을 매고 치사[因致其父自縊死]한 경우, 자식은 아버지를 과실로 살해한 율에 따라[子依過失殺父律] 장형 100대·유형 3천리에 처한다"[89]고 규정하여, '양섬(養贍)' 앞에 '영생(營生)' 두 자를, '자액(自縊)' 앞에 '기부(其父)' 두 자를 첨가(添加)해서 문구(文句)의 뜻이 더욱 잘 통하게 하였다. ③ 건륭(乾隆) 5년(1740)의 『흠정대청율례(欽定大淸律例)』에도 이 조문은 모두 답습되었지만,[90] 건륭 31년(1766) 2월, 강소안찰사(江蘇按察使) 이영서(李永書)의 조주(條奏)에 따라 그 중 '자의과실살부율(子依過失殺父律)'이라는 일곱 자(字)가 삭제되었고, 다음 해 율례관(律例館)에서 수율할 때 '공양[養贍]'의 대상에 부모가 포함되었으며, 또 '기부(其父)' 두 자(字)가 '부모(父母)'로 변경되는[91] 등 일련의 과정을 거쳐 제1조례문처럼 찬정(纂定)되었다. 상술한 몇 번의 개정을 통해, 양형(量刑)의 경중(輕重)은 잠시 논외로 하고, 본 조문은 형벌의 명확성·

---

87) 심가본, 『율례우전』(『심가본미각서집찬(沈家本未刻書集纂)』 본[本]) 권3, 「형률(刑律)」「소송(訴訟)」「자손위범교령(子孫違犯敎令)」(예[例]).

88) 형부(刑部), 『대청율례비평집해(大淸律例批評集解)』(강희조각본[康熙朝刻本]) 권22, 「형률(刑律)」「소송(訴訟)」「자손위범교령(子孫違犯敎令)」.

89) 『대청률집해부례』 권22, 「형률」「소송」「자손위범교령」.

90) 『대청율례』 권30, 「형률(刑律)」「소송(訴訟)」「자손위범교령(子孫違犯敎令)」.

91) 오단(吳壇), 『대청율례통고(大淸律例通考)』(광서12년각본[光緒十二年刻本]) 권30, 「형률(刑律)」「소송(訴訟)」「자손위범교령(子孫違犯敎令)」.

표현의 정확성 · 의미의 완정성(完整性)에서 초지일관 부단히 개선(改善)되었다고 할 수 있다.

율문의 소주(小注)를 보면, "가도(家道: 집안 형편)가 봉양을 감당할 수 있는데 고의로 결(缺)한 경우"라고 명언(明言)하여, 오직 자손의 가정 형편이 공양을 부담할 수 있는데 자손이 고의로 결한 경우만을 의미하였지만, 부모[父] · 조부모[祖]에 대한 공양(養贍)의 의무를 이행하지 않았을 때도 '자손의 공양 결여[子孫供養有缺]'라는 죄명(罪名)은 성립되었다. 이에 비해 예문의 논리는 상당히 단순 · 기계적이어서, 자식[子]이 가난해서 생계를 꾸려[營生] (부모를) 공양[養贍]하지 못하였기 때문에 부모가 스스로 목을 매고 치사[自縊致死]한 결과가 있어야만 본 죄명은 성립되어 '장형 100대 · 유형 3천리'에 처할 수 있었다. 그러나 자식[子]이 가난해서 생계를 꾸릴 수 없는 정황에는 선천적 조건에서 기인된 경우(예컨대 엄중한 잔질[殘疾]과 같은 경우)도 있고, 후천적인 유탕(游蕩) · 나태에서 기인된 경우도 있으며, 공양의 의무를 다하지 못하는 정황에는 일상적 혹은 고의적인 경우도 있고, 우연 혹은 과실인 경우도 있다. (이처럼) 정황이 동일하지 않기 때문에 일률적으로 논죄(論罪)할 수 없다. 이 점에 대해 청대의 법률가[律學家]들도 이미 알고 있었다. 예컨대, 만유한(萬維翰)은 일찍이 "주(注)에서 말한 바를 보면 …… 가도(家道)가 가난하고 어려워서 (공양에) 결(缺)함이 있었던 경우는 일률적으로 처벌할 수 없다. …… 가난하고 어려운 사람은 상황이 최선을 다할 여력이 없었던 것이지 최선을 다할 마음이 없었던 것은 아니었기 때문에 (공양에) 결함이 있었다고 할 수 없다"[92]고 하였다. 심가본도 다음과 같이 생각하였다.

> 가난[貧]은 처지(處地)가 하늘[天]이 내린 것이지 인력(人力)을 다하지 않았기 때문이 아니다. 만약 이로 인해 부모가 스스로 목을 매었다면[自縊], 그 정황(情況)만도 너무나 가련(可憐)한데 또 이를 중죄(重罪)로 다스리는 것은 실제 정리(情理)에도 맞지 않는다. …… '빈(貧)'자(字)를 '유타(游惰)' 두 자로 바꾸어도 불효죄는 설명할 수 없고, 진정으로 가난하고 어려운 사람은 먼 변방지역에서 눈물을 삼키는 일을 하지 않는다.[93]

---

92) 만유한(萬維翰), 『대청율례집주(大淸律例集注)』(건륭34년간본[乾隆三十四年刊本]) 권24, 「소송(訴訟)」 「자손위범교령(子孫違犯敎令)」.

길동균(吉同鈞)도『대청률강의(大淸律講義)』에서 이러한 설(說)을 주장하였다. 따라서 본 조례문은 논리적인 표현상에서 결코 충분하지 않았기 때문에 "죄가 과도하게 적용되었[過度入罪]"을 가능성도 있다. (사실) 한 집[一家] 내의 부모와 자녀(특히 친생자녀[親生子女]) 간의 정의(情意)는 심중(深重)한 것이다. 자녀의 입장에서 보면, "양(羊)이 젖을 먹여준 어미의 은혜를 잊지 않고, 까마귀가 자라서 어미에게 먹이를 되물어다 주는" 행위 등은 모두 자연적인 사랑[情愛]에서 비롯된 것이기 때문에 가정과 가족을 본위(本位)로 하는 중국고대사회에서 (자녀는) 힘이 미치지 못하는 바는 있어도 결국 부모를 공양해야 한다는 마음은 대부분 가졌을 것이다. 부모의 입장에서 보면, 자애(慈愛)로써 자녀를 양육하여 (자녀가) 성취하는 바가 있기를 바랄 것이고, 또 부득이 한 경우가 아니면 "자식[汝]과 함께 죽겠다"는 생각을 가지고 황천길로 가면서도 자녀를 죄악에 빠트리지 않을 것이다. 따라서 만약 자손이 공양[養贍]의 의무를 이행하지 않아서 부모가 자진한, 이러한 정황이 사실 있었다면, (이것은) 일반적인 '공양에 결함이 있는[供養有缺]' 행위보다 그 성질(性質)이 훨씬 엄중(嚴重)할 것이다. 이로써 보면, 청대의 법률이 형벌을 가중(加重)시켰다는 말도 일리(一理)가 있다. 동시에 봉양에 결함이 있는[奉養有缺] 행위에는 일상적인 경우와 우연적인 경우가 있다는 것을 고려할 때, 주목되는 것은 건륭 12년(1747)에 형부(刑部)의 논의를 거쳐 황제가 인가(認可)한, "만약 봉양에 우연히 결(缺)함이 있었다면, 마땅히 그 실정(實情)을 살펴야 하며 일률적으로 본 율(律)을 원용(援用)할 수 없다"94)는 규정이다. 이것은 특히 사법실천 중에서 강조되었다. 유감스런 것은 상당히 가치 있는 이 법률적 견해는 이후의 사법실천에서 관철 정도가 비교적 한정되어 있었다는 점이다.

다음으로 이 조례의 연원(淵源)에서 보면, 원래 "과실로 아버지를 살해한[過失殺父]" 상황은 본래 「형률(刑律)」 「인명문(人命門)」에 수록(收錄)되어야 하지만, 이것을 「자손위범교령(子孫違犯敎令)」의 율문에 결부(結付)시켜서 부지불식간에 '자손의 공양 결여[子孫供養有缺]'라는 죄명 이하의 죄행(罪行) 상황을 증가시켰을 뿐만 아니라 양형(量刑)의 한도(限度)도 원래의 '장형 100대'에서 '장형 100

---

93) 심가본,『율례우전』권3, 「형률」「소송」「자손위범교령」(예[例]).

94) 형부(刑部),『대청율례전찬집성휘주(大淸律例全纂集成彙注)』(가경6년간본[嘉慶六年刊本]) 권24, 「형률(刑律)」「소송(訴訟)」「자손위범교령(子孫違犯敎令)」.

대·유형 3천리'-사형 다음-로 격상시켰다. 또한 예문에 의하면, 자식[子]이 가난해서 생계를 꾸려[營生] 부모를 공양(養贍)하지 못하였기 때문에 부모가 자살한 행위는 글자 그대로 '스스로 목을 맨[自縊]' 행위에 한정되어 있다. 그렇다면 자살 행위에는 다종다양한 방식이 있고, 자액(自縊)한 행위는 오직 그 중 하나일 뿐이었지만, 무릇 칼로 자신의 목을 찌른 행위·스스로 머리를 부딪쳐서 죽은 행위·강에 뛰어들어 익사한 행위 등의 자살 방식은 모두 포함되지 않았다. 따라서 본 예문은 추상적·개괄적으로도 충분한 것이라고 할 수 없다. (이에) 실재(實在)하였던 다종다양한 자살 행위에 직면(直面)하여 본 예문을 사법적으로 적용하기 위해서는 비부(比附)·유추(類推) 등 수단을 취할 수밖에 없었던 것이다.

제2조례문(第二條例文) 무릇 촉범(觸犯)을 정고(呈告)한 안건(案件) 중, 자손이 실제 구타[毆]·욕설[罵] 행위를 범하여 죄가 중벽(重辟)에 저촉(抵觸)된 경우 및 단지 교령만을 위반한[違犯敎令] 경우에는 각각 율례(律例)에 준(准)하여 분별해서 처리하고, 그밖에 조부모·부모가 자손을 정고(呈告)하여 발견(發遣)을 간구(懇求)한 경우 및 누차 촉범(觸犯)을 행한[違犯觸犯] 경우, 정고된 자손은 실제 연장(煙瘴) 지방으로 발견하여 충군(充軍)시키고, 기인(旗人)은 흑룡강(黑龍江)으로 발견하여 차역(差役)에 종사시킨다. 만약 조부모·부모가 자손 및 자손의 부인을 함께 정송(呈送)(하여 발견을 간구)한 경우, 정송된 부인은 그 남편[夫]과 함께 (심사하여 서류를) 첨발(簽發)한 후에 (발견하여) 안치(安置)한다.

오단(吳壇)의 『대청율례통고(大淸律例通考)』에 의하면, 이 조례문은 처음에는 건륭(乾隆) 41년(1776) 10월 「양백기만주도통복강안등주서몽액정송이자아이태오역안내흠봉유지(鑲白旗滿洲都統福康安等奏西蒙額呈送伊子阿尔台忤逆案內欽奉諭旨)」에서 변화[脫胎]된 것이다. 다음해 2월, 「강소순무양괴제도원현민손모오역안내흠봉유지(江蘇巡撫楊魁題桃園縣民孫謀忤逆案內欽奉諭旨)」가 형부(刑部)에서 작의(酌議)한 후에 주준(奏准)을 거쳐 성문화(成文化)되었고, 건륭 43년(1778) 수율(修律)의 해에 이르러 『대청율례(大淸律例)』에 찬입(纂入)되었다.[95] 처음 찬입된 예문은 전후 가경(嘉慶) 원년(1796)·가경 16년(1811) 두 번의 증정(增訂)을 거쳐 이

---

95) 『대청율례통고』 권30, 「형률」 「소송」 「자손위범교령(子孫違犯敎令)」.

러한 형식이 되었다. 그 (성립) 과정은 다음과 같다.

(1) 건륭 42년(1777), 예문을 주정(奏定)하여 "무릇 오역(忤逆)을 정고(呈告)한 형안(刑案) 중, 자손이 실제 구타[毆]·욕설[詈] 행위를 범하여 죄가 중벽에 저촉된 경우 및 단지 교령만을 위반한[違犯敎令] 경우에는 각각 율례에 준(准)하여 분별해서 처리하고, 그밖에 조부모·부모가 자손을 정고하여 발견을 간구한 경우 및 누차 오역을 범한 행위가 명확한[違犯忤逆顯然] 경우, 정고된 자손은 실제 연장 지방으로 발견하여 충군시키고, 기인은 흑룡강으로 발견하여 차역(差役)에 종사시킨다"96)고 하였다.

(2) 가경 원년(1796), 「형부구제산서성군류감등안내흠봉상유(刑部具題山西省軍流減等案內欽奉上諭)」에서는 "본 (형안) 내(內)에 열거된 각 범죄 안건[犯案]은 조부모·부모에게 오역하여 발견형(發遣刑)으로 의정(擬定)한 것들이다. 오역한 자손이 어찌 세상을 살아갈 수 있겠는가? 어떤 구실로 호소하더라도 결코 용납될 수 없다. 이들의 범죄 행위는 (형안에) 응당 위범촉범(違犯觸犯)이란 글자를 적시(摘示)하고 종래와 달리 대개 오역이란 글자로 시작한다"라 하였고, 이에 예문을 수정하여 "무릇 오역을 정고한 형안 중, 자손이 실제 구타[毆]·욕설[詈] 행위를 범하여 죄가 중벽에 저촉된 경우 및 단지 교령만을 위반한[違犯敎令] 경우에는 각각 율례에 준(准)하여 처리하고, 그밖에 조부모·부모가 자손을 정고하여 발견을 간구한 경우 및 누차 촉범을 행한[違犯觸犯] 경우, 정고된 자손은 실제 연장 지방으로 발견하여 충군시키고, 기인은 흑룡강으로 발견하여 차역에 종사시킨다"97)고 하였다. 전[(1)-옮긴이]·후[(2)-옮긴이]를 비교하면, 원례(原例) 중 '오역현연(忤逆顯然)'이 '촉범(觸犯)'으로 개정(改定)되어 매우 미미한 듯 보이지만, 실제 사법적 실천에서의 영향력은 매우 컸다. 이에 대하여는 차후에 재론(再論)한다.

(3) 가경 16년(1811), 이전의 기초(基礎) 위에서 확충하여 예문 말미에 "만약 조부모·부모가 자손 및 자손의 부인을 함께 정송(하여 발견을 간구)한 경우, 정송된 부인은 그 남편[夫]과 함께 (심사하여 서류를) 첨발한 후에 (발견하여) 안

---

96) 『청회전사례(淸會典事例)』(중화서국[中華書局], 1991년 영인본[影印本]) 권819, 「형부(刑部)97」「형률(刑律)·소송(訴訟)」「자손위범교령(子孫違犯敎令)」.

97) 형부(刑部), 『대청율례찬수조례안어별고(大淸律例纂修條例按語別稿)』(가경7년각본[嘉慶七年刻本]) 권30, 「형률(刑律)」「소송(訴訟)」「자손위범교령(子孫違犯敎令)」.

치한다"98)는 규정이 추가(追加)되어 최종적으로 정례(定例)가 되었고, 이후 답습되고 개정되지 않았다.

부모의 정송에 의한 발견에 대해서는 사실 다음과 같은 두 가지 확장 규정이 있었다.

첫째, 무릇 조부모·부모를 촉범(觸犯)하여 발견된 범인[犯]의 경우, 사면령(赦免令)이 내려져서 조부모·부모가 회가(回家)시키고자 한 것을 조사해서 은사(恩赦)가 면죄(免罪)에 준(准)하였다면 석방하는 예(例)에 준(准)하고, 만약 오직 감등(減等)하는 예(例)에 준(准)하고자 하였다면, 그대로 감경해서 도죄(徒罪)에 처한다. 그리고 감경해서 도죄에 처해졌다면, 친노유양례(親老留養例)에 준(准)하여 1개월 가호(枷號)99)를 가(加)하고, 일수(日數)가 차면 석방하며, 유배형(流配刑)에 처하지 않는다. 만약 석방되어 회가(回家)한 후에 재차 촉범하였다면, 다시 조부모·부모의 정송을 거쳐 민인(民人)은 신강(新疆)으로 발왕(發往)하여 관병(官兵)에게 지급해서 노(奴)로 삼고, 기인은 2개월 가호를 가중하고 흑룡강으로 발견하여 차역에 종사시킨다.

둘째, 무릇 종실(宗室)·각라(覺羅) 및 기인·민인으로서 조부모·부모를 촉범하여 정송을 거쳐 발견·구금[圈禁]된 범인[犯]의 경우, 삼가 은사(恩赦)를 만났다면 정례(定例)에 따라 조사·처리하고, 그밖에 만약 범인의 친속(親屬)이 병고(病故)를 당하였다면, 친속에게 각 해당 기적(旗籍)에 정보(呈報)해서 자문(咨文)으로써 종인부(宗人府)에 밝히고, 또한 유배지(流配地)의 독무장군(督撫將軍)에게 알리도록 한다. (이에) 해당 원안(原案)을 사핵(査覈)하여 단지 일시의 우연한 촉범(觸犯)이었거나 잘못을 반성하지 않고 누범(屢犯)이었더라도 은정(恩情)이 두터운 경우, 모두 본범(本犯)을 조사하여 과연 초상을 들고[聞喪] 애통·절박한 정상(情狀)이 있었다면, 종실·각라는 종인부에서 석방을 주청(奏請)하고, 기인·민인은 각 독무장군이 형부(刑部)에 자문으로 보고[咨報]하여 핵명(覈明)하고 석방을 주청한다. 만약 도망하였다가 체포되었는데, 신문(訊問)하여 명확히 실제 은친(恩親)으로 인한 것이었고, 또 초상을 들고[聞喪] 애통·절박한 정상이 있었다면 그 도죄(逃罪)

---

98) 『청회전사례』 권819, 「형부97」 「형률·소송」 「자손위범교령」.
99) 〈옮긴이주〉 '가호(枷號)'는 죄수에게 목가(木枷)를 씌우고 가(枷) 위에 죄상을 기록하여 대중에게 보이는 것을 말한다. 본래 『대고(大誥)』에서 정한 것인데, 후에는 상용(常用)되지 않았다. 가호 기간은 일반적으로 1~3개월이지만 장기간인 경우도 있었다.

를 면제하되 그대로 원래 유배지에 유배하여 안치하고, 석방·회가하는 예(例)에 준하지 않는다[不准釋回]. 그러나 도망하여 회가(回家)한 후에 스스로 가서 자수(自首)하였거나 친속(親屬)이 대신 자수하였는데[代首] 범인의 친속이 병고를 당한 경우에는 사핵(査覈)하는 정형(情形)에 준(准)하되, 만약 실제 초상을 듣고[聞喪] 애통해 하였다면, 그 원(原) 유배지로 발견하여 회가하는 것을 면제하고 그대로 중률(重律)에 따르지 않고 장형 80대에 처한다. 만약 본래 포악·오만한 성정(性情)으로서 누차 촉오(觸忤)·간범(干犯)하였고, 이로 인해 정송에 의해 발견되었는데, 사건의 정황(情況)이 비교적 엄중한 범죄였다면 모두 석방·회가하는 예에 준하지 않는다[不准釋回].100)

설윤승의 고증에 따르면, 전자는 건륭 60년(1795)에 정해졌고, 가경 6년(1801)에 개수(改修)를 거쳐 가경 13년(1808)에 최종 개정되었으며, 후자는 가경 17년(1812)에 봉지(奉旨)로 찬집(纂輯)해서 예문이 되었고, 도광(道光) 23년(1843)에 개정되었다. 이 두 가지 규정을 통관(通觀)하면, 이미 정송에 의해 발견된 자손이 최종적으로 석방될 수 있는지의 여부는 정황(情況)도 매우 복잡하였음을 알 수 있다. 우선, 가장(家長)이 생존하였을 때는 황제의 은사를 만났더라도 가장의 다음과 같은 태도에 따라 결정되었다. ① 회가하기를 원한 경우에는 감등·석방될 수 있었고, ② 회가하기를 원하지 않은 경우에는 계속 발견에 처해졌으며, ③ 회가한 후에 재차 촉범(觸犯)한 경우에는 형벌이 가중되었다. 다음으로, 가장이 사망한 이후에는 관건(關鍵)은 초상을 듣고[問喪] 애통함을 표(表)하였는가의 여부에 달려 있었다. 즉, ① 만약 실제 초상을 듣고 애통함을 표하였다면, 일정한 절차에 따라 석방될 수 있었지만, ② 만약 초상을 듣고도 애통함을 표하지 않았거나 포악·오만하고 유순하지 않았다면 석방·회가하는 예에 준하지 않았다[不准釋回].

상술한 조례는 정형화(定型化)되는 과정에서 가경(嘉慶: 1796~1820)·도광(道光: 1821~1850) 연간에 또 두 가지 미세한 보충규정이 있었다. 첫째, 가경 3년(1798)에 형부(刑部)의 구제(具題)101)를 거쳐 다음과 같이 의주(議奏)하여 비준[欽

---

100) 설윤승, 『독례존의』 권2, 「명례율상2[名例律上之二]」 「상사소불원(常赦所不原)」에 부기(附記)된 예문(例文).
101) 〈옮긴이주〉 '구제(具題)'는 사유(事由)를 갖추어 제본(題本)을 만들어 상주하는 것을 말한다.

准]되었다. "금후 부모를 촉범하였기 때문에 (부모의) 정송에 의해 발견되어야
할 범인의 경우, 부모가 이미 사망하였고 (또) 재차 촉범한 정황이 없었다면
건륭 60년(1795)의 신강(新疆)·흑룡강(黑龍江)으로 발견한 범인을 감등(減等)해
서 처벌하는[查辦] 원주(原奏)에 준(准)하여 일률적으로 감등·석방하는 것을
허용한다."102) 둘째, 도광 7년(1827)에 형부에서는 다음과 같이 의정(議定)하
였다. "(부모의) 정송에 의해 발견되어야 할 범인의 경우, 일단 정송은 거쳤으
나 아직 실제 발견이 확정되지 않았는데 거듭 발견을 간구하였다면 「자손위
범교령(子孫違犯敎令)」의 율문에 준(准)하여 장형 100대로 의정(擬定)한다."103)
전자는 최종적으로 상술한 제1조로 대체되었지만, 후자는 일종의 보충규정으
로서 장기간 사법실천 중에 응용되었다.

본 조례에서 주의할 것은 내용규정과 조작절차 상에서 세 가지 구별이 있
었던 점이다. 첫째, 만(滿)·한(漢)의 구별이 있었다. 예문 중에서 "조부모·부
모가 자손을 정고하여 발견을 간구한 경우 및 누차 촉범을 행한[違犯觸犯] 경
우, 정고된 자손은 실제 연장 지방으로 발견하여 충군시킨다"는 규정은 사실
일반 민인(民人)을 대상으로 한 것이다. 기인(旗人)에 대해서는 죄명은 동일하
였지만 형벌은 흑룡강으로 발견하여 차역에 종사시켰기 때문에 결코 '민인'과
일치하지 않았다. 둘째, 남녀(男女)의 구별이 있었다. 당시의 사법적 관례(慣
例)를 보면, 부녀(婦女)는 특수한 정황이 고려되어 유죄(流罪)를 범하였더라도
일반적으로 단독으로 발견되지 않고 수속(收贖)이 허용되었다. 따라서 매번
정송에 의해 발견할 경우, 만약 자손을 정송하(여 발견하)고자 하였다면, 동시
에 자손의 부인도 함께 정송(하여 발견을 간구)해야만 자손의 부인도 함께 정송
(에 의해 발견)할 수 있었고, 만약 단독으로 자손의 부인을 정송하(여 발견하고자
하)였다면 유배지로의 발견[發配]이 실행되지 않았으며, 자손의 부인을 정송하
(여 발견하)고자 할 때는 반드시 자손을 함께 정송(하여 발견을 간구)해야만 유배
지로 발견[發配]될 수 있었다. 셋째, 친모(親母)와 계모(繼母)의 구별이 있었다.
당(唐)·명률(明律)과 마찬가지로 계모가 자식[子]을 불효로 고소[告]한 것에 대
하여 정송에 의해 발견하였지만, 그 "범죄가 중대하지만 무고(誣告)·날조(捏

---

102) 형부, 『대청율례전찬집성회주』 권24, 「형률」「소송」「자손위범교령」.
103) 채운봉(蔡云峰)·채연농(蔡硏農), 『율례편람(律例便覽)』(동치8년각본[同治八年刻本]) 권
   6, 「형률(刑律)」「소송(訴訟)」「자손위범교령(子孫違犯敎令)」.

造)하기에 쉽다"104)는 이유로 청대 법률은 특히 이를 엄중히 방비하여 삼가 신중함을 보였다. 이밖에 도광 3년(1823)에 "무릇 조부모·부모가 자손의 촉범(觸犯)으로 인해 정송에 의해 발견하는 안건은, 해당 주현(州縣)이 신문(訊問)하여 명확히 한 후에는 반드시 해감(解勘)할 필요가 없고, 오직 (공문[公文]으로) 부사(府司)에게 상세히 설명하고 다시 독무(督撫)에게 공문을 송달하여 상세히 자문하며[核咨]하며, (해당) 부서(部署)의 재심리[覆核]와 비준(批准)을 기다려 그 결정에 따라 죄인을 압송한다[起解]. (그러나) 만약 적모(嫡母)·계모 및 사부모(嗣父母)가 (자손을) 정송에 의해 발견하고자 한 경우에는 본래대로 구례(舊例)에 준(准)하여 해감한다"105)고 규정하였다. 왜냐하면 조부모·부모와 적모·계모·사부모는 자손과의 관계에서 감정과 은의(恩義)에서 종종 구별되어, 전자는 (자손과) 천합(天合)이어서 (관계가) 심후(深厚)·독실(篤實)하였지만, 후자는 (자손과) 의합(義合)이어서 (관계가) 가볍고 묽어서 쉽게 끊어질 수 있었던 점이 고려되었기 때문이다. 따라서 적모·계모·사부모가 자식[子]을 불효로 고소[告]하여 정송에 의해 발견하는 안건에 대해서는 반드시 해감해야 하였고, 이러한 절차를 통해 적모·계모·사부모가 자손에게 가(加)할 수 있는 사악(邪惡)한 위해(危害)를 최대한 감소시키고자 하였다.

청률의 「자손위범교령조(子孫違犯教令條)」에는 부모가 (자손을) 정송하여 발견(을 간구)하는 조례가 건륭(乾隆) 연간에 제정(制定)되었지만, 앞서 서술했듯이 부모가 자식[子]의 '불효'에 대하여 고소[告]할 권한을 가진 것은 그 기원이 매우 오래되었다. 정상적인 정황에서 자손의 불효 행위에 직면하게 되면, 부모는 일반적으로 우선 가정(또는 가족)이라는 범위 내에서 교계(敎誡)할 수 있었다.106) 교계가 효과가 없으면 비로소 고소권(告訴權)을 행사해서 관부(官

---

104) 설윤승, 『독례존의』 권37, 「형률13[刑律之十三]」 「투구하2[鬪毆下之二]」 「구조부모부모(毆祖父母父母)」.

105) 설윤승, 『독례존의』 권49, 「형률25[刑律之二十五]」 「단옥하(斷獄下)」 「유사결수등제(有司決囚等第)」에 부기(附記)된 율례(律例).

106) 이것은 기본적으로 가족법규의 징치(懲治) 범위에 속했기 때문에 국가의 사법심판 절차(司法審判節次)에 진입(進入)된 것과는 큰 차이가 있었다. 이러한 가법(家法)·족규(族規)를 통해 처리하는 '자손의 교령위반[子孫違犯教令]' 안건에 대하여는 그 수량·방식 모두 가늠하기가 쉽지 않다. 본고에서 주로 논(論)하는 것은 국가 공권력으로 행해지는 입법과 사법에 기초한 처리 정황이기 때문에 이에 대하여 논술하는

府)에 징벌을 청구하여, 「자손위범교령조(子孫違犯教令條)」의 규정에 준(准)하여 '장형 100대에 처'하기도 하였고, 정송에 의해 발견하는 규정에 따라 연장 지방으로 발견하여 충군시키기도 하였다. 실제 부모의 고소(告訴) 또는 정송을 접수한 후에 만약 소구(訴求)가 매우 정당하였다면 관부는 서슴없이 우호적으로 처리하였을 것이지만, 그다지 정당하지 않았을 때도 관부는 종종 비유(卑幼)를 억압하고 부모에게 유리한 판결을 내렸다. 왜냐하면 당시 사람들의 내면에는 보편적으로 "천하에 옳지 않은 부모가 없다[天下無不是的父母]"는 관념이 있었기 때문이다. 바로 맹자가 "부(父)·자(子) 간에는 선을 하라고 꾸짖지 않는다[不責善]"[107]고 하듯이, 일반적인 선악(善惡)의 기준(基準)은 부모[父]와 자식[子] 간에는 적용될 수 없었다. 자식[子]은 매사(每事)에 "먼저 잘못이 자신에게 있다는 것을 인정해야 비로소 선(善)을 부모에게 돌릴 수 있다. …… 만약 부모와 곡직(曲直)을 가려내고자 하고, 자신의 옳음으로써 부모의 잘못을 들추어내는 것은 …… 죄가 막대(莫大)하였다."[108] 그런데 송사(訟事)를 처결하고 [折獄] 안건을 판결하는[斷案] 과정에서 사법관이 강한 어조로 "복제(服制)에 관한 법률 규정들을 보면, 대부분 비유(卑幼)에게는 엄격하고 존장(尊長)에게는 관대하며",[109] "가인(家人)의 도리[義]는 비유를 꾸짖어야 하지만, 군색(窘塞)하게 법(法)으로 제재(制裁)할 수는 없다"[110]고 지적한 경우가 있는데, 그 이면에

것은 적절치 않다.

107) 〈옮긴이주〉『맹자주소』(『십삼경주소 하』) 권7하, 「이루장구상(離婁章句上)」에서는 "공손추(公孫丑)가 말하였다. '군자(君子)가 (친히 자기) 자식[子]을 가르치지 않는 것은 어째서입니까?' 맹자가 말하였다. '자연의 추세[勢]가 그렇게 되지 않기 때문이다. 가르침[敎]은 반드시 바름[正]으로 하는데, 바름[正]으로 행하지 않으면 이어서 노(怒)하게 되고, 노(怒)하게 되면 도리어 가르침[敎]을 상(傷)하게 한다. 아버지[夫子]가 나를 바름[正]으로 가르치시는데, 아버지께서도 바름[正]에서 나오지 못한다고 하게 되면, 이것은 부(父)·자(子)가 서로 상(傷)하게 되는 것이다. 부(父)·자(子)가 서로 상(傷)하게 되면 나쁜[惡] 것이다. 옛적에는 자식[子]을 바꾸어 가르쳤다. 부(父)·자(子) 간에는 선(善)을 하라고 꾸짖지 않나니[不責善], 선을 하라고 꾸짖게 되면[責善] 사이가 멀어진다. 사이가 멀어지게 되면 상서롭지 못하기[不祥]가 이보다 큰 것이 없다.'"(2722쪽)
108) 왕휘조, 『쌍절당용훈』 권3, 「치가(治家)」「효이순위선(孝以順爲先)」.
109) 양영서(楊榮緖), 『독률제강(讀律提綱)』(광서3년간본[光緖三年刊本] 불분권[不分卷]), 「율소이교인중강상(律所以敎人重綱常)」.
110) 정극(鄭克), 『절옥귀감(折獄龜鑑)』 권8, 「긍근(矜謹)」.

는 가인 간에는 원칙적으로 '존장을 높이고 비유를 억압해야[揚尊抑卑]'하지만, 부정(不正)한 결과를 피하기 위해서 함부로 비유를 법으로 제재할 수 없고 균형 있는 처리도 해야 한다는 뜻이 내포되어 있다.

부모가 정송하여 발견(을 간구)할 수 있는 권력을 가졌던 것은 실질적으로 정부의 공권력을 배경으로 가정(家庭) 내 등급질서의 유지, 사무의 처리, 재산의 처리, 구성원의 관리 등 방면에서 가장(家長)의 지배권을 보호하기 위한 것이었다. 본 예문(例文) 중, 조부모·부모에 대한 구타[毆]·욕설[罵] 행위는 모두 형률(刑律)에 명시되어 있었고, 비록 교령의 위반[違犯敎令] 행위도 명확히 조문이 있었지만, '교령'이라는 단어가 가리키는 바는 지나치게 모호하였고, 교령이 내포하는 범위도 너무 넓었기 때문에 가장(家長)에게 광범위한 '교령권(敎令權)'이 주어지게 되었다. 마찬가지로 촉범(觸犯) 또는 예문(例文)이 개정(改定)되기 전(前)의 "오역 행위가 명확하다[忤逆顯然]"는 표현도 상당히 모호하고 확실히 가리키는 바가 없었다. 그 결과, 가장의 눈에 자손의 행위 중에서 무엇이 촉범이고 무엇이 비촉범(非觸犯)인가도 대부분 가장 자신의 판단에 의해 결정될 수밖에 없었다. 이 때문에 본 조문의 출현은 원래 극히 모호한 '교령권'에 추상적인 정송·발견할 수 있는 권리가 추가됨으로써 가장의 전제적 권력의 범위는 전례(前例) 없이 확대되었다. 또한 본 조례는 양형(量刑)에서 볼 때, "연장 지방으로 발견하여 충군시킨다"거나 "흑룡강으로 발견하여 차역에 종사시킨다"는 것은 율문에서 규정한 '장형 100대'와 비교하면 상당히 가중(加重)되었다. 바로 설윤승이 탄식한 바와 같이 "한번 정송하면 즉시 연장 지방으로 발견하여 충군시키는 것은 지나치게 엄중하였다."[111] (그러나) 이러한 엄중한 형벌은 결국 법률에서 공식적으로 엄금(嚴禁)한다고 규정한 것과 마찬가지로 가장의 전제적인 권력을 침범 또는 위협하는 모든 행위에 대하여 징벌할 수 있었기 때문에 자손은 머리를 조아리며 가장의 교령에 전적으로 따를 수밖에 없었다.

제3조례문(第三條例文) 무릇 자손이 간(奸)·도(盜)를 범한 안건 중, 조부모·부모가 아직 종용하지 않은[并未縱容] 상황에서 자손이 사음(邪淫)을 범

---

111) 『독례존의』 권40, 「형률16[刑律之十六]」「소송2[訴訟之二]」「자손위범교령」(안어[按語]).

한 행위로 인해 (조부모·부모가) 근심과 분노로 자진하였거나[憂憤戕生] 피해자[人]에게 구살(毆死) 및 모살(謀殺)·고살(故殺)된 경우, (자손은) 모두 교입결(絞立決)로 의정(擬定)한다. 만약 조부모·부모가 종용(縱容)·비호(庇護)한 상황에서, 후에 발각(發覺)되자 죄가 두려워 자진[畏罪自盡]한 경우, 간·도를 범한 자손은 운귀(雲貴)·양광(兩廣)의 극변(極邊)·연장(煙瘴)지방으로 발견하여 충군시키고, 피해자[人]에게 구살(毆死) 및 모살·고살된 경우, 간·도를 범한 자손은 교감후(絞監候)로 의정한다. 만약 조부모·부모가 자손에게 간·도를 범하도록 교령(敎令)한 상황에서, 후에 발각되자 죄가 두려워 자진[畏罪自盡]한 경우, 간·도를 범한 자손은 장형 100대·도형 3년에 처하고, 피해자[人]에게 구살(毆死) 및 모살·고살된 경우, 간·도를 범한 자손은 장형 100대·유형 3천리에 처한다. 만약 자손이 (간·도를 범하던 중에) 사죄(死罪)에 처해질 죄[罪犯]를 범하였거나 피해자[人]를 모살·고살한 사정(事情)이 폭로되어 조부모·부모가 자진한 경우, (자손은) 각각 본래 범한 죄명(罪名)에 준(准)해서 입결(立決)로 의정한다. 자손의 부인이 (이러한 죄를) 범한 경우에는 모두 자손과 동일하게 처벌한다.

『대청율례통고(大淸律例通考)』에 의하면, 본 조례는 건륭(乾隆) 34년(1769) 5월, 형부(刑部)에서 광동성(廣東省)의 하장자(何長子)가 유녀(幼女) 하대매(何大妹)를 유간(誘奸)하여, (하장자의) 모친(母親) 요씨(廖氏)가 음독(飮毒)하여 자진한 안건을 핵의(核擬)하여 하장자를 참결(斬決)로 의정해서 제본을 갖추어 상주하자[具題], 성지(聖旨)를 받들어 교결(絞決)로 바꾸고, 형부로 하여금 작의(酌議)해서 정례(定例)로 삼게 하였던 것이고, 건륭 37년(1772), 율례관(律例館)에서 수율(修律)할 때 채록(採錄)되었다. 조례의 원문은 다음과 같다. "무릇 자손이 간(奸)[112]·도를 범하여 이로 인해 조부모·부모가 근심과 분노로 자진하였거나[憂憤戕生] 죄루될 것이 두려워 자진[畏累自盡]하였다면, 모두 과실로 살해한 예[過失殺例]에 준(准)하여 치죄(治罪)한다. 만약 (자손이) 사죄에 처해질 죄[罪犯]을 범하였거나 피해자[人]를 모살·고살한 사정이 폭로되어 조부모·부모가 자진한 경우, (자손은) 각각 본래 범한 죄명에 따라 입결(立決)로 의정한다."[113]

---

112) 〈옮긴이주〉 원서에는 '인(因)'으로 오기(誤記)되어 있다.
113) 『대청율례통고』 권30, 「형률」 「소송」 「자손위범교령」.

이 중 이른바 "과실로 살해한 예에 준하여 치죄한다"는 것은 실제 당시 이러한 안건에 대하여 율례에 명문(明文)이 없었기 때문에 비부(比附) 수단을 채용(採用)해서 양형(量刑)·의죄(擬罪)한 것이다. 왜냐하면 이보다 앞서 "법(法)에 명문이 없는 경우"에는 비부 수단이 이미 사법적 실천에서 응용되었기 때문이다. 예컨대 『대청율례휘편(大淸律例彙編)』에 의하면, 건륭 27년(1762)에 형부에서는 "부모가 자식[子]이 도비(盜匪)가 되는 것을 금약(禁約)하지 못하였거나 심지어 종용·교사(敎唆)하여 처벌받아야 할 죄를 범하였는데, 사건이 발각(發覺)되자 (부모가) 자진한 경우에는 오직 자식[子]이 범한 죄상에 대한 처벌을 규정한 본(本) 조례[本條]만으로 과단하고, 다른 조[他條]에 비부해서 치죄(治罪)하지 않는다. 만약 (자손이) 평시(平時)에는 오역(忤逆)한 형적(形迹)이 없고 우연히 다른 일[別事]로 죄를 범한 것으로 인해 부모가 자진하였다면, (자손은) 「불능양섬례(不能養贍例)」에 준(准)하여 장형(杖刑)·유형(流刑)에 처한다. 만약 (자손이) 평일(平日)에도 금약[約束]을 준수하지 않았고, 사건이 발각된 후에는 오히려 그 부모[親]를 촉오(觸忤)하였고, 이로 인해 (부모가) 격분하여 자진[激憤自盡]한 경우에는 반드시 간(奸)·도(盜)라는 두 가지 조건에 구애될 필요는 없다.114) 무릇 (자손이) 내기 도박(賭博)을 하여 재산을 쟁탈하는 등 모든 죄행(罪行)이 사위(詐僞)·잡범(雜犯)에 속한 것이었다고 해도 위와 같은 경위(經緯)가115) 있었다면, 모두 「위핍치사례(威逼致死例)」에 준(准)하여 참형(斬刑)으로 의정(擬定)한다"116)고 의정(議定)하였다. 이 중 가용(可用)된 비부는 주로 두 가지 조례였다. 첫째, 「불능양섬례[不能養贍例]」즉 「자손위범교령조(子孫違犯敎令條)」내(內)의 제1조례문으로서, 이미 앞서 서술한 바와 같다. 둘째, 「위핍치사례[威逼致死例]」즉 「형률(刑律)」「인명문(人名門)」「위핍치사조(威逼致死條)」내의 제3조례문으로서, 그 문장은 다음과 같다. "부녀(婦女)가 타인[人]과 통간(通奸)

---

114) 〈옮긴이주〉 다시 말하면 "금약을 준수하지 않은 자손의 계속된 촉오(觸忤)로 부모가 자진한 경우", 원인 제공자인 자손에 대한 처벌도 "자손의 간(奸)·도(盜)로 부모가 자진한 경우를 전제조건으로 하는 제3조례문(條例文)에 비부해서 양형(量刑)·의죄(擬罪)한다는 의미이다.

115) 〈옮긴이주〉 이로 인해 부모가 격분하여 자진한 경우를 가리킨다.

116) 일명(佚名), 『대청율례휘편(大淸律例彙編)』(건륭연간간본[乾隆年間刊本]) 권12, 「형률조례(刑律條例)」「위핍인치사(威逼人致死)」.

하였고, (부녀의) 부모가 아직 종용하지 않은[并未縱容] 상황에서 한 번 견문(見聞)하고는 간인(奸人)을 살해하고자 하였으나 미수(未遂)에 그쳤기 때문에 수치와 분노로 자진[羞忿自盡]한 경우, 출가자(出嫁者)·미혼자[在室]를 불문하고 모두 교입결(絞立決)로 의정한다. 그리고 본부(本夫)가 아직 종용하지 않은[并未縱容] 상황에서 한 번 견문하고는 간인을 살해하고자 하였으나 미수에 그쳤기 때문에 수치와 분노로 자진[羞忿自盡]한 경우, 간부(奸婦)는 교감후(絞監候)로 의정하고, 간부(奸夫)는 장형 100대·도형 3년으로 의정한다. 만약 부모가 통간(通원서에는 逼으로 오기되어 있다奸)을 종용한 후에 간한 실정(奸情)이 폭로됨으로 인해 자괴감(自愧感)으로 자진한 경우, 부녀(婦女)는 실제 주방(駐防) 지역으로 발견(發遣)하여 (관)병[兵丁]에게 지급해서 노(奴)로 삼고, 간부(奸夫)는 간죄(奸罪)로 과단(科斷)하는데 그친다. 본부(本夫)가 통간(通奸)을 종용한 후에 간한 실정이 폭로됨으로 인해 자괴감으로 자진한 경우, 간부(奸夫)·간부(奸婦)는 간죄(奸罪)로 과단하는데 그친다. 만약 부모·본부(本夫)가 간한 실정을 알면서도 간부(奸夫)의 강한(强捍)에 강제(强制)되어 보복(報復)은 못하였지만 내심(內心) 종용하지 않았다면, 간부(奸夫)·간부(奸婦)는 그대로 「병미종용례(并未縱容例)」에 준(准)하여 과단한다."117)

가경(嘉慶) 5년(1800), 이 예문(例文)은 개정(改定)되었다. 그 문장은 다음과 같다. "무릇 자손이 간·도를 범한 안건 중, 조부모·부모가 아직 종용하지 않은[并未縱容] 상황에서 그 자손이 사음을 범한 행위로 인해 (조부모·부모가) 근심과 분노로 자진한[憂忿戕生] 경우, (자손은) 모두 교입결(絞立決)로 의정한다. 만약 조부모·부모가 종용·비호한 상황에서, 후에 발각되자 죄가 두려워 자진[畏罪自盡]한 경우, 간·도를 범한 자손은 흑룡강(黑龍江)으로 발견해서 피갑인(被甲人)에게 주어 노로 삼는다. 만약 (자손이) 사죄에 처해질 죄[罪犯]를 범하였거나 피해자[人]를 모살(謀殺)·고살(故殺)한 사정이 폭로되어 조부모·부모가 자진한 경우, (자손은) 각각 본래 범한 죄명(罪名)에 준(准)해서 입결(立決)로 의정한다." 가경 9년(1804), (본) 예문은 재차 보충이 가해져서 조부모·부모가 자손의 범간(犯奸)·범도(犯盜)를 종용[縱令]한 조항이 추가되었다. 그 문장

---

117) 『독례존의』 권34, 「형률10[刑律之十]」 「인명3[人命之三]」 「위핍인치사(威逼人致死)」에 부기(附記)된 예문(例文).

은 다음과 같다. "조부모·부모가 자손이 간·도를 범한 것을 종용[縱令]하여, 이로 인해 피해자[人]에게 구살[毆死] 및 모살·고살된 경우, 간·도를 범한 자손은 교감후(絞監候)로 의정한다." 가경 16년(1811)에는 또한 자손이 범한 간·도로 인해 조부모·부모가 자진한 경우도 세 가지 사항(事項), 즉 (조부모·부모가) 종용하지 않은[幷未縱容] 상황·종용·비호한 상황 및 교령(敎令)한 상황으로 분별되었고, 이외에 양형(量刑)에서도 '피해자[人]에게 구살 및 모살·고살된 경우'라는 조항(條項)이 추가되었다. 이것을 분류하면, ① 조부모·부모가 아직 종용하지 않은[幷未縱容] 상황에서 피해자[人]에게 구살[毆死] 및 모살·고살된 경우, 자손은 교입결(絞立決)로 의정되었고, ② 조부모·부모가 종용·비호한 상황에서 피해자에게 구살[毆死] 및 모살·고살된 경우, 간·도를 범한 자손은 교감후(絞監候)로 의정되었으며, ③ 조부모·부모가 교령한 상황에서 후에 피해자에게 구살[毆死] 및 모살·고살된 경우, 간·도를 범한 자손은 장형 100대·유형 3천리에 처해졌다. 가경 17년(1812) 및 가경 22년(1817)에도 연속해서 원래의 예문 중 "조부모·부모가 종용·비호하다가 후에 발각되자 죄가 두려워 자진한[畏罪自盡] 경우, 간·도를 범한 자손은 흑룡강으로 발견해서 피갑인에게 주어 노로 삼는다"는 형벌이 각각 "신강(新疆)으로 발견하고 관병(官兵)에게 지급해서 노로 삼는다"와 "운귀·양광의 극변·연장 지방으로 발견해서 충군시킨다"118)로 개정되었다.

　이상은 본(本) 조례문의 변천과정이다. 이로써 다음과 같은 점들을 알 수 있다. (1) 본 예문의 내용은 부단히 보충되어(특히 가경 연간이 다수를 점한다) 포괄된 죄행(罪行)은 갈수록 많아졌고, 양형의 기준도 나날이 복잡해졌다. (2) 본 예문의 변천 궤적(軌迹)은 생동적·구체적으로 비부원인(比附援引)119)에서 예문이 되기까지 하나의 전형적인 과정을 묘사해주고 있다. 그 과정은 다음과 같다. ① 우선, 율(律)에 명문(明文)이 없는 정황에서 비부를 통해 새롭게 발생되는 법률적 난제(難題)들을 해결하였다. ② 어떤 한 시기의 비부를 거친 후에는 유사한 사법적 관례(慣例)가 형성되었고, 게다가 개괄적(概括的)으로 하나

---

118) 『청회전사례』 권819, 「형부97」 「형률·소송」 「자손위범교령」.
119) 〈옮긴이주〉 '비부원인(比附援引)'은 법률에 죄를 적용할 적합한 규정이 없을 때 다른 규정을 원용하여 그에 의해 죄명을 정하는 것을 말하며, 비부인율(比附引律)이라고도 한다.

의 조례문이 되어 율문 다음에 부기(附記)되었지만, 여전히 선명한 비부의 색채(예컨대 "××례[例]에 준(准)한다"는 형식)를 띠었다. ③ 재차 어떤 한 시기의 사법적 응용을 거친 후에 점차 비부의 색채는 말소(抹消)되고 상대적으로 안정적인 하나의 조례문이 형성되었고, "××례[例]에 준한다"는 형식이 소멸하면서 양형(量刑) 기준도 더욱 명확해지게 되었다.

가경 22년(1817)에 정형화(定型化)된 제3조례문을 참조하면, 최후의 두 가지 조항["만약 (간·도를 범하던 중에) 사죄에 처해질 죄[罪犯]를 범하였거나 피해자를 모살(謀殺)·고살(故殺)한 사정(事情)이 폭로되어 조부모·부모가 자진한 경우, (자손은) 각각 본래 범한 죄명(罪名)에 준(准)해서 입결(立決)로 의정(擬定)한다"와 "자손의 부인(婦人)이 (이러한 죄를) 범한 경우에는 모두 자손과 동일하게 처벌한다"]을 제외한 앞의 내용은 다음과 같이 도시(圖示)할 수 있다.

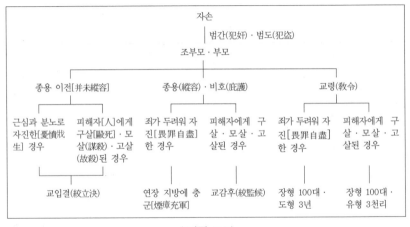

〈도(圖) 3-2〉

이에 의하면, 청률에서는 자손이 간(奸)·도(盜)를 범한 것에 의해 조부모·부모가 치사(致死)한 형안(刑案) 등을 처리할 때, 죄상(罪狀)의 차이에 따라 상당히 세밀하게 분별하였음을 알 수 있다. (이상의 규정 내용을) 「형률(刑律)」「인명문(人命門)」「위핍인치사조(威逼人致死條)」내(內) 제1조례문의 "무릇 간으로 인해 사람을 위핍해서 치사한 범죄[因奸威逼人致死人犯]는 반드시 억압과 군욕(窘辱)의 정상(情狀)을 심찰(審察)해야 한다. 사망한 자가 본부(本婦)·본부(本夫)·부모·친속(親屬)을 막론(莫論)하고 역시 간부(奸夫)의 위핍으로 인(因)한 경우에는 (간부[奸夫]는) 참형(斬刑)으로 의정(擬定)한다. 만약 화간(和奸)을 종용(縱容)하였지만, 본부(本婦)·본부(本夫)가 자괴감과 핍박으로 자진[愧迫自盡]하였거나, 처(妻)·첩(妾)이 그 남편[夫] 또는 부모를 직접 위핍하여 치사[自逼致死]하였거나, 남편[夫]이 그 처(妻)·딸(女)을 직접 위핍하여 치사[自逼致死]하였거나, 간부(奸婦)가 다른 사건으로 그 남편[夫]을 치사하였지만 간부(奸夫)와는 무관(無關)한 경우에는 대개 「인간위핍(因奸威逼) 조례(條例)」[120]로 처벌할 수 없다"[121]는 규정과 결부시키면, 자손의 범간(犯奸) 행위는 대략 다음과 같이 분석할 수 있다.

첫째, 조부모·부모가 실정을 알지 못하여[不知情] 아직 종용하지 않은[幷未縱容] 상황에서 간정(奸情)을 보고 근심과 분노로 자진하였거나[憂憤戕生] 피해자[人]에게 구살(毆死) 및 모살(謀殺)·고살(故殺)된 경우이다. 이러한 정황에서 자진하였거나 피해자[他人][122]에게 조부모·부모가 살해된 경우, (피살된 자는) 완전히 무고자(無辜者)의 위치에 있었던 것이 된다. 당시 법률원칙에 의하면, "목숨에는 보상이 있어야 하였고, 반드시 누군가는 목숨으로 보상해야 하였다."[123] 이것은 두 가지 상황으로 나눌 수 있다.

(1) 조부모·부모가 자진한 경우이다. 이것도 두 종류로 나눌 수 있다. ① 간정(奸情)을 알고 순수하게 스스로 모욕과 핍박을 느껴서 자진한 경우이고, ② 간정을 안 후에 훈계[敎訓]하였지만, (자손이) 아직 굴복하지 않은 상황에서 오히려 자손이 촉오(觸忤)[124]하여 자진한 경우이다. 전자의 경우, 자손이 범간(犯奸)은 하였지만 그 부모[父]·조부모[祖]를 치사할 범의(犯意: 범죄의도)가 없었기 때문에 '부모[父]·조부모[祖] 치사(致死)'라는 죄명(罪名)도 성립될 수 없었다. 후자의 경우, 자손이 범간하여 훈계[敎訓]를 듣지 않았거나 심지어 촉

---

120) 〈옮긴이주〉 '인간위핍(因奸威逼) 조례(條例)'는 바로 「형률(刑律)」 「인명문(人命門)」 「위핍인치사조(威逼人致死條)」에 부기(附記)된 간으로 인해 사람을 위핍해서 치사한 범죄[因奸威逼人致死人犯]에 대한 처벌을 규정하고 있는 제1조례문을 가리킨다.

121) 『독례존의』 권34, 「형률10[刑律之十]」 「인명3[人命之三]」 「위핍인치사(威逼人致死)」에 부기(附記)된 예문(例文).

122) 〈옮긴이주〉 여기의 '타인(他人)'은 피해자를 가리킨다(이하 동일).

123) 〈옮긴이주〉 이러한 청대의 입법원칙은 한마디로 표현하면 "일명저일명(一命抵一命), 즉 목숨은 목숨으로 보상한다"는 것이다.

124) 〈옮긴이주〉 '촉오(觸忤)'는 존친(尊親)이나 연장자(年長者)에게 무례(無禮)한 행동을 하는 것을 말한다.

오하였더라도 심중(心中)에 부모[父]·조부모[祖]를 치사하려는 주관적 범의가 있어야만 본 죄명은 성립될 수 있었다. 그러나 이러한 유형의 형안(刑案)에 대해 청률에서는 하나의 중요한 법률원칙을 견지(堅持)하였는데, "죄는 행한 바를 처벌한다[罪坐所由]"는 것이었다. 즉 범죄의 구성요건 중에서 범죄의 주관적 방면은 필요가 없기 때문에 (위법성은) 범죄의 주관적·객관적 방면을 통일적으로 추구할 것이 아니라 사건 발생의 인과관계(因果關係)에서 찾아야 한다는 것이다. 오직 자손의 범간(犯奸)이라는 전인(前因)이 있고, 부모[父]·조부모[祖]의 사망이라는 후과(後果)가 있어야만 본 죄명이 성립되어 범간한 자손은 상응하는 형벌에 처해질 수 있었다.

(2) 조부모·부모가 피해자[他人]에게 구살[毆死] 및 모살(謀殺)·고살(故殺)된 경우이다. 범간(犯奸)에 관한 안건(案件) 중에서 이른바 "피해자[人]에게 구살 및 모살·고살된 경우"라는 것은 일반적으로 피해를 당한 간부(奸夫) 또는 간부(奸婦)가 범간자(犯奸者)의 조부모·부모를 구살 및 모살·고살한 경우를 가리킨다. 간부(奸夫) 또는 간부(奸婦)가 범간자의 조부모·부모를 구살 및 모살·고살한 행위에 대하여는 피해자 측의 교사(敎唆)에서 비롯되었든 자발적인 행위에서 비롯되었든 모두 상응하는 죄가 있었기 때문에 이것은 췌언(贅言)할 필요가 없다. 범간한 사람에 대해서는 조부모·부모가 범간 당한 피해자에게 살해된 정황에서 동일하게 "죄는 행한 바를 처벌한다"라는 원칙에 따라 역시 상응하는 죄가 있었다. 본 조(條) 첫 번째 조항(條項)의 규정에 의하면, 조부모·부모가 자진[自戕]하였든, 피해자[人]에게 구살 및 모살·고살되었든, (모두) 자손의 범간에 기인(起因)되어야 하고, 조부모·부모가 이 사건[案]에 죄책(罪責)이 없어야만 범간한 자손은 극형(極刑)-교입결(絞立決)-에 처해졌다.

둘째, 조부모·부모가 먼저 자손의 간정(奸情)을 알고 종용(縱容) 또는 비호(庇護)하였지만, 사건이 발각된 후에 죄가 두려워 자진[畏罪自盡]하였거나, 피해자[人]에게 구살 및 모살·고살된 경우이다. 청률에서는 당률·명률과 마찬가지로 모두 한편으로는 가장(家長)의 '교령권(敎令權)'을 인가(認可)하고 유지·보호하였지만, 다른 한편으로는 교령도 일종의 의무로 인정(認定)하였다. 가장은 법률상 완정(完整)된 인격을 갖추었기 때문에 가정 구성원은 그의 권위에 예속되어 통제와 보호를 동시에 받았지만, 가장은 가속(家屬)의 행위에 대해 일정한 책임도 수반(隨伴)되었다. 특히 일가(一家)가 공범(共犯)인 정황에서 "가장만을 처벌한다[罪坐家長]"는 것이 통칙(通則)이었다. 따라서 중국고대에서 가장의 권력은 전제(專制)가 아니었다고 할 수 없고, 가장이 가속에 대해 져야 할 책임도 가중(加重)하지 않았다고 할 수 없는 상황이었다. 조부모·부모가 자손의 간정(奸情)을 알았다면, 도덕적·법률적으로 모두 조부모·부모에게 요구된 것은 교계(敎誡)할 책무(責務)를 다해서 범간(犯奸)한 자손을 개과천선(改過遷善)시키는 것이었다. (그런데) 조부모·부모가 교계를 실행하지 않았을 뿐 아니라 심지어 이러한 죄행(罪行)을 종용(縱容)·비호(庇護)하였다면, 도덕적 측면에서 조부모·부모의 행위는 부도덕(不道德)한 범주에 속하였고, 법률적 측면에서도 조부모·부모의 행위는 공서양속(公序良俗)[125]을 해치고 법률에도 위배되었기 때문에 본연(本然)의 책무를 다하지 않은 것이 되었다. 따라서 부모[父]·조부모[祖]가 교령(敎令)하지 않았다면, 법률적으로 부모[父]·조부모[祖]는 재차 안건(案件)의 무고자(無辜者)로 인정(認定)되지 않았다. 비록 "죄는 행한 바를 처벌한다[罪坐所由]"는 법률원칙에서도, 자손은 범간 행위만 하였을 뿐이나 사실상 최종적으로 부모[父]·조부모[祖]가 비명횡사하였다면 엄중한 제재(制裁)를 받아야 하였고, (따라서 부모[父]·조부모[祖]가) 종용하지 않은(幷未縱容) 정형(情形)과 (형량을) 비교하면, 양형(量刑)만 감경되어 연장(煙瘴) 지방으로 충군(充軍)(부모[父]·조부모[祖]가 죄가 두려워 자진한 경우의 형벌)과 교감후(絞監候)(부모[父]·조부모[祖]가 피해자[人]에게 구살(毆死) 및 모살(謀殺)·고살[故殺]된 경우의 형벌)에 처해질 수밖에 없었다.

셋째, 자손에게 범간을 교령하였는데, 사건이 발각된 후에 조부모·부모가 죄가 두려워 자진[畏罪自盡]하였거나 피해자[人]에게 구살 및 모살·고살된 경우이다. 앞서 서술한 바와 같이, 가장이 자손의 범죄를 교령한 경우(즉 난명[亂命[126]])에는 노질(老疾)을 제외하면 법률상 가장에 대하여 무죄인(無罪人)으로 인정(認定)하지 않고 반드시 처벌하였다. 첫 번째, 법률상 가장에게 가속(家

---

125) 〈옮긴이주〉 '공서양속(公序良俗)'은 법률상에서 공공(公共)의 질서와 선량한 풍속을 아울러 이르는 말이다. 법률사상(法律思想)의 지도적 이념으로, 법률적 행위판단의 기준이 되는 사회적 타당성이 인정되는 도덕관이다.

126) 〈옮긴이주〉 '난명(亂命)'은 운명(殞命)할 때 정신이 혼미(昏迷)하여 골자(骨子) 없이 하는 유언(遺言)을 가리킨다. 그 반대로 임종(臨終) 무렵에 맑은 정신으로 하는 유언은 '치명(治命)'이라고 한다.

屬)을 전제(專制)할 책무(責務)를 인가(認可)하였지만, 반드시 (그 책무를) 적절히 이행해야 하였고, 권리가 많을수록 의무도 가중되었다. 두 번째, 법률은 가장의 전제권(專制權)을 유지·보호하였지만, 이러한 권력을 통제되지 않은 상태로 방임(放任)하지 않았고, 게다가 이러한 권력이 남용(濫用)되는 것도 허용하지 않았으며, 이러한 권력의 설정을 통해 국가의 이상적인 질서와 전체 이익이 실현되기를 희망하였다. 따라서 가장이 자손에게 범간(犯奸)을 교령한 행위는 단순히 가장이 교령하는 직무(職務)만을 방기(放棄)한 것이 아니라 사실상 국가적인 질서와 이익을 크게 침범한 것이기도 하였다. 이러한 정황에서 가장이 자손의 범간에 기인(起因)하지 않고 죄가 두려워 자진[畏罪自盡]하였거나 피해자[시]에게 구살 및 모살·고살되었다면, 법률은 가장의 범죄행위에 대해서도 가볍게 용서할 수 없었다. 그러나 법률에서 가장이 자손에게 범죄 행위를 교령한 경우에 대하여 단속한 것이 결코 자손의 범죄 행위에 대한 허용을 의미하지는 않았다. 자손은 법률상 책임능력(責任能力)이 없는(연령 10세 이하) 정황을 제외하면, 부모[父]·조부모[祖]가 자손에게 범간을 교령하여 자손이 범간 행위를 실행하였고, 최종적으로 부모[父]·조부모[祖]가 비명횡사한 경우, 자손이 받아야 할 처벌[罪責]은 다음과 같은 두 가지 방면이었다. 하나는 자신의 범간 행위에 대한 처벌이었고, 또 하나는 "죄는 행한 바를 처벌한다[罪坐所由]"는 것으로서, 부모[父]·조부모[祖]의 사망에 대한 처벌이었다. 그러나 (이 경우에 대하여) 법률에서는 결국 부모[父]·조부모[祖]가 범죄를 교령한 부분을 우선 고려하였기 때문에 종용하지 않은[未知縱容] 상황과 종용·비호한 상황과는 똑같이 취급하지 않았고, 부모[父]·조부모[祖]가 범간 행위에 기인하여 죄가 두려워 자진[畏罪自盡]한 경우 및 피해자[시]에게 구살 및 모살·고살된 경우에는 각각 만도(滿徒)와 만류(滿流)의 죄(罪)로 의정(擬定)하였다.

이상 세 가지 사항 외에도 아직 두 가지 조항이 더 남아 있다. 첫째, "만약 (간·도를 범하던 중에) 사죄에 처해질 죄[罪犯]를 범하였거나 피해자[시]를 모살·고살한 사정(事情)이 폭로되어 조부모·부모가 자진한 경우, (자손은) 각각 본래 범한 죄명(罪名)에 준(准)해서 입결(立決)로 의정한다"는 조항이다. 이 중 "사죄에 처해질 죄를 범하였거나 피해자를 모살·고살한 사정이 폭로되었다"는 것은 자손이 이미 사죄(死罪)를 범하였다면 자손은 어떤 원인으로 조부모·부모를 자진케 하였는가에 관계없이 최고 양형(量刑)도 오직 사죄였을 뿐임을 나타낸 것이다(본 조[條] 제1항, 양형은 교입결[絞立決]이다). (그 이유는) 우선 청률에서는 형벌의 '흡수주의(吸收主義)' 원칙을 채택하였고, "두 가지 죄[二罪]가 함께 발각되면 중죄(重罪)로 논죄하여" 사죄(死罪) 이하의 경죄(輕罪)에 대해서는 논죄하지 않아도 되었기 때문이고, 두 번째로 사죄는 최고형에 도달하여 사실 거듭 정죄양형(定罪量刑)할 필요가 없었기 때문이다. 따라서 "각각 본래 범한 죄명에 준해서 입결로 의정"하였던 것이다. 둘째, "자손의 부인이 (이러한 죄를) 범하였다면 모두 자손과 동일하게 처벌한다"는 조항이다. 이 조항은, 자손의 부인의 범죄와 자손의 범죄는 남편[夫]의 조부모·부모에 대하여는 동등한 범죄주체라는 위치에 있고, 따라서 죄형(罪刑)도 동일하게 처단한다는 것을 명시(明示)한 것이다. 여기서 주의해야 하는 것은 두 가지 점이다. ① 부녀가 유형·도형의 죄를 범한 경우에는 일반적으로 실제 발견(發遣)하지 않고 전례(前例)에 따라 수속(收贖)하였다는 점이다. 죄행(罪行)이 엄중하여 윤상(倫常)을 훼손시킨 경우에는 종신(終身) 감금(監禁)하는 형벌에 처해지기도 하였다.127) ② 자손의 부인과 남편[夫]의 조부모·부모 간에 이러한 안건(案件)이 발생한 경우에는 실로 쌍방적 '가중주의(加重主義)'를 채택하였다는 점이다. 즉 자손의 부인이 남편[夫]의 조부모·부모에게 죄를 범하였다면, 자손이 범한 안건과 동등하게 취급하여 엄격하게 복제(服制)에 준(准)해서 실로 중죄(重罪)로 처벌되었고, 남편[夫]의 조부모·부모가 자손의 부인에게 죄를 범하였다면, 은의(恩義)가 자손과는 차이가 있고 복제(服制)도 다소 가벼운 관계로 남편[夫]의 조부모·부모가 (자손에게 범한 안건을) 참조하여 정죄양형(定罪量刑)하고 있기 때문에 역시 (형벌이) 명확하게 가중(加重)되었다.

2. 상관(相關) 법률 조문(法律條文)

청률의 「자손위범교령조(子孫違犯敎令條)」의 율례(律例)의 내용을 상세히 서

---

127) 예컨대, 시할머니가 손자며느리를 사음(邪淫)에 빠뜨리고자 하였지만, 손자며느리가 따르지 않기 때문에 모살(謀殺)·고살(故殺)하였다면 사형감후(死刑監候)로 의정(擬定)하고, 추심(秋審)하여 정실(情實)에 해당한 경우에는 종신(終身) 감금하였다.

술한 후에 전면(前面)의 체례(體例)에 따라 재차『대청율례(大淸律例)』중 가장(家長)의 '교령권(敎令權)'을 둘러싸고 전개되는 여타(餘他) 법률의 내용을 개술(概述)하고자 한다.

1) 일가(一家) 공범(共犯)

청률의 「공범죄분수종(共犯罪分首從)」의 율문(律文) 부분은 명률(明律)과 그다지 차이가 없다. 길동균(吉同鈞)의 견해에 의하면, "일가가 공범인 경우, 비록 비유(卑幼)가 조의(造意)하였더라도 존장(尊長)에게 전제(專制)할 책무(責務)가 있었다면 상법(常法)의 수종죄(首從罪)로 논할 수 없고, 응당 존장 또는 그 다음 존장을 수범(首犯)으로 한다"고 하였다. 동시에 그는 소주(小注)에서 이른바 "남자만을 처벌한다[罪坐男夫]"는 것은 실제 "율(律)의 미진(未盡)한 부분을 확대한" 것으로서 "대개 부인(婦人)은 존장이었다고 해도 밖으로는 전제(專制)할 수 없기 때문에 오직 남자[男夫]인 비유(卑幼)만을 처벌할 경우에는 존장을 수범으로 할 수 없다"고 하였다. 그러나 이 문제를 호혼(戶婚)·전토(田土) 등 사안(事案)에 대해서만 보면, "만약 타인(他人)에게 절도(竊盜)·구타로 인한 상해[毆傷] 등으로 침손(侵損)당하였다면, 존장·비유를 막론하고 조의자(造意者)를 수범으로 하고 수종자(隨從者)를 종범으로 하며, 또 '일가가 공범[一家共犯]인 경우, 존장만을 처벌한다[罪坐尊長]'는 법에 구애(拘礙)받지 않는다"[128]고 규정하였다. 율문 이외에도 건륭(乾隆) 43년(1778)에 예문(例文) 1조가 추가되었는데,[129]

---

128) 『대청률강의』 권2, 「명례율하(名例律下)」 「공범죄분수종(共犯罪分首從)」.
129) 오단은 『대청율례통고』 권5, 「명례율하(名例律下)」 「공범죄분수종(共犯罪分首從)」의 예문(例文)에 대한 안어(按語)에서 다음과 같이 말하였다. "본 조(條)는 건륭 42년 12월, 강소순무(江蘇巡撫) 살재(薩載)가 숙천현민(宿遷縣民) 유준(劉俊)이 양가의 딸[良家之女]을 강간(强姦)하여 자신의 처(妻)로 삼은 안건[案]을 심사하여 보고한 구제(具題)를 보면 유준의 아버지[父] 유전(劉殿)이 종범율[爲從律]에 준(准)하여 장류(杖流)로 의정(擬定)하였고, 흠봉(欽奉)한 유지(諭旨)에서는 자제(子弟)가 범한 안건[犯案]에 따라 부형을 종범(從犯)으로 처벌하는 것은 이치에 맞지 않다고 하였다. (이에) 형부(刑部)에 칙령(飭令)을 내려 본래 범한 과조(科條)에 준하여[按] 성심으로 합당하게 의론(妥議)토록 하였다. 형부에서 조문을 작의(酌議)한 후에 주준(奏准)을 거쳐 정례(定例)가 되었다. 건륭(乾隆) 43년에 (율례)관(律例館)에서 수율(修律)할 때 입률(入律)되었다." (권5, 「명례율하」)

그 문장은 다음과 같다.

　　무릇 부형(父兄)·자제(子弟)가 간도(奸盜)·살상(殺傷) 등을 공범(共犯)한 형안(刑案) 중, 자제가 조의(造意)하고 부형이 동행·방조(幇助)하여 율(律)에서 수범·종범을 구분하지 않은 경우 및 그 부형의 범죄가 참(斬)·교(絞) 등 사죄(死罪)를 범한 경우에는 그 범한 본죄(本罪)에 따라 의정(擬定)하고, 그 나머지는 모두 그 본범(本犯)에 대한 과조(科條)를 보고 1등을 가중해서 치죄(治罪)하며, 대개 '위종(爲從: 종범으로 한다)'이라는 글자를 인용(引用)할 수 없다.130)

이에 의하면, 청률은 "일가가 공범인 경우, 존장만을 처벌한다"는 원칙에서 가장(家長)은 회피(回避)할 수 없는 책임도 져야 하였지만, 자손의 범죄행위로 처벌[罪責]을 존장(尊長)의 신상(身上)에 과도하게 전가할 수도 없었다.

2) 자손의 별적(別籍)·이재(異財)

예(禮)의 원칙에 의하면, 조부모·부모가 생존하였을 때 자손은 사재(私財)를 소유할 수 없었다. 이 원칙은 중국고대 법률에서 장기간에 걸쳐 체현(體現)되었다. 이러한 법률 조문을 제정한 것은 첫째, 유구한 가족제도를 보존하여 그것의 해체를 방지하고 또 이 기초 위에서 기층사회의 질서를 안정시키고자 하였기 때문이고, 둘째, 가족과 가정 내에서 가장의 재산에 대한 절대적인 지배권을 보호·고수(固守)하여 가족제도의 경제적 기초를 유지하고 나아가 가속(家屬)의 경제와 인신(人身) 등 방면에서의 자유를 제한하고자 하였기 때문이다.

그러나 가족 또는 가정의 신진대사(新陳代謝)는 불가피하였기 때문에 현실적인 측면을 고려할 때 가장의 재산처분권도 존중되지 않을 수 없었다. 바로 심지기(沈之奇)가 "만약 할아버지[祖父]가 (가산[家産]의) 분할(分割)을 명령[許令]하였다면, 아버지[父131)]는 친히 고발[自告]해서는 안 되고, …… 만약 할아버지

---

130) 『독례존의(讀例存疑)』 권5, 「명례율하2[名例律下之二]」「공범죄분수종(共犯罪分首從)」에 부기(附記)된 예문(例文).

131) 〈옮긴이주〉 원서에는 '祖父'로 오기(誤記)되어 있다.

[祖父]가 유명(遺命)으로 분할하게 하였다면, 존장(尊長) 역시 고발[告]해서는 안 되는 것은 인정(人情)과 통하였기 때문이다. 고발[告]하였다면 율(律)과 같이 처벌하는 것은 효(孝)로써 교화(敎化)하고자 하였기 때문이다"[132]고 한 것과 같다.

청률(淸律)에서는 명률(明律)을 계승한 기초(基礎)에서 『대명령(大明令)』의 규정을 채택하여 전문적으로 「별적이재조(別籍異財條)」에 다음과 같은 조례(條例) 일문(一文)을 제정(制定)하였다. "조부모·부모가 생존하였을 때, 자손은 재산을 나누거나[分財] 거처를 달리하는 것[異居]을 허락하지 않는다. 이것은 '분재(分財)·이거(異居)'하였지만 아직 호적을 따로 만들지[別立戶籍] 않은 것을 말하며, 범한 경우에는 역시 만장(滿杖)에 처한다. 그러나 부모가 분할을 명령[許令]한 경우에는 허용한다." 원례(原例)에는 소주(小注)가 없었지만 청대(淸代) 옹정(雍正) 3년(1725)에 특별히 증입(增入)되었다. 여기서 주의할 것은 청률에서 '분재(分財)·이거(異居)'와 '별적(別籍)'에 대한 태도에 차이가 있었다는 점이다. 첫째, 조부모·부모가 생존 중에 분재(分財)·이거(異居)를 명령한 것은 기본적으로 가정(家政)이라는 범위 내에 속하였다. (따라서) 가장(家長)이 동의하였거나 주동적으로 제기한 경우에는 모두 허가하는 범위 내에 있었다. 둘째, 호적은 국가가 인구(人口)를 관리하고 부역(賦役)을 징수하는 기초가 되었기 때문에 개인이 임의로 변경해서 문란하게 할 수 없었다. 따라서 가장이 일방적으로 자손에게 별적(別籍)을 명령한 경우에는 법률상 일반적으로 즉시 인가(認可)하지 않고 반드시 관련 절차를 거쳐야 하였다. 이외에 청률에서는 '비유(卑幼)가 독단적으로 재물을 사용한 행위' 등에 대한 처벌도 규정하였는데, 주로 명률을 그대로 답습하여 대동소이(大同小異)하였기 때문에 췌언(贅言)하지 않는다.

3) 성혼(成婚)과 이혼(離婚)

주혼권(主婚權)은 가장에게 있었고, 이것은 당(唐)·명(明)·청률(淸律)이 동일하였다. 그러나 자손이 외지(外地)에서 관직(官職) 생활을 하거나 무역에 종사하고 있는데 가장이 그를 위해 정혼(定婚)하였다면, 처리방식도 정황(情況)에

---

132) 『대청률집주』 권4, 「호율(戶律)」 「호역(戶役)」 「별적이재(別籍異財)」.

따라 차이가 있었다. 청률의 이 방면에 대한 규정은 명률에 비해 소주(小注)가 증가하여 내용도 더욱 풍부해졌다. 그 문장은 다음과 같다. "만약 비유(卑幼)가 외지에서 관직 생활을 하거나 매매(賣買)에 종사하고 있는데, 그 조부모·부모 및 백숙부모·고모[姑]·형자(兄姊)가 비유가 외지로 나간 후에 (그를 위해) 정혼하였으나 비유가 스스로 처를 취한[娶妻] 것을 알지 못하였다면, 이미 성혼된 경우에는 원래대로 혼인하고, 존장(尊長)이 정한 여자는 달리 시집가는 것[別嫁]을 허락하며, 아직 성혼되지 않은 경우에는 존장이 정한 바에 따른다. 스스로 정혼한[自聘] 경우에는 그 별가(別嫁)하는 법례(法例)에 따른다. 위반한 경우에는 장형 80대에 처하고 그대로 바로 잡는다[改正]."133) 심지기(沈之奇)는 "비유의 혼인은 반드시 조부모[祖]·부모[父]·존장이 결정한다. 만약 비유가 외지(外地)로 나간 후에 존장이 그를 위해 정혼하였는데, 비유가 외지에서 (이것을) 알지 못하고 스스로 또 혼인을 결정하였다면[定娶], 이미 성혼된 경우에는 바꿀 수 없기 때문에 원래대로 혼인하고, 아직 성혼되지 않은 경우에는 당연히 존장이 정한 바에 따라 혼인해야 한다. 위반한 경우에는 장형 80대에 처한다. 만약 조부모[祖父]·부모[父]·존장이 외지로 나갔고 비유가 가(家)에 있었는데, 양쪽이 (각각) 정혼한 경우에도 이에 준(准)하여 의정(擬定)한다. 율문(律文)은 간단하고 엄격하여, 뜻[義]은 서로 보충할 수 있다"134)고 해석하였다.

혼인이 존속되는 기간에는, '삼종(三從)'의 요구에 따라 처(妻)는 반드시 남편[丈夫]에게 의존하여 "부창부수(夫唱婦隨)해야 하며" 잠시도 거역할 수 없었다. 남편[丈夫]은 처에 대해 전제권(專制權)이 있었고, "가정의 규방(閨房) 내(內)에서의 처(妻)·첩(妾)의 과실은 대소(大小)를 불문하고 본남편[本夫]이 구타[毆]하였지만 절상(折傷)하지 않았다면 모두 논죄(論罪)할 수 없었다."135) 자손의 부인은 남편[夫]의 조부모·부모에 대해서도 힘써 섬기고 효도를 다하여 기쁘게 해드려야 하였다. 만약 남편[夫]의 조부모·부모가 자손의 부인에게 불순(不順)한 점이 있다고 생각하였다면 '출처(出妻)'의 이유가 구성(構成)될 수 있었

---

133) 『독례존의』 권11, 「호율3[戶律之三]」 「혼인2[婚姻之二]」 「남녀혼인(男女婚姻)」에 부기(附記)된 예문(例文).
134) 『대청률집주』 권6, 「호율」 「혼인(婚姻)」 「남녀혼인(男女婚姻)」.
135) 『대청률집주』 권19, 「형률(刑律)」 「인명(人命)」 「부살사유죄처첩(夫殺死有罪妻妾)」.

다. 따라서 조부모·부모는 자손의 결혼권·이혼권에 대하여 거의 대부분을 장악하였다고 할 수 있다. 그러나 간혹 행실이 나쁜 남편[夫]과 남편의 조부모·부모는 자손의 부인을 타인[人]과의 통간(通奸)을 종용(縱容)·강제(强制)하여 사음(邪淫)에 빠트리기도 하였다. 이것은 청대 법률가들의 관점에서는 이미 이혼의 합법적인 이유가 구성되었다. 즉 "타인과의 통간을 종용·강제한" 경우에도 "의절(義絶)로서 이혼하지 않을 수 없었다."136) 사실 자신에게 잘못이 없는 자손의 부인에 대한 처리가 이와 같았을 뿐 아니라 스스로 간(奸)·도(盜)를 범한 처·첩이 사형에 처해져야 하더라도 청대의 법률은 남편[丈夫] 또는 그 이외의 가장(家長)이 천살(擅殺)하는 것을 허락하지 않았다.137) 왜냐하면 형벌을 행사하는 권력은 일종의 공권력(公權力)으로서 관부(官府)에 전속(專屬)되었고 결코 개인이 참월(僭越)할 수 없었기 때문이다. 따라서 우리는 중국고대 처·첩이 남편 가[夫家]로부터 잔학하게 받았던 슬픈 이야기[故事]에 대해 보거나 읽거나 들은 것이 적지 않지만, 이를 통해 당시 수많은 입법자는 내심(內心) 입법할 때 가장의 전제적 권력을 어떻게 공권력의 통제 속에 흡수하여 잔학하고 기만적인 행위를 차단할 것인가 내지 공권력의 영역을 침범할 수 없게 할 것인가를 생각하였던 점은 인정할 수 있다.

과부(寡婦)의 개가(改嫁)에 대해서도 청률에는 특별 규정이 있었다. 예컨대, 『대청율례(大淸律例)』「호율(戶律)」「혼인문(婚姻門)」에는 다음과 같이 재록(載錄)하고 있다. "과부가 스스로 개가를 원하여 시부모 등 주혼자(主婚者)가 빙재(聘財)를 받았는데, 모가(母家)에서 무리를 거느리고 강탈한 경우에는 장형 80대에 처한다. 남편 가[夫家]가 관례(慣例)대로 응당 주혼자가 되지 않고 모가가 개가를 주혼(主婚)하였는데, 남편 가[夫家]의 소원(疏遠)한 친속(親屬)이 강탈한 경우에는 죄(罪) 또한 이와 같다. 그리고 과부가 스스로 수절(守節)을 원하였는데, 모가(母家)·부가(夫家)가 (빙재를) 강탈하고 강제로 개가시켜 능욕을 당하게 한 경우, (모가의) 조부모·부모 및 남편[夫]의 조부모·부모는 장형 80대에 처한다. 기친(期親)의 존속(尊屬) 존장(尊長)은 장형 70대·도형 1년 반에 처하고, 대공(大功) 이하 존속 존장은 장형 80대·도형 2년에 처한다. …… 장

---

136) 『대청률집주』 권6, 「호율」 「혼인」 「출처(出妻)」.
137) 『대청률집주』 권19, 「형률」 「인명」 「부살사유죄처첩(夫殺死有罪妻妾)」.

가 간 당사자[娶主]가 실정을 알지 못하였다면[不知情] 처벌하지 않고, 실정을 알았다면[知情] (빙재를) 강탈한 법례와 같이 하여, 강제로 장가갔다면 태형 50대에 처한다[强娶笞五十]는 율(律)에 준(准)하되 3등을 가중하여 장형 80대에 처한다. 아직 능욕을 당하지 않은 경우, 부모·시부모·친속·취주(娶主)는 각각 1등을 감경한다. 부녀(婦女)는 모두 회가(回家)시켜 수지(守志)하는 것을 허락한다. …… 만약 과부가 수절(守節)을 버리는 것을 원하지 않았기 때문에 자진(自盡)한 경우, 능욕을 당하였는가의 여부를 불문하고 (모가의) 조부모·부모, 남편[夫]의 조부모·부모는 장형 100대·도형 3년에 처하고, 기친의 존속 존장은 장형 100대·유형 2천리에 처하며, 공복(功服)[138]은 장형 100대·유형 2천 5백리에 처하고, 시마(緦麻)는 장형 100대·유형 3천리에 처한다. …… 만약 부인이 수지(守志)를 진정으로 원하였는데[情願], 특히 주혼(主婚)할 수 없는 사람이 강제로 구혼하여[求娶] 위핍(威逼)해서 빙재(聘財)를 받았기 때문에 (부인이) 자진한 경우에는 근변(近邊)에 발견(發遣)하여 충군(充軍)시키고, 아울러 매장은(埋葬銀)을 추급(追給)한다."[139] 설윤승(薛允升)의 고증(考證)에 의하면, 이 조례(條例)의 내원(來源)은 두 가지 부분으로 되어 있는데, 한 가지는 건륭(乾隆) 연간(1736~1795) 호광안찰사(湖廣按察使) 염요희(閻堯熙)의 조주(條奏)[140]에 의한 정례(定例)이고, 또 한 가지는 이전 명(明)나라의 구례(舊例)이며, (양자는) 가경(嘉慶) 6년(1801)에 이르러 비로소 (위와 같이) 개정(改定)되었다. 이에 의하면, 남편[丈夫]이 사망한 후 가장(家長)의 주혼권(主婚權)은 과부에 대해서는 특히 제한되어 있었던 것을 알 수 있다. 만약 과부 본인의 동의가 없었다면, 시부모 등 존장이 주혼(主婚)했더라도 엄중한 후과(後果)를 초래한 경우에는 모두 상응하는 형벌에 처해졌다. 이러한 규정은 실제로 당(唐)·명률(明律)에 이미 있었지만,[141] 양형(量刑)에는 차이가 있었다. 즉 당률에서는 과부를 강제로

---

138) 〈옮긴이주〉 '공복(功服)'은 상복(喪服)의 대공(大功)·소공(小功)을 총칭한다.

139) 『독례존의』 권11, 「호율3[戶律之三]」 「혼인1[婚姻之一]」 「거상가취(居喪嫁娶)」에 부기(附記)된 예문(例文).

140) 〈옮긴이주〉 '조주(條奏)'는 "낱낱이 조목(條目)을 붙여 상주(上奏)하다"는 뜻, 또는 그 상주문(上奏文)을 가리킨다.

141) 『당률소의』에는 권14, 「호혼」 「부상수지이강가조(夫喪守志而强嫁條)」에 규정되어 있고, 『대명률』에는 권6, 「호율(戶律)」 「혼인(婚姻)」 「거상가취조(居喪嫁娶條)」에 규정되어 있다.

개가시킨 경우, 주혼자는 도형 1년, 기친(期親)은 2등을 감경하여 장형 90대에 처하였고,[142] 명률에서는 경형주의(輕刑主義)를 채택하여 모두 장형 100대로 개정하였으며, 청률에서는 남편 가[夫家]의 존장이 주혼(主婚)하여 강제로 개가 시킨 경우에는 최고로 '장형 100대·유형 3천리'의 형벌에 처할 수 있었다. 이밖에 심가본(沈家本)의 견해에 의하면, 청(淸)나라 일대(一代)에 과부의 주혼 권은 우선 남편 가[夫家]에 속하였지만, 이것은 오히려 정해진 법도[規矩]와 같았다[143]고 하였는데, 역시 자못 주의할 만하다.

4) 조부모·부모에 대한 구타[毆]·욕설[罵]

『오륜서(五倫書)』에서는 효자(孝子)가 부모를 섬기는[事親] 데는 '세 가지 도 [三道]'가 있다. 살아서는 봉양하고, 죽어서는 상(喪)을 치르며, 상이 끝나면 제 사를 모신다. "봉양할 때는 그 공순(恭順)함을 살피고, 상을 치를 때는 그 슬픔 [哀]을 살피며, 제사를 모실 때는 그 공경함과 때맞음을 살핀다. 이 세 가지 도(道)를 다하는 것이 효자의 행실이다"[144]고 하였다. 공자도 효의 함의(含意)

---

142) 〈옮긴이주〉『역주율소-각칙(상)-』「호혼35」(제184조)「부상수지조(夫喪守志條)」에서는 "무릇 남편[夫]의 상복(喪服)을 벗었더라도 수지(守志)하고자 하는데 여자의 조부 모·부모가 아니면서 강제로 혼인시킨[强嫁] 경우에는 도형 1년에 처한다. 기친(期親)이 (강제로) 혼인시킨[嫁] 경우에는 2등을 감경한다. 각각 이혼시킨다. 여자는 전가(前家)에 회가(回家)시키고, (그녀와) 혼인한[娶] 자는 처벌하지 않는다"(2269쪽) 라고 규정하였다.

143) 심가본, 「재초부주혼인설(再醮婦主婚人說)」(『역대형법고[歷代刑法考]』)(중화서국(中華書局), 1985) 부[附]『기이문존(寄簃文存)』권3). 심가본은 "이 조례(條例)가 시행된 이후, 과부는 시부모 등이 개가를 주관하였지만, 남편 가[夫家]가 관례(慣例)대로 주혼자가 되지 않고 모가(母家)에 개가를 주혼하는 것을 허락하였다면 이를 따라야 하는 것이 이미 오래되었다"고 하였다. 『당률소의』권14, 「호혼」「부상수지이강가(夫喪守志而强嫁)」의 해석에 따르면, "부인이 남편[夫]의 상복(喪服)을 벗었더라도 마음에 수절(守節)을 맹세하였다면 오직 조부모·부모만이 (그 뜻을) 꺾어 개가(改嫁)시킬 수 있다"고 하였다. 이로써 이론상 당률에서 과부의 주혼권은 오직 자기의 조부 모·부모에게 있었고, 그 외의 어떤 사람도 권한이 없었음을 알 수 있다.
〈옮긴이주〉 필자가 인용한『당률소의』문장은『역주 당률소의-각칙(상)-』「호혼 35」(제184조)「부상수지조」「소의」(2269쪽)에 보인다.

144) 주첨기(朱瞻基), 『오륜서』권56, 자도(子道).

는 부모를 능히 봉양하는데 있을 뿐만 아니라 마음속으로 경애심(敬愛心)을 가지는 것, 바로 이른바 "공경하고 효도하는[起敬起孝]"145) 것에 있음을 매우 강조하였다. 부모가 살아 있을 때 효행(孝行)의 시작은, 첫째는 물질적으로 "능히 그 몸[身]을 봉양하는 것", 즉 좋은 봉양의 조건을 제공하는 것에 있었고, 둘째는 정신적으로 "능히 그 뜻[志]을 즐겁게 하는 것", 즉 부모의 마음을 기쁘게 하는 것에 있었다. 그러면 어떻게 해야 부모의 마음을 기쁘게 했다고 할 수 있는가? 요체(要諦)는 부모의 뜻을 듣고 요구사항을 만족시키며, 공경을 다하고 순종하여 한 치의 어김도 없는 것에 있었다. 그러나 일부 불효자들이 조부모·부모에게 구타[毆]·욕[罵]을 하는 악행을 범한 것에 대해 청률에서는 전대(前代)와 마찬가지로 「명례(名例)」 중 "조부모·부모에게 욕하고 구타"한 행위를 「십악(十惡)」의 「악역(惡逆)」에 포함시켜 엄중하게 처벌하였을 뿐 아니라 「형률(刑律)」 「매리문(罵詈門)」에 「매조부모부모(罵祖父母父母)」라는 전문적인 조문도 배열하였다. 그러나 본 율문(律文)은 기본적으로 명률(明律)을 계승하였고, 예문(例文) 일조(一條)도 명대(明代)의 『문형조례(問刑條例)』에서 채택하였다. 옹정조(雍正朝)의 『대청률집해부례(大淸律集解附例)』에 수록된 본 조(條)의 후주(後注)에서는 "이는 불효죄 중 중(重)한 것이다. 무릇 자손이 조부모·부모에게 욕을 하였거나[罵] 처(妻)·첩(妾)이 남편[夫]의 조부모·부모에게 욕을 한[罵] 것은 불효 중 큰 것이므로 모두 교입결(絞立決)로 의정(擬定)한다"146)고 하였다. 그러나 이 죄명(罪名)에 대해서는 반드시 조부모·부모가 친히 고소(告訴)해야 처벌할 수 있었고, (그 이유는) "대개 욕설[罵]은 증거가 없으므로 반드시 친고(親告)해야 한다. 간혹 은의(恩義)에 묻혀서 용은(容隱)하고 고소[告]하지 않은 경우도 있기 때문에 이를 허용한 것이고, 타인(他人)이 고소할 수 있는 바가 아님을 말한 것일 뿐이다"147)고 하였다.

---

145) 〈옮긴이주〉 "공경하고 효도한다[起敬起孝]"는 표현은 『예기정의』(『십삼경주소 하』) 권27, 「내칙(內則) 제12」의 "부모가 허물이 있으면 기운을 낮추고 낯빛을 기쁘게 하며 음성을 부드럽게 해서 간(諫)할 것이니, 간해서 만약 듣지 아니하면 더욱 공경하고 효도한다[起敬起孝]. 기뻐하지 아니하시더라도 그 향당(鄕黨)과 마을에 죄를 얻는 것보다는 차라리 정성으로 간해야 할지니, 부모가 화내어 기뻐하지 아니하고 때려서 피가 흐르더라도 감히 미워하거나 원망하지 말고, 더욱 공경하고 효도해야 한다[起敬起孝]"(1463쪽)는 문장에 보인다.
146) 『대청률집해부례』 권21, 「형률」 「매리(罵詈)」 「매조부모부모(罵祖父母父母)」.

조부모·부모에게 욕[罵詈]을 한 행위는 도덕을 위반하였고 법률에서도 허용하지 않았으며, 조부모·부모를 구타[毆]한 행위는 더욱 엄금(嚴禁)하는 범주 내에 있었다.『대청율례(大淸律例)』「형률(刑律)」「투구문(鬪毆門)」의「구조부모부모조(毆祖父母父母條)」는 바로 이것을 위해 제정되었다. 그런데 본 조문에는 실제 두 가지 방면을 포함하고 있다. 한 가지는 자손이 조부모·부모를 구타[毆]한 경우이고, 또 한 가지는 조부모·부모가 자손을 구타[毆]한 경우이다. 자손이 조부모·부모를 구타한 행위는 법률에서 허용하지 않았을 뿐 아니라 조부모·부모가 불합리하게[非理] 자손을 구살(毆殺)한 행위도 법률에서 허용하지 않았다.『대청률집해부례』에서는 "전자는 패역죄(悖逆罪)에 대하여 가장 중형(重刑)으로 처벌한 것이고, (후자는) 자애하지 않은 죄[不慈之罪]를 징벌하는데 기인(起因)한다"148)고 하였다. 양(兩) 방면의 범죄 행위는 대구(對句) 형식을 띠면서 모두 형벌로 처단되었지만, 양형(量刑)의 기준은 자손과 조부모·부모 간에 결코 대등하지 않았고, "존장을 높이고 비유를 억압하는[揚尊抑卑]" 형벌원칙이 지속(持續)되었다. 그중 조부모·부모가 자손을 구타한 행위에 대해 주의해야 할 점은 두 가지이다. 첫째, '조부모·부모의 자손 구타[毆]'라는 죄명(罪名)이 성립될 수 있는 기본적인 전제는 불합리한[非理] 구살(毆殺), 즉 자손의 행위가 국가적 법률에 저촉(抵觸)되지 않고 또 명확하게 과실(過失)이 없는 정황에서 조부모·부모는 불법(不法)으로 자손의 신체권(身體權)과 생명권(生命權)을 침범·박탈할 수 없다는 점이다. 길동균(吉同鈞)은 그의『대청률강의(大淸律講義)』에서 특히 "'비리(非理)' 두 자(字)는 후면(後面)의 두 가지 사항[節]의 중요한 관건(關鍵)이 된다"149)고 지적하였다. 둘째, 가속(家屬) 신분에 차이가 있었기 때문에 양형(量刑)에서도 필연적으로 구별이 있었다는 점이다. 예컨대, ① 적모(嫡母)·계모(繼母)·자모(慈母)·양모(養母)는 명의상(名義上) 모두 친모(親母)와 동일한 존속(尊屬)이었다. 그러나 그 자식들[子]이 제모(諸母)를 범하였거나 제모에게 불효로 고소[告]를 당하였다면, 사법적으로 친모의 청구(請求)에 대해서는 일반적으로 상당히 지지를 하였지만, 그 이외의 제모에 대해서는 상대적으로 (재발을) 방비(防備)하기 위하여 또는 절차 부분을 증가시켜

---

147) 『대청률집주』권21, 「형률」「매리(罵詈)」「매조부모부모(罵祖父母父母)」.

148) 『대청률집해부례』권20, 「형률」「투구(鬪毆)」「구조부모부모(毆祖父母父母)」.

149) 『대청률강의』권7, 「투구상(鬪毆上)」「구조부모부모(毆祖父母父母)」.

서 신중함을 보이기도 하였고 지지의 강도(强度)를 약화시키기도 하였다. 제모가 아버지[父]에게 내쫓기는[出] 상황에서는 그 차이가 더욱 명확하여, "만약 친모가 아버지[父]에게 내쫓겼거나[出] 아버지[父]가 사망하여 개가하였다면, 아버지[父]와는 의절(義絶)하였더라도 낳아준 은혜는 자식[子]으로서 끊을 수 없기 때문에 그대로 동모로 논죄한다[同母論]. 만약 적모·계모가 내쫓겼거나 개가하였다면, 아버지와 의절하였기 때문에 모도(母道)는 회복되지 않는다. 그러나 자모·양모가 내쫓겼거나 개가하였다면 또 (적모·계모와) 동일하지 않은 것은 그들에게는 무육(撫育)한 은혜가 있기 때문이다. 율(律)에 정문(正文)이 없으면 모두 마땅히 사안(事案)에 따라서 참작해서 청(請)해야 한다"[150]고 규정하였다. 같은 이치로 제모(諸母)가 자손을 살해한 경우에도 양형에서 각각 달리 처리되었다. 특히 계모는 종종 전처(前妻)의 아들[子]의 가장 잠재적인 위협으로 간주되었기 때문에 입법과 사법에서는 때때로 엄형으로 처리하여 최대한 방비하였다. 예컨대 건륭(乾隆) 14년(1749), 광동(廣東) 남해현(南海縣) 백성[民] 유덕만(劉德滿)의 계처(繼妻) 관씨(關氏)가 전처의 아들[子] 유응주(劉應周)를 계획적으로 살해하여 그 남편의 후사를 단절시켰다. (이에) 황제가 유지(諭旨)를 내려, "아들[子]이 진실로 불효하였다면 원래 관(官)에 고소[告]하여 치죄(治罪)할 수 있다. …… 만약 무죄인데 치사(致死)하였다면 마땅히 국법(國法)으로 다스려야 하고 재차 그 명분(名分)을 추론(追論)해서는 안 된다. …… 대개 부인(婦人)은 낳지 않은 자식[子]을 얻게 되면 대부분 질투하기 때문에 국가가 율(律)을 제정하여 최대한 이것을 방비해야 한다. 천리(天理)에 의거해서 인정(人情)을 살펴보면 (그 속에는) 깊은 뜻이 내재되어 있다"[151]고 하였다. 또 건륭 53년(1788), 형부(刑部)는 사천성(四川省) 공장씨(孔張氏)가 전처의 아들[子] 공문원(孔文元)을 밀쳐서 강으로 추락시켜 치사(致死)한 안건(案件)을 핵실(覈實)·의정(擬定)하여, 공장씨를 계모(繼母)가 전처의 아들을 구살하여 그 남편의 현재 사자를 단절시킨[繼母毆殺前妻之子其夫現無子嗣] 율(律)에 준(准)해서 교감후(絞監候)로 의정(擬定)하였다. 황제는 "유아(幼兒)를 모살(謀殺)한 안건의 경우, 만약 타인(他人)이었다면 즉시 중죄[重辟]로 처리해야 하지만, 계모는 명분(名

---

150) 『대청률집주』 권20, 「형률」 「투구(鬪毆)」 「구조부모부모(毆祖父母父母)」.
151) 『청고종실록(淸高宗實錄)』 권349, 「건륭(乾隆) 14년 9월 갑술(甲戌)」.

分)이 있기 때문에 정례(定例)로써 교감후로 의정하는 것을 중지해야 한다. 장차 추심(秋審)을 처리할 때, …… 일단 면구(免勾)152)되면 수년 후 그대로 예(例)에 준(准)해서 감형(減刑)·수속(收贖)하여 남편[夫]의 모든 자식들[子]과 가산(家産)을 함께 누릴 수 있다. 이렇게 흉한(凶悍)한 부인(婦人)에게 결국 차지하려는 사익(私益)을 이룰 수 있게 하는 것은 또한 족히 징계하여 완전히 어리석다는 것을 보일 수 없다. 형부(刑部)에게 (안건을) 규명(糾明)할 것을 명(命)하노니, 무릇 이들 계모가 전처의 유자(幼子)를 구살(毆殺)한 경우에는 면구된 후에도 영원히 감금하고, 사면령을 만나더라도 사면하지 않으며, 남편[夫]은 달리 혼인하는 것을 허락토록 하라"153)고 하였다. ② 자손과 자손의 부인을 구살(毆殺)한 경우에도 실제 차이가 있었다. 본 조(條)의 소주(小注)에서는 "교령을 위반한[違犯敎令] 죄가 아니면 고살(故殺)이 된다"고 하였다. 심지기(沈之奇)의 견해에 의하면, 조부모[祖]·부모[父]의 자손에 대한 관계는 천성(天性)이 매우 중대하고, 자손이 죄과(罪科)가 없는데 (조부모·부모가) 불합리하게[非理] 살해하였다면, 이는 의도적으로 고살한 것이다. 만약 자손의 부인·걸양(乞養)한 이성(異姓) 자손을 고살하였다면, 당연히 임시(臨時)로 살해하려는 의도가 있는 법례(法例)에 준(准)해야 하고, 교령을 위반하지[違犯敎令] 않았는데 구살(毆殺)하였다면 고살로 인정(認定)되었다.154) ③ 관가(官家)에서는 종종 노비를 축양(畜養)하고 있었는데, 가장(家長)이 교령을 위반한[違犯敎令] 노비를 구살하였다면 일반적으로 「자손위반교령례(子孫違犯敎令例)」에 준(准)하였고, 의도와 달리 치사(致死)한 경우에는 논죄하지 않았다. 그렇다면, 자손이 조부모·부모를 과실로 살해한[過失殺] 경우와 노비가 조부모·부모를 과실로 살해한[過失殺] 경우, 자손은 비교적 감경(減輕)되었고, 노비는 상대적으로 가중(加重)되는 등 양형에서 차이가 있었다. 길동균(吉同鈞)은 "대개 자손은 천륜에 속하는 친속 관계[天屬之親]에 있기 때문에 보다 공근(恭謹)해야 하고, 운수(運數)가 나빠 과실도 있을 수 있기 때문에 감경 처벌하여 그 잘못을 긍휼해야 한다. 노비는 의합(義合)의 관계에 있고, 생(生)이 가볍고 경솔하기 때문에 과실이 무심코 발생

---

152) 〈옮긴이주〉 '면구(免勾)'는 중죄인에 대한 추심의 확정판결을 다음 해로 연기하거나 그 죄를 경감하여 주는 것이다.
153) 『청회전사례』 권814, 「형부(刑部)91」 「형률투구(刑律鬪毆)」.
154) 『대청률집주』 권20, 「형률」 「투구」 「구조부모부모」.

하였더라도 역시 가중 처벌해서 그 방비를 엄중히 해야 한다. 이것이 율(律)의 깊은 뜻이다"155)고 해석하였다.

5) 부모[父]·조부모[祖]가 구타당하는[被毆] 위급한 상황[情急] 에서 자손에게 구타 교령(教令)

『대청율례(大淸律例)』에는 「부조피구조(父祖被毆條)」가 있는데, 그 율문은 다음과 같다. "무릇 조부모·부모가 타인(他人)에게 구타[毆]를 당할 때, 자손이 바로 그 때 조금 지체되었다면 투구죄로 논한다[以鬪毆論]. 구호(救護)하다 폭행을 가한 사람[行凶之時]을 구타[毆]한 경우, 절상(折傷)하지 않았다면 논죄하지 않고, 절상 이상에 이르렀다면 범투(凡鬪)에서 3등을 감경하며 독질(篤疾)에 이르렀더라도 유형(流刑) 3천리에서 감경하여 도형 2년에 처한다. 사망에 이르렀다면 일반율[常律]에 의한다."156) 이것은 명률을 계승하였고, 순치(順治) 3년 (1646)의 수율(修律) 때 소주(小注)가 추가되었다. 부모[父]·조부모[祖]와 자손은 극히 친밀한 천륜지정(天倫之情)으로 은의(恩義)가 매우 중시되었기 때문에 면전(面前)에서 부모[父]·조부모[祖]가 구타당하고[被毆] 있었다면 상도(常道)에 따라 자손은 일반적으로 즉시 구호하기도 하고 폭행에 가담하기도 한다. 청률에서는 부모[父]·조부모[祖]가 구타당하는[被毆] 상황에서 자손이 즉시 구호한 행위를 방어 행위와 동일시하였고, 그에 상응해서 자손의 형사책임[刑責]도 감경하였다. 즉 만약 행위가 정당(正當)하였다면 논죄하지 않을 수 있었고, 일반적으로 한도(限度)를 벗어났다면 감등(減等)할 수 있었으며, 상대방을 치사(致死)하였다면 일반인[常人]에 준(准)해서 정죄(定罪)하였다. 그러나 이러한 위급한 구호 행위는 법률적으로 특히 면제[優免]될 수 있었기 때문에, 사법적 실천에서 고의로 범죄를 꾀하다가 불가피하게 타인(他人)과 치고받고 싸웠을 때, 위급한 구호를 구실(口實)로 처벌[罪責]을 회피하려는 경우도 있을 수 있었다. 따라서 청률에서는 전문적으로 두 가지 조례(條例)를 정해서 그것의 법률적 적용을 엄격하게 제한하였다. 그 예문(例文)은 다음과 같다.

---

155) 『대청률집주』권20, 「형률」「투구」「노비구가장(奴婢毆家長)」.
156) 『대청율례』권28, 「형률(刑律)」「투구하(鬪毆下)」「부조피구(父祖被毆)」.

인명(人命)에 관한 안건(案件) 중, 만약 조부모 · 부모 및 남편[夫]이 모인(某人)에게 구타(毆打)당하고 있을 때, 실제 사건(事件)이 위급하여 그 자손 및 처(妻)가 절박(切迫)하게 구호(救護)하면서 모인(某人)을 구타[毆]하여 치사(致死)하였다면, 상소문(上疏文) 내의 진술에 따라 각각 감등하되 조례를 인용하여[援例] 두 번 주청(奏請)하고, 성지(聖旨)를 보고 판결한다[定奪]. 그러나 조부모 · 부모 및 남편[夫]이 모인(某人)과 언쟁하면서[口角] 자손 및 처(妻)에게 교령(敎令)하여 모인(某人)을 구타하여 치사(致死)케 하였거나, 조부모 · 부모 및 남편[夫]이 먼저 모인(某人)과 분쟁(紛爭)하였고, 이후 그 자손 및 처가 방조(幇助)하여 함께 구타해서[共毆] 치사(致死)하였다면, 모두 각각 본율(本律)에 따라 과단(科斷)하고, 위급을 구호하는[危急救護] 조례(條例)에 준(准)해서 일체 감등(減等)으로 의죄(擬罪)할 수 없다.

부모[親]를 구호하려다 모인(某人)을 구타하여 인명(人名)을 해친 형안(刑案) 중, 부모의 교령(敎令)에 따라 모인(某人)을 구타[毆]하여 치사(致死)한 경우, 혹은 부모가 먼저 모인(某人)과 분쟁(紛爭)하였고, 후에 (자식이) 이것을 방조(幇助)하여 함께 구타한[共毆] 경우, 분쟁이 이치상 (부모의) 부당한 행위가 발단이 되었고, 누차 부모가 구타를 당하자[被毆] 자식이 점차 더욱 흉포(凶暴)해져서 인명(人命)을 치사(致死)한 경우, 비록 사망한 자가 친속(親屬) 비유(卑幼)였고 부모가 이미 상해(傷害)를 입었더라도 흉악범은 각각 본율(本律)에 따라 의죄(擬罪)해야 하고 감등을 청원하는[聲請減等] 조례(條例)에 준(准)하지 않는다. 이외에 전항(前項)과 같은 사건의 경위(經緯)가 없이 실제 부모[親]를 구호하려다 분쟁 · 사망 사건이 발생하였는데, 만약 사망자인 친속(親屬) 본종(本宗)의 외인(外姻)의 상복을 입는 비유[有服卑幼]가 먼저 존장(尊長)을 구타하여 상해를 가하였고[毆傷], 그 자식[子]이 부모가 상해를 당하는 것을 목격(目擊)하고는 위급[情急]하게 구호하려다 그를 치사(致死)하였다면, 실제 사안(事案)의 위급 여부 및 서로 구타[毆]한 정황의 유무 여부를 막론(莫論)하고 정안(定案)할 때는 그대로 본율(本律)에 준(准)하여 의죄(擬罪)하고, …… 조례(條例)에 준(准)해서 두 번 청원(請願)하고, 성지(聖旨)를 보고 판결한다[定奪]. 그런데 친속의 비유가 아니었거나 부모가 상해를 당하지 않은 안건인 경우에는 사안(事案)의 위급 여부를 분별해서 (각각) 조례(條例)에 준(准)해서 의정(擬定)해야 한다. 만약 사건이 모살(謀殺) · 고살(故殺) 및 화기(火器)로 살인한 경우, 사망자가 상복을 입는 존장[有服尊長]이었다면, 분쟁이 부모를 구호하려다 발생하였더라도 모두 각각 본율(本律)에 준(准)해서 문의(問擬)[157]하고, 조례를 인용하여

---

157) 〈옮긴이주〉 '문의(問擬)'는 범죄자를 심문(審問)하여 죄형(罪刑)을 의정(擬定)하는 것을 가리킨다.

(감등을) 청원[聲請]할 수 없다.[158]

이상의 양(兩) 조례문 중, 전자에서는 명확하게 만약 부당한 교령(敎令: 자손 및 처에게 교령하여 모인[某人]을 구타(毆打)하여 치사(致死)케 한 행위)·이치상 부당한 행위로 초래된 분쟁(부모 및 남편[夫]이 먼저 모인[某人]과 언쟁)·과잉(過剩) 구호(救護: 방조[幇助]하여 함께 구타[共毆]해서 인명을 치사한 행위) 등의 정황이 있었다면, '위급한[情急] 구호' 행위에 속하였더라도 모두 감등(減等)하는 조례를 적용할 수 없다고 규정하였다. 후자에서는 복제(服制)에서 존비(尊卑)에 따라 의죄(擬罪)의 절차와 양형(量刑)의 경중(輕重) 등에 차이를 두었다. (1) 구호로 인해 치사(致死)된 자가 상복을 입는 비유[有服卑幼]인 경우, 만약 조부모·부모가 일으킨 분쟁이 이치상 부당하였다면 일체 조례를 인용하여[援例] 감등할 수 없었고, 만약 조부모·부모가 일으킨 분쟁이 이치상 정당하여 실제 위급한 구호였다면, 본율(本律)에 준(准)하여 의죄(擬罪)할 수 있었지만, 성지(聖旨)를 주청(奏請)한 후에 판결해야 하였다[定奪]. 이 규정에서는 분쟁 자체의 곡직(曲直)에 매우 주의하였다고 할 수 있다. (2) 구호로 인해 치사된 자가 상복을 입는 존장[有服尊長]인 경우에는 대개 감등하는 규정을 적용하지 않았고 "각각 본율(本律)에 준(准)해서 문의(問擬)하고, 조례를 인용하여 (감등을) 청원할 수 없었다." 이로써 복제(服制)에서 존비(尊卑)의 관계에 있었다면 분쟁(紛爭)에서의 곡직(曲直)은 이미 고려의 대상이 되지 않았기 때문에 자손(책임능력이 있는 경우)과 가장(家長)은 모두 범한 죄에 대해서 상응하는 형사책임을 져야 하였고, 재차 감등(減等)하는 조문이 적용되지 않았음을 알 수 있다.

3. 법률가[律學家]의 비평(批評)

청률의 「자손위범교령조(子孫違犯敎令條)」의 법률 확장 과정에서 법률 문건

---

158) 『독례존의』 권37, 「형률13[刑律之十三]」 「투구하2[鬪毆下之二]」 「부조피구(父祖被毆)」에 부기된 예문(例文).

[文本]은 그 규모가 점차 확대되었기 때문에 관련된 범죄 행위도 더욱 다양해졌고, 문건의 논리구조도 더욱 복잡해졌지만, 법문(法文)의 일관성·어구(語句)의 정확성·문(門)의 분포 등 방면에서 약간의 문제도 발생하였다. 그 중 몇 가지 문제는 청대의 법률에만 한정된 것은 아니었지만, 당시 일류(一流)의 법률가[律學家]·법률실천 전문가들이 부단히 이들 문제에 대해 비평적 의견을 제기한 것은 그 이전에는 볼 수 없었던 현상이다. 아래에서는 오단(吳壇)·설윤승(薛允升)·심가본(沈家本)의 저작(著作)에 기초(基礎)하여 그들의 청률의 「자손위범교령조(子孫違犯敎令條)」에 관한 비평적 의견을 간단히 정리하고자 한다.

1) 서술상(敍述上) 정확도의 부족

「자손위범교령조(子孫違犯敎令條)」의 제3조례문에 대해 설윤승은 우선 그 문의(文義)가 그다지 정확하게 서술되지 않았다고 비평하였다. 그는 다음과 같이 생각하였다.

(1) 이 조례는 단지 (자손의) 간(奸)·도(盜)로 인해 부모가 자진하였거나, 혹은 피해자[人]에게 구살(毆殺), 모살(謀殺)·고살(故殺)된 것을 말하였을 뿐이고 다른 정황에 대해서는 언급하지 않았기 때문에 간·도를 범한 것이 아니면 교결(絞決)의 범주 내에 포함되지 않았다. 간·도의 경우, 본죄(本罪)에는 경중(輕重)이 있고, 경죄(輕罪)는 단지 가장(枷杖)에 처해졌을 뿐이며, 다른 범죄에도 경중이 있고, 중죄(重罪)는 군류(軍流) 이상에 처해졌다. 그러나 예문(例文)의 논리에 의하면, 무릇 다른 범죄의 경우, 본죄의 형벌이 군류 이상이 되어 부모가 근심과 분노로 자진하였더라도[憂憤戕生] 논죄하지 않는 것으로 처리되기도 하였고, 간·도와 같은 경죄(輕罪)를 범하여 형벌이 가장(枷杖)에 속하였더라도 교결(絞決)에 처해지기도 하였다. 따라서 예문은 원래 범한 죄행(罪行)의 경중을 고려하지 않았고, 양형(量刑)도 균등(均等)하지 않았다.

(2) 당시 이 조례가 제정되었을 때, 원안(原案)에서는 범행(犯行)이 사죄(死罪)(10세 유녀[幼女]의 강간)였고 또한 그 모친[母]이 본 안건(案件)으로 인해 자진한 경우, 교결(絞決)로 의정(擬定)한 것은 비교적 합리적이었다. 본 예문에서는 단지 "간(奸)·도를 범한 경우"라고 하였을 뿐이지만, 범간(犯奸)에는 강간(强奸)·화간(和奸)·조간(調奸)[159]의 구분이 있었고, 절도에도 장물(臟物) 수량에

다과(多寡)의 구별이 있었다. 예문의 뜻[意]을 보면, 사건의 경위(經緯)에서 경중(輕重)이 분명하지가 않고, 무릇 간·도로 인해 부모가 자진한 경우에 사죄(死罪)로 처벌한다는 것도 실체가 모호하다.

(3) 건륭(乾隆) 34년(1769) 정례(定例)가 된 처음의 원안(原案)은 간·도로 인해 부모가 자진하였다면, 「과실살(過失殺)」의 율문(律文)에 준(准)해서 치죄(治罪)하였다. 부모를 과실로 살해한 경우[過失殺], 율(律)에서는 응당 유형(流刑)으로 의정(擬定), 즉 장형 100대·유형 3천리에 처하였다. 동시에 본 조례에서는 "만약 응당 사죄(死罪)에 해당하는 죄를 범하였다면 본율(本律)에 준(准)하여 입결형(立決刑)으로 의정(擬定)한다"고 하였기 때문에 간·도와 같은 경죄(輕罪)를 범함으로 인해 부모가 자진한 경우에는 교결(絞決)의 범주에 포함되지 않았음이 거의 명확하다. 가경(嘉慶) 6년(1801), 수율(修律)할 때는 오직 부모가 자손의 범간(犯奸)에 대하여 종용(縱容)·교령(敎令)하였는가의 여부만을 구분하는 데 주의하여, 부모가 종용한 경우에는 발견(發遣)하여 노(奴)로 삼는 것으로 의정하였고, 종용하지 않은 경우에는 입결(立決)로 문의(問擬)하였다. 그러나 원래 간·도를 범한 죄상(罪狀)의 경중(輕重)에 대하여는 주의하지 않았기 때문에 많은 착오(錯誤)가 초래되었다. 원례(原例)에 의하면, 과실로 부모를 살상(殺傷)하였다면 율(律)에 준(准)하여 유형(流刑)으로 의정하였는데, (본) 조례를 살펴보면 교결(絞決)에 처할 수는 있었지만 서명하여[夾簽] 청원한[聲淸] 것에 준해서 감후(監候)로 개정되었고, 추심(秋審)할 때에는 종종 사죄(死罪)를 감면할 수도 있었다. 가경 6년(1801)의 조례에 의하면, 양형(量刑)의 기초가 제고(提高)되어 원래 과실살인[過失殺]에 준해서 의정된 안건은 일률적으로 교입결(絞立決)로 의단(擬斷)하였고, 또 죄상(罪狀)이 비교적 무거운 경우에는 참입결(斬立決)로 개정하였다. 이상을 종합하면, 가경 6년에 수정된 예문은 그다지 성공한 것은 아니었다.[160]

심가본의 견해도 설윤승과 대체로 동일하였지만,[161] 더욱 단호하게 가경

159) 〈옮긴이주〉'조간(調奸)'은 남의 처(妻)를 꾀어서 간통하는 것을 말한다.

160) 『독례존의』권40, 「형률16[刑律之十六]」「소송2[訴訟之二]」「자손위범교령(子孫違犯敎令)」에 부기(附記)된 안어(按語).

161) 심가본, 『율례교감기(律例校勘記)』(『심가본미각서집찬[沈家本未刻書集纂]』본[本]) 권5, 「자손위범교령(子孫違犯敎令)」.

6년 수례(修例)할 때 근본적으로 원래 범죄의 경중(輕重)을 고려하지 않은 것은 사실 착오라고 지적하였고, 또한 "본(本) 예(例)가 제정된 이후 억울한 죽음[冤死]이 부지기수(不知其數)였다!"고 개탄하였다. 심가본은 부모가 그 자식[子]이 범한 간·도를 종용·비호하였다면, 부모가 자진한 것은 실제 스스로 화를 자초한 것이고, 게다가 교령에 의해 그렇게 되었다면 부모가 주모자(主謀者)라는 생각을 견지(堅持)하였다. 그는 "일가(一家)가 공범(共犯)인 경우, 존장(尊長)만을 처벌한다"는 말의 의미를 생각하면, "부모가 당연히 그 잘못을 자임(自任)한 경우, 본래 자손은 처벌되지 않지만 자손이 중죄로 과단(科斷)되고 게다가 사죄(死罪)로 과단되었고, (또 이러한 규정이) 잘못인줄 알면서도 그대로 시행하였기 때문에 천하의 억울하게 죽은 자[冤死者]도 부지기수였다!"[162]고 하였다.

이로써 다음의 세 가지 점을 알 수 있다.

(1) 설윤승과 심가본의 심중(心中)에는 형벌의 운용은 기본적으로 명문(明文) 규정을 준거(準據)로 삼아야 한다는 것이 있었다는 점이다. 법률상에 명문 규정이 없는 경우, 죄(罪)를 적용하기는 거의 불가능하다.

(2) 전술(前述)한, 비부원인(比附援引)에서 조례가 제정되는 과정에는 어느 정도 법률적 위험이 있었다는 점이다. 왜냐하면 비부원인 그 자체는 당시의 사법적 요구에 따라 반드시 관련이 있는 율례(律例) 조문을 고려해야 하였고, 특히 함부로 의정(擬定)할 수 없고 세밀하고 신중히 집행해야 하였기 때문이다. 이와는 달리 비부를 통해 형성된 사법(司法) 관례(慣例)는 일단 예문으로 승격되면 비교적 명확한 죄형(罪刑) 규정을 갖추었고, 의죄(擬罪)·양형(量刑)도 더욱 기계적이 되었으며, 게다가 「단죄인율령조(斷罪引律令條)」의 제약(制約)도 받았다.

(3) 비부적인 사법 습관이 율문으로 승격되는 과정에서 개괄적으로 부당(不當)한 경우에는 다시 새로운 법률문제가 조성(造成)될 수 있었다는 점이다. 본 제3조례문은 가경 6년(1801)의 수정을 거쳤지만, 심가본·설윤승의 안중(眼中)에는 개괄적으로 부당한(비교적 실패한) 사례에 속하였다.

---

162) 심가본, 『율례우전』 권3, 「자손위범교령」.

2) 양형상(量刑上) 참치(參差)163)의 존재

설윤승은 「자손위범교령조(子孫違犯敎令條)」의 제3조례문에 대하여 상관(相關) 법률 규정과 양형상의 일치성(一致性)이라는 각도에서 계속 비평을 가했다. 대의(大意)는 다음과 같다.

(1) 간(奸)으로 부모가 피살(被殺)된 경우, 종래 「인간치부피살례(因奸致夫被殺例)」에 준(准)해서 교후(絞候)로 심문 · 의정[問擬]하였다. 간(奸)으로 남편[夫] 및 부모를 자진케 한 경우는 건륭(乾隆) 30년(1765)에 처음으로 교후로 의정(擬定)하는 조례를 제정하였다. 그런데 건륭 56년(1791)에는 간으로 부모를 자진케 한 경우와 가경 14년(1809)에는 간으로 부모를 피살케 한 경우에 대해 각각의 조례에서는 모두 개정하여 입결(立決)로 의정하였다. 이와 동시에 간으로 인해 본부(本夫)를 피살케 하였거나 자진케 한 경우에는 여전히 구례(舊例)에 따랐다. 이 때문에 양자[彼此]는 양형 면에서 일치되지 않았다[參差].

(2) 당시의 법률원칙에 의하면, 남편[夫]의 처에 대한 관계는 대체로 부모의 자식[子]에 대한 관계와 동일하였다. 간으로 남편[夫]을 죽게 한 경우와 간으로 부모를 죽게 한 경우, 전자는 간죄(奸罪)에 처하는데 그쳤지만, 후자를 입결(立決)로 의정한 것도 역시 적절하지 않았다.

(3) 가경 6년(1801) 수례(修例) 때 자손이 범간(犯奸)하여 부모가 자진한 경우에는 「위핍인치사[威逼人致死]」에 준(准)해서 정죄(定罪)하였는데, 또 "도로 인하여[因盜]"라는 부분을 추가한 것은 실제 형벌이 가중된 것이었다. 게다가 범행이 동일하게 「위핍인치사[威逼人致死]」에 속하였지만 오히려 두 문(門)으로 분열(分列)되었고, 누차 개정을 거친 후에는 결국 분화(分化)를 면치 못하였다. 바로 본(本) 조(條)와 같이 자손 또는 자손의 부인을 막론하고 무릇 간 · 도로 인해 종용한 부모가 자진한 경우에는 모두 연장 지방으로 발견하여 충군시키는 것으로 개정되었지만, 「위핍인치사문(威逼人致死門)」에서는 간으로 인해 종용한 부모가 자진한 경우, 부녀는 실제 주방(駐防)으로 발견하여 노(奴)로 삼고 있기 때문에, 양자[彼此] 간에도 참치가 발생하였다.

(4) 「위핍인치사문(威逼人致死門)」에서는 부녀가 간으로 인해 종용한 부모가

---

163) 〈옮긴이주〉 '참치(參差)'는 "길고 짧고 들쭉날쭉하여 가지런하지 않다"는 뜻. '참치부제(參差不齊)'라고도 한다.

자진한 경우, 본래는 간죄(奸罪)로 과단(科斷)하는데 그쳤지만, 가경(嘉慶) 9년 (1804) 수례(修例) 때, 본[此] 조(條)에 따라 주방으로 발견하여 노(奴)로 삼는 것으로 개정되었다. 후에 견범(遣犯)을 조정하면서 또 본[此] 조를 연장 지방으로 발견하여 충군시키는 것으로 개정하였고, 저[彼] 조(條)는 여전히 구례(舊例)에 따랐기 때문에 참치를 면치 못하고 "거듭 오류를 범하게 되었다."164) 심가본의 관점은 설윤승과 대체로 동일하였기 때문에165) 췌언(贅言)하지 않는다.

이러한 양형상 참치가 발생한 원인에 대해서는, 주관적으로 자연히 당시 입법자의 법률수준 및 그들의 업무상의 치밀(緻密) 정도와 밀접한 관련이 있었다. 왜냐하면 매 회 수율(修律) 과정에서 만약 모종의 한 조문이 개정되었다면(예컨대 양형[量刑]의 경중[輕重] 또는 행형[行刑] 방식), 동시에 관련이 있는 조문에서도 그에 상응하는 조정이 행해졌다면, 전적으로 상술(上述)한 문제는 피할 수 있었기 때문이다. 그외의 확실한 원인이 없는 정황에서는 단지 그 잘못을 수율인(修律人)의 무성의한 실직(失職)으로 돌릴 수 있을 뿐이다. 객관적으로, 이러한 양형상 참치가 발생한 것도 역시 청률 자체의 한계에 그 원인이 있었다. 청률(특히 그 예문[例文] 방면)은 개괄성(槪括性)이 충분하지 않았기 때문에 율(律) 외에도 예(例)가 필요하여 사안에 따라서 예를 제정하였고, 예도 (자체적으로) 예(例)를 만들었기 때문에 전체적으로 법전(法典)의 적용은 탄력적이었지만, 일정한 사법수단에 의해 완성된 것을 제외하면, 기본적으로는 부단히 예문의 개정을 통해 실현되었다. 청률의 예문 부분은 일정한 개괄성을 갖추었지만, 현재와 비교하면 이러한 개괄성도 그다지 충분치 않은 것이었다. 마찬가지로 이러한 개괄성이 부족하였기 때문에 부단히 예문을 개정·증감하는 과정에서 예문의 규모는 전체적으로 증가되었지만, 청률은 규모가 부단히 확대됨에 따라 율례 조문 상호간에 유지하려는 일치성·조화성은 자연히 갈수록 어려워졌다.

사실 현대인의 관점에서 보면, 청률의 규모 면에서의 방대함은 열독(閱讀)·연구하기에는 상당한 난점이 있고, 당시 사람들—사법관원도 포함하여—조차도 전체에 정통(精通)하기에는 매우 어려웠다. 실제 문헌을 통해 일부 사법관

---

164) 『독례존의』 권40, 「형률16[刑律之十六]」「소송2[訴訟之二]」「자손위범교령」에 부기된 안어.
165) 심가본(沈家本), 『율례교감기』 권5, 「자손위범교령」.

원들이 율례가 지나치게 번잡하여 매우 파악하기 어렵다고 불평한 것을 쉽게 볼 수 있다. 이러한 문제에 직면해서 경험이 풍부한 일부 법률 전문가들은 『율례가화(律例歌話)』・『율례가결(律例歌訣)』・『율례편람(律例便覽)』・『율례지남(律例指南)』・『율례약기(律例略記)』와 같은 서적(書籍) 또는 편람(便覽)을 편찬하여 개요를 간명하게 제시하였기 때문에 요점을 파악하여 다소 실용(實用)을 보완할 수 있었다.[166] 또 다른 방면에서 보면, 이러한 율문의 번잡과 양형의 참치는 실제 효과 면에서 여러 사람들이 법률적 제재(制裁)를 벗어나는데 이용될 수 있는 공간을 제공하였고, 이것은 또한 당연히 입법자의 예상을 벗어난 것이었다.

3) 율례(律例) 분포(分布)의 부당(不當)

당률(唐律)이 「자손위범교령조(子孫違犯敎令條)」를 「투송률(鬪訟律)」에 수록한[167] 이후 이 조목(條目)의 성문법에서의 위치에 대하여 이의(異議)를 제기한 이는 아직 보지 못하였다. 명초(明初)에는 당률을 강령(綱領)으로 삼았기 때문에 이것을 「형률(刑律)」 「소송문(訴訟門)」에 배열하였지만, 역시 명대도 이에 대해 의문을 제기한 법률가[律學家]를 보지 못하였다. 청대도 이 조목을 「형률」 「소송문」에 수록하였지만, 옹정(雍正)과 건륭(乾隆) 연간이 되어 비로소 비평적 의견을 제기한 법률가가 출현하였다.

오단(吳壇)은 『대청율례통고(大淸律例通考)』에서 「자손위범교령조(子孫違犯敎令

---

166) 예컨대, 강내청(江來靑), 『율례약기』(광서10년각본[光緒十年刻本]) 권4, 「자손위범교령약기(子孫違犯敎令略記)」에서는 다음과 같이 말하고 있다. "자손은 도의상 천륜(天倫)을 중시하는데 조부모[祖]・부모[父]가 가장 가깝다. 가르침[敎]이 있으면 순순히 그 뜻을 받들어야 하고, 영(令)이 있으면 몸소 완수해야 한다. 조석(朝夕)으로 삼가 봉양(奉養)하고 어떤 어려움이 있더라도 반드시 받들어야 한다. 만약 교령(敎令)을 따라야 하는데 감히 고의로 위반하였다면 따르지 않은 것이고, 또한 본래 가도(家道)는 받들어야 하는데 고의로 위반하였다면 받들지 않은 것이다. 교령을 위반하였다면[違令] 불효가 되고, 공양을 결하였다면[缺養] 이 또한 불인(不仁)에 속한다. 자손의 위반이 여기에 미쳤다면 장(杖) 100대로 엄징(嚴懲)해야 한다. 반드시 부모가 친고(親告)해야 전형(典刑)으로 처벌할 수 있다."

167) 〈옮긴이주〉 「자손위범교령조」는 『역주율소-각칙(하)-』 「투송47」(제348조) 「자손위범교령조」(3121쪽)에 보이듯이 「투송률 47조」에 수록되어 있다.

條)」에 대하여 율문(律文)에서 예문(例文)에 이르기까지 모두 준엄한 비평을 가하였다. 그는 율문을 비평하여 "자손의 교령위반[子孫違犯敎令]은 소송(訴訟)과 아무런 관련이 없다. 예컨대, '봉양 결여[奉養有缺]' 조항(條項)은, 황제의 음식 [御膳]을 만드는데 잘못하여 금기사항[食禁]을 위반한 조항이 현재「예율(禮律)」 「의제편(儀制篇)」에 수록되어 있고, 그렇다면 군주[君]와 부모[親]는 이치(理致) 가 같아서 응당 유유상종(類類相從)이 되기 때문에, 「예율」에 포함시켜「의제 편」의 「기친지임(棄親之任)」의 율(律) 등과 병렬(竝列)해야 하며, 이 편(篇)에 수록할 필요가 없다"고 하였다. 또한 전술한 제1조례문에 대해서도 비평하여 "본 조(條)는 부모가 자진한 예(例)이기 때문에 고쳐서「인명편(人命篇)·위핍인 치사율(威逼人致死律)」다음에 수록하여 자손의 불효로 부모가 자진한 예(例)와 병렬하는 것이 비교적 조화를 이룬다"고 하였고, 제3조례문에 대해서도 "본 조(條)는 자손의 범법(犯法)으로 부모[親]가 자진한 예(例)로서, 단순히 교령을 위반한[違犯敎令] 경우와는 확연히 다르기 때문에 이 또한 새로이「인명편·위 핍인치사율」다음에 수록하여 자손의 불효로 인해 부모가 자진한 예(例)와 병 렬하면 대체로 유유상종이 된다"[168]고 비평하였다.

오단 특유의 개성(個性)이 있는, 세 가지 조(條)에 대한 비평적 의견은 어느 정도 근거는 있지만, 사실 맹종(盲從)할 수도 없다. 첫째, 「자손위범교령조(子 孫違犯敎令條)」를「소송문(訴訟門)」에 수록한 것은 최초 입법자로서는 그 나름의 이유가 있었다. 그런데 일부 법률[律學] 저작(著作) 중에 본 조문의 법전(法典) 내에서의 위치에 대해 의문을 제기한 사람(즉 심지기[沈之奇])도 있지만, 대부분 은 이러한 (입법자의) 해석에 동조하였음을 볼 수 있다. 왜냐하면 본 조문 다음 의 소주(小注)에는 "반드시 조부모·부모가 친히 고소[親告]해야 처벌한다"는 문구(文句)가 있고, 또 이것이 본 죄명(罪名)이 성립하는 필요조건이었기 때문 이다. 따라서 법률적 절차라는 각도에서 본 조(條)를「소송문」에 포함시킨 것 은 옳지 않다고 할 수는 없다. 물론 실체적 규정이라는 각도에서 볼 때, 오단 이 자손의 교령위반[違犯敎令]과 공양 결여[供養有缺]가 소송과 무관하다고 한 견해는 확실히 변하지 않는 진리라고 할 수 있다. 둘째, 오단이 제1조례문과 제3조례문을 모두 다시「형률(刑律)」「인명문(人命門)」「위핍인치사(威逼人致死)」

---

168) 『대청율례통고』 권13, 「형률」 「소송」 「자손위범교령」.

다음에 배열해야 한다고 제기한 것도 역시 무리(無理)는 아니다. 왜냐하면, 비록 이 두 가지 조례문이 이미 출현하였고 또한 율전(律典)에 수록되었지만, 예문의 위치는 고정되지 않았고 여전히 개정(改定)·이동(移動)은 물론 심지어 삭제될 수도 있었기 때문이다. 이를 통해서도 오단이『대청율례통고』라는 책을 완성한 시기(건륭 3, 40년 사이)에 이 양(兩) 조(條)에 규정된 죄행(罪行)을 「위핍인치사율(威逼人致死律)」에 비부(比附)하여 처리한 것은 상당히 통행(通行)되었던 방법이었음을 알 수 있다.

이상을 종합하면, 명·청 양대(兩代)의 성문법은 '자손의 교령위반[子孫違犯敎令]' 문제에 관하여 입법방면에서 이전의 법률전통을 강력하게 계승하였을 뿐 아니라 부단히 개변(改變)·갱신(更新)도 하였다. 명률의 당률에 대한 각고(刻苦)의 개조(改造)는 문제도 적지 않았지만, 그 이전 사람[前人]을 뛰어넘는 이러한 대담한 기개와 노력은 평가할 만하다. 특히 명대 수율(修律) 때 채택한 '경형주의(輕刑主義)'도 역사적 발전 대세(大勢)와 기본적으로 부합하였다. 청대는 명대의 성문법 구조를 계승한 기초 위에서 성숙된 율례합편(律例合編) 체례를 창조하였지만, 이러한 법률구조에서도 「자손위범교령조(子孫違犯敎令條)」는 법률적으로 확장될 기회를 얻어서 본 조문에 포함된 죄행(罪行)의 범위는 확대되었고, 조문의 규모도 증가되었을 뿐 아니라 양형(量刑)의 등급도 율문의 한계를 극복함으로써 부지불식간에 가장(家長)의 전제적 권력의 공간도 확장되었다.

제4장

사법(司法)의 경계
-청대의 안례(案例) 자료를 중심으로

오랫동안 우리는 중국고대 성문법의 공평성에 대하여 준엄한 비평 태도를 취했을 뿐 아니라 이러한 만연된 불평등·부정의(不正義)·부자유한 성문법이 사법적 실천 과정에서 어느 정도 관철·시행된 것에 대해서도 십분 회의를 품었다. 특히 수많은 '공안소설(公案小說)'·'형안소설(刑案小說)'[1] 등 문학작품의 광범위한 전파 속에서, 또 오늘날 티브이(TV)·방송 등 현대적인 대중매체의 도움으로, 사회 대중은 한편으로는 '각 분야의 거성(巨星)'처럼 청렴하고 유능한 관리에 대해 무한한 경의('청관[淸官]에 대한 동경')를 표하면서도, 다른 한편으로는 당시 전(全) 사회적인 사법(司法) 상황에 대한 혐오감도 커졌고, 심지어 조금 과장해서 중국고대에는 법률이 있었을까 하는 회의(懷疑)를 품은 사람조차 있었다. 그러나 고정관념을 버리고 유전(流傳)하는 법률문헌·당안(檔案) 및 실물(實物) 등을 읽거나 보고 진정으로 중국고대의 사법 상황을 접하게 되면, 중국고대에는 법률이 확실히 있었을 뿐 아니라 사법적 과정과 규칙도 공안소설에 보이는 상태보다 훨씬 복잡하였다는 것을 알 수 있다.

---

1) 주지하듯이, '공안소설'에는 『적공안(狄公案)』·『포공안(包公案)』·『해공안(海公案)』·『시공안(施公案)』 등이 있다. 명·청 이래의 '형안소설'에는 『율조공안(律條公案)』·『제사공안(諸司公案)』·『염명공안(廉明公案)』·『상형공안(詳刑公案)』·『신민공안(新民公案)』 등이 있다. 후자는 비교적 특이하여 여러 판본(版本)은 내용 면에서 '소송 대리인의 비본[訟師秘本]'과 관련성·유사성이 많았기 때문에 주의(注意)할만하다.

본 장(章)에서는 앞 장의 「자손위범교령조(子孫違犯敎令條)」의 입법에 관한 분석을 기초로 한걸음 더 나아가 청대의 안례(案例) 자료를 중심으로 '자손의 교령위반[子孫違犯敎令]' 안건(案件)의 사법적 실천상황에 관하여 검토하고자 한다. 청대 '자손의 교령위반[子孫違犯敎令]' 안건(案件)의 사법적 방면에 관하여 연구할 경우에는 먼저 청대 사법 권력의 배치에 대한 기본적 이해가 있어야 한다. 『청사고(淸史稿)』「형법지(刑法志)」에 의하면 다음과 같이 기록되어 있다.

> 지방[外省]의 형안(刑案)은 총괄적으로 형부(刑部)에서 핵복(核覆)[2]하였다. 삼법사(三法司)[3]의 회심(會審)을 거치지 않은 안건(案件)은 도찰원(都察院)·대리시(大理寺)에서 간여[過問]할 수 없었고, 삼법사의 회심을 거쳐야 하는 안건도 역시 형부에서 주관하였다[主稿]. …… 각 성(省)의 호구(戶口)·혼인(婚姻)·토지[田土] 및 태죄(笞罪)·장죄(杖罪) 등 경죄(輕罪)는 주(州)·현(縣)에서 완결(完結)하였는데, (이를) 예(例)에 준(准)하여 자리안건(自理案件)이라고 칭(稱)하였다. …… 도죄(徒罪) 이상은 부(府)·도(道)·얼사(臬司)[4]에 해(解)[5](의 방식으로 안건을 상정[上呈])하면 (각각) 심리하여 보고[審轉]하였고, 도죄(徒罪)는 독무(督撫)가 안건을 종합하여 자결(咨結)[6]하였다. 인명(人命)에 관한 중대 안건[大案] 및 유죄(流罪) 이상의 안건은

---

2) 〈옮긴이주〉 '핵복(核覆)'은 조사(調査)한 후에 회답(回答)하는 것을 가리킨다.

3) 〈옮긴이주〉 '삼법사(三法司)'는 형부(刑部)·도찰원(都察院)·대리시(大理寺)를 말한다 (고조[高潮]·마건석[馬建石] 주편[主編], 「청사고형법지주석(淸史稿刑法志注釋)」『중국역대형법지주석(中國歷代刑法志注釋)』, 길림대학출판사[吉林大學出版社], 1994, 1031쪽, 주석[注釋] ①).

4) 〈옮긴이주〉 '얼사(臬司)'는 안찰사사(按察使司)를 말한다. 안찰사사는 한 성[一省]의 형옥(刑獄)·탄핵(彈劾)에 관한 사무를 관장하였다(고조·마건석 주편, 「청사고형법지주석」, 1031쪽, 주석 ⑬).

5) 〈옮긴이주〉 청대의 복심(覆審: 하나의 안건[案件]을 하급기관[下僚]에서 상급기관[上司]으로 차례대로 심리[審理]를 거듭해서 완결[完結]하는 절차)에서 하급기관이 상급기관에 안건을 상정(上呈)하는 방법에는 '해(解)'와 '상(詳)'의 두 가지가 있었다. '해'는 안건에 관한 서류와 범죄자를 모두 상급기관에 이송(移送)하는 것으로, '해심(解審)'·'초해(招解)' 등으로도 불렸다. '상'은 안건에 관한 서류만을 이송하는 것이다.

6) 〈옮긴이주〉 '자결(咨結)'은 청대의 안건을 완결(完結)하는 절차 중의 하나로서, 형부(刑部)에 자문(咨文)을 보내어 그 허가를 얻어서 완결하는 절차를 말한다. 청대에 안건을 완결하는 절차에는 이외에도 상급기관에 상결(詳結: 상급기관에 상문[詳文]을 상

특히 자문(咨文)을 작성하여 형부로 이송(移送)하고, 형부는 (이것을) 종합해서 제본(題本)하여 주청(奏請)하였다. 사죄(死罪) 중 모반(謀反)·대역(大逆)·악역(惡逆)·부도(不道)·겁옥(劫獄)·반옥(反獄)·장관(戕官) 및 양도(洋盜)·회비(會匪)·강도(强盜)·거살관차(拒殺官差) 등 죄가 능지(陵遲)·참효(斬梟)에 해당하는 안건은 오직 절문(折文)으로 제본(題本)을 갖추어 주청하면, 형부에 교부해서 신속히 심의(審議)케 하였다. 일가(一家)의 두 사람을 살해한 안건은 형부에 교부(交付)해서 신속히 제본을 갖추어 주청케 하였다. 그밖에 참형(斬刑)·교형(絞刑)에 처해야 하는 안건은 일률적으로 제본을 갖추어 주청케 하고, 게첩(揭帖)을 (삼)법사(三法司)와 과도(科道)[7]에 분송(分送)하며, 내각(內閣)의 표의(票擬)[8]를 거친 후에 삼법사에 교부하여 신속히 핵의(核議)토록 하였다. …… 합의해서 입결(立決)로 상주(上奏)해야 하는 안건은 성지(聖旨)가 내려지면 공문(公文)을 밀봉하여 신속히 각 지주(知州)·지현(知縣) 등 정인관(正印官)[9] 또는 주·현의 좌이관(佐貳官)[10]에게 체송(遞送)하고, 당지(當地)의 무직(武職) 관원(官員)이 회동(會同)하여 행형(行刑)하였다. 감후(監候)해야 하는 자는 감옥에 가둔 후에 추심(秋審)하였다.[11]

이에 의하면, 대체로 청대의 사법심판(司法審判)은 지방사법심판과 중앙사법심판의 양(兩) 부분으로 나눌 수 있다.[12] 지방사법심판은 독무(督撫)가 가장

정[上呈]하여 비답[批答]에 의한 재가[裁可]를 거쳐 완결하는 절차)·주결(奏結: 관료가 황제에게 주접[奏摺]을 상정하여 그 재가를 얻어서 완결하는 절차)·재결(題結: 황제에게 제본[題本]을 상정하여 그 재가를 얻어서 완결하는 절차) 등이 있었다.

7) 〈옮긴이주〉'과도(科道)'는 육급급사중(六給給事中)과 십오도장인감어사(十五道掌印監御史)의 합칭(合稱)이다(고조·마건석 주편, 「청사고형법지주석」, 1031쪽, 주석 ⑮).

8) 〈옮긴이주〉'표의(票擬)'는 청대의 제도로서, 각 관청에서 상정(上呈)한 주문(奏文)이 내각(內閣)에 도착하면, 내각에서 그 형식과 내용 등을 심사한 후에 미리 비답(批答)할 내용을 작성하여 표첨(票籤)에 써서 칙정(勅定)을 기다리는 것을 말한다.

9) 〈옮긴이주〉'정인관(正印官)'은 청대 각 부(府)·주(州)·현(縣)의 지부(知府)·지주(知州)·지현(知縣) 등 지방관을 가리킨다(고조·마건석 주편, 「청사고형법지주석」, 1032쪽, 주석 ⑰).

10) 〈옮긴이주〉'좌이관(佐貳官)'은 정인관을 보좌하여 정무를 처리하는 관(官)으로, 주동(州同)·현승(縣丞)·순검(巡檢) 등이 좌이관이 되었다(고조·마건석 주편, 「청사고형법지주석」, 1032쪽, 주석 ⑰).

11) 『청사고』 권119, 「형법(刑法)3」.

12) 청대 사법심판제도의 역사적 개황(槪況)에 대하여는 나사륙(那思陸), 『중국심판제도사(中國審判制度史)』(정전출판문화유한공사[正典出版文化有限公司], 2004), 제11장 「청대의

권위가 있었고, 중앙사법심판은 형부(刑部)의 권한과 책임이 가장 중요했다. 만약 형벌의 결정권을 단서(端緖)로 하면, 청대의 법정(法定) '오형(五刑: 태[笞]·장[杖]·도[徒]·유[流]·사[死])' 체계에서, ① 태·장과 같은 경형안건(輕刑案件)은 주(州)·현(縣)에서 자리(自理)·결안(結案)할 수 있었고, ② 도형안건(徒刑案件)은 절차상 부(府)·도(道)·얼사(臬司)의 심리·보고[審轉]를 거쳐야 하였고, 결안권(結案權)은 독무에게 있었지만, 반드시 일정한 기간 내에 안건 상황을 종합하여 형부에 보고·등록[備案]해야 하였으며, ③ 유형안건(流刑案件)은 형벌을 집행할[處刑] 때 관련된 범위가 종종 일성(一省)에 한정되지 않았기 때문에(예컨대 복무할 유형지[流刑地]의 분배·유형범[流刑犯]의 압송[解送] 등) 독무는 의죄(擬罪)한 후에 형부에 자문(咨文)을 작성하여 보고하였고, 형부는 안건을 종합하여 제본을 갖추어[具題] 주청(奏請)해야 했으며, ④ 사형의 최고 결정권은 이론적으로는 황제 1인에 전속(專屬)되었지만, 실제 운용상에서는 삼법사(三法司)에서 회심(會審)한 안건이든 제본을 갖춘 안건이든 대체로 모두 형부에 '집성(集成)'되었다.

청대 「자손위범교령조(子孫違犯敎令條)」의 율례(律例)에 규정된 형벌을 살펴보면, 경형(輕刑)은 '장형(杖刑) 100대'(율문[律文])에 처할 수 있었고, 중형(重刑)은 도형(徒刑)·유형(流刑)[13] 심지어 사죄(死罪)(혹은 입결[立決], 혹은 감후[監候])에

심판제도(淸代的審判制度)」및 부록(附錄) 2 「청대 대만안건의 사법심판기관(淸代臺灣案件的司法審判機關)」·부록(附錄) 3 「청대 대만안건의 사법심판절차(淸代臺灣案件的司法審判程序)」를 참조할 수 있다.

13) 조문(條文)에 규정된 형벌 중에는 특히 '연장(煙瘴) 지방으로의 충군(充軍)'이 있었는데, 이는 실제 유형(流刑)이었다. 이것은 『청사고(淸史稿)』 권118, 「형법(刑法)2」의 "명대(明代)의 충군은 (그) 의미(意味)가 주로 변경을 충실시키는 것으로서, 완전히 유형과 서로 비부(比附)되지 않는다. 청(淸) 초에는 변위(邊衛)를 폐지했지만 여전히 충군의 명칭을 답습하였다. 후에는 마침내 부근(附近)·근변(近邊)·변원(邊遠)·극변(極邊)·연장(煙瘴)을 오군(五軍)으로 했고, 또 만류(滿流) 이상인 경우에는 절급(節級)·가등(加等)하는 기능을 했다. 부근은 2천리, 근변은 2천 5백리, 변원은 3천리, 극변·연장은 모두 4천리로 했다. 경사(京師)에서는 병부(兵部)가 배소(配所)를 정했고, 지방에서는 순무(巡撫)가 배소를 정했다. …… 그러나 명목은 충군(充軍)이었기 때문에 배소에 이르러서는 결코 군영(軍營)에 들어가 차역(差役)되지 않았고, 다만 매월 삭망일(朔望日)에 검점(檢點)하였기 때문에 실제 유형범(流刑犯)과 차이가 없었다"는 기록을 근거로 한다.

처할 수도 있었다. (이처럼) 청대 '자손의 교령위반[子孫違犯敎令]' 안건에 대한 사법조치가 죄상[案情]과 양형(量刑)에서 경중(輕重)에 차이가 나는 것은 중앙과 지방의 사법심판 양(兩) 층면(層面)을 모두 포섭(包攝)하고 있었기 때문이다. 청대 「자손위범교령조(子孫違犯敎令條)」가 확장되어가는 형세 속에서 이러한 유형의 안건은 지방에서 완결(完結)될 수도 있었고 중앙사법심판에 귀속(歸屬)될 수도 있었다. 이뿐만 아니라 그 중에는 비교적 특수한 부분도 있었는데, 즉 사형감후(死刑監候) 안건은 반드시 추심(秋審)[14]을 거쳐야 하였다. 청대의 추심은 오직 사형감후(참감후[斬監候]·교감후[絞監候]) 안건만을 재심사[覆核]의 대상으로 하였기 때문에 최종 판결[定案]을 (감후로) 의죄(擬罪)한 이후의 중요한 사법 단계였고, 또 추심을 통해 사형감후 안건은 최종적인 양형(量刑)의 결과에도 종종 변수가 있었기 때문에, 추심은 청대 사법제도 중에서 상당히 특수성이 있었다. 이 때문에 청대의 '자손의 교령위반[子孫違犯敎令]'에 관한 안건은 대략 세 부분으로 나눌 수 있다. 첫째는 지방에서 자리하는[地方自理] '자손의 교령위반[子孫違犯敎令]' 안건이고, 둘째는 형부에서 주도하는 '자손의 교령위반[子孫違犯敎令]' 안건이며, 셋째는 추심의 대상이 되는 '자손의 교령위반[子孫違犯敎令]' 안건이다. 아래의 논술은 이 세 가지 부분을 순서에 따라 전개한 것이다. 동시에 청대 안건자료(案件資料)의 현존 상황에서 보면, 사법당안(司法檔案) 이외에 형부가 주도하는 '자손의 교령위반[子孫違犯敎令]' 안건은 「형안휘편(刑案彙編)」과 같은 법률서적에 대량 수록되어 있고, 추심의 대상이 되는 '자손의 교령위반[子孫違犯敎令]' 안건은 「추심휘안(秋審彙案)」과 같은 서적에 대량 수록되어 있다. 「형안휘편」과 「추심휘안」은 또한 필자가 (세 가지 부분 중) 뒤의 양(兩) 부분을 서술하는데 중요한 기초 자료가 되기 때문에 필자는 제2부분과 제3부분(의 절[節] 제목)을 그대로 「「형안휘편(刑案彙編)」 중의 '자손의 교령위반[子孫違犯敎令]' 안건 및 「추심휘안(秋審彙案)」 중의 '자손의 교령위반[子孫違犯敎

---

14) 청대에는 추심(秋審)과 조심(朝審)이라는 명칭이 있었지만, 지금 시점에서 고려하면 추심으로 통칭되었다. 또 중앙추심과 지방추심의 구별도 있었지만, 지금은 오로지 중앙사법(中央司法)의 심급(審級)에서 행해진 추심만을 가리킨다. 손가홍(孫家紅), 『청대의 사형감후(淸代的死刑監候)』(사회과학문헌출판사[社會科學文獻出版社], 2007), 상편(上篇) 「청대 사형감후제도(淸代死刑監候制度)」 참조.

諭)]'안건이라 칭(稱)하였다.

이전의 경험(經驗)은 청대의 수많은 사법문제를 연구할 때 종종 안건 자료의 '과다[過足]'와 '부족(不足)'으로 인한 이중고(二重苦)에 시달릴 수 있음을 말해주고 있다.

첫째, 이른바 '안건 자료의 과다[過足]로 인한 고통'이라는 것은, 청대는 현재와 멀지 않았기 때문에 전체적으로 유전(流傳)되는 안건 자료는 사법당안(司法檔案)·형안휘편(刑案彙編)·비판주독(批判奏牘)·공문정서(公文政書) 등 총 수량이 규모 면에서 매우 방대하여15) "책을 짐으로 실으면 소가 땀을 흘리고, 쌓으면 들보에까지 찬다[汗牛充棟]"고 형용(形容)하면 매우 부족하고, "망망대해처럼 넓고 끝이 없다[浩如烟海]"고 형용해도 엇비슷한 정도였음을 가리킨다. 이러한 방대한 안건 자료 앞에서 사학가(史學家)들이 제창하는 "사료를 끝까지 탐구한다"는 높은 수준의 연구는 거의 실현될 수 없다. 따라서 대부분의 연구자들은 특정 유형의 안건만을 취(取)하고 또 한정된 관점·영역 혹은 기간만을 선택하여 깊이 연구할 수밖에 없었다. 그러나 이러한 연구는 일단 한정된 영역을 벗어나면, 통계학적 원리에서 볼 때 표본(標本)이 된 자료에 대한 대표성과 수량에 대한 기초적 신뢰성에 문제가 있을 수 있다.

둘째, 이른바 '안건 자료의 부족으로 인한 고통'이라는 것은, 청대의 안건(案件) 자료는 전체적으로 그 수량이 방대하였지만, 안건에 관한 사법절차의 완정성(完整性)·법률 분류의 전문성 등 방면에서 역시 상당히 부족하였음을 가리킨다. 예컨대 지방에서 자리하는[地方自理] 태(笞)·장(杖) 등의 안건(案件)은 사법절차가 간단하였기 때문에 「형안휘편」·「추심휘안」에서는 그것들의 모습을 거의 찾아볼 수 없다. 설령 일부 지방의 사법관(司法官)들이 남겨놓은

---

15) 필자는 일찍이 중국제일역사당안관(中國第一歷史檔案館)에서 청대의 추심당안(秋審檔案)을 열람한 적이 있었는데, 겨우 건륭(乾隆) 20년(1755)의 추심당안만 자료관리원(資料管理員)은 큰 수레 한 대 분량을 추출(抽出)하였다. 또 대량(大量)의 추심제본(秋審題本)도 그 두께가 상당하였고, 열람한 자료 중에 무려 수십 책이 되는 자료도 있었고, 높이는 대략 3,40cm나 되었다. 본 관(館)에 보관된 1천여만 권(卷)의 당안 앞에서 아무리 쇠공이를 갈아 바늘을 만드는[鐵杵成針] 재주와 뛰어난 정신력을 가진 사람일지라도 이들 사료를 궁구(窮究)하기란 거의 불가능할 것이다.

비판주독(批判奏牘)·공문정서(公文政書) 등 자료 중에서 이들 안건 자료를 발견할 수도 있지만, 대개 영성하고 완전하지가 않다. 안건(案件)의 당사자(當事者)에 관한 배경 자료·고소장(告訴狀)·증언(證言) 등 일차적인 정보는 더욱 얻기 어렵다. 현존하는 청대 몇몇 지역(예컨대 사천[四川] 파현[巴縣]·하북[河北] 보지[寶坻]·대만[臺灣] 담신[淡新])의 사법당안(司法檔案) 중에는 일부 안건의 일차적인 정보들도 상당히 보존되어 있지만, 이것들은 어디까지나 지역적인 자료에 속했기 때문에 궁극적으로 이를 전국적인 현상으로 일반화시키는 것은 종종 문제가 될 수도 있다. 청대의 중앙사법심판을 비교적 집중 반영하고 있는 「형안휘편」과 「추심휘안」 등 자료에서는 한편으로 대다수 지방사법심판의 내용(특히 그 수량이 매우 많은 자리안건[自理案件])도 체현할 수 없고, 또 한편으로 중앙사법심판 방면의 대다수 안건은 그 완정성(完整性: 원인과 후과[後果])도 충분하지 않다. 게다가 이들 「형안휘편」과 「추심휘안」의 편찬자는 오늘날 법사연구(法史研究)의 편의를 전혀 고려하지 않았고 또 할 수도 없었으며, 오히려 그 시대의 사법심판에만 주안점을 두고 전적으로 그 시대 사법 내의 법률문제만을 해결하기 위해서 노력하였다. 오늘날 법사연구와 부문별(部門別) 법학연구(法學研究)에서 관심을 가지는 중점들은 그들의 독특한 시각에서는 아마 허튼 소리이자 하찮은 문제였을 것이다. 이러한 '시간적·공간적 착란(錯亂)' 현상은 오늘날 우리가 행하는 연구에 적지 않은 장애물이 되고 있다. 이외에도 청대 중앙과 지방 사법심판의 모종(某種)의 심급(審級) 또는 사법기관(司法機關)의 사법자료들은 굳이 찾지 않아도 우연히 구해질 때도 있지만, 복잡한 역사적 원인으로 관련 자료들은 공개되지 않은 외진 곳에 깊이 수장(收藏)되기도 하고, 일찍 인멸(湮滅)되어 아예 존재하지 않을 수도 있다. 따라서 필자가 볼 때, 청대 사법문제에 관한 연구들은 모든 점이 부족하기 때문에 여러 가지 제한을 받지 않을 수 없다. 바로 본 장(章)과 같이 한정된 범위 내에서 불충분하게 논(論)할 수밖에 없는 실정이다.

제1절

선교후주(先敎後誅) : 지방에서 자리하는[地方自理]
'자손의 교령위반[子孫違犯敎令]' 안건(案件)

『공자가어(孔子家語)』에 의하면 다음과 같이 기록되어 있다. 공자는 노나라[魯國] 사구(司寇)가 되었을 때, 아버지[父]와 아들[子]이 쟁송(爭訟)으로 관부(官府)에 온 적이 있었다. 공자는 그들을 같은 감옥[牢獄] 내에 가두고는 3개월이 지나도록 어떤 판결도 내리지 않았다. 결국 부친(父親)이 나서서 소송중지를 요청하였고, 이에 공자는 아들[子]의 불효죄를 용서하고 아버지와 아들을 함께 풀어주었다. 당시 노나라의 집정자(執政者) 계손(季孫)이 이 사건[事]을 듣고는 매우 불쾌하게 생각하며 말하였다. "공자가 나를 속이고 있다. 지난 번 나에게 '국가를 다스릴 때는 반드시 먼저 효를 가르쳐야 합니다[敎孝]'고 하였기 때문에 (나는) '지금 한 명의 불효한 자를 죽여서 백성들에게 효를 가르친다면, 또한 옳지 않겠는가?'라고 하였는데, 이제 와서 아버지와 쟁송하는 저 불효자를 용서해 주다니, 이는 어찌된 것인가?" 공자의 제자 염유(冉有)가 이를 듣고는 돌아가서 공자에게 고(告)하였다. 공자는 위연(喟然)히 탄식하며 말하였다. "아아! 통치자가 나라를 다스림에 도(道)를 잃고 신하를 죽이는 것은 도리(道理)가 아니다. 먼저 효(孝)로써 백성을 교화시키지 못하고 즉흥적으로 감옥에 가두고 형벌을 시행한다면 이것은 바로 무고(無辜)한 자만 죽이는 것이다." 『상서(尙書)』에서도 "형벌도 의(義)로써 행하고, 죽이는 것도 의로써 행하라"고 주장하였다. 이것은 반드시 먼저 백성에게 도덕과 법률의 규범을 준수하도록 교화하고, 만약 간사한 사람이 교화를 따르지 않을 때 재차 형벌로써 제재(制裁)를 가해야만 비로소 백성들이 죄(罪)를 피하고 형(刑)을 멀리하는 것을 알 수 있고, 국가도 다스릴 수 있다는 뜻이다. (그러나) 통치자가 교화에 힘쓰지 않고 오직 형벌에만 전념하게 되면, 백성들은 미혹하여 죄(罪)에 빠질 것이고, 이에 국가가 재차 형벌로써 대비하게 되면, 결국 형벌은 갈수록 번잡해지고 법을 어기는 범죄도 나날이 증가하여 국가가 다스리는 목표도 더욱 멀어질 수밖에 없다.[16)]

16) 『공자가어(孔子家語)』「시주(施誅) 제2」.
　　〈옮긴이주〉『공자가어(孔子家語)』「시주 제2」에 있는 관련 문장을 옮기면 다음과 같다. "공자가 노(魯)나라의 대사구(大司寇)가 되었을 때, 아버지[父]와 아들[子] 간에 소송을 벌이는[爭訟] 자(者)가 있었다. 공자는 그들을 붙잡아 옥(獄)에 함께 가두어 놓았는데, 석 달이 되도록 사건은 해결이 나지 않고 있었다. 그러자 아버지 되는 자가 소송을 중지해 달라고 청(請)했고, 공자는 (이를 허락하여) 그들을 용서해 주었다. 계손(季孫)이 이를 듣고는 불쾌하게 생각하며 말하였다. '사구가 나를 속이고 있다. 지난 번 나에게 국가는 반드시 먼저 효를 가르쳐야 합니다'고 하였기 때문에 나는 지금 한 명의 불효한 자를 죽여서 백성들에게 효를 가르친다면, 또한 옳지 않겠는가? 라고 하였는데, 이제 와서 저 불효자를 용서해 주다니, 이는 어찌된 것인가?' 염유가 공자에게 이를 고(告)하자, 공자는 위연히 탄식하며 말하였다. '아아! 윗사람이 도(道)를 잃고 아랫사람을 죽이는 것은 도리가 아니다. 효로써 교화시키지 못하고, 옥사(獄事)만 다스린다면, 이것은 무고(無辜)한 자만 죽이는 것이다. 삼군(三軍)이 크게 패한다고 하여도 그 병사들을 목 벨 수 없는 것이며, 옥(獄)에 죄수가 많아 다스리지 못해도 형벌을 (함부로) 쓸 수 없는 것이다. 어째서인가? 위[上]에서 교화가 행해지지 못하였기 때문에 그런 것이지, 백성들에게 죄가 있는 것은 아니기 때문이다. 무릇 법령(法令)은 제대로 갖추지 않은 채 죄를 다스리는 데만 집착한다면, 이는 백성들을 해치는 도적인 것이요, 세금 거두기를 때 없이 하는 것은 백성들에게 포학한 짓을 하는 것이며, 시험해 보지도 않고 성과만 책임을 지우는 것은 백성들을 학대하는 것이다. 정치에서 이 세 가지 폐단이 없어진 연후에야 형벌을 행할 수 있는 것이다. 『서경(書經)』에서도 '형벌도 의(義)로써 행하고 죽이는 것도 의로써 행하라. 이로써 네 마음에 따라 즉흥적으로 하지 말라'고 하였는데, 이것은 오직 일을 신중히 하지 않는 것을 지적한 말이니, 이 말은 반드시 가르친 다음에 형벌을 행하라는 것이다. 이미 백성들을 가르치되 먼저 도덕으로써 복종하게 해야 하는 것이고, 이로써도 안 될 경우에는, 어진 사람을 시켜 그들이 잘하도록 권장해야 할 것이며, 그래도 안 될 경우에는, 곧 이를 폐기해야 할 것이고, 그래도 안 될 경우에는, 그런 후에야 하는 수 없이 위력(威力)으로 겁(劫)을 주어야 하는 것이다. 이와 같이 하여 3년만 지나게 되면, 백성들이 바르게 될 것이니, 그 중에 혹 간사한 백성이 있어서 이 교화(敎化)를 따르지 않는 자가 있을 때에는, 그런 후에야 형벌로써 다스릴 수밖에 없게 한다면, 백성들은 누구나가 죄가 무엇인지 알게 될 것이다라고 한 것이다. 『시경(詩經)』에서도 '천자(天子)를 도와서, 백성들로 하여금 미혹(迷惑)에 빠지지 않게 하라'고 하였다. 형벌이 있었지만 이를 사용하지 않았던 것이다[刑錯而不用]. 그런데 지금은 그렇지가 못한 것이다. 가르침을 어지럽히고, 형벌을 번거롭게 하여, 백성들로 하여금 미혹하게 하여 함정에 빠뜨리고 있는 것이다. 또 여기에 계속해서 그들이 그에 따라 제압해 나가니, 그러므로 형벌은 갈수록 번잡해 지는데도 도적은 이겨낼 수 없게 되고 말았다. 무릇 저 석자[三尺] 정도의 가로막은 턱은, 빈 수레로도 넘어가지 못하는 것은 어째서인가? 갑자기 높아졌기 때문이다. 그러나 백 길이나 되는 높은 이 고사(故事)가 반영(反映)하고 있는 것은 공자의 '선교후주(先敎後誅: 교화 후 처벌)' 사상이다. 국가정치의 각도에서 보면, 공자는 교화를 우선하고 형벌을 다음으로 해야 한다고 생각하였다. 오직 교화가 효력이 없을 때에만 부득이 형벌로 징치(懲治)할 뿐이었다. 국가를 다스리는 중요한 수단은 교화가 유일하게 근본적으로 사회 제반(諸般) 분쟁을 해결할 수 있는 적극적인 수단이고, 형벌은 오직 보조적·소극적인 제재 수단이었을 뿐이기 때문에 장기적으로 사용해서는 안 되고, 맹목적으로 엄형중법(嚴刑重法)해서는 더더욱 안 된다. 바로 이른바 "백성[民]이 죽음을 두려워하지 않는다면, 어찌 죽임으로써 두렵게 할 수 있겠는가?"[17]라고 하듯이, 형벌은 근본적으로 사회모순을 해결할 수 없다. 덕례(德禮)와 정형(政刑)의 관계에 대하여 공자는 "정사(政事)로써 이끌고 형벌로써 가지런히 하면, (범죄를) 면해도 부끄러움이 없다. 덕(德)으로써 이끌고, 예(禮)로써 가지런히 하면, 부끄러움이 있게 되고 또 바르게 된다"[18]고 주장하였다. 즉 덕례는 국가정치의 근본이고, 정형은 국가정치의 지엽이라는 의미이다. 오직 덕례로 국가를 다스려야 백성은 숭고한 도덕을 추구하고 기율과 법을 준수하는[遵紀守法] 선량한 사람이 될 수 있다. 그러나 만약 정사와 형벌로 국가를 다스리면, 백성은 죄를 피하고 형(刑)을 멀리하여 재앙을 모면할 수는 있지만, 도덕적 자각이 부족하기 때문에 효과도 이상적이라고 할 수 없다는 것이다. 게다가 위의 고사(故事)를 통해서 보면, 공자는 법가(法家)의 중형주의(重刑主義)를 비판하였을 뿐 아니라 법률은 형벌을 사용하는 것

산이라도 무거운 짐을 싣고서도 올라갈 수 있는 것은, 무슨 이유이겠는가? 그것은 서서히 높아지는 경사이기 때문이다. 오늘날의 세속(世俗)은 갈수록 서서히 그 정도를 높이는 것이 오래 되었다. 비록 형법(刑法)이 있다고 할지라도, 백성들은 어찌 능히 이를 범하지 않을 수 있겠는가?'

17) 〈옮긴이주〉 이 말은 『노자(老子)』 「덕경(德經)」 74장 제혹(制惑)」의 "백성이 죽음을 두려워하지 않는다면, 어찌 죽임으로써 두렵게 할 수 있겠는가? 백성으로 하여금 죽음을 두려워하게 하는데도 기이한 행동을 하는 자가 있어서 내가 그를 잡아서 죽인다면, 누가 감히 또 그렇게 하겠는가? 언제나 사람을 죽이는 일을 맡은 자가 있어서 사람을 죽인다. 무릇 사람을 죽이는 일을 맡은 자를 대신하여 죽이는 것, 이를 '목수를 대신하여 나무를 깎는다'라고 한다. 무릇 목수를 대신하여 깎는 사람치고 그 손을 다치지 않는 자는 드물다"고 한 문장에 나온다.

18) 『논어』 권2(원서에는 1로 오기되어 있다), 「위정(爲政) 제2」.
〈옮긴이주〉 『논어주소』(『십삼경주소 하』) 권2, 「위정 제2」, 2461쪽.

을 목적으로 해서도 안 된다고 보았다. 이른바 '형기무형(刑期無刑: 형벌은 형벌을 없게 하는 것을 기약한다)'이라고 하듯이, 형벌을 사용하는 목적은 근본적으로 형벌을 감소 내지 소멸시키는데 있고, 이것은 또한 형벌의 자기부정주의(自己否定主義)이다. 그러면 어떻게 해야 용형(用刑)의 수단을 통해 '무형(無刑)'의 목적을 실현할 수 있을 것인가? 공자의 견해에 의하면, 관건(關鍵)은 ① 교화를 우선시하여 백성에게 도덕과 법률에 대한 자각(自覺)을 갖게 함으로써 법을 위반하는 범죄를 없애고, ② 부득이하게 형벌을 운용할 때에는 반드시 신중해야 하며, ③ 일종의 조화롭고 질서가 있는 인간관계를 보호·유지 내지는 창조하여 형벌로써 그것을 타파·분쇄할 수 없게 하고 더욱 긴장된 분위기를 조성하는데 착안(着眼)해야 한다는 것에 있었다. 이 때문에 가정의 내부 관계와 연관된 소송안건에 대해서는 신중에 신중을 기해서 첫째, 가볍게 죄를 적용할 수 없고, 둘째, 가정 구성원간의 정서적 요소도 모두 고려해야 하였다. 만약 가정 내부의 화목·화순(和順) 관계와 그윽한 온정(溫情)을 파괴시켜 이익을 취하는 등 단편적으로 법률상의 시비득실(是非得失)을 추구하게 되면, 이러한 방법은 명확하게 법률의 목표와 역행(逆行)하는 것이었다. 공자가 송사(訟事)에 얽힌 아버지[父]와 아들[子]을 함께 감옥에 가두어 꽤 오랫동안 판결하지 않은 것도 부자(父子)가 이 기간 내에 냉정히 쟁송(爭訟)의 근원을 분석하고 지난 일을 되돌아보고 뉘우치기를 바랐기 때문이다. 3개월의 기간은 짧은 편이 아니었지만, 부친이 결국 소송에 대한 중지를 요청하여 한 차례의 쟁송은 이로써 종결되었다. 공자는 이러한 방법이 부자(父子)가 동시에 교육을 받음으로써 이때의 교훈을 통해[19] 이후 재차 쟁송을 일으키지 않을 것으로 보았다. 만약 모든 사법관이 이렇게만 할 수 있다면, 필시 '무송(無訟: 소송을 없게 하는 일)'이라는 목표도 요원하지 않을 것이다.

---

19) 당연히 여기의 교육과 교훈에는 두 가지의 가능성이 내재(內在)하였다. 한 가지는 부자(父子) 간은 착오(錯誤) 혹은 과실(過失)을 검토하여 진정으로 혈육 간의 정[親情]을 회복하고 쟁송(爭訟)을 종결하여 다시 사이가 좋아지기를 바라는 것이다. 또 한 가지는 감찰하는 시간이 너무 길어서 비용대비 저효율로 부득이 종료하는 것이다. 일차적인 자료의 정보는 유한(有限)하여 소송을 종료하는 진정한 이유를 확정할 방도가 없다. 공자의 '선교후주(先敎後誅)' 사상의 요점(要點)과 결합하면 아마 전자에 속할 지도 모른다.

공자가 주장한 '선교후주(先敎後誅)' 사상은 마침내 중국고대 대다수 사법관(司法官)들에게 수용되었고, 또한 사법적 실천에서도 관철될 수 있었다. 앞장(제1장)에서 인용한 동한(東漢) 때 「구람교효(仇覽敎孝)」라는 고사(故事)에서, 구람은 홀어머니가 아들[子] 진원(陳元)을 불효로 고소[告]하자, 친히 그 집[家]에 가서 모자(母子)와 함께 술을 마시며 인륜(人倫)과 효행(孝行)에 대해 설명하였기 때문에 모자(母子)는 감읍(感泣)하였고, 마침내 진원은 원근(遠近)에 이름이 회자되는 효자가 되었다. 한률(漢律)에 의하면, '불효'는 매우 엄중(嚴重)한 죄명으로서 최고형은 사형에 처해질 수도 있었다. 구람은 피고인을 징계하지 않았을 뿐 아니라 오히려 그에게 인륜과 효도를 가르쳐서 모자(母子)의 사이를 다시 좋게 한 것은 공자의 방법보다 나으면 나았지 못하지는 않았다. 중국고대의 사법관들이 가정의 친속관계와 관련된 안건을 처리할 때, 공자·구람과 유사한 방법을 취한 것은 매우 보편적이었기 때문에 관련 사례도 이루다 셀 수 없을 정도이다. 본고에서는 가장 비근한 사례들을 추출(抽出)한 후에 다시 한두 가지 예증(例證)만을 제시하고자 한다.

『명공서판청명집(名公書判淸明集)』에는 송대(宋代)에 어떤 과부(寡婦)가 독자(獨子)가 공양(供養)하지 않았다고 고소[告]한 안건(案件)에 대하여 호석벽(胡石壁)이 판결한 내용이 기록되어 있다.

> 과부(寡婦) 아장(阿蔣)은 홀몸으로 외롭게 살았고, 연명(延命)하는데 의지할 수 있는 사람은 아들[子] 종천을(鍾千乙) 뿐이었다. 그러나 그 아들은 매우 방탕하여 약간의 음식도 마련해서 모친을 봉양할 수 없었기 때문에 아장은 가난하고 생활이 어려웠다. (이에) 침대를 팔아 조석(朝夕)의 식비(食費)로 충당해 왔는데, 깎인 침대가 피부에 닿을 정도로 가난이 한계에 다다른 상태가 되었다. 종천을은 또 돈[金錢]까지 낭비했을 뿐 아니라 한동안 집을 나가 돌아오지도 않았기 때문에 마침내 어머니로서의 애정(愛情)을 버리고 관아(官衙)에 고소하게 되었다. 이는 어찌 정리상(情理上) 불가피한 일이 아니겠는가? 종천을은 처벌해야 마땅하다. 그러나 지금 그 어머니를 보건대, 너무 허약하고 천식도 가라앉지 않는 상태로서, 위급할 때 의탁할 누구도 없었기 때문에 법으로 그를 처벌하지 않고 조신(操身)·면려(勉勵)토록 견책(譴責)해서 석방토록 하라. 이후 마음을 바르게 하고 잘못을 뉘우쳐서 그 어머니를 효양(孝養)토록 하라. 본(本) 주(州)에서 5두(斗)를 지출해서 아장(의 생활)을 보조하여[責付] 임시변통하게 하라.[20]

이에 의하면, 독자(獨子) 종천을은 홀어머니의 공양을 돌보지 않고 방탕하게 생활하면서 함부로 가재(家財)을 낭비하였기 때문에 율(律)에서는 불효(不孝)에 해당하여 중벌에 처해져야 하였다. 그러나 호석벽은 과부가 외롭게 살았고 가난과 병마(病魔)라는 이중고(二重苦)에 시달려서 만약 그 아들을 엄형(嚴刑)으로 단속하면 오히려 그 어머니는 유일하게 의지할 사람을 잃게 된다는 것을 고려하였다. 따라서 호석벽은 마침내 종천을을 율(律)에 따라 치죄(治罪)하지 않고 견책만을 하여 마음을 바르게 하고 잘못을 뉘우쳐서 그 어머니를 정성껏 봉양토록 하고, 또한 5두(斗)의 양식을 보조하여 임시변통케 하였다. 이러한 판결은 엄격하게 법률규정에 따르지는 않았지만, 당사자의 입장에서(특히 홀어머니의 입장에서) 보면 오히려 가장 유리한 결과일 수도 있었다. 이밖에 『명공서판청명집』「인륜문(人倫門)」을 보면, 부자(父子)·모자(母子)·형제간의 소송분쟁에 대하여 당시 '명공(名公)'들은 대부분 교효(教孝)를 위주로 하였고, 형벌로 함부로 처리할 것을 주장하지 않았다.[21] 이로써 '선교후주'는 실로 두 종류의 함의(含意)가 있었음을 알 수 있다. 그 중 하나는 국가의 통치질서를 실현하기 위해 예의(禮儀)를 통한 교화(教化)와 형벌에 의한 처벌 사이에서, 전자가 보다 우선시되는 선택인 것은 물론 분쟁을 화해시키는 근본적인 수단이기도 하였다는 점이고, 또 하나는 구체적인 소송분쟁-인명(人命) 등에 관한 중요 안건(案件)은 제외-에 직면해서도 교화가 선행되어야 하고, 함부로 형벌을 사용해서는 안 되었다는 점이다.

'선교후주' 사상이 널리 수용되고 또 보편적으로 관철된 까닭은 말하자면

---

20) 『명공서판청명집』 권10, 「인륜문(人倫門)」 「모송자불공양(母訟子不供養)」(호석벽[胡石壁]), 364쪽.

21) 예를 들면, 외조부가 외손자를 불경(不敬)·불효(不孝)로 고소(告訴)하자, 채구헌(蔡久軒)은 『효경(孝經)』을 한 달[一月] 간 강제로 학습시켜서 효도를 밝혔고, 오려암(吳麗岩)은 모자(母子)·형제(兄弟)의 쟁송(爭訟)은 마땅히 평정심으로 처단해야 한다고 주장하고, 합당하게 그 잘못을 뉘우치기를 권고(勸告)하여 인륜을 온전히 하였다. 호석벽은 ① 재산 분쟁(分爭)으로 모친(母親)과 형(兄)을 거역하여도 시어머니는 또 가볍게 용서해야 하고, 만약 개전(改悛)의 정(情)이 보이지 않았다면 다시 추단(推斷)해야 할 것이고, ② 모친이 그 아들[子]을 고소[訟]했더라도 결국 아들을 사랑하는 마음이 있기 때문에 함부로 아들을 치죄(治罪)해서는 안 된다고 보았다(『명공서판청명집』 권10, 「인륜문」, 360~364쪽).

그것이 성인(聖人)의 이론적 교조(敎條)였기 때문이 아니라 그 속에는 법률이 국가 · 사회 · 가정에서 기능해야 할 역할에 대해 이성적인 탁견(卓見)을 반영하고 있었기 때문이다. 만약 비용대비 수익(收益)이라는 각도에서 판단하면, '선교후주'는 한편으로 근본적으로 법률의 사회에서의 장기간 수익을 극대화할 수 있고, 다른 한편으로 단기적으로 관부(官府)이든 당사자이든 사법소송에서 비용을 모두 감소시킬 수 있는 반면, 가정과 사회의 조화 방면에서의 수익은 증가시킬 수 있다. 물론 사법적 소송의 비용과 이익에 기초해서 생각하면, 이밖에 두 가지의 부정적인 상황이 발생할 수도 있다. 첫째, 사법관이 "큰일은 작게 하고, 작은 일은 없게 한다"는 방식을 통해서는 모순을 엄폐할 뿐 진정으로 분쟁을 해결할 수 없고, 궁극적으로는 당사자의 요구를 만족시킬 수 없을 뿐 아니라 교화의 목적도 실현할 수 없다는 점이고, 둘째, "교화하고 처벌하지 않는다"는 방식은 쟁송(爭訟)을 해결할 의향은 있지만, 교화의 도(道)를 이해하지 못하고 지나치게 관용을 베풀어 장차 후환을 남길 수 있다는 점이다. 이러한 두 가지 부정적인 상황은 사실상 근절하기가 매우 어렵다. 그러나 이 때문에 '선교후주' 사상의 적극적인 의의를 부정해서도 안 된다.

본 절(節)의 취지(趣旨)는 청대 지방에서 자리하는[地方自理] '자손의 교령위반[子孫違犯敎令]' 안건에 대한 사법적 특징을 게시하여 '선교후주'라는 용어를 가장 적절히 개괄하는 것에 있다. 아래에서는 교화(敎化)의 형식과 내용 및 관련된 안건(案件)의 사법적 조치라는 두 가지 각도에서 논술하고자 한다.

1. 교령(敎令)에 대한 교화(敎化)

청대의 대다수 선량한 관리들은 지방을 다스릴 때 종종 교화의 기능을 강조했고 교화로 선도(先導)할 것을 주장했다. 예컨대 옹정(雍正: 1723~1735) · 건륭(乾隆: 1736~1795) 시기의 저명한 관리[名吏] 원수정(袁守定)은 교화가 지방을 다스리는 본무(本務)이기 때문에 때[時]와 장소[地], 사람[人]과 일[事]에 관계없이 모두 교화를 행해야 한다고 보았다. 그는 "이른바 선정(善政)은 좋은 교화[善敎]로 백성[民]을 얻는 것만 못하다. 매질하는[鞭扑] 효과와 비교하면 천양지차[霄壤之差]이다"22)고 하였다. 그러나 어떤 교화형식을 취하고 어떻게 교화할 것인가에 대해서 지방 관리들은 오히려 "어진 사람은 어질게 보고[仁者見仁], 지혜로운 사람은 지혜롭게 본다[智者見智]"23)고 하는 상황이었다.

'자손의 교령위반[子孫違犯敎令]'과 '불효'는 성문법에서 미세한 구별과 연계가 있었지만, 대다수 관리[官]와 백성[民]의 사상 속에서 양자의 경계는 모호할 수밖에 없었다. 청대의 지방관리가 종종 이러한 사무(事務)에 대하여 교효(敎孝)의 범주에 넣어 처리하였음을 어렵지 않게 볼 수 있다. 청대 지방의 실태를 보면, 대체로 이하 세 가지 형식이 있었다.

1) 효도(孝道)에 대한 속강(俗講)

이것은 통속적인 언어로 특정 장소에서 특수한 매체(媒體)를 통해 대중에게 부모에게 효순하는 도[孝順之道]를 강해(講解)하고 전파하는 것이다. 그 중에는 또 정부 행위[官方行爲]와 개인 행위(個人行爲)로 나눌 수 있다.

(1) 정부 행위[官方行爲]

청률(淸律)은 우선 명률(明律) 중 「강독율령조(講讀律令條)」의 규정을 계승하여,24) 각급(各級) 관원(官員)들에게 힘써 법률을 숙독(熟讀)하고 율의(律意)를 명

---

22) 원수정, 『도민록(圖民錄)』(동치12년각본[同治十二年刻本]) 권3, 「이교위본(以敎爲本)」.

23) 〈옮긴이주〉'지자견지(智者見智)'는 "같은 사물이라도 사람에 따라 견해가 다르다"·"각자 자기 견해를 가진다"는 의미이다.

24) 『대명률(大明律)』권3, 「이률(吏律)」「공식(公式)」「강독율령(講讀律令)」·『대청율례(大淸律例)』권7, 「이률」「공식」「강독율령」. 명률의 율문(律文) 규정은 다음과 같다. "무릇 국가의 율령(律令)은 사정(事情)의 경중(輕重)을 참작하여 죄명(罪名)을 정립(定立)하고 천하에 반포(頒布)하여 영원히 준수해야 한다. 모든 관사[百司]의 관리는 힘써 (법률을) 숙독(熟讀)하고 율의(律意)를 강해(講解)하여 사무(事務)에 대하여 판결을 내려야 한다. 매년 연말이 되면, 중앙과 지방에서는 각각 상급 관청에서 고교(考校)한다. 만약 강해할 수 없거나 율의를 이해하지 못한 경우, 관원(官員)은 벌봉(罰俸) 1개월에 처하고, 이(吏)는 태형 40대에 처한다. 그리고 백공기예(百工技藝)와 제색인(諸色人) 등 중에서 (법률을) 숙독·강해할 수 있고 율의에 통달한 자가 만약 과실(過失)을 범했거나 타인(他人)에게 연루(連累)되어 치죄(致罪)된 경우에는 경중(輕重)을 불문하고 모두 한번 면죄(免罪)한다. 그러나 사안(事案)이 모반(謀反)·반역(叛逆)을 범했다면 본 율(律)을 적용하지 않는다. 만약 관인(官人)·이인(吏人) 등이 세력을 믿고

확하게 강해하여 실용적인 수단으로 삼도록 하였다. 옹정(雍正) 3년(1725), 황제의 서문(序文)에서는 특히 "대도시에서 산간벽지에 이르기까지 모든 주현(州縣)에서는 『주례(周禮)』에서 포헌(布憲)이 법을 숙독하는[讀法] 제도를 본받고 (又) 때때로 해설도 해서 부로(父老)·자제(子弟)에게 서로 고계(告誡)토록 하여 법을 두려워하고 자중자애(自重自愛)하는 것을 알게 해야 한다"[25]고 강조하였다. 즉 지방관은 일반 백성에게 법률지식을 강해하고 보급할 책임이 있다는 뜻이다. 여기에는 공무(公務)에 대한 충직과 법의 준수[奉公守法]·부모에 대한 효양(孝養)·부모의 교령(敎令)에 대한 준수 및 백성의 일상생활과 꽤 친숙한 내용들이 포함되어 있다. 또한 강연 중에는 몇몇 율조(律條)에 대하여 강해하면서 간혹 강령적 성격을 띠는 약간의 성유(聖諭) 조항(條項)과 결부시키기도 하였다. 예컨대 옹정 2년(1724), 옹정제(雍正帝)는 강희제(康熙帝)의 「성유십육조(聖諭十六條)」[26]에 대한 주석(註釋)작업을 완성하였고, 이로써 한 편[一篇]의 서언(序言)과 16편의 단문(短文: 각각 16조의 성유에 대응한다)이 포함된 『성유광

공무(公務)로 사기(詐欺)를 쳐서 함부로 이의(異議)를 만들고 독단적으로 변경하여 성법(成法), 즉 율령을 변란(變亂)케 한 경우에는 참감후(斬監候)에 처한다."

25) 『대청율례』 권수(卷首), 「세종헌황제어제대청률집해서(世宗憲皇帝御制大淸律集解序)」(옹정 3년).

26) 강희(康熙) 9년(1670)에 반포되었고, 내용은 많지 않았지만 구(句)마다 7자(字)로 되어 격식(格式)이 정연하였다. 전문(全文)은 다음과 같다. 제1조 돈효제이중인륜(敦孝弟以重人倫: 효제를 도탑게 하여 인륜을 중시한다), 제2조 독종족이소옹목(篤宗族以昭雍睦: 종족들에게 독실하여 화목을 밝힌다), 제3조 화향당이식쟁송(和鄕黨以息爭訟: 이웃과 화목하게 지내어 쟁송을 그치게 한다), 제4조 중농상이족의식(重農桑以足衣食: 농상을 중시하여 의식을 풍족하게 한다), 제5조 상절검이석재용(尙節儉以惜財用: 절약·검소함을 숭상하여 재용을 아낀다), 제6조 융학교이단사습(隆學校以端士習: 학교를 융성시켜서 선비의 습속을 바로잡는다), 제7조 출이단이숭정학(黜異端以崇正學: 이단을 축출하여 정학을 높인다), 제8조 강법률이경우완(講法律以儆愚頑: 법률을 강습하여 무지함을 깨우친다), 제9조 명례양이후풍속(明禮讓以厚風俗: 예양을 밝혀서 풍속을 도탑게 한다), 제10조 무본업이정민지(務本業以定民志: 본업에 힘써서 민지를 안정시킨다), 제11조 훈자제이금비위(訓子弟以禁非爲: 자제들을 가르쳐서 그릇된 행위를 못하게 한다), 제12조 식무고이전선량(息誣告以全善良: 무고를 그치게 하여 선량한 사람을 온전하게 한다), 제13조 계닉도이면주연(誡匿逃以免株連: 도망자를 숨겨주지 않아서 죄에 연루되지 않는다), 제14조 완전량이생최과(完錢糧以省催科: 세금을 완납하여 독촉을 없앤다), 제15조 연보갑이미도적(聯保甲以弭盜賊: 보갑제에 참여하여 도적을 그치게 한다), 제16조 해구분이중신명(解仇忿以重身命: 원한을 풀어서 몸과 목숨을 소중히 한다).

훈(聖諭廣訓)』(『세종헌황제성훈(世宗憲皇帝聖訓)』이라고도 한다)[27])의 편찬이 완료되
어 각 성(省)에 반포(頒布)하였다. 좋은 선전효과를 거두기 위해 또 대다수 백
성들의 문화수준이 높지 않다는 점도 고려하여 지혜와 기교를 겸비한 몇몇
지방관들은 강연내용을 타유시(打油詩)[28])로 만들어 음률이 낭랑하고 맑아서
외우기 쉽도록 하였다. 청대 한[一] 지방관의 행정기록 중에서 당시 강해한
교재가 발견되었다. 그 중에는 성유 제1조 '돈효제이중인륜(敦孝弟以重人倫: 효
제를 도탑게 하여 인륜을 중시한다)'에 관한 강해가 있는데, 전문(全文)은 다음과
같다.

> 아버지 성조(聖祖)께서 전파하신 성유(聖諭)에서 제일 먼저 인륜을 중시하시었고,
> 천하의 모든 사람이 첫째 지녀야 할 것으로 효도와 공경[孝弟]을 우선하시었네.
> 효도란 바로 너희를 낳으신 부모에게 하는 것이요,
> 공경이란 오직 너희 형제들 간에 하는 것이로다.
> 부모의 깊은 은혜와 큰 덕을 아무리 강조해도,
> 이 몸 다하도록 어찌 다 갚을 수 있으리오!
> 갓난아이가 천신만고 끝에 세상에 나오지만,
> 3년간 축축한 강보(襁褓)에서 지낸 후에야 벗어나네.
> 너희가 울면 놀래서 장난감을 가지고 달래주고,
> 너희가 굶주리고 추위에 떨면 먹여주고 안아서 재워주네.
> 맛있는 음식이 있어도 먹지 않고 가져다 너희들에게 주고,
> 좋은 옷이 있어도 입지 않고 가져다 너희들에게 입히며,
> 너희가 자라서 성인(成人)이 되기를 손꼽아 기다리면서,
> 두 늙은이[二老]는 서로 의지하고 또 위로하며 지낸다네.
> 너희들이 재주가 있어서 출세를 하게 되면,
> 부모의 가르침으로 부귀를 얻은 것이요,

---

27) 근래 비교적 전문적인 연구로는 주진학(周振鶴), 『성유광훈: 집해와 연구(聖諭廣訓:
集解與研究)』(상해서점출판사[上海書店出版社], 2006) 참조.
28) 〈옮긴이주〉 '타유시(打油詩)'는 구체시(舊體詩)의 일종으로 평측(平仄)이나 음률(音律)
에 구애되지 않은 시를 말한다. 당대(唐代) 장타유(張打油)라는 사람이 처음으로 이
체제로 시를 지었기 때문에 그의 이름을 붙여 이런 종류의 시를 타유시라고 불렀다.
내용은 통속적·해학적이고, 사용하는 언어나 어구(語句)는 평이하고 간결한 것이
특징이다.

본분(本分)을 지키고 집을 편안히 하며 본업에 힘쓰게 되면,
거친 음식[茶飯], 거친 의복으로도 기쁘게 해드려야 한다네.
놀기를 좋아하고 사람을 기피하며 나태함에 빠져서,
부모로 하여금 장전(莊田)을 버려두지는 않을까 걱정하게 하지 말라.
배운다는 허울로 돈을 가지고 화류계(花柳界)에 빠져서,
부모로 하여금 도박하고 간음하지는 않을까 근심하게 하지 말라.
횡포한 힘을 믿고 남과 싸움을 일삼아서,
부모로 하여금 몸을 상하지 않을까 걱정하게 하지 말라.
하류(下流) 세계에 빠져서 도둑질을 일삼아서,
부모로 하여금 창피를 당하게 하지 말라.
거만하게 하찮은 일로 분노하여 남과 시비가 붙어서,
부모로 하여금 체포되어 옥살이를 하지 않을까 근심하게 하지 말라.
무릇 모든 일에 분수를 알고 자신을 지키며[安分守己],
보신(保身)에 힘쓰면서 부모의 마음은 어찌 알기 어려운가!
심지어 가정(家庭) 내의 골육(骨肉)은 사이가 벌이지고 있는데,
부모가 보고도 어찌 마음이 편안할 수 있으리오!
친형제가 어떻게 원한이 있을 수 있겠냐만, (있다고 하더라도)
형은 아우를 사랑하고 아우는 형에게 예경(禮敬)하는 것이 하늘[天]의 근본이다.
세간(世間)의 형제들이 화목하지 못한 것은,
대개 모두 처자(妻子)의 허황된 말을 믿기 때문이다.
형수(兄嫂)는 형에게 게으른 동생으로 고통이 이만저만 아니라고,
그를 먹여 살려야 하느냐 백년을 먹여 살려야 하느냐 라고 한다.
제부(弟婦)는 형이 집안을 책임지고 모든 일을 처리하면서,
아마도 몰래 돈[銀錢]을 빼돌리는 것 같다고 한다.
예부터 베갯머리[枕邊]의 말이 쉽게 귀에 들어가면,
갈수록 혈육의 양쪽 행랑[兩廂]은 서로를 시기(猜嫌)하게 된다.
작게는 처첩[箕帚]이 분가(分家)하고,
크게는 가산(家産)을 다투어 송사(訟事)를 일으켜서 관(官)에 고소[告]한다.
동서(同壻)들은 본래 이성(異姓)인 것을 더는 생각하지 않고,
형제들은 한 몸으로 이어져 있는 것을 더는 생각하지 않는다.
처자(妻子)는 죽어도 다시 만들 수 있는 것을 더는 생각하지 않고,
수족(手足)은 잘리면 다시 붙일 수 없다는 것을 생각하지 않는다.
무엇 때문에 그는 감언이설(甘言利說)을 듣고,
우리 집안을 분란에 휩싸이게 하는가?

어째서 우리 부모가 화를 내면서,

자제(子弟)들이 예전의 집안 전통을 전수하지 못할까 두려워하는가!

이 세상의 내분이 일어난 집안을 보면,

기와[片瓦], 서까래[椽椽] 하나 남아 있는 집이 있는가?

언젠가는 보응(報應)이 있을 것이라고 말하지 말라,

오직 말하노니, 법정[公堂]에는 삼엄(森嚴)한 왕법(王法)만이 있을 뿐이다.

★『대청률(大淸律)』의 해설

자손이 조부모·부모의 교령(敎令)을 위반[違犯]하였거나 봉양에 결함이 있었다면[奉養有缺] 장형 100대·도형 3년에 처한다. 자손이 조부모·부모에게 욕을 하였거나[罵], 처(妻)·첩(妾)이 남편[夫]의 조부모·부모에게 욕을 하였다면 모두 문죄(問罪)하여 교죄(絞罪)로 의정(擬定)한다. 구타(毆打)하였다면 참형(斬刑)에 처한다. 치사(致死)한 경우에는 능지(凌遲)에 처한다.

동생[弟]이 형(兄)에게 욕을 하였다면[罵] 장형 100대에 처한다.

조카[姪]가 백숙부모(伯叔父母)에게 욕을 하였다면[罵] 1등을 가중(加重)하여 장형 60대·도형 1년에 처한다.

동생이 형을 구타[毆]하였다면 장형 90대·도형 2년 반에 처한다. 상해(傷害)를 가하였다면 장형 100대·도형 3년에 처한다. 칼로 상해를 가하였다면[刃傷] 교입결(絞立決)에 처한다. 치사(致死)하였다면 참입결(斬立決)에 처한다.

조카가 백숙(伯叔)을 구타하였다면 각각 1등을 가중하고, 칼을 들고 쫓아가서 구타하였다면, 상해를 가하지 않았더라도 문죄(問罪)하여 충군(充軍)한다. 고살(故殺)하였다면 능지처사(凌遲處死)에 처한다.

이들 형죄(刑罪)는 본래 불효(不孝)·부제(不弟)한 사람을 처벌하기 위해 제정한 것이다. 불효·부제의 죄를 범하였다면 결코 용서할 수 없다. 가히 두렵지 않은가?[29]

이 문단(文段)은 두 부분으로 나눌 수 있다. 『대청률』의 해설 이전(以前)에서는 주로 『성유광훈』의 내용을 추정(推定)하여 명시적으로 강해한 것이고, 이후(以後)에서는 주로 『대청율례』 중 상관(相關) 법률조문을 발췌해서 인용한 것이다. 강해의 말미(末尾)에서는 재차 "이들 형죄는 본래 불효·부제한 사람을 처벌하기 위해 제정한 것이다. 불효·부제의 죄를 범하였다면 결코 용서할

---

29) 엄작림(嚴作霖), 『성유광훈(聖諭廣訓)(연가대주록[衍歌代週錄])』(광서19년간본[光緖十九年刊本]), 제1조(第一條).

수 없다"고 환기시키고 있다. 이 중, 전반부에서 강해한 내용은 민간 백성의 일상생활과 밀착시키기 위해 대부분 세속의 만담(漫談)이었기 때문에 이해하기 쉬웠고, 인과응보를 중시하였을 뿐 아니라 자못 인정(人情)에도 주의를 기울였다. 후반부에서 인용한 법률조문은 주로 비유(卑幼)를 처벌하는 조문들이고, 존장(尊長)이 비유에게 행한 범죄의 처벌에 대해서는 일언반구의 말도 없다. 이로써 강해의 주된 목적은, 비유는 존장에게 효순(孝順)하고 존장을 범할 수 없으며, 자식[子]은 무조건적으로 부모[父]·조부모[祖]의 교령(敎令)을 따르고, 부모[父]·조부모[祖]가 요구하는 의식(衣食)을 충족시켜야 하는 것을 교육하는데 집중되었음이 명확하다. 주의해야 하는 것은 강해에 인용된 「자손위범교령조(子孫違犯敎令條)」는 『대청율례(大淸律例)』의 규정과 전혀 일치하지 않았다는 점이다. 즉 원(原) 율문(律文) 규정에서는 형벌이 '장형 100대'였지만, 여기에는 '장형 100대·도형 3년'으로 되어 있다. 해당 조(條)의 예문(例文)에서도 양형(量刑)은 얼마든지 '장형 100대·도형 3년'에 도달할 수 있었고, 심지어 이 한도(限度)를 초과하기도 하였지만(장형 100대·유형 3천리, 연장[煙瘴] 지방으로의 충군[充軍], 교감후[絞監候], 교입결[絞立決]), 청률 중에 "자손이 조부모·부모의 교령을 위반하였거나 봉양에 결(缺)함이 있었다면 장형 100대·도형 3년에 처한다"는 것과 완전히 동일하게 기술된 법률조문이 있었던 적이 없다. 이로써 선전(宣傳)·강해하는 과정에서 법률적 성문(成文) 규정에 대하여 어느 정도 '곡해(曲解)'하였음을 알 수 있다. 이와 같이 '곡해'한 것은 대개 엄금(嚴禁)을 공표(公表)하여 사람들에게 함부로 범해서는 안 된다는 것을 경고하는데 그 목적이 있었을 것이다.

사실, 강희 9년(1670)의 「성유십육조(聖諭十六條)」와 옹정 3년(1725)의 『성유광훈(聖諭廣訓)』이 나오기 이전에 청대 지방관들은 이미 이러한 활동을 하고 있었다. 예컨대 순치(順治) 18년(1661)의 일부 잔결(殘缺)된 '향약서(鄕約書)' 중에서 평서왕(平西王) 오삼계(吳三桂: 1612~1678. 평서왕 재위: 1644~1678) 시기 운남지부(雲南知府) 공연희(孔延禧)가 선강(宣講)한 기록이 발견되었다.[30] 본 기록

---

30) 공연희(孔延禧), 『향약전서(鄕約全書)』(순치18년간본[順治十八年刊本]) 「향약」에서 인용. 초웅이족문화연구소(楚雄彝族文化硏究所) 편(編), 『청대 무정이족 나씨토사 당안사료교편(淸代武定彝族那氏土司檔案史料校編)』(중앙민족학원출판사[中央民族學院出版社], 1993), 261~286쪽에 정리·수록되어 있다. 원편자(原編者)의 식견(識見)이 정밀(精密)하지

은 매우 상세한데, 시작은 이렇다.

운남부(雲南府) 지부(知府) 공연희는 현행(現行)의 법[憲]을 준봉(遵奉)하고 엄격한 향약(鄉約)을 설명하여 (백성의) 무지몽매를 깨우쳤다. 본부(本府)에서는 성유육언(聖諭六言)을 장중(莊重)하게 암송하여 매우 진솔하게 알기 쉽게 하였고, 한없이 관용을 베풀어 참으로 (평서)왕의 말씀과 용심(龍心)을 극대화했다. 본부에서는 백성들에게 악습(惡習)이 깊어져서 천성(天性)으로 품수(稟受)하는 양지(良知)가 오래도록 막히는 것을 두려워하여 삼가 통속적인 말로 부연(敷衍)하여 책(冊)을 만들어 힘써 우리 대청(大淸) 황상(皇上)의 하해(河海)와 같은 은혜에 보답하고 지방관청에서 황제의 허심탄회한 성의(誠意)를 준행(遵行)하기를 바랐고, 또 율조(律條)를 참작(參酌)해서 보응(報應)을 증명(證明)하여 백성들이 행해야 할 것과 피해야 할 것이 무엇인가를 확실히 알게 하였다.

이어서 또 비교적 자세히 서술하고 있다.

우리 황상께서는 요사스런 기운[妖氣]을 몰아내고 중외(中外)를 일통(一統)하시고는 『대청률(大淸律)』이라는 한 부[一部]의 책(冊)을 지어시어 해내(海內)에 반행(頒行)하셨고, 우리 관부(官府)에도 내려주셨다. 이 책 속에서 말하는 것은 모두 참(斬)·교(絞)·도(徒)·유(流)·편(鞭)·장(杖)에 대한 설명이다. 너희들이 알아야 할 점은, 황상께서 기쁜 마음으로 이 책을 만들고자 한 것이 단지 너희 백성들이 배우는 것을 좋아하지 않고 또 교훈을 듣는 것도 좋아하지 않아서 부득이 형벌을 사용할 수밖에 없다는 것이다. 너희 백성들 개개인이 교훈을 듣고 배우는 것을 좋아했다면, 이 『대청률』이라는 책자(冊子)는 처음부터 만들어질 필요가 없었을 것이다. 설령 이 책자와 같은 율(律)이 있었더라도 우리 관부에서는 금일(今日)도 사용하지 않았을 것이다. 이러한 점들을 생각하면, 우리 군(君)께서 오직 백성들이 선행(善行)을 하게끔 백방으로 노력하고 있음을 깨달을 것이다. 목하(目下) 평서왕(平西王)과 총독(總督)·무원(撫院) 및 각 사(司)·도(道)·부(府)·현(縣)에서도 오직 백성들이 선행(善行)을 하게끔 백방으로 노력하고 있다. 지금 이후 너희들이 마땅히 생각을 바꾸고 개과천선(改過遷善)하여 위법(違法)하지 않고, 형벌을 받지 않으며, 자신의 몸과 집[家]을 보전하여 함께 태평(太平)을 누린다면 이 어찌 좋은 일이 아니겠는가?

못하여 착오가 적지 않기 때문에 여기에 인용한 내용은 필자가 교정한 부분이 있다.

계속해서 다음과 같이 설명하고 있다.

지금 선행(善行)을 권장하는 것들이 적지 않지만, 확실히 쉽게 깨닫고자 한다면 성유(聖諭)의 여섯 문구(文句)만 못하다. 첫째는 '부모에게 효순하라[孝順父母]'이고, 둘째는 '윗사람을 존경하라[尊敬長上]'이며, 셋째는 '향리에 화목하라[和睦鄕里]'이고, 넷째는 '자손을 가르쳐라[敎訓子孫]'이며, 다섯째는 '각자 생활에 안주하라[各安生理]'이고, 여섯째는 '나쁜 짓을 행하지 말라[無作非爲]'이다. 이 여섯 문구는 매(每) 삭망일(朔望日)이 되면, 목탁(木鐸)을 든 노인(老人)이 방울[鈴]을 흔들고 큰소리로 외치면 너희들은 모두 들어야 하지만, 이 이치를 분명히 나타내지 못하거나 이 의미를 생각하지 않으면 모두 한갓 공염불(空念佛)이 되어버린다. 따라서 너희 백성들은 함부로 행동하다가는 스스로 법망(法網)에 걸려들게 될 것이다.

사실, 지부 공연희가 강해한 내용은 강희제의 「성유십육조」가 아니고 명태조(明太祖) 주원장(朱元璋)이 찬술(撰述)한 「성유육조(聖諭六條)」였다. 그가 각 조(條)에 대하여 강해한 내용은 기본적으로 모두 4부(部)로 구성되어 있다. 여기서는 제1조 '부모에게 효순하라[孝順父母]'를 예시(例示)하고자 한다. 나머지 다섯 조(五條)의 성유에 대하여 강해한 모식(模式)도 대략 이것을 모방하였다.

제1부에서는 부모에게 효순해야[孝順父母] 할 여러 가지 이유를 해석하고, 당시 사회에서 부모에게 효순하지 않는 심리적 동기와 행위 양태들을 게시(揭示)하여 부모에게 효순해야[孝順父母] 할 의무를 실행하도록 권고(勸告)하고 있다. 그 내용은 다음과 같다.

내가 금일(今日) 세상 사람들을 보건대, 부모가 자식[子]을 낳아 기르고, 훈계(訓戒)하며, 혼인시키는 것은 모든 부모에게 해당되는 일이다. 따라서 능히 효순(孝順)을 다해야 한다. 까마귀[慈烏]도 자라서 어미에게 먹이를 되물어다 주는 것을 알고, 양[羔羊]도 젖을 먹여준 어미의 은혜를 잊지 않는데, 너희들은 사람인데도 저 금수(禽獸)만 못하니, 참으로 개탄스럽고 통탄할 일이다. 오늘날 사람들이 효순(孝順)하지 않는 일도 많기 때문에 잠시 여기서 너희들과 논해보고자 한다. 만약 부모가 물건 하나를 가지고 있다면, 값을 아무리 후하게 매겨도 아끼는 마음이 생겨서 남에게 주고자 하지 않는다. 부모가 한 가지 일을 시키면, 그다지 어려운 일이 아닌데도 핑계를 대어 거절할 마음이 생겨서 따르려고 하지 않는다. 권세가에게 아첨하는 사람은 어디에도 있기 마련이어서 남에게 욕[罵]을 듣거나 구타당해도 기꺼이 감수할 수 있다. 그러나 자기의 부모가 욕을 한마디라도 하면, 성내고 원망하여 모르는 사람처럼 대한다. 또 그 중에는 부모를 등지고[背] 자기 집[自家]의 처첩(妻妾)만 아끼는 사람이 있는가 하면, 부모를 내버려두고 자기 집의 자녀(子女)만 몹시 사랑하는 사람도 있다. 자기 자녀가 죽기라도 하면 처절하게 울부짖어서 애간장이 끊어진 듯하지만, 부모가 죽으면 곡(哭)도 구슬프지 않고 또 우는 체만 할 뿐이다. 60·70세, 80·90세에 죽으면 오히려 당연시하기도 한다. 다른 사람에게 조롱과 욕을 들으면, 도리어 세상의 자식들은 대부분 그러한데 어떻게 나 한 사람만 특별해야 하느냐고 반문(反問)한다. 이와 같은 사람들이 어찌 처첩(妻妾)의 마음까지 사랑하지 않고, 자녀의 마음까지 아파하지 않으며, 권세가에게 아첨하는 마음만을 생각하고 또 생각하는가? 이러한 참으로 극악무도하고 배은망덕한 자는 하늘도 용납하지 않고 땅도 받아들이지 않으며, 살아서는 반드시 형벌에 처해지고, 죽어서도 반드시 지옥에 떨어질 것이다.

나는 지금 너희들에게 권고(勸告)하노니, 즉시 부모에게 효순하라[孝順父母]. 효순하는 일은 어렵지 않다. 오직 두 가지만 하면 된다. 첫째는 부모의 마음을 편안케 하는 것이고, 둘째는 부모의 몸을 봉양하는 것이다. 어떻게 해야 부모의 마음을 편안케 하는 것인가? 너희들이 평소 집[家]에서 선행(善行)을 하고, 모든 사람에게 잘 대(待)하며, 분란(紛亂)을 없애고 고자질을 못하게 하여 한 집안[一家]을 안락(安樂)하게 하면 부모가 어찌 즐겁지 않겠는가? 너희들의 처첩(妻妾)과 자손들을 가르쳐서 집안사람 모두 부드럽고 겸손하게 말하게 하고, 부모를 극진히 받들어 모시고 거스르지도 말며, 어기지도 말아야 한다. 위[上]에 계신 할아버지·할머니도 부모의 마음을 체현(體現)했기 때문에 친부모와 똑같이 모셔야 한다. 부모의 가까이[身邊]에 있는 형제·자매도 부모의 마음을 체현했기 때문에 각별히 대(待)해야 한다. 부모가 하루를 살더라도 안심시키는 것, 이것이 바로 부모의 마음을 편안케 하는 일이다. 어떻게 해야 부모의 몸을 봉양하는 것인가? 너희들 각자의 역량(力量)에 따라 너희들의 가산(家産)을 다해서 굶주리면 음식을 올리고, 추우면 의복을 올리며, 아침저녁으로 정성을 다해야 한다. 계절이 바뀌면 예(禮)로 경배(敬拜)하고, 생신(生辰)이 되면 예로 하례(賀禮)를 드리며, 일[事]이 있으면 부모를 대신하여 수고하고, 질병(疾病)이 있으면 의사에게 조치(調治)를 청(請)해야 한다. 이것이 바로 부모의 몸을 봉양하는 일이다.

부모가 행한 일에 옳지 않은 점이 있어도 완곡(婉曲)한 말로 은근하게 간(諫)하여 부모가 내심(內心) 깨닫게 하고, 향당(鄕黨)이나 친척들에게 죄를 짓게 해서는 안 된다. 부모가 혹여 나를 싫어하여 화를 내며 때리고 욕을 해도[毆罵] 온화한 얼굴로 유순하게 순종하고, 거친 말과 오만한 기세로 격노케 해서는 안 된다. 간혹 부모가 평상시에 사이좋게 지내는 사람을 불러서 위로케 하여 힘써 부모의 마음을 기쁘게 돌려놓아야 한다. 세월이 지나 임종(臨終)을 맞이하게 되면, 몸과 마음을 다해 예(禮)로써 장례를 치루고, 사시팔절(四時八節)31) 때에 맞게 제사를 지낸다. 이것이 모두 부모에게 효순하는 일들이다.

또한 오늘날 사람들이 효순하지 못하는 데는 한 가지 근본적인 병폐(病弊)가 있다. 나는 본래 효순하고자 하지만, 부모가 나를 사랑하지 않기 때문에 어찌할 도리가 없다고 한다. 이러한 생각은 잘못되었다. 지금 너희들에게 말하노니, 우리의 몸은 원래 부모의 것이고, 자식은 부모와 시비(是非)를 논해서는 안 된다. 부모는 바로 하늘[天]과 같다. 풀 한 포기 소생한 것이 자연스런 듯 하지만, 봄이 되어 소생한 것도 하늘의 뜻이고, 가을이 되어 서리[霜]를 맞아 죽는 것도 하늘의 뜻이다. 부모가 낳은 이 몸, 태어난 것도 부모의 뜻이고, 죽는 것도 부모의 뜻인데, 어찌 시시비비(是是非非)를 논할 수 있단 말인가? 그러므로 옛 사람은 "천하에 옳지 않은 부모가 없다[天下無不是的父母]"고 하였다. 부모가 나를 사랑하지 않기 때문에 나도 효순하지 않겠다는 말을 할 수 있는가? 세상에 참으로 어리석고 무지한 사람도 신(神)을 숭배할 줄 알고, 부처[佛]에게 절할 줄도 알아서 집[家]에서 보살(菩薩)에 공양(供養)을 올리고 토지(土地)에 경배(敬拜)를 드리는 사람이 적지 않지만 집 안[家中]의 늙은 부모야말로 살아있는 보살이요 살아있는 수호신인 것을 모른다. 기꺼이 효심(孝心)을 발동하면, 창공(蒼空)의 신명(神明)도 묵묵히 도울 것이고 실로 영험(靈驗)도 있을 것이다. 이것은 실제 있었던 이야기이니 불신(不信)하지 말라. 게다가 나 또한 자식[子]이기도 하고, 낳은 자식도 있다. 내가 부모에게 효순하지 않는다면, 후에 좋은 본보기가 되지 못하여 나의 자녀 역시 나에게 기꺼이 효순하지 않을 것이다. 옛 사람의 말 중에 "효순한 사람이 효자를 낳고, 불효한 사람이 불효자를 낳는다"는 좋은 말이 있다. 이러한 보응(報應)은 한 치도 틀리지 않는다.

제2부에서는 상관 법률조문을 발췌·인용하고 있다. 모두 여섯 조(六條)로 되어 있다.

---

31) 〈옮긴이주〉 '사시팔절(四時八節)'은 일 년 사계절의 각 절기(節氣), 즉 춘하추동(春夏秋冬)과 입춘·입하·입추·입동·춘분·하지·추분·동지를 말한다.

하나[一], 자손이 조부모·부모의 교령(教令)을 위반[違犯]하였거나 봉양에 결함이 있었다면[奉養有缺] 장형 100대에 처한다.

하나[一], 조부모·부모가 살아있는데 호적을 따로 만들었거나[別立戶籍]·재산을 달리하였다면[分異財産] 장형 100대에 처한다.

하나[一], 부모의 거상(居喪) 기간에 스스로 혼인[嫁娶]한 경우에는 장형 100대에 처하고, 이혼시킨다.

하나[一], 이미 사망한 조부모 및 부모가 사망하였다고 사칭(詐稱)한 경우에는 장형 100대·도형 3년에 처한다. 이로 인하여 재물을 사취(詐取)한 경우에는 절도죄에 준해서 논한다[准竊盜論].

하나[一], 자손이 조부모·부모에게 욕을 하였거나[罵], 처(妻)·첩(妾)이 남편[夫]의 조부모·부모에게 욕을 하였다면 모두 교형(絞刑)에 처한다. 구타하였다면[毆] 참형(斬刑)에 처하고, 살해하였다면 능지(凌遲)에 처한다.

하나[一], 조종(祖宗)의 신주(神主)를 폐기·훼손하였다면[棄毀] 부모의 시신(屍身)을 폐기·훼손한 것에 준(准)해서 참형에 처한다.

여기에 발췌·인용되어 있는 「자손위범교령조(子孫違犯教令條)」는 『대명률(大明律)』·『대청률집해부례(大清律集解附例)』의 율문(律文)과 일치하지만, 그 이외의 조문은 조금 다르다. 전체적으로 보면, 앞서 (지방)관이 『성유광훈』을 강해할 때 인용하였던 법률조문과는 내용면에서 차이가 있다. 이로써 관원(官員)이 율문을 속강(俗講)하는 과정에서 율문의 해독(解讀)과 선택(選擇)에 어느 정도 자유공간이 있었음을 알 수 있다.

제3부에서는 효순(孝順) 사례를 열거하고 있다. 그중에는 고대 왕상(王祥)의 와빙(臥氷)[32]·동영(董永)의 매신장부(賣身葬父)[33] 등 모두 선보(善報)를 얻은 고사(故事) 몇 가지가 포함되어 있고, 이외에 구체적인 연대는 밝히지 않고(아마 당시 사회에 유전[流傳]되었을 것이다) 불효로 악보(惡報)를 얻은 몇 가지 고사도 있다.

---

32) 〈옮긴이주〉 '와빙(臥氷)'은 '와빙구리(臥氷求鯉: 얼음에 누워 녹여 깨서 잉어를 구하다)'로 알려져 있다.
33) 〈옮긴이주〉 동영(董永)의 '매신장부(賣身葬父)' 고사(故事) 내용에 대하여는 제1장 주 148) 참조. 참조.

제4부에서는 권효가(勸孝歌) 한 편을 싣고 있다. 시가(詩歌)의 내용은 다음과 같다.

> 우리 백성에게 권(勸)하노니 부모에게 효도하라. 부모 은혜 너희들은 아는가 모르는가?
> 임신 10개월의 고통 이루 말할 수 없거늘, 3년 동안 젖 먹이랴 어찌 손을 놓겠는가!
> 병치레를 할 때마다 자신의 감정 억누르고, 성인(成人)이 되어서야 짝을 찾았다네.
> 하찮은 나를 낳으시랴 이다지도 애쓰시고, 한평생 나를 위해 잠시도 쉴 틈이 없었다네.
> 이제야 육아(蓼莪) 시(詩) 1장(章)을 읽고, 가없는 은혜 갚고자 한들 헛되이 회상만 하네.
> 나무에 이는 바람에도 눈물로 옷깃을 적시지 말라. 우리 백성 부모에게 효도하기를 권하노라.

본 시(詩)에서 따온 전고(典故)는 「육아(蓼莪)」라는 시 가운데 (부모의 은혜에) 보답하고자 하는 구절인데, 모두 『시경(詩經)』[34])에 나온다. 이로써 효순하는 도[孝順之道]는 천년이 흘러도 사라지지 않았음을 알 수 있다. 이 강해에서 운남지부(雲南知府)는 노파심에서 한편으로 민간의 풍속이 조락(凋落)하여 이상(理想)과 맞지 않아서 내심(內心) 매우 노심초사하면서 힘써 교화에 전념하였고, 또 한편으로 효순해야 할 이유로서 말한 것들이 당시의 이념(理念)과 모두 부합된다고는 할 수 없었기 때문에 변정(辯正)하고 해석(解釋)하였다.

(2) 개인행위(個人行爲)

이상 열거(列擧)한 것은 지방관이 제도적 규정에 기초하거나 상급(上級)의 명령을 받들어 특정 기간·특정 장소에서 백성에게 효도를 강해하였기 때문에 정부행위[官方行爲]라고 볼 수 있다. 이외에 청대 지방관 중에는 민간의 통속적인 언어를 사용해서 교화(教化)·권선(勸善)하는 문장을 편찬하기도 했고,

---

34) 〈옮긴이주〉『시경(詩經)』「소아(小雅)·곡풍지십(谷風之什) 제5」「육아(蓼莪)」의 전문은 본서 「제1장·제1절·유가」 부분 참조.

구어[白話]로 법률조문을 주해(註解)해서 책[書]으로 간각(刊刻)하여 선전용으로 사용하기도 하였다. 예컨대 이방적(李方赤)이 직접 편찬한 「계민리어(戒民俚語: 백성을 훈계하는 속어)」에서는 자식[子]은 부모가 양육한 수고를 잊어서는 안 되고 공양(供養) 의무를 다해야 한다고 권계(勸誡)하고 있다. 그중에는 이런 말이 있다.

사람이 비록 지극히 우직(愚直)하고 악랄해도 병에 걸려 참담(慘憺)할 때는 소리쳐서 부모를 찾지 않음이 없다. 너의 신체발부(身體髮膚)는 모두 너 부모가 낳은 것인데, 어찌 겁(㤼) 없이 자진해서 맨몸으로 그렇게 매정한 병장기(兵仗器)와 맞서는가? 만일 살해되기라도 하면 너 부모는 겨우 백원(百元)의 몸값을 받을 뿐이다. 생각해보라. 너 부모가 너 하나를 기르면서 모든 것을 쏟아 부었는데 누구에게 그들의 봉양을 부탁한다는 말인가? 만약 사람을 살해라도 하면 이번에는 목숨으로 보상받기는커녕 필경 관부(官府)에 끌려가서 편안히 죽을 수도 없다. 너 부모가 오히려 사람들의 비웃음과 치욕(恥辱)을 당하는 것은 모두 자식[子]을 불량(不良)하게 길렀기 때문이라고 한다. 너의 일시적인 분노는 너 자신과 부모를 망치는 일인데, 그럴만한 가치가 있는가?[35]

게다가 지화(志和)가 편찬한 『대청형률적요천설(大淸刑律摘要淺說)』은 극히 통속적인 문자를 사용하여 율의(律意)를 요점만 적요(摘要)해서 강해하였는데, 그중 「자손위범교령조(子孫違犯敎令條)」에 포함된 율례(律例)에 대하여는 모두 쉽게 설명하고 있다. 지금 율문(律文)과 제1조례문(第一條例文)에 관한 내용을 적요하면 다음과 같다.

무릇 자손이 조부모·부모의 교령(敎令)을 위반[違犯]하였거나 봉양에 결함이 있었다면[奉養有缺] 장형 100대에 처한다.

율(律)에서의 설명은 이러하다. 무릇 자식[子]과 손자가 할아버지와 할머니·부친과 모친의 말을 듣지 않았다. 그들에게 무슨 일이든 하라고 교령하였지만, 그들은 아무것도 하지 않았고, 학업(學業)에 열중하라고 했지만 하지 않았으며,

---

35) 이방적, 『시이성사재관서(視已成事齋官書)』(도광28년각본[道光二十八年刻本]) 권6, 「계민리어」.

빈둥빈둥 놀기만 했기 때문에 누차 할아버지와 할머니·부친과 모친은 추위에 떨었고 굶주리게 되었다. 이것이 바로 100대의 곤장을 치는 죄이다. 너는 말해 보거라. 두려운가? 두렵지 않은가?

예(例)에서의 설명은 이러하다. 무릇 자식[子]들이 돈을 벌어 부모를 봉양하지 못하였고, 부친·모친은 추위와 굶주림에 견디지 못하고 스스로 자살을 꾀하여 목을 매기도 하였고, 우물에 몸을 던지기도 하였다. 신고를 받은 관(官)에서는 이 자식[子]에게 곤장 100대를 치고 3천리 밖으로 귀양 보내었고, 그중 일부는 집으로 돌아오지도[回鄕] 못하였다. 만약 사사로이 돌아왔다면, 체포되어 죄도 가중(加重)되어야 하였다. 너는 말해 보거라. 두려운가? 두렵지 않은가?[36]

상술한 문장에서는 자식[子]이 부모에게 효순하는 도리[孝順之道], 즉 자손이 교령(敎令)을 따르고, 공양(供養)을 행하는 의무에 대하여 일상(日常)과 친숙한 이야기 식으로 감미롭게 설교했을 뿐 아니라 율조(律條)도 발췌·인용하여 훈계하고 있다. 정부행위[官方行爲]이든 개인행위이든 이러한 속강(俗講)과 선전(宣傳)을 통해 확실히 엄중한 율문을 백성들에게 더욱 친숙케 하여 상관(相關) 법률규정을 이해시켰고, 개과천선(改過遷善)케 하여 효도를 엄격히 준수토록 교육하였던 것이다.

2) 권효(勸孝)에 대한 고시(告示)

'목민(牧民)'의 책임을 맡은 청대 지방관들은 관할 내의 가정의 화목과 사람 간의 조화를 추구하기 위해 종종 특정 사건(안건) 또는 특정 시기에 근거해서 효를 권장하는[勸孝] 고시를 발포하여 백성들에게 힘써 효순하는 도리[孝順之道]를 가르쳤다. 예컨대, 일찍이 강희(康熙) 연간(1662~1722) 때의 허삼례(許三禮)는 "만물은 하늘[天]에 근본하고, 사람은 조상(祖上)에 근본하며, 효(孝)·경(敬) 두 글자는 실로 모든 선행(善行)의 원천(源泉)이다", "무릇 사람은 능히 부모를 잘 섬기고[孝] 공경하는[敬] 마음을 가지고 있어서 본시 모든 선한 일을 하고, 불선(不善)한 일을 하지 않으니, 사서오경(四書五經)과 도장(道藏)·불법

---

36) 지화, 『대청형률적요천설』(동치3년회문산방장판[同治三年會文山房藏版]) 권상(卷上), 「복제(服制)」.

(佛法)일지라도 이 이치(理致)를 (모두) 설명할 수 없다. 오직 항상 쉼 없이 행하면 보름 만에 성과를 거둘 수 있다. 만약 1년·3년을 쉬지 않고 성실히 행하여 좋은 기운이 쌓이고 그 빛이 밖으로 드러나면, 참으로 길신(吉神)은 흠복(欽服)하고 재살(災煞)은 사라지며, 각종 선과(善果)는 한량없이 보답을 받게 될 것이다"[37]고 하였다. 엄연히 '사서오경' 중의 '효순지도(孝順之道)'를 도장·불법과 함께 증명(證明)하였는데, 취지(趣旨)는 부모를 섬기고 공경하는 중요성과 필요성을 강조하는데 있었다.

허삼례보다 조금 늦은 이탁(李鐸)은 월주(越州)에 재임하였을 때, 소흥(紹興) 일대의 백성들이 "새해[新年]에 일이 없어서 크고 작은 인가(人家)를 막론하고 마작과 주사위 놀이를 특히 좋아하여 은전(銀錢)을 헛되이 써버렸기" 때문에 특별히 고시(告示)를 발포하여 악습(惡習)을 금지시키고, 백성들에게 분수를 지키고 부모에게 효도하도록 권장하여 자식(子)들이 모두 성심으로 효도하여 부모를 기쁘게 해주기를 기대하였다.[38] 또한 「고계관민충효(告誡官民忠孝)」라는 고시에서 그는 특히 "관리가 되기를 추구하기 전에 먼저 사람이 되어야 하고, 사람이 되기를 추구하기 전에 먼저 (사람으로서 가져야 할) 본심(本心)을 보존해야 한다", "사농공상(士農工商)은 각각 예업(藝業)이 다르지만, 천륜(天倫)인 부모를 효양(孝養)하는 것은 모두 본분(本分)에 속한다", "사민(士民)이 부모의 깊은 은혜를 생각하는 것은 넓은 하늘같이 다함이 없고[昊天罔極], 피를 나눈 형제는 그 정(情)이 깊다. (부모에게) 효양(孝養)을 다하고, (형제간에) 우애·공경을 두텁게 하는 것은 바로 부모에게 보답하는 것이다"[39]고 강조하였다. 민간의 쇠락한 풍속에 직면해서 자신이 지방장관으로서 고시를 간포(刊布)하여 풍속을 바꾸고 충효·인륜으로써 교화한 것은 진실로 당연한 책무에 속하였다.

게다가 가경(嘉慶) 연간(1796~1820), 하남(河南) 광평지부(廣平知府)는 고시 중에서 간곡하게 자식[子]의 도리로 백성에게 권면(勸勉)하여, 부모의 의지(意志)

---

37) 허삼례, 『천중허자정학합일집(天中許子政學合一集)』(강희15년각본[康熙十五年刻本]) 권5, 「경천효친천설(敬天孝親淺說)」.

38) 이탁, 『월주임민록(越州臨民錄)』(강희29년각본[康熙二十九年刻本]) 권4, 「권민수분효친(勸民守分孝親)」.

39) 이탁, 『월주임민록』 권4, 「고계관민충효(告誡官民忠孝)」.

를 촉범(觸犯)·오역(忤逆)하거나 교령을 위반[違犯敎令]하거나 부모의 봉양을 돌보지 않거나 하는 일이 없기를 소망(所望)하였다. 그렇게 하지 못하여 부모가 관부(官府)에 고소[告]한 경우에는 반드시 엄형(嚴刑)으로 처리하였다. 그 고시(告示)에서는 이렇게 말하였다.

　　본부(本府)에서는 어리석은 백성[愚民]이 법을 위반하는 것은 대부분 성정(性情)이 거친 탓도 있지만, 규율(規律)을 모르는 것에도 원인이 있기 때문에 민간(民間)에서 범하기 쉬운 죄과(罪過)를 조목조목 금령(禁令)으로 공포하여 철저히 권고(勸告)하고자 한다. 다만 아직도 향촌의 무지몽매(無知蒙昧)한 사람들이 문리(文理)가 통하지 않는 점을 염려하여 모두 속어(俗語)를 사용하였고 또 주해(註解)도 추가했다. 이는 실로 가르치지 않고 처벌하는 것을 차마 할 수 없기 때문이다. 그중에서 첫째로 범해서는 안 되는 것이 오역(忤逆)이고, (범하였다면) 경죄(輕罪)인 경우에는 군대로 유배되고, 중죄(重罪)인 경우에는 능지처참(陵遲處斬)에 처해진다. 만약 그 부모가 노기(怒氣)를 참지 못하고 반드시 법정(法廷)에서 처단하고자 한 경우, 관(官)에서는 조금도 관용을 베풀 수 없다. 설령 더운물과 찬물을 번갈아 요구하기도 하고, 더운 것도 찬 것도 싫다는 등 그 부모의 마음에 들지 않는 뜻밖의 사소한 과실들도 오역과 같은 엄중한 사항과는 비교될 수 없지만, 부모가 일시 분노하여 교령을 위반한[違犯敎令] 것을 구실로 관청에 넘겨 처벌을 요구한 경우, 관(官)에서도 장형(杖刑)·가책(枷責)을 가하지 않을 수 없다. 대개 천하에 옳지 않은 부모가 없기[天下無不是的父母] 때문에 자식[子]에게 명확한 혐의가 조금이라도 있다면 불효에 속하게 된다. 따라서 백행(百行) 중에서 마땅히 효를 최우선으로 해야 한다. 유감스럽게도 우둔하고 완고한[愚頑] 무리들은 본부(本府)의 노파심(老婆心)에서 하는 고언(苦言)을 따르지 않고, 생명의 위험을 무릅쓰고 법망(法網)을 피하고자 한다. …… 근래 듣건대, 백성[土民] 중에 매양 오륜[倫紀]을 알지 못하고, 오직 그 부모[親]만을 두려워하며, 또 윗사람의 총애를 믿고 함부로 행동하여 천리(天理)를 모두 잊어버리니, 어찌 반드시 관(官)에 정송(呈送)한 이후에야 그 불효를 아는가? 이러한 무리들은 요행히 불효로 관(官)의 처벌을 받지 않더라도 반드시 달리 재화(災禍)가 닥칠 것이니, 어찌 왕법(王法)으로 모두 처리할 수 없다고 해도 천벌(天罰)의 응보(應報)까지 피할 수 있겠는가? 고소[告]가 있으면 반드시 처벌하고 또 몰래 가서 가차 없이 잡아들일 것이지만, 이밖에 거듭 고시하여 모두에게 알리고자 한다[曉諭]. …… 너희들 중에 만약 천성(天性)이 불효한 자가 있다면, 지난날의 잘못을 진심으로 뉘우치고 힘써 효도를 행하여, 절대로 부모를 촉범(觸犯)하여 (이로 인해 부모가) 격분해서 정송하거나 혹은

탐문·조사하여 모두 예(例)에 준(准)해서 하나하나 취조(取調)하여 처벌받지 않도록 하라.[40]

위에서 인용한 고시에서는 명확하게 다음과 같은 입장을 표명하였다. 즉 관부(官府)는 영원히 부모의 후원자이며, 자식[子]은 반드시 엄격히 부모의 훈계(訓戒)를 지켜야 하고, 추호의 위반 또는 오역(忤逆)을 해서는 안 되며, 관부는 오역이나 촉범(觸犯)·교령의 위반[違犯敎令]·부모에 대한 봉양의 결여[缺] 등 무릇 이러한 불효 행위에 대하여 반드시 엄중하게 단속하였고, 또한 부모가 애지중지(愛之重之)하여 종용(縱容)하였더라도 관부에서는 일단 방문(訪聞)하여 결코 쉽게 용서하지 않았다는 것이다.

주목되는 것은 고시를 간포(刊佈)하는 방식을 통해서 백성들에게 힘써 효도할 것을 권유한 경우, 전반적으로 구체적인 정황에 맞추어 진력해서 완전히 시의(時宜)에 맞는 새로운 고시문(告示文)을 작성한 지방관도 있었고, 이미 고시된 상투적인 서식(書式)을 채택하여 고시문을 작성할 때 그다지 창의적인 노력을 하지 않은 지방관도 있었다는 점이다. 필자는 『율조고시활투(律條告示活套)』라는 책을 본 적이 있는데, 그중에는 '자손의 교령위반[子孫違犯敎令]'과 비슷한 유형(類型)의 '고시서식[告示活套]'이 수록되어 있다.

> 앞의 안건[前件]은 모부(某府)가 금약(禁約)한 사건이다. 삼가 생각건대[竊惟], 자식[子]은 부모의 엄령(嚴令)을 지켜야 하고, 손자(孫子)는 할아버지[祖考]의 교조(敎條)를 따라야 하는데, 어찌 예사롭게 생각하여 제멋대로 존장(尊長)을 어길 수 있는가? 근래 관하(管下) 주현(州縣)에 있는 인가(人家)의 자손들을 탐방한 바, 존장(尊長)의 가르침은 예의(禮儀)로 하지 않고 비례(非禮)로 하며, 부모[父]·조부모[祖]의 가르침은 염치(廉恥)로 행하지 않고 몰염치(沒廉恥)로 행한다. 떳떳한 도리[彝倫]를 범하고, 교령(敎令)을 위반하며, 이미 부모[親]의 영(令)을 따르지 않는 것을 효로 삼고, 반드시 자기의 뜻대로 행해야 편안하다고 여기며, 그 마음은 비록 지엽(枝葉)이라 할지라도 항상 그 정(情)을 어지럽히니, (이것들은) 이미 순종하지 않은 것이다. 만약 금약(禁約)을 미리 행하지[豫行] 않으면, 진실로 갈수록 불효가 심해지고, 사람들이 널리 이것을 본받아서 심히 불편(不便)해질까 두렵다. 이것

---

40) 장오위(張五緯), 『강구공제록(講求共濟錄)』(가경17년각본[嘉慶十七年刻本]) 「시유(示諭)」「광평부임내반발신명위자지도순권사민공면(廣平府任內頒發申明爲子之道諄勸士民共勉)」.

을 위해서 고시(告示)를 해야 한다. 각 주현(州縣) 및 인가(人家)가 집결된 곳에 내려 보내어 붙여서 널리 알려야 한다[曉諭]. 지금 이후 감히 이전처럼 조부모[祖父] 및 부모[父]의 교령(敎令)을 위반한 자는 모든 지방의 인리(隣里)에서 정소(呈訴)하는 것을 허용하고, 규정(規定)에 따라 추궁하며, 결코 가벼운 일로 처리하지 않을 것이다.[41]

이러한 '고시서식[告示活套]'이 있었기 때문에 고시를 발포하려는 관원(官員)들로서는 (고시문의 작성은) "괄호 문제를 채우"듯이 간단하였고 재차 과도한 기력을 소모할 필요가 없었다. 고시의 서식이 완성된 이후, 기간이 지나면 천편일률적이 되어 실제와 부합하는가의 여부도 문제시 되었다. 그러나 실제의 발전방향은 결국 여러 방면으로서, 청대 대다수 지방관들의 정서(政書) 중에 이러한 고시와 관련된 문장에는 종종 창의성을 추구한 것과 기존의 서식을 고수한 것이 모두 있었음을 볼 수 있다. 여하튼 지방관들이 고시를 간포(刊布)하여 교효(敎孝)하는 이러한 방식은 중국고대(내지 근대[42])에서 비교적 보편적이었다.

---

41) 일명(佚名), 『중각율조고고시활투(重刻律條告示活套)』(명대각본[明代刻本]) 「자손위범교령(子孫違犯敎令)」.

42) 바로 민국(民國) 7년(1918), 상해지구(上海地區)의 사법관(司法官) 황경란(黃慶瀾)이 16명의 현지사(縣知事)에게 서한(書翰)을 보내어 관부(官府)가 권효백화문(勸孝白話文: 효를 권장하는 백화문)을 발포(發布)하도록 요구한 것과 같다. 그 서한(書翰) 중에는 다음과 같은 말이 있다. "가만히 생각건대, 효는 본래 천성(天性)이고, 성(性)은 선(善)하지 않은 것이 없기 때문에 세상에 불효(不孝)한 사람은 없습니다. (그러나) 배워도 멀리하면 윗사람을 어기고 예의에 어긋나는 행동을 하게 되고, 점차 쌓여서 법망(法網)에 걸리게 됩니다. 인심(人心)을 바로잡아서 풍화(風化)를 유지하는 것은 교효(敎孝)을 우선하는 것만 못합니다. 이에 「권효백화문(勸孝白話文)」 책자[本] 약간(若干)을 보내니, 번거롭지만 귀현(貴縣)에서는 이 책자들을 남녀 각 학교에 분급하고, 해당 각 교장(校長)에게 촉탁(囑託)해서 교원(敎員)에게 배포하여 연령이 비교적 많고 스스로 이해할 수 있는 지식(知識)을 갖춘 학생을 선택하여 분급하기 바랍니다. 그러나 연령이 아직 어려서 이해하지 못하는 학생에게는 즉시 지급하지 않음으로써 낭비를 줄이기 바랍니다. 약간의 책자[本]를 지방 자치의 유지[紳董]들에게 교부(交付)하여 각 성(城)과 향(鄕)에 분산(分散)토록 하고, 그리고 선강하는 관원[宣講員]들에게 교부하여 수시로 강연(講演)토록 하십시오. …… 절실히 실행하면 인심(人心) · 풍화(風化)도 미미하지만 바로 잡힐 것입니다."(『구해관정록(甌海觀政錄)』[민국10년연인본(民國十年鉛印本)] 권2, 「민정류(民政類)」)

3) 효행(孝行)에 대한 정표(旌表)

효자·효녀·효부(孝婦)에 대한 표창(表彰)과 추앙(推仰)은 한대(漢代)에 이미 널리 흥기하였다. 위진남북조(魏晉南北朝)를 거치면서 '이십사효(二十四孝)'라는 고사(故事)는 그 형태가 더욱 풍성해졌다. 수조(隋朝)는 단명하였지만, 당대(唐代)는 '효(孝)'로 천하를 다스렸다고 칭(稱)할 정도였고, 현종(玄宗: 712~756) 이융기(李隆基)는 친히 『효경(孝經)』에 주석(注釋)을 달기도 하였다. 송(宋)·명(明) 이후 이학(理學)은 그 도(道)가 크게 성행하여 효행(孝行)에 관한 고사는 소털[牛毛]처럼 많아졌다. 그러나 소극적인 측면에서 보면, 고사(古史)에 수록된 효행에 관한 고사(故事)는 대부분 극단적인 행위들로서, 열 가지의 효행 중 아홉 가지는 어리석다[十孝九愚]고 할 정도로 인지상정(人之常情)에 어긋나는 점이 꽤 많았다. 설령 그 당시일지라도 몇몇 행위들은 성인(聖人)의 중용의 도[中庸之道]를 잃었다고 하지 않을 수 없다. (다만) 적극적인 측면에서 보면, 솔직히 효행을 정표하는 것은 정상적인 가정윤리질서를 유지·보호하고, 가정의 연속적인 발전을 보증하며, 사회의 기초를 안정시키고, 인륜의 올바른 감정을 함양하는데 전혀 기여하지 않았다고는 할 수 없다.

청(淸) 일대(一代)는 효행을 정표하는 부문에서 전통적인 사상·학술·기능 등을 계승하였다고 할 수 있다. 비록 정례(定例)는 "허벅지 살을 잘랐거나[割股] 생명을 해친 경우에는 정표하는 법례에 준(准)하지 않는다. 만약 정표를 청(請)하여, 소관(所管) 부서(部署)에 보내어 의정(議定)한 경우, 사묘(祠廟)와 패방(牌坊) 등을 세울 곳은 칙지(勅旨)를 주청(奏請)해서 준행(遵行)하였"지만, 대다수의 성안(成案)은 "모두 성은(聖恩)을 입어 성지(聖旨)로 정표를 하사하였다."[43] 이 때문에 특별한 효행(孝行)이 자주 발생하였고, 정표한 사례(事例)도 오랜 세월 중단되지 않았다.[44] 오직 정표할 때는 지방관이 먼저 상보(上報)를 하고, 소

---

43) 담균배(譚鈞培), 『담중승주고(譚中丞奏稿)』(광서28년호북양서국각본[光緖二十八年湖北糧署刻本]) 권3, 「효녀할비료친청정절(孝女割臂疗親淸旌折)」.

44) 명대(明代)도 이와 같았다. 명태조(明太祖) 주원장(朱元璋)은 일찍이 법령[明令]으로 넙적다리 살을 베고[割股] 간을 베는[割肝] 등의 효행은 표창(表彰)에 준(准)하지 않는다고 규정하여 사풍(歪風)을 금지하였다. 그 말은 다음과 같다. "와빙(臥氷: 얼음에 누워 녹여 깨서 잉어를 구하다)·할고(割股)는 옛날에 없었고, 후세에 만들어졌기 때문에 자주 볼 수도 없다. 할간(割肝)하는 행위는 잔해(殘害)함이 가장 심하다. 또한 만약 부

관 부서에서 의결(議決)하여 성지(聖旨)를 주청(奏請)한 연후에 정표를 시행해야 한다는 절차만 강조되었을 뿐이었다.

청말, 서가(徐珂: 1869~1928)가 편찬한『청패류초(淸稗類鈔)』「효행류(孝行類)」에 재록(載錄)된 효자·효녀·효부(孝婦) 사례는 백여 가지에 이르렀고, 또 그 중 적지 않은 인물이 조정의 정표를 받았다.[45] 그러나 앞서 말했듯이, 본 서(書)에 기록된 효행은 대부분 지나치게 극단적이어서 오늘날에는 이해하기가 꽤 어려울 뿐 아니라 '예교(禮敎) 옹호자'인 증국번(曾國藩)의 안중(眼中)에도 어리석은 행위들이었다.[46] 그러나 일부 지방관들은 종종 효자·효녀·열녀·절부(節婦)에 대한 정표를 주청하는 것을 능사(能事)로 삼았고, 그 결과 정상적인 효순지도(孝順之道)를 극단적인 편집(偏執)·인정(人情)에 위배되는 지경으로까지 내몰았다.[47]

또한 청대의 지방관들은 상술한 세 가지 교화 형식을 이용한 것 이외에도 가장(家長)이 자녀를 포함한 가정 구성원에 대하여 누리는 교령권(敎令權)을 잊지 않았고, 이 때문에 그들이 권리를 향유할 때 상응하는 책무(責務)도 맡기를 바랐음을 볼 수 있다. 만약 자녀가 나쁜 행위로 법(法)을 위반하였다면, 가장은 종종 비난을 면하기 어려웠고, 심지어 형벌에 처해지기도 하였다.[48] 다른

모가 단지 한 자식[一子]만 있다면, 할고(割股)·할간(割肝)하여 혹시라도 사망하거나 와빙(臥氷)하여 동사(凍死)라도 하여 부모에게 의지할 곳이 없게 하거나 조상의 제사[宗祀]를 끊어지게 하는 것은 오히려 불효 중 큰 것이 된다. 그 시원(始原)을 살펴보면, 모두 무지몽매한 무리들이 기괴한 짓을 꾀하여 세속을 놀라게 하고, 정표를 바라고 요역(徭役)을 면하고자 한 일이다. 할고는 부득이하다고 하면 할간에 이를 것이고, 할간이 부득이하다고 하면 자식을 살해[殺子]하는데 이를 것이다. 도(道)를 어기고 생명을 해치는 것은 이보다 심한 것이 없다. 지금부터 자식[子]으로서 부모에게 질병이 있는 경우, 치료해서 낫지 않은데도 공소(控訴)하지 않고 부득이 할고·와빙하였다면, 이 역시 그 행한 바가 들리게 되더라도 정표하는 법례(法例)에 포함시키지 않아야 한다. 조서(詔書)하여 이를 따르게 하였다."(유여즙[俞汝楫], 『예부지고(禮部志稿)』[사고전서본(四庫全書本)] 권65, 「정정표효행례(定旌表孝行例)」). 그러나 명대 효행(孝行)을 정표하는 예(例)는 역시 드물지 않았다.

45) 서가, 『청패류초』(제5책[第五冊])「효행류」, 2419~2523쪽.
46) 『청패류초』(제5책)「효행류」「주효자위우효(朱孝子爲愚孝)」, 2475쪽.
47) 청말 운남번사(雲南藩司) 담균배(譚鈞培)의 주고(奏稿) 중에 이러한 정표를 주청한 주절(奏折)은 특히 많다. 효행을 정표하여 조장하는 것은 사실 주왕(紂王)과 같은 악인이 잔악무도한 짓을 하도록 돕는 격이었다.

한편, 청대의 지방관들은 일부 교화의 기능을 가족에게 분담(分擔)하여 족권(族權)을 빌려 교화의 일을 대행시키기도 하였다. 청대 강서(江西)의 모(某) 안찰사(按察使)는 일찍이 족약(族約)을 만들어야 한다는 주장을 제기하였다.

> 마땅히 족정(族正)의 예(例)와 같이 각(各) 가속(家屬)에게 통행(通行)해야 한다. 무릇 명문(名門) 대족(大族)으로 성인 남자[丁口]가 많은 경우, 해당 동족(同族)으로 하여금 존장(尊長) 내에서 족장(族長)·방장(房長)인가 아닌가를 막론(莫論)하고 거공생감(擧貢生監) 중에 품행이 우수하여 실로 모든 동족(同族)에게 경탄(敬憚)받는 자 한 사람[一人]을 공거(公擧)하여 그에게 족약(族約)을 만들게 한다. …… 지방관은 허가증[牌照]을 주어서 교화와 단속을 전담하여 개과천선(改過遷善)토록 하고 분쟁도 해소시키도록 한다. 자제(子弟)들이 불법(不法)을 자행(恣行)한 경우, 경죄(輕罪)였다면 가법(家法)으로 다스리고, 중죄였다면 관(官)에 상신(上申)하여 취조(取調)해서 처벌토록 한다. …… 만약 흉악·각박[惡薄]한 자제들이 족약(族約)의 공언(公言)에 인(因)하여 속이고 행패를 부리거나 트집을 잡아 보복을 한 경우에는 관(官)에 보고하여 중벌(重罰)에 처하도록 한다.[49]

이로써 족약의 권한은 국가 공권력의 일종의 보조였을 뿐이었기 때문에 오직 관부(官府)에서 허가한 범위 내에서만 행사되었음을 알 수 있다. 그러나 족인(族人)의 교화에 대하여 족약은 자체적으로 독특한 우위도 점하고 있었다. 특히 "왕권(王權)이 현정(縣政)에 그친" 중국고대에서 족약의 역량을 이용하여 교화를 시행하고 기층사회의 안정을 유지·보호한 것은 현실적으로 의의가 작지 않았다.

그런데 관부에서 교효(敎孝)하는 행위와는 달리, 지방에는 항상 분쟁만을

---

48) 예컨대 종체지(鍾體志)는 그의 한 건[一件]의 비사(批詞)에서 여러 번에 걸쳐 자녀가 범한 죄행(罪行)에 대하여 가장(家長)이 책임을 면하기 어렵다고 강조하였다. 다음과 같이 비평하였다. "자제(子弟)가 도적질이라는 불법을 행한 경우, 해당(該當) 범인의 부형(父兄)이 가령 장물(臟物)을 나눈 실정을 알지 못하였더라도[不知情] 역시 금약(禁約)을 하지 못했다는 과실[咎]은 있다. …… 해당(該當) 씨(氏)는 평소 훈육(訓育)에 소홀한 것은 이미 대략 알 수 있다."(종체지, 『시상용록(柴桑傭錄)』[광서16년각본(光緒十六年刻本)] 권2, 「은장씨정(殷張氏呈)」)

49) 능주(凌燽), 『서강시얼기사(西江視臬紀事)(속보(續補)』(속수사고전서본(續修四庫全書本)) 「의상(議詳)」 「설립족약의(設立族約議)」.

일삼고 가정을 이간질하며, 부모에게 자식[子]을 불효로 고소[告]하도록 교사 (敎唆)하여 잇속을 챙기는 악인(惡人)들도 있었음을 볼 수 있다. 예컨대 '소도원 각비산인(小桃源覺非山人)'이라는 서명(署名)이 붙은 모(某) 소송 대리인의 비본 (秘本)에는 전문적으로 "불효로 고소하다[告不孝]", "불효로 소송하다[訴不孝]"라 는 내용이 기록되어 있는데, 한편으로는 부모가 자식[子]을 불효로 고소할 때 고소장에서 상용(常用)하는 문투(文套)를 제공하였고, 다른 한편으로는 자손들 에게 응소(應訴)하는 대책도 지적하였다. 예컨대 그 말 중에 "아버지[父]가 아 들[子]을 고소[告]하였지만, 율(律)에는 무고를 조장한 자에 대하여 처벌하는 법[招誣之法]이 없기 때문에 고소한 사람이 타인(他人)에게 교사되었을 뿐이라 고 회피(回避)하였다면, 관(官)이 경죄(輕罪)로 판결케 할 수 있다"[50]고 한 것은 전형적으로 죄를 벗어나는[脫罪] 수법이었다. 그렇다면 세상만사 인정(人情)도 복잡하여 소송의 흥폐(興廢)도 반드시 일정한 객관적 조건에 의존해야 하였 다. 이로써 이러한 교활한 소송 대리인의 수법이 항상 성공할 리 없었던 것은 미루어 짐작할 수 있다.

2. 안건(案件)에 대한 조치(措置)

청대(淸代) 모(某) 지현(知縣)은 한 건[一件]의 비사(批詞[51])에서 교효(敎孝)의 뜻[義]을 동료(同僚)들에게 간곡히 훈계하고 있는데, 내용은 다음과 같다.

전(傳)에 이르기를, 오형(五刑)의 종류는 3천 가지이나 죄는 불효보다 큰 것이 없다. 율례(律例)에 기록되어 있는 「십악(十惡)」 중 일곱 번째가 「불효」이다. 부모

---

50) 소도원각비산인, 『이필긍계(珥筆肯綮)』(명대초본[明代抄本]) 「형(刑)」 「고불효(告不孝)」・ 「소불효(訴不孝)」.

51) 〈옮긴이주〉 '비사(批詞)'는 사법처리 과정에서 관청이 소청안건(訴請案件)에 대한 수 리(受理) 여부를 서면(書面)으로 작성하여 내린 지시이다. 비사의 기능은 당사자에게 법리(法理)의 준수 여부를 명백히 고지(告知)하는 것 외에 해당 판결을 내린 이유도 간단히 서술하였다.

를 살해한 자(者)는 능지(陵遲)에 처하고, 부모를 구타[毆]한 자는 참결(斬決)에 처하며, 부모를 욕한[罵] 자는 교결(絞決)에 처하고, 부모에게 오역(忤逆)을 범하여 (부모가) 자진(自盡)한 경우에는 각각 교형(絞刑)이나 참형(斬刑)의 죄명(罪名)으로 처벌한다. 이와 같이 중벌(重罰)에 처한 것은 이로써 교효(敎孝)하기 위한 것이다. 본 현(縣)에 부임한 이후 보니, 이곳에서는 부자(父子)의 옥송(獄訟)이 거듭 발생하였기 때문에 법정(法廷)에서 엄책(嚴責)하였는데, 이는 풍화(風化)를 바로잡는데 뜻이 있다. 그러나 율례(律例)를 꼼꼼히 살펴보면, 여전히 종종 너무 관용적(寬容的)이기 때문에 가르친 다음에 주살(誅殺)하지 않으면 심중(心中)에 차마 하지 못하는 바가 있다. 해당 공직(公直) 등은 반드시 이 뜻을 삼가 체득(體得)하여 평시에는 간곡하고 자세히 권하고 타일러서[勸諭] 악인(惡人)을 좋은 사람으로 교화해야 한다. 소청[呈控]이 관(官)에 도착하였을 때는 즉시 재판에 송치해야 하고[送案], 소송을 취하(取下)하거나 화해를 청(請)해서 존친(尊親)의 생각과 어긋나게 하지 말고 일벌백계(一罰百戒)하여 풍화(風化)에 조금이라도 도움이 되도록 해야 한다.[52]

본(本) 지현은 근엄하게 옹호자를 자처하며 부자(父子)의 옥사(獄事)에 대해서 "법정에서 엄책하여" 풍화를 바로잡는데 최선을 다하였다. 이뿐 아니라 그는 율례 중 불효죄명에 관한 몇몇 형벌규정들은 사법적 실천에서 종종 지나치게 관대하다는 것을 깨달았다. 따라서 특히 부모가 고소[呈控]한 안건(案件)에 대하여는 즉시 이송해서[送案] 심판(審判)하여 일벌백계해야 하고, 지나치게 종용(縱容)하여 존친(尊親)의 뜻에 어긋나게 할 수 없다고 강조하였다. 이를 통해 역설적으로 청대의 사법적 실천에서 부모가 자손을 고소[呈告]한 안건에 대하여 '선교후주(先敎後誅)' 정신의 영향을 받았기 때문에 사실 지나치게 관용하는 정황이 확실히 있었음을 추론할 수 있다. 그러나 이것은 단지 문제의 단면(單面)일 뿐이고, 청대 지방에서 자리하는[地方自理] '자손의 교령위반[子孫違犯敎令]' 안건에 대한 실제 사법과정은 매우 복잡하였다.

첫째, 부모가 자손을 불효(교령위반[違犯敎令])로 정고(呈告)한 것과 같은 안건은 윤리강상(倫理綱常)과 관계되었기 때문에 매우 중시되었다. 청대 직무에 충실한 지방관들은 안건의 수리(受理)와 심리에 대하여 종종 분석을 가해서 자

---

52) 유증록(劉曾騄), 『몽원공독문집(夢園公牘文集)』(광서7년각본[光緒七年刻本]) 「공독문고(公牘文稿)」「치평비사(茌平批詞)」.

세한 조사·심문을 거친 후에 다시 판결하기도 하였다. 당시의 판결문 한 건 [一件]을 보기로 한다.

　　이전에 정대경(程大慶)이 그의 아들[子] 정오이(程五二)가 오역(忤逆)한 엄중한 사건에 대하여 수레를 막고 정송(呈送)하였다. 이 정송에 의거해서 신문(訊問)하여 공술(供述)시킨 결과, 그 경위(經緯)가 오히려 가벼웠고 또 (부친의 뜻을) 위반하려는 의도도 없었기 때문에 (그 부친에게) 명령하여[諭令] (소송 이유를) 고쳐서 다시 정송토록 하였다. 그러자 산역(散役) 유원(柳元)이 아직 안건을 수리하지 않았는데도 마음대로 (정)대경의 부자(父子)를 사사로이 구금하였는데, 이는 특히 불법(不法) 행위에 속했다. 법정에서 신문(訊問)할 때에는 감히 "이것은 일반적으로 행해지는 향풍(鄕風)이다"는 주장만 한 것에서 보면, 오랜 습관이 계속 이어져 고쳐지지 않았고, 법기(法紀)도 모르고 있었다. 차역(差役)이 사사로이 구금한 행위는 예금(例禁)을 크게 범한 것이다. 다행히 본현(本縣)의 야간 순찰병[巡夜]이 즉시 적발하였고, (조사한 결과) 아직 몰래 학대[陵虐]한 상황이 없었기 때문에 해당 차역 유원을 매질한 후에 가호형(枷號刑)에 처하게 하고는 조리돌려 무리들에게 경계로 삼도록 하였고, 기한이 찬 이후에는 문책(問責)하여 파면하였다. 한편, 산역(散役) 주귀(朱貴)로 하여금 정오이(程五二)를 대동(帶同)하여 집으로 가서 그 부친(父親)에게 법정에 출두해서 (지현의) 권유(勸諭)를 접수(接收)하여 관대하게 처벌할 것을 간구(懇求)토록 하였다. 이를 판시함[此判].[53]

　이에 의하면, 부친 정대경은 지현(知縣)이 순시를 나갔을 때 수레를 막고 고소장(告訴狀)을 올려서 그 아들[子] 정오이를 오역으로 정송하였다. 현관(縣官)은 신문한 후에 경위가 비교적 경미(輕微)하여 정송하는 법례(法例) 맞지 않다는 점을 찾아내고는 수리하지 않고, 해당 부친에게 명령하여 다시 다른 소송 이유를 찾아 보충하도록 하였다. 그러나 관아(官衙)의 산역 유원이 부자(父子)를 모두 무단(武斷)으로 구금(拘禁)하였고, 다행히 지현이 즉시 적발해서[査出] 유원을 가호형에 처하여 조리돌렸으며, (가호의) 기한이 찬 이후에는 다시 파면하였다. 이와 동시에 사람을 보내어 해당 아들[子]을 대동하고 집으로 가서 부친에게 법정에 출두하여 지현의 조정(調停)을 접수한 다음에 관대하게 처벌

---

53) 손정열(孫鼎烈), 『사서재결사(四西齋決事)』(광서30년각본[光緒三十年刻本]) 권2, 「회계치독(會稽治牘)」 「유원판(柳元判)」.

할 것을 간구토록 하였다. 이와 같이 부친이 아들을 오역으로 정고(呈告)한 안건에 대하여 지현이 처리한 방식에는 구체적으로 이하의 몇 가지 점이 체현(體現)되어 있다.

(1) 부친에 대한 오역은 매우 엄중한 죄명이었지만, 반드시 사실이 명확하고 경위가 엄중해야 성립될 수 있었다는 점이다. 만약 경위가 경미하였다면, 장관(長官)은 수리를 거절할 수 있었고, 간혹 소송이유를 바꾸게 할 수도 있었다.

(2) 부친이 아들[子]을 정송(呈送)한 경우, 안건이 수리되지 않은 상황에서는 당사자(當事者)를 구속할 수 없었고, 특히 불법으로 구속할 수 없었다는 점이다.

(3) 비록 아들[子]이 부친에게 오역한 죄명은 성립되지 않았지만, 가정의 갈등을 화해시키고 분쟁을 없애고 화목케 한다는 측면을 고려하여 중간에서 조정해서 아들을 관대하게 처벌하도록 선택할 수 있었다는 점이다. 부인할 필요도 없이, 본(本) 지현은 안건을 처리하는 과정에서 첫째는 법에 따라 규정을 위반한 산역을 처리하였고, 둘째는 비교적 충분히 인정(人情)을 살펴서 인간적인 방식으로 부자(父子)의 갈등을 화해시켰다.

아래의 문장은 한 건[一件]의 청대 지현(知縣)의 당유(堂諭)인데, 당시 지방관은 '자손의 교령위반[子孫違犯敎令]' 안건을 심리하는 과정에서 기교(技巧)와 기지(機智)를 능숙하게 체현하고 있다. 전문(全文)은 다음과 같다.

> 사실(查實)하건대, 장왕씨(章汪氏)는 미망인(未亡人)으로서, 아들 하나[孤子]만 양육한지 어언 10년이 넘었다. 아들은 그의 친생자(親生子)로서 나이는 갓 15세를 넘겨[成童],54) 스승[師]을 따라 글을 배워서 자기의 주장을 말할 정도였다. 장왕씨는 죽은 남편[故夫]의 후사(後嗣)도 생각하지 않고, 자식의 은근(慇懃)함도 고려하지 않고 갑자기 오역(忤逆)으로 견디기 어렵다는 등의 일로 안건(案件)을 정송(呈送)하였다. 이 사건은 매우 이해하기 어려웠다. 장아각(章亞珏)을 신문(訊問)하였으나, 한마디도 하지 않고 눈물만 흘릴 뿐이었지만, 동작이 멋스럽게 전아(典雅)하고 규범(規範)이 있었기 때문에 역시 오역할 사람 같지 않았다. 재삼 형벌(刑罰)로 위협하자 비로소 다음과 같이 공술(供述)하였다. 어제 저녁 학업을 마치고

---

54) 〈옮긴이주〉『예기정의(禮記正義)』(『십삼경주소 하』) 권28, 「내칙(內則)」에서는 "15세 이상[成童]이 되면 상(商)나라 시(詩)에 맞추어 춤추게 하며[舞象] 활 쏘고 말 달리기를 배우게 한다"라 하였고, 정현(鄭玄)의 주(注)에서는 "성동(成童)은 15세 이상이다"(이상 1471쪽)고 하였다.

귀가하니 집[家]에서 재봉사가 어머니의 가을 저고리를 만들고 있었는데, 가장자리에는 다섯 가지로 채색된 꽃무늬를 사용하여 겹겹이 상감(象嵌)하였기 때문에 예(禮)에 맞지 않다고 생각하였다. 어머니에게 묻자, 어머니는 이는 고공(雇工)이 잘못 처리한 것이지만, 반드시 바꿀 필요는 없고 틀리면 틀린 대로 하면 이 또한 나쁘지 않다고 하였기 때문에 말다툼이 일어났고, 이것이 분란(紛亂)의 이유가 되었다는 식으로 진술하였다. 이것에 의거하여 고공(雇工)의 성명(姓名)을 캐묻자 장왕씨를 대리하여 정고한[抱告] 이월삼(李月三)이었다. 그 사람이 체포 · 연행(連行)되어 왔는데, 차림새가 단정하여 마치 운치(韻致)가 있는 소년 같았고 고공의 형상으로는 보이지 않았다. (게다가) 장아각의 옷은 수선(修繕)되어 있었지만, 이월삼의 의복은 화려하였다. 이러한 점 등은 사람들의 의혹(疑惑)을 증폭시키기에 충분하였다. (이에) 남[人]의 골육지친(骨肉之親)의 일을 선처(善處)하지 않고, 그 모친은 도우면서 그 자식에게는 잔학할 정도로 모자(母子)의 다툼에 끼어들어 이렇게 오역과 같은 엄중한 사건[重案]을 정송한 이유가 무엇이냐고 책문(責問)하였다. 이월삼의 공술(供述)에 의하면, (그는) 장왕씨 집에서 일손을 도운 지 어느덧 5년이 되었는데, 평소 직접 장아각의 오역 · 불손(不遜)한 상황을 목격하였고, 또 장왕씨 옆에는 기공친(期功親)과 같은 가까운 친속(親屬)이 없었기 때문에 의기(義氣)를 중시해서 이렇게 안건을 대리 정고하게[抱告] 되었다는 식으로 진술하였다. 이에 의하면, 이 말은 사실이었다. 장왕씨와 장아각, 두 모자(母子)는 사이가 나빴는데, 그 모친은 이것을 오역이라고 했기 때문에 누가 옳지 않다는 것을 판별할 수 있겠는가? 장왕씨의 원래 정송[元呈]에도 장아각이 실재 오역한 상황이 지적되어 있지 않았고, 겨우 말로만 반박(反駁)했을 뿐이지만 교령을 위반한[違犯敎令] 율(律)로 처벌해서 중책(重責)하여 백계(百戒)하는 것이 마땅하다. 다만 생각건대, 장아각은 (처벌을 받을) 나이가 되지 못하였기 때문에 법례(法例)에 따라서 가형(加刑)할 수 없고, 또 장왕씨의 사망한 남편[故夫]은 상우현(上虞縣)의 제생(諸生)으로서 독서(讀書)는 그의 세업(世業)이었기 때문에 (그 아들이) 한번 관형(官刑)을 받게 되면 차후 어떻게 응시(應試)할 수 있겠는가? 장왕씨가 어렵게 아들 하나[孤]를 양육한 것이 모두 물거품이 되는 것도 무엇보다 애석한 일이다. 너[李月三]는 의기를 중시한다고 하니 대신 장형(杖刑)을 받는 것이 가(可)하다. 장왕씨는 아들 하나[孤子]를 양육하였으나 아직 성정(成丁)이 되지 않았고, 바야흐로 자식을 양육하면서 잘 계도(啓導)하지 못하였으며, 우연히 사소한 언쟁으로 창졸간에 오역으로 관아(官衙)에 넘긴 것은 남편 집[夫家]의 가풍(家風)도 고려하지 않고 사망한 남편[故夫]과의 정분(情分)도 생각하지 않은 것으로서 야박함이 이미 극(極)에 달(達)했다고 할 수 있기 때문에 남편[夫]을 배신한 율(律)로 의좌(擬坐)해야 하지만, 아직 도피 중에 있지 않기 때문에 응당 장형 100대 · 유형 3천리에서 감등(減

等) 처벌하되 중책(重責)하여 백계(百戒)해야 한다. 다만 모자(母子)가 소송(訴訟)에 연루된 점을 생각하면, 자식[子]을 비호하고 모친을 처벌[罪責]해서는 천하에 효(孝)를 가르칠 수 없다. 너[李月三]가 의기를 중시한다고 하니 대신 장형을 받는 것이 역시 가(可)하다.

본현(本縣)은 (사방) 백리(百里)를 다스리는데, (주된) 책무(責務)는 훈민(訓民)에 있다. 금일(今日), 판결해야 할 이 사안(事案)은 윤상(倫常)에 관한 것인데도 소위 불효자[逆子]를 불문(不問)에 붙이고 거듭 그 모친을 대리해서 정고한[抱告] 행위만으로 장형에 처하는 것은 그 모친을 장형에 처하는 것과 무엇이 다른가? 어찌 속임수가 모호해지고 시비(是非)가 전도(顚倒)되지 않겠는가? (이 경우) 부당(不當)한 율(律)로 처벌하면 응당 태형(笞刑) 50대로 절책(切責)하여 백계해야 마땅하다. 그러나 또한 듣건대, 당상관(堂上官)이 판안(判案)할 때 순순히 죄를 인정하고 계하(階下)에 엎드려 기꺼이 처벌[罪責]을 받는 자는 없다고 한다. (따라서) 이것은 필시 무익(無益)한 일이다. (따라서) 너[李月三]가 의기를 중시한다고 하니 관(官)을 대신하여 장형을 받는 것도 역시 가(可)하다. 장왕씨의 고공(雇工)으로서 대리 정고한[抱告] 이월삼(李月三)은 이들과 (직접) 관련이 없는 제삼자의 신분으로 남을 대신하여 장형을 받는데, 여러 번에 걸쳐 과연 의기를 매우 중시한 것은 가히 가상(嘉尙)하다 할 수 있다. 그러나 옛 사람이 말하기를 질풍(疾風)과 폭우(暴雨)가 몰아쳐도 과부(寡婦)의 문(門)에는 들어가지 말라고 하였다. 장왕씨는 중년(中年)에 미망인이 되어 과전이하(瓜田李下)와 같은 의심을 받기 쉬운 혐의(嫌疑)가 있기 때문에 남의 눈을 두려워해야 하거늘, 해당 고공은 그 집[家]에 5년 동안 고용되어 스스로 신중하지 않았다고 할 수 있으므로 중률(重律)하지 않는 것으로 의좌(擬坐)하되 모든 법을 다해 징치(懲治)해야 한다. 다만 생각건대, 사람됨이 의기를 매우 중시하고, 또 남을 대신해서 장형을 받는 것이 다소 지나친 점이 있기 때문에 감히 자속(自贖)케 하여 재차 관대하게 양형(量刑)해야 한다. 원차(原差)가 협보(協保)하여 고공을 출문(出門)시키고 재차 장왕씨 집[家]에 가지 못하게 해서 혐의를 피하게 하여 소문을 그치게 해야 한다. 이처럼 의기를 중시하는 사람은 자연히 달리 음식을 먹는 곳이 있다. 즉시 구장(具狀)을 취(取)해서 각각 감결(甘結)에 따라 사안(查案)대로 이송(移送)한다. 이를 유시(諭示)함.55)

이 안건은 앞서 인용한 당대(唐代)의 '이걸매관(李傑買棺)' 안례(案例)와 자못

---

55) 모술지(牟述之), 『모공안독존고(牟公案牘存稿)』 권5, 「심장왕씨이오역난관정송이자장아각일기당유(審章汪氏以忤逆難寬呈送伊子章亞珏一起堂諭)」.

유사하다. 홀어머니 장왕씨는 먼저 고공 이월삼과 통간(通奸)하였고, 후에 이월삼은 장왕씨의 아들[子] 장아각을 오역·불효로 대리 정고(呈告)하였다. 해당 지현(知縣)은 먼저 1차 심문(審問) 후에 피고(被告)의 용모와 표정이 오역할 수 있는 사람 같지 않다고 판단하여 다시 대리 고소한[抱告] 이월삼을 체포하였는데, 그의 용모가 산뜻하고 거의 고공의 형상이 아닌 것을 보고는 이미 간통사건인 것을 간파하였다. 그리하여 그 내막(內幕)을 신문(訊問)하자, 이월삼은 장아각이 평소 홀어머니에게 오역하는 것을 보고는 "의기를 중시하여" 특별히 이 안건을 대리 고소하게[抱告] 되었다고 주장하였다. 이에 지현은 이월삼이 "의기를 중시한다"는 이 말을 이용해서 그가 대신해서 (다음과 같은) 삼중(三重)의 처벌[罪責]을 받게 하였다. (1) 장아각이 교령을 위반한[違犯敎令] 죄, (2) 장왕씨가 "남편[夫]을 배신한" 죄, (3) 지현이 부당(不當)한 사건을 판결[決罰]토록 한 죄. 확실히 이 세 가지 죄명 중에서 장왕씨가 고공과 통간하였고, 아들[子]을 불효로 고소[告]하여 전남편[前夫]의 후사(後嗣)를 단절시킨 것은 "남편을 배신한" 죄가 성립될 수 있었지만, 나머지 두 가지는 사실적 기초가 부족했기 때문에 죄명이 성립되기가 매우 곤란하였고, 단지 해당 지현이 이월삼을 처벌하는 '구실'에 불과했다.

『대청율례(大淸律例)』의 상관 규정을 보면, 하나는 "간부(奸夫)가 간부(奸婦)를 교령(敎令)하여 자신의 아들을 불효로 무고(誣告)케 하였다면「모살조의율(謀殺造意律)」에 의한다"[56]고 하였고, 또 하나는 "무릇 사람을 모살(謀殺)하려고 조의(造意)한 경우에는 참감후(斬監候)에 처한다. 수종(隨從)하여 가공(加功)[57]한 경우에는 교감후(絞監候)에 처하고, 가공하지 않은 경우에는 장형 100대·유형 3천리에 처한다. 이미 살해한 경우에는 그대로 처벌[坐]한다. …… 만약 모의(謀議)하여 이미 실행하였으나[已行] 아직 사람을 상해(傷害)하지 않은 경우, 조의자는 수범(首犯)이 되어 장형 100대·도형 3년에 처하고, 수종자가 동모(同謀)·동행(同行)하였다면 각각 장형 100대에 처한다. …… 조의자가 이살

---

56) 『대청율례』 권30, 「형률(刑律)」 「소송(訴訟)」 「교사소송(敎唆訴訟)」, 율문소주(律文小注).
57) 〈옮긴이주〉'가공(加功)'은 형법에서 타인의 범죄 행위를 도와주는 모든 행위를 말한다. 범죄 행위에 대한 조언·격려, 범행 도구의 대여(貸與), 범행 자금의 제공 따위가 있다.

(已殺)·이상(已傷)·이행(已行) 세 가지를 모두 주모(主謀)하였다면, 스스로 실행하지 않았더라도 그대로 수범죄로 논한다[爲首論]. …… 수종자가 실행하지 않았다면, 실행하였으나 가공(加功)하지 않은 경우에서 1등을 감경한다"58)고 하였다. 상술한 안건에서, 홀어머니 장왕씨가 오역을 정송한 것이 고공 이월삼이 조의하였다면 율(律)에 따라 참감후에 처하였고, 홀어머니가 조의하였다면 무고(誣告)였더라도 율에 따라 논죄하지 않을 수 있었지만,59) 대리 고소한[抱告] 이월삼에게는 본래 범간죄(犯奸罪)가 적용되었다.60) 본 당유(堂諭)에는 조의자가 과부 장왕씨인지 고공 이월삼인지 명언(明言)하고 있지 않다. 그러나 이월삼에 대한 처벌이 장형(杖刑)인 점에서 홀어머니가 조의하였다고 보아야 하고, 그렇지 않았다면 형벌은 결코 이처럼 가벼울 수 없었다.

둘째, '자손의 교령위반[子孫違犯敎令]' 안건을 심리하는 과정에서는 교화를 숭상하였고, '선교후주(先敎後誅)'를 주장하였으며, 심지어 교화로 주살(誅殺)을 대신하기도 하였다. 『청패류초(淸稗類鈔)』에는 청대 이학(理學)의 명신(名臣) 육농기(陸隴其: 1630~1692)의 '이효모감인(以孝母感人: 어머니에게 효도하여 사람들을 감복시키다)' 고사(故事)가 기록되어 있다. 그 내용은 다음과 같다.

육청헌(陸淸獻)은 이전에 영수령(靈壽令)이 되었을 때, 정사(政事)에 관대(寬大)한 것을 숭상(崇尙)하였기 때문에 이민(吏民)으로서 그의 덕(德)을 생각하지 않는 이가 없었다. …… 하루는 한[一] 노파(老婆)가 아들[子]을 오역(忤逆)으로 고소[控]하였는데, 그 아들을 불러 법정[案前]에 출두(出頭)시키고 보니, 약관(弱冠)이 되기에 아직 1년이나 남은 소년이었다. 육(청헌)은 그 모친에게 "우리[余] 관서(官署)에는 어린 시종[僮廝]이 없기 때문에 너의 아들이 잠시 그 일을 하였다가 대신할 사람을 있으면 장형(杖刑)·발견형(發遣刑)에 처해도 늦지 않다"고 하였다. 마침내 그 아들에게 곁에서 시중들게 하고 잠시도 떨어지지 못하게 하였다. 육청헌은 매일

---

58) 『대청율례』 권26, 「형률」 「인명(人命)」 「모살인(謀殺人)」.
59) 『대청율례』 권30, 「형률」 「소송」 「간명범의(干名犯義)」에서는 명확하게 "그 조부모·부모·외조부모가 자손·외손·자손의 부인(婦人)과 첩(妾) 및 자신의 첩 또는 노비 및 고공인(雇工人)을 무고했다면 각각 논죄하지 않는다"고 규정하였다.
60) 여기에서는 과부를 대리하여 고소한[抱告] 것은 수종(隨從)하여 가공(加功)한 경우에 속하는 것으로 간주되지 않았다. 왜냐하면 당시 법률에 의하면 부녀(婦女)의 소송권은 엄격한 제한을 받았고, 대리 고소[抱告]는 그 선례[成例]가 되었기 때문이다.

새벽에 자모(慈母: 太夫人)의 방(房) 밖에 서 있다가 자모가 기침(起枕)하면 바로 들어가서 세수와 양치질을 하도록 한 후에 다과(茶菓)를 올렸다. 점심식사 때는 소반(小盤) 옆에서 시중들며 맛있는 음식을 올리고, 가끔 어린아이 표정을 지으며 온화하게 잘 모셨고, 자모의 식사가 끝나면 그 나머지를 먹었다. 저녁식사 때도 그러했다. 공무(公務) 중 한가할 때는 항상 모시고 앉아서[侍坐] 옛날이야기[古事]를 들려주기고 하고 민간(民間)의 상황을 말하면서 웃고 즐거워했다. 자모가 잠시라도 편치 않으면 부축해서 의자에 앉히고 약(藥)과 물을 적당히 하여 마시게 하였고, 몇 일 밤을 자지 않아도 전혀 피로한 기색이 없었다. 이렇게 한 지 수개월이 되자, 아들[子]은 갑자기 꿇어앉으며 돌아가기를 청하였다. 육청헌은 "너희 모자(母子)는 불화(不和)가 심한데 무엇 때문에 돌아가려고 하느냐?"라고 물었다. 아들은 울면서 "소인(小人)은 이전에는 예(禮)를 알지 못하여 어머니[母]에게 죄를 지었으니 후회한들 무슨 소용이 있겠습니까?"라고 하였다. 마침내 그 어머니를 부르자, 아들은 어머니를 보고는 통곡하며 잘못을 뉘우쳤고, 어머니도 울었다. 이에 (아들에게) 어머니를 모시고 돌아가게 하였고, 후에 효자로서 널리 회자(膾炙)되었다.[61]

이 안건은 노부인(老夫人)이 어린 아들[幼子]을 오역으로 고소하여 발견(發遣)을 정청(呈請)한 사건이다. 영수현(靈壽縣) 지현(知縣) 육농기는 임시로 그 아들을 부내(府內)에 머물며 곁에서 시중들게 하고는 자기(自己)가 모친에게 효순(孝順)하는 행위로 그에 대한 감화(感化)를 진행하였다. 수개월 후에 "예를 알지 못하였던" 피고(被告)는 개과혁신(改過革新)하여 집[家]으로 돌아가서 노모(老母)를 보살피고 싶다고 청(請)하였다. 육농기는 이에 그 노모를 불렀고, 모자(母子)가 상봉하자 아들은 이전의 잘못을 뼈저리게 후회하고는 개행천선(改行遷善)하여 마침내 효자가 되었다. 이에 의하면, 육농기는 엄격하고 기계적으로 법률규정에 따라 오역으로 정송(呈送)된 아들을 장형(杖刑)·발견(發遣)에 처하지 않았다. 그 이유는 대개 이하(以下)의 점들에 있을 것이다. ① 모친은 연로(年老)하고 아들은 연소(年少)하여, 노모가 일시적인 분노로 격(激)해졌던 것이고, 진실로 어린 아들을 발견할 경우, 노모는 필시 고립무원(孤立無援)하여 오히려 공양을 받지 못할 것이고, ② 아들에게는 오역·촉범(觸犯)한 실정(實情)은 있었지만, 나이가 어렸고 또 경위(經緯)가 그다지 엄중하지 않았기 때문

---

61) 『청패류초』(제5책) 「효우류(孝友類)」 「육청헌이효모감인(陸淸獻以孝母感人)」, 2435쪽.

에 감화(感化)시킬 수 있으며, ③ 육농기 자신이 지극한 효자였고, 또 정통사
상의 영향을 깊이 받았기 때문에 교화의 수단을 이용하여 가정 내부의 분규
(紛糾)를 화해시키는 쪽으로 기울었다.

셋째, '양존억비(揚尊抑卑: 존장을 칭양하고 비유를 억제한다)'를 원칙으로 삼고
가정 내(內)의 윤상(倫常) 관계를 보호하는데 중점을 두었다. 대동원(戴東原:
1724~1777)은 『맹자자의소증(孟子字義疏證)』에서 이학(理學)의 살인(殺人)에 대한
본질(本質)을 준엄하게 비평하였다.

> 존한 사람[尊者]이 도리[理]로써 비한 사람[卑者]를 꾸짖고, 장자(長者)가 도리
> [理]로써 유자(幼者)를 꾸짖으며, 귀한 사람[貴者]이 도리[理]로써 천한 사람[賤
> 者]을 꾸짖는 것은, 비록 잘못이 있더라도 이를 이치에 맞다[順理]고 한다. 비자(卑
> 者)·유자(幼者)·천자(賤者)가 도리[理]로써 다투는 것은, 비록 옳다고 해도 이를
> 이치에 어긋난다[逆理]고 한다. 이에 아랫사람[下]은 천하(天下)의 공통된 정리[同
> 情]·천하의 공통된 욕망[同欲]으로써는 윗사람[上]처럼 될 수 없기 때문에 윗사
> 람이 도리[理]로써 아랫사람을 꾸짖는다면 아랫사람의 죄는 한 사람 한 사람 이
> 루다 셀 수 없을 것이다. 사람이 법(法) 때문에 죽었다면 그래도 가련하게 여기지
> 만, 도리[理] 때문에 죽었다면 그 누가 슬퍼하겠는가!?[62)]

이학의 관점에서 보면, 비자(卑者)·유자(幼者)·천자(賤者)는 오직 존자(尊者)
·장자(長者)·귀자(貴者)의 지배를 받는 위치에 있었기 때문에 그들의 모든 행
위는 존자·장자·귀자의 의지(意志)에 순종해야 할 뿐이었고 추호의 위반[違
犯]도 있을 수 없었다. 윗사람[上]은 이치에 맞지 않더라도 아랫사람[下]을 꾸
짖을 수 있었고, 아랫사람은 이치에 맞더라도 간쟁(諫爭)을 하였다면 오역(忤
逆)이 되었다. 이것을 국가정치에 적용하면 바로 "황상(皇上)은 영명하고[聖明],
신하의 죄는 천만 번 죽어 마땅하다"는 것이 되고, 가정에 적용하면 곧 "천하
에 옳지 않은 부모가 없다[天下無不是的父母]"는 것이 되지만, 이는 본래 이유나
근거가 있는 것이 아니고 당연시되었다. 따라서 대동원은 "사람이 법 때문에
죽었다면 그래도 가련하게 여기지만, 도리 때문에 죽었다면 누가 슬퍼하겠는
가!"라고 개탄을 금치 못하였다. 그렇다면 법률사상의 관점에서 보면, 예·법

---

62) 대진(戴震), 『맹자자의소증(孟子字義疏證)』(중화서국[中華書局], 1982) 권상(卷上), 10쪽.

합일(禮法合一)의 배경 속에서 송명(宋明) 이학은 중국고대사회에서 후기의 주류적인 의식형태가 되어 일찍이 국가의 법률과 융합하였고, 이학은 국가의 정치·법률의 지도방침이 되었으며, 국가는 정치·법률 등 수단을 통해 부단히 이학의 사회적 이상(理想)을 실현하였고, 이학의 사회윤리적 준칙(準則)을 유지·보호하였다. 비록 당시 국가의 성문법전(成文法典) 중에서 송·원·명·청의 법률은 예교(禮敎) 상(上)의 등급질서 방면을 보호·유지하는데 이전 왕조에 비해 급격(急激)한 변화가 일어나지 않았지만, 사법적 실천 영역에 극단적인 '양존억비' 정신이 반영되었다는 것은 공공연한 사실이다. 따라서 만약 당률(唐律)이 "오로지 예에 준하였다[一準乎禮]"고 한다면, 송명 이학이 흥기한 이후 국가의 법률은 "오로지 이에 준하였다[一準乎理]"고 할 수 있다. 이학은 시대와 함께 발전하는 일종의 법률 지도사상이었고, 그것은 특히 사법적 실천에서 선명하게 표출(表出)되었다.

재차 『청대명리판독(淸代名吏判牘)』에 수록된 강희조(康熙朝) 때 우성룡(于成龍: 1617~1684)의 판결문[判詞] 한 건[一件]을 보기로 한다.

심리(審理)해보면, 왕마씨(王馬氏)가 그의 며느리 왕은씨(王殷氏)를 오역(忤逆)으로 고소한[呈控] 안건(案件)은, 본현(本縣)에서 여러 차례에 걸쳐 국문[鞫訊]하면서 친척(親戚)들을 추문(推問)했고, 또 이웃에게서 증거를 수집하는 등, 대개 이 일이 윤상(倫常)과 관련되어 가볍게 취급할 수 없었기 때문에 심문(審問)하면서 조금의 주저함도 없이 세밀하게 조사했다. 여러 사람의 공술(供述)에 의하면, 왕씨가[王姓家]의 양대(兩代)에 걸친 과부(寡婦), 즉 시어머니와 며느리는 함께 지낸 것이 어언 40여 년이 되었지만, 며느리는 어떤 오역 행위도 하지 않았고, 시어머니도 평소 매우 자애(慈愛)하였다. 이번에 갑자기 사이가 나빠진 것은 사실 의외(意外)의 일이었다. 본현에서도 해당(該當) 며느리의 행위를 세밀하게 조사한 결과, 역시 대개 오역한 일이 없었던 것을 알게 되었다. 게다가 시어머니의 나이는 거의 90세에 가까웠고, 며느리도 60세가 되었는데, 평소 자애롭고 효성스런 고부(姑婦)가 일변(一變)하여 송사(訟事)에까지 얽히게 된 것도 알게 되었다. 본현에서는 그 이유를 추측컨대, 그 속에는 필시 다른 친족(親族) 중에 어떤 불초(不肖)한 자가 있어서 중간에서 어부지리(漁父之利)를 바라고, 마씨(馬氏)가 연로하고 어리석은 것을 이용해서 마씨를 (관[官]에) 보내어 며느리를 고소하여 이 기회를 틈타 이익을 취하고자 했을 것으로 보았다. (그러나) 그 심중(心中)은 문책(問責)할 수가 없었기 때문에 더 이상 추궁하지 않았다. 마씨의 나이는 이미 근(近) 90세로서

늙고 거동이 불편했지만, 한번 교사(敎唆)를 들으면 분노를 참지 못했고, 또 세밀하게 살피지 않고는 마침내 관아[公庭]에 가서 호소했기 때문에 그 감정[情]도 마음[志]도 가엾고 불쌍히 여길 만하다. 그러나 천하에 옳지 않은 부모가 없기[天下無不是之父母] 때문에 해당 며느리는 평소처럼 (시어머니에게) 가없이 효양(孝養)하고 또 그 뜻을 잘 받들어 모셔야 하고, 그 시어머니도 교사를 들으면 그 즉시 관아[公庭]에 보고[牒]해야 한다. 며느리가 평소 그 시어머니를 시봉(侍奉)하면서 필시 부족한 것이 있었다면 엄중하게 문책하여[重責] 우둔(愚鈍)함을 타이르는 것은 당연지사(當然之事)이다. 시어머니도 (며느리의) 나이가 60세인 것을 생각하고, 또 거듭 족당(族黨)의 보고에 의하면, 평소 불효 행위가 없었기 때문에 관대하게 죄를 용서하고, 단지 그 자리에서 시어머니에게 예(禮)를 지켜서 사죄하는 정도의 처벌만 내리고 시어머니를 모시고 집으로 돌아가게 해야 한다. 이후 만약 재차 고소하면, 가차 없이 엄벌에 처하기로 판결한다. 이를 늠준함[凜之]. 이를 판시함[此判].63)

본 서(書) 편자(編者)의 주해(註解)에 의하면, 이 안건이 일어난 원인은, 사실 왕씨가[王姓家]에 2대에 걸쳐 두 명의 과부가 살았는데, 후사(後嗣)를 이을 아들[子]이 없어서 시어머니는 차남의 아들(손자)을 후사로 세우고자 하였지만, 며느리는 3남의 아들을 세우고자 하였기 때문에 고부(姑婦) 간에 갈등이 생겼다. 늙은 시어머니는 다른 사람의 교사(敎唆)를 받고는 관부(官府)에 가서 며느리를 오역·불효로 제소(提訴)하였다. 이와 같이 며느리가 교령을 위반한[違犯敎令] 안건을 접수한 우성룡은 이것을 상당히 중시하여 "친척들을 추문했고, 또 이웃에게서 증거를 수집하는 등, 대개 이 일이 윤상과 관련되어 경솔히 취급할 수 없었기 때문에 심문하면서 조금의 주저함도 없이 세밀하게 조사하였다." 심문을 통해 우성룡은 당사자 중 원고(原告)의 연령이 90세에 가까웠고 피고(被告)도 60세가 되었으며, 평소 원고와 피고는 비교적 화목하게 지냈고, 며느리에게는 오역한 점이 보이지 않았고 시어머니도 자애로웠으며, 오직 후사를 세우는 일만으로 의견이 갈려서 이 일이 발생한 것은 확실히 의외라는 점을 알아차렸다. 그의 분석에 따르면, 첫째는 가족 내에는 반드시 불초한 사

---

63) 『우성룡판독청화(于成龍判牘菁華)』「공식오역지묘판(控媳忤逆之妙判)」(금하각주편[襟霞閣主編], 『청대명리판독칠종휘편(淸代名吏判牘七種彙編)』, 노고문화사업고분유한공사[老古文化事業股份有限公司], 2000, 34~37쪽에 재록[載錄]).

람이 어부지리를 바라고 양자를 이간질하였고, 시어머니는 연로하고 무지(無知)해서 홧김에 소송을 제기하였을 것이고, 둘째는 결과로써 원인을 추론하면, 이미 시어머니가 교사를 받고 관부에 가서 고소하였다면 이전에 며느리가 반드시 교령을 위반한[違犯敎令] 사실이 있었을 것이고, 그렇지 않으면 이렇게 고소하는 일이 일어날 수 없었다는 것이다. 잠시 교령의 정당 여부를 떠나서 무릇 위반하였다면 유죄(有罪)가 되었다. 그러나 우성룡은 피고의 나이가 이미 화갑(花甲)이었고, 또 일족(一族)의 증언에 따르면 평소 명확한 불효 행위도 없었으며, 시어머니도 늙어서 거동이 불편한 것을 고려하고, 또 세상을 애탄하고 백성의 고통을 가엾이 여기는 측면에서 오직 며느리에게 그 자리에서 시어머니에게 예를 갖추어 사죄한 후에 시어머니를 모시고 집으로 돌아가서 시어머니를 잘 모시라고만 명(命)하였다. 만약 시어머니가 재차 정고(呈告)한 경우에는 가차 없이 엄벌에 처한다고 판정(判定)하였다.

위에서 인용한 내용에서 보면, 우성룡은 한 시대의 명리(名吏)로서, 이 안건을 판결하는 과정에서 그가 중시한 것은 후계(後繼)의 원칙을 따르지 않고 원고·피고의 주장에서 어느 쪽이 합리적인가를 확정하여 이 가정(家庭)을 위해 합당한 후계 인선을 확립하는 것이었다. 그러나 "천하에 옳지 않은 부모가 없다[天下無不是的父母]"는 이러한 교조(敎條)에서 경위(經緯) 자체의 시비(是非)를 불문하고 오직 존장(尊長)이 정송(呈送)만 하였다면 비속(卑屬)은 유죄가 되어서 율(律)에 따라 제재(制裁)를 받아야 하였다. 본 안건의 말미에서 우성룡은 며느리에게 명하여 시어머니에게 예에 따라 사죄한 후에 모시고 집으로 돌아가도록 하였는데, 이것은 당시 사람들로서는 크게 기뻐했다고 할 수 있다. 그러나 원서(原書)의 편자(編者)(민국[民國] 초기)는 이 안건에 대하여 "시어머니가 학대해도 며느리는 불가항력(不可抗力)이었고, 불가항력이라도 수시로 대항했다고 무고(誣告)할 수 있었으며, 관청(官廳)에서는 그것이 부실하기 짝이 없었음을 명확히 알았더라도 예교법률(禮敎法律)에 구속되어 죄에 빠트리지 않을 수 없었다. 이것은 참으로 심히 야만적인데, 그럼에도 옥송(獄訟)을 공평하게 하는 법률이라 할 수 있겠는가?"[64]라고 논평하였다. 근대적 법리(法理)에 따르면 이러한 판결은 평등이라는 의의(意義)를 잃었다고 볼 수 있다.

---

64) 『우성룡판독청화』「공식오역지묘판」.

넷째, 가장(家長)의 의사(意思)를 충분히 고려하여 법률규정의 범위 내에서 가장의 교령권(教令權)에 대한 요구를 최대한 만족시켰다. 매년 지방에서 자리하는[地方自理] 대다수 '자손의 교령위반[子孫違犯敎令]' 안건 중에서 '자손의 교령위반[子孫違犯敎令]' 행위에 대하여 지방관들이 정안의죄(定案擬罪)할 때는 이 '교령'이 정당한 것인가의 여부와 '교령위반[違犯敎令]'이 정상참작이 가능한 것인가의 여부에 관계없이 ① 안건의 사실, ② 법률적 규정, ③ 가장의 의사라는 세 가지 점을 중요한 근거로 삼았다. 그중 안건의 사실과 법률적 규정은 모두 객관적 내용에 속하였고, 가장의 의사는 다분히 주관성(主觀性)을 가지고 있었다. '자손의 교령위반[子孫違犯敎令]' 안건 중에서 이른바 가장의 의사라는 주관성은 또 주로 세 가지 방면에서 표현되었다.

첫 번째, 소송(訴訟)의 제기이다. 『대청율례(大清律例)』 「자손위범교령조(子孫違犯敎令條)」의 율문(律文) 규정에 의하면, "반드시 조부모・부모가 친히 고소해야[親告] 처벌한다"고 하였다. 앞서 이미 누차 언급하였듯이, '친고'는 실제 해당 죄행(罪行)에 기소(起訴)되거나 심지어 죄명이 성립되는 필수요건이었다. 만약 '자손의 교령위반[子孫違犯敎令]' 행위를 '친고' 또는는 '포고(抱告: 즉 대리소송[代理訴訟])'하지 않았다면, 타인(他人)이 고소[告言]할 수 없었을 뿐 아니라 관부(官府)도 주동적으로 이러한 가정 분규(紛糾)에 개입할 수 없었다. 오늘날의 분류 기준을 사용하면, '자손의 교령위반[子孫違犯敎令]' 안건은 기본적으로 자송안건(自訟案件)에 속하였다. 따라서 청대 지방의 사법관들이 수리(受理)한 '자손의 교령위반[子孫違犯敎令]' 안건은 일반적으로 모두 '조부모・부모'의 친고로 제기되었다. 그러나 청대의 「자손위범교령조(子孫違犯敎令條)」에는 법률의 확장 문제가 있었는데, 율문에서 언급한 죄행 및 양형(量刑) 규정은 이미 율문의 범위를 뛰어넘었다. 예컨대, 엄중한 교령위반[違犯敎令]과 오역(忤逆)・촉범(觸犯)으로 부모가 생명을 가볍게 여기고 자진(自盡)한 경우, 생계를 꾸려[營生] 공양할 수 없어서 부모가 자진한 경우, 간(奸)・도(盜)로 부모가 자진하였거나 피해자[人]에게 살해된 경우 등등, 이러한 인명(人命)에 관한 엄중한 안건[重案]은 재차 "반드시 친고해야 처벌한" 것이 아니고 국가 법률이 중점적으로 단속하는 대상이 되었다. 그러나 주의할 것은 이러한 '자손의 교령위반[子孫違犯敎令]' 안건이 발생하였다면, 지방에서는 수리(受理)・심리(審理)할 권한은 있었지만, 그에 대한 양형(量刑)이 종종 태(笞)・장(杖)을 넘은 경우에는 최종 결정권이 독무(督撫) · 형부(刑部) 또는 황제의 수중에 있었고, 재차 지방에서 자리하는 안건[地方自理案件]의 범위에 속하지 않았다는 점이다.

두 번째, 다양한 형식의 소구(訴求)이다. 다양한 '자손의 교령위반[子孫違犯敎令]' 행위에 대하여 『대청율례』에서 규정한 여러 가지 형벌은 단지 국가의 이러한 죄행(罪行)에 대한 기본 입장을 대표하였을 뿐이다. 조부모 · 부모가 소송의 주체가 되어 교령을 위반한[違犯敎令] 자손을 관부(官府)에 고소할 경우, 구체적인 소구는 다양하게 할 수 있었고, 심지어 국가 성문법의 형벌규정은 조부모 · 부모의 기대에 반드시 부합하지 않는 경우도 있었다. 지방에서 자리하는[地方自理] '자손의 교령위반[子孫違犯敎令]' 안건 중에서 조부모 · 부모의 다양한 소구와 기대에 직면하여 사법관들도 종종 "편의적으로 사건을 처리"할 수 있었다. 바로 아래에 인용한 지부(知府)의 판결이 그러하였다.

심리(審理)해보면, 영녕현(永寧縣)의 감생(監生) 위패(韋佩)와 감생 위서흥(韋瑞興) · 무생(武生) 정북래(程北來) 등이 서로 고소한[互控] 안건은, 위패의 아들[子] 감생 위점괴(韋占魁)는 당숙(堂叔) 인서(麟書)의 후사(後嗣)를 잇기 위해 입양되었기[出繼] 때문에 위패의 재산을 분급(分給) 받았는데, 총액이 2천여 금(金)이었다. 그러나 점괴는 생업[正業]에 힘쓰지 않았고, 누차 교화하였지만 회개하지 않았으며, 동시에 상속받은 재산도 모두 탕진(蕩盡)하였다. 게다가 위서흥에게 1,250천(千)의 빚을 졌지만, 갚을 여력이 없었기 때문에 분급을 받은 대나무 밭[竹地] 6무(畝)를 저당(抵當) 잡혔다. 사실(查實)해보건대, 이 땅은 점괴가 분급 받은 재산[分產]이기는 하지만, 이전에 조모(祖母)의 선전(膳田)을 몰래 저당물로 했다가 이 토지와 맞바꾸었기 때문에 (본 토지는) 공산(公產)과 다름없었고, 점괴가 하등 사사로이 저당 잡을 수 없었다. (따라서) 모든 빚은 점괴가 스스로 청산해야 하고, 그 토지는 아버지[父]의 관리[管掌]로 귀속(歸屬)되어야 했다. 점괴는 또 정북래에게 타는 말[乘騎] 1필(匹)을 빌렸지만, 빌린 즉시 몰래 팔아서 35천(千)의 값을 받았다. 마침 위패의 고공(雇工)이 전호(田戶)에게 조(租)를 거두어 보리[麥] 5두(斗) 5승(升)을 받고는 노새[騾駄]에 싣고 있었다. 북래는 이를 보자, 점괴가 말 값을 지불하지 않았기 때문에 노새를 끌고 가서 저당 잡혔고, 아울러 보리도 가지고 가버렸다. 북래는 그 즉시 처음 노새 문제로 고소하여[呈案] (노새를) 위패에게 돌려주었고, 또 보리도 배상하는 대신 말 값을 점괴에게 독촉하였다. 두 가지 안건(案件)은 똑같이 엄중한 정황[重情]은 없었기 때문에 위서흥 · 정북래는 모두 철저하게 조사할 필요가 없었다. 오직 위패만이 그 아들[子]을 교령위반[違犯敎令]으로 감생에서 완전히 제명(除名)시키는 징계(懲戒)를 내릴 것을 간청(懇請)하였다. 본부(本府)에서 그 사건의 내용을 사실(査實)해보니, 모두 점괴의 부채가 여전히 많았기 때문에 연루(連累)되는 것이 두려워서 이를 구실(口實)로 앞으로의 폐해를 차단하고자 한 것이었다. 부지불식간에 공명(功名)은 잃어버리더라도 은의(恩義)는 여전히 남아 있었기 때문에, 아들의 채무를 아버지가 갚지 않아도 되는 부분은 관(官)에서 판결하면 되지만, 평소 채권인(債權人)을 대할 때마다 아들과의 연루는 피할 수 없었다. 만약 위서홍이 도리에 어긋나게 장전(莊田)을 저당 잡히거나 정북래가 강제로 가축을 끌고 갔다면, 어떻게 그 옷을 빼앗더라도 막을 수 있겠는가? 어찌하여 자신이 패망(敗亡)한 처지에 놓여 공연히 사람들의 비웃음을 받아야 한단 말인가? 이에 (본부에서는) 점괴에게 고통스런 장책(掌責)[65]을 가하여 (그 아버지의) 노여움을 풀어주고자 하였다. 그러나 위패는 옆에서 사납게 흘겨보았고, 통석(痛惜)의 정(情)은 추호도 없었다. 재삼 교화하여 앞서 한(세상의 조롱거리가 된다는) 말로 간곡히 청(請)하였지만, 평소 아들의 무례하고 방탕한 생활로 아버지는 마음이 크게 상하였(기 때문에 어쩔 수 없었)다. 이에 얼마 후 (아들의) 감조(監照)[66]를 회수하고 완전히 제명하였다. 심지어 일찍이 점괴는 그 동생 영흥(永興)의 토지를 몰래 팔았고[私賣], (당시는) 부결(否決)되었지만, 영흥이 재차 현(縣)에 억울함을 풀어줄 것을 상신(上申)하였고, 가결(可決)하였다. 일련의 석방[省釋]에 대한 건(件)은 관련된 증빙서류를 수령하여[取結] 비치(備置)한다. 이를 판시함[此判].[67]

본 안건은 (대를 잇기 위해) 입양된[出繼] 양자(養子) 위점괴가 생업[正業]에 힘쓰지 않았고, 누차 교화하였지만 회개하지 않았으며, 남은 빚이 생부(生父)에게까지 미쳤다. 생부 위패는 재차 연루되는 것이 두려워서 이에 그 아들[子]을 교령위반[違犯敎令]으로 감생에서 제명시키는 징계를 내릴 것을 간청하였고, 또 이로써 앞으로의 폐해를 차단하고자 하였다. 지부(知府)가 보건대, "아들의 채무를 아버지가 갚지 않"아도 법률상 지지는 받을 수 있지만, 설령 아들을 감생에서 제명하더라도 부자(父子) 간의 은의는 여전히 남아서 채권인을 대할

---

65) 〈옮긴이주〉 '장책(掌責)'은 형사 사건을 심문할 때 자백을 강제하기 위해 죄인의 입을 치는 형벌이다.
66) 〈옮긴이주〉 '감조(監照)'는 국자감(国子監)이 발행한 손납(損納)에 의해 감생(監生)의 신분을 취득한 증명서를 말한다.
67) 이몽소(李夢韶), 『판어록존(判語錄存)』(광서13년간본[光緒十三年刊本]) 권1, 「위범교령사(違犯敎令事)」.

때마다 아들과의 연루는 피할 수 없었기 때문에 실로 "자신이 패망한 처지에 놓여 공연히 사람들의 비웃음을 받게 된"다는 것을 알았다. 이에 지부는 위첩 괴에게 고통스런 장책을 가하게 하여 그 아버지의 노여움을 위로하고자 하였다. 그러나 부친은 상심(傷心)이 이미 극에 달하여 통석의 정은 추호도 없이 일관되게 그 아들을 감생에서 제명해줄 것을 청구하였다. 지부는 어쩔 수 없이 가장(家長)의 청구(請求)에 동의하여 완전히 제명을 허가하였다. 본 안건에서 주의할 것은, ① 부친이 양자로 간[出繼] 자식을 '교령위반[違犯敎令]'을 명분으로 관부(官府)에 고소하여 장형 100대나 발견(發遣)에 처할 것을 청구하지 않고 감조를 박탈할 것을 청구한 점이고, ② 지부는 먼저 그 아들에게 책벌(責罰)을 가하였고, 또 후에 감조를 박탈하였는데, 『대청율례』중 「자손위범교령조(子孫違犯敎令條)」의 율례(律例) 각 조(條)를 보면, 그가 시행한 형벌수단은 명문(明文)에 의거하지 않았다는 점이며, ③ 지부가 그 아들의 감조를 박탈한 것은 기본적으로 가장의 의사를 존중한 것에서 비롯되었다는 점이다. 이로써 지방에서 자리하는[地方自理] '자손의 교령위반[子孫違犯敎令]' 안건에 대한 사법처리는 전적으로 율례의 규정에 따른 기계적인 조작(율령의 인증[引證]도 포함)이 아니고 일정한 공간 내에서의 자유로운 처리가 완전히 가능하였음을 볼 수 있다. 이러한 안건의 최종 처리는 결국 원고(原告: 조부모·부모)의 구체적인 소구와 지대(至大)한 관계가 있었고, 가장의 소구는 법률이 허가한 범위 내에서만 종종 관부의 인가(認可)와 지지를 받을 수 있었다.

또한 지부는 본 안건을 처리하는 과정에서 부자(父子)의 실제적인 이익을 고려해서 피고(被告)의 감조를 박탈하는 것을 쉽게 허가하지 않았음을 볼 수 있다. 이는 의심할 여지없이 관원(官員)의 사법에 대한 일종의 신중한 태도를 체현(體現)한 것이었다. 실제로 청대의 지방사법심판(地方司法審判) 과정에서 관원이 사리(私利)를 위해 왕법(枉法)하는 현상이 없을 수 없었지만, (위의 지부와) 유사한 태도를 취했거나 유사한 방법을 사용한 우수한 지방관들도 적지 않았다.68)

---

68) 예컨대 심연경(沈衍慶), 『괴경정적(槐卿政績)』(동치원년각본[同治元年刊本]) 권2, 「판독(判牘)」 「오역휴기사(忤逆休棄事)」에는 민부(民婦) 종주씨(鐘周氏)가 그 며느리 왕씨(王氏)가 누차 오역(忤逆)하였다고 품송(稟送)하였고, 또한 그 아들[子] 종사역(鐘士燡)이 출처(出妻)를 정청(呈請)한 안건(案件) 한 가지가 수록되어 있다. 안건이 발생한 원인

세 번째, 소구(訴求)의 변화이다. 이것은 주로 관부에서 최종 판결을 내린 시점을 전후하여 각종 원인으로 자손의 교령위반[子孫違犯敎令]을 정고(呈告)한 조부모·부모가 기소(起訴)의 이유와 요구를 변경하기도 하고, 기소를 철회하기도 하며, 관부에 즉시 시행·실시할 형벌의 감면을 청구하기도 하는 것 등

___

은 다음과 같다. 도광(道光) 17년(1837) 9월 초(初)5일, 시어머니 종주씨(鐘周氏)는 밭에 가서 채소를 심었지만, 며느리 종왕씨(鐘王氏)가 채소모종을 마음대로 취하였기 때문에 시어머니는 분노하여 누차 내쫓기를 정청하였다. 그러나 며느리 왕씨는 종가(鍾家)의 민며느리가 된지 이미 30년이 되었고, 자식(子) 넷을 양육하였으며, 평소 오역(忤逆)도 하지 않았고, 부부(夫婦)도 역시 화목하였다. 장관(長官)이 판단하기를 "지금 단지 그 시어머니의 훈계[敎訓]를 위반한 것은 칠출(七出) 내(內)의 시부모를 섬기지 않은 규정을 범한 행위와는 같지 않다. 그 남편 종사역도 처가 부모의 마음에 들지 않았기 때문에 자신이 내쫓아서 인륜의 효[倫孝]를 다하고자 하지만, 실재 남편[夫]과 의절(義絶)해야 하는 행위와도 차이가 있다. 오직 현재 종주씨가 누차에 걸쳐 내쫓고자 하는 품송(稟送)에 의거하였을 뿐인데, (소송 안건에 관한) 서류를 갖추어서 연로한 시어머니가 위범(違犯)한 며느리를 정송(呈送)한 경우, 법으로는 응당 이혼시켜야 하고, 고식적(姑息的)으로도 할 수 없으며, 무리하게 덮는 것도 불가능하다. 응당 종사역이 정청(呈請)한 바와 같이 하여 반드시 그 아버지 왕당태(王棠泰)에게 데리고 가서 단속토록 해야 한다"고 하였다. 그러나 종왕씨는 종사역과 결혼한 지 20여 년이 되었고 자식(子) 넷을 낳았으며, 현재 스스로 잘못을 회개(悔改)하고 개가(改嫁)하지 않는데 뜻을 두었으며, 아울러 태어난 지 5개월 된 영아(嬰兒)는 젖을 먹일 사람조차 없게 되기 때문에 데리고 가서 무양(撫養)하기를 간절히 바라고 또 눈물을 흘리며 애잔하게 말하였는데, 그 모정(母情)은 오히려 가긍(可矜)할 점이 있었다. (이에) 최후로 다음과 같이 판결하였다. ① 종가(鐘家)는 매년 곡식 5석(石)을 지급하여 유아(幼兒)를 무양(撫養)하는 비용으로 한다. 해당(該當) 씨(氏)가 나중에 개가하면 즉시 지급을 중단하고, 동시에 유아를 데리고 가서 스스로 무양한다. ② 원래 착용하는 모든 의복과 치는 휘장(揮帳)은 모두 며느리에 준(准)해서 보낸다. ③ 만약 시종(始終) 뜻한 바를 지켜서 그 시어머니 종주씨가 가련하게 여기면 자연히 재결합을 허용할 수 있다. 그렇지 않으면 종주씨가 죽은 후에 해당(該當) 씨(氏)가 초상을 듣고[聞喪] 애통·절실한 정형(情形)이 있으면 종사역에게 데리고 가서 영전을 지키게 하고[守喪] 거역할 수 없게 한다. ④ 종사역에게 현재 (대를 이을) 아들[子]이 있으면 달리 처(妻)를 취(娶)할 수 없다. 판관(判官)이 말하기를, 이 안건에서 며느리는 실재 오역 등의 불법(不法) 행위가 없었기 때문에, "이것은 실로 시어머니와 며느리를 모두 긍휼히 여겨서 온전히 함으로써 분규가 일어난 근원을 없앨 수 있다"고 하였다. 이로써 이러한 오역의 정송(呈送) 겸(兼) 남편[夫]이 처(妻)를 내쫓는 안건 중에서 오역을 가죄(加罪)하더라도 원고(原告)의 소구(訴求)는 여전히 관부[官方]의 인가(認可)를 받아야 가능하였음을 알 수 있다. 다만, 장관(長官)은 가정의 화목한 관계를 유지·보호한다는 점도 고려하여 비교적 원만한 재판을 하였던 것이다.

을 가리킨다. 앞서 말하였듯이, '자손의 교령위반[子孫違犯敎令]' 안건에서 관부의 자손에 대한 형벌조치와 조부모 · 부모의 소구가 서로 부합하지 않은 상황이 발생한 경우, 일반적으로 관부는 원본(原本)에 있는 소구에 따라 처벌하는 경향이 있었기 때문에 조부모 · 부모는 다시 관부에 그들의 실제 소구를 나타낼 수도 있었다. 특히 조부모 · 부모는 경형(輕刑)으로 처벌하기를 희망하였지만, 법률규정에 따라 중벌(重罰)에 처해야 하는 정황이 발생한 경우, 조부모 · 부모는 필시 자손에 대해 애정(愛情)이 있었기 때문에 기소를 철회할 수도 있었다. 간혹 먼저 조부모 · 부모가 의분(義憤)으로 격해져서 교령을 위반한[違犯敎令] 자손을 관부에 정송(呈送)했지만, 후에 뉘우치고 관부에 가벼운 처벌 또는 처벌의 면제를 청구한 경우도 있었는데, 이러한 정황은 정송(呈送)에 의해 발견(發遣)하는 '자손의 교령위반[子孫違犯敎令]' 안건에서는 일상적으로 발생하였다.

『대청율례』의 「자손위범교령조(子孫違犯敎令條)」 중 제2조례문에서는 "무릇 촉범을 정고(呈告)한 안건 중, 자손이 실제 구타[毆] · 욕설[罵] 행위를 범하여 죄가 중벽(重辟)에 저촉(抵觸)된 경우 및 단지 교령만을 위반한[違犯敎令] 경우에는 각각 율례에 준(准)하여 분별해서 처리하고, 그밖에 조부모 · 부모가 자손을 정고하여 발견(發遣)을 간구(懇求)한 경우 및 누차 촉범을 행한[違犯觸犯] 경우, 정고된 자손은 실제 연장(煙瘴) 지방으로 발견하여 충군(充軍)시키고, 기인(旗人)은 흑룡강(黑龍江)으로 발견하여 차역(差役)에 종사시킨다"[69]고 규정했다. 정송에 의해 발견하는 형벌(민인[民人]은 "연장 지방으로 발견하여 충군시키고", 기인은 "흑룡강으로 발견하여 차역에 종사시킨다")에 의하면, 이러한 '자손의 교령위반[子孫違犯敎令]' 안건은 실제 지방에서 자리하는[地方自理] 범위 내에 있지 않았음을 확인할 수 있다. 그리고 정송(呈送)에 의해 발견(發遣)하는 안건의 사법절차에서 보면, 먼저 지방 부주현(府州縣)의 심리(審理)와 의판(擬判)을 거쳐 독무(督撫)라는 사법심급(司法審級)에서 판결을 내렸고, 다시 형부(刑部)의 재심사[覆核]를 거친 이후에 즉시 지역을 정해서 발배(發配)하였다. 따라서 정송에 의해 발견하는 안건은 지방에서 자리하는[地方自理] 범위 내에 있지 않았지만, 사법심판의 기초는 여전히 부주현의 심리와 의판에 근원(根源)을 두었다. 부주현

---

69) 『독례존의』 권40, 「형률16[刑律之十六]」 「소송2[訴訟之二]」 「자손위범교령」.

의 심리와 의판 과정에서, 그리고 지방의 사법심급이 형부의 재심사[覆核]를 기다리는 과정에서 처음 자손을 정송한 조부모·부모는 관부에 발배(發配)하여 충군시키는(혹은 흑룡강으로 발견하여 차역에 종사시키는) 판결에 대한 철회를 청구할 수 있었다. 조부모·부모의 이러한 소구의 변화에 대하여 관부도 보통 지지하는 입장을 취하였다.

『형안회람(刑案滙覧)』에 수록된 가경(嘉慶) 22년(1817) 형부(刑部)의 설첩(説帖)70)에는 다음과 같은 문장이 있다.

> 강서순무(江西巡撫)는 주왕씨(朱汪氏)가 그의 아들[子] 주지홍(朱志洪)의 발견(發遣)을 정송(呈送)했다가 후회하여 발견을 면제해줄 것을 간청한 안건을 자문(咨問)했다. (본 형부[刑部]에서) 사실(査實)해보면, 율(律)에서는 "자손이 교령을 위반한[子孫違犯教令] 경우에는 장형 100대에 처한다"고 규정하였고, 또 예(例)에서는 "조부모·부모가 자손을 정고하여[呈首] 발견을 간구(懇求)한 경우에는 정고(呈告)된 자손을 실제 연장(煙瘴) 지방으로 발견하여 충군(充軍)시킨다"고 규정하였다. (이에 의하면) 자손이 촉범(觸犯)을 범하여 조부모·부모가 정송을 통해 발견을 간구한 경우, (자손은) 실제 발견하는 예(例)에 준(准)하여 충군형(充軍刑)으로 의정(擬定)되었지만, 발견하고자 하지 않은 경우에는 단지 위범(違犯)한 율(律)에 준하여 장형으로 의정되었다. 본 안건은 주지홍이 평소 나태(懶怠)·유탕(游蕩)하였고, 그 모친(母親)이 훈계(教訓)하였으나 듣지 않자 발견을 정청(呈請)했기 때문에 본 형부(刑部)에 재심사[覆核]를 자문한다고 안문(案文)에 기술되어 있다. 지금 해당(該當) 순무의 자문(咨文)을 보면, 주왕씨는 오랜 세월 과부로 수절(守節)하여 달리 의지할 자식[子]이 없었고, 또 주지홍이 종래 촉범한 정황이 없었기 때문에 앞서 정청한 것을 후회하여 발견을 면제해줄 것을 정청하였다. 본부(本部)에서 주지홍에 관한 원안(原案)을 검사(檢查)해본 결과, 단지 교령을 위반[違犯教令]했을 뿐이고, 오역(忤逆)과 같은 엄중한 실정[重情]은 없었으며, 또 이미 그의 모친 주왕씨가 발견의 면제를 정청한 것 등에 의거한다면 응당 율(律)에 준(准)하여 위범(違犯)한 죄로 처벌해야 한다. (그러나) 해당(該當) 순무가 주지홍에 대하여 충군에 처해져야 할 범죄자[軍犯]가 부모의 연로(年老)·질병(疾病)으로 시양(侍養)해야 한다고 고(告)한 경우에는 「가무이차성정례(家無以次成丁例)」에 준(准)하여 가장(枷杖)으로 의단(擬斷)한 것은 전혀 합당(合當)하지 않다. 주지홍은 응당 다시 「자손위범교령

---

70) 〈옮긴이주〉 '설첩(説帖)'은 진술서·보고서·의견서를 말한다.

율(子孫違犯敎令律)」에 준(准)하여 장형 100대로 의단해야 하고, 그 모친 주왕씨에게 인도(引渡)하여 단속(團束)토록 한다.[71]

이 설첩을 보면, 자손에 대한 발견 여부는 전적으로 부모[父]·조부모[祖]의 의지에 준(准)하고 있다. 규정에 의하면, 일단 발견을 정청(呈請)했고 또 안건의 구성상(構成上) 이미 충군시키는 정도(程度)가 되었다면, 즉 지방에서 자리하는 안건[地方自理案件]의 범위를 벗어났다면, 궁극적으로 발견에 대한 면제(免除)를 허락했더라도 「자손위범교령(子孫違犯敎令)」의 본율(本律)에 준(准)하여 장형 100대에 처한 후에 부조(父祖)에게 인도(引渡)해야 했다. 그러나 이러한 안건은 발견을 면제해줄 것을 정청하지 않은 상황에서는 모두 장형 100대의 형벌을 시행해야 하였다. 또한 청대 지부(知府)의 시유(示諭) 한 건(件)을 보기로 한다.

> 시유(示諭)로 사건을 고지(告知)한다. 관할 하급기관(下級機關)에서 보내온 안건에 의하면[案據], 이이씨(李李氏)가 그의 아들[子] 이매(李梅)를 도박(賭博)과 당지(當地)에서의 오역(忤逆)·불효(不孝) 등으로 정송하였기[呈控] 때문에 (이를) 지부(知府)에 보내었고, 소장(訴狀)이 도착하자 즉시 이매를 수감(收監)하여 신문(訊問)했다. 그런데 조사하여 처리하는 중에 다시 정청(呈請)한 이이씨의 말에 의하면, 그의 시어머니가 이매를 애지중지했고, 그의 시어머니는 나이가 이미 80세를 넘었는데, 손자 때문에 아파하는 마음이 너무나 간절하여 침식(寢食)을 전폐(全廢)하고 있기 때문에 자신은 마음이 편치 않다는 것이었다. 또 남편[夫]의 동생[弟] 이녕우(李寧宇)·이녕방(李寧邦)이 시어머니의 명령을 받들어 이이씨를 대리(代理)하여 조카를 단속(團束)하겠다고 청원(請願)하였고, 이이씨도 시어머니의 마음[親心]을 받들지 않을 수 없었다. (이처럼) 모두 가볍게 처벌하고 이후 개전(改悛)의 정(情)이 있는지 여부 등을 보기를 원했다. 민간(의 풍속)을 사실(査實)해보면, 음행(淫行)은 모든 죄악(萬惡) 중에서 첫째이고, 효(孝)는 백행(百行)의 근본이기 때문에 황은(皇恩)에는 수절과 효도[節孝]를 정표(旌表)하는 패방(牌坊)이 있는 것이고, 왕법(王法)에는 간역(奸逆)을 징벌하는 규정[典]이 있는 것이다. 실제로 풍속(風俗)·인심(人心)에 관한 것은 당장의 편안함을 취하려다 큰 화를 당하는 것을 용납할

---

71) 『형안회람』 권49, 「자손위범교령(子孫違犯敎令)」 「송자발견상미기해부청면견(送子發遣尚未起解復請免遣)」.

수 없기 때문에 아무리 거듭 감면(減免)을 바란다고 하여 허용할 수 있는 것이 아니다. 오직 이씨(李氏)만이 시어머니가 (상심하여) 우는 것을 보고는 난감한 상황에 처하게 되었다. 이녕우 등이 평소 (이이씨에게) 모욕(侮辱)을 가했더라도 모친과 제수(弟嫂)들로 인해 비난을 받지 않는 것은 아니지만, 지금 다시 남편의 동생[夫弟] 내외가 함께 와서 이씨를 보게 되면 쌓인 원한도 풀릴 것이다. 그런데 연일(連日) 시어머니와 며느리가 몹시 슬퍼하여 골육(骨肉)이 난감(難堪)하게 된 상황은 이미 쉽게 상상할 수 있다. 또한 이씨와 남편의 동생[夫弟]들과는 이미 오랫동안 분거(分居)하였고, (집에는) 오직 어린 손자 하나밖에 없었지만, 현재 이매는 옥중(獄中)에 감금되어 압송(押送)을 기다리고 있고, 장차 성(省)으로 압송되어 발견(發遣)하게 되면, 각종 비용과 길을 가는데 드는 비용 등은 과부(寡婦)와 고아(孤兒)가 연명(延命)할 땅을 팔아 충당하지 않을 수 없기 때문에 비록 당장은 해악(毒)을 제거하여 마음을 맑게 하고 싶지만, 이후에 닥칠 굶주림과 추위는 면하기 어려운 상황이었다. 이것도 이이씨가 거듭 고민하다 마음을 바꾸지 않을 수 없었던 이유이기도 하였다. 본부(本府)에서는 이 문제에까지 생각이 미치게 되자 정상(情狀)을 참작(參酌)하지 않을 수 없었다. 이에 (이이씨의) 요청에 따라 이매를 감옥에서 꺼내어 법정에서 두 숙부(叔父)를 모친과 마주 대하게 하고는 엄중히 문책(問責)하였다. 이녕우 등이 서약서[甘結]를 제출하여 이매를 인도(引渡)받으면 엄중히 단속하고 교도(敎導)하겠다고 하였다. 만약 재차 함부로 잘못을 범한 경우, 본부(本府)에서는 즉시 (고소장을) 정송(呈送)한 해당(該當) 관할 아문(衙門)에 당유(堂諭)해서 소장(訴狀)을 출원(出願)하여 고소[稟請]한 즉시 죽을 만큼 장책(杖責)을 가하고, 해(害)를 끼칠 때마다 치욕을 당하는 일은 면하게 한다. 이를 시유함[此諭].[72]

이 시유에 의하면, 이씨(李氏)가 정고한[呈控], 그의 아들 이매가 오역·불효했다고 하는 정황은 사실이었기 때문에, 지부는 그를 수감해서 신문했다. 마침 심리(審理) 중에 이씨가 다시 와서 발견을 면제해줄 것을 정청하였다. 청구한 이유는, 할머니가 손자를 애지중지하여 침식을 전폐하고 있기 때문에, 자신은 며느리로서 내심(內心) 차마 어쩔 수 없다는 것이었다. 또 이매의 두 숙부가 어머니의 명[母命]을 받들고 와서 청구하였고, 동시에 대리(代理)해서 단

---

72) 장오위(張五緯), 『강구공제록(講求共濟錄)』 권4, 「역임고시(歷任告示)」「대명부임내판법칙지곡서불효원위시유(大名府任內辦法飭知曲恕不孝原委示諭)」.

속하겠다는 의사도 보였다. 이씨는 진퇴양난에 빠져서 관부(官府)에 가벼운 처벌을 요청하지 않을 수 없었다. 지부의 분석에 의하면, 이씨가 발견을 면제해줄 것[免遣]을 정청한 것은 또 다른 원인, 즉 다음과 같은 경제상의 고려도 있었다. 이씨와 남편[夫]의 두 동생은 이미 오래 전에 분거(分居)했고, (집에는) 오직 나이 어린 손자만 있었을 뿐인데, 현재 이매는 옥중에 감금되어 있고, 장차 성(省)으로 압송되어 발견하게 되면 잡다한 비용도 매우 많이 든다. 이 때문에 "과부와 고아가 연명할 땅을 팔아 충당하지 않을 수 없기 때문에 비록 당장은 해악을 제거하여 마음을 맑게 하고 싶지만, 이후에 닥칠 굶주림과 추위는 면하기 어려운 상황이었다." 이 점도 이씨가 깊이 생각했기 때문에 태도를 바꾸지 않을 수 없는 원인이 되었다. 지부는 그 내막을 세심하게 살피고 정상을 참작해서 결단하여 이씨의 요청에 따라서 이매를 감옥에서 꺼내어 법정에서 두 숙부를 모친과 마주 대하게 하고는 엄중히 문책하였다. 재차 숙부 등이 서약서[甘結]를 제출하여 이매를 인도받으면 엄중히 단속하고 교도하겠다고 하였다. 후환(後患)을 없애기 위해 지부는 정중하게 "만약 재차 함부로 잘못을 범하면 본부에서는 (고소장을) 정송한 해당 관할 아문에 당유해서 소장을 출원한 즉시 죽을 만큼 매질을 가하고, 해를 끼칠 때마다 치욕을 당하는 일은 면하게 하겠다"는 성명(聲明)을 발포하였다.

상술한 이매오역(李梅忤逆) 안건은 아직 최종 판결이 확정되기[定案] 전에 오역을 정고(呈告)한 모친이 재차 면견(免遣)을 정청함으로써 발견이 면제되었고, 또한 장형 100대의 형벌에도 처해지지 않았다. 그렇다면 언제 장형 100대에 처해야 하고, 또 언제 장형 100대에 처하지 않을 수 있었을까? 청대의 율례(律例) 규정과 안건 기록을 보면, 면견을 정청하는 규칙은 대략 다음과 같이 개괄할 수 있다. ① 안건에 대한 최종 판결이 확정되기(定案) 이전, 즉 각 성(省) 및 이하 각 사법심급(司法審級)의 심리 과정에서 만약 처음 발견을 정청한 조부모·부모가 재차 발견을 면제해줄 것을 정청하였다면 면견할 수 있었고, 또한 「자손위범교령(子孫違犯敎令)」의 율문(律文)에서 규정한 '장형 100대'의 형벌도 면제할 수도 있었으며, 그밖에 비교적 경미한 제재(制裁)수단으로 바꿀 수도 있었다. ② 안건에 대한 최종 판결이 확정된(定案) 이후와 형부에서의 재심사[覆核] 사이에 혹은 이미 형부에서의 재심사는 종결되었으나 아직 발배(發配)하기 전에 조부모·부모가 면견을 정청한 경우에는 일반적으로 면견할 수 있었지만, 율문에서 규정한 '장형 100대' 형벌은 면제할 수 없었다. ③ 먼저 조부모·부모의 정송에 의해 발견이 결정되었지만, 아직 압송하기 전에 조부모·부모가 사망하여 유언으로 면견을 정청하였는데, 만약 해당 범죄자가 실제 초상을 듣고[聞喪] 애통해하는 정상(情狀)이 있었다면, 조부모·부모가 생존 중에 발견을 정청한 것과 효력이 동일하여 면견할 수 있었지만, 반드시 율(律)에 준(准)하여 장형 100대에는 처해야 하였다. ④ 조부모·부모의 정송에 의한 발견이 최종 판결이 확정된[定案] 이후 이미 실제 발견하였는데, 만약 은사(恩赦)를 만나서 조회(照會)하여 발견된 범인의 조부모·부모가 석방·회가(回家)해줄 것을 요청하였다면 감등(減等)하여 처벌할 수 있었다. 만약 은사를 만나지 않았다면, 규정에 준(准)하여 범인의 친조부모·부모는 또한 석방·회가를 정청할 권한이 있었다. 이상 네 가지 정황은 청대에 상당히 세밀한 절차적인 규정이 있었고, 또 많은 안례(案例)를 전거(典據)로 인용할 수도 있지만, 이는 췌언(贅言)하지 않는다. 한 마디로 요약하면, 조부모·부모의 정송에 의한 발견·면견의 정청 및 그밖에 가장(家長)의 자손에 대한 교령권(敎令權), 가장의 다양한 소구 등에 대하여 당국(當局)은 입법상에서 인가(認可)해주었을 뿐 아니라 사법실천에서도 최대한 존중과 지지를 보내었다.

이상 네 가지 점 이외에, 청대의 지방에서 심리(審理)하는 '자손의 교령위반[子孫違犯敎令]' 안건은 양형(量刑) 면에서도 종종 형부(刑部)보다 관대했고, 때때로 그 관대함은 율례(律例) 규정을 '벗어난' 경우도 있었다. 앞서 서술한 바에 의하면, 양형이 관대한 주된 이유는 다음의 두 가지 점으로 요약할 수 있다. 첫 번째, 당시 사법권의 배치규칙과 사법적 관례(慣例) 때문에 이른바 지방에서 자리하는 안건[地方自理案件]은 양형의 척도가 태형·장형과 같은 경형(輕刑)에 한정되었고, 도형·유형·사형 등의 형벌은 반드시 성부(省部) 내지 최고 권력기관의 재심사(覆核)·재결(裁決)을 거쳐야 비로소 실시할 수 있었다는 점이다. 두 번째, 지방에서 자리하는 안건[地方自理案件]의 사법 과정에서의 판결·의죄(擬罪)는 일정한 것이 아니라 매우 큰 자유공간이 있었다는 점, 다시 말해 종종 기계적으로 성문법의 규정을 답습하여 판결을 내리거나 제재(制裁)를 시행한 것이 아니고 오히려 정리(情理)에 따라 조치를 변통(變通)하여 원고(原告)의 다양한 소구를 만족시켰다는 점이다. 그러나 실상(實狀)을 살펴보면, 이외에도 꽤 정당성이 있는 다른 이유도 있었던 듯하다. 즉 '선교후주'라는 사법이념에 근거하여 이러한 소송이 제기되었지만, 그 경위(經緯)가 그다지 엄중하지 않은 정황인 경우, 대다수 사법관들은 우선 설득과 조정 등의 수단을 사용하거나 비교적 경형(輕刑)을 시행하여 범죄자가 회개하기를 원하였고, 기계적으로 성문법을 인용하여 즉시 중형(重刑)으로 다스리지 않았다는 것이다. 이러한 방법의 효과는, 적극적인 방면에서는 조금이라도 교화(敎化)를 형벌(刑罰)에 빗대어서 "형벌을 사용하지 않는[不用刑]"정황에서 사법적 목적을 실현할 수 있었지만, 소극적인 방면에서는 경형(輕刑)이라는 간판 하에서 위법한 사람에게 지나치게 관용을 베풀어서 교령을 위반한[違犯敎令] 사건을 더욱 심각하게 유발할 수도 있었고 심지어 살인사건[命事]을 조장할 수도 있었다. 전자에 대하여는 췌언(贅言)할 필요가 없고, 후자에 대해서는 건륭 42년(1777) 황제의 유지(諭旨)에 비교적 명확하게 게시(揭示)되어 있다. 그 문장은 다음과 같다.

   (건륭) 42년, 오역(忤逆)을 정고(呈告)한 것이 사실인 경우에는 즉시 발견(發遣)하는 예(例)를 집행한다고 신정(申定)했다. 유지를 받들건대[奉諭], 어제 강소순무(江蘇巡撫) 양괴(楊魁)는 제본(題本)으로 도원현(桃源縣) 백성[民] 손모(孫謀)가 그 아버지[父] 손상문(孫尙文)을 구타[毆打]하였고, 손가락까지 물어뜯었기 때문에 참결(斬決)로 의정(擬定)해야 한다고 주소(奏疏)하였고, (이에) 이미 삼법사(三法司)에 핵실(覈實) · 상주(上奏)토록 지시[批]했다. 고소문(告訴文) 내의 손상문이 공술(供述)한 내용을 조사해보면, 그의 아들[子] 손모는 평소에 불효하여 누차 위범(違犯)했기 때문에 이미 37년(1772) 9월에 현(縣)에 가책(枷責)[73] 등을 가할 것을 상신(上申)했는데, (가책한) 그때의 처리가 사실 옳지 않았다. 해당(該當) 범(犯) 손모가 오역(忤逆)을 범했고 그 아버지가 현(縣)에 상신했다면, 응당 엄형으로 징치(懲治)해야 했다. 종래 형부(刑部)에서 오역을 정고(呈告)한 안건을 처리할 경우에는 모두 율(律)에 준(准)하여 과죄(科罪)했기 때문에 경형(輕刑)으로 처리하더라도 반드시 발견(發遣)으로 의정(擬定)해야만 했다. 이 안건은 지방관이 이러한 처리에 따랐다면, 어찌 이런 무뢰한(無賴漢)이 회가(回家)하여 함부로 도리에 어긋나는 짓을 할 수 있었단 말인가? 다행히 손상문은 손가락이 뜯겼어도 죽지는 않았지만, 만약 상처로 치사(致死)하거나 혹은 결국 역륜(逆倫)의 일이라도 있게 된다면, 일시적인 미봉책[姑息之計]으로 이러한 불효자를 남겨서 그 부모에게 패악질을 하게

---

73) 〈옮긴이주〉 '가책(枷責)'은 가호(枷號)를 말한다. 가호에 대하여는 제3장 주 99) 참조.

할 것이고, 윤기(倫紀)·풍교(風敎)에도 크게 영향을 줄 것이다. 이후 각(各) 성(省)에서 이러한 오역과 관련된 안건을 의정할 경우에는 모두 예(例)에 준(准)하여 발견으로 처벌해야 한다. 형부에서는 명확하게 의정(議定)해서 상주(上奏)해야 할 것이다. (이에) 다음과 같이 심의(尋議)하였다. 무릇 오역을 정고한 형안(刑案) 중, 자손이 실제 구타[毆]·욕을 하는[罵] 등 중죄(重罪)를 범하였거나 단지 교령만을 위반하였다면[違犯敎令] 각각 율례(律例)에 준(准)하여 처리하고, 그밖에 조부모·부모가 자손을 정고하여 발견(發遣)을 간구(懇求)하였거나 누차 오역을 범한 것이 명확한[忤逆顯然] 경우, 정고된 자손은 실제 연장(煙瘴) 지방으로 발견하여 충군(充軍)시키고, 기인(旗人)은 흑룡강(黑龍江)으로 발견하여 차역(差役)에 종사시킨다.[74]

이 안건은, 손모(孫謀)가 그 아버지 손상문에게 오역(忤逆)·촉범(觸犯)했기 때문에, 그 아버지가 현에 가책할 것을 상신(上申)했(고 현에서는 그렇게 처리했)다. 그러나 손모는 회개(悔改)하기는커녕 촉범·오역 행위도 더욱 격화(激化)하여 결국 그 아버지를 구타했고, 손가락까지 물어뜯는 후과(後果)를 초래하였다. 황제는 이러한 엄중한 후과를 초래한 원인이 실제 처음 (본 안건이) 현에 상신되었을 때 조치가 부당했기 때문이라고 보았다. 이와는 달리 형부(刑部)에서 오역을 정고한 안건을 처리할 경우에는 항상 율에 준하여 과죄했기 때문에 경형으로 처리하더라도 발견으로 의정하였다. 만약 처음 해당 범죄를 정송(呈送)했을 때, 지방관이 율에 준하여 처리하면서 실정을 심리(審理)한 후에 엄형으로 처벌했다면, 이러한 '무뢰한'이 회가하여 함부로 도리에 어긋나는 행위를 하지도 않았을 것이다. 이로써 오역을 정고한 안건에 대하여 형부와 지방의 각 사법심급(司法審級)을 비교하면, 전자는 율에 준하여 치죄(治罪)하는 경향이 보다 강했지만, 후자는 때때로 경형(輕刑)으로 처벌할 수 있었음을 알 수 있다. 그러나 형벌의 최종 효과라는 측면에서 보면, 율에 준한 치죄나 엄형에 의한 처벌은 범죄를 징벌하는 기능은 실현될 수 있지만, 범죄자에 대한 개조(改造)는 충분히 실현될 수 없다. 다만 분명한 사실은, 오직 경형에 준해서 종간(縱奸)을 관대하게 처리한 경우에는 오히려 범죄자만 기고만장해져서 '형기무형(刑期無刑: 형벌은 형벌을 없게 하는 것을 기약한다)'이라는 목적과 역행될 수도 있었다는 점이다. 따라서 청대 지방에서 자리하는[地方自理] '자손의

---

74) 관수(官修), 『황조문헌통고(皇朝文獻通考)』 권202, 「형고(刑考)8」.

교령위반[子孫違犯敎令]'안건의 심리과정에서, '선교후주'라는 사법이념의 사법심판에서의 실제적 가치는 모두 부정할 수도 없지만 맹목적으로 믿을 수도 없다.

제2절
정죄윤협(情罪允協) : '「형안휘편(刑案彙編)」'중의
'자손의 교령위반[子孫違犯敎令]'안건

청대 사법권(司法權)의 배치규칙(配置規則)에 의하면, 양형(量刑)이 태형·장형과 같은 경형(輕刑)에 한정된 안건은 예(例)에 따라 지방자리(地方自理)라고 칭(稱)하여, 심리·판결·형벌의 시행은 모두 지방에서 자주적(自主的)으로 완결하였지만, 도형·유형·사형 등의 안건은 자리(自理)에 속하지 않고 반드시 형부(刑部)를 주된 담당자로 하는 최고사법기관의 심핵(審覈)·재결(裁決)을 거쳐야 비로소 행형(行刑)할 수 있었다. 후자에 대하여는 본 절(節)의 이른바 '형안(刑案)'의 범주에 속한다. 필자의 소견(所見)에 의하면, 이러한 형안과 관련된 사법자료(司法資料)는 청대 지방관들(독무(督撫) 및 부주현[府州縣])이 남긴 관문서[官書]·주독(奏牘)·비판(批判)에 간혹 기록되어 있지만, 분포는 비교적 분산되어 있기 때문에 특히 최고사법기관의 심리(審理) 의견을 체현(體現)하기가 매우 어렵다. 또한 현존하는 형부(刑部)의 당안(檔案)과 형과제본(刑科題本) 중에 수록된 형안(刑案)도 그 수량은 매우 많지만, 자료의 규모가 너무 방대하여 때때로 연구자들이 손을 쓰기가 매우 어렵다. 이와는 달리 청대 상당한 수량의 형안이 수록되어 있을 뿐만 아니라 분포(分布)도 비교적 법사자료(法史資料)에 집중되어 있는 것은 당연히 「형안휘편(刑案彙編)」밖에 없다. 따라서 청대 전문적으로 형안만을 집록(集錄)한 서적은 그 수량이 많기 때문에 본절(本節)에서 말하는 「형안휘편」은 주지(周知)의 『박안신편(駁案新編)』·『형안회람(刑案匯覽)』 및 그 속증(續增)·신편(新編)·삼편(三編)만을 가리키지 않고 그 이외의 형안을 집록한 서적도 포괄하고 있다.[75) 종합하면, 이들 「형안휘편」의 내용에는 기본적으로 두 가지 공통점이 있었다. ① 수록된 형안은 범죄의 정상(情狀)이 비교적 엄중하여 양형(量刑)은 일반적으로 도형·유형 이상이었다는 점이다. ② 절차상 정안(定案)·의죄(擬罪) 부분에 집중되었고, 형부(刑部)의 주도 속에서 죄상(罪狀)과 죄명(罪名)·형벌의 통일을 힘써 추구하였는데, 당시의 말로 표현하면 바로 '정죄윤협(情罪允協)'이었다는 점이다. 왜냐하면 형부에서 볼 때, 죄상과 죄명·형벌이 적절히 일치하지 않았다면 성공한 심판이라고 할 수도 없고, 법률의 정의·공평 정신에도 위배되었기 때문이다. 따라서 그들은 각 성(省)에서 보고하는 형안에 대하여 간혹 그 번잡함도 마다않고 계속해서 검토하고 토의(討議)·논박(論駁)하여, 안건(案件)의 확실한 사실을 힘써 추구한다는 전제하에서, 한 조[一條] 또는 몇 개의 조(條)에서 적합한 법률규정을 찾아내었고, 또 법조(法條)의 죄형규정(罪刑規定)에 따라 공평·합리적인 판결을 내렸다. 당연히 여기에서 말하는 공평·정의·합리는 당시 사람들의 마음속의 관념이었을 뿐이고, 오늘날 평판(評判) 기준과는 격차(隔差)가 있었기 때문에 그다지 엄격할 필요는 없었다.

앞서 언급하였듯이, 청률(清律) 중 「자손위범교령조(子孫違犯敎令條)」에는 법률 확장 문제가 있었기 때문에 율문(律文)에 포함된 교령위반[違犯敎令]과 공양

---

75) 바로 『설첩(說帖)』(형부[刑部], 건륭[乾隆]·가경[嘉慶]에서 도광[道光] 연간까지의 초본[抄本])·『설첩집요(說帖輯要)』(송겸[宋謙], 가경연간초본[嘉慶年間抄本])·『설첩집요초존(說帖輯要抄存)』(청년[清年], 도광11년각본[道光十一年刻本])·『설첩변례신편(說帖辨例新編)』(왕진지[汪進之], 도광17년각본[道光十七年刻本])·『형부비조가감성안(刑部比照加減成案)』(허련[許槤]·웅아[熊莪], 도광14년각본[道光十四年刻本])·『형부비조가감성안속편(刑部比照加減成案續編)』(허련[許槤], 도광23년각본[道光二十三年刻本])·『비조안(比照案)』(일명[佚名], 도광연간초본[道光年間抄本])·『조례약편(條例約編)』(옥덕[玉德], 건륭58년각본[乾隆五十八年刻本])·『신증성안소견집(新增成案所見集)』(마세린[馬世璘], 건륭58년각본[乾隆五十八年刻本])·『양기안독(兩歧案牘)』(일명[佚名], 도광23년각본[道光二十年刻本])·『양기성안신편(兩歧成案新編)』(소승청[邵繩清], 도광13년각본[道光十三年刻本])·『성안비고(成案備考)』(일명[佚名], 가경연간초본[嘉慶年間抄本])·『모읍비고(謀邑備考)』(오광화[吳光華], 청대초본[清代抄本])·『조례(條例)』(부성안[附成案])』(형부[刑部], 청대초본[清代抄本])·『대청율례신편(大清律例新編)』(양사양[楊士驤], 광서32년석인본[光緒三十二年石印本])·『신집형안휘편(新輯刑案彙編)』(일명[佚名], 광서연간각본[光緒年間刻本]) 등과 같다. 이들 「형안휘편[刑案彙編]」은 잔존하는 수량도 상당히 많다. 그러나 현재 법사학계에서 이와 관련된 정리·연구는 북경고적출판사(北京古籍出版社)의 『형안회람(刑案匯覽)(3편[編])』 4책(冊) 이외에는 아직 뚜렷한 진전(進展)을 보이고 있지 않다.

결여[供養有缺]라는 두 가지 방면의 내용 이외에 세 가지 조례문(條例文)을 통해 가난으로 봉양하지 못하여 부모가 자진(自盡)한 경우·간(奸)과 도(盜)로 인하여 부모가 비명횡사(非命橫死)한 경우·부모의 정송(呈送)에 의해 발견(發遣)한 경우 등 세 가지 방면의 내용도 증가되었다. 그러나 천변만화(千變萬化)한다고 해도 근본적으로 변화하지 않는 것은 본 조(條)의 내용이 여전히 교령과 공양 두 방면에 있었던 점이다. 증가된 세 가지 조례문의 내용은 공양의 미진(未盡)·교령의 불복종(不服從) 등의 행위에 의해 초래되는 엄중한 후과(後果)에 상응하는 정죄양형(定罪量刑) 그것이었다. 이에 기초하여, 본 절(節)에서는 논의의 편의를 위해서 부모가 교령을 내리고 자손의 공양을 누리는 권리를 대략적으로 개괄하여 '교령권(敎令權)'이라고 칭(稱)하고, 이에 상응하여 자손이 교령에 복종하고 공양을 제공할 의무를 개괄적으로 '교령에 복종하는 의무'라고 칭하기로 한다. 더 나아가 「형안휘편」 중 상당한 수량의 '자손의 교령위반[子孫違犯敎令]' 안건을 종합적으로 고찰한 기초 위에서([본고에서] 직접 인용한 형안[刑案]은 편말[篇末]에 첨부한 형안[附案] 참조) 이하 몇 가지 측면에서 '자손의 교령위반[子孫違犯敎令]' 안건의 범죄 구성을 살펴보고, 아울러 청대 사법실천에서의 몇 가지 규칙을 구명(究明)하고자 한다.

1. 교령권(敎令權)의 주체와 객체

여기서 말하는 교령권의 주체와 객체는 친속신분(親屬身分) 관계에 기초해서 법률규정에 준(准)하여 어떤 사람이 교령을 내리고 공양을 받을 권리를 가졌고, 어떤 사람이 교령에 복종하고 공양을 제공할 의무를 이행했는가 하는 것이다. 『대청율례(大淸律例)』의 「자손위범교령조(子孫違法敎令條)」를 보면, 율례(律例) 부분에서는 모두 조부모·부모가 교령권의 주체가 되었고, 자손이 교령권의 객체가 되었다. 동시에 「명례율(名例律)」 「칭기친조부모(稱期親祖父母)」의 율문(律文)에서는 "무릇 율(律)에서 기친(期親)이라 칭(稱)하였거나 조부모라고 칭한 것은 증조(曾祖)·고조(高祖)도 동일하고, 손(孫)이라 칭한 것은 증손(曾孫)·원손(元孫)도 동일하다. 적손(嫡孫)으로 조부(祖父)를 계승한 자는 부모에게 있어서도 동일하다. 연좌(緣坐)할 경우에는 각각 조(祖)·손(孫)의 본법(本法)

에 따른다. 그리고 적모(嫡母)·계모(繼母)·자모(慈母)·양모(養母)는 모두 3년
의 상복(喪服)을 입는다. 범함이 있는 경우에는 친모(親母)율(律)과 동일하다.
개가(改嫁)하여 의절(義絶)하였거나 자손을 구살(毆殺)하였다면 친모(親母)와 같
지 않다. 자식[子]이라고 칭한 것은 아들[男]·딸[女]도 같다. 연좌할 경우, 딸
은 같지 않다."76)고 규정하였다. 이 규정에 의하면, 이론적으로 교령권의 주
체에는, 남성친속(男性親屬) 방면에서는 부(父)·조부(祖父)·종조부(曾祖父)·고
조부(高祖父)가 포괄되었고, 여성친속 방면에서는 모(母)·조모(祖母)·증조모
(曾祖母)·고조모(高祖母)가 포괄되었다. 이와 상응하여 교령권의 객체에는, 남
성방면에서는 자(子)·손(孫)·증손(曾孫)·현손(玄孫)이 포괄되었고, 여성방면
에서는 딸[女]·손녀(孫女)·증손녀(曾孫女)·현손녀(玄孫女)가 포괄되었다. 그렇
다면 이상의 분석(分析)은 전적으로 남성(男性)의 가정 또는 가족의 관점에 기
초하였고, 동시에 혈연친속(血緣親屬)에 국한되었기 때문에 분명히 한계가 있
었다. 사실상 가정의 조직(組織)은 내부의 신진대사(新陳代謝)를 통해 변화하기
도 하였고, 혼인·승계[承嗣]·수양(收養) 등 행위들에 의해 가정 외부의 개인
혹은 또 다른 가정조직과 연계하기도 하였으며, 그에 따라 원래의 가정조직
과 가정관계도 복잡해지게 되었다.

예컨대, 자녀와의 관계가 가장 친밀한 '부모' 방면처럼 가정관계의 변동으
로 다른 호칭(呼稱)이 출현했을 뿐 아니라 그에 따라 권리·의무 관계에도 미
묘한 변화가 발생했다. 주지하듯이, 중국고대에서 '부모'에 대한 명목(名目)
에는 장기간에 걸쳐 '삼부팔모(三父八母)' 또는 '오부십모(五父十母)'라는 표현법
이 있었다.77) 예컨대 이것을 청대 법률의 "오복에 준하여 정죄한다[准五服以

---

76) 『대청율례』 권5, 「명례율하(名例律下)」 「칭기친조부모」.
77) 이른바 '삼부팔모(三父八母)'에서 '삼부'는 동거(同居)하는 계부(繼父), 동거하지 않는
   [不同居] 계부(양자[兩者]는 친모(親母)가 개가(改嫁)하여 아버지가 된 사람을 가리킨다), 계
   모가 개가하여 아버지가 된 사람(생부[生父]가 죽자, 계모가 개가한 사람으로 복제[服制]
   가 없다)이다. '팔모'는 적모(嫡母: 아버지의 정처[正妻]), 계모(繼母: 아버지가 재취[再娶]
   하여 처가 된 사람), 양모(養母: 어려서 입양[入養]되었거나 3세 이하로 유기[遺棄]된 사람이
   길러준 어머니를 부르는 호칭), 자모(慈母: 생모[生母]가 죽자, 아버지가 (자식을) 무육[撫育]
   하게 한 첩[妾]에 대한 호칭), 가모(嫁母: 생부[生父]가 죽자 개가한 어머니), 출모(出母: 아
   버지에게 쫓겨난 친모[親母]), 서모(庶母: 아버지의 정처가 낳은 자식이 아버지의 자식을 낳
   은 첩[妾]을 부르는 호칭), 유모(乳母: 아버지의 첩으로 젖을 먹인 사람)(전지청[錢之淸]·육

定罪]"78)는 원칙79)과 결부시키면, 당시 사법적 실천에는 '부친(父親)'이라는 호칭도 있었고, 또 복제(服制)와 관계가 있는 친부(親父)·양부(養父)·계부(繼父)도 포함되었으며, 동일하게 '모친(母親)'이라는 호칭도 있었고, 또 복제와 관계가 있는 친모(親母)·적모(嫡母)·계모(繼母)·양모(養母)·자모(慈母)·가모(嫁母)·출모(出母)·서모(庶母)·유모(乳母)도 포함되었다. 이상 열거한 제(諸) '부모'는 자녀와의 사이에 모두 복제와 관계가 있었기 때문에 자녀에게 교령(敎令)을 내릴 권리를 가지고 있었지만, 복제(服制)에서 친소(親疎)·원근(遠近)이 달랐기 때문에 사법적 실천에서 각각의 '부(父)'와 '모(母)'에 대한 교령권의 인가(認可) 정도도 동일하지 않았다. 여기서 분명히 해야 할 것은 다음의 두 가지 점이다.

(1) 「자손위범교령(子孫違犯敎令)」의 율례조문(律例條文) 중의 이른바 '부모'는 모두 '친생자(親生者)'를 전제로 설정되었다는 점이다. 이러한 유형의 '부모'의 교령권은 모두 친부모를 기준으로 하였고, 또 이에 근거하여 파생·확장되어 갔다. 그 중 대략적인 규율(規律)은 복제(服制)에서 관계가 점차 소원해짐에 따라 부모에 대한 교령권의 인가(認可) 정도도 갈수록 낮아졌다.

(2) 「칭기친조부모(稱期親祖父母)」의 율문(律文) 중의 "적모(嫡母)·계모(繼母)·

봉래[陸鳳來], 『대청률전석합초[大淸律箋釋合鈔]』(강희44년각본[康熙四十四年刻本]) 권수[卷首], 「복제(服制)」「삼부팔모도(三父八母圖)」). 이밖에 원대(元代) 서원서(徐元瑞)의 『이학지남(吏學指南)』의 기록에 의하면 '오부십모(五父十母)'라는 표현도 있는데, '오부'는 친부(親父: 자신을 낳은 아버지에 대한 호칭), 양부(養父: 자신을 후계자로 세운 아버지에 대한 호칭으로, 유기된 아이를 입양한 사람도 동일하다), 계부(繼父: 친부[親父]가 죽자, 어머니가 재혼한 사람), 의부(義父: 은총을 받아서 아버지가 되기로 결의한 사람 등에 대한 호칭), 사부(師父: 학업의 가르침을 받은 스승에 대한 호칭)를 포괄하고 있다. '십모'는 전술(前述)한 '팔모'에 친모(親母: 직접 자신을 낳은 사람)와 제모(諸母: 백숙모에 대한 통칭[通稱])가 추가되었다(서원서, 『이학지남』[청대초본(淸代抄本)] 권5). 이처럼 이 두 가지 견해는 차이가 있다. 이외에도 청대 서건학(徐乾學)은 『독례통고(讀禮通考)』에서 원대의 '삼부팔모'설에 대하여 비평을 가하였고, 또한 '오부십삼모(五父十三母)'라는 용어(用語)에 대하여 부연(敷衍)하고 있지만, 이것은 상술(詳述)하지 않는다.

78) 〈옮긴이주〉 원서에는 '准服制以定罪'라고 하여, '五服'이 '服制'로 오기되어 있다[아래의 주) 참조].
79) "오복에 준하여 정죄한다[准五服以定罪]"는 원칙은 진률(晉律) 중에 이미 확립되어 중국고대 입법과 사법의 실천영역(實踐領域)에서 심원(深遠)한 영향을 주었다.

자모(慈母)·양모(養母)는 친모(親母)와 동일하다"는 표현에는 다음과 같은 두 가지 함의(含意)가 있었다는 점이다. ① 적모·계모·자모·양모와 자녀 간에 범죄 행위가 발생하지 않은 정황에서, 다시 말해 일종의 정상적인 상태에서 예적(禮的)인 요구와 법률규정에 따라 적모·계모·자모·양모는 친모(親母)와 동등한 교령권을 가졌고, 자녀도 동등하게 교령에 복종할 의무가 있었으며, ② 오직 자녀만이 법률에서 규정한 내용들을 주도적으로 이행해야 하였고, 적모·계모·자모·양모에 대한 이러한 범죄 행위 혹은 그러한 행위의 상태가 이미 이러한 범죄의 법정(法定) 구성요건에 부합하였다면, 법률에서는 적모·계모·자모·양모에게 친모와 동등한 권리를 보호해주었다. 따라서 모든 형안(刑案)의 발생에는 정상적인 법률적 질서에 대한 충돌과 파괴를 내포하고 있었다. '자손의 교령위반[子孫違犯敎令]'과 같은 형안이 발생하는 과정에서 교령권의 주체와 객체는 모두 범죄 행위의 시행자가 될 수 있었다. 복제(服制)의 차이 및 안건(案件)의 다양한 실상(實狀) 등에 근거하여 죄상(罪狀) 간의 일치를 추구하는 문제는 확실히 깊이 숙고해야 할 일이다.

권리의 주체라는 측면에서 보면, 친부모와 적모(嫡母) 방면은 법률규정이 자못 분명하였기 때문에 부연(敷衍)할 필요가 없다. 그러나 당시 법률규정에 의하면, 적어도 아래에 열거하는 다섯 가지 관계는 주의해야 한다.

(1) 계부(繼父). '동거(同居)하는 계부'와 '동거하지 않는[不同居] 계부'의 두 가지로 나눌 수 있고, 전자는 동거라는 의미가 있었기 때문에 후자보다 더 많은 교령권을 가지고 있었다.

(2) 계모(繼母). 남편 집[夫家]의 재산과 가족 혈연의 잠재적인 위협으로 간주되어 법률에 의해 엄중한 규제(規制)가 가해졌기 때문에 절차(節次)와 실체(實體)라는 측면에서 교령권은 모두 상당히 제한되었다. 이 양자(兩者: 계부와 계모 –옮긴이)는 앞서 관련된 법률조문을 분석할 때 이미 지적하였기 때문에 췌언(贅言)하지 않는다.

(3) 양부모(養父母). 피수양자(被收養者)와 동종(同宗)에 속하였기 때문에 복제(服制)도 친부모(親父母)와 동일하였다. 그러나 수양(收養)의 동기와 목적이 단순(單純)한지의 여부에 따라 교령권의 대소(大小)가 결정되었다. 예컨대 편말(篇末)에 첨부(添附)한 안례(案例)1을 보면, 산동(山東)의 임씨(林氏)는 통간(通奸)이 발각되었기 때문에 백모(伯母) 임왕씨(林王氏)가 분노를 참지 못하고 목을

매어[自縊] 자진(自盡)하였다. 임왕씨와 임씨는 사실상 수양(收養)의 관계에 있었다. 그러나 임왕씨가 임씨를 수양한 것은 임씨의 토지신을 모신 사당[地廟]을 얻어서 자기의 생활비[食用之計]를 마련하는데 (목적이) 있었기 때문에 동기가 불순(不純)하였다. 따라서 형부(刑部)에서는 임왕씨가 "성심으로 무양(撫養)하지 않았기 때문에 참된 사람이 되도록 교육하는 것과 차이가 있고", "임왕씨가 목을 맨[自縊] 것은 임씨의 범간(犯奸)으로 분노를 이겨내지 못하였기 때문이지만, 그 은의(恩義)는 결국 부모와 같지 않다"고 판단하여, 결국 임씨는 "자손이 범간(犯奸)하여, 조부모[祖]·부모[父]가 아직 종용하지 않은[幷未縱容] 상황에서 자손이 사음(邪淫)을 범한 행위로 인해 (조부모·부모가) 근심과 분노로 자진하였다면[憂憤戕生] 교(絞)로 의정(擬定)한다"는 예(例)에 준(准)하되 양형은 1등 감경되어 만류(滿流)[80]에 처해졌다.[81]

(4) 의부모(義父母). 율(律)에 의하면, 종족(宗族)을 문란케 한다는 이유로 이성(異姓) 의자(義子)의 걸양(乞養)을 금지하였고, 위반한 경우에는 장형 60대에 처하였으며, 3세 이하의 유기(遺棄)된 이성(異性)의 소아(小兒)는 수양(收養)을 허용하였고 또 개성(改姓)할 수도 있었지만, 무자(無子)라는 이유로 후사(後嗣)로 세울 수는 없었다.[82] 예(禮)에 의하면, 의부모와 의자(義子)·의녀(義女)는 모두 복제(服制)와 무관(無關)하였다. 다만 의합(義合)의 관계에 있었기 때문에 의자·의녀가 부모에게 죄를 범한 경우에는 (처벌은) 친부모에게 범한 경우와 동일하였다. 그러나 의부모가 의자·의녀에게 죄를 범하였다고 해도 의절(義絶)한 상황(狀況)이 아니었다면 친부모(親父母)와는 차이가 있었기 때문에 그에 상응하여 의부모의 교령권도 삭감되었고, 의절한 상황이었다면 일반인[凡人]과 동일하게 의죄(擬罪)되었다.[83]

---

80) 〈옮긴이주〉 '만류(滿流)'는 유형(流刑)의 형기를 모두 채우는 형벌(유형 3천리)을 가리킨다.

81) 허련(許槤)·웅아(熊莪), 『형부비조가감성안(刑部比照加減成案)』(속수사고전서본[續修四庫全書本]) 권25, 「형률(刑律)·소송(訴訟)」 「자손위범교령(子孫違犯敎令)」.

82) 『대청율례』 권8, 「호율(戶律)」 「입적자위법(立嫡子違法)」.

83) "의자(義子)가 의부(義父) 및 의부의 조부모·부모에게 (죄를) 범한 경우, (처벌은) 자손과 차이가 없었지만, 걸양(乞養)한 이성(異姓)의 자손을 구살(毆殺)·고살(故殺)한 경우, 자손을 구살·고살한 경우와 동일하게 처리하지 않고 대개 가벼운 규정[輕典]을 적용한 것은 걸양을 의합(義合)으로 판단하여 친생(親生)의 중대함과 동일하게 여

(5) 가모(嫁母). 남편[夫]이 사망한 이후 개가(改嫁)하였다면, 전남편[前夫]에 대해서는 의절한 상황이었기 때문에 전남편의 자식과는 의절한 정리(情理)가 없었더라도 복제(服制)는 기년(期年)으로 줄었고, 그에 따라 교령권도 삭감되었다. 예컨대 (편말에 첨부한) 안례(案例)2를 보면, 안휘(安徽)의 장쌍폭(張雙幅)은 피해자[事主] 요고경(姚高慶) 등의 집[家]을 절도(竊盜)하였고, 동시에 가모(嫁母) 노서씨(盧徐氏)가 (그를) 정송(呈送)하여 발견(發遺)해줄 것을 간구(懇求)하는 사건으로도 피소(被訴)되었다. 비록 장쌍폭은 모친 서씨가 노씨(盧氏)에게 개가하였을 때, 어린 나이에 따라가서 무양(撫養)·장성(長成)하였으나 교화(教化)에 불복(不服)하고 누차 잘못을 범하였지만, 형부(刑部)에서는 다음과 같이 판단하였다. "모친이 이미 개가하여 복제가 기년으로 줄었기 때문에 훈교(訓敎)에 따르지 않았다면 차라리 본종(本宗)으로 돌려보내는 것이 좋다. 그리고 장쌍폭은 단지 촉범(觸犯)한 행위만 있을 뿐 결코 달리 오역(忤逆)한 정상(情狀)은 없다. 만약 부모가 정송하여 발견하는 예[父母呈送發遺例]에 준(准)하여 연장(煙瘴) 지방으로 발견하여 충군(充軍)시키는 것으로 의정(擬定)한다면, 개가하여 의절(義絶)한 처(妻)로 인해 전남편[前夫]의 제사를 단절시키는 것이 되고, 이는 정리(情理) 면에서 공평·타당하지 않기 때문에 당연히 예(例)에 준하여 양형(量刑)을 감경해서 심문·의죄(問擬)해야 한다. 동시에 절도(竊盜)·계장(計贓)[84]의 죄(罪)는 정송하여 발견하는 죄와 비교하면 경죄(輕罪)에 속하기 때문에 형벌 흡수주의(刑罰吸收主義)를 채택하여 논죄하지 않는 것이 가(可)하다."[85] 이에 최종 판결은, 장쌍폭에 대하여 부모가 정송하여 발견하는 예[父母呈送發遺例]에서 1등을 감경하여 장형 100대·도형 3년에 처하였고, 아울러 절도에 대한 처벌을 규정한 본율(本律)에 준하여 자자(刺字)에도 처하였다.[86] 그러나 간혹

기지 않았기 때문이다."(옥덕[玉德], 『조례약편(條例約編)』[건륭57년안휘얼서각본(乾隆五十七年安徽臬署刻本)] 권62, 「형례(刑例)」「친속살(親屬殺)」)

84) 〈옮긴이주〉 '계장(計贓)'은 장물(贓物)의 수량을 돈으로 따져 계산하는 것. 처벌은 수량의 다과(多寡)에 따라 최고(最高) 사형(死刑)에서 그 아래로 자자(刺字)·도(徒)·유(流)·장(杖)·태(笞)가 가(加)해졌다.

85) 〈옮긴이주〉 본 장쌍복 안건에 대한 형부의 판단으로 되어 있는 "모친이~가(可)하다"는 문장은 원서에는 인용문 표시가 일부에 한정되어 있지만, 편말(篇末)에 있는 안례(案例)2를 보면, 문장 전체가 형부가 판단한 것으로 되어 있기 때문에 인용문의 표시도 그에 따라 수정하였다.

가모(嫁母)가 후살이 남편[後夫]의 사망으로 다시 전남편(前夫)의 집으로 돌아가서[回家] 자녀를 성인(成人)이 되기까지 무양(撫養)하였다면(예컨대 안례[案例]3의 주공씨[朱龔氏]), 친모(親母)의 교령권(敎令權)을 완전히 회복할 수 있었다.[87] 이밖에 자모(慈母)·출모(出母)·서모(庶母)·유모(乳母)는 모두 (자녀와) 의합(義合)의 관계에 있었기 때문에[88] 계모(繼母)의 교령권과 그 규칙이 대략 동일하였다.

교령권의 주체가 명확해지면, 권리의 객체는 자연히 대구(對句) 형식으로 살펴볼 수 있다. 주의해야 할 것은 「자손위범교령조(子孫違法敎令條)」에서는 "자손의 부인(婦人)이 범한 경우에는 모두 자손과 동일하게 처벌한다"고 규정하여, 입법이 지극히 간결해졌다는 점이다. 그러나 사건의 경위[案情]가 복잡다변(複雜多變)해졌기 때문에 형부(刑部)에서는 형안(刑案)을 처리할 때 보통 기계적으로 관철시키지 않고 사안(事案)에 따라 적절하게 조치하는 책략(策略)을 취하였다.

(1) 『대청율례(大淸律例)』의 말미(末尾)에 부기(附記)된 「비인율조(比引律條)」[89]에 의하면, 남녀가 정혼(定婚)은 하였지만 아직 출가(出嫁)하기 전에 몰래 통간(通奸)하였거나 정혼은 하였지만[聘], 아직 혼례를 올리지 않은[未娶] 자손의 부인(婦人)이 시부모에게 욕을 한[罵] 경우에는 모두 「자손위반교령(子孫違犯敎令)」의 율문(律文)에 준(准)하여 장형 100대에 처해졌다.[90] 예컨대 안례(案例)4에 의하면, 화련포(花連布)는 이웃한 집[同院]에 거주하던 여인과 정혼(定婚)하였고, 아직 빙재(聘財)는 보내지 않았지만, 이미 그 모친이 술상을 차려놓고 여인의 모친을 초대하여 함께 마시며 (혼례를) 논의하였기 때문에 법률상 정혼

---

86) 허련(許槤), 『형부비조가감성안속편(刑部比照加減成案續編)』권25, 「형률(刑律)·소송(訴訟)」「자손위범교령(子孫違犯敎令)」.

87) 축경기(祝慶祺), 『속증형안회람(續增刑案匯覽)』(속수사고전서본[續修四庫全書本]) 권13, 「자손위범교령(子孫違犯敎令)」.

88) "복제(服制)의 설정에는 은합(恩合)과 의합(義合)의 구분이 있었다. 친모(親母)의 부모는 은합의 관계에 있었고, 계모(繼母)의 부모는 의합의 관계에 있었다. 은혜(恩)는 끊을 수 없지만, 의(義)에는 경중[權衡]이 있기 때문에 서로 범한 행위에 대하여 의죄(擬罪)할 경우, 외인(外姻)의 복(服)은 본종(本宗)과 동일하게 논죄할 수 없다."(옥덕, 『조례약편』권62, 「형례」「친속살」)

89) 〈옮긴이주〉『대청율례』의 「총류(總類)」(권47)에는 「비인율조」가 첨부(添附)되어 있는데, 모두 30조(條)로서 비부(比附)하여 과단(科斷)하는데 이용되었다.

90) 『대청율례(大淸律例)』 권47, 「총류(總類)」「비인율조(比引律條)」.

한 것과 거의 동일하였다. 그런데 본(本) 범인은 그 모친이 혼인[嫁娶]하라는 명령을 기다리지 않고 함부로 몰래 여인과 통간하였고, 또 함께 도망하여 다른 곳에서 살았다. 율례(律例)에는 치죄(治罪)할 명문(明文)이 없었기 때문에 비부(比附)를 사용하여 화련포는 「자손위범교령(子孫違犯敎令)」의 율문에 준하여 장형 100대에 처해졌고, 또 정상(情狀)을 참작하여 가호(枷號) 1개월이 부가(附加)되었다.[91] 또 안례(案例)5에 의하면, 옹청영(翁靑英)은 남성[人]과 통간하였고 꾐에 빠져 함께 도망가기로 하였는데, 남편[夫]이 될 사람의 아버지[父]가 사람을 거느리고 가서 사로잡았지만 간부(奸夫) 등의 집단 구타[共毆]로 절명(絶命)하였다. 형부(刑部)에서는 이 안건의 경우, 옹청영이 성혼(成婚)하지는 않았지만 정혼(定婚)하였다면 "옹(翁)이 며느리가 될 명분(名分)은 이미 정해진 것이다"고 판단하였고, 이에 따라 "자손의 범간(犯奸)으로 인해 부모가 피해자[人]에게 구살(毆殺)된 경우에는 (자손을) 교결(絞決)에 처한다. 자손의 부인(婦人)이 범한 경우에는 모두 자손과 동일하게 처벌한다"는 율(律)에 준하여 교결사죄(絞決死罪)를 적용해야 하였지만, 옹씨는 결국 아직 혼례를 치르지 않았기 때문에 정상(情狀)을 참작해서 양형(量刑)이 감경되어 교감후(絞監候)로 변경되었다.[92]

(2) 이미 성혼한 부인에 대하여, 형부(刑部)에서는 사법실천에서 "시어머니의 며느리에 대한 관계는 궁극적으로 친자녀(親子女)의 부모에 대한 관계와 같지 않다. 만약 평소에 교훈(敎訓)을 따르지 않았거나 오역(忤逆)한 정황이 있다면 당연히 교유(敎諭)·처벌해야 하지만, 임의로 포학하게 하거나 함부로 잔인하게 할 수 없다. …… 무릇 시어머니는 그 며느리의 오역 여부에 관계없이 결국 존장(尊長)이라는 명분(名分)만 믿고 함부로 모살(謀殺)하였는데, 관(官)에서 심문·의죄[問擬]할 때 또 요행으로 감경을 바랐다면, 이러한 풍조는 조장(助長)되어서는 안 된다"[93]고 판단하였다. 그 이면에는 시어머니의 며느리에 대한 교령권은 실제 부모의 자녀에 대한 것과 다르고, 특히 존장인 것을 믿고 모살할 수 없다는 뜻이 내포되어 있다.

---

91) 허련(許槤), 『형부비조가감성안속편』 권25, 「형률·소송」「자손위범교령」.
92) 심가본(沈家本), 『형안회람삼편(刑案匯覽三編)』 권40, 「형률(刑律)·소송(訴訟)」「자손위범교령(子孫違犯敎令)」.
93) 옥덕, 『조례약편』 권62, 「형례」「친속살」.

(3) 전술하였듯이, 과부(寡婦)에 대한 시부모의 주혼권(主婚權)은 입법상(立法上)에서 어느 정도 제한을 받았고, 반드시 과부의 원망(願望)이 기초가 되어야 하였다. 이밖에 과부가 시부모에게 촉범(觸犯)·오역(忤逆)·위범(違犯)한 정황이 있었다면, 시부모는 정송(呈送)하여 발견(發遣)(을 간구)할 권리가 있었더라도 사법(司法)에서는 일반적으로 실행할 수 없었다. 왜냐하면, 한편으로 부녀(婦女)는 단독으로 유배(流配)할 수 없었기 때문이고, 다른 한편으로 며느리가 시부모에게 범한 경우, 즉 '칠출(七出)'을 범한 경우에는 율(律)에서는 이혼시키고 동종(同宗)으로 돌려보내었기 때문이다. 예컨대 안례(案例)6에 의하면, 며느리 오장씨[小吳張氏]는 그 시어머니 오장씨[老吳張氏]에게 누차 무례하게 반항하였고, 또한 여러 번 구실(口實)을 만들어 경공(京控)[94]하였기 때문에 (시어머니가) 교령(敎令)에 불복(不服)한다는 이유로 발견(發遣)을 간구(懇求)하였다. 형부에서는 다음과 같이 판결하였다. ① "자손의 부인은, 반드시 그 남편[夫]과 함께 정송(呈送)(하여 발견한다고 간구)해야 심사를 거쳐 (증명서를) 발급하여[簽發] 함께 발견할 수 있다. 만약 자손이 이미 사망한 후에 그 부인이 누차 위범(違犯)·촉범(觸犯)한 정황이 있었다면, 율례(律例)에는 시부모가 정송하였더라도 자손의 부인을 실제 발견하는 조문(條文)은 없고", ② "부인의 도리[義]는 남편[夫]보다 엄중하였기 때문에 단신(單身)으로 먼 변경으로 발견하지 않는 것은 긍휼을 보일 뿐 아니라 예교(禮敎)도 유지하기 위해서이다. 만약 과부가 단신으로 멀리 타향(他鄕)에 가서 노예(奴隸)의 몸이 되었다면 명절(名節)을 돈후(敦厚)·숭상하는 뜻이 아니다. 며느리 오장씨[小吳張氏]가 누차 공소(控訴)를 제기한 것도 사건이 발생하는데 원인이 있기 때문에 율(律)에 준(准)하여 '자손의 교령위반[子孫違犯敎令]'죄로 장형 100대에 처해야 할 뿐이다. 또한 며느리 오장씨[小吳張氏]는 과부이기 때문에 율에 준하여 참작(參酌)해서 수속(收贖)에 처해야 한다."[95]

이상의 분석을 근거로, 입법적 관점이든 사법적 관점이든, 부모와 자녀(시

---

94) 〈옮긴이주〉'경공(京控)'은 청대(淸代) 관리[官]·백성[民]에게 억울한 일[冤屈]이 발생하였지만, 지방의 최고 관서(官署)의 심판에서도 해결할 수 없을 때 경사(京師)의 도찰원(都察院) 및 보군통령아문(步軍統領衙門)에 공소(控訴)한 것을 말한다.

95) 축경기(祝慶祺)·포서운(鮑書蕓), 『형안회람(刑案匯覽)』(속수사고전서본(續修四庫全書本)) 권49, 「자손위범교령(子孫違犯敎令)」.

부모와 며느리도 포함) 간의 교령의 권리와 의무 관계는 상당히 불평등하였음을 알 수 있다. 그러나 사법실천에서는 각각의 죄상(罪狀)에 따라 적절하게 변통 (變通)을 가하여 부모의 교령권도 유지·보호해야 하였고, 어떤 일방적인 악성(惡性)의 범죄 행위를 처벌하여 예(禮)와 법(法)도 통일시켜야 하였다. 그렇다면 여기서 제기되는 또 다른 문제는 청대(淸代)의 사법실천에서 교령권의 주체와 객체의 친속범위는 일반적으로 어느 정도였는가 하는 점이다. 이 문제에 대하여는 대략 이하 두 가지 측면에서 대답할 수 있다. 첫째, 앞서 열거하고 분석한 권리의 주체와 객체는 주로 부계친속(父系親屬)에 속하였지만, 사실 모계친속(母系親屬) 중에도 외조부모(外祖父母) 등과 같이 교령의 주체가 있었다. 마찬가지로 '모(母)'의 명목(名目)도 다양하였기 때문에 복제(服制)에서 관계가 체감(遞減)됨에 따라 외조부모 등 교령의 주체의 권능(權能)도 상응해서 격하(格下)되었다. 둘째, 가(家)의 규모·가정의 구성원이 교령의 주체와 객체의 범주에 끼친 영향도 주의해야 할 점이다. 왕약생(王跃生)은 건륭(乾隆) 46년에서 56년(1781~1791)까지, 이 11년의 형과제본(刑科題本) 중 혼인가정류(婚姻家庭類)의 당안(檔案)에 있는 통계를 근거로 "청대 중기의 사회에서 1,2인의 소가족(小家族)과 10인 정도의 대가족(大家族)은 모두 큰 비중을 점하지 않고, 5인 내외의 가족규모가 주류형태였으며, 변동(變動)의 폭은 3~8인 사이에 있었고, 평균적 가족의 규모는 4,5인 내외의 수준에 있었다"96)는 것을 밝혔다. 이와 동시에 그가 채용한 가정 구성인 '오분법(五分法)'에서의 통계숫자(統計數字)는, 이 시기 핵심가정(核心家庭)이 절대 우세를 점하였고(57.2%), 직계가정(直系家庭)은 그 다음이었으며(30.47%), 복합가정(複合家庭)은 매우 작은 비중을 점하였을 (6.75%) 뿐이라는 것을 매우 분명하게 나타내고 있다. 이것은 통상 중국고대는 대가족이 주류를 이루었다는 인상(印象)과는 매우 다르다.97) 게다가 이것

---

96) 왕약생(王跃生), 『18세기 중국 혼인가정 연구―1781~1791년에 수립된 특별안건에 기초한 분석(十八世紀中國婚姻家庭研究―建立在1781~1791年個案基礎上的分析)』(법률출판사 [法律出版社], 2000), 제12장, 324쪽.

97) 본서에서 채용한 '5분법(五分法)'은 대략 다음과 같다. (1) 단신(單身). 당시 단지 1인만 생활하는 가정을 가리킨다. (2) 핵심가정(核心家庭). 한 쌍의 부부(한쪽이 죽었거나 이혼한 것도 포함) 및 그 자녀로 구성된 가정을 가리킨다. (3) 직계가정(直系家庭). 확대가정[主干家族]이라고도 하며, 하나의 가정에 이대(二代) 이상이 있고, 각 대(代)마다 한 쌍의 부부(한쪽이 죽었거나 이혼한 것 포함)만 있는 가정을 가리킨다. (4) 복합

을 청대의 수많은 '자손의 교령위반[子孫違敎令]'에 관한 형안(刑案)에 보이는 사법기록과 결부시키면, 기본적으로 당시 교령권(敎令權)의 주체와 객체는 종종 실제 삼대(三代) 이내에 한정되었다고 판단할 수 있다.

2. 교령(敎令)의 정당(正當)과 부당[非正當]

본 절(節)에서 말하는 교령의 정당은 당시 도덕과 법률이 허가한 범위 내에서, 교령권의 주체가 교령권의 객체에게 정당하고 합리적인 교령 행위를 가하는 것, 또는 교령권의 객체에게 일정한 물질적·정신적 공양(供養) 행위를 제공할 것을 요구하는 것이다. 이른바 교령의 부당[非正當]은 당시 도덕과 법률이 허가한 범위 밖에서, 교령권의 주체가 교령권의 객체에게 정당하고 합리적이지 않은 교령 행위를 가하는 것, 또는 합리적인 한도를 벗어난 공양조건(條件) 등의 행위를 제공할 것을 요구하는 것이다. 「자손위범교령(子孫違犯敎令)」의 율문(律文)의 소주(小注)에 의하면, 본 죄명(罪名)이 성립될 수 있는 요건은 객관적으로 반드시 "교령은 따를 수 있어야 했고", "공양은 감당할 수 있어야 했으며", 주관적으로 반드시 고의(故意)가 있어야 했다. 그렇지 않았다면 이 율(律)에 준(准)하여 죄가 적용될 수 없었다. 이러한 해석은 율의(律義)에 의하면 비교적 상리(常理)에 부합하였고, 청대의 심지기(沈之奇)·오단(吳壇)·설윤승(薛允升)·심가본(沈家本)·길동균(吉同鈞) 등 법률가[律學家]도 모두 동의하였다. 그러나 청대 「자손의 교령위반[子孫違犯敎令]」 형안(刑案)에 관한 사법적 실천을 보면, 이러한 기본적 법률원칙은 오히려 시종(始終) 근본적으로 관철될 수 없었다.

청대의 「형안휘편(刑案彙編)」 중 「자손의 교령위반[子孫違犯敎令]」과 같은 형

가정(複合家庭). 하나의 가정에 적어도 이대(二代) 혹은 이대 이상의 부부(한쪽이 죽었거나 이혼한 것도 포함)가 있는 가정을 가리킨다. (5) 결손가정(缺損家庭). 부모는 죽었고, 미혼의 형제·자매로 구성된 가정을 가리킨다(왕약생[王跃生], 『18세기 중국 혼인가정 연구—1781~1791년에 수립된 특별안건에 기초한 분석(十八世紀中國婚姻家庭硏究—建立在1781-1791年個案基礎上的分析)』, 제10장, 252~253쪽).

안사법을 종합해서 보면, 사법기관[當局]은 이러한 사법실천에서 정죄양형(情罪量刑)에 대하여 내·외적으로 두 가지 관점(觀點)을 가지고 있었다.

첫째, 내적(內的)으로 윤리를 엄격하게 하였다. 예교(禮敎)의 '존존친친(尊尊親親: 높은 이를 높이고, 친한 이를 친하게 여긴다)'의 뜻[義]에 따라 청률은 제정될 때 당(唐)·명(明)의 법률과 마찬가지로 예(禮)의 정신이 그 속에 구현(具顯)되었다. 그 결과 입법상(立法上)에서 자녀(子女)와 가장(家長)은 이미 불평등한 법률적 지위에 처하게 되었다. 비록 가장의 자녀에로의 악성(惡性) 범죄 행위에 대하여도 상응하는 처벌규정을 제정하였지만, 자녀의 가장에 대한 범죄에 적용되는 양형(量刑)의 기준과는 차이가 매우 컸기 때문에 양자(兩者) 간의 불공평·불평등성은 두말할 필요도 없다. 이뿐만 아니라 사법실천에서도 본 조(條)의 율문(律文)에서는 "교령은 따를 수 있는데 위반하였거나 공양은 감당할 수 있는데 결(缺)해야" 본 죄가 성립된다고 명언(明言)하고 있지만, 가정 내부의 가장의 자손에 대한 전제적인 권력과 관련해서는 장려(奬勵)와 종용(縱容)은 하지 않더라도 간혹 어느 정도 지지(支持)와 인가(認可)를 함으로써 가정 내부의 등급과 엄격한 윤리질서를 유지·보호하였다. 따라서 가장이 제기한 '자손의 교령위반[子孫違犯敎令]'에 관한 소송에 대하여 교령의 정당 여부에 관계없이 기본적으로 믿을 만한 사실이었거나 엄중한 후과(後果: 예컨대 자손이 독질[篤疾] 혹은 폐질[廢疾]의 상태가 된 경우 등)를 초래하지 않았다면, 법률에서는 일반적으로 가장의 교령권을 유지·보호한다는 측면에서 자손에게 상당히 엄중한 제재(制裁) 또는 경계(警誡)를 가하였다.

둘째, 외적(外的)으로 법도(法度)를 숭상하였다. 가장이 자손에게 내리는 교령 행위는 간혹 가정 이외의 방면에서도 영향을 줄 수 있었다. 예컨대 가장이 자손에게 내리는 교령 중에는 재화(財貨)·물품(物品) 교역에로의 종사 등과 같은 정당 행위들도 있었고, 사기(詐欺)·절도(竊盜)·범간(犯奸)·살인(殺人) 등의 시행과 같은 범죄 행위들도 있었다. 교령의 성질(性質)이 정당(正當)하였던 부당하였던[非正當], 특히 교령이 부당한 정황에서는 다른 책임분담(責任分擔)이 초래될 수 있었다. 앞서 가장이 범죄를 교령한 행위에 대한 입법 분석에서 제시하였듯이, 교령을 내린 가장이 독질(篤疾)·폐질(廢疾) 등 법률상 책임능력이 없는 사람이었거나, 피교령자(被敎令者)인 자손이 연소(年少) 혹은 엄중한 질병으로 책임능력이 없는 경우를 제외하고, 일반적인 정황에서 가장과 피교령자인 자손은 모두 법률 행위에 대하여 형사책임을 져야 했다. 만약 개인(個人)의 권익(權益)을 침범하였다면, 가장은 수범(首犯)이 되었고, 범죄 행위를 시행한 자손은 종범(從犯)이 되었지만, 공공(公共)의 권익을 침범하였다면, 자손은 재차 종범이 되지 않고 반드시 그 범죄 행위에 대하여 독립적인 형사책임을 져야 했다. 그런 점에서 '자손의 교령위반[子孫違犯教令]'에 관한 형안(刑案) 중에서 특히 공양(供養)의 결여[不能]나 간(姦)·도(盜)로 인하여 부모가 비명횡사(非命橫死)하였다면, 상술한 양형(量刑)에 대한 두 가지 관점도 모두 불변(不變)의 사법규칙, 즉 "죄는 행한 바를 처벌한다[罪坐所由]"는 원칙에 따라야 했고, 가장의 교령이 정당한가의 여부에 관계없이 오직 자손의 교령위반[子孫違犯教令] 또는 공양의 결여[供養有缺]만이 안건(案件)의 원인이 되어 고의(故意)든 과실(過失)이든, 또는 직접적이든 간접적이든, 부모가 비명횡사하는 후과(後果)를 초래했다면, 자손은 부모의 비정상적인 사망에 상응하는 형벌을 받아야 했다. 이러한 정죄양형(定罪量刑) 방법은 안건(案件) 하나하나의 범죄구성을 분석하여 처벌[罪責]을 열거한 것이 아니었기 때문에 오늘날의 사법규칙과는 자못 달랐다. 당시 사람들의 관점에서는 이러한 입법(立法)과 사법(司法)만이 항상 자손들을 각성시켜서 그들에게 부모의 교령에 명심·순종케 하고 공양의 의무를 다하도록 해야만 가장의 전제적 권위에 굴복(屈服)시킬 수 있다고 보았을 것이다.

그러나 세상사(世上事)는 천변만화(千變萬化)하고 인정(人情)도 복잡해짐에 따라 교령의 정당·부당[非正當]도 사법적 실천에서 다양하게 표현되었고, 그 결과 사법적 조치도 각각 다를 수밖에 없었다. 여기서는 교령을 정당과 부당이라는 두 가지 방면으로 나누고 약간의 안례(案例)와 결부시켜 간략하게 분석하고자 한다.

1) 교령의 정당

(1) 자손이 교령을 따르지 않았거나, 공양의 의무를 다하지 않았거나, 간(姦)·도(盜)로 인하여 종용(縱容)하지 않은 부모가 비명횡사(非命橫死)한 경우, 율례(律例) 규정에 준(准)하면 모두 상응(相應)하는 형벌이 있었다. 예컨대 안례(案例)7에 의하면, 가경(嘉慶) 4년(1799), 호남(湖南)의 두매조(杜梅兆)가 모친 황씨(黃氏)의 화전(花錢)[98]을 훔쳤기 때문에 모친이 자진(自盡)하였고, 삼법사(三

法司)에서는 회심(會審)을 거쳐 「자손위범교령(子孫違犯敎令)」의 예문(例文)에 준하여 교후(絞候)로 의정(擬定)하였다. 황제도 "당연히 예(例)에 준하여 처리해야 할 사안(事案)이다"고 했다. 그러나 사건의 경위를 사핵(査核)한 결과, 두매조는 천성이 유탕(游蕩)하여 그 모친의 교화에 불복하였고, 분배받은 토지[田畝]를 모두 매각(賣却)하여 부채(負債)도 상환하지 못하였으며, 모친이 가구(家口)를 부양하는 토지[膳田]를 전매(轉賣)하여 대체(代替)하였지만 여전히 부족하여 다시 모친의 돈[錢文]을 절취(竊取)하였기 때문에 모친은 울분을 견디지 못하고 자진하게 되었던 것이다. (이에) 황제는 율(律)에 준하여 의죄(擬罪)하는 것도 오히려 가볍다고 생각하였기 때문에 유령(諭令)하여 두매조를 교결(絞決)로 처리케 하였는데,99) 이는 사실 임시로 형벌을 가중(加重)한 것이었다.

(2) 부모가 정당한 교령을 내렸지만 자손이 부당하게 실행하였다면, 존장(尊長)을 수범(首犯)으로 할 수 없고, 범죄를 실행한 자손이 주된 형사책임을 져야 했다. 예컨대 안례(案例)8에 의하면, 공옥성(孔玉成)의 모친 전씨(田氏)가 공옥성의 처(妻) 손씨(孫氏)에게 물을 길어오라고 명령하였지만, 손씨가 따르지 않자, 전씨는 그의 게으름을 꾸짖었고, 손씨가 불복·반항하였기 때문에 전씨는 공옥성에게 구타(毆打)로 책벌(責罰)하게 하였다. 손씨가 달아나자, 전씨는 공옥성에게 쫓아가서 구타하게 하였다. 공옥성이 마을[村] 밖까지 쫓아갔는데, 손씨가 욕을 하였기[辱罵] 때문에 돌을 집어 손씨의 귀 등을 쳐서 살해하였다. 형부(刑部)에서는, 전씨는 손씨가 반항 등 위법(違法)하였기 때문에 공옥성에게 구타로 책벌하게 한 것은 정당한 교령이었고, (반면에) 공옥성이

---

98) 〈옮긴이주〉 '화전(花錢)'은 한대(漢代)에 기원을 두고 있다. 초기에는 주로 한족(漢族)이 민간에서 가지고 놀았던 일종의 완전(玩錢)이었다. 이러한 전폐(錢幣)는 돈의 형태를 띠었지만 유통전(流通錢)이 아니었기 때문에 그 재질(材質)이 대부분 조잡하였다. 민간에서는 이러한 돈을 화전이라 불렀다. 화전은 개로(開爐)·진고(鎭庫)·궤증(饋贈)·축복(祝福)·완상(玩賞)·희작(戱作)·배식(配飾)·생초(生肖) 등의 용도, 즉 길어품(吉語品)·벽사품(辟邪品)·길리품(吉利品)·기념품(紀念品) 등의 용도로 주전(鑄錢)·선물되었다. 그 중 '장생부귀(長生富貴)'·'축덕장수(福德長壽)'·'가관진록(加官進祿)'·'천하태평(天下太平)' 등 길어(吉語)를 내용으로 하는 길어품이 가장 보편적인 화전이었다. 이러한 화전에는 중국 전통문화가 적절히 반영되어 있다.

99) 형부(刑部), 『대청율례전찬집성휘주(大淸律例全纂集成彙注)』(가경6년간본[嘉慶六年刊本]) 권24, 「형률(刑律)·소송(訴訟)」「자손위범교령(子孫違犯敎令)」.

모친의 명령에 따라 처(妻)를 훈계(訓戒)하고자 하였다면, 이치상 법에 준(准)하여 책벌해야 하였고, 손씨의 욕설[辱罵] 때문이었다고 해도 마음대로 연속해서 구타하여 치사(致死)한 것은 사실상 천살(擅殺)이었다고 판단하였고, 이에 손씨의 사망에 대하여, 교사(敎唆)한 전씨는 수범(首犯)의 책임을 지지 않았고, 공옥성이 실제 처를 구타하여 치사(致死)한 죄(罪)가 적용되어 참감후(斬監候)에 처해야 한다.100) 또 안례(案例)9에 의하면, 먼저 동문중(董文仲)의 조카[侄子] 동정방(董正芳)이 이석아(李石兒)와 몸싸움이 일어났고, 그의 모친 동양씨(董楊氏)는 동정방이 구살(毆殺)된다고 소리를 질렀기 때문에 동문중은 자식[子]·조카들을 거느리고 앞 다투어 달려가서 이석아를 집단 구타하여[共毆] 살해하였다. 동양씨는 동문중이 관(官)에 가서 문죄(問罪)되는 것을 두려워하여 근심하던 중에 목을 매어 자진(自盡)하였다. (그런데) 동양씨는 동문중 등에게 몸싸움을 제지하라는 소리만 질렀을 뿐 결코 이석아를 구살(毆殺)하라고 명령하지 않았기 때문에 형부에서는 모친의 교령(敎令) 방면은 전혀 고려하지 않고 동문중을 「공구인치사(共毆人致死: 집단 구타에 의한 치사)」라는 율(律)에 준하여 교감후(絞監候)로 의정하였다.101)

(3) 교령도 정당하였고, 시행도 정당하였지만, 다른 사건으로 죄를 받게 된[入罪] 것이 교령에 복종했기 때문이었다면 간혹 정상을 참작하여 형벌을 감경하는 이유가 될 수도 있었다. 예컨대 안례(案例)10에 의하면, 공조량(龔朝亮)은 형(兄) 공조량(龔朝良)의 전답[田産]을 차지하기 위해 아버지[父] 공순(龔順)을 종용(慫慂)하여 그것을 분급(分給)하게 하였지만, 공조량(龔朝良)은 전혀 따르지 않았다. 아버지가 분노하여 공조광(龔朝光) 등에게 강제로 공조량(龔朝良)을 포박케 하고는 관아(官衙)에 보내어 법(法)에 따라 처벌하고자 하였고, 가는 도중에 다시 공조광에게 묶어 멜 수 있는 대나무 멜대를 가지고 오게 하였다. 공조광이 돌아왔지만, 공순은 이미 형(兄) 공조량(龔朝良)을 익사(溺死)시켜버렸다. 율(律)에 준(准)하면, "동생이 친형[胞兄]을 구살(毆殺)하였다면 모두 참형(斬刑)에 처한다"고 규정되어 있었다. 그러나 형부(刑部)에서는 공조광이 형의 포

---

100) 형부(刑部), 『설첩(說帖)』, 「가경5년분설첩(嘉慶五年分說帖)」, 제62호(第六十二號) 「모령자관식기자장처구폐응의부구처치사론부득좌이모이주사위수(母令子管媳其子將妻毆斃應依大毆妻致死論不得坐伊母以主使爲首)」(산동사[山東司]).

101) 일명(佚名), 『성안비고(成案備考)』「자손위범교령(子孫違犯敎令)」.

박을 방조(幇助)한 것은 실제 부친의 교령 때문이었고, 또 그 부친이 공조량(龔朝良)을 치사(致死)하였을 때 그는 현장에 있지 않아서 예상할 수 있는 일이 아니었기 때문에 정상을 참작할 부분이 있다고 판단하였다. 이로 인해 사천총독(四川總督)이 참결(斬決)로 의정(擬定)한 죄를 가장 경죄(輕罪)로 양형(量刑)하여 참감후(斬監候)로 의정하였고, 성지를 받들어[奉旨] 의정한대로 시행하였다[依議].102)

2) 교령의 부당('난명[亂命]')

율의(律義)에 준하면, 본래는 응당 복종[聽從]해야 하는 범위에 속하지 않았지만, 실제로는 종종 꼭 그렇게 되지 않았다.

(1) 일가(一家)의 내(內)에서 존장(尊長)의 교령이 부당하였거나 사리(事理)에 맞지 않은 것을 요구하였더라도 자손의 신체와 생명에 엄중한 후과(後果)를 초래하는 정상(情狀)에까지 도달하지 않았다면, 사법실천에서는 모두 적절히 인가(認可)하여 존장의 전제적 권력을 유지·보호하였다. 즉 안례(案例)11에 의하면, 가경(嘉慶) 25년(1820) 섬서(陝西)의 우고씨(牛高氏)는 콩(豆)을 삶아 시어머니 소씨(蕭氏)에게 먹기를 권하였지만, 의외로 콩 속의 단단한 알갱이가 푹 삶기지 않았기 때문에 소씨는 심한 통증을 느끼고는 치아를 흔들면서 큰소리로 꾸짖었다. 이에 고씨가 국수를 만들어 소씨에게 올렸지만, 소씨는 치통(齒痛)으로 먹기가 어려워서 다시 큰소리로 욕[罵]을 퍼부었다. 고씨가 줄곧 한마디도 대꾸하지 않자, 소씨는 노(怒)하여 몽둥이를 집어 때리고자 했지만 다른 사람에게 제지를 당하였기 때문에 마침내 분격(憤激)하여 우물에 몸을 던져 죽었다. 형부(刑部)에서는 고씨가 달리 촉오(觸忤)·위범(違犯)한 정황은 없지만, 소씨가 심한 치통으로 때리고자 하였으나 제지당하자 분격하여 자진(自盡)한 것은 결국 고씨가 단단한 콩을 푹 삶지 않아서 빚어진 일이다. 죄는 행한 바를 처벌하고[罪坐所由], 법(法)은 윤리(倫理)를 엄중히 여기기 때문에 "죄를 심의(審議)하지 않는 것은 곤란하다"고 판단하였다. 이에 고씨에 대하여는 '자

---

102) 오광화(吳光華), 『모읍비고(謀邑備考)』(청대초본[淸代抄本]) 권1, 「복명(復命)」「청종부명곤박포형후위이부처사병부재장개위응참(聽從父命捆縛胞兄後爲伊父處死幷不在場改爲應斬)」.

식이 가난해서 생계를 꾸려서 봉양하지 못하여 부모가 자진한 예문(例文)'에 준(准)하여 만도(滿徒)로 의정(擬定)하였다.[103]

(2) 존장(尊長)은 자손의 교령위반[子孫違犯敎令]·오역(忤逆) 불효(不孝) 행위 및 범간(犯奸)·범도(犯盜)·살상(殺傷) 등의 죄에 대하여 일정한 징계권(懲戒權)이 있었지만, 율(律)에서는 사죄(死罪)에 해당하였더라도 천살(擅殺)할 수는 없었다. 예컨대 안례(案例)12에 보이듯이, 건륭(乾隆) 14년(1749) 11월 저초(邸抄)[104]에 의하면, (광평현) 민(廣平縣 民) 우대기(牛大記)라는 자[子]가 간(奸)으로 인(因)해 주곽씨(周郭氏)를 교살(絞殺)하였고, 후에 부모에게 핍박(逼迫)을 받아 목을 매어[自縊] 자진(自盡)하였다. 율(律)에 준(准)하면, 우대기라는 자[子]가 간(奸)을 범하고자 도모하였으나 듣지 않았기 때문에 즉시 주곽씨를 교살한 것은 참입결(斬立決)로 의정(擬定)해야 하지만, 이미 부모에게 핍박을 받아 자액(自縊)하였기 때문에 죄를 심의(審議)할 필요가 없었다. 형부(刑部)에서는 우대기(牛大記[105])라는 자가 범한 사형에 처해야 할 죄는 일상적인 자손의 교령위반[子孫違犯敎令]과 비교하면 죄상(罪狀)이 특히 엄중하다. 그러나 그의 아버지[父] 우흥선(牛興先)과 처(妻: 우대기의 모친) 우유씨(牛劉氏)가 자액(自縊)하라고 핍박하였기 때문에 액사(縊死)한 것은 궁극적으로 부당(不當)한 점이 있다. 또 "일가(一家)가 공범(共犯)인 경우, 가장(家長)만을 처벌해야 한다"고 판단하였다. 이에 의해 그의 아버지 우흥선은 불응중률(不應重律)[106]에 준(准)하여 장형 80대에 처하고, 그 모친은 율(律)에 따라 논죄할 수 없다. 범죄 행위(事犯)가 관아(官衙)에 의뢰(依賴)된 것이 당년(當年) 4월 초(初)9일의 특별사면조서[恩詔]가 내려지기 이전이었기 때문에 범한 장(杖)·도죄(徒罪)는 이에 따라 면제해주어야 한다고 의정하였다. 마침내 성지를 받들어[奉旨] 의정(議定)한대로 시행하였다[依議].[107] 이 안건은 통상(通常) 이른바 '대의멸친(大義滅親: 대의를 위해서는 부모

---

103) 허련·웅아, 『형부비조가감성안』 권25, 「형률·소송」「자손위범교령」.
104) 〈옮긴이주〉 '저초(邸抄)'는 옛날의 관보(官報)를 말하며, 저보(邸報)라고도 한다.
105) 〈옮긴이주〉 원서에는 '記'가 '計'로 오기되어 있다.
106) 〈옮긴이주〉 '불응중률(不應重律)'은 해서는 안 되는[不應得爲] 행위 중에서 사안(事案)이 이치상 엄중한 경우에 처벌하는 규정이다.
107) 형부(刑部), 『조례부성안(條例附成案)』 권1, 「소송(訴訟)」「자손위범교령(子孫違犯敎令)」「액폐범사죄지자조불응중장(縊斃犯死罪之子照不應重杖)」.

· 형제 등 친속도 죽인다)'의 행위에 속했지만, 형부의 의견을 통해 보면, 자손이 교령을 위반했거나[子孫違犯敎令] 악역(惡逆)을 촉범(觸犯)했더라도, 심지어 사죄(死罪)를 범하였더라도 법률에서는 모두 그 부모에게 (자손을) 사형에 처할 권한을 인가(認可)하지 않았음을 알 수 있다. 왜냐하면, 이러한 형벌의 결정과 집행은 법리상(法理上) 반드시 국가의 공권력에 속하였고, 개인이 임의로 행사할 수 없었기 때문이다.108) 일가(一家)의 내(內)에서조차 이러한데 일족(一族)의 내는 말할 나위도 없었다. 건륭 24년(1759)에 일례(一例)가 있다. 즉 일찍이 일족(一族) 중 법(法)을 지키지 않는 무리가 공분(公憤)으로 사람을 살해하였지만, 각각 만장(滿杖)으로 감등(減等)되었고, 그 죄(罪)에 상응하는 처벌을 면하였다. 그해 7월, 형부에서는 서안안찰사(西安按察使)가 올린 조주(條奏)109)를 재심[議覆]할 때, 특별히 "일족(一族)이 크고 사람이 많으면 현명하고 어리석은 사람[賢愚]이 잡거(雜居)하게 되는데, 만약 완경(頑硬)하게 법을 지키지 않는 무리가 있다면, 응당 관사(官司)에 고발[告]해서 그 죄를 처벌하여[明正] 족인(族人)을 이용해서 거듭 함부로 살해하는 행위를 바로 잡아야 하고", "만약 일족 중에 법을 지키지 않는 무리가 있어서 관아(官衙)에 보고하여 취조·처벌한 후

---

108) 당시 법률은 특히 가장(家長)이 자손의 교령위반[子孫違犯敎令]이라는 명분(名分)을 빙자(憑藉)하여 인륜을 저버리고 임의로 자손을 살육하는 범죄 행위를 처벌하는데 주의하였다. 예부(禮部)의 해석을 보면, "「고살자손(故殺子孫)」이라는 율(律)은 상고(詳考)하건대 자손이 결코 교령을 위반하지[違犯敎令] 않았는데 조부모·부모가 고살할 마음이 있었다고 판단되기 때문에 장(杖)·도(徒)로 의정(擬定)하여 자애롭지 못한 죄를 징벌한 것이다"고 하였다. 또한 당시 딸(女)을 익사(溺死)시키는 것이 유행하였기 때문에 예부에서는 다음과 같이 엄중히 규탄하였다. "갓 태어난[甫生] 어린 딸[幼女]이 조금의 지식(知識)도 없는데 어찌 위반한 것이 있겠는가? 진실로 악습(惡習)이 오랫동안 전해져서 굳이 (딸을) 익사시키는 것은 그 잔인하고 자애롭지 못함이 실로 고살(故殺)과 다르지 않다. 만약 사건이 발생해서 관사(官司)에 송부(送付)된 후 조사하여 사실인 경우에는 응당 「고살자손(故殺子孫)」의 예문에 준(准)하여 처리해야 한다. …… 생각건대, 이러한 악습은 그 일이 내방(內房)에서 발생하여 외부 사람이 알 수 없기 때문에 대대로 사건으로 폭로되지 않았다. (따라서) 지방의 담당관리[有司]에게 불시(不時)에 성실히 권유(勸諭)하여 양심(良心)을 일깨우고 국법(國法)으로 깨우치게 하고, 범한 경우에는 율(律)에 준(准)하여 처벌하게 하면, 폐속(弊俗)은 점차 바꿀 수 있을 것이다."(옥덕[玉德], 『조례약편(條例約編)』 권62, 「형례(刑例)」「친속살(親屬殺)」)

109) 〈옮긴이주〉'조주(條奏)'에 대하여는 제3장 주 140) 참조.

에도 여전히 고치기는커녕 오히려 횡역(橫逆)하여 누차 절도(竊盜)와 같은 범법(犯法)을 행하였다면, 가장(枷杖)에 처하고, 그밖에 거듭 강도[匪]와 같은 행위를 한 자들을 충군(充軍)시키는 조문(條文)도 있고, 난폭하게 분규를 일으켰다면 해를 끼치는 무뢰배를 발견(發遣)하는 예(例)도 있다. 해당(該當) 지방관은 이러한 일족(一族)이 공분(公憤)한 사건에 대하여 보고[呈報]가 도착하는 즉시 법에 준(准)하여 징치(懲治)하게 되면, 흉악·완경(凶頑)한 자들은 알고 경계할 것이고, 선량한 사람들도 안정될 것이다"110)고 강조하였다.

(3) 만약 실제 부모의 명령에 강제(強制)되어, 해당(該當) 명령이 정당(正當)하였는지의 여부에 관계없이 자손이 범죄 행위에 가담·실행한 경우, 일반적으로 정상(情狀)을 참작하여 감형(減刑)할 수 있었다. 즉 건륭(乾隆) 11년(1746) 4월, 구경(九卿) 등이 복주(覆奏)하여 정례(定例)가 된 다음의 규정이 그러하였다. "이후[嗣後] 무릇 본종(本宗)의 소공(小功)·대공(大功)의 형제 및 존속(尊屬)을 구타하라는 명령에 따랐는데 치사(致死)한 경우, 실제 존장의 위하(威嚇)에 강요되어 마지못해 착수[下手]하여 뜻하지 않게 치사하였고, 구타하여 상해를 가하는데[毆傷] 협조는 하였지만 해칠 마음이 강하지 않았다면, 착수[下手]한 비유(卑幼)는 예(例)에 준(准)하되 감등하여 과단(科斷)하고, 그 이외에 비록 존장이 구타를 교령(敎令)한 실정(實情)은 있지만, 함부로 연속적으로 구타하여 치사(致死)함으로써 해(害)할 마음이 강하였다면, 본(本) 범인은 참감후(斬監候)로 의정(擬定)하되 가을[秋]이 지난 후에 처결(處決)한다."111) 그렇다면 사실상 자손들 중에는 부모의 교령에 따라 범죄를 실행하였더라도, 심지어 인명(人命)에 관한 중대 안건[重案](예컨대 기친[期親]·공친[功親]인 존장[尊長]에 대한 구살[毆殺]·고살[故殺])까지 초래하였더라도 간혹 "존장의 명령에 강제되"었다는 이유를 구실(口實)로 형벌이 감면되기를 바라는 자도 적지 않았을 것이다. 이에 형부(刑部)에서는 이러한 형안(刑案)을 처리할 때 간혹 범죄 행위에 대한 동기(動機)를 고려할 수도 있었다. 예컨대 안례(案例)13을 보면, 이주씨(李朱氏)는 며느리 선씨(宣氏)에게 원한을 품고 모살(謀殺)이라는 죄를 덮어씌웠기 때문에 두 아들[兩子] 이문충(李文忠)·이문약(李文約)은 모친의 명령에 따라 선씨에게 상

---

110) 옥덕, 『조례약편』 권62, 「형례」 「친속살」.
111) 옥덕, 『조례약편』 권62, 「형례」 「친속살」.

해(傷害)를 가하여 살해하였다. 형부(刑部)에서는 판단(判斷)하기를, 이 범인들은 "비록 모친의 명령[母命]에 강제되어 (범죄를) 실행[下手]하였지만, 궁극적으로는 원한을 품고 무고(無辜)한 사람을 치사(致死)하였고, …… 또한 해당 범인들은 함께 살인을 방조(幇助)하였기 때문에 결코 경중(輕重)의 구분이 없고, 모두 죄를 감면하는[援免] 예(例)에 준(准)해서는 안 된다"[112]고 하였다.

이상 언급한 교령의 정당(正當)과 부당(非正當)은 수많은 「자손위범교령(子孫違犯敎令)」과 같은 형안(刑案) 중에서 극소수에 불과했을 뿐이다. 율례(律例)는 유한(有限)하지만 사건의 진위(眞僞)는 무궁(無窮)하기 때문에 간혹 교령의 정당과 부당에 대한 경계는 실제 분별하기 어려운 때도 있다. 인정(人情)에서 볼 때, 일가(一家) 내의 부모와 자녀 간은, 부모는 자애(慈愛)하고 자녀는 효순(孝順)하는 것이 사실 상도(常道)이다. 부모의 측면에서 볼 때, 자녀를 사랑하는 마음이 너무나 간절하여 만부득이한 경우가 아니면 자손을 관부(官府)에 정송(呈送)하여 발견(發遣)을 청구할 리가 없고, 또한 만부득이한 경우가 아니면 스스로 황천(黃泉)으로 가면서까지 자손을 죄악에 빠트릴 리도 없다. 예컨대 안례(案例)14에 의하면, 시조씨(柴趙氏)의 시어머니 왕씨(王氏)는 메밀이 먹고 싶었지만, 조씨(趙氏)는 시어머니가 평소 복통을 앓아서 식성(食性)에 찬 음식을 가려야 했고, 메밀의 성질이 냉(冷)한 것을 알고는 음식으로 올리는 것을 꺼렸기 때문에 시어머니가 격노(激怒)하여 자진(自盡)하였다. 안건(案件)을 심리(審理)한 결과, 형부(刑部)에서는 시조씨(柴趙氏)가 시어머니의 음식을 삼갔을 뿐 위반하려는 마음이 없었다고 판단하고, 이에 조씨(趙氏)에 대하여 자식이 가난해서 봉양하지 못하여 부모가 자진한 예(例)에 준(准)하여 만류(滿流)에 처하였다.[113] 음식이라는 사소한 일 때문에 결국 시어머니는 사지(死地)에 빠지고 며느리는 형벌에 처해지는, 한 가정(家庭)의 참극(慘劇)으로까지 비화(飛火)되었다. 오늘날 관점에서 보면, 이런 시어머니는 얼마나 자신의 생명도 아끼지 않고, 또 이런 며느리는 얼마나 우둔하고 고집스러워 변통(變通)도 모른단 말인가! 그러나 근본적으로 이러한 안건(案件)의 발생을 방지하고자 하면, '권리'라는 두 글자는 어떻게 해야 될 수 있단 말인가?

---

112) 형부(刑部), 『설첩(說帖)』, 「가경원년춘계설첩(嘉慶元年春季說帖)」, 제22호(第二十二號) 「청종모명모살제처협혐도사구불준원면(聽從母命謀殺弟妻挾嫌圖詐俱不准援免)」.

113) 일명(佚名), 『성안비고(成案備考)』 「자손위범교령(子孫違犯敎令)」.

3. 네 가지 보충

교령권의 주체와 객체 및 교령의 정당과 부당[非正當]을 분석한 후에 재차 '자손의 교령위반[子孫違犯敎令]'에 관한 형안(刑案)의 사법실천에서 직면(直面)할 수 있는 몇 가지 문제에 대하여 다음과 같은 순서로 그 개략을 서술하고자 한다.

1) 유언(遺言)과 생존 시(時) 명령[現命]의 법률적 효력

만약 정당한 교령에 속하였다면, 양자(兩者)의 효력은 동등하였고, 부당한 교령에 속하였다면, 법률적 양해(諒解)를 얻기는 매우 어려웠다. 예컨대 안례(案例)15에 의하면, 도광(道光) 7년(1827), 원오모(袁五毛)는 아버지[父]를 촉범(觸犯)하였기 때문에 정송(呈送)에 의한 발견(發遣)되는 형벌에 처해지게 되었다. 안건이 최종적으로 확정된[定案] 이후, 죄인을 압송하던[起解] 중에 아버지가 병사(病死)하면서 유언으로 발견에 대한 면제[免遣]를 간구(懇求)하였다. 범인을 불러 조사한 결과, 원오모는 실제 초상을 듣고[聞喪] 애통해하는 정상(情狀)이 있었기 때문에 예(例)에 준(准)하여 석방을 허가하되「자손위범교령(子孫違犯敎令)」의 본율(本律)에 준(准)하여 장형 100대에 처하였다.[114] 또한 안례(案例)16을 보면, 건륭(乾隆) 44년(1779), 나기문(羅其紋)·나기위(羅其緯)는 부친의 유언에 따라 사형에 처해질 죄를 범한 친형[胞兄] 나기재(羅其才)를 포박하였고, 후에 (나기재는) 숙부(叔父)에 의해 익사(溺死)하였다. 형부(刑部)에서는 다음과 같이 판단하였다. ① 두 사람(나기문·나기위)은 부친이 원한을 품고 사망한 것을 애통(哀痛)해하여 유촉(遺囑)에 따라 친형[胞兄]을 포박하여 관아(官衙)로 압송한 것은 이치(理致)와 정황(情況)을 고려할 때 사실 자신들의 감정을 억제하지 못한 것에서 비롯되었고, ② 두 사람이 친형[胞兄]을 포박한 것은 구타(毆打)한 것과 유사하지만, 의도는 관아로 압송하여 법(法)에 따라 처벌하는데 있었고,

---

114) 축경기(祝慶祺), 『속증형안회람(續增刑案匯覽)』 권13, 「자손위범교령(子孫違犯敎令)」 「정송상미기해부고유언면견(呈送尙未起解父故遺言免遣)」.

치사(致死)를 조의(造意)한 것은 실제 숙부 나도선(羅韜先)이었다. 이에 의거해서 해당 두 범인(나기문 · 나기위)에 대하여는 참결사죄(斬決死罪)로 처벌하지 않고「제구포형율(弟毆胞兄律)」에 준(准)하여 장형 100대 · 도형 3년에 처하였고, 숙부 나도선에 대하여는 친조카를 고살(故殺)한 죄로 과단(科斷)하여 장형 100대 · 유형 3천리에 처하였으며, 배소(配所)에 이르러 절장(折杖)으로 처벌하여[折責] 안치(安置)하였다.[115] 이와 같이 판결한 까닭은, 그 주된 원인을 추구하면, 형부(刑部)에서 나기재를 치사(致死)시킨 범죄구성을 분석할 때 주관적인 동기를 죄명(罪名) 성립의 필요조건으로 간주하였기 때문이었다.

2) 범죄의 기수(旣遂)와 미수(未遂)

청률(淸律)에서는「자손위범교령조(子孫違犯敎令條)」에서 열거한 죄명(罪名)과 형벌에 대하여 모두 범죄의 완성상태(完成狀態)를 기준으로 했다. 범죄의 미완성상태(未完成狀態)에 대하여, 예컨대 자손이 생계를 꾸려[營生] 공양(供養)하지 못함으로 인해, 또는 간(奸) · 도(盜)로 인해 부모가 자진(自盡)하였지만 미수에 그친 경우, 혹은 피해자[시]의 모의(謀議) · 고의(故意)에 의한 구타 · 상해[毆傷]에도 사망하지 않은 경우에 대하여, 율례(律例)의 조문(條文)에는 명확한 규정이 없지만 실제 발생한 안건 중에는 있을 수 있다. 이러한 미수 안건에 대하여 만약 엄격하게 율례규정에 준(准)하여 처벌했다면, 양형(量刑)은 확실히 과중(過重)되었을 것이다. 청대의 이러한 형안(刑案)에 대한 사법실천을 보면, 범죄가 미완성인 정황에서는 일반적으로 정상(情狀)을 참작하여 감등할 수 있었다. 예컨대 안례(案例)17에 의하면, 사왕씨(謝王氏)는 그의 아들[子] 사승아(謝升兒)가 공양하지도 못하면서 계속 돈[錢]만 요구하였기 때문에 분노하여 강물에 투신했지만 구사일생(九死一生)으로 살아났다. 형부(刑部)에서는 만약 익사(溺死)했다면, 사승아는 자식이 가난해서 생계를 꾸려서 봉양하지 못하여 부모가 자진한 예(例)에 준(准)하여 유형(流刑)으로 의정(擬定)되었을 것이다. 지금 구조되었기 때문에 응당 양형은 1등을 감경하여 만도(滿徒)로 의정해야 한다

---

115) 전사조(全士潮), 『박안신편(駁案新編)』 권24, 「형률(刑律)」 「소송(訴訟)」 「자손위범교령(子孫違犯敎令)」.

고 판단하였다. 그 후 왕씨는 현재 연로(年老)하고 또 독자(獨子)만 있어서 면견(免遣)을 간구(懇求)하였기 때문에 최종적으로 사승아를 유양(留養)하는 예(例)에 준하여 가장(枷杖)으로 의정(擬定)하였다.116)

3) 교령위반[違犯教令]과 촉오(觸忤)

"본래 촉오한 정상(情狀)은 없고, 단지 그 행위가 교령만 위반하였다[違犯教令]"는 표현은 '자손의 교령위반[子孫違犯教令]'에 관한 형안(刑案)에 일상적으로 볼 수 있는 문구(文句)이다. 청대의 사법실천에서 교령위반[違犯教令]과 촉오는 건륭(乾隆) 37년(1772)부터 명확하게 구별되기 시작하였다. 이처럼 양자가 구별된 것은 그해에 발생한 안휘(安徽) 부녕현(阜寧縣) 진유무(陳有茂)의 안건(案件)에서 기인(起因)하였다. 본 안건의 대략적인 정황은 다음과 같다. 진유무는 토지 가격[田價]이라는 사소한 일로 동생[弟]과 여러 번 말다툼을 하였고, 그때마다 처(妻)를 핍박하여 자살(自殺)케 하고는 죄를 동생에게 덮어씌웠기 때문에 막내[少子]를 유달리 총애하였던 모친이 격노하여 자진(自盡)하였다. 사건이 발생한 후에 먼저 삼법사(三法司)에서 핵실(覈實)하여 자손이 부모를 위핍(威逼)하여 치사한 예(例)에 준(准)하여 참결(斬決)로 의정(擬定)하였다. (그러나) 황제는 이처럼 의죄(擬罪)하는 것은 죄상과 형벌[情罪]이 일치하지 않는다고 판단하고, 당일(當日)에 유지(諭旨)를 내려 다음과 같이 말하였다. "그 죄상(罪狀)을 핵실하면 확실히 엄중(嚴重)하기 때문에 당연히 법으로 관대하게 처리하기는 어렵다. 그런데 인증(引證)한 「자손위핍부모(子孫威逼父母)」에 있는 예문(例文)만으로는 법의[義]가 사실 일치하지 않는다. …… 만약 '위핍(威逼)' 두 자(字)가 자손의 행위에 속한다면, 부모·조부모의 말을 따르지 않은[不順] 행위에 대해서도 법령(法令)으로 규정되어야 하지 않겠는가?" 이에 형부(刑部)에서는 다음과 같이 의정(議定)하였다. "무릇 자손의 불효로 인해 조부모·부모가 자진(自盡)한 안건의 경우, 만약 심문(審問)해서 본래 촉오(觸忤)한 정상(情狀)은 없고, 단지 그 행위가 교령만 위반하여[違犯教令] (조부모·부모가) 분노를 참지 못하고 초개(草芥)와 같이 자진(自盡)하였다면, 참후(斬候)로 의정(擬定)한다. 처(妻)·첩

---

116) 허련·옹아, 『형부비조가감성안』 권25, 「형률·소송」 「자손위법교령」.

(妾)이 남편[夫]의 조부모 · 부모에게 범하였다면, 죄는 동일하다."117) 그런데 어떠한 정황(情況)이 촉오에 속하였는지 교령위반[違犯敎令]에 속하였는지 여기서는 언명(言明)하고 있지 않다. 안례(案例)18을 참고하면, 고가(高可)는 부친이 봇짐장사라도 하라고 했지만, 해당(該當) 범인(犯人: 고가)은 무작정(無酌定) 살아가겠다고 했기 때문에 아버지[父]는 격노하여 달려가서 구타(毆打)를 가하다가 실족(失足)하여 사망하였다. 형부(刑部)에서는 조례(條例)에 전문적인 조문(條文)이 없었기 때문에 심문(審問)하여 촉오한 정상(情狀)은 없고 단지 그 행위가 교령을 위반함으로 인해 아버지가 격분하여 자진한 예(例)에 준(准)하여 교후(絞候)로 의정하였다.118) 이로써 교령위반[違犯敎令]과 촉오는 모두 가장(家長)의 전제적 권력에 대하여 거역(拒逆)하는 행위에 속했지만, 양자(兩者) 간에는 여전히 미세한 차이가 있었음을 알 수 있다. 대략 전자는 소극적(消極的) · 피동적(被動的)인 언어(言語)와 행위에 편중(偏重)되어 있었고, 후자는 적극적(積極的) · 주동적(主動的)인 언어와 행위에 편중되어 있었다.

4) 교령의 불일치(不一致)

교령권의 주체도 다수였고, 교령을 내릴 권리가 있는 사람도 여러 명이었기 때문에 여러 사람이 동시에 자손에게 교령을 내린 경우, 쌍방 간에 교령이 일치하지 않는 일이 발생할 수도 있었다. "높은 이를 높이고[尊尊], 친한 이를 친하게 여기며[親親], 남녀 간에는 구별이 있다[男女有別]"는 예제(禮制)의 원리(原理)에 따른 복제(服制)의 등차(等差) 관계와 은의(恩義)의 차이를 참조하면, 여러 교령자(敎令者) 간에는 자손에 대한 권능(權能)에 강약(强弱)이 있었다.

우선, 가정(家庭) 내에서 "가정(家政)은 최고의 존친[一尊]에게 통솔되었다." 예(禮)의 원칙에 의하면, 이론적으로 존친(尊親)은 가(家) 내(內)의 연령(年齡)에서 항렬(行列)이 가장 높은 남성의 존장(尊長)이 되었고, 그 이외의 사람은 침범할 수 없었다. 중국고대에 여성이 가장(家長)이 된 사례도 흔히 있었지만, 이로써 예교(禮敎)와 법률의 준칙(準則)을 부정할 수는 없다. 예교와 법률의 기준

---

117) 관수(官修), 『황조문헌통고(皇朝文獻通考)』 권201, 「형고(刑考)7」.
118) 일명(佚名), 『성안비고(成案備考)』 「자손위범교령(子孫違犯敎令)」.

[天秤]에서, 여성은 사실 가정의 재산과 가정 구성원의 자유권리에 대한 지배권을 장악했더라도 영원히 남성에게 굴종(屈從)해야 하는 존재였다. 따라서 일반적으로 부모 간에 교령이 일치하지 않았을 때에는 먼저 부친(父親)의 교령에 복종해야 하였다.

이밖에 우리가 알고 있는 양부(養父) · 계부(繼父) · 의부(義父) · 적모(嫡母) · 계모(繼母) · 자모(慈母) · 양모(養母) · 가모(嫁母) · 유모(乳母) · 출모(出母) · 서모(庶母) 등 각종 명목(名目)으로 불리었던 이들 쌍방 간의 자손에 대한 교령도 똑같지 않았다. 당시의 친등법칙(親等法則: 즉 복제[服制])에 의하면, ① 복제와 관계가 있는 경우, 그 관계가 비교적 긴밀(緊密)한 사람이 보다 큰 교령권을 가졌고, 관계가 상대적으로 소원한 사람은 그 다음이었으며, ② 복제와는 무관(無關)한 경우, 부모라는 이름과 실제[名實]가 의합(義合)의 관계에 있었지만, 법정(法定)의 은의(恩義)가 비교적 무거운(예컨대 의자[義子]를 15세 이하의 나이에 입양하여 오래도록 정성껏 양육한 경우, 또는 16세 이상의 나이에 입양하여 가산[家産]을 분할하고 결혼하여 배우자가 있는 경우 등) 조건에 부합하였다면, 친부모와 동등한 교령권을 획득하였기 때문에 쌍방 간에 교령이 일치하지 않은 일이 발생하였을 때도 친생(親生)의 법에 준(准)하였고, ③ 복제와 (하등) 관계가 없거나 또 교령권을 획득하는 법정조건(法定條件)을 갖추지 않았다면(예컨대 계부로서 동거하지 않은 경우[불동거(不同居)], 또는 가부[嫁父]로서 동거하지 않은 경우, 또는 계모가 출가[出嫁]했을 때 따라간 경우), 부모라는 이름은 있었지만 실제로는 교령권이 없었기 때문에 교령이 일치하지 않은 일이 발생하였을 때에는 이치상 법정(法定) 교령권이 있는 사람의 교령을 따라야 했다(예컨대 가모[嫁母]는 출가하는 자녀에 대하여 주혼자[主婚者]가 된다). 그렇다면 교령이 일치하지 않는 정황은, 한편으로는 대부분 지방자리안건(地方自理案件)에서 발생하였기 때문에 잔존(殘存)하는 일차적 기록은 비교적 한정되어 있고, 실제 발생한 빈도도 판단하기가 매우 어려운 실정이며, 또 한편으로는 「형안휘편(刑案彙編)」에서는 이러한 안건을 거의 찾을 수 없다. 따라서 상술한 분석은 일반적인 원칙에 의거하여 행한 추리일 뿐이다. 만약 교령이 일치하지 않는 정황에서의 구체적인 사법조치를 구명(究明)하고자 하면 여전히 대량(大量)의 지방자리안건에서 무한정 찾을 수밖에 없다.

이상을 종합하면, 청대의 「형안휘편」에 수록된 '자손의 교령위반[子孫違犯敎令]'에 관한 안건은 한 폭(幅)의 복잡하면서도 살아 움직이는 사법(司法)의 풍경(風景)을 보여주고 있다. 이러한 형안의 사법실천에서 다양한 교령권의 주체와 객체에 대하여 교령의 정당(正當)과 부당[非正當] 및 다양한 범죄사실에 근거하여 당시 사법관들(형부[刑部]가 중심이다)은 부단히 천변만화(千變萬化)한 정상(情狀)과 이미 정해진 성문법 사이에서 상호 조화시킬 여지(餘地)를 찾아서 힘써 '정죄윤협(情罪允協: 죄상[罪狀]과 죄명[罪名]ㆍ형벌의 일치)'을 추구(追求)했다. 이 중 정(情)은 여러 다양한 죄상을 의미하고, 죄(罪)는 성문법에 규정된 죄명과 형벌을 의미한다. 그러나 사람들의 일반적인 생각에 따르면, 당시 성문법에 규정된 부모와 자녀 간의 권리와 의무 관계 및 그에 상응하는 죄명과 형벌의 설정은 간혹 현대 법률의 평등주의(平等主義)에 위배되었다고 해도 청대의 사법관이 형안(刑案)에서 힘써 추구한 '정죄윤협'은 당시 공평(公平)ㆍ정의(正義)라는 욕구를 충분히 만족시켰다고 해야 할 것이다. 다만, 우리가 오늘날 가지고 있는 공평ㆍ정의 관념과는 여전히 차이가 있었다.

제3절
추심형정(秋審衡情) : '「추심휘안(秋審彙案)」' 중의
'자손의 교령위반[子孫違犯敎令]' 안건

『대청율례(人淸律例)』「자손위범교령조(子孫違犯敎令條)」에 의하면, 자손의 '교령위반[違犯敎令]'에 적용될 수 있는 형벌의 결과는 주로 이하가 있었음을 알 수 있다. ①장형 100대, ②장형 100대ㆍ도형 3년, ③장형 100대ㆍ유형 3천리, ④연장(煙瘴) 지방으로의 발견(發遣)과 충군(充軍)(기인[旗人]은 흑룡강[黑龍江]으로 발견하여 차역[差役]에 충당), ⑤교감후(絞監候), ⑥교입결(絞立決: 참입결[斬立決]).119) 이상 여섯 가지 형벌 중, ①②③④⑥은 종심(終審) 판결이 내려진 후에 규정에 준(准)하여 즉시 집행되었지만, 오직 ⑤만은 정안의죄(定案擬罪) 후에 반드시 추심(秋審)[120]을 거쳐야 비로소 최종적인 형벌의 결과를 얻을 수 있었다. 추심이라는 청대 사법심판제도(司法審判制度)의 특수성으로, 간혹 원래 사형(死刑: 감후[監候])으로 의정(擬定)된 '자손의 교령위반[子孫違犯敎令]' 안건도 추심을 거친 후에는 최종적인 형벌의 결과에도 약간의 변화가 일어날 수 있었다. 이것은 청대의 법률사(法律史)에서 주의할 만하고 또 깊이 새겨볼 만한 문제이다.

1. 추심사법(秋審司法)

청대의 추심제도는 오직 사형감후(死刑監候) 안건만을 재심사[覆審] 대상으로 하였다.[121] 이것은 명대(明代) 조심제도(朝審制度)의 기초 위에서 점진적으로

---

119) 「자손위범교령조」 제3조례문에서는 "만약 자손이 (간[奸]·도[盜]를 범하던 중에) 사죄(死罪)에 처해질 죄[罪犯]을 범하였거나 피해자[人]를 모살(謀殺)·고살(故殺)한 사정이 폭로되어 조부모·부모가 자진(自盡)한 경우, (자손은) 각각 본래 범한 죄명(罪名)에 준(准)해서 입결(立決)로 의정(擬定)한다"고 하였다. 이른바 "자손이 사죄에 처해질 죄를 범하였거나 피해자를 모살·고살한 경우," "본래 범한 죄명"은 사형입결(死刑立決)이었고, 여기에는 참입결(斬立決)과 교입결(絞立決)을 포괄하였다. 이로써 본(本) 조례문에서 규정한 형벌은 실제 참입결과 교입결을 포함하였음을 추찰(推察)할 수 있다.

120) 여기서 말하는 '추심(秋審)'은 간혹 넓은 뜻[廣義]을 취하고 있는데, 즉 추심과 조심(朝審)을 포괄하고 있다.

121) 〈옮긴이주〉추심(秋審)은 청대에서 행해진 사형(死刑) 집행(執行)의 적부(適否)를 심사(審査)하는 절차를 말한다. 사형의 판결에는 입결(立決)과 감후(監候)의 두 종류가 있었다. 입결은 황제의 재가(裁可)가 판결과 동시에 집행 명령의 의미를 가지는 것으로서, 판결이 있은 후 바로 집행되었기 때문에 추심의 대상이 되지 않았다. 감후는 사형이 언도(言渡)되면 신병(身柄)을 감금(監禁)하여 집행 명령이 내려지기를 기다리는 것이다. 집행 명령은 1년분(年分)을 모아서 동지(冬至) 전(前)에 내려지는 것이 관례였고, 그에 앞서 행해지는 심사 절차가 추심이었다. 이 절차에 따라 사죄인(死罪人)은 정실(情實)·완결(緩決)·가긍(可矜)·유양(留養)의 네 가지로 나뉘어

완벽과 발전을 거듭한 것이다. 한편으로 추심은 중국의 유구한 '천인합일(天人合一)' 사상이 법률제도에 집중 체현되어 옛 사람이 형옥(刑獄)이라는 사무(事務)에서 사람과 자연의 조화를 추구했던 정신을 깊이 반영하였고, 다른 한편으로 청대의 추심은 오직 사형감후 안건에 대해서만 재심사[覆審]하는 절차에 있었기 때문에, 사형입결(死刑立決) 안건이 간혹 삼법사(三法司)의 핵실(覈實)을 거쳐야 하는 것과 마찬가지로, 당시 사람들의 인명(人命)에 대한 중시와 사형 안건에 대한 신중한 태도를 대표하였다. 필자는 연구를 통해, 청대의 사형감후 안건에 관한 사법의 전체적인 과정은 경계가 명확한 전후 두 단계, 즉 정안의죄(定案擬罪)와 추심으로 나눌 수 있음을 발견하였다. 앞의 단계에서 실현하고자 한 임무는 앞 절의「형안휘편」에서 중점적으로 강조한 '정죄윤협', 즉 다양한 안건(案件)의 정황(情況)에 따라 성문법의 규정을 참조해서 죄명과 형벌을 적합하게 의정(擬定)하는 것이었다. 정안의죄를 통해 매년 모두 일정한 수량의 사형감후 안건이 발생하였다. 무릇 사형감후로 의정한 안건은 사죄(死罪)였다고 해도 즉시 집행할 수 없었고 반드시 하나의 단계, 즉 추심을 거친 후에야 진일보(進一步)한 처리결과를 얻을 수 있었다. 추심을 통해 형벌이 확정된 후에 비로소 실제로 집행할 수 있었고, 그렇지 않으면 '감후(監候)'를 계속할 수밖에 없었다. 따라서 추심은 사형감후 안건의 사법 과정에서 '정안의죄'의 다음을 잇는 중요한 사법단계였고 가장 결정력을 가졌던 사법단계이기도 하였다.[122]

청조는 순치(順治) 10년(1653)에 추심제도를 회복하고부터 선통(宣統) 3년(1911) 마지막으로 추심을 행할 때까지 전후 258년을 거치면서 추심사법(秋審司法) 사료(史料)를 대량으로 생산하였다. '한우충동(汗牛充棟: 책을 짐으로 실으면 소가 땀을 흘리고, 쌓으면 들보에까지 찬다)'이라 할 정도의 추심사법 사료 중에서 수량

졌다. 정실은 죄상이 사실인 것을 인정한다는 의미로서, 정실로 결정되면 대부분 구결(勾決: 사형을 집행하는 사법절차)되었기 때문에 정실은 사형 집행의 의미로 통용되었다. 완결은 사죄인에 대한 형(刑)의 집행을 유예(猶豫)하고 다음해로 넘겨 다시 추심하는 것이고, 가궁은 형벌을 감면하는 것이며, 유양은 연로한 부모[親]의 부양을 위해 사형을 면제하는 것이다.

122) 손가홍(孫家紅),『청대의 사형감후(淸代的死刑監候)』(사회과학문헌출판사[社會科學文獻出版社], 2007), 하편(下篇)「청대 사형감후제도의 사법적 특징(淸代死刑監候制度的司法特徵)」의「추심형정(秋審衡情)」, 216~263쪽 참조.

이 방대한 추심당안(秋審檔案) 이외에 「추심휘안(秋審彙案)」과 같은 법률문적(法律文籍)도 상당히 사람들의 주목을 받았다. 청대의 추심은 원칙적으로 "죄상(罪狀)이 정실(情實)·완결(緩決)로 의정(擬定)된 것만" 요구되었기 때문에, 한편으로는 성문법의 구성(構成)을 받지 않고 어느 정도 "성문법을 초월하는" 특징을 가지고 있었고, 또 한편으로는 공평하고 정의로운 판결결과를 이끌어내기 위해 이전에 행해진 추심판례에서 경험을 찾는 것도 매우 중시하였다. 따라서 「추심휘안」은 점차 사법에 족히 참고할 만한 법률자원이 되었다. 이뿐만 아니라 건륭(乾隆) 중기 이후, 추심사법에 경험이 풍부한 일부 사법관들은 이전의 추심성안(秋審成案)에서 '추심조문(秋審條文)'만을 종합해서 일종의 준법률적(準法律的) 문건을 만들어 각 성(省)에 반행(頒行)하였기 때문에 추심활동에서 장기간 중요한 작용을 하였다.

여기서 말하는 「추심휘안」은, 개략적으로 추심성안을 모아서 수록한 법률문적을 가리킨다. 현존하는 「추심휘안」은 필자의 소견에 의하면 그 수량이 적지 않지만, 애석하게도 이러한 중요한 법사(法史) 자료에 대한 현재의 연구와 정리 수준은 사법(司法)에 참고가 될 만한 다른 자료에 비해 턱없이 낮은 실정이다. 이러한 법률문적은 대부분 『추심실완비교성안(秋審實緩比較成案)』· 『추심실완비교휘안(秋審實緩比較彙案)』으로 명명(命名)되었고, 또 『서설당집(敍雪堂集)』·『서설당율서(敍雪堂律書)』 등으로 명명된 것도 있다. 주지하듯이, 『형안휘람(刑案彙覽)』이든 『박안신편(駁案新編)』이든 내용의 배열(排列)은 모두 『대청율례(大淸律例)』의 문(門) 형식을 차례(次例)로 삼았다. 이와는 달리 이 「추심휘안(秋審彙案)」은 추심이라는 사법실천에서 명기(明記)되는 '추심조문(秋審條文)'을 근거로 하여, 대개 먼저 한 조문을 열거한 다음에 다시 해당 조문과 대응하는 약간의 추심성안(秋審成案)을 첨부하였다. 왜냐하면 추심은 정실(情實)·완결(緩決)·가긍(可矜)·유양(留養)으로 구분하였고, '추심조문'도 대개 '정실과 완결의 비교'와 '가긍과 완결의 비교'라는 두 가지 부분으로 구분하였으며, 정실과 완결의 비교 부분도 대체로 직관(職官)·복제(服制)와 상범(常犯: 인명[人命]·간도[奸盜]·약탈[搶竊] 등을 포괄)이라는 세 가지 유형으로 구분하는데 중점을 두었기 때문이다.[123] 본 연구에서 특히 주목하는 '자손의 교령위반[子孫違

---

123) 『청대의 사형감후(淸代的死刑監候)』, 157~216쪽 참조.

犯教令]' 안건은 '복제'의 범주에 속하였다. 「추심휘안」 중의 '자손의 교령위반
[子孫違犯教令]' 안건을 통해, 한편으로 이러한 형안(刑案)의 추심에서의 처리결
과는 재차 '정안의죄(定案擬罪)'하는 단계에 국한되지 않았음을 보다 더 알 수
있고, 또 한편으로 이로써 청대 추심 특유의 법률적 가치도 더 깊이 인식할
수 있다.

2. 교령안건(教令案件)

청대의 추심이라는 사법실천에서 사형감후(死刑監候) 안건은 대체로 관범(官
犯) · 복제(服制) · 상범(常犯)이라는 세 가지 유형으로 구분되었다. 이와 상응하
여 매년(每年)의 추심초책(秋審招冊)124)도 관범책(官犯冊) · 복제책(服制冊) · 상범
책(常犯冊)의 세 종류로 구분되었다. 자손이 교령을 위반하여[子孫違犯教令] 조부
모 · 부모가 자진(自盡)한 안건은 꽤 오랜 기간에 걸쳐 모두 상범책에 포함 ·
처리하였다. (그러나) 가경(嘉慶) 14년(1809)이 되면, 형부(刑部)의 상주(上奏)와
황제의 윤허(允許)를 거쳐 이러한 범인을 복제책에 포함시켰다.125) 여기서는
먼저 『서설당율서(敍雪堂律書)』에서 도광(道光) 26년(1846)에 발생한 네 건의 추
심성안(秋審成案)을 발췌 · 인용하여 그 편린(片鱗)을 보고자 한다.

---

124) 〈옮긴이주〉 '초책(招冊)'은 범인의 공술(供述)을 기록한 문서를 말한다. 지금의 공
　　술서(供述書)에 해당한다.
125) 심의덕(沈衣德), 『서설당집(敍雪堂集)』(가경17년초본[嘉慶十七年抄本]), 「복제(服制)」「의
　　자위범교령(義子違犯教令)」.

도광 26년 산서복(山西服) 19본(本)	장의성(張儀成)	본[該] 범인(犯人)은 사사로이 조모(祖母)의 나무궤짝[木柜]을 팔았고, 이로 인해 (조모는) 격노하여 가마[窑]에 뛰어들어 자진(自盡)했다. 비록 촉오와 같은 엄중한 정황은 없었지만, 결국 교령을 위반했기[雖無觸忤重情 究屬違犯敎令] 때문에 윤기(倫紀)와 관련되었다. 조실(照實)
도광 26년 귀복(貴服)	오 씨(吳 氏)	본[該] 씨(氏)는 시어머니 유씨(劉氏)에게 대매(大罵)와 치욕(恥辱)을 당하자 음식을 준비하지 않았고, 이에 유씨는 격노하여 목을 매어[自縊] 자진(自盡)했다. 비록 촉오와 같은 엄중한 정황은 없었지만, 결국 교령을 위반했기[雖無觸忤重情 究屬違犯敎令] 때문에 윤기(倫紀)와 관련되었다. 조실(照實)
도광 26년 귀복(貴服)	유다지(劉多志)	모친 왕씨(王氏)는 자신을 돌보지 않은 것이 이치에 맞지 않다고 생각했기 때문에 (유다지를) 구타[毆]하여 문밖으로 내쫓았다. 비록 촉오와 같은 엄중한 정황은 없었지만, 결국 교령을 위반했다[雖無觸忤重情 究屬違犯敎令]. 왕씨는 쫓아가면서 구타하다가 과실(過失)로 문(門) 옆의 방(房)에 넘어졌고, 상처가 나서 사망했다. (이는) 분노로 자진한 경우와 유사하기 때문에 당연히 조례(條例)에 비부(比附)하여 심문·의죄[問擬]하였다. 조실(照實)
도광 26년 호복(湖服)	영첨보(榮添寶)	착오(錯誤)로 밥알을 치우지 않아서 아버지[父] 영성장(榮成章)에게 질책을 당하자, 말로 대구했다. 비록 촉오와 같은 엄중한 정황은 없었지만, 결국 교령을 위반했다[雖無觸忤重情 違犯敎令]. 영성장은 달려가면서 구타하다 실수로 넘어지면서 부딪혀 사망했다. (이는) 분노로 자진(自盡)한 경우와 동일하였기 때문에 당연히 조례(條例)에 비부(比附)하여 심문·의죄[問擬]하였다. 영첨보에 대하여 자식[子]의 불효로 아버지[父]가 자진(自盡)한 안건(案件)에 비의(比依)한 것은, 촉오했다는 경위(經緯)는 없었지만 교령을 위반하여[違犯敎令] 분노로 자진(自盡)했기 때문이다. 조실(照實)

위에서 열거한 네 건(件)의 '자손의 교령위반[子孫違犯敎令]' 안건(案件)을 통관(通觀)하면, 안건마다 각각 기인(起因)이 있지만, 한 가지 큰 공통점이 발견되는데, 죄상(罪狀)을 개술(槪述)한 후에 모두 "비록 촉오와 같은 엄중한 정황은 없었지만 결국 교령을 위반했다[雖無觸忤重情 究屬違犯敎令]"는 글자가 있는 점이다. 이 12자(字)는 명확하게 안건의 성격을 규정한 것으로, 이것이 '자손의 교령위반[子孫違犯敎令]' 안건에 속하였고, 게다가 사형감후(死刑監候)로 의정(擬定)되었음을 인정(認定)한 것이다. 그러나 이러한 법문(法文)의 서술형태는 「형률(刑律)」 「소송문(訴訟門)」 「자손위범교령조(子孫違犯敎令條)」의 율문(律文)과 예문(例文)에 대응하는 문장이 없고, 그 이외의 문(門) 등에 분포되어 있다. 즉, 「형

률(刑律)」「인명문(人命門)」「위핍인치사(威逼人致死)」의 예문(例文)에서는 "무릇 자손이 불효(不孝)하여, 조부모·부모가 자진(自盡)한 안건의 경우, …… 본래 촉오(觸忤)한 정상(情狀)은 없고, 단지 그 행위가 교령만을 위반하여[違犯敎令] 분노를 참지 못하고 초개(草芥)와 같이 자진(自盡)하였다면, 교후(絞候)로 의정한다. 처(妻)·첩(妾)이 남편[夫]의 조부모·부모에게 범하였다면, 죄는 동일하다"[126]고 규정하였다. 이처럼 안건은 '자손의 교령위반[子孫違犯敎令]'과 같은 유형(類型)에 속하였지만, 정안의죄(定案擬罪)하는 법률적 근거는 오히려 「위핍인치사조(威逼人致死條)」 중에 있었다. 이러한 사실은 명(明)·청률(淸律)의 수많은 조문 간에는 상당히 복잡한 법률적인 관련이 있었다는 것을 재차 말해주고, 또한 각(各) 조문 및 그 사법적인 응용을 단편적·고립적으로 판단해서는 안 된다는 것도 거듭 일깨워준다.

그러나 「위핍인치사조」 내의 예문을 인용하여 '자손의 교령위반[子孫違犯敎令]'이라는 죄명(罪名)에 대하여 의정한 것은 결코 우연적인 현상이 아니었다. 실제로 「추심휘안(秋審彙案)」에 수록되어 있는 상당한 분량의 '자손의 교령위반[子孫違犯敎令]' 안건의 경우, 사형감후로 의정한 법률적 근거는 대부분 이 조문에 두고 있었다. 이것은 확실히 흥미로운 문제이다. 그렇다면 이러한 현상이 초래된 원인은 어디에 있었을까? 필자의 분석에 의하면, 대략 두 가지 점을 들 수 있다. 하나는, 앞서 청률(淸律)의 「자손위범교령조(子孫違犯敎令條)」의 법률 확장을 분석했을 때, 종래 설윤승(薛允升)·심가본(沈家本) 등이 본조(本條)의 제3조례문(第三條例文)에 대하여 주장한 비평적(批評的) 의견을 인용하였다. 그들의 기본적인 공통된 인식은 "간(奸)·도(盜)로 인(因)하여"라는 개괄성(槪括性)의 엄중한 부족, 다시 말하면 이 예문(例文)의 법률적 적용성이 충분치 않다는 것이었다. 만약 이 두 가지(간·도-옮긴이)를 제외한 다른 유형의 '자손의 교령위반[子孫違犯敎令]' 행위로 인해 부모가 비명횡사(非命橫死)하였다면, 이에 준(准)하여 정죄(定罪)할 수 없었다. 또 하나는, 이에 비해 「위핍인치사조」의 이 조례문(條例文)에서 사용된 '불효'·'교령위반[違犯敎令]' 등의 글자는 함의(含意)가 다소 추상적이지만, 개괄성도 상당히 강하여 족히 인용할 만했다는 점이다. 이뿐만 아니라 본(本) 조례문에서 의정(擬定)한 형벌(교감후[絞監候])의 척

---

126) 『독례존의』 권34, 「형률10[刑律之十]」「인명3[人命之三]」에 부기(附記)된 예문(例文).

도(尺度)도 당시 법률에서 '자손의 교령위반[子孫違犯敎令]' 행위에 대하여 엄중하게 단속한다는 태도와 매우 부합(符合)하였다. 따라서 '자손의 교령위반[子孫違犯敎令]' 행위로 부모가 비명횡사한 안건에 대해 현명한 사법관들은 간혹 적용성이 보다 강한 「위핍인치사조」를 선택하였을 것이다.

이밖에 상술(詳述)한 네 가지 안건의 끝에는 모두 '조실(照實)'이라는 자구(字句)가 있는 것을 볼 수 있다. 그중 '실(實)'은 '정실(情實)'을 가리키고, 이것은 청대(淸代) 추심(秋審)의 결과(結果) 중 한 가지에 속하였다. 일반적으로 추심의 결과는 주로 네 가지, 즉 정실(情實)·완결(緩決)·가긍(可矜)·유양(留養)이 있었다.127) '정실'은 죄상(罪狀)이 확실하여 응당 사형(死刑)에 처해지는 것을 의미한다. 그러나 매년 추심을 구도(勾到)128)하는 과정에서 정실은 또 여구(予勾)129)와 불여구(不予勾)130)의 구별이 있었다. 여구는 사형을 즉시 집행하는 것이고, 불여구는 사형을 집행하지 않고 다음 회[下次]의 재심사[覆審]를 기다리는 것으로, 실제 완결과 차이가 없었다. 완결은 정상(情狀)이 대략 참작(參酌)할 만하거나, 또는 진위(眞僞)가 불확실하거나, 또는 특수한 목적에서 비롯된 경우, 그 처결을 완화하는 것이다. 실제로는 간혹 완결에 처해지고 몇 년이 지난 후에 감등(減等) 처리되는 경우도 있었다. 가긍은 정상이 실제 참작할 만한 부분이 있어서 대개 감등 처리하는 것이다. 유양은 또 유양승사(留養承祀)131)라고도 하며, 부모가 연로(年老)하고 가(家)에 차정(次丁)이 없는 정황(情

---

127) 사실 청대 추심의 결과는 이 네 가지만이 아니고 여러 가지 변수도 있었지만, 여기서는 일반적인 것만을 말했다. 추심의 결과에 관하여 논술한 것으로는 손가홍(孫家紅), 「시야의 확장: 청대 추심의 결과에 관한 신고찰(視野放寬: 有關淸代秋審結果的新考察)」(『청사연구(淸史硏究)』 2007년[年] 제4기[第四期] 소수[所收]) 참조.

128) 〈옮긴이주〉 '구도(勾到)'는 추심의 최종 절차로서 황제가 직접 생사(生死)를 결정하는 것이다. 황제가 직접 사형에 처해야 하는 사람의 이름에 표시를 하는 것으로, 실제 사형집행 명령의 서명(署名)과도 같다.

129) 〈옮긴이주〉 '여구(予勾)'는 사형집행 절차인 구결(勾決)을 내리는 것을 말한다.

130) 〈옮긴이주〉 '불여구(不予勾)'는 사형집행 절차인 구결을 면제하는 것[免勾]으로서, 면구된 죄수는 완결범(緩決犯)과 함께 다음해의 조심(朝審)·추심(秋審)에서 재심리(再審理)되었다.

131) 어떤 분류에서는 유양(留養)과 승사(承祀)를 두 가지로 분류했기 때문에 추심의 결과도 증가하여 다섯 가지가 된 경우도 있다. 그러나 결과가 네 가지이든 다섯 가지이든 모두 추심에 의한 결과의 전부는 아니다.

況)에서 일종의 특수하게 법률적으로 배려하는 것으로, 인도주의(人道主義) 사법(司法)의 적극적인 요소를 띠고 있다. 개괄적으로 말하면, 사형감후(死刑監候)해야 할 범인은 중앙과 지방[內外]의 추심 과정에서 모두 정실로 의정(擬定)되고 또 황제의 구결(勾決)이 내려져야만 사형을 집행하여 살해할 수 있었다. 그 나머지 세 가지는 사형이 확정되지 않았기 때문에 역시 소생(甦生)할 수도 있었다. 이른바 '조실(照實)'은 각(各) 성(省)의 추심에서 범인을 정실로 의정(擬定)하였고, 형부(刑部)에서도 죄상이 확실하여 처결(處決)할 수 있다고 판단(判斷)하는 것을 말한다. 그러나 '자손의 교령위반[子孫違犯敎令]' 안건을 내부에 포괄하는 복제류(服制類)의 사형감후 안건에 대한 '조실'은 특수한 함의(含意)를 가지고 있었다.

한편으로, 복제안건(服制案件)은 윤상(倫常)·풍속(風俗)과 관련되었기 때문에 예교(禮敎)인 "높은 이를 높이고[尊尊] 친한 이를 친하게 여기는[親親]" 도리[義]에 의해서 엄중하게 처리하여 존비(尊卑)·등급 질서를 문란케 할 수 없다는 것을 보이지 않을 수 없었다. 따라서 이러한 안건이 정안의죄(定案擬罪)된 초기에는 간혹 성문법의 규정·복제(服制)와의 관계·은의(恩義)와 명분(名分) 등에 제한을 받았기 때문에 자손의 행위가 정상참작(情狀參酌)을 할 수 있었더라도 관대(寬待)하게 처리하지 못하고 반드시 율(律)에 준(准)하여 의죄(擬罪)해야 하였다. 그러나 자손의 여러 가지 교령위반[違犯敎令] 행위로 조부모·부모가 비명횡사(非命橫死)한 경우, 모두 사죄로 의정(擬定)하는 것은 반드시 양형(量刑)의 과당(過當)이라는 문제가 있을 것이기 때문에 사법(司法)에서 공정(公正)하지 못한 상황이 초래될 수밖에 없다. 이러한 문제를 해결하기 위해 사형감후는 매우 좋은 방법으로서, 먼저 사형이라는 죄명(罪名)으로 의정(擬定)하였더라도 즉시 집행하지 않고, 최종 형벌을 확정하는 일은 모두 추심에서 종결하였던 것이다.[132] 추심의 중요한 특징 또는 기본적인 사법적 이치(理致)는 바로 '형

---

132) 예컨대, '자손의 교령위반'을 과실(過失)로 부모를 살해한 경우에 준(准)하여 교감후(絞監候)로 의정(擬定)한 안건(案件)에 대하여 설윤승은 명확하게 "과실로 부모를 살해한 경우, 율(律)에서는 응당 유형(流刑)으로 의정하였고, 예(例)에서는 비록 교결(絞決)로 의정하였더라도 여전히 협첨(夾簽)으로 청원(請願)한 것에 준(准)해서 감후로 개정되었고, 추심에서도 대부분 면구(免勾)되었다"(『독례존의』 권40, 「형률16[刑律之十六]」 「소송2[訴訟之二]」 「자손위범교령[子孫違犯敎令]」에 부기된 안어[按語])고 지적

정(衡情)'에 있었다. 이른바 '추심형정(秋審衡情)'은 '정안의죄(定案擬罪)'할 때 결정된 사형감후(死刑監候) 안건에 대해 사건발생[案發]의 대략적인 과정·범죄주체(犯罪主體)의 주관적인 고의(故意) 또는 과실(過失), 내지 사망자의 상흔(傷痕)에 대한 경중(輕重)과 다소(多少) 등등도 포괄(包括)하는 기본적인 죄상(罪狀)을 다시 고찰해서 그것이 정상참작을 할 만한가의 여부, 법률적용이 정확한가의 여부, 양형(量刑)에서 경중이 적당한가의 여부를 평가하는 등, 일종의 더욱 실질적인 사법정의(司法正義)를 추구하여 천리(天理)·국법(國法)·인정(人情)이라는 세 가지의 높은 통일을 체현(體現)하는 것이다. 따라서 만약 '자손의 교령위반[子孫違犯敎令]' 안건을 정안의죄하는 단계에서 자손에 대해 실질적으로 정상참작을 할 만한 부분이 있었다면, "실정을 규명하여 감죄하는[原情減罪]" 것이 추심의 임무 중 하나였다.

또 한편으로, '자손의 교령위반[子孫違犯敎令]'이 포함된 복제안건(服制案件)은 정안의죄하는 단계에서 간혹 복제(服制)와 명분(名分) 등 요소에 구애(拘礙)되었기 때문에 사실상 권리억압(權利抑壓)이라는 문제가 내재되어 있었다. 그러나 추심하는 초기(初期)가 아니면 복제안건에 대하여 감경[減緩]할 수 있었다. 감경하는 방식에는 주로 두 가지가 있었다. 한 가지는 죄상(罪狀)에 명확히 완결(緩決)할 수 있는 이유가 있었다면, 각 성(省)에서 추심할 때 완결로 의정(擬定)하고, 중앙의 추심에서 재심사[覆審]하거나 추심을 구도(勾到)할 때 인가(認可)하는 방식이다. 이러한 정황은 비교적 흔하지 않았다. 또 한 가지는 먼저 정실(情實)로 의정하고, 다시 완결로 변경하는 방식이다. 『추언지(秋讞志)』를 저술한 작자(作者)의 견해에 의하면, "복제(服制) 등의 범죄는 죄상의 경중(輕重)을 막론하고 모두 응당 정실로 의정하고, 두 번에 걸친 면구(免勾)를 기다린 후에 형부(刑部)에서 성지(聖旨)를 청(請)한 다음에 완결로 변경하였다"133)고 하였다. 또한 이와 유사한 견해로는 "부명(父名)에 따라 사형죄를 범한 친형[胞兄]을 치사(致死)하였는데, 추심하여 진술이 모두 사실이었다면 면구하였고",134)

하였다.

133) 허신망(許伸望), 『추언지』(광서6년간본[光緒六年刊本]) 권1, 「추심실완비교조관안어(秋審實緩比較條款按語)」.

134) 형부(刑部), 『추심실완비교휘안(秋審實緩比較彙案)』(청말초본[清末抄本]) 권2, 「복제(服制)」.

"본래 교령을 위반하여[違犯敎令] 모친이 자진(自盡)한 안건의 경우, 만약 촉오(觸忤)와 같은 엄중(嚴重)한 정상(情狀)은 없고 모두 황책(黃冊) 내의 진술이었다면 은사(恩赦)로 면구를 바랄 수 있었다"[135]는 표현도 있다. 이로써 두 번에 걸쳐 정실(情實)에서 면구되고 재차 완결로 변경된 것은 청대 추심에서의 사법적 관례(慣例)였음을 알 수 있다. 먼저 정실로 의정한 이유에 대해서는, 정설(定說)에 따르면, "복제(服制)와 관련"이 있었기 때문에[136] 정실로 의정하여 신중하게 (복제의 원칙을) 유지하려는 뜻을 보이지 않을 수 없었다는 것이다. 그러나 여하튼 최종적으로 형벌이 감경된 이후의 결과는 대략 예기(豫期)할 수 있는 것이었다.

위의 절[上節]에서 「형안휘편」 중의 '자손의 교령위반[子孫違犯敎令]' 안건을 논(論)할 때, 교령권의 주체와 객체에는 여러 종류가 있었음을 분석·지적하였다. 그러나 상술한 교령의 주체·객체와 관련된 사형감후 안건 중에서 두 가지의 안건은 추심이라는 사법 활동 중에서 그 표현 형태가 비교적 특별하다고 할 수 있다. 이에 대하여 각각 분별해서 서술하고자 한다.

첫째, 개가(改嫁)한 조모(祖母)의 교령을 위반하여[違犯敎令] (개가한 조모가) 자진(自盡)한 경우이다. 당시 사람들은 "조모가 개가한 것은 스스로 조부[祖]와의 관계를 단절시킨 것이고, 자손이 모친[母]과의 관계를 단절시킬 이유는 없다. 복제도(服制圖)에는 재록(載錄)되어 있지 않지만, (조부는) 결국 아버지[父]가 태어난 근본으로서 동일 계통으로 이어져 내려온 것이기 때문에 명분(名分)이 중시되었다. 추심은 죄상(罪狀)의 경중(輕重)을 보고 정실(情實)과 완결(緩決)로 구분하지만, 결국 지나치게 관대하게 해서는 안 된다. …… 정실을 적용하여 그대로 상범(常犯)으로 처리해야 한다"[137]고 보았다. 예컨대, 안례(案例)19에 의하면, 도광(道光) 4년(1824), 전항발(錢恒發)은 개가한 조모의 동생[弟]을 구타하여 상해를 가한[毆傷] 후에 정황(情況)을 날조(捏造)하고 함부로 속였기 때문에 소환(召喚)·대질(對質)하는 상황이 되었다. 이에 해당(該當) 범인은 개가한

---

135) 형부(刑部), 『추심실완비교성안속편(秋審實緩比較成案續編)』(청말각본[淸末刻本]) 권2, 각항(各項)의 「복제(服制)」.

136) 강의(剛毅), 『추언집요(秋讞輯要)』(광서12년각본[光緖十二年刻本]) 권2, 「복제문성안(服制門成案)」.

137) 허신망, 『추언지』 권1, 「추심실완비교조관안어」.

조모에게 궤배(跪拜)하고는 구상(毆傷)한 사람을 바꾸어 지목(指目)하기를 강요했다. 치사(致死)된 사람(개가한 조모-옮긴이)은 진퇴양난에 빠졌고, 장차 관(官)에 가서 수모를 당할까 염려하여 근심과 조급함으로 인해 자진(自盡)하였다. 정안(定案)할 때, 죄는 행한 바를 처벌한다는 원칙에 따라 전항발은 개가한 조모의 교령을 위반하여[違犯敎令] (개가한 조모가) 자진한 경우에 속하였고, "조부모는 부모가 태어난 근본으로서 동일 계통으로 이어져 내려왔기 때문에 은의(恩義)가 매우 중시되고", 또한 결국 명분(名分)도 있었기 때문에 교감후(絞監候)로 의정(擬定)하여 엄중하게 처리하였다. 추심 과정에서 이 안건의 경우, '개가한 조모'는 '복제도(服制圖)' 내에 재록되지 않은, 곧 무복(無服)에 속하였기 때문에 일체 복제책(服制冊) 내에 포함시켜 처리할 수 없었다. 이에 형부(刑部)에서는 복제와는 무관(無關)하다고 논박(論駁)하고는 정실(情實)에 준(准)하였고, 또 상범책(常犯冊)에 포함시켜 처리하였다.[138] 비록 상범책에 포함되었지만, 앞서의 정실에 준(准)하였더라도 이후 재차 완결로 변경된다고 하는 결과는 예기(豫期)할 수 있다. 이 안건의 '총괄적 비평[總批]'에서는 "본 안건의 죄상(罪狀)은, 일반인[凡人]의 죄는 장책(杖責)에 그치지만, 정안(定案)할 때 결국 명분(名分)으로 인해 가중(加重)해서 예(例)를 참작하여 교형(絞刑)으로 의정(擬定)하였다. 추심[秋讞]할 때 정상을 참작하여[衡情] 완결(緩決)로 의정(擬定)하였고, 삼가 당관(堂官)의 결정을 기다린 후에는 두 번 변경되는 판결이 내려졌다"고 하였다. 이로써 재차 추심형정(秋審衡精)과 정안의죄(定案擬罪)의 사법적 이치(理致)에 현저한 차이가 있었음을 알 수 있다.

둘째, 의부모(義父母)의 교령을 위반하여[違犯敎令] (의부모가) 자진한 경우이다. 심의덕(沈衣德)은 가경(嘉慶) 14년(1809)에 통행(通行)이 결정된, 자손이 교령을 위반하여[子孫違犯敎令] 조부모·부모가 자진한 안건을 복제(服制)에 포함시켜 처리한 것은 오직 본종(本宗)만을 가리켜서 말한 것이라고 지적하였다. "의자(義子)의 의부모(義父母)에 대해서는 원래 이성(異姓)으로서 본종과 같지 않다."[139] 그러나 『대청율례(大淸律例)』에서는 동시에 "무릇 의자가 15세 이하의 나이에 입양(入養)되어 장기간 정성껏 양육된 경우 또는 16세 이상의 나이에

---

138) 형부(刑部), 『부의추심실완(部擬秋審實緩)』(청대초본[淸代抄本]) 권7, 「명분(名分)」「위범개가조모교령치령자진(違犯改嫁祖母敎令致令自盡)」.

139) 심의덕, 『서설당집』「복제」「의자위범교령」.

입양되어 가산(家産)의 분할을 받고 결혼하여 배우자가 있는 경우, 또는 의부모 및 의부(義父)의 조부모·부모에 대하여 구타와 욕설[毆罵]·침도(侵盜)·협박(脅迫)·사기(詐欺)·무고(誣告) 등을 범한 정황(情況)이 있는 경우에는 자손과 동일하게 취문(取問)을 율(律)과 같이 한다"140)고 규정하였다. 따라서 의자가 의부모의 교령을 위반함으로[違犯敎令] 인해 의부모 또는 의부모의 조부모·부모가 자진한 안건은 사형감후(死刑監候)로 의정(擬定)하였을 가능성이 있다. 이러한 안건, 예컨대 가경 18년(1813) 직례(直隷)의 조상득(曹上得)이라는 범인(犯人)은 본래 이성(異姓)으로서 입양된 후 30여 년이 지났고, 혼인하여 처(妻)도 있었다. 의모(義母)가 보리[麥]를 자기의 딸[女]에게 주어 가져가게 하자, 해당(該當) 범인은 처(妻)에게 (연유를) 물었고, 또한 의모도 설명을 하였기 때문에 더 이상 문제를 삼지 않았다. 이후 조상득은 처와 언쟁(言爭)을 하였기 때문에 의모가 꾸짖으며 말렸지만 듣지 않자 스스로 목을 매어[自縊] 운명(殞命)하였다. 사건의 진상이 밝혀진[案發] 이후, 그것이 상술한 조건에 부합하였기 때문에 "자손과 동일하게 취문(取問)을 율(律)과 같이 하여" 조상득을 교감후(絞監候)로 의정하였다. 그러나 추심하였을 때, 직례총독(直隷總督)은 정실(情實)로 의정하였고, 또한 복제책으로 분류하여 처리했다. 그런데 형부(刑部)에서는 의부모는 결국 동종(同宗)에 속하지 않기 때문에 복제책에 포함시킬 수 없지만, 은의(恩義)로써 논(論)하면 일반인[常人]과도 다르다고 판단하여, 실로 진퇴양난에 빠지게 되었다. 최후로 이전의 성안(成案)을 조사하여 건륭(乾隆) 44년(1779) 직례성(直隷省) 장태(張泰)의 안건(案件)이 이와 대략 유사하여 준용(遵用)할 수 있다는 것을 발견하고, 이에 조상득을 상범책으로 분류해서 처리하였다.141)

이로써 개가한 조모와 의부모의 교령을 위반한[違犯敎令] 경우에는 교후(絞候)로 의정하였고, 정안의죄(定案擬罪)하는 단계에서는, 은의(恩義)에 제한을 받건 혈통관계에 제한을 받건, 모두 보통의 조부모·부모와 동등하게 취급되었음을 알 수 있다. 그러나 이 단계에서는 최종적인 정죄(定罪)가 아니고 실제로는 임시로 사죄(死罪)로 의정되었다[虛擬]. 추심 단계가 되면, 한편으로는 복제규정(服制規定)에 제한을 받아 보통의 조부모·부모와 동일하게 복제책으로 분

---

140) 『대청율례』 권28, 「형률(刑律)」 「투구하(鬪毆下)」 「구조부모부모(毆祖父母父母)」.
141) 심의덕, 『서설당집』 「복제」 「의자위범교령」.

류될 수 없었다. 그러나 다른 한편으로는 한 가지 점은 기본적으로 일치하였는데, 즉 그 이전 단계의 임시로 사죄로 의정한 것을 정상을 참작하여 감면함으로써 불공정한 사법적 결과를 피한 것이었다. 재차 예컨대 건륭 49년(1784)에 추심한, 이금상(李金箱)이 부모의 교령을 위반하여[違犯敎令] (부모가) 자진한 안건에 대하여 형부(刑部)에서 '총간(總看)'하였을 때, 비평문(批評文)에서는 "처음 정안(定案)할 때, 죄는 행한 바를 처벌하되[罪坐所由] 가중(加重)하는 규정에 따라 교후(絞候)로 의정한 것은 원래 범인을 정실(情實)에 의거해서 정죄(定罪)한 것이 아니다. 지금 추심할 때 실정을 규명하여[原情] 완결(緩決)로 처리한 것은 추호도 방임(放任)하지 않으면서 사자(死者)의 마음도 상하게 하지 않는 것이었기 때문에 공평·타당한 것 같다"142)고 하였다. 이러한 방법은 명확하게 모순의 대립과 통일을 체현하였다. 무릇 이러한 '자손의 교령위반[子孫違犯敎令]' 안건은 정안의죄(定案擬罪)할 때 먼저 가중해서 감후라는 죄명으로 의정하였고, 추심할 때 복제책(服制冊)에 포함되었건 상범책(常犯冊)에 포함되었건 최종적인 형벌의 결과는 모두 감경하였다. 이러한 방법은 청대 추심의 독특한 법률적 가치를 더한층 부각시켰다. 즉, 성문법을 개정하지 않았다는 전제하에서 사법적 수단을 통해 정안의죄하는 과정에서 복제(服制)·명분(名分) 등 관계로 초래될 수 있는 양형(量刑)의 과중(過重)이라는 문제를 규정(糾正)함으로써 예교강상(禮敎綱常)을 유지·보호하고 사법정의(司法正義)를 달성한다는 이중적인 목적을 실현하였던 것이다.

　이상 세 가지 절(節)의 서술과 논의를 통해 청대의 '자손의 교령위반[子孫違犯敎令]' 안건의 사법실천 방면에 대하여는 다음과 같이 개괄할 수 있다.
　첫째, 입법 방면에서 교령권의 주체는 복제(服制)와 관계가 있는 가정(家庭) 구성원에 국한되었다. 지방에서 자리하는[地方自理] '자손의 교령위반[子孫違犯敎令]' 안건에서 「형안휘편(刑案彙編)」 중의 '자손의 교령위반[子孫違犯敎令]' 안건에 이르기까지 사법실천 과정에서는 명분(名分)·은의(恩義) 등 관계에 구애(拘礙)되어 이미 '복제도(服制圖)'의 범위를 뛰어넘었다. 상술하였듯이, 원래 복제관계가 없었던 가조모(嫁祖母)와 의부모(義父母)의 경우, '자손의 교령위반[子孫

---

142) 심의덕, 『서설당집』「복제」「의자위범교령」.

違犯敎令'안건을 정안의죄(定案擬罪)하는 과정에서 자손에 대한 율(律)과 같이 취문(取問)하는 방식은 바로 그것을 명증(明證)한다. 따라서 청대의 「자손위범교령조(子孫違犯敎令條)」는 이미 법률 확장이 출현한 정황(情況) 속에서 사법적 수단을 통해 재차 부모[父]·조부모[祖]에 대한 교령권의 범위를 확대하였다고 할 수 있다. 이러한 사법이 초래한 법률후과(法律後果) 중에는 반드시 부당(不當)·불의(不義)한 요소가 포함되어 있었을 것이다. 이것은 오늘날 사람들의 관점에서 보면, 합리적이지 않았을 뿐 아니라 당시 사람들도 이미 어느 정도 느꼈을 것이기 때문에 부분적으로 양형(量刑)을 조정하는 임무(任務)는 특정한 사법절차(즉 추심)를 통해 완성하였다.

둘째, 교령권의 객체는 성년(成年)과 미성년(未成年)을 구분하지 않았고, 자손인가 자손의 부인(婦人)인가를 논(論)하지 않았으며, 정혼(定婚)은 했지만 혼인은 하지 않은 처(妻)인가 남편의 사망[夫故]으로 수절(守節)하는 과부(寡婦)인가를 논하지 않았고, 교령만 위반했다면[違犯敎令] 율(律)에 준(准)하여 모두 형벌로 치죄(治罪)하였다. 미성년자의 책임능력에 대하여 청률(淸律)도 당(唐)·명률(明律)과 마찬가지로 모두 "노인[老]·연소자[小]·폐질자(廢疾者)는 수속(收贖)한다"는 규정을 두었지만, 미성년인 자손의 책임연령(責任年齡)에 대한 구분은 결코 합리적이지 않았다. 이 점은 이미 청말의 법률가[律學家] 설윤승(薛允升)도 지적하였다.143) 비록 청대 '자손의 교령위반[子孫違犯敎令]'안건에 관한 사법적 조치(措置) 과정에서, 특히 지방자리안건(地方自理案件)의 범위 내에서 미성년인 자손의 교령위반[子孫違犯敎令] 행위에 대하여 일반적으로 필시 주시(注視)했을 것으로 추찰(推察)할 수 있지만, 자손을 성년과 미성년으로 구분하지 않고 모두 형벌로 치죄(治罪)하는 방법은 논리적으로 매우 피상적이었다. 이밖에 자손의 부인(婦人)이 남편[夫]의 조부모·부모의 교령에 복종하는 의무(협의[狹義]의 교령에 대한 복종과 공양[供養]의 제공 등도 포괄)에 대하여 자손과 똑같이 취급하고, 심지어 정혼은 했지만 혼인은 하지 않은 처(妻)·수절하는 과

---

143) 그는 다음과 같이 말하였다. "12세 이하는 유소(幼少)·무지(無知)한 사람으로 인정(認定)했고, 후에는 10세 이하로 개정(改定)하였기 때문에 11세 이상은 유소·무지로써 논(論)하지 않았다. 10세 이하는 본디 유소·무지하지만, 11세 이상도 성인(成人)이라고 할 수 없다. (따라서) 이를 경계로 구분해도 그다지 타당(妥當)하지 않은 듯하다."(『독례존의』권37, 「형률13[刑律之十三]」「투구하2[鬪毆下之二]」)

부까지도 이와 같이 처리한 것은 존비(尊卑)·명분(名分)을 강조한 동시에 처(妻)의 권리·자유에 대한 속박과 압제가 극심(極甚)하였다.

셋째, '교령'과 '불효' 개념의 추상성(抽象性)으로 인해 교령권의 내용도 무한(無限)하여 재산에 대한 지배권·관리권을 독점하였던 가장(家長)은 자손의 인신(人身)의 자유에 대한 지배권도 소유하였다. 자손이 교령을 위반한[子孫違犯敎令] 행위는, 작으면 사소한 일이 될 수도 있었지만, 크면 사람을 치사(致死)하는 사건이 될 수도 있었다. 그러나 어떤 경우이든 모두 법으로 정한[法定] 죄와 형벌이 있어서, 경죄(輕罪)인 경우에는 장형 100대로 처벌할 수도 있었고, 중죄(重罪)인 경우에는 참결(斬決)에 이를 수도 있었다. (이처럼) 무릇 자손이 교령을 위반한[子孫違犯敎令] 행위는 모두 법률에 의해 엄징(嚴懲)되었다. 무한(無限)한 가장의 교령권과는 상대적으로 자손이 가장에게 해야 하는 의무는 오히려 부단히 증가하였다. 일언일행(一言一行)은 모두 가장의 언행(言行)을 따라야 했고, 일거일동(一擧一動)은 가장의 무한한 존엄(尊嚴)을 결코 침범할 수 없었다. 복제(服制)에 규정된 관계에서 권리의 주체는 교령권을 누렸을 뿐 아니라 사법(司法)에서도 존존(尊尊)·친친(親親)의 원칙을 집중(集中) 강조하여 강상오륜(綱常五倫)을 유지·보호하였고, 설령 일부 '복제도(服制圖)' 내에 있지 않은 존장(尊長)도 사실상 교령권을 누렸다. 사법실천에서 몇몇 안건(案件)들은 추심(秋審)을 거친 후에 형벌이 어느 정도 감경(減輕)될 수 있었지만, 추심에서 실현하고자 한 공정(公正)과 정의(正義)는 여전히 전재(專制) 시대의 심각한 낙인(烙印)이 붙었음을 부인할 수 없다. 한마디로 개괄하면, 청대(淸代) 교령권의 실질(實質)은 정상적인 가장(家長)이 자녀를 교육·양육하는 친권(親權)의 범위를 훨씬 뛰어넘었다.

넷째, 청률의 「자손위범교령조(子孫違犯敎令條)」의 법률 확장은 주로 예문(例文) 부분에서 범죄 행위에 포괄된 범위를 더욱 넓혔고, 양형(量刑)의 공간도 더욱 확대하였다. 비교적 유행하는 관점에서 보면, 이것은 바로 '이례파율(以例破律)', 즉 예의 규정으로 율의 속박을 깨트린 것이었다. 그러나 '파율(破律)'의 참된 함의(含意)도 결코 이처럼 표면적인 것은 아니었다. 한편으로, 청률의 「자손위범교령조(子孫違犯敎令條)」에 증가된 세 가지 조례문(條例文)은 사법실천에서 중요한 의의가 있었다. 필자는 명대(明代)의 지방관리 모씨(某氏)의 판독(判牘) 중에서 부모의 공양을 돌보지 않았기 때문에 모친이 자진(自盡)한 안건한 건을 직접 접하였는데, 당시 율문(律文)에 '장형 100대'로만 되어 있던 형벌 규정 때문에 정안의죄(定案擬罪)할 때 상당히 곤란한 상황에 직면하였음을 발견하였다.[144] 이것도 성문법의 전통이 유구(悠久)한 국가에서 성문법이 제정되어도 완전할 정도로 철저히 실행될 수는 없었지만, 당면(當面)한 일부 안건에 대하여 만약 성문법적 규정이 없었다면 또 다른 엄중한 문제가 초래될 수 있었음을 말해준다. 따라서 청대 「자손위범교령조(子孫違犯敎令條)」의 법률 확장은 어느 정도 양형(量刑)에서 가중(加重)도 초래하였지만, 사법적 인용(引用)을 위해 성문법의 근거를 제공하였기 때문에 당시 사법실천에서의 현실적 효용(效用)에 대해서는 말할 필요가 없다. 다른 한편으로, 설윤승(薛允升) 등이 지적한 바와 같이, 예문(例文)은 율문(律文)의 부족한 부분을 보완하는데 있었다. 당시 사람들의 견해에 의하면, 율문에서 규정한 자손의 교령위반[子孫違犯敎令] 또는 공양 결여[供養有缺] 행위가 초래한 법률후과(法律後果)는 가벼울 수도 무거울 수도 있지만, 단순히 장형 100대의 형벌만으로는 족히 범죄를 징치(懲治)하는 목적을 이룰 수 없다. 예컨대 자식이 가난하여 생계를 꾸려[營生] 부모를 공양(養贍)하지 못하여 부모가 자진(自盡)한 경우, 혹은 간도(奸盜)로 부모가 비명횡사(非命橫死)한 경우, 혹은 누차 교령을 위반한[違犯敎令] 경우 등은 모두 일반적인 교령위반[違犯敎令]과 공양 결여[供養有缺]보다 더욱 엄중하였다. 만약 단지 장형 100대라는 형벌뿐이었다면 '정죄윤협(情罪允協)'이라는 정죄원칙(定

---

144) 안준언(安俊彦), 『맹수재존독(盟水齋存牘)·일각(一刻)』(중국정법대학출판사[中國政法大學出版社], 2002) 「언략(讞略) 3권」「불효구일과(不孝區日科)」에 의하면, 구일과는 첩(妾)을 데리고 별거(別居)하였고, 눈이 먼 어머니 좌씨(左氏)의 봉양을 돌보지 않았기 때문에 좌씨는 후에 스스로 목을 매고[自縊] 죽었다. 안준언은 이 안건에 대하여 실로 '법(法)이 마지막까지 규명(糾明)할 수 있는[法窮] 한계로 보고는 다음과 같이 말하였다. "구일과가 그 어머니를 봉양하지 않았기 때문에 모친이 자진(自盡)하였다. 만약 봉양에 결함이 있는[奉養有缺] 행위에 대한 처벌을 규정한 조문을 인용하면 죄는 장형(杖刑)에 그친다. 그러나 치사(致死)한 행위는 정황(情況)이 엄중하지만, 율(律)을 조사해도 그 속에는 부모를 봉양하지 않아서 부모가 스스로 목을 맨 행위에 대한 처벌을 규정한 조문이 없다." 그러나 이러한 형안(形案)의 범인에 대하여는 반드시 엄형으로 처벌해야 하였기 때문에 이에 "무거운 칼[重枷]로 가호형(枷號刑) 3개월에 처한다고 의정(擬定)하여 국중(國中)의 불효자에게 경종을 울려야 한다"고 하였다. 후에 안찰사(按察司)·병순도(兵巡道)·분수도(分守道) 등의 결재[批]를 거쳤고, "이에 의거해서 가책(枷責) 40판(板), 가호형 3개월로 의정(擬定)하였다."

罪原則)에도 부합하지 않고, 게다가 범죄를 징벌하는 목적도 이룰 수 없다. 형벌은 그 자체가 목적이 아니지만, 형벌도 적절하게 운용해야 하고 또 제정된 양형(量刑)의 척도를 적절히 포괄해야만 "법으로 간악한 자를 빠트리지 않고", 범죄도 처벌할 수 있으며, 동시에 더한층 범죄행위도 예방할 수 있다. 따라서 예문에서 규정한 죄형(罪刑)의 내용은, 양형의 경중(輕重) 자체는 잠시 논외로 하더라도, 율문에 대하여 보완작용을 한 것은 확실하다. 이런 점에서 '이례파율(以例破律)'은 사실상 '이례보율(以例輔律: 예로 율을 보완한다)'이라고 할 수 있다.

다섯째, 불균형 상태에서 균형을 찾는 것은 당시 '자손의 교령위반(子孫違犯敎令)' 안건에 관한 사법심판에서 하나의 중요한 특징이었다. 상술한 세 절(節)의 분석과정에서 청대 '자손의 교령위반(子孫違犯敎令)' 안건을 세 부분(지방자리[地方自理] · 형안[刑案] · 추심[秋審])으로 나누었지만, 지방에서 자리하는 '자손의 교령위반(子孫違犯敎令)' 안건이건, 「형안휘편(刑案彙編)」 중의 '자손의 교령위반(子孫違犯敎令)' 안건이건, 혹은 「추심휘안(秋審彙案)」 중의 '자손의 교령위반(子孫違犯敎令)' 안건이건, 정안의죄(定案擬罪) 단계이건, 추심 단계이건, 정죄양형(定罪量刑)할 때에는 종종 모두 두 가지 차원(次元)의 판단 기준이 있었는데, 하나는 법률적(法律的) 차원이고, 또 하나는 예교적(禮敎的) 차원이다. 이른바 법률적 차원은 안건 자체의 시비(是非) · 곡직(曲直)을 근거로 가장 일반적인 공정(公正)과 정의(正義)의 관념에서 법률이 부여(附與)한 부정(否定) 또는 인가(認可) 정도를 말한다. 이른바 예교적 차원은 당사자가 예교적인 질서 속에서의 신분관계 및 이에 의해 부여되는 법률상의 불평등한 권리 · 의무 규칙에 중점을 둔 것을 말한다. '자손의 교령위반(子孫違犯敎令)' 안건에 관한 사법심판의 어떤 단계이든 거의 모두 이 두 가지 차원의 공동작용(共同作用)에 의해 판결 결과를 얻어낼 수 있다. 대략적인 것은 도(圖) 4-1에 제시한 바와 같다.

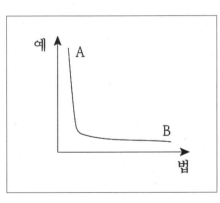

도(圖) 4-1

도(圖) 4-1 중, 예교적 차원과 법률적 차원, 양자(兩者) 간에는 일종의 역상관(逆相關)이라는 함수관계와 비슷하다. 예컨대 만약 예교적 차원의 지수(指數)가 높아지면 이에 상응해서 법률적 차원의 지수는 하강하고, 그 반대의 경우도 동일하다. 법사연구자(法史硏究者)의 입장에서 보면, 법률적 차원은 항상 우리의 주의를 끈다. 왜냐하면 그 지수는 하나의 안건이 궁극적으로 어느 정도 순수한 법률적 기준에 따른 재판의 진행상황을 나타내기 때문이다. 대략적으로 말하면, 법률적 차원에서는 화살표 방향에 가까울수록 법률적 기준에 따른 재판이 진행되지만, 예교·복제(服制) 등 요소의 영향은 희박하다는 것을 나타내고, 그 반대의 경우도 동일하다. 예교적 차원에서는 화살표 방향에 가까울수록 안건에 대한 판결의 결과가 예교·복제 등 요소의 영향을 받지만, 순수한 법률에 의해 재판이 진행된다는 느낌은 희박하다는 것을 나타내고, 그 반대의 경우도 동일하다. (이에 대하여는) 두 가지 사례를 들어 설명하고자 한다.

(1) 『대청율례(大淸律例)』「형률(刑律)」「투구문(鬪毆門)」「구조부모부모(毆祖父母父母)」의 율문(律文)에서는 "자손이 교령을 위반하였지만[子孫違犯敎令], 조부모·부모가 법에 준(准)하여 결벌(決罰)하지 않고 함부로 구타하여 부당하게 구살(毆殺)한 경우에는 장형 100대에 처한다. 교령을 위반한[違犯敎令] 죄가 없는데 고살(故殺)한 경우에는 고살죄(故殺罪)로 장형 60대·도형 1년에 처한다"[145]고 규정하였다. 그 중 ① 자손의 교령위반(子孫違犯敎令) 방면을 보면, 법률에서는 일반인[凡人]이 부당하게 구살(毆殺)하였다면 사죄(死罪)로 처벌할 수 있었지만, 예교(禮敎)에서는 구살한 사람이 부모였다면 단지 장형 100대에 처하여 양형(量刑)이 가장 감경(減輕)되었기 때문에 인용한 도(圖) 가운데 A점으로 나타낼 수 있다. ② 고살(故殺) 방면을 보면, 법률에서는 범인이 고살하였다면 사죄로 처벌할 수 있었고 심지어 능지(凌遲)에 처할 수도 있었지만, 예교에서는 고살한 사람이 부모였다면 장형 60대·도형 1년에 처하여, 이 또한 양형이 가장 감경되었기 때문에 인용한 도(圖) 가운데 B점으로 나타낼 수 있다. A점과 B점의 위치는 최종적으로 판정한 형벌을 대표한 것인데, 모두 예(禮)·법(法) 두 차원을 연계해서 결정하였다. 서로 비교하면, A점은 종(縱)으로 위

---

145) 『대청율집해부례(大淸律集解附例)』 권12, 「형률」「투구」「구조부모부모」.

로 향하여 B점보다 높으면 예교적 요인이 안건(案件)의 결과에 대한 영향이 더욱 컸고, 법률적 차원의 지수가 축소되었음을 의미하며, B점은 횡(橫)으로 위로 향하여 A점보다 높으면 법에 의한 재판의 강도가 더욱 농후하고, 동시에 예교적 요인의 영향이 감소되었음을 의미한다.

(2) 의부모(義父母)의 교령을 위반하여[違犯敎令] (의부모가) 자진(自盡)한 안건의 경우이다. 정안의죄(定案擬罪)하는 단계에서는 명분(名分)에 제한되어 취문(取問)을 자손의 율(律)과 같이 했지만, 이와 같이 교후(絞候)로 의정(擬定)한 안건은 모두 대악죄(大惡罪)가 아니면 오히려 일말(一抹)의 생존할 기회도 있었다. 추심 단계에서 확정된 최종적인 형벌의 결과도 정상참작(情狀參酌)한 기초(基礎)에서 도출된 것이고, 또한 설윤승(薛允升) 등의 견해에 의하면, 추심 과정에서 일단 안건이 복제책(服制冊)으로 분류된 경우에는 기본적으로 죄형(罪刑)을 감경하는 결과로 결정되었다. 따라서 만약 A점으로 정안의죄할 때의 양형을 표시하고, B점으로 추심한 후의 양형을 표시하면, 확실히 추심을 거친 후에 A점은 복제(服制)·명분(名分)에 과도하게 편중되어 양형(量刑)함으로써 이미 B점으로의 경도(傾倒), 즉 법률적 차원의 지수는 상승하고, 예교적 차원의 지수는 하강하게 된다. 추심이라는 사법과정을 거친 이후 최후의 결과도 모두 예(禮)·법(法) 두 가지 차원을 연계해서 결정하게 되는 것이다.

이상을 통해, 청대의 법률은 입법 영역에서 예·법 합일(禮法合一)이라는 특징을 선명하게 체현하였을 뿐 아니라 사법실천 영역에서도 항상 예·법 합일이라는 이상적인 경지를 추구하였음을 알 수 있다. 그러나 주의해야 할 것은 입법 영역의 예·법 합일이건 사법 영역의 예·법 합일이건 모두 부모와 자녀의 권리·의무 관계의 불평등을 기본적 원칙으로 하였다는 점이다. 비록 추심 등 사법적 수단을 통해 부분적으로 예교(禮敎)와 법률의 과도한 편중(偏重)은 규정(糾正)하였지만, 한편으로 사형감후(死刑監候)로 판결되지 않는 대부분의 안건은 사법적 심판 과정에서 이러한 사법적 혜택을 누리지 못하였기 때문에 무수한 자손들은 예전처럼 가장(家長)의 전제권(專制權)에 굴종(屈從)하였고, 또 한편으로 추심을 거쳤더라도 오직 권리가 불평등한 대(大) 배경 하에서 미미한 조정만 행해졌을 뿐 예교(禮敎)·법률의 본질은 조금도 바뀌지 않았다.

결론

　이상 서술과 논의를 통해 '자손의 교령위반[子孫違犯敎令]'에 관한 역사적 고찰(고대[古代] 부분)은 여기에서 일단락되었지만, 전체를 간략하게 정리할 필요가 있다.

　연구를 통해 이하의 사항들을 구명(究明)하였다.

　첫째, '자손의 교령위반[子孫違犯敎令]'에 관한 입법과 사법은 전통적 가정윤리 관념을 대표했을 뿐 아니라 또한 중국 구율(舊律)의 모종(某種)의 핵심적인 내용을 이루었다. 이러한 사상과 제도는 중국고대 수천 년 동안의 역사에서 기원이 매우 오래되었고, 영향도 심원(深遠)하였다. 이미 원고(遠古) 시기에 이러한 가정윤리는 선진(先秦) 시기 제자(諸子)에게 공인(公認)되었을 뿐 아니라 예치사상(禮治思想)의 주된 구성부분도 되었다. 그러나 일종의 비교적 원시적인 부족(部族)의 습관(習慣) 또는 규칙(規則)에서 국가적 법률로 흡수·인가(認可)되기까지, 심지어 성문법에서 가정 부분과 관련된 중요 규범으로 승격되기까지 가장(家長)의 교령권(敎令權)은 법률의 지지를 받았지만, 동시에 법률의 범위 내에서라는 제한도 받았다. 국가 법률은, 한편으로는 이러한 전제적인 권리를 부단히 승인·강화하였고, 다른 한편으로는 항상 교령권의 전단(專斷)과 남용(濫用) 행위를 발견(發見)·규정(糾正)·징벌(懲罰)하는데도 주의를 기울였다.

　둘째, 성문법의 내용적인 변천에서 볼 때, '자손의 교령위반[子孫違犯敎令]'에 관한 법률적 규정은 일찍이 진한(秦漢)의 법률에 이미 출현하였다. 위진남북조(魏晉南北朝)를 거쳐 수당(隋唐)에 이르면, 중국고대 법사(法史)의 확충(擴充)에 따라 「자손위범교령조(子孫違犯敎令條)」는 점차 형태를 갖추었고, 동시에 이론상에서는 '불효(不孝)' 등 십악(十惡) 내의 죄명(罪名)과도 구분되었다. 그러나 결국 '교령'·'불효' 등의 용어가 함의(含意)하는 모호성 때문에 이러한 죄명은 사법실천 중에서 여러 불확정적인 요소를 가지게 되었다. 또한 오대(五代)·송원(宋元) 간이라는 4,5백년의 역사적 변천을 거쳐 명청(明淸)이 되면, 봉건왕조질서의 상대적 안정에 기초하여 중국의 전통법률은 마지막 성숙단계에 접어들었다. 명률(明律)의 가장(家長)의 교령권에 대한 여러 법률적 규범은 상당할 정도로 당률(唐律)을 계승하였고, 동시에 일부 경신개조(更新改造)도 행하였다. 청률(淸律)은 이러한 기초 위에서 율례합편(律例合編)이라는 법률구조를 근거로 부단히 증수(增修)·산개(刪改)하였고, 그 결과 한편으로는 각(各) 법률적 규정과 관련된 범위를 확대하여 율문(律文)의 부족(不足) 부분을 보충하였고, 다른 한편으로는 「자손위범교령조(子孫違犯敎令條)」에 관한 전대미문의 확장 형세도 조성(造成)하여 교령권의 전단(專斷)·방종(放縱)을 위한 복선을 깔았다.

셋째, 사법실천과 성문법은 정신적 측면에서 강력한 일치(一致) 관계를 가지고 있었지만, 복잡한 각종 안건(案件)에 직면하여 사법실천은 간혹 성문법에 비해 더욱 탄력적으로 표출되었다. 중국고대 '자손의 교령위반[子孫違犯敎令]' 안건과 관련된 사법실천은 "일률적으로 논"할 수 없는 법사(法史)의 과제라고 할 수 있다. 지방에서 자리하는[地方自理] '자손의 교령위반[子孫違犯敎令]' 안건이건, 「형안휘편(刑案彙編)」 중의 '자손의 교령위반[子孫違犯敎令]' 안건이건, 또는 「추심휘안(秋審彙案)」 중의 '자손의 교령위반[子孫違犯敎令]' 안건이건, 이들 안건은 복제(服制)와 친속 관계와 관련이 있었기 때문에 예교적(禮敎的) 요인은 사법적 판결에 심각하게 영향을 주었다. 환언하면, 이러한 안건의 판결은 단순히 법률적 방면의 시비(是非)·곡직(曲直)에만 기초하지 않았고, 또 오직 예교적인 장유(長幼)·존비(尊卑)만을 근거로 하지 않았으며, 법률과 예교라는 양(兩) 차원의 기준을 결합하여 종합적으로 고려한 결과였다. 따라서 이른바 중국의 구율(舊律)은 단순한 예교도 법률도 아니었고 예교와 법률의 결합체였다.

마지막으로, 종래에는 단순한 권리도 없었고, 단순한 의무도 없었다. '조부모·부모' 방면에서 볼 때, 교령권의 주체이건 교령권의 내용이건, 오늘날 민법(民法) 중의 친권(親權)과 비교하면 모두 일찍이 정상적인 친권 범위를 뛰어넘었다. 옛날 국가 공권력이 교령권에 대하여 강력하게 유지·보호하고 지지하는 태도에도 분명히 법률과 모순되는 평등주의 정신이 있었다. 이와 상대적으로 '자손' 방면에서 볼 때, 부담해야 할 교령에 대한 복종의 의무, 준수해야 할 교령의 내용도 당연히 이미 복종해야 할 친권의 범위를 넘어 막대한 구속과 부담이 되었다. 이뿐만 아니라 「자손위범교령조(子孫違犯敎令條)」와 그 밖의 예교(禮敎)에 관한 조문(條文)을 비교하면, 예교에 관한 조문은 '존존(尊尊)'·'친친(親親)'의 도리[義]에 의거했기 때문에 일반적으로 존장(尊長)의 비유(卑幼)에 대한 범죄는 경형(輕刑)으로 처벌하였고, 비유의 존장에 대한 범죄는 중형(重刑)으로 처벌하였지만, 존장에게 부여된 전제권(專制權)에도 결국 제한이 있었다. 그러나 이 「자손위범교령조(子孫違犯敎令條)」는 직접 가장(家長)에게 교령을 내리는 권리를 부여하였고, 아울러 '교령'이라는 용어의 함의(含意)도 매우 모호하였기 때문에 교령권의 내용은 정당한 인신권(人身權)과 재산권 외에도 지극히 넓은 공간을 가지고 있었다. 이로써 「자손위범교령조(子孫違犯敎令條)」가 중국 구율(舊律)의 예교에 관한 조문 중의 핵심이 된 까닭은 결정적으로 그것이 '조부모·부모'에게 '자손'에 대한 전제적 권능(權能) 형세를 충분히 부여하여 '조부모·부모'로 하여금 수시(隨時)로 법으로 정해진[法定] 교령을 내릴 주관적 능동성(能動性)을 누리도록 한 것에 있었음을 알 수 있다. 따라서 본 조(條)는 필연적으로 청말(淸末) 예교파(禮敎派)가 고수(固守)해야 할 구율(舊律)의 정화(精華)가 집중된 부분이었던 것이다.

　그러나 사물(事物)은 항상 다양성을 띠게 마련이다. '자손의 교령위반[子孫違犯敎令]'은 전형적인 예교(禮敎) 조문에 속했기 때문에 교령권의 주체와 객체 간의 권리·의무 관계는 불평등한 것이었고, 교령권도 본질상 일종의 전제적 권력이었다. 어쩌면 '가정의 정치[家庭政治]'라는 범위 내에서 '자손'은 '조부모·부모'의 전제의 대상이었다고 할 수 있다. 이처럼 '조부모·부모'와 '자손' 간에 내재(內在)하는 전제적 권력이 만약, 앞서 말했듯이, 국가 공권력의 지지와 보호를 받고 또 국가 공권력의 범위 내에 제한되었다면, 반드시 국가 공권력의 재판과 인가(認可)를 받아야 했고, 게다가 일단 국가 공권력의 인가 범위를 벗어나면, 원칙적으로 그에 상응하는 제재(制裁)를 받아야 했다. 그러나 '조부모·부모'와 '자손'(특히 성년 '자손')이 동시에 중국고대 전제적 공권력에 직면하였을 때는 모두 국가적 전제의 대상이 되었다. 따라서 중국고대에 생활하였던 '자손'들은, 가정 내부에서는 '조부모 · 부모'의 전제의 대상이 되었고, 또 가정 외부에서는 국가 공권력의 전제의 대상이 되었다. 한마디로, 그들 개인(個人)의 권리 · 자유에 대한 제약과 속박은 이중적이었다. 중화(中華)의 구율(舊律)이 점진적으로 해체되면서, 또 중국 역사가 고대에서 근현대로 전환되면서, '자손'들이 실현해야 했던 것도 필시 일종의 이중(공권력과 사권력)적인 해방이라는 임무였을 것이다.

부론

미시법사학(微觀法史學) 추의(芻議)
: 중국법사학의 사고(思考)와 토론(討論)을 위한
  주요 제언(提言)

1. 중국[1]은 어떤 법사학을 해야 하는가?

60여 년 전, 형법학자(刑法學者) 채추형(蔡樞衡)[2]은 책 한 권(卷)을 출판하였는데, 서명(書名)은 『중국 법리의 자각적 발전(中國法理自覺的發展)』이었다.[3] 본

---

1) 〈옮긴이주〉 원서에는 우리[我們]로 되어 있다.
2) 〈옮긴이주〉 채추형(蔡樞衡: 1904~1983)은 중국의 형법학자(刑法學者)로서, 강서성(江西省) 영수현(永修縣) 출신이다. 젊은 나이에 일본으로 유학하였고, 귀국 후에는 북경대학(北京大學)·서남연합대학(西南聯合大學) 등에서 교수를 역임했다. 일찍이 법제위원회(法制委員會)·법제국(法制局)·전국 인민대표대회 상무위원회 사무국[全國人大常委辦公廳]에서 근무하였고, 1958년부터 사무국법률실[公廳法律室] 고문(顧問)의 일을 보았다. 그는 필생을 형법(刑法)의 교학(敎學)과 연구에 진력(盡力)하였다. 저서로는 『형법학(刑法學)』·『형사소송법교본(刑事訴訟法敎程)』·『중국법률의 비판(中國法律之批判)』·『중국 법리의 자각적 발전(中國法理自覺的發展)』 등이 있다. 말년에는 병을 무릅쓰고 중국고대 형법사(刑法史) 연구에 주력(注力)하였다.
3) 채추형(蔡樞衡), 『중국 법리의 자각적 발전(中國法理自覺的發展)』(하북제일감옥[河北第一監獄], 1947). 본서의 초판(初版)은 채씨가 자간(自刊)하였고, 2005년에 청화대학출판사(清華大學出版社)에서 재판(再版)과 동시에 「죄형법정주의 검토(罪刑法定主義檢討)」·「형법명칭의 유래(刑法名稱的由來)」·「30년간 중국 형법의 변증적 발전(三十年來中國刑法之辨證的發展)」 등 6편의 문장이 증수(增收)되었지만, 서명(書名)은 원래대로 하였다. 본편(本篇)에서 인용한 주석(註釋) 번호는 재판본(再版本)에 의거하였다.

서 제4장에서, 그는 당시 중국 법학(法學)의 '질적 저하와 양적 미비[質低量微]'라는 폐단에 대하여 '형식주의(形式主義)'·'초형식주의(超形式主義)'와 '외국어만능주의[刀的外國語觀]'라는 세 가지 괴물(怪物)[4]을 타파해야만 중국 법학의 빈곤상태를 벗어날 수 있고, 병(病)을 없애고 건강을 회복할 수 있으며, 또한 중국은 민족·국가의 독립과 자주에 근거하여 독립·자주적 법학을 형성할 수 있는 희망이 있다고 제기하였다.[5] 그는 본서에서 다음과 같이 말하였다.

---

4) 채추형은 다음과 같이 제기하였다. (1) "학문으로 학위자격(學位資格)을 추론(推論)하지 않고 어떤 자격의 학위로 학문을 추론하는 것, 이것은 진리를 전도(顚倒)시켰고, 형식주의(形式主義)이며", 형식주의의 지배 하에서 법학이 빈곤한 것도 우연이 아니고, 빈곤하기 때문에 사람들에게 무시를 당하였지만, 이것은 내재적·필연적인 표현이다. (2) 유학(留學)은 본래 학문과는 내재적·필연적으로 관련이 없지만, "억지로 특정의 내용과 엮는 것, 즉 학문에는 내부에 관련될 내재할 사정(즉 유학[留學])이 포함되어 있지 않는데 학문의 형식으로 내세우는 것, 이것이 초형식주의(超形式主義)의 웃음거리이다." 유학은 법학이 아니고 결국 법학을 대체한 학문이다. 법학의 내용이 어찌 빈곤하지 않을 수 있겠는가? (3) "'오직 외국어로만 논하자'고 주창하지는 않지만, 외국어를 법학인사(法學人士)에 대한 한 자루의 칼로 여긴다. 이것은 이른바 외국어만능주의[刀的外語觀]라고 부를 수 있다." 이러한 "진보도 아니고 총명하지도 않으며 황당무계하기 짝이 없는" 인식, 이러한 진리를 역행(逆行)하는 인식은 실천 과정에서 매우 파괴적인 결과를 낳았다. 첫째, 외국의 모든 법률지식으로 사지(四肢)를 잘랐고, 둘째, 외국어로 된 법률지식으로 지식을 경직되게 하였다. "외국어만능주의가 실천에서 능사(能事)가 되면서 외국의 특정 사유체계의 전부 혹은 일부를 표절하여 자기의 소유로 하였다. (그러나) 전부를 수용하였더라도 단지 현상만을 쥐었을 뿐 본질은 버린 것이다. 이 본질을 버린 순간에 사유체계는 귀중한 생명을 잃고 오히려 경직되어 버린다. …… 이른바 제가(諸家)의 장점을 두루 취하고 융합하여 관통(貫通)시킨다거나 또는 지극히 당연한 것과 절충시킨다고 하는 방법은 단지 일종의 망상일 뿐이다. 이러한 노력의 결과로 얻어진 것은 단지 수많은 경직된 파편만이 쌓여서 산을 이루기 때문에 체계도 없고 게다가 생명력(生命力)이 있다고 말하기도 어렵다. 사람들에게 무시당하여도 당연시되었고", "형식주의·초현실주의·외국어만능주의 및 그것에 기초한 실천들은 피차 서로 인과(因果) 관계를 이루었으며, 상호 결합된 후에는 법학의 일정한 형태[定形]에도 갖가지 왜곡을 낳았다. 표현된 내용들은, 대상도 모호하였고, 민족적 자아(自我)도 잃어버렸으며, 법률의식도 기계화·주관화 및 신비화되었고, 의식과 주장 간 및 주장과 실천 간에는 상호 모순되었을 뿐 아무런 관련도 없게 되었다."(『중국 법리의 자각적 발전』, 94~97쪽)
5) 채추형, 『중국 법리의 자각적 발전』(청화대학출판사[淸華大學出版社], 2005), 제4장, 85~113쪽.

항전(抗戰)에서 최후로 승리한 후, 중국은 독립·자주적 민족국가가 되었다. 독립·자주는 민족 자아의식(自我意識)의 표현이고 기초이다. 민족의식 및 독립·자주에 대한 법학적 표현은 중국의 법률과 사회를 법학의 대상으로 삼아서 힘써 인식하고 체계를 구성해야 하고, 동시에 철학성(哲學性)과 규범성(規範性)을 모두 중시하여 이론과 실체가 가마[爐]의 기풍(氣風)처럼 제련(製鍊)되어야 한다.6)

이로써 다음과 같은 세 가지 인식을 얻을 수 있다. ⑴ 민족·국가의 독립과 자주는 이 민족·국가가 독립적·자주적인 법학을 만드는 객관적 조건이었고, ⑵ 독립적·자주적인 민족·국가는 독립적·자주적 법학이 있어야 하며, ⑶ 민족의식과 독립적·자주적인 법학을 갖추기 위해서는 이 민족·국가의 법률과 사회가 연구의 기본 대상이 되어야 할 뿐만 아니라 체계도 충분히 형성될 수 있어야 한다는 것이다. 60여 년 후, 당대(當代) 중국 법학의 발전 현상을 면밀히 살펴보면, 민족·국가의 독립과 자주, 이러한 객관적 조건은 이미 갖추어졌지만, 중국 법학의 현상에 대해서 보면, 당당하게 "우리는 이미 완성된 체계를 세웠고, 또 독립적·자주적 법학을 세웠다"고 말하기는 심히 어렵다. 현재 중국 법학의 수많은 영역에는 채추형이 당시 극렬히 비판했던 '형식주의'·'초형식주의'와 '외국어만능주의[刀的外語觀]'라는 세 가지 괴물이 여전히 풍파(風波)를 일으키고 해악(害惡)을 끼치고 있다. 게다가 민족·국가의 독립과 자주는 '독립적·자주적인 법학'을 만드는 충분조건이 아니고 필요조건일 뿐이다. 독립적·자주적인 중국 법학을 세우기 위해서는 여전히 해결해야 할 문제가 적지 않고, 또 제거해야 할 고질적인 '병폐'도 상당히 남아 있다. 필자의 단견[淺見]으로는 독립적·자주적인 민족의식과 높은 문화적인 자각 및 학술과 실천 영역에서 적극적인 주도(主導), 과감히 탐색하는 실무 정신을 갖추는 것이야 말로 미래 중국의 성숙·발달된 법률체계를 구축하는 필수적인 동력(動力)이라고 생각한다. 그렇다면 이처럼 중요한 일은 몇 마디 말과 문장, 어쩌면 몇 권의 책으로도 명확히 설명할 수 없고, 여기서 논(論)하기도 적절치 않다. 결국 중국의 '독립적·자주적인 법학'을 세우는 사명(使命)은 책임도 무겁고 갈 길도 멀기 때문에 인내력과 박력이 넘치는 사람만이 이를 이끌 수 있다.

---

6) 채추형, 『중국 법리의 자각적 발전』, 제4장, 85~113쪽.

현재 중국 법학의 발전에는 여전히 많은 '병폐(病弊)'가 남아있지만, 주지하듯이 여러 학문분야[學科] 중에서 법학은 이미 사실상 '저명한 학문[顯學]'이 되었다. 더욱 근접해서 보면, 전체 중국 법학의 '왕성한 발전'이라는 형세에서 법학 중 일부 분과(分科) 영역은 점점 비인기 분야로 전락하거나 '비주류화(非主流化)' 되어가고 있다. 이러한 '비주류화'된 법학의 분과(分科) 중에서도 법사학(法史學)[7]은 당연히 보다 전형적(典型的)일 것이다. 여러 주장이 백화제방(百花齊放)하는 상황에서도 법사학의 기초적 작용[8]은 지금까지 "확실하지 않은 것은 용납하지 않는" 것이었지만, 이러한 연구에 종사하는 사람으로서 볼 때 위기감은 분명하다.

지금처럼 법사학이 날로 비주류화 되어가는 현실은 다음과 같은 문제를 생각하지 않을 수 없게 한다. 중국 법사학은 과연 어떤 단계에 있는가? 오늘날에는 어떤 법사학을 해야 하는가? 여기서는 먼저 근(近) 100년간 중국 법사학이 걸었던 역정(歷程)을 간단히 회고할 필요가 있다.

한 시대의 학술은 본래 특정의 기풍(氣風)과 주제(主題)가 있기 마련이고, 또 간혹 사회·정치·환경 등 요소의 영향도 깊이 받을 수밖에 없다. 특히 근(近) 100년간 중국의 역사발전 과정이 바로 이와 같았다. 근대중국 법사학의 발전은 사회·정치·환경의 변천에 따라 대략 이하 몇 단계로 나눌 수 있다.

제1단계는 청말(淸末)의 법률개혁 시기이다. 이 시기는 법률개혁의 점진적 심화(深化)에 따라 발아(發芽)한 지 얼마 되지 않았던 중국현대 법학연구는 한 차례 광범위하고 대규모적으로 전개될 호기(好期)를 맞이하였다. 변법(變法)은 필연(必然)이라는 공통된 인식하에서 어떤 방식으로 변법개제(變法改制)하여 나

---

7) 여기서 언급하는 법사학은 주로 중국법사학(일반적으로 중국법제사·중국법률사상사를 포괄한다)에 대하여 말한 것이고, 서방법사학(일반적으로 외국법제사·서방법률사상사를 포괄한다)을 내부에 포괄하지 않으며, 비록 그것들에 내재(內在)하는 문제에는 일부 공통점이 있고, 당면한 상황도 '동병상련(同病相憐)'이지만, 양자(兩者)는 결국 성질 면에서 용인(容忍)될 수 없는 많은 차이가 있다.

8) 여기서 말하는 '기초적 작용'은 다음과 같은 점들을 포괄해야 한다. (1) 법학(法學)의 여러 분과(分科) 내에서 구체적인 법률문제를 연구하고 해결할 때, 법사(法史) 중에 충분히 수용될 수 있는 경험·교훈 혹은 관조(觀照)해야 할 법사학적 배경. (2) 현실과 미래의 중국현대 법률체계를 구축하는 과정에서 충분히 이용하거나 반드시 고려해야 할 역사적·법률적 요소.

라를 흥성·부강하게 할 것인가에 대해 각 파(派)의 인사(人士)는 전심전력(全心全力)을 다하여 백방(百方)으로 해결 방법을 모색하였지만, 간혹 다른 견해들도 계속 제기되어 일치된 결론을 내릴 수 없었다. 신학(新學)은 구국(救國)을, 구학(舊學)은 제세(濟世)를 주장하였지만, 신구(新舊)가 뒤섞이면서 일종의 독특한 학술상태를 나타내었다. 당시 법률개혁파(法律改革派)는 현실의 절박한 요구와 여론의 거대한 압력으로, 한편으로는 모든 방법을 동원하여 정권도 안정·유지해야만 하였고, 또 한편으로는 정치·법률상의 문제들을 조정하기 위해 신중하게 법률개혁도 진행하지 않을 수 없었다. 입헌혁명파(立憲革命派)는 입헌·혁명 양파(兩派)를 포괄하였는데, 사회변혁의 수단과 격렬(激烈)이라는 측면에서는 상당한 차이가 있었지만, 근본적으로 군주전제체제(君主專制體制)의 폐지라는 점에서는 거의 일치하였다.

그러나 당시 사회변혁의 주력(主力)인 입헌파(入憲派)와 혁명파(革命派)는 모두 국가·민주·헌정(憲政)·인권(人權) 등 굉대(宏大)한 문제에 대하여도 계속해서 분주히 호소하였지만, 당시의 조건(條件)에서 법률의 현대화를 실현하는 문제에 대하여는 진력(盡力)해서 전문적·구체적이고 치밀(緻密)한 의견을 제기하지 않았다.[9] 아마 법률의 현대화 문제는, 한편으로는 지나치게 번쇄(煩瑣)하고 복잡·난해하여 일반 사회개혁가의 가시권(可視圈) 내에 들어가기가 어려웠기 때문일 것이고, 또 한편으로 굉대한 문제는 비교적 '파악(把握)'이 쉬웠지만-그렇기 때문에 공허한 구호만 요란할 때도 있었다-, 번쇄하고 복잡·난해

---

9) 당시 정권을 몰래 장악한 내외(內外)의 관료들도 대부분 '굉대'한 문제에 주목하였을 뿐, 법률개혁이라는 세밀한 문제에 대하여는 상대적으로 관심이 적었다. 이것은 옛날에는 "근본을 추구하고 지엽을 돌아보지 않는다"고 할 수 있었지만, 오늘날에서 보면 실은 "숲만 보고 나무는 보지 못하는" 측면도 있었다. 당시 언론계(言論界)를 주도하였던 『동방잡지(東方雜志)』는 이에 대하여 여러 지방장관들은 "모두 가족관념(家族觀念)으로 세계관념(世界觀念)을 반대하였고, 도덕관념(道德觀念)으로 법률관념(法律觀念)을 반대하는 언쟁(言爭)만 일삼았다"고 혹평하였고(제6년[第六年] 제2기[第二期], 헌정편[憲政篇]), 「형률초안(刑律草案)」이 제정된 이후에는 "내외의 관료들은 모두 그들의 결점을 드러내는 것으로써 중요한 사람에게 아첨하는 묘책(妙策)으로 삼았다"(제6년 제3기[第三期], 헌정편)고 비난하였다. 유관(有關) 법률의 수개(修改)와 내용·자료 등의 수록(收錄) 과정에는 진실로 얼마나 많은 관료들의 나쁜 습관·이익투쟁과 관료사회의 알력이 그 이면(裏面)에 뒤엉켜 있었는지 모를 지경이다.

한 법률개혁 문제를 해결하기 위해서 법률이라는 이 정교한 기예(技藝)에 수 많은 정력(精力)을 쏟아야 했기 때문일 것이다. 따라서 양자(兩者)를 비교하면, 청말의 법률개혁파는 상대적 우세를 점하여 법률을 개혁하는 전문적 기초지 식과 "법으로 구국하는[以法救國]"이상(理想)도 가졌고, 또한 현행(現行) 체제 내 에서 정부의 자원과 역량을 이용하여 보다 구체적인 법제문제(法制問題)에 대 한 조정과 개량도 추진할 수 있었다. 당연히 여기서 말하는 법률개혁파라는 것은 "법으로 구국하는" 이상을 가지고 있으면서 기꺼이 이러한 이상을 실현 하기 위해 공헌할 수 있는 역량을 가진 사람을 가리키고, 처세(處世)에 능하거 나 명철보신(明哲保身)하는 관료들을 가리키지 않는다. 개혁 과정에서 직면(直 面)하는 문제를 해결하기 위해서는, 또 몇 가지의 큰 법계(法系)와 교류하기 위 해서는 필연적으로 개혁의 대상 즉 청대 법률체계의 현상 및 그 역사에 대하 여 연구를 진행해야만 하였다. 왜냐하면 이것은 현실적 문제를 해결하기 위 한 논리적 전제였기 때문이다. 따라서 현대중국 법사학연구는 바로 이러한 배경 속에서 점진적으로 전개되었다고 할 수 있다.

이러한 법사학연구는 이전의 전통적 율학연구(律學研究)와 본질적인 차이 가 있었다. 이것은 주로 세 가지로 나타낼 수 있다. (1) 이러한 법사학연구는 중국 현대법학의 새순이 막 돋는 시대에 출현하였고, 동시에 자연히 중국 현 대법학의 중요 구성부분이 되었으며, (2) 이러한 법사학연구는 이미 전통적 '율학(律學)'의 굴레를 뛰어넘었기 때문에 재차 전통적 중화법계(中華法系)에 국한되지 않고 "세계의 큰 틀과 절충된 뛰어난 관점"을 취함으로써 '비교법 학(比較法學)'의 시야와 특징을 띠었고, (3) 이러한 법사학연구는 중국사회 전 체가 전통에서 현대로 전환하는 과정에서 출현한 것이었기 때문에 중국의 사회전환의 필연적인 일환(一環)이었을 뿐 아니라 그것의 출현 자체도 중국 사회의 전환과정에서 부단히 발생하는 현실 문제를 해결하기 위한 법률상의 해결방안을 탐구하는 것이었다. 그러나 중국 법사학연구의 출현은 절박하게 현실적인 법률개혁 문제를 해결하기 위한 것이었기 때문에 20세기 초의 법 사학연구는 강력한 공리성(功利性)과 실용적 색채를 띠게 되었고, 그 결과 이 후 재차 전문성을 가진 법사학술(法史學述) 연구에 비해 그 취지가 크게 퇴색 되어버렸다.

제2단계는 민국(民國) 시기(1912~1949)이다. 민국이 되면, 수많은 입법(立法)·사법(司法) 행위는 청말 법률개혁 기초의 연속과 발전이었다. 청말의 법률개혁 시기는 이미 초보적으로 서방(西方)의 현대법률체계(現代法律體系)−대륙법계(大陸法系)와 영미법계(英美法系)를 포괄하며, 특히 대륙법계를 위주로 한다−를 명사개념(名詞概念)에서부터 제도부문에 이르기까지 전(全) 방위적으로 중국에 도입하여 법률개혁의 본보기와 잣대로 삼았기 때문에 유구한 중화법계(中華法系)는 명사개념에서 제도부문에 이르기까지 전 방위적으로 환골탈태(換骨奪胎)와 질적 변화가 초래되었다. 이 30여 년을 종합해서 보면, 전문적인 법학은 급속하게 발전하였고, 또 한동안 당대(當代)의 '현학(顯學)'이 되었다. 그러나 법학연구의 분과(分科)인 법사학(法史學)의 발전상황은 무난한 수준이었지만, 비중이 있는 연구 중심의 저작(著作)은 참으로 한심할 정도로 부실하였다. 일부학교 교재(敎材) 이외에 한정된 법사(法史)에 관한 저작 중, 예컨대 정수덕(程樹德)의 『구조율고(九朝律考)』는 티끌모아 태산을 이루듯이 힘써 사료를 정리하여 한(漢)에서 수(隋)까지 아홉 왕조[九朝]의 성문법에 대한 개황(槪況)을 제시하였지만, 세세하고 번잡하게 고증하는 굴레에서 벗어나지 못하였고, 게다가 구체적인 부문법(部門法)의 영역에는 천착(穿鑿)하지 않았다. 결국 한마디로 '고증(考證)' 부분은 충분하였지만, '법학' 부분은 부족했다는 말로 귀결시킬수 있다. 또한 예컨대 양홍렬(楊鴻烈)의 『중국법률사상사(中國法律思想史)』도 법률의 전문적인 기초를 충분히 보여주었고, 또 의식적으로 현대의 법리(法理)를 통해 중국의 전통 법률사상을 재인식하였지만, 그의 저서(著書)에서는 다른 사람의 연구 성과를 인용·전재(轉載)하는데 너무 많은 지면(紙面)을 할애하였기 때문에(특히 일본학자의 중국법률사에 대한 연구 성과가 다수 인용되었다) 확실히 '종합[整合]' 부분은 충분하였지만, '창조' 부분은 부족하였다. 게다가 구동조(瞿同祖)의 『중국법률과 중국사회(中國法律與中國社會)』도 종래 대다수 법사학자(法史學者)에게 법사 연구의 모범으로 존봉(尊奉)되었지만, 흥미로운 것은 본서는 의심할 바 없이 우선 사회학 전공서적(專攻書籍)이었다는 점이고, 또한 저자는 가족과 계급을 중국 전통법률의 기본적인 특징으로 간주하였고, 관련하여 논술한 내용도 '중국법률과 중국사회'를 배경으로 하였기 때문에 확실히 '굉대함[宏大]' 부분은 충분하였지만 '세밀함[細微]' 부분은 부족하였고, 특히 부문법(部門法) 영역의 여러 문제들에 대해서는 그다지 파고들지 못했다는 점이다. 이를 제외하면, 법률을 전공하는 학자들의 손으로 저술되고 또한 비중이 있는 법사(法史)에 대한 전문서(專門書)는 예시(例示)하기 조차 어려운 실정이다. 전체적으로 보면, 이 시기 법률사학(法律史學) 분야는 다른 부문법과 비교할 때 가장 낙후되었다고 할 수 있다. 그렇게 된 근원(根源)을 고구(考究)하면, 사실 중국의 부적절한 학술생태환경(學術生態環境)에서 찾을 수 있다. 민국(民國) 시기의 사회적 · 정치적 형세는 바람 앞의 등불처럼 동요(動搖)되었고, 이러한 변화무쌍하고 위태로운 정세 속에서 학자들은 안정 · 평화를 갈망하였기 때문에 전문적인 영역에서 깊이 있는 연구에 종사하는 것은 매우 곤란하였다. 따라서 (이러한 상황에서) 우수한 법사학(法史學)에 대한 연구 성과는 이처럼 매우 적을 수밖에 없었고, 또 본고에서 털을 불어 흠결을 찾듯이 억지로 결점을 끄집어내기는 하였지만, 이들 저작 및 저자에 대해서는 아낌없는 역사적 경의(敬意)를 표해야 한다.

이와 동시에, 민국 시기 법학 본연의 발전에서 보면, 당시 법학의 발전 형세는 균형을 이루지 못하였다. 이 시기 법학은 대륙법계(大陸法系) 중 공법(公法) · 사법(私法)이라는 분류체계를 채용하였는데, 개괄적으로 말하면, 이 30여 년 동안에 공법에 대한 연구 성과는 가장 혁혁하여 무한경(無限景)일 정도였다. 왜냐하면, 이것은 근대중국이 시급히 해결해야 할 '구국(救國) · 구민(救民)'의 대(大) 주제 · 대(大) 문제와 부합하였고, 사람들도 보편적으로 이 근본적인 문제를 해결하는데 관심을 가졌고, 쟁론도 가장 두드러졌고 빈번하였기 때문이며, 또 이론적인 연구가 현실에 대해서는 전혀 생동감이 없었다고 해도 결국 여전히 이를 통해 힘써 해결할 수밖에 없었기 때문이다. 사법에 대한 연구는 상대적으로 거의 보이지 않았기 때문에 현대 국민의 권리 · 의무 관념의 함양에 대해 발휘한 역할도 비교적 제한되었다.[10] 요컨대 사법은 사람들

10) 이것은 특히 노신(魯迅) · 비효통(費孝通)의 문장과 저작에 명확하게 제시되어 있다. 노신의 문장 중에는 상당 부분 신해혁명(辛亥革命) 후, 특히 1910년대에서 1930년대까지 중국 기층사회의 빈궁(貧窮) · 낙후(落後)된 모습이 묘사되어 있다. 요컨대 노신의 눈에 신해혁명은 철저히 실패하였고, 혁명의 이상을 실현하지 못했을 뿐 아니라 오히려 수많은 중국인의 '저열한 근성'이 자유롭게 분출되어 갑문(閘門)을 연 것이었다. 비록 성(城) 위에는 대왕기(大王旗)가 자주 바뀌었지만, 기층의 민중은 조금도 변화가 없었다. 놀랍게도 비효통이 1947년에 출판한 『향토중국(鄕土中國)』을 통해 당시 중국의 기층사회가 여전히 전통에서 벗어나지 못했음을 알 수 있다. 당시의 기층

간의 현실적인 이익분쟁을 해결하기 위해 합리적 방안을 제공해야 했던 것이지만, 이들 문제는 지나치게 번잡하고 세세하였기 때문에 마찬가지로 '구국(救國)·구민(救民)'을 시대적 주제로 하는 대(大) 배경 속에서는 오히려 거시적인 '주의(主義)'·'강령(綱領)'과 같이 쉽게 뿌리내리지 못했다. 법리(法理)와 법사(法史)에 대한 연구는 가장 취약하고 활력도 부족하였는데, 그 내적인 원인은 사실 매우 간단하여, 중국 근(近) 100년 동안의 법리가 독립적으로 발전할 수 없었기 때문이기도 했고, 또 법사연구가 객관적으로 '비주류화' 된 결과였기 때문이기도 했다. 이에 대하여 덧붙여 논(論)하면 다음과 같다.

일국(一國)의 법리의 발달과 법률체계의 성숙은 강력한 '공생(共生)·공영(共榮)' 관계에 있었는데, 고(古)로마법과 전통적 중화법계야말로 확실한 증거였다고 할 수 있다. 잠시 가치에 대한 평가는 논외(論外)로 하고, 고(古)로마의 법리가 발달했기 때문에 로마법은 후인(後人)이 부단히 연구하는 고전[經典]이 되었고, 마찬가지로 중국의 전통법률학이 성숙되었기 때문에 중화의 전통법계는 이 광활한 대지에 수천 년을 거치면서도 쇠락하지 않았음을 볼 수 있다. 다만, 고(古)로마는 멸망했어도 결국 서방 법률전통(특히 사법[私法] 또는 민법[民法] 영역에서)의 원천(源泉)과 동력(動力)이 된 반면, 청조가 멸망한 후의 전통적 중화법계는 미증유의 의심과 버림을 받았다. 그러나 수천 년 동안, 전통법률의 영향은 완전히 파괴된 적이 없었고 또 될 수도 없었다. 중국에 완전히 새롭고 완벽한 법률체계를 건립하고자 해도 단기간에 가능하지도 않다. 이러한 사회 변화·신구(新舊) 혼효(混淆)의 시대에 법률이식(法律移植)은 당시 최신 유행어가 되었고, 법리(法理)의 '서학동점(西學東漸)'도 몇몇 학자들의 관습이 되었다. 예단컨대, 완전히 새롭고 완벽한 법률체계가 한시라도 중국 대지에 수립되지 않았다면 중국의 법리학(法理學)은 영원히 정상적으로 행보(行步)할 수 없었을 것이고, 반대로 독립·성숙되지 않은 법리 또는 철학 체계를 지주(支柱)로 하였다면, 중국의 법률체계는 필시 그 영혼이 말라버렸을 것이다. 이와

사회는 이상(理想) 속의(혹은 강렬한 서방적인 색채를 띠는) 현대사회보다 전통중국(혹은 고대중국)과 매우 유사하였다. 시야(視野)를 수십 년 동안의 '혁명'이라는 시련을 거친 현재의 중국으로 돌린다면, 오늘날도 비효통이 묘사한 '향토중국'에는 어느 정도의 범위 내에서 여전히 권리 의무 관념의 희박, 생활방식의 구태의연(舊態依然) 등 근본적으로 고치기 어려운 점들이 고질적으로 내재되어 있는 것을 볼 수 있다.

동시에 전통적 중화법계의 현대 중국에서의 가치에 대하여 어떻게 재인식하고 평가할 것인가를 성찰한 사람은 거의 없었고, 또 법사학의 관점에서 전통적 중국 법리의 풍부한 내용을 발굴한 사람도 거의 없었다.[11] 중국현대의 법학과 법률체계가 구축(構築)되는 과정에서 대부분의 '부품(部品)'은 동·서양에서 이식되었기 때문에, 이것은 전통적 중화법계와 여러 층면에서 전혀 맞지 않았을 뿐 아니라 중국사회의 현실적 정황(情況)과도 모순되었다. 중국법률의 현대화를 실현하고자 할 때, 전통적 중화법률이 일부 사람들의 안중(眼中)에 어떤 식으로든 경시(輕視)·배제(排除)·방기(放棄)되었더라도 결코 문제가 되지 않았다. 이 때문에 민국 시대 부문법(部門法)의 '왕성한 발전'은 필연적이었고, 법사학의 '비주류화'도 다소 '숙명적'이었다고 볼 수 있다. 게다가 수십 년 동안의 정국(政局) 분쟁(紛爭)과 사회 동요로 법사학연구는 물위의 부평초(浮萍草)처럼 화려한 꽃송이를 피우기는 실로 어려웠다.

제3단계는 1949년 이후부터 현재까지이다.[12] 1949년 10월, 중화인민공화국은 그 성립을 선포하였다. 이것이 획기적인 정치·사회의 변혁인 것은 누구도 부인할 수 없다. 이 변혁은 학계에도 신속하게 영향을 주었다. 즉 한편으로는 학술계의 사상개조 운동이 잇따랐고, 정치운동도 연이어 일어났으며, 다른 한편으로는 마르크스·레닌주의의 이론을 지도사상으로 하고, 마르크

---

11) 여기서 말하는 '발굴'은 사실 비판적인 작업도 포함한다. 왜냐하면 중국고대의 법리(法理) 중에서 국가와 관련된 권력기구의 편제(編制)(집권전제[集權專制])·인민권리(人民權利)의 실현(억압과 무시, 특히 중시되지 않는 절차)·사법권력의 행사(사법의 미독립[未獨立], 행정·사법의 미분화) 등 방면은 모두 '크게 또 특히 비평'할만한 점들이 있기 때문이다. 그러나 비평과 동시에 사실 보다 중요하고 가치 있는 일은 그것과 현대중국 법률과의 관련을 발굴·발견하여(결코 무단[無斷] 비부[比附]는 아니다) 반동분자와 오류자(誤謬者)에 대해서는 신속하고 단호하게 바로잡고, 합리자(合理者)와 성공자에 대해서는 계속 발휘시키고 추진시키는 것이다. 왜냐하면, 현재 중국 법률의 많은 폐단을 개조(改造)하고자 하면 비평만으로는 충분하지 않기 때문이다. 비평과 동시에 반드시 합리적이고 독창적인 견해로 사람들을 개척의 길로 인도해야 한다. 앉아서 탁상공론하면서 헛되이 푸념만 늘어놓는 것은 누구나 할 수 있다. 그러나 일어나서 행동하고 또 진정으로 중국의 법률을 성공적인 길로 인도하기 위해서는 반드시 큰 용기와 지혜가 있어야 한다.
12) 본문에서는 주로 대륙을 범위로 해서 입론(立論)하였지만, 대만(臺灣)의 법사학의 발전상황은 민국(民國) 시기 법사학의 성과를 계승했을 뿐 아니라 발전과 혁신도 적지 않았는데, 이에 대하여는 췌언(贅言)하지 않는다.

스 · 레닌주의의 연구방법으로 각자 학문분야의 연구에 종사하는 것이 그 시대 여러 학자들이 추구하는 시류(時流)가 되었다. 다시 세분화하면, 1949년 이래 중국 법사학연구는 또 세 단계로 나눌 수 있을 듯하다.

제1단계는 20세기 50년대에서 60년대 중기까지이다. 비록 신(新) 중국이 성립된 초기에 일시 논의한 적도 있었지만,[13] '법사(法史)'라는 명칭은 홀연히 사라져버렸다. 그 결과 이미 기초가 정립되었던 법사연구는 이전 소련(蘇聯)에서 들어온 '국가와 법권(法權)의 역사'로 대체되거나 '역사 이야기[史話]' 따위로 전락하여 간행물에서 간혹 한 귀퉁이를 차지할 뿐이었다. 중국의 법사학연구는 소련을 본보기로 삼았고, 마르크스 · 레닌주의를 지도사상으로 삼았으며, 계급적 분석 방법을 운용(運用)하여 초보적으로 '국가와 법(또는 권력)'이라는 학문[學科] 체계를 세웠다. 그러나 정상적인 법사학연구가 의식형태에서 엄중하게 왜곡된 후, 정치적으로는 대대적으로 주창(主唱)하기도 하고 벙어리처럼 침묵하기도 했지만, 여전히 전문적으로 교학(教學)과 연구에 종사하였던 학자들은 애써 청등황권(青燈黃卷: 푸른 등불과 누렇게 바랜 책)을 곁에 두고 부단히 정리하고 취사선택하여 학술을 축적하였다. 그들의 연구에 대한 시야(視野) · 방법은 당시 정치형세와 의식형태에 상당히 제한을 받았지만, 이후 사실로 밝혀졌듯이, 이들 부지런한 학자들이 바로 이 법사학을 중건(重建)하는데 개창(開倉) · 정초(定礎)하는 역할을 하였다.

제2단계는 '문화대혁명(文化大革命: 1966~1976)'의 발생으로 수많은 학문[學科]의 연구가 정체되었고, '영사사학(影射史學)'이 크게 유행했던 시기이다. '중국법사학'은 하나의 학문[學科: 만약 '학문 분야'라는 말을 칭할 수 있다면]으로서는 이미 사망선고를 받았다. 중국법사학의 모든 연구 상(上)의 침적(沉寂: 실제는 이와는 달리 일종의 '번영[繁榮]'이다) 속에서 학자들이 우선 주의한 것은 연구에서 마르크스 · 레닌주의의 법(法)에 관한 이론을 어떻게 체현하고, 역사유물주의(歷史唯物主義)와 변증유물주의(辨證唯物主義)의 방법을 어떻게 운용해야 "계급투쟁을 벼리[綱]로 하여" 중국 역사상의 법률제도에 대하여 '과학'적 비판과 분석을 가(加)할 수 있는가 하는 점이었다. 10년의 대동란(大動亂) 중(中) 후기

---

13) 왕소의(王昭儀), 「중국법제사의 몇 가지 문제에 관한 법학계의 좌담(法學界座談關於中國法制史的幾個問題)」(『인민일보(人民日報)』 1957년 2월 4일).

(1973~1975)에 중국 사상계(思想界)에서는 한차례 유명한 '비유반공운동(批儒反孔運動)'이 일어났고, 그 위세와 규모는 '공전절후(空前絶後)'였다고 할 수 있다. 그러나 '비유반공'의 이면(裏面)은 법가(法家)를 추앙(推仰)하는 것이었고, "계급투쟁을 벼리로 하는" 방침·지도하에서 유(儒)·법(法) 양가(兩家)의 사상적 투쟁은 단순히 기계적으로 확대되어 중국의 역사상(歷史上)·현실 속에서 무수히 충돌하는 총체적 근원(根源)이 되었다. 특히 심각한 것은, 당시 모든 역사적 인물에 대하여 연구하고 비평할 때 반드시 '진영(陣營)'을 구분하여 그들의 계급적 입장을 표명한 점이었고, 이외에 더욱 중요한 것은 유가와 법가의 경계를 명확히 구별하여 적절한 표지(標識)를 붙인 점이었다. 이러한 역사유물주의와 변증유물주의를 기계적으로 적용하는 '연구' 방법은 법사학 연구의 정도(正道)와 비교하면, 진실로 역행한다고 할 수 있다. 이것도 진리는 일단 교조화(敎條化) 되면 간혹 오류(誤謬)의 심연(深淵)으로 빠질 수 있다는 점을 거듭 확인시켜 주었다.

제3단계는 '문화대혁명' 이후의 근(近) 30년 간(間)이다. 1979년 1월『법학연구(法學硏究)』의 복간(復刊) 및 동년(同年) 9월 길림성(吉林省) 장춘시(長春市)에서 개최된 제1회 전국 법제사·법률사상사 학술토론회[第一屆全國法制史·法律思想史學術討論會]는 제1단계를 상징하는 사건이라 할 수 있고, 이후 법사학연구의 발전에도 매우 바람직한 복선(伏線)을 깔았다. 그리고 70년대 말·80년대 초, 법사학연구의 회복과 재건을 위해 최초로 참가한 교수(敎授)와 학생(學生)들은 거의 예외 없이 "법가·유가를 비평하는[評法批儒]" 투쟁을 체험하였고, 보고 듣는 중에 점차 심취되어갔기 때문에, 법사학이 "단절된 후 재기(再起)"한 초기에 계급분석(階級分析) 방법과 선명한 의식형태를 특징으로 하는 가치판단은 당시 법사학의 논문과 저술 중에 십분(十分) 표출되었다. 십몇 년 후, 시간도 흐르고 상황도 변하여 상술(上述)한 '병소(病巢)'도 점차 소멸되었고, 계급투쟁과 의식형태에 갇힌 저주도 마침내 서서히 풀렸다. 법사학연구는 부단히 심화되었고, 법사연구의 시야도 점차 확대되었으며, 학술연구의 취지(趣旨)도 나날이 고양(高揚)되었다.

그러나 한갓 백화제방(百花齊放)의 형세 속에서 법사학연구는 점차 종래 없었던 위기에 봉착(逢着)하였다. 만약 '위기'라는 말에 다소 과장된 측면이 있다고 할 때, 달리 표현하면 현재의 법사학연구는 확실히 몇 가지 문제가 눈앞에 가로놓여 있었다고 할 수 있다. 물론, 아래에서 열거한 제(諸)문제가 현재 모든 학자나 구체적인 법사연구에 반드시 내재한다거나 개별적이고 구체적인 법사연구에 모두 내재한다는 것은 결코 아니다. 이들 문제는 전체적인 각도에서 법사학연구의 거시적인 추세에 대한 추찰(推察)을 통해 개괄한 것에 지나지 않는다.

문제의 근원은 주로 두 가지 방향에 있다. 하나는 내부이고, 또 하나는 외부이다. 먼저 법사학 내부의 문제부터 설명하면, 대략 세 가지 방면으로 나타낼 수 있다.

첫째, '굉대(宏大)한 서술'의 비실용성이다. 여기서 말하는 '굉대한 서술'이란 오직 연구의 제목과 대상만을 가리킨다거나 도출한 결론이 너무 굉대한 것만을 가리키지 않고, 제목들이 세세할 정도로 구체적인 경우나 도출한 결론이 연구 대상과 극히 일치하지 않는 경우—환언하면 일종의 부적절한 '확대 해석'—등과 같은 연구 방향도 포함한다. 예컨대, 중국고대 인치(人治)와 법치(法治)에 대한 문제는 전제국가(專制國家)의 중앙집권과 직결된 문제이고, 중국고대 사법(司法)에서 독립성의 결핍이라는 문제, 이것들은 이미 거의 상식(常識)이 되었을 정도로 큰 문제이기 때문에 재차 길고 지루하게 문장을 작성하거나 저작을 출판하여 더 많은 설명과 주석을 가할 필요는 없다. 왜냐하면, 한편으로 지식이 일단 상식이 되면, (기술할 내용이) 정확하더라도 재차 반복해서 증명할 필요가 없기 때문이고, 또 한편으로 상식은 천만번을 증명해도 역시 상식이 될 수밖에 없기 때문이다. 새로운 지식을 얻고자 하면, 연구 대상을 더욱 깊게 하고 넓히는데 시간과 정열을 쏟아야 한다. 이와 동시에 기존의 거시적인 관점과 결론은 몇몇 구체적인 법사(法史) 문제와 부딪혔을 때, 합리적이고 만족스런 해석을 제시하기에는 상당히 어려운 실정이다. 예컨대 중국고대의 '무송(無訟: 송사를 없게 한다)'과 '식송(息訟: 송사를 그치게 한다)'과 같은 문제에 대하여, 논자(論者)들은 종종 관원(官員)이 '무송'을 실현하고자 하는 목표만을 논평(論評)하는 경향이 있었고, 통상 인민(人民)이 권리를 소구(訴求)하는 측면에 대하여는 경시(輕視)하였다. 물론 이러한 거시적인 가치판단에 대하여 예증(例證)할 수 있는 사례는 적지 않다. 그러나 현존하는 명청(明淸) 시대의 수많은 안례휘편(案例彙編)·판독휘편(判牘彙編)·사법당안(司法檔案)과 소송문헌(訴訟文獻)을 보아도, '무송'의 효과, 즉 '무송'과 '식송'은 그렇다고 해도 무엇 때문에 이렇게 많은 안건을 남길 수 있었는가 하는 의문을 가지지 않을 수 없다. 그리고 수많은 고대의 사법자료를 보면, 일반적으로 중국고대의 관원(특히 지방에서 사법을 맡은 관원)이 매년 수리(受理)하는 안건도 그 수량이 적지 않았고, 게다가 평민·백성의 소송에 대하여 한편으로는 간곡하게 타이르거나 호되게 꾸짖기도 한 반면에 또 부단히 접수·심리하여 분쟁을 없애기도 하였음을 알 수 있다. 이러한 객관적으로 존재하는 현상은 '무송' 또는 '식송'과 같은 '굉대(宏大)'한 논지와는 크게 모순된다. 더욱이 예컨대 근대 특히 청말(淸末)의 법률개혁 이후, 중국의 사회와 법률은 전체적으로 변화가 극심하였다는 것은 일종의 굉대한 결론에 속하지만, 기본적으로 잘못이라고 할 수 없다. 그러나 만약 어떤 구체적인 법률원칙·법률규범(즉 형법 중 '고의'와 '과실'에 대한 구분)에 직면하여 변화가 매우 크다거나 상당히 돌발적이라고 말하는 것은 그다지 쉽지 않다. 무릇 이러한 문제들은 여전히 많다. 그러나 갈수록 많아졌다는 사실은 때때로 '굉대한 서술'로 도출할 수 있는 결론들이 몇몇 구체적인 법률문제에 부딪혔을 때 해석상 곤경(困境)에 처할 수 있음을 말해준다.

둘째, 법률사료의 제한(制限)이다. 이것은 또 세 가지 방면으로 나눌 수 있다.

(1) 주관적인 측면에서 일차(一次) 문헌의 발견·열독(閱讀)·연구와 정리에 주의하지 않았다. 현재 극소수의 사람-실제는 갈수록 사람이 줄고 있다-만이 법사(法史) 문헌의 발견·열독·연구에 흥취와 능력을 가지고 시간과 정열을 쏟고 있다. 법사 문헌의 정리에 대하여 대다수 사람들은 특히 외경시(畏敬視) 하였는데, 이것은 정열을 쏟은 만큼 좋은 결과를 얻지 못하기 때문에 다른 사람이 자료를 정리하면 그것을 재이용하는 것만 못하다고 보았던 것이다.

(2) 보기엔 중요 사료를 인용하고 있는 듯하지만, 실제로는 인용 자료의 근원을 그다지 믿을 수 없거나 '사료를 나열한' 수준에 머물렀다. 전자의 주된 표현 중 하나는 두 번·세 번 또는 여러 번 자료를 인용하는 것인데, 사람들 중에는 아직도 비교적 진솔하게 어떤 책이나 문장에서 재인용했다는 점을 밝힌 사람도 있지만, 게을러서 일차(一次) 자료와 대조하지 않은 사람이 있는가 하면,[14] 끝내 분명하게 출처를 밝히지 않고 마치 자신이 직접 찾아낸 것처럼

---

14) 당연히 조건에 한정되어 짧은 시간에 일차 자료와 대조할 수 없는 것은 어느 정도

해서 주머니에서 물건을 꺼내듯이 논문이나 책 속에 당당하게 일차 자료로 처리하는 등, 실제 '문적(文賊)'이라는 절도행위를 하는 사람조차 있다. 후자의 경우, 사료는 일차로 발굴하였지만 분류하지 않고 무비판적으로 수용하기도 하고, 또 모든 것을 일괄해서 자료를 차곡차곡 쌓기도 하였기 때문에 자료가 매우 풍부하고 지면(紙面)도 상당한 듯 보이지만, 중점이 없다. 심지어 때때로 많은 자료들 간에는 상호 모순된 부분조차 있지만, 분별하지 않고 생경(生硬)하게 모두 재록(載錄)하여 산더미 같은 사료로 사람들을 "위협하고 있다." 이런 방식으로 만들어진 법사(法史)에 관한 문장이나 저서 등은 진실로 독자들을 난처하게 한다.

(3) 객관적인 측면에서 기존 법률사료에 대한 연구 · 정리 · 인식 등의 수준이 충분하지 않아서 우리의 시야를 한정시켰다. 물론이지만, 그 이면의 문제도 분리해서 보아야 한다. 그 하나는, 객관적인 측면에서 몇몇 역사적 단계 · 법사의 특정 주제에 대하여 현존하는 법사자료는 매우 한정되어 있다. 예컨대, 진한(秦漢) 양조(兩朝)에 대한 법사자료는 맹점(盲點)이 적지 않다. 수십 년에 걸쳐 다소 중대한 고고학적 발견(예컨대, 『수호지진묘죽간[睡虎地秦墓竹簡]』 · 『장가산한간[張家山漢簡]』 등)이 있었지만, 전반적으로 진한 시기 입법 · 사법에 대한 전모(全貌)는 여전히 충분하다고 할 수는 없다. 게다가 명청 시기 법사자료는 그 수량이 이루다 셀 수 없지만, 일부 구체적인 법률에 대한 특정 주제를 연구할 경우에는 몇몇 특수한 원인 때문에 풍족한 자료를 찾을 수 있는 것도 아니다. 이러한 객관적인 '사료상의 한계'에 대해서는 한순간(일부는 영원할 수도 있다)으로 극복할 수도 없기 때문에 연구자 자신도 사실상 어찌할 도리가 없다. 그러나 현존하는 법률사료의 발굴 · 인식 · 정리 · 연구는 당연히 끝없이 계속되어야 하고, 기존의 결론과 관점에 얽매여서 귀중한 회의적인 정신을 잃어서도 안 된다.

대량(大量)의 사례들은 사료를 연구하고 이용할 때, 자료에 대한 인식 · 변별과 연구도 불가결하다는 것을 말해준다. 사료의 저자 · 배경 및 이로써 발생되는 사료의 권위성 · 신뢰성 등에 대하여 적절하게 관심도 가지고 생각도

이해할 수 있다. 그러나 일정한 비중(比重)을 넘어서는 곤란하고, 그렇지 않으면 이러한 문장이나 저작은 읽을 가치조차 없다.

해야 한다. 이밖에 주관적인 측면에서 상견(常見)하거나 희귀한 법사자료에 대해 맹신(盲信)하여 우리의 원래 밝은 두 눈을 가릴 수도 있다. 여기서 다시 언급할 필요가 있는 것은, 이상의 법률사료의 제한과 관련해서는 주로 법사학 중에서 중국고대의 법사연구에 대하여만 말했다는 점이다. 이와는 달리 중국근대와 현대의 법률사료는 '한우충동(汗牛充棟: 책을 짐으로 실으면 소가 땀을 흘리고, 쌓으면 들보에까지 찬다)'으로 표현할 수 있을 정도로 풍족하였기 때문에 객관적인 조건은 좋은 듯하다. 이처럼 현존하는 법률사료의 수량이 풍족한가의 여부 및 쉽게 획득 가능한가의 여부도 매우 중요한 조건이지만, 더욱 중요한 것은 연구자의 주관적인 노력이다. 만약 연구자의 주관적인 노력이 없다면, 상술(上述)한 세 가지 방면의 문제는 갈수록 심각해질 수밖에 없다. 이밖에 근·현대의 법률사료가 상대적으로 입수하기 쉽다고 해서 연구가 집중되어서도 안 되지만, 중국고대의 법사연구에 내재하는 사료의 '한계' 때문에 "주랑이 돌아보게[周郎顧]"[15] 하는 것도 쉽지 않다. (따라서) 하나의 학문 분야[學科]를 완벽하게 구성한다는 대국적인 견지에서 부단히 노력하여 돌파구를 찾아야 한다.[16]

셋째, 이론과 관점의 오용(誤用)이다. 이 문제는 또 두 가지로 나눌 수 있다. 우선, 이론의 오용이다. 여기서의 이론은 법학이론과 기타 학문 분야[學科]의 이론, 양자(兩者)를 포함한다. 법학의 이론적 지식이나 이론적 구조에 대한 응용(應用)을 기초로 하고 참조하여 법사학을 연구하는 것은 대개 법사학에서 지켜야 하는 규율이다. 그러나 법학이론을 응용하는 과정에서 두 가지 점은

---

15) 〈옮긴이주〉 "주랑이 돌아본다[周郎顧]"는 문구는 『삼국지(三國志)』 권54, 「오서(吳書)9」 「주유전(周瑜傳)」에 "연주가 틀리면 주유가 돌아본다[曲有誤 周郎顧]"는 말에서 유래했다. 이에 의하면, 오나라의 장군 주유는 음악에도 조예가 있어서 누구든 연주 중에 음이 틀리면 틀린 연주자를 바라볼 정도였다고 한다. 이 문구(文句)는 당대(唐代) 시인 이단(李端, 743~782)의 「청쟁(聽箏: 고쟁 소리 들으며)」이라는 시(詩)에도 보인다. 시구(詩句)는 다음과 같다. "계화꽃 새겨진 기러기발 고쟁(古箏)을 울리며, 화려한 방 앞에서 섬섬옥수가 물결을 치는구나. 주랑이 한번 돌아보기를 바라고, 때로는 현을 일부러 잘못 뜯는구나[鳴箏金粟柱, 素手玉房前. 欲得周郎顧, 時時誤拂弦.]"

16) 역사학연구는 일관되게 "사료를 궁구(窮究)해야 한다"고 주장하지만, 사실상 대다수의 문제는 사료를 궁구하는 것이 불가능하다는 것이다. 법사학연구도 사료를 궁구하는 것이 매우 어렵지만, 반드시 상당한 사료가 기초가 되어야 토론의 근거도 확실하고 도출한 결론도 설득력을 가지게 될 것이다.

반드시 배척해야 한다. 하나는 역사적 사실을 고려하지 않고 또 구체적으로 연구하지 않고 법학이론을 응용하여 전혀 근거가 없는 토론·서술과 계발(啓發)을 하는 점이고, 또 하나는 부문법(部門法) 또는 법리학적 일부 이론 구조를 '도구[刀]'로 삼아 기계적으로 법사연구의 대상을 재단(裁斷)하는 점이다.

종래 중국고대 법사에 대한 연구 중에는 이러한 경향을 띤 것들이 있었는데, 마치 현대법률체계에 준거해서 하나의 선반을 만들고, 또 이 선반의 각 칸을 분류해서 꼬리표를 붙인 다음에 다시 중국고대의 법률역사를 이러한 분류에 따라 상응하는 내용을 선택해서 선반에 올려놓는 식이다. 그 결과 실제 내용 중에는 이 선반에 대응하는 칸을 찾기가 매우 어려운 것도 있고, 상대적으로 확실하지 않아서 동시에 두 칸에 들어갈 수 있는 비슷한 것도 있으며, 심지어 근본적으로 이 선반에 속하지 않는 내용조차 있는 것도 보인다. 중국고대의 법률내용과 현대 법률체계의 이러한 유형적 차이는 청대(淸代) 사고전서(四庫全書)의 분류법과 현재 중문도서(中文圖書)의 분류법의 차이로 비유될 수도 있다. 이러한 문제에 직면하여 완강하게 현대적 법률체계로 중국고대의 법률내용을 '해부(解剖)'하는 것은 '억지 춘향이' 식의 잘못을 범하기가 쉽기 때문에 사실 매우 위험하다.

법학이론 이외의 학문 분야[學科]의 이론을 응용하여 법사학을 연구하는 것은 현재에도 많은 연구자가 시도하고 있다. 그러나 한편으로 법사학 자체는 이미 역사와 법률이라는 두 학문의 교차(交叉) 부문을 겸섭(兼涉)하였고, 또 역사학과 법학계에서 법사학의 학문적 성격에 대하여도 이미 많은 쟁론(爭論)이 있었으며, 게다가 다른 학문 분야도 흡수하였기 때문에 형세는 더한층 복잡·미묘하게 되었고, 다른 한편으로 법사학에 대해 말하면, 법률적·역사적 요인은 반드시 고찰·의뢰해야 하는 것이지만, 만약 재차 다른 학문의 이론(예컨대 사회학)을 도입한다면, 결국 법사학연구의 법학적 전문성을 희석시킬 가능성이 매우 크다. 법사학 자체의 각도에서 보면, 법사학 자체는 학문의 교차를 절대 반대하지 않는다. 왜냐하면 그 자체가 교차 학문에 속하기 때문이다. 그러나 다른 학문의 이론을 법사연구에 도입하는 방법에 대해 주의해야 하는 까닭은(결코 반대는 아니다), 근본적인 원인은 이러한 방법이 극히 위험을 초래할 가능성, 즉 법사연구의 특질을 바꿀 가능성이 매우 크기 때문이다. 이 것이 지속되면 법사연구는 일종의 전문적 연구로서의 독립성·전공성(專攻性)

도 더 이상 존재하지 않게 될 것이다.

그 다음, 관점의 오용이다. 여기서의 '관점'은 상술한 '이론'과 다소 유사한 점이 있다. 왜냐하면, 그것들은 통상 오늘날 몇몇 연구자들이 선호하는 이론적 전제(前提) 또는 '이론적 구조'가 되기 때문이다. 그리고 이른바 관점은 종종 결코 계통적(系統的)인 것이 아니고, 아마 계통적일 필요도 없으며, 한 마디의 말로도 가능할 것이고, 몇 단락의 문장으로도 가능할 것이다. 이러한 관점에는 몇몇 동서양 학자들이 그들의 저술에서 표명한, 중국문제에 대한 이른바 '고전적[經典的]'·'권위적(權威的)' 관점을 비평하는 경향도 증가하고 있다. 몇 해 전에 일부 사람들 중에는 '나래주의(拿來主義)'[17]를 좋아하여, 법리학·부문법 또는 다른 학문[學科]을 '분해'하거나 비교적 최신 유행하는 이론적 구조 혹은 관점과 '접목(接木)'한 연후에 이 이론이나 관점에 대한 각종 유용한 자료를 찾아 논거(論據)로 삼고, 사전(事前)에 확정된 '결론'(주의: 이른바 '사전에 확정된 결론'은 결코 사전적인 가설[假說]과 같지 않다)을 증명(證明)하고 있지만, 자기 관점에 대하여 불리한 자료는 보고도 못 본체하거나 근본적으로 애써 찾으려고 노력하지 않기 때문에 어떤 자료가 존재하는지조차도 알 수 없는 사람도 있다. 이전 몇몇 법사연구들 중에서 흥미를 끄는 것은 일부 전문적인 법사에 관한 논문이나 저작 중에 장황하게 글을 늘어놓은 후에 결말 부분에서 종종 "바로 아무개[某某]가 말한 것처럼 ······"과 같은 말로 정리하는 것을 좋아하는 경우이다. 사실 이러한 논문이나 저작은 '아무개[某某]'의 어떤 관점과 어떤 말에 새로 주석을 단 것일 뿐이다. 지식 습득이라는 각도에서 보면, 이러한 논문과 저작을 읽기보다는 '아무개[某某]'의 원저(原著: 혹은 역서[譯書])를 직접 한번 읽는 편이 더욱 직접적인 효과가 있다. 게다가 원래 '아무개[某某]'의 관점이 필경 이처럼 치밀하다면 진실로 저따위 장황한 문장을 읽어야 하는 공연한 고통에 시달릴 필요조차 없다는 것도 알 수 있을 것이다. 극단적으로 말하면, 상술한 이러한 방법은 근본적으로 "다른 사람의 생각을 사용한 것"이고 학술의 독립이라는 자각(自覺)이 부족한 것이다. 그러나 유감인 것은

---

17) 〈옮긴이주〉 '나래주의'는 노신(魯迅)의 「나래주의(拿來主義)」라는 작품에서 온 말로서, 외래문화를 그대로 받아들이지 않고 자신의 입장에서 취사선택하여 수용·계승하려는 사고방식을 말한다. 이러한 주장은 단순한 모방이 아니라 선택적인 것, 주동적인 것으로서 항상 수용하는 주체의 식별능력을 강조하고 있다.

현재 이러한 논문과 저작이 여전히 산견(散見)되고 있다는 점이다.

법사학연구에서 발생하는 내부문제에 대한 게시(揭示)는 이미 상술한 바와 같다. 이하의 지면(紙面)에서는 재차 법사학연구의 외부문제에 대해 간략하게 개괄하여 법사학의 위기를 보고자 한다. 이 문제도 대략 두 가지 점으로 나눌 수 있다.

첫째, 다른 학문 영역과의 융합이다. 앞서 말한 바와 같이, 명칭에서 보면 법사학은 법률과 역사라는 두 가지 학문을 겸섭(兼涉)하였다. 따라서 비교적 평상시 법사학의 분석은 법학과 역사학의 이중적인 특징을 겸비한 교차성(交叉性) 연구18)에 속하였다. 그러나 교차성 연구는 간혹 두 가지의 극단적인 상태를 띨 수도 있었다. (1) 개천에 든 소와 같은 상태이다[左右逢源].19) 즉 양쪽 학문분야의 전문가의 인정(認定)과 환영을 받고, 또 양쪽 학문의 발전에 모두 촉진 작용을 일으키는 경우로서, 이것은 이상적 상태에 속하기 때문에 혹자는 '쌍방 모두 승리[雙贏]'라 칭(稱)하기도 한다. (2) 고립무원(孤立無援)인 상태이다. 즉 양쪽의 부정과 배척을 받고, 양쪽의 어느 쪽에도 적극적 영향을 주지 못하는 경우로서, 이것은 사람을 절망케 하는 상태에 속하기 때문에 혹자는 '쌍방 모두 패배[雙輸]'라 칭하기도 한다. 또한 이러한 양(兩) 극단 간에는 간혹 두 가지 변수가 있을 수 있었는데, 혹자는 이를 중간상태(中間狀態)라고 한다. 〈갑〉'일방(一方)의 승리[單贏]', 즉 그중 한쪽의 학문에 대해서는 적극적인 영향을 주지만 다른 쪽에 대하여는 영향이 전혀 없거나 크지 않은 경우이

---

18) 교차성 연구는 일반적으로 두 가지 학문분야[學科] 간의 교차인데, 두 가지 이상의 학문분야로 교차 연구를 하는 때도 있다. 여기서는 서술의 편의를 위해 단지 두 가지 학문분야의 교차만을 예로 들었을 뿐이다. 여러 학문분야의 교차상황은 더욱 복잡할 수 있지만, 기본원리는 상통한다.

19) 〈옮긴이주〉'좌우봉원(左右逢源)'은 "도처(到處)에서 수원(水源)을 얻다"라는 뜻으로, "모든 일이 순조롭거나 가까이 있는 사물(事物)이 학문을 수양(修養)하는데 원천(源泉)이 되는 것"을 비유할 때 사용된다. 이 말은『맹자주소』(『십삼경주소 하』) 권8하, 「이루장구하(離婁章句下)」에 보이는데, 내용은 다음과 같다. "맹자가 말하였다. '군자가 올바른 도리로 깊이 탐구하는 것은 그 스스로 터득하려고 해서이다. 스스로 얻게 되면, 일에 대처하는 것이 편안하게 된다. 일에 대처하는 것이 편안하게 되면, 그 일에서 얻는 것 역시 깊이가 있게 된다. 그 일에서 얻는 것이 깊이가 있게 되면, 자신의 가까운 곳에 있는 것을 취해 그 근원까지 알게 된다[資之深 則取之左右逢其原]. 그러므로 군자(君子)는 스스로 얻고자 하는 것이다.'"(2726~2727쪽)

다. 〈을〉 '일방의 패배[單輸]', 즉 교차성 연구를 주도적으로 하는 학문분야에 대하여 적극적 영향을 주지 못할 뿐 아니라 오히려 이 학문 자체의 정상적인 발전에 영향을 끼치고, 심지어 '반승반속(半僧反俗)'으로 만드는 경우이다. 사실 현재 중국의 "이제 막 발전과정에 있는" 교차연구는 대략 중간적 상태에 처하였기 때문에 '쌍방 모두 승리[雙贏]'라는 결과에 도달하기에는 심히 요원하다. 당연히 이 다종다양(多種多樣)한 이른바 '교차연구'에서 장차 어떤 것들이 성공하고 실패할 것인가는 시간을 두고 경험할 수밖에 없다.

그렇다면 상술한 네 가지 정황을 대비할 때, 바야흐로 다음과 같은 의문이 제기된다. 현재의 법사학연구는 어떠한 상태에 있는가라는 것이다. 필시 낙관적으로 '쌍방 모두 승리[雙贏]'라고 보는 사람도 또 가장 비관적으로 '쌍방 모두 패배[雙輸]'라고 보는 사람도 극히 적을 것이고, 대다수는 이 양자의 중간상태에서 답을 선택할 것으로 생각된다. 이러한 양자의 중간상태에서 필자는 '일방의 패배[單輸]'를 선택하는 것에 보다 치우쳐있다. 왜냐하면, 현재 법사학연구의 근본적인 위기는 법학 내부에서 초래된 것이지 법학 외부에서 온 것이 아니기 때문이다.

그렇다면, 또 법사학연구와 다른 학문영역 간의 융합이 심각한 문제라는 것을 어떻게 설명할 수 있는가? 우선, 법사학이 어떤 학문영역과도 쉽게 융합될 수 있다는 것을 알아야 한다. 수많은 법사학 논문·저작과 교재가 인증(引證)하는 문헌을 통해 보면, 이들 학문영역에는 주로 역사학(歷史學)·사상사학(思想史學)과 정치사학(政治史學)의 세 가지가 있다. 그 다음, 법사학연구는 또 다른 학문영역과 융합하는 국면(局面)에 대해 어떻게 대처해야 하는가를 알아야 한다. 법사학과 역사학의 밀접한 관련성은 말할 필요도 없다. 이밖에 현행의 법사학은 일반적으로 법률사상사(法律思想史)와 법률제도사(法律制度史)의 두 부분으로 나뉘는데, 그 중 법률사상사 부분은 통상 이해하는 사상사와 연구상에서 교차되고 혼동되는 점이 적지 않았고(예컨대 공자의 인[仁]·예[禮]·덕[德] 등 방면의 사상), 또 지금까지 법률과 정치의 경계는 구분하기가 매우 어려웠으며, 특히 중국고대에서 양자(兩者)는 더욱 뒤섞이고 분명치 않았기 때문에 법사학연구를 통상 정치제도사·정치사상사 영역으로 넣어서 그 자체를 알지 못하게 하였다. 갈수록 많은 사람들은 법사학연구와 각종 전문적인 사(史)[20] 연구를 일정하게 구분함으로써 어느 정도 법사학의 전문성을 체현해야 한다고 느끼고 있다.[21] 당연히 앞서 말했듯이, 법사학연구 자체는 교차연구에 속하고 또 근본적으로 다른 학문분야의 이론을 배척하지도 않는다. 왜냐하면, 문제를 광범위하게 또 다양하게 연구하기 위해서는 필연적으로 "모든 사물의 이치는 나에게 갖추어져 있다"[22]는 기백(氣魄)을 가지고 여러 전문가의 장점을 취해서 이용해야 하기 때문이다. 그러나 만약 법사학연구를 장기적으로 행하고자 하면, 또 성숙시켜 상대적으로 하나의 독립된 학문으로 발전하기를 바란다면, 법사학연구와 각종 전문적인 사(史)의 연구 간에 경계선을 긋는 것은 매우 필요한 일이다. 사실 현재 이러한 경계선은 결코 그어지지 않았을 뿐 아니라 오히려 이상한 주장들이 나오고 있다. 사람들 중에는 법사학연구는 너무 비'역사적'이라고 하는 사람도 있는데, 그 이유는 사료의 기초가 박약(薄弱)할 뿐 아니라 서술도 '역사적 감각'–비록 이러한 '역사적 감각'도 보통 중구난방(衆口難防)이지만–이 부족하기 때문이라는 것이다. 또 법사학연구의 일부 문제들은 사상사에서 이미 논(論)했을 뿐 아니라 또 무엇 때문에 법률사상과 법률제도를 구분하고자 하는가라고 하는 사람도 있다. 게다가 법사학연구의 일부 문제는 여전히 정치적 국면(局面)에 머물러 있을 뿐, 진정한 법률문제와는 아직 거리가 매우 요원하다는 사람도 있다. 이러한 주장들은 그다지 보편적이라고 할 수는 없지만, 전혀 근거가 없거나 황당하다고만 할 수도 없기 때문에 다분히 진지하게 생각할 필요가 있다.

둘째, 다른 법학 분과(分科)와의 장벽(障壁)이다. 이 문제는 근본적으로 엄중한 문제이다. 법학 이외의 여타 학문분야에서 제기되는 비난과 압력은 무시

---

20) 〈옮긴이주〉 '전문적인 사(史)'란 바로 위에서 언급한 정치제도사·정치사상사 등을 말한다.

21) 양계초(梁啓超)의 『선진정치사상사(先秦政治思想史)』와 소공권(蕭公權)의 『중국정치사상사(中國政治思想史)』라는 두 책은 현재도 많은 법사학자가 자주 인용하는 참고서이고, 동시에 많은 학자들이 열렬히 추앙하고 있다. 이러한 현상은 매우 좋은 설명이다.

22) 〈옮긴이주〉 이 문장은 『맹자주소』(『십삼경주소 하』) 권13상, 「진심장구상(盡心章句上)」에서 "맹자가 말하기를 '모든 사물의 이치는 나에게 갖추어져 있다. 자신을 돌이켜 보고 성실하면, 즐거움이 이보다 큰 것이 없다. 노력하여 용서하는 마음으로 일을 해나가면, 인(仁)을 구하는 데 이보다 가까운 길은 없다'고 하였다"(2764쪽)라고 한 문장에 보인다.

할 수 있다고 하면(그것도 사실 비현실적이다), 법학이라는 이 학문분야 내부에서 비롯되는, 법사학을 배척(排斥)하는 힘은 오히려 아무리 중시해도 지나치지 않다. 왜냐하면, 그것은 법사학의 '근본적인 생존 위기'를 초래할 수 있기 때문이다. 앞서 법사학의 역사적 회고를 통해, 중국현대 법학이 시작된 이래 법사학은 법학의 기초과정 부문으로 존재하였음을 알 수 있었다. 또한 이 100년 간(間) 중국법학의 흥쇠(興衰)·변천을 전체적으로 보면, 다음과 같은 현상을 알 수 있다. 즉 법학의 시작 또는 재기(再起) 단계, 예컨대 청말(淸末)과 1980년대 초에는 항상 법사학 영역에서 먼저 돌파구를 마련하는 등 법사학이 주연(主演)으로서 선도하였지만, 이후 오히려 다른 부문법(部門法)에 추월당하여 법사학은 '주연'에서 '조연(助演)'으로 전락하였고, 심지어 가끔 무대에 올라 공연할 기회조차도 없었다. 그러나 허다한 부문법은 "흥기[興]도 빨랐고, 소멸[亡]도 빨랐"는데,23) 흥성할 때는 마치 수백 척의 배가 앞을 다투고[百舸爭流] 그 기세가 하늘에 닿을[氣貫長虹]듯 하였지만, 소멸할 때는 바람이 불자 초목이 쓰러지고[風行草偃] 저녁 안개가 자욱하게 낀[暮靄沉沉]24) 것과 같았다. 이에 비해 법사학연구는 일엽편주(一葉片舟)와 같이 역사의 세류(細流)에 따라 천변만화(千變萬化)하면서 발전하였지만, 가는 실처럼 근근이 이어지고 있다. 이 때문에 중국현대 법학이 경험한 100년 간(間)의 법사학은 사실상 불멸(不滅)의 작용을 발휘했다고 할 수 있다. 100년 동안의 중국현대 법학의 복잡한

---

23) 〈옮긴이주〉『춘추좌전정의(春秋左傳正義)』(『십삼경주소 하』) 권9, 「장공(莊公) 11년(기원전 683)조」에 "가을에 송(宋)나라에 홍수가 나서, 장공(莊公)은 사자(使者)를 보내어 위로하기를 '하늘이 장마 비를 내려 제사에 쓸 곡물을 해쳤으니, 어떻게 위로하지 않겠소'라고 하였다. 송나라 군주가 대답하기를 '과인(孤)이 실로 공경하지 않아 하늘이 재앙을 내렸고, 또한 장공에게 걱정을 끼치게 하였습니다. 장공께서 사람을 보내어 위로해 주신 것에 대해 깊이 사례합니다'고 했다. 이를 들은 (노[魯]나라 대부[大夫]) 장문중(臧文仲)이 말하기를 '송나라는 흥할 것입니다. 우왕(禹王)·탕왕(湯王)은 죄를 자신에게 돌려서 그 나라가 빨리 흥(興)했고, 걸(桀)·주(紂)는 죄를 남에게 돌려서 그 나라는 갑자기 망했습니다. 여러 나라에 흉년이 들었을 때, 군주가 고(孤)라고 말한 것은 예의(禮儀)에 맞는 일입니다. 그의 말은 두려워하며 자신을 꾸짖고 자신을 칭(稱)하는 말이 예의에 맞습니다. 그러므로 송나라는 번창할 것입니다'고 했다."(1770쪽)

24) 〈옮긴이주〉이 문구는 북송 때의 사가(詞家) 유영(劉永: 987~1053)이 지은 「우림령(雨林鈴)」에 나오는 문장이다.

발전은 독특한 사회·역사 환경에서 기인(起因)한 것이지만, 일관되게 부인할 수 없는 한 가지는 법사학이 선천적으로 법학의 기본과정 부문이었다는 점이다.

이와 같이 현재 법사학이 직면한, 법학의 여러 분과(分科)로 인해 야기된 배척하는 힘은 실제 무시해서는 안 되고, 좀 더 솔직하게 말하면 법사학은 이미 '비주류화' 되었다. 배척하는 근본적인 이유는 아마 법사학과 여러 법학 분과와의 장벽이라는 이 한 가지 점으로 귀결될 것이다. 법학을 전공하는 학생들에게서 자주 듣는 불평은, 많은 법학과정에서 법사학(주로 중국법제사와 중국법률사상사)이 가장 배우기 어렵고 시험도 가장 통과하기 어렵다는 것이다. 다른 법학의 분과 연구와 교학(敎學)에 종사하는 수많은 교수들도 종종 법사학의 부문법에 대한 의의가 크지 않고, 그 속에서 이용할 수 있는 자료를 발견하기가 매우 어렵다고 비판한다. 여기서는 법사학에 대한 지식이 배우기 어려운가의 여부 및 시험에 통과하기 쉬운가의 여부 등과 같은 문제는 잠시 논외로 하지만, 이것도 법사학이 비주류화가 된 근본적인 원인은 아니다. 단순히 법사학과 다른 법학 분과 간(間)의 지식의 연계와 융통(融通)이라는 각도에서 보면, 이 문제는 매우 엄중한 것이다. 무엇 때문에 여러 법학 분과는 법사학 중에 이용할 수 있는 내용이 많지 않다고 보는 것일까? 무엇 때문에 일부 사람들은 법사학이 갈수록 무용(無用)하다고 생각하는 것일까? 솔직히 말하면, 오늘날 중국 각 대학의 법과대학(法學院: 또는 법학과) 내에서 만약 아직도 법사학 연구에 종사하고 있는 사람이 "요직(要職)을 차지하고 있다"고 하면, 흔히 모두 행정적인 역량을 통해 일시 자리를 지키고 있을 뿐인 것이다. 일단 행정력에 대한 지지를 잃게 되면 어떤 법과대학(또는 법학과) 내에서도 법사학은 다른 부문법에 비해 종종 밑바닥으로 떨어지기가 가장 쉽다. 물론 상술한 법사학의 비주류화 문제에 대해서는 다방면에서 그 원인을 찾아야 한다. 그러나 "자신에게서 찾는" 정신에 입각(立脚)하여 현재 법사학연구에 종사하거나 종사하고자 하는 사람들은 확실히 먼저 한번쯤 다음과 같은 점을 되짚어보아야 한다. 법사학에는 어떤 문제들이 있었는가? 우리는 어떤 법사학을 해야 하는가?

2. '미시법사학'은 어떻게 가능한가?

현존하는 법사학 교재(敎材)는 대략 『중국법제사(中國法制史)』·『중국법률사상사(中國法律思想史)』·『외국법제사(外國法制史)』와 『서방법률사상사(西方法律思想史)』의 모두 4종(種)이 있다. 실제의 법사학연구에서는 이 4종 이외에 더 세밀한 분류도 있을 수 있다. 아래에서는 상술한 4종으로 분류한 기초 위에서 그 밖의 가능한 분류방법들을 제시하고, 또한 몇몇 구체적인 법사문제(法史問題)에 대한 연구와 결부시켜서 그 속에 잠재(潛在)하는 한계 또는 문제에 대하여 요점만을 지적하며, 마지막으로 일종의 새로운 분류방법을 제시하여 연구·논의하는데 도움을 주고자 한다.

제1종(第一種)은, 넓고 넓은 지역공간에서 보면, 중국에 관한 법사학연구와 외국에 관한 법사학연구라는 두 가지 종류로 나눌 수 있다. 그리고 이러한 기초 상(上)에서는 또 제2종의 분류, 즉 법률사상에 관한 법사학연구와 법률제도에 관한 법사학연구가 있다. 현존하는 교재체계(敎材體系)는 이러한 구조, 즉 먼저 중국과 외국으로 나누고, 다시 사상과 제도로 나누는 구조이다. 그렇다면 이러한 교재분류체계는 상당한 한계가 있다.

첫째, 법사학을 중국과 외국으로 나누는 것은 적어도 몇 가지 문제를 직시(直視)해야 한다.

(1) 상대적으로 보면, 학생들이 난이도(難易度)를 받아들이는 지적 수준에서 보편적인 반응은 『외국법제사』와 『서방법률사상사』가 『중국법제사』와 『중국법률사상사』보다 비교적 쉽다는 것이다. 그 원인은 현존하는 법률의 부문별 구분이 기본적으로 서방의 법률체계를 이식(移植)·모방한 기초 위에서 점차 파생되어 이루어진 것에 있다. 특히 외국의 법률사상사에 관한 연구는 여러 부문법(部門法)·법리학(法理學) 또는 헌법(憲法) 등 방면의 연구와 천연적인 지식(知識)이라는 측면에서 관련이 있다. 따라서 본문에서 주로 논(論)하는 중국법사학의 위기에 비해 외국의 법사학연구(제도와 사상 두 가지 방면 포괄)가 직면하는 위기는 훨씬 가볍고, 심지어 이러한 위기를 느끼는 사람도 거의 없다.

(2) 중국의 법사학은 대개 제도와 사상이 대응(對應) 관계를 이루지만, 외국의 법사학연구는 명확하게 범위 면에서 전혀 대응하지 않는다. 왜냐하면, '서

방법률사상사'의 범위는 최소한 동방(東方)의 일본(日本)을 내부에 포괄하고 있지 않지만, 외국법제사에서는 일본을 그 속에 포괄할 뿐 아니라 심지어 동서양 법사(法史)의 발전 대세(大勢)도 전체적으로 개괄하고 있기 때문이다. 물론 오늘날 이러한 학문적 구조는 중국이 "서양을 모방하[踵武泰西]"려는 원대한 이상을 내포하고 있지만, 외국법제사와 대응하는 과정(課程) 부문(部門)으로서 서방법률사상사가 필요해야 동서양 법률사상에 대한 변천의 역사도 모두 내부에 포괄할 수 있을 것이다.

(3) 법사학연구를 중국과 외국으로 나누는 것만으로는 그다지 충분하지 않고, 따라서 비교법사학(比較法史學) 연구도 당연히 필요하다. 특히 근·현대 중국의 법학·법률의 거시적·미시적 연혁에는 종종 심각한 국제적 배경이 있기 때문에 비교연구가 없다는 것은 상상조차 하기도 어렵다. 그러나 비교법사학 연구는 현재의 학술연구 중에 사실상 있기는 하지만, 현존하는 법사학의 교재체계 내에 한 자리를 차지하는 것이 쉽지 않다는 것도 거의 확실하다.25)

둘째, 법사학을 법률제도와 법률사상사로 나눈 이후 내재(內在)하는 한계도 적지 않다.

(1) 이러한 분별(分別)에서 법률제도사는 종종 입법적 연혁 또는 제도적 구성과 성쇠(盛衰)에 착안(着眼)하였고, 구체적인 입법이나 제도의 배후(背後)에 있는 사상적 요소에는 상대적으로 관심이 적었으며, 법률사상사가 흔히 주목한 것은 역사상(歷史上) 일부 중요 시기의 중요한 역사적 인물(예컨대 사상가)에 관한 사상이었다. 한편으로, 사상과 제도는 본래 불가분의 관계에 있지만, 제도가 없는 사상은 있어도 사상이 없는 제도는 없다. 단지 법률조문의 변천이나 제도의 구성·성쇠에만 주목하고 법률의 배후에 있는 인물의 역사적 배경 및 사상적 요소를 발굴하지 않으면, 이러한 법률제도사는 흔히 진부하거나

---

25) 교재(敎材)·교학(敎學)은 본래 학술연구와는 다른 사물(事物)이다. 그러나 비교적 이상적·성공적인 교재는, 한편으로 기본적인 지식에 대한 요점도 충분히 담을 수 있어야 하고, 또 이러한 학문영역의 새로운 학술성과와 연구동향도 반영할 수 있어야 하며, 다른 한편으로 "물고기도 줄[授人以魚]"수 있어야 하고, "물고기를 잡는 방법도 가르쳐 줄[授人以漁]"수 있어야 하는, 즉 기본적으로 학술에 대한 규범과 방법론을 전수해야 한다.

사소하다는 인상을 주어서 독자들을 지루하게 하고 또 학자를 혼란스럽고 분간을 하지 못하게 함으로써 법률의 정수(精髓)를 쉽게 드러낼 수 없을 뿐 아니라 도리어 단순한 사학연구나 정치사연구와 쉽게 혼동하게 한다. 다른 한편으로, 사상가의 사상 또는 정치가의 사상은 그 자체로 가치가 있지만, 이러한 사상과 법률제도와의 구체적인 관련을 등한시하고 강해(講解)하지 않거나 명확하게 논(論)할 수 없다면, 법률사상사의 학문체계 속에서 이러한 방식은 실패할 수밖에 없다. 그 결과, 이른바 법률사상사의 내용은 보통의 사상사·정치사상사의 내용과 거의 차이가 없고 심지어 몇몇 기본적 지식들은 역사학(歷史學)과도 유사성이 있을 수 있다는 것을 느끼게 한다. 한편, 사상가의 사상과 정치가의 사상은 구체적인 법률제도의 형성·법률내용의 출현에 영향도 주지만, 바로 앞에서 강조한 바와 같이 이러한 내용은 결국 전문적인 법률사상과 동일시 될 수는 없다. 만약 중국고대 법학의 전문성이 그다지 발달하지 않았다고 하면, 또 법학가(法學家) 혹은 입법가(立法家)의 형상(形象)을 찾기가 매우 어렵다고 하면, 입법과 사법의 영역에서 법률사상의 연혁 및 법률의 운용과 시행을 찾을 수 있다. 이외에 중국고대 기층사회(基層社會) 민중(民衆)의 법률지식의 전파·법률의식의 상태 및 그 변화는 점차 법사학의 연구영역으로 나아갔다. 이러한 현상은 법사학연구의 공간이 여전히 매우 넓다는 것을 나타내고, 또 법사학연구의 대상과 내용이 항상 진부하거나 현실과 괴리된 것이 아니라 역사적 현실과 밀접한 연관이 있다는 것도 말해준다. 만약 중국역사상(歷史上) 몇몇 중요한 시기에 영향을 준 입법사상에 관하여 현존하는 교재체계에서 단지 대략적인 언급만 있다고 하면, 사법실천에서 체현된 법률사상 및 기층사회 민중의 법률의식 형태의 역사적 변천 등의 내용에 관해서는 거의 어떠한 모습도 찾을 수 없을 것이다. 비록 이것이 현행의 학문구조와 전혀 병존(竝存)하지 않는다고 말할 수는 없지만, 확실히 현존하는 구조에서 적합한 위치를 찾기는 매우 어렵다.

(2) 몇 십 년 동안 진행된 지식의 축적을 통해, 특히 1970년대 이후 이 30여 년 동안의 법사학계의 노력을 통해 사실상 법률사상사와 법률제도사 영역에서는 이미 상당히 가치가 있는 연구 성과를 거두었다. 그러나 법률 사상과 제도의 거시적인 상황에 대하여는 기본적으로 다소 명확하게 이해되었지만, 법사학연구는 연구의 깊이와 폭에서 계속 매진할 필요가 있다. 그런데 연구

의 깊이와 폭이란 무엇인가? 예를 들면, (A) 사상의 발전은 종종 완만하여 특정의 역사적 단계에서 풍조(風潮)를 형성할 수 있지만, 그것은 대개 제도적 내용의 변천만큼 분명하지가 않다. 법률제도는 간혹 입법(立法)을 통해 매우 짧은 기간에 만들어질 때도 있지만, 그것이 반드시 성공한다고는 할 수 없기 때문에 궁극적으로 사상적 역량만큼 지속적이고 차분하지가 않다. 사회의 대전환(大轉換) 시기에 흔히 일부 변화가 극심한 방면은 사람들의 관심을 끌 수 있다. 그러나 사회의 전체적인 전환은 하루아침에 이루어지는 것이 아니다. 특히 중국과 같은 대국(大國)에 대하여는 "한 번에 모든 것을 처리한다"고 하는 망상(妄想)을 가져서는 안 된다. 사회의 전환이라는 대(大) 배경 속에서 제도적인 개혁과 변화가 기승전결(起承轉結) 단계를 거치는 동안에 사상적으로 보수(保守)와 급진(急進)의 줄다리기는 항상 복잡한 상태를 띠었다. 따라서 법사학연구는 필연적으로 법률사상과 법률제도의 '변화'라는 국면(局面)을 주시해야 할 뿐 아니라 '불변(不變)'이라는 국면에도 주의해야 한다. 다만 '불변'이라는 배경 속에서 '변화'의 내용을 관찰해야만 비로소 '변화'의 성질·가치·의미도 더욱 명확해질 수 있다. (B) 제도가 형성된 이후 "법(法)은 스스로 시행되지 못하"기 때문에 기기(器機) 일반과 같이 인력(人力)의 도움을 빌려서 실시할 수밖에 없다. 일반적으로 이른바 '인치(人治)'가 성행한 중국고대에서는 (근·현대 중국의 오랜 기간도, 심지어 금일까지도 포함된다) "적합한 사람이 있으면 추거(推擧)하고, 없으면 그친다"고 하듯이, 제도에 대해서 만큼은 사람들의 작용이 특히 두드러졌다. 그러나 제도의 설계에는 과학성·이상적 가치기준·운영의 원칙·논리 등 방면에서 천양지차(天壤之差)가 있지만, 현대 '법치(法治)'라는 이상적 기준으로써 '인치'가 종래 가지고 있었던 또 현재 가지고 있는 의의(意義)를 전적으로 경시해서도 안 된다. 왜냐하면, 양자(兩者)는 모두 사람을 대상으로 하고 또 반드시 사람의 역량에 의해서만 제도적 목표를 실현할 수 있다고 하는, 한 가지 공통점이 있었기 때문이다. 만약 우리가 "법치가 인치보다 좋다"는 등 상식적인 가치판단은 논외로 하고, 냉정하게 중국고대 법률제도의 구축과 실시에 대하여 인식·관찰하여 그 제도의 운영에 내재되어 있는 미시적인 정황을 파악하면, 반드시 "법치가 인치보다 좋다"는 관점에 대해 더욱 충분하고 유력한 증거를 찾을 수 있고, 또 '인치'의 중국고대 사회에서의 특수한 효용과 가치에 대해서도 보다 깊이 인식하게 될 것이다.

만약 법률제도의 실제 운영상황을 깊이 또 세밀하게 연구하면, 반드시 풍부하고 가치가 있는 인식(認識)에 대한 성과도 얻을 수 있을 것이다.

상술한 두 가지의 기본적인 분류 이외에, 법사학연구는 대개 아래와 같이 몇 가지 각도(角度)에서도 구분이 가능하다.

시간적 각도에서 구분하면, 이하의 두 가지를 고려할 수 있다.

(1) 법사학연구는 고대에 대한 법사학연구·근대에 대한 법사학연구·현대에 대한 법사학연구로 구분할 수 있다.26) 이것은 상술(上述)한 두 가지 분류와 호환(互換)이 가능하기 때문에, 중국에 대한 법사학연구는 고대27)·근대·현대로 나눌 수 있고, 외국에 대한 법사학연구도 고대·근대·현대로 나눌 수 있으며, 제도에 대한 법사학연구도 고대·근대·현대로 나눌 수 있고, 사상에 대한 법사학연구도 고대·근대·현대로 나눌 수 있다. 이를 참조하면, 오늘날 중국에 대한 법사학연구는 전체적으로 근대28) 부분에 비교적 열중(熱中)하고 있고, 연구에 종사하는 사람도 비교적 많으며, 발표성과도 매우 많다. 반면에 중국고대에 대한 법사학연구는 학력에도 흥취(興趣)에도 제한을 받아 갈수록 율(律)에 관심을 가진 사람은 거의 없다. 중국현대에 대한 법사학은 일반적으로 법학의 여타 분과라는 연구영역에 종속되었기 때문에 단순한 법사학자는 비교적 적게 종사하고 있다. 비록 중국근대에 대한 법사학연구가

---

26) 여기의 '현대'는 일종의 역사적 분기로서, 근본적으로 이른바 '포스트모더니즘(postmodernism)'이라는 견해를 배척하였다. 왜냐하면, 후자는 특히 문화 또는 관념의 영역에 속하기 때문이다. 역사로써 관조(觀照)하면, 무릇 현재 인류와 공존(共存)하는 이 시대의 사상과 제도는 모두 현대로 볼 수 있다. 이러한 '현대'는 포괄하는 범위가 상당히 넓어서 최신 유행하는 것일 수도 있고 고대로부터 유전(遺傳)된 것일 수도 있으며, 진보적·적극적인 것일 수도 있고 소멸적(消滅的)·진부적(陳腐的)인 것일 수도 있다. 여러 선진적인 인류학자들은 오랜 인류역사에서 볼 때, 저 군거사회(群居社會)에 처한 원시부족(原始部族)을 경시해서는 안 된다는 것을 일깨워준다. 그들에게도 그들 나름의 고대·근대와 현대가 있었지만, 우리가 이해할 수 없을 뿐이기 때문이다.

27) 본 연구는 주로 중국고대에 관한 법사학연구라는 입장에서 진행된 것이기 때문에 외국의 고대·근대·현대에 관한 법사학연구에 대하여는 논술할 공간이 없다.

28) 보다 정확하게 말하면, 중국 법사(法史)의 발전시스템에서 볼 때, 여기의 근대는 일반적으로 아편전쟁(阿片戰爭: 1840) 이후부터 1949년 이전까지를 가리키고, 현대는 1949년 이후를 가리킨다. 이것은 역사학의 분기와 다소 차이가 있다.

상대적으로 "인기가 있"지만, 일부 중요한 법률영역과 법률문제는 의식형태나 정치적 요소에 제한을 받거나 또는 한동안 접근할 수 없는 금구(禁區)였기 때문에 연구 공간은 여전히 매우 크다고 할 수 있다.

(2) 시간적 각도에서 보면, 법사학연구는 단대적(斷代的) 법사학연구와 관통적(貫通的) 법사학연구로 나눌 수 있다. 단대적 법사학연구는 오직 하나의 특정한 역사 시기(예컨대 조대[朝代])의 법률내용을 연구대상으로 하고(예컨대 당률[唐律]), 관통적 법사학연구는 일반적으로 비교적 큰 역사적 시간을 초월한 배경 속에서 관련 법률내용에 대하여 통시적(通時的)으로 고찰한다(예컨대 중국 사법심판제도사[司法審判制度史]). 마찬가지로 이것도 앞의 두 가지 분류와 호환할 수 있지만, 췌언(贅言)하지는 않는다. 여기서 지적하고 싶은 것은, 이전의 많은 법사학의 연구 성과가 우리에게 심어주는 인상은 단대적 법사학연구는 특정 시대·분야에 매진해도 정교(精巧)하기가 어렵다는 점이고, 관통적 법사학연구는 다양한 시대·분야를 추구함으로써 '거대한 서사시(敍事詩)'가 되기 쉽다는 점이다.

연구 대상과 범위의 각도에서 보면, 이하 다섯 가지로 분류할 수 있다.

(1) 입법(立法)에 대한 법사학연구와 사법(司法)에 대한 법사학연구. 이른바 입법에 대한 법사학연구란 법률조문의 출현·산개(刪改)와 소멸 및 법률제도의 형성·변천 등을 주요 대상으로 하는 법사학연구를 가리킨다. 이른바 사법에 대한 법사학연구란 법률조문과 법률제도의 시행 등 방면에 중점적인 관심을 두고 행하는 법사학연구를 가리킨다. 이전의 법사학연구에서 입법에 대한 연구 성과는 비교적 현저(顯著)했지만, 근래 갈수록 학자들은 사법 방면에 깊이 파고들어 법률운영의 실태를 고찰해야 한다고 의식하고 있다. 그러나 여러 큰 도서관·당안관(檔案館)에 잠자고 있는 수많은 사법자료에 대해서는 오늘날 도서(圖書)와 당안에 대한 관리 방면의 많은 불합리한 규정으로 연구·정리·이용 등 방면에 장애가 적지 않기 때문에 객관적으로 몇몇 연구자료를 확보하고 사용하는데 제한을 받고 있다. 주관적으로, 법사(法史) 자료들-특히 "규중(閨中)에 소장(所藏)되어 사람들이 아직 알지 못하는"중국의 고문(古文)으로 된 법사 자료들-에 대한 발견·판독(判讀)·이해를 향상시키는 능력도 오늘날 일부 법사연구자들에게는 실로 작지 않은 도전이다.

(2) 전제(專題)에 대한 법사학연구와 통식(通識)에 대한 법사학연구. 이른바

전제에 대한 법사학연구란 주로 어떤 특정 법률적 주제에 대하여 행하는 법사학술연구를 가리키고, 이른바 통식에 대한 법사학연구란 주로 비교적 많고 또 상호 관련된 법사적 주제에 대하여 행하는 법사학연구를 가리킨다. 이 양자(兩者)는 상대적 개념이지만, 종종 후자는 전자를 내포할 수도 있다. 예컨대 명대(明代)의 정장(廷杖)을 명대의 형벌제도와 대비시키면, 전자는 전제적 연구에 속했고, 후자는 통식적 연구에 속하였다. 또 예컨대 명대의 형벌제도를 중국고대의 형벌제도와 대비시키면, 전자는 전제적 연구에 속하였고, 후자는 통식적 연구에 속했다. 따라서 전제와 통식은 한 가지만 가지고 논(論)할 수 없고, 오직 대구(對句)로 사용해야만 구별될 수 있다. 그러나 긍정할 수 있는 것은, 법사학의 부단한 발전에 따라 법사학적 전제(專題)에 대한 연구는 갈수록 많아졌고 세밀해졌다는 점이다. 반면에 통식적 연구 성과는 전체적인 수량 면에서는 증가했지만, 동시에 자연 도태된 수량도 증가하였다. 왜냐하면 '학술경전(學術經典)'은 필경 구하기가 어려웠기 때문이다.

(3) 비교법사학연구(比較法史學硏究)와 단일법사학연구(單一法史學硏究). 이 양자(兩者)도 상대적 개념이다. 이른바 비교법사학연구란 공간적으로 작은 것은 지구(地區)간 비교연구가 가능하고, 큰 것은 국가 또는 법계(法系)간 비교 연구가 가능하며, 시간적으로 고금(古今)간의 짧은 것은 십몇 년·몇 십 년, 긴 것은 백 몇 십 년·몇 백 년 심지어 수천 년 동안 관련 법률문제에 대해 대비연구를 행하는 것으로서, 득실(得失)을 비교하고 우열(優劣)을 평가하는 등, 비교 과정에서 연구대상을 보다 잘 인식하게 된다. 이른바 단일법사학연구란 일반적으로 특정·구체적인 시공(時空)의 범위에 한정시키고, 될수록 이 시공의 범위 내에서만 일정하게 행하는 법사학술연구를 가리키는 것으로서, 이 체계 이외의 관련되거나 유사한 법률내용은 전혀 참조하지 않거나 극히 적게 참조한다. 양자를 비교하면, 단일법사학연구는 시야가 상대적으로 제한을 받아서 알 수 있는 지식도 비교적 폐쇄되거나 고루(孤陋)하여 "여산(廬山)의 참모습을 알지 못하는 까닭은 단지 이 몸이 이 산 속에 있기 때문이다"[29]라는 말처럼,

---

29) 〈옮긴이주〉 이 문장은 송대(宋代) 소식(蘇軾)의 「제서림벽(題西林壁)」에 나오는데, "숲 속에 있는 사람은 숲 전체의 모습을 볼 수 없다"는 의미로서, 흔히 "사물의 본질을 파악하지 못한다"는 비유로 쓰인다.

사물의 본질을 파악하지 못하는 단점이 있을 수 있다. 그러나 만약 성공한다면, 오히려 비교적 유사한 연구대상에 처한 특정 역사적 시공(時空)으로부터 역지사지(易地思之)의 입장에서 '동정적(同情的) 이해'를 얻기가 한층 쉽다는 장점이 있다. 비교법사학연구가 만약 비교하는 쌍방 모두에 대하여 깊이 또 절근(切近)하게 이해하지 못하면, 쉽게 장벽이 생겨서 비교가 단편적·표면적이 되는 단점도 있다. 그러나 만약 비교에 대한 기초가 튼튼하고 분석이 철저하면, 종종 비교하는 대상의 특징을 독자들 앞에 더한층 분명히 드러낼 수 있다. 앞서 서술한 바와 같이 중국의 법사학연구는 성립하고부터 상당히 농후한 비교법 색채를 띠고 있었다. 그 원인은, 한편으로 중국은 이미 세계 각국과의 관계가 불가피했고 또 재차 쇄국정책(鎖國政策)이 시행된 상황으로 돌아갈 수 없었으며, 중국 근·현대 법률체계의 변혁·경신(更新)·재건도 필연적으로 비교법의 배경 속에서만 완성될 수 있었기 때문이고, 다른 한편으로 학술의 기본적인 요구와 훈련은 주관적 편견을 줄여서 정상적인 학술연구 속에 개입을 못하게 하지만, 현대인은 결국 현대인이고 고인(古人)은 결국 고인인 관계로, 금고(今古) 간 시공(時空)의 치환(置換)에서 이른바 '역사적 동정(同情)'도 단지 부단히 근접할 수 있었을 뿐 실로 미칠 수 없었기 때문이다.

(4) 부문적(部門的) 법사학연구와 전반적(全般的) 법사학연구. 이른바 부문적 법사학연구란, 현존하는 법학의 분과체계(分科體系)를 참조하면, 한 가지 구체적인 법학의 분과에 대하여 행하는 법사학술연구, 예컨대 헌법사(憲法史)·형법사(刑法史)·행정법사(行政法史) 등등을 가리킨다. 그리고 이른바 전반적 법사학연구란 법학체계 전체를 고찰대상으로 해서 광범위하게 행하는 법사학술연구를 가리킨다. 이러한 법사학술연구는 일반적으로 교재(敎材) 혹은 법학통사(法學通史) 등에 속한다. 부문적 법사학연구든 전반적 법사학연구든, 중국고대 법률사상과 제도적 내용에 직면할 때, 종종 '억지 춘향이' 식의 잘못을 범하기 쉽고 완벽을 추구하기 어렵다는 것은 이미 앞서 서술한 바와 같다.

(5) 지방적(地方的) 법사학연구와 전국적(全局的) 법사학연구. 이른바 지방적 법사학연구란 특정지구(特定地區)의 법률변천사(法律變遷史)를 연구대상으로 해서 진행하는 학술연구를 가리킨다. 여기의 '특정지구'는 1성1시(一省一市), 1구1현(一區一縣), 1향1촌(一鄕一村)이 될 수도 있고, 몇 개의 관련된 지구단위(地區單位)가 될 수도 있다. 이른바 전국적 법사학연구란 일반적으로 특정 지구단

위에 한정되지 않고 한 국가의 법률의 전체 국면에 착안해서 행하는 법사학 술연구이다. 예컨대 중국고대 강서지방(江西地方)의 건송(健訟) 및 관련된 법률 문제를 연구하는 것은 지방적 법사학연구에 속하지만, 중국 역사상(歷史上) 민간소송(民間訴訟)에 대한 법률적 지식의 전파상태와 법률적 심리의 변천을 연구하는 것은 전국적 연구에 속하기 때문에 지구(地區)의 제한을 타파하지 않으면 불가능한 일이다. 그렇지 않으면 도출(導出)하는 결론은 어느 정도 보편성을 가질 수 있지만, 관련된 논술과 논거는 방대한 결론을 지탱할 수 없다.30)

상술한 아홉 가지 분류 외에도 한 가지 매우 중요한 분류, 즉 사학(史學)을 특징으로 하는 법사학과 법학을 특징으로 하는 법사학이 있는데, 이 양자는 사학법사학(史學法史學)과 법학법사학(法學法史學)으로 간칭(簡稱)될 수도 있다. 무엇 때문에 이것을 매우 중요한 분류라고 하는가? 역사학과 법학은 법사학 연구가 순리대로 진행할 수 있는 가장 중요하고 또 기본적인 두 가지 지적(知的) 배경이기 때문일 뿐 아니라 이것은 법사학의 학문적 성질, 즉 법사학이 궁극적으로 법학에 속하는가 아니면 역사학에 속하는가? 다시 말하면, 법사학은 어떻게 정위(定位)되어야 하는가? 만약 그것이 법학에 속한다면, 그것은 역사학과 어떤 본질적 차이가 있는가? 만약 그것이 역사학에 속한다면, 그것은 법학과의 구별이 또 어디에 있는가? 하는 것들과 관련되기 때문이다.

현재 기본적인 사실은 중국의 법사학은 대략 여전히 법학의 분과(分科)에 속하지만, 역사학 영역에서도 부단히 관련 연구를 행하는 사람이 있는 점이다.31) 한편으로, 전술(前述)한 중국의 법학 및 법사학의 변천사를 이해했다면,

---

30) 현재에도 일부 개별 사례 형식의 법사연구(法史硏究), 즉 어떤 사례 혹은 일부 사례를 통해 법사 문제를 연구하고 있다. 그러나 통계학적 기본원리에서 볼 때, 연구의 대상은 견본(見本)의 수량과 대표성만으로 충분하지 않을 뿐 아니라 심지어 회의적이기도 하다. 따라서 사례연구의 기초상에서 경솔하게 확장하여 하나의 전국성적 결론을 내리는 것은 역시 적절하지 않다.

31) 또한 필자의 관찰에 의하면, 역사학계에서의 법사학과 관련된 연구는 전체적으로 증가추세를 보이고 있다. 이 부분은 전통적 역사학연구가 새로운 연구영역을 개척하고 보다 전문성적 연구를 전개하였음을 반영한 것이다. 이것은 결과적으로, 한편으로는 법학적 법사학연구에 더 많은 본보기를 제공할 수 있고, 다른 한편으로는 법학적 법사학연구에 대하여 학술경쟁의 압력도 줄 수 있다.

법사학이 법학의 분과라는 이러한 견해를 수용하고 인정하는 것에 대하여는 상당히 쉬워야 한다. 다른 한편으로, 역사학의 연구범위 자체는 무한히 넓어서 연구의 분업이 갈수록 전문화·세분화됨에 따라 법률사연구도 그 시야에 포함되어 거의 논제(論題) 속에 상응하는 뜻도 있었다. 그러나 일반적으로 법학과 역사학의 법사학에 대한 정위(定位)는 여전히 같지가 않다. 법학가의 관점에서는, 법사학연구는 법학과 역사학의 두 방면을 겸(兼)하고 있지만, 법학은 자신의 이론과 학문체계가 있고 독특한 전문성도 가지기 때문에 법학이 법사학의 목적이라는 것이고, 역사학은 기본적 사실을 명확히 하는데 장점이 있지만, 진상(眞相)을 중시하고 추상(抽象)에 약하기 때문에 역사학은 도구일 수밖에 없고, 도구는 반드시 목적을 위해 복무해야 한다는 것이다. 미국의 경제사가(經濟史家) 슘페터(Schumpeter)[32]의 고전적 견해를 적용하면, 이렇게 말할 수 있다. "우리는 반드시 하나의 사실, 즉 법사학은 법학의 한 부분이고,

---

32) [미국] 조지프 슘페터(Joseph Alois Schumpeter: 1883~1950), 『경제분석사(經濟分析史)』(상무인서관[商務印書館], 1994) 제1권, 28~29쪽. 슘페터 교수는 버스와 승객으로써 경제분석과 사학가(史學家)의 기술(記述)을 비유하였는데, 상당히 적절하였다. 〈옮긴이주〉 조지프 슘페터는 오스트리아 출신의 미국 이론경제학자로서, 케인스(John Maynard Keynes: 1883~1946)와 더불어 20세기 전반을 대표하는 경제학자로 평가된다. 부유한 직물제조업자 집안 출신으로, 빈대학(Universität Wien)에서 법학을 전공하였다. 처음에는 사회경제사에 흥미를 가졌으나 뵘바베르크(Eugen von Böhm-Bawerk: 1851~1914)를 만난 후 이론경제학으로 전향하였다. 25세에 『이론경제학의 본질과 주요 내용(Das Wesen und der Hauptinhalt der theoretischen Nationalokonomie)』(1908)을 저술하여 경제학자로서의 지위를 굳혔다. 1911년 체르노비츠·그라츠대학 교수가 되어 독창적 체계를 세운 『경제발전의 이론(Theorie der wirtschaftlichen Entwicklung)』(1912), 자기 체계로 결집된 경제학상 유산의 정수(精髓)를 역사적으로 기술한 『학술 및 방법의 제단계(Epochen der Dogmen und Methodengeschichte)』(1914)를 썼다. 제1차 세계대전 후 오스트리아의 재무장관과 비더만은행 총재를 지내기도 하였다. 1932년 미국으로 건너가 하버드대학 교수로 있으면서 미국에 귀화하여 여생을 그곳에서 보냈다. 그 동안 경기순환에 관한 이론과 역사·통계와의 종합적 성과인 『경기순환론(Business Cycles)』(1939), 경제사회학적 견해를 밝힌 『자본주의·사회주의·민주주의(Capitalism, Socialism and Democracy)』(1942)를 저술하였다. 1934~1941년에 미국계량경제학회를 창설, 회장을 지냈다. 1948년 외국 출신의 경제학자로서는 처음으로 미국경제학협회 회장이 되었고, 사망 직전에는 국제경제학회(International Economic Association) 초대 회장에 선출되었다. 원서에 소개되어 있는 책은 국내에서는 『경제분석의 역사』 1·2·3(한길사, 2013)으로 출간되었다.

역사가의 기술(技術)은 법학연구라는 이 버스 안의 승객과 같다는 사실을 직시해야 한다." 반면에 역사가의 관점에서는, 사학 자체는 특히 비교적 성숙된 학문으로서, 특유의 연구임무와 연구목적이 있고 또 어떤 이론에도 구속될 수 없고 되어서도 안 되지만, 법학은 사변(思辨)과 이론구조에 장점이 있으나 간혹 취급하는 자료가 제한적이라는 단점으로 인해 추상에 강하지만 때때로 진상을 무시한다고 하여, 이런 이유로 법사학연구에서 역사학이 목적이고, 법사학은 도구일 수밖에 없다는 것이다. 재차 슘페터의 견해를 적용하면, "우리는 반드시 하나의 사실, 즉 법사학은 역사학의 한 부분이고, 법학가의 기술(記述)은 마치 역사연구라는 이 버스 안의 승객과 같다는 사실을 직시해야 한다"고 할 수 있다.[33] 이렇게 보면, 법학과 사학은 법사학의 정위(定位)에 대하

---

33) 대만(臺灣)의 나사륙(那思陸) 교수는 「법사학의 전승·방법과 경향(法史學的傳承·方法與趨向)」이라는 논문에서 일찍이 다음과 같이 말하였다. "법사학은 법학인가 사학인가? 간혹 양자가 겹치기도 하지만, 우리가 보건대 법사학이 연구하는 것도 고대의 법률 혹은 법학의 역사(법률제도사와 법률사상사를 포괄한다)이기 때문에 법사학은 기본적으로 사학이다. 다만 법학이 연구하는 것은 고대의 법률 혹은 법학이기 때문에 법사학과 법학의 관계는 매우 밀접하다. 따라서 법사학은 법학적 요소도 가지고 있었다. 고대의 법률과 현대의 법률은 표면적으로 차이가 매우 크지만, 양자(兩者)의 본질은 여전히 상통하는 측면이 있고, 또한 현대의 법률은 매우 빨리 고대의 법률을 변화시킬 수 있다."(정의망[正義網]: http//www.jcrb.com/zyw/n316/ca276851.htm, 2007-07-29) 동시에 그는 대저(大著) 『중국심판제도사(中國審判制度史)』의 자서(自序) 중에서도 명확하게 "사학은 사실을 연구하는 학문이고, 법학은 가치를 연구하는 학문이다. …… 법사학은 사학의 한 분과(分科)이다"고 표명하였다. 대륙법학계(大陸法學界)에서 나(那)교수와 유사한 이러한 경향, 즉 법사학이 사학에 속한다고 보는 학자는 비교적 적다. 필자는 상술한 견해에 대하여 심중(心中)으로는 동의하지만, 여전히 다음과 같이 생각하고 있다. (1) 법사학은 장족의 발전을 꾀하였고, 또 자기만의 특색이 있어야 하지만, 일반적인 사학연구와 완전히 혼동(混同)할 수 없고 게다가 사상사와 정치사 간에는 명확한 한계를 지어야 한다. (2) 법사학은 법학과 사학이라는 양대 학문분야의 교량을 연결하기 위하여 자기만의 특색을 발전시키고 유지해야 함과 동시에 쌍방의 장점을 흡수·운용하고 발휘시켜야 한다. 양손은 모두 단단해야 하고, 한손이 느슨해져서도 안 되며, 한손만 단단해지면 간혹 양손 모두 느슨해진다. 이밖에 북경대(北京大) 역사학과(歷史學科)의 장전새(張傳璽) 교수는 일찍이 면전에서 '규(圭)'와 '토(土)'자로 역사학과 여타 전문사(專門史) 연구와의 구별을 풀이하여 사람들에게 매우 깊은 인상을 남겼다. 이로써 역사학의 시야는 본래 매우 광활하여 이것을 여타 전문사와 비교하면, 그 유사성은 은하수의 강·바다에 있어서와 같이 용량(容量)의 대소(大小)는 즉시 구별되었음을 알 수 있다.

여 근본적인 차이가 있는 듯하고, 이러한 차이는 매우 컸음에도 사실 종래 법학과 사학 간(間)에 법사학의 정위문제에 대하여 격렬한 논쟁을 일으킨 적이 없었다. 격렬한 논쟁이 없거나 일으킬 수 없었던 까닭은 대략 두 가지 원인이 있다. 첫째, 현재 사학과 법학의 영역에서(특히 후자) 법사학연구에 종사하는 수많은 학자들 중에는 사학 또는 법학 가운데 한 가지를 배경으로 하고 있지만, 동시에 법학과 역사학을 겸비한 사람도 적지 않다. 이것은 법사학이 법학·역사학과 매우 깊은 연원(淵源)을 가지고 있음을 말해주는데, 긍정적으로 보면 바로 앞서 말한 "개천에 든 소[左右逢源]"이다. 둘째, 쌍방의 관심과 인정(認定) 정도에서 볼 때, 필자의 천견(淺見)에 따르면, 역사적 진실성의 발견이라는 측면에서는 전자의 후자에 대한 관심과 인정 정도가 후자의 전자에 대한 관심과 인정을 응당 초월하지만, 이론적 파악과 운용이라는 측면에서는 정반대이다. 쌍방은 모두 상대를 충분히 복응(服膺)[34]·인정하지 않고, 상대로부터도 충분히 복응·인정받지 못한다. 본문(本文)에서 견지(堅持)하는 '법사학의 위기론'이라는 관점에서 보면, 법학 이외의 학문분야—특히 법사학연구와 밀접한 연관이 있는 역사학—의 인정을 받지 못하는 것은 법사학이 독립·성숙되지 않았음을 잘 말해준다. 이와 동시에 다른 법학 분과들은 산을 밀치고 바다를 뒤집듯이 발전하고 있지만, 법학 내부로부터 법사학적 존재에 대하여 발전을 거듭할수록 배척하는 힘이 크게 형성되어 있는 것에 주의해야 한다.[35] 내부적으로 배척되고 외부적으로 충분히 인정받지 못하는, 이 내외의 틈새 속에서 법사학은 어떻게 하면 독립과 장족(長足)의 발전을 실현할 수 있고, 나아가 성숙된 이론과 방법을 갖춘 학문분야로 도약할 수 있을까? 이것은 참으로 가혹한 시련(試鍊)이다.

이상 열 가지 분류방법은 시간 혹은 공간을 근거로 하거나, 혹은 연구 대상과 범위를 근거로 하거나, 아니면 연구 과정에서 주로 운영되는 방법과 특징을 근거로 하였다. 이처럼 분류한 근거는 상호 간에 어느 정도 호환성[兼容性]

---

34) 이 말은 『중용(中庸)』 「제8장 복응(服膺)」에 나오는 말이다. 그 문장을 옮기면 다음과 같다. "공자가 말하기를 '(안)회(顏回)의 사람됨이 중용을 가리며, 하나라도 선함을 얻으면 받들어 가슴에 품어 잃지 않았다[拳拳服膺而弗失之矣]'고 하였다."

35) 당연히 여기서 말하는 '배척'은 반드시 다른 법학 분과에서 오는 주관(主觀)·고의(故意)가 아니고 더욱 중요한 것은 객관적 학문 분과의 경쟁으로 조성된 것이다.

은 있지만, 분명히 기준도 다르고 번잡하며 또 법사학연구의 발전규율과 전체적인 특징도 반영할 수 없다. 필자가 여기서 제기하려는 것은 일종의 새로운 분류방법, 즉 거시법사학(巨視法史學)과 미시법사학(微視法史學)이고,36) 또 미시법사학이 현재 법사학연구가 힘써 나아가야 할 방향이라는 주장이다. 그렇다면 법사학이 이미 비주류화(非主流化)된 현재, 무엇 때문에 이러한 한 세트의 개념을 제기하고자 하는가? 구분의 근거는 어디에 있는가? 이러한 분류는 또 어떤 의의가 있는가? 이러한 점들은 규모가 크기 때문에 일시(一時)에 원만한 해석을 제시할 수 없지만, 일단 전체를 열거하면 다음과 같다.

우선, 법사학의 거시와 미시를 어떻게 구분하는가? 간단하게 말하면, 첫째, 해결하려는 문제가 다르다. 거시법사학이 해결하려는 것은 법률제도·법률사상의 전체적인 변천의 추세를 연구하고 발견하는 것이다. 예컨대, 중국 고대 사법제도의 형성은 어떤 중요한 단계를 거쳤는가? 국가와 가족의 권력적 성쇠(盛衰)의 규율은 어떠한가? 법률 중에 표현된 국가의식 형태는 어떤 특징들이 있는가? 등등이다. 미시법사학이 해결하고자 하는 것은 법률제도·법률사상의 거시적인 변천의 추세에서 구체적인 제도의 존재형태와 사상이 영향을 주는 방식이다. 예컨대, 진한(秦漢)에서 수당(隋唐)까지 법률언어의 풍격(風格)은 어떤 중요한 변화가 발생했는가? 당대 관리 선발의 네 가지 기준인 '용모[身]·언사[言]·필치[書]·판단[判]'37)이 관원(官員)의 법률적 소질(素質)의

---

36) 여기에 제시한 거시법사학과 미시법사학 개념은 어느 정도 현대 서방경제학의 분류(거시경제학과 미시경제학을 포괄한다)에서 계발(啓發)을 받았다. 그러나 여기서 이러한 분류를 제시한 것은 주로 필자가 최근 몇 년간 법사학에 대하여 세심하게 관찰하고 체험한 기초 위에서 세워진 것이다. 왜냐하면, 법학과 경제학은 다르고, 특히 거시법학·미시법학의 구별이 없으며, 법사학과 경제학은 더더욱 다르기 때문이다. 동시에 평소 긴밀히 교류하는 스승·벗들과 이야기하는 중에서 도움을 받은 것도 적지 않다. 특히 이전에 지도교수(導師)와 무수히 성심(誠心)으로 이야기하였고, 그는 높은 곳에서 멀리 내다보는 많은 통찰력을 가지고 있었기 때문에 나에게 사고(思考)라는 측면에서 많이 인도해주었다.

37) 〈옮긴이주〉『신당서(新唐書)』 권50, 「선거지(選擧志)」에서는 "무릇 사람을 가리는 방법은 네 가지가 있다. 첫째는 신(身)이니, 풍채가 건장한 것을 말한다. 둘째는 언(言)이니, 언사가 분명하고 바른 것을 말한다. 셋째는 서(書)이니, 필치가 힘이 있고 아름다운 것을 말한다. 넷째는 판(判)이니, 글의 이치가 뛰어난 것을 말한다. 이 네 가지를 다 갖추고 있으면 뽑을 만하다"고 하였다.

양성(養成)에 어떤 영향을 주었는가? 송명이학(宋明理學)은 당시 구체적인 사법안건(司法案件)에 어떤 영향을 발휘했는가? 등등이다. 둘째, 연구의 시각과 방향이 다르다. 거시법사학은 항상 법률과 사상의 전국(全局)과 전체에 관심을 가지고, 미시법사학은 법률과 사상의 부분과 개체(個體)에 관심을 둔다. 거시법사학은 항상 큰 배경에서 출발하고, 미시법사학은 미세한 문제에서 시작한다. 구분을 여덟 글자로 개괄하면, 거시법사학은 "전체 국면에 착안해서 전체부터 착수한다[全局着眼 整體入手]"이고, 미시법사학은 "큰 국면에 착안하되 작은 일부터 착수한다[大處着眼 小處入手]"이다. 그러나 이상 두 가지 큰 차이를 제외하면, 양자(兩者)는 관련되거나 동일한 점도 적지 않다. 관련된 점을 말하면, 거시법사학은 '거대한 서사시'가 되지 않기 위해서는 미시법사학적 연구와 발견을 무시해서는 안 되며, 미시법사학도 거시적 안목이 있어야 하고 "나무도 보고 숲도 보지 않"을 수 없다. 동일한 점을 말하면, 양자는 모두 구체적인 문제를 연구하고 공리공론(空理空論)하지 않으며, 모두 객관적인 전체적 측면을 주창(主唱)하고 주관적인 편견을 반대하며, 모두 개방(開放)·겸용(兼容)을 추장(推獎)하고 폐쇄자수(閉鎖自守)를 반대한다. 이 양자(兩者)를 결합하면, "거시적으로 파악하고 미시적으로 관찰하[宏觀把握 細微觀察]"여 다각도[前方位]로 역사적 시공(時空) 하(下)의 법률현상을 고찰할 수 있다.

다음으로, 법사학을 거시와 미시로 구분하면, 법사학 발전의 근본 추세와 부합된다. 거시법사학과 미시법사학의 개념은 이전에 누구도 제기하지 않았지만, 이 두 가지 학술연구(특히 전자)는 모두 이미 부단히 실천해온 사람이 있었다. 상술한 열 가지 분류방법 중에서 전국적(全局的)·통식적(通識的) 법사학연구는 상대적으로 거시법사학연구에 가깝고, 지방적·전제적(專題的) 법사학연구는 비교적 미시법사학연구에 가깝다. 다만 한편으로, 수많은 학문분야의 연구·발전에는 종종 거시에서 미시에 이르는 과정이고, 법사학이 거시연구에서 미시연구로 나아가는 것은 원래 법사학 자신의 진행과 발전을 의미하며, 이것도 비교적 인류의 "겉에서 속으로 가고, 얕은 곳에서 깊은 곳으로 가는" 인식규율(認識規律)과 부합된다. 다른 한편으로, 거시법사학과 미시법사학의 분류는 법사학이 부단히 심화 단계로 발전한 현실적인 기초에서 이루어졌고, 또 객관적으로 이러한 발전 과정과 추세도 반영하고 있다. 이 때문에 전국적·통식적 법사학과 거시적 법사학연구, 지방적·전제적 법사학연구와 미시적 법사학연구는 유사성만 있을 뿐이고 동일할 수 없다. 한마디로 요약하면, 상술한 열 가지 분류와 비교할 때, 법사학의 거시와 미시의 구별기준은 입체적이고, 그 나머지 열 가지 분류기준은 기본적으로 평면적이다.

그 다음으로, 법사학을 거시와 미시의 두 방면으로 분류하는 것은 법사학연구가 심화된 객관적인 현실을 반영하고 있을 뿐 아니라 더욱 중요한 가치는 이러한 구분을 통해, 특히 미시법사학연구에 대한 중시와 노력을 통해 법사학의 목전(目前)의 곤경을 벗어나는 것을 돕는데 있다. 첫째, 법사학은 다른 학문과 연결시키는 유대(紐帶)가 된다. 거시법사학과 미시법사학의 분류 하에서는 상술한 열 가지 분류 및 연구방법을 모두 포괄할 수 있을 뿐 아니라 수많은 여타 학문분야(통계학·사회학·인류학·경제학 등)의 연구방법과 이론도 그 속에 끌어들일 수 있다. 예컨대 명청(明淸) 시기 소송대리인[訟師]이 관부(官府)에 응대(應對)하는 소송 기교(技巧)를 연구할 때, 장기나 바둑[博奕]의 관점에서 접근하면 간혹 더 많은 새로운 발견을 할 수도 있다. 또 예컨대, 휘주(徽州)의 계약(契約) 중 '벌칙(罰則)'(계약 책임)의 운용에 대하여 연구할 때, 계약 중 벌금과 목적물(目的物)의 금액을 대비해서 통계분석하면, 간혹 이러한 민사습관(民事習慣)과 성문법의 이산규율(離散規律)을 발견할 수도 있다. 이와 같이 이용할 수 있는 연구방법과 이론은 여전히 참으로 많다. 그러나 방법은 결국 방법일 뿐이기 때문에 반드시 연구목적을 위해 사용되어야지 과시하거나 장식품이 되어서는 안 된다. 동시에 아무리 변해도 본질은 변하지 않듯이, 법학적 방법과 역사적 방법은 항상 가장 기본적인 연구방법이다. 둘째, 법사학을 다른 법학 분과와 소통시키는 교량이 되어 법사학의 교재(敎材)·교학(敎學)과 학술연구를 친숙하게 만든다. 거시적 법사학연구이든 미시적 법사학연구이든, 특히 후자는 여타 법학의 분과 내(內)의 상관문제에 관심을 가지고 구체적인 법률문제로부터 접근해서 전방위·다각도로 법률의 원형(原形)을 게시(揭示)하여 법사학연구를 다시 번잡과 단조로움에 빠지지 않게 하고, 또 여타 학문과의 혼용으로 인한 "자아를 상실하"지 않게 하며, 여타 법학의 분과 간(間)의 장벽도 통하게 할 수 있다. 이것은 아마 법학 내부의 배척이라는 압력(壓力)을 감소시킬 수 있는 길이 될 것이다. 설령 상술한 양자(兩者)를 모두 실현하지 못하여 예전처럼 현존하는 위기를 완화·탈피할 수 없다고 해도 적어도 법사학연구 자체는 더욱 심화되어서 우리의 최종 목표―이 학문분야를 조기에 독립시키고 성숙·발전시키는 일-와의 간격은 더욱 가까워질 것이다.

　마지막으로, 거시법사학과 미시법사학은 일종의 공생공존(共生共存) 관계이고, 또 모두 각자의 연구대상·연구방향과 해결해야 할 문제도 있다. 변증법적 각도에서 볼 때, 거시가 없으면 미시도 없고, 미시가 없으면 거시도 없다. 다만 이전의 법사학은 거시적 방면에서 거둔 성과는 현저하였지만 미시적 연구는 비교적 취약하고 근래에 차츰 증가하였을 뿐이다. 그러나 법사학적 전체를 고려하면, 거시적 법사학과 미시적 법사학은 모두 발전되어야 한다. 거시적 법사학의 성과가 상대적으로 많지만, 그 중 일부 성과는 중복을 피하기 어렵고, 또 '거대한 서사시'라는 의심을 받는 것도 있다. 현재 법사학의 전체적 추세가 심화단계로 나아가고 있는 상황에서 미시적 법사학연구도 강화되어야만 이러한 큰 추세에 부합할 수 있다. 그러나 거시법사학과 미시법사학은 서로 대체할 수 없기 때문에 각각이 가지는 독특한 학술연구 방향은 단시일 내에 편중(偏重)될 수 있다. 다만 긴 안목에서 볼 때, 앞으로 언젠가 법사학이 독립해서 성숙된 학문분야가 되면, 법사학의 양대(兩大) 지주로서 함께 전진하면서 공동으로 완벽한 법사학의 교재·교학과 학술연구 체계를 구축해야 한다.

인용 형안(引用刑案)

案例1
山東司 嘉慶23年
東撫咨 林氏與林文密通奸敗露 致伯母林王氏氣忿自縊身死 例無專條. 惟林王氏收養林氏 委因圖得林氏地畝 爲自資食用之計 並非實心撫養 較之敎養成人者有間. 玆林王氏之自縊 雖因林氏犯奸氣忿所致 其恩義究與父女不同 將林氏比照子孫犯奸 父母並未縱容 因子孫身犯邪淫 憂忿輕生 擬絞例 量減一等 滿流. 杖決 流贖.

(『刑部比照加減成案』卷25, 「刑律·訴訟」「子孫違犯敎令」)

案例2
安徽司 道光4年
安撫咨 張雙幅行竊事主姚高慶等家 並被嫁母盧徐氏呈送 懇求發遣. 查張雙幅自幼隨母徐氏改嫁盧姓 撫養長成 不服管敎 屢次觸犯 經徐林氏呈請發遣. 惟母已改嫁 服降期年 如果不遵訓敎 盡可令歸宗. 現訊張雙幅僅止觸犯 並無別項忤逆事情. 若竟照例擬軍 是以改嫁義絶之妻致絶前夫之祀 情理未爲平允 自應照例量減問擬. 張雙幅除行竊計臟輕罪不議外 應于父母呈送發遣例上減一等 杖一百徒三年 仍照竊盜本律刺字.

(『刑部比照加減成案續編』卷26, 「刑律·訴訟」「子孫違犯敎令」)

案例3
已嫁復回之母呈送子發遣
貴撫咨 朱龔氏呈首伊子朱光幗發遣. 查朱龔氏因夫故改嫁 其子朱光幗應行降服 例無

嫁母呈首所生之子治罪明文. 但朱龔氏于後夫故後 仍回前夫家 撫育朱光幗等子女成人 其恩義較之嫁母未回者不同 且子無絕母之義 應仍照父母呈首子發遣例 發烟瘴地方充軍. 道光四年案

(『續增刑案匯覽』卷13,「子孫違犯敎令」)

案例4
福建司 道光14年
提督咨 花連布聘同院居住之大妞爲妻 雖未送給聘財 惟已經伊母備酒邀大妞之母同飲面議 卽與定婚無異. 該犯不待伊母主令嫁娶 輒私下與大妞通奸 復一同逃出另住 例內並無作何治罪專條. 花連布應比依子孫違犯敎令律 杖一百 仍酌加枷號一個月.

(『刑部比照加減成案續編』卷26,「刑律·訴訟」「子孫違犯敎令」)

案例5
已聘未娶之媳因奸致翁被殺 光緒6年
浙江司此案黃仔信云云 秋后處決. 翁青英與黃仔幗通奸 被誘同逃 致未婚夫之父干德基糾人往捉 被黃仔信等共毆斃命. 雖翁青英系已聘未娶之媳 與過門後犯奸致其翁被人毆死者稍覺有間 惟翁媳名分已定 該撫聲明奸夫自殺其夫 未婚妻果不知情 例得于絞罪上減等擬流. 翁青英因奸致未婚夫之父干德基被殺 不能與已成婚之子婦同科 將翁青英于子婦犯奸 致翁被人毆死 絞決例上酌減擬流 不知子婦犯奸致翁被殺 定例旣有專條 自應仍照本例問擬. 翁青英應照子孫奸犯 父母被人毆死者絞決子孫之婦有犯 悉與子孫同科. 第究系尙未過門之媳 可否援情改爲絞監候之處 恭候欽定. 倘蒙聖恩准予改爲絞候 該犯事犯在光緒二年七月恩詔以前 系因奸致翁被人毆死擬絞 應不准援免 酌入秋審緩決辦理.

(『刑案匯覽三編』卷40,「子孫違犯敎令」)

案例6
孀居子婦觸犯翁姑未便發遣
直督奏 老吳張氏呈首伊媳小吳張氏屢次撒潑頂觸 並迭次砌詞京控 不服管敎 懇求發遣一案. 查律載 子孫違犯敎令者 杖一百. 又七出條注云 不事舅姑. 又例載 祖父母父母呈首子孫 懇求發遣 及屢次違犯觸犯者 卽將被呈之子孫實發烟瘴地方充軍. 如有子孫之婦一並呈送者 將被呈之婦與其夫一並僉發安置各等語. 是子孫之婦必與其夫一並呈送 始一並僉發. 若子孫已故 其婦卽有屢次違犯觸犯情事 例無舅姑呈送 卽將子孫之婦實發專條. 蓋婦人義重于夫 所以不令只身遠戍者 不惟示矜恤 亦以維禮敎. 若令孀婦子身遠適

異鄉 僑於奴隸 尤非敦崇名節之義. 此案小吳張氏與夫弟吳玢等訐訟 及節次翻控 究因吳玢將其毆踢 並砸毀器皿 經官斷結後 吳玢不即賠還所致. 事出有因 尚非憑空誣捏. 至該婦平日不服伊姑管教 屢次頂撞 雖有應得之罪 未干實發之條. 乃該督以老吳張氏呈懇發遣 遽將該氏照呈送子孫實發烟瘴之例 改發駐防爲奴 與例不符. 小吳張氏除節次赴京呈控 尚屬事出有因之議外 應改依違犯教令律 擬杖一百. 事犯在嘉慶二十五年八月二十七日 暨十二月初三日 並本年四月初七日恩詔以前 案關不孝 應不准援免. 惟系孀婦 酌予收贖. 該氏既屢次頂觸伊姑 有犯應出之律 應勒令歸宗 以杜釁端.

(『刑案匯覽』卷49,「子孫違犯教令」)

案例7

嘉慶四年二月 奉旨 三法司衙門具題湖南省杜梅兆偸竊伊母黃氏花錢 致母自盡一案 依違犯教令例 擬以絞候 固屬按例辦理. 今細核案情 杜梅兆素性遊蕩 不服其母管教 將分得田畝賣盡 欠債無償 經伊母將膳田轉賣 代爲還欠 杜梅兆復忍于竊取 以致伊母抱忿投繯 卽無觸忤情節 亦不得齒于人類. 杜梅兆著卽行處絞. 嗣後遇有此等案件 法司衙門仍援例定擬具題 內閣仍照擬票簽. 卽將此案加具說帖 隨本聲明 候朕核奪. 欽此.

(『大淸律例全纂集成彙注』卷24,「刑律訴訟」「子孫違犯教令」)

案例8

母令子管媳其子將妻毆斃應依夫毆妻致死論不得坐伊母以主使爲首 山東司

謹查律載 夫毆妻致死者 絞監候等語. 此案孔玉成因伊母田氏囑令伊妻孫氏挑水 孫氏未卽往挑 田氏斥其懶惰 孫氏不服頂撞 田氏令孔玉成毆責. 孫氏逃跑 田氏令孔玉成管教 趕毆. 孔玉成追至村外 因孫氏辱罵 拾石毆傷孫氏耳輪連耳竅及耳根發際殞命. 查田氏因孫氏頂撞違犯 令孔玉成毆責 系屬理應管教. 孔玉成卽因孫氏逃跑 何難趕回 依法責毆 乃因孫氏辱罵 輒拾石疊毆孫氏致命多傷身死. 是田氏因媳頂撞 僅令伊子管教毆責 並無不合 自不得坐田氏以主使爲首 轉寬孔玉成毆妻至死之罪. 所有該撫將田氏照非理毆子孫之婦至死問擬滿徒 孔玉成依威力主使人毆打致死者 下手之人減等擬流之處 系屬錯誤 應請交司議駁 仍候鈞定. 謹稟.

(『說帖』,「嘉慶5年分說帖」, 第62號)

案例9

陝西司 道光2年

題董文仲等共毆李石兒身死 致伊母董楊氏憂愁自縊一案. 查董文仲因伊侄董正芳與李石兒爭毆 伊母董楊氏喊稱董正芳被人毆壞 該犯同子侄先後趨至 將與董正芳扭結之李

石兒共毆斃命 伊母董楊氏慮伊問罪 憂郁莫釋 投繯殞命. 將董文仲依照共毆人致死律 擬絞監候.

(『成案備考』,「子孫違犯敎令」)

案例10
聽從父命捆縛胞兄後爲伊父處死並不在場改爲應斬
　　刑部爲報明事. 會議得龔朝光聽從伊父龔順主使 捆抬胞兄龔朝良 推入魚池淹斃一案. 據川督黃 將龔朝亮龔朝光依弟毆胞兄死者 皆斬律 均擬斬立決 並聲明龔朝亮系目擊伊父龔順將龔朝良推水溺斃 且由該犯覬覦田產肇釁 罪無可逭. 龔朝光迫于父命 幇同捆縛之時 伊父止言送官 並無致死其兄之念. 該犯免[勉]强聽從 並非得已. 迨歇放中途 伊父臨時起意溺斃 維時龔朝光回取竹杠 並未在場 實非意料所及. 相應遵例敍明 聽候部議等因 具題. 經刑部等衙門照擬核覆具題 奉旨 九卿議奏 欽此欽遵. 臣等差得龔朝亮之父龔順 生子龔朝良龔朝甫龔朝志龔朝光五人 分居各爨. 緣雍正八年間龔順同子龔朝甫龔朝志龔朝光共買金家溝田畝 因價銀不敷 令龔朝良出銀同買 言明將熟田照銀按股分管 內濫溝荒地一塊 給龔朝良獨得. 時龔朝亮尙幼 跟同龔順居住 迨後長成 龔順將己業附與. 嗣因龔朝亮貧苦 令龔朝良將濫溝田地分給龔朝亮 龔朝良不允. 乾隆十八年七月十七日晚 龔順率龔朝甫之子龔思榮 並子龔朝光 同龔朝亮 赴龔朝良家復令分田. 龔朝良仍堅執不肯 復以龔順偏愛 尋釁抵觸. 龔順忿怒 卽取壁上麻繩 欲縛送官. 龔朝良用手攔避. 龔順扯住龔朝良兩手 反扭向後 將繩遞交龔朝光 令其捆住. 龔朝良欲向外走 龔順率同龔朝亮攔住按到 又令龔朝亮龔朝光捆縛兩脚臥地. 龔順見天色已晚 令龔朝亮龔朝光將龔朝良抬回伊家 俟次日送官. 龔朝光等未敢順從 龔順以諸子欺其年老 俱不聽從其言 卽以頭碰墻 聲言欲死. 龔朝光隨同龔朝亮將龔朝良抬走 行至路上 龔朝良掙扭 龔朝亮等扛抬不住 放在路旁樹下. 龔順令龔朝光回取竹杠穿抬. 龔朝良復指龔朝亮混罵 龔順俯身掌擊其面 龔朝良詈罵更甚. 龔順忿激 頓起殺机 見路旁逼近魚池 卽將龔朝良就地掀滾入池內. 龔朝亮在旁目擊 欲行拉救 被龔順喝阻. 迨龔思榮龔朝光走到聞知 始同捞起 業已殞命. 查龔朝光與龔朝亮 聽從伊父龔順 將胞兄龔朝良幇同捆縛 抬放路旁 伊父將龔朝良推入魚池溺斃 該犯等雖均系迫于父命 但查龔朝良[亮]系當時目擊 且由該犯覬覦田產肇釁 罪無可逭. 至龔朝光於田產之事本無干涉 其幇同捆縛之時 伊父止言送官 並無致死之念 該犯免强聽從 實非得已. 迨歇放中途 伊父臨時起意溺斃 維時龔朝光回取竹杠 並未在場 事起一時 誠非意料所及 較之覬覦田產肇釁·在場目擊致斃之龔朝亮 情稍可原. 龔朝光似應量予末減 改爲擬斬監候 秋後處決. 龔朝亮應仍照刑部等衙門原議 處斬立決等因. 乾隆二十年五月奉旨 依議 欽此.

(『謀邑備考』卷1,「服命」)

案例11

陝西司 嘉慶25年

陝撫咨 牛高氏煮豆與伊姑蕭氏食用 不虞豆內硬粒未能一律煮爛 致蕭氏矼痛 搖動牙齒叫罵. 嗣高氏做就面條 送給蕭氏 蕭氏因牙痛難食 復向叫罵. 該氏總未回言 蕭氏氣忿拾棍向毆 被牛趙氏攔阻 忿激投井身死. 嚴訊高氏 並無觸忤違犯別情 鄰里周知 供證可憑. 惟蕭氏因矼傷牙痛 向毆被阻 忿激自盡 究由高氏未及煮爛硬豆所致 固非有心違犯. 第法嚴倫理 未便竟置不議. 高氏應比照子貧不能營生養贍 致父母自盡例 滿徒.

(『刑部比照加減成案』 卷25,「刑律・訴訟」「子孫違犯敎令」)

案例12

縊斃犯死罪之子照不應重杖

禮部等部 爲承報事. 該臣等會議得署直督陳 題廣平縣民牛大記子因奸勒死周郭氏 並牛興先等逼令伊子牛大記縊死一案. 據該督疏稱 周郭氏御暴完貞 節烈可嘉 相應照例題請旌表 以維風化等因前來. 查定例凡婦女强奸不從 以致身死者 旌表等語. 今郭氏因大記子强奸不從 被勒身死 與例相符 應准其旌表 候命下之日 行令該督 轉行該地方官 照例給銀三十兩 聽本家自行建坊. 該縣節孝祠內設牌之處 照恩詔之例遵行. 再該署督疏稱 牛大記子因圖奸不從 立時勒死 應擬斬立決 業被伊父逼縊斃命 應無庸議. 牛興先同伊妻牛劉氏逼令伊子牛大記子縊死 雖有不合 但牛大記子因奸勒死周郭氏 已屬應死之犯 與尋常子孫違犯敎令非理殺死者不同 牛興先應照不應重律 杖八十. 事犯到官在乾隆十四年四月初九日恩詔以前 所犯杖徒罪 應予援免. 牛劉氏業經罪坐伊夫 照律免議. 地方張仲全呈報稽遲 訊因患病所致 應免置議等語. 均應如該署督所題完結. 奉旨 依議 欽此. 乾隆十四年十一月邸抄

(『條例[附成案]』 卷1, 「訴訟」「子孫違犯敎令」)

案例13

聽從母命謀殺弟妻挾嫌圖詐俱不准援免 浙江司

謹查本年正月內具奏斬絞人犯應行援赦釋免清單內開如謀殺人從而加功 並無貪賂挾嫌 因奸因盜別情 及被殺之人理曲者 准予援免等因 奏准通行在案. 今李文忠李文約之父李國榮先因挾嫌 該犯等赴楊光南門首叫罵 被楊光南喝令工人戴允秀等毆傷. 嗣伊母李朱氏心懷不甘 起意將伊等弟妻宣氏謀死誣賴 該犯等俱聽從下手 毆傷宣氏身死. 該其情節 雖系迫於母命 勉從下手 但究因挾嫌致斃無辜 與奏明准免清單條款不符. 且該犯等同系下手加功 並無輕重之分 應俱不准援免. 是否 仍候鈞定. 謹稟.

(『說帖』, 「嘉慶元年春季說帖」, 第22號)

案例14

陜西司 道光3年

咨柴趙氏因姑王氏欲食蕎麥 該氏因蕎麥性冷 伊姑素患腹痛 忌食性寒之物 不肯與食 致伊姑氣忿自盡. 訊明該氏情因愼重菽水 並非有心違犯 將柴趙氏比照子貧不能養贍父母自縊例 滿流.

(『成案備考』, 「子孫違犯教令」)

案例15

呈送尙未起解父故遺言免遣

浙撫咨 袁五毛因觸犯伊父 呈送發遣 正在起解間, 據該犯胞叔袁日炳呈稱伊兄袁日椽現已病故 臨終時囑伊赴縣代求免遣. 經縣監提該犯查看 實有聞喪哀痛情狀. 袁五毛應, 比照在聞喪哀痛之例 准予釋放 仍照子孫違犯教令律 杖一百. 道光十七年案.

(『續增刑案匯覽』 卷13, 「子孫違犯教令」)

案例16

聽父遺言拴拿胞兄被叔溺死

四川司 一起爲稟明事. 會看得仁壽縣民羅其紋等聽從伊父遺言 拴拿胞兄羅其才首告致兄被叔羅韜先中途掀河溺死一案. 先據原任四川總督文綬疏稱 緣羅其才系羅韜先期親服侄 羅其紋羅其緯同母胞兄 素好無仇. 羅其才平日游蕩 不修管教 致伊父羅文先氣忿成疾. 乾隆四十三年四月 羅其才在犍爲縣竊猪犯案 伊母舅鄭先虎代賠贓銀 保領外出. 迨鄭先虎回家 向羅文先告知 羅文先氣暈倒地 囑弟羅韜先並子羅其紋等找尋 送官處死 旋卽殞命. 四十四年七月初七日 羅其才回家 適羅其紋在山工作瞥見 憶及伊父因兄爲匪氣死 遺囑尋拿送官 卽斥其非. 羅其才不服 用持路木棍亂毆. 羅其紋順拾犁彎木抵格 致傷羅其才右眼下 滑跌倒地 乘勢按捺 令羅其緯用索反縛兩手 拴系樹上 往告羅韜先同押送官. 羅韜先趨至 責其爲竊 致父抱忿身亡 令羅其紋等解下拉走. 羅其才臥地 用脚亂蹬羅韜先復令羅其紋等撳解羅其才裹脚布 捆其兩腿 迨赴縣城. 行至石橋河邊 欲及祖父母羅韜先忿其滅倫 因兄遺言有致死羅其才之語 一時忿極 頓起殺机 起身赶攏 將羅其才掀入河內. 羅其紋等隨卽撈救 業已溺死. 適李德先路過 見而査問. 羅韜先捏稱羅其才爲匪被捆送究 畏罪自盡 李德先信以爲實 羅韜先等私埋匿報. 經巡役李榮訪問 稟縣驗詳 屢審供認不諱. 查羅其才行竊爲匪 致父飮恨身亡 經伊叔羅韜先等遵從遺囑 拴縛送究 復又滅倫犯上 詈駡祖父母 以致羅韜先氣忿推河溺斃. 羅其紋羅其緯雖訊止遵父遺命 拴欲送究 並無商謀致死情事. 但羅其才致死 究因該犯等首先毆捆首告 致被羅韜先中途掀入河內斃命 卽與共毆無異. 服制攸關 未便輕縱. 羅其紋羅其緯均合照弟毆胞兄死者 不分首

從 皆斬律 擬斬立決 先行刺字. 羅韜先合依故殺姪律 杖一百流二千里等因 具題. 經臣
部 …… 詳加閱核 羅其才游蕩爲匪 致父氣暈身死 與因奸因盜致父自盡者無異 卽屬罪
干絞決之人. 伊弟羅其紋 …… 羅其緯瞥見羅其才回家 痛父恨身死 卽遵遺囑 拴縛送官
酌理准情 實出于不容自已. 迨行至中途 羅其才辱罵祖先 羅韜先始忿極 掀河溺斃 是羅
其才實死于伊叔羅韜先之掀溺 並非死于羅其紋等之毆. 設當羅韜先掀溺時 羅其紋等果
有商謀致死情事 卽當嚴究確情 依故殺胞姪律治罪. 若羅韜先之致死胞姪 實系釁起倉卒
非羅其紋等所能逆料 則前之捆毆成傷 亦止意圖送官 並無同謀致死之情 自有毆傷本律
可問. 今該督旣不將羅其紋等照故殺律科斷 復不依毆傷律定擬 乃聲敍其捆毆送官之供
而治以毆死胞兄之罪 案斷不符 難成信讞. 事關罪名出入 未便率覆. 應令該督另行確審
妥擬具題 到日再議等因 題駁去後. 今據該督疏稱 遵照部駁情節 逐加研鞫 堅供實系羅
韜先一人起意故殺 羅其紋等並未同謀加功 究詰不移 似無遁情. …… 查羅其紋羅其緯
瞥見羅其才回家 痛父飲恨身死 卽遵遺囑拿兄送究 酌理准情 誠如部議 實出于不容自已
卽與情切救獲無殊. …… 羅其紋羅其緯均改依弟毆胞兄律 杖一百徒三年. …… 應如
該督所題 羅其紋羅其緯均改依弟毆胞兄律 杖一百徒三年 …… 羅韜先應仍照故殺親姪
律 杖一百流三千里 至配折責安置. …… 乾隆四十六年十一月三十日題 十二月初二日
奉旨 依議 欽此.

(『駁案新編』卷24,「刑律」「訴訟」「子孫違犯教令」)

案例17

湖廣司 道光2年

提督㺩送謝王氏因伊子謝升兒不能養贍 復向索錢 氣忿跳河. 如果被溺身死 謝升兒應
照不貧不能營生養贍致父母自盡例 擬流. 今撈救得生 應量減一等 擬以滿徒. 王氏現因
年老獨子 懇求免遣 將謝升兒留養例 枷杖.

(『刑部比照加減成案』卷25,「刑律·訴訟」「子孫違犯教令」)

案例18

山東司 嘉慶19年

題高可因父將篇擔賣錢 計[該]犯聲言無計營生 致伊父氣忿趕毆 失跌身死 例無專條
比照審無觸忤 但行爲違犯教令 致父抱忿輕生例 絞候.

(『成案備考』,「子孫違犯教令」)

案例19

違犯改嫁祖母教令致令自盡

錢恒發 絞 謹按 此起改嫁祖母服圖內並未載有服制 卽不應歸服制冊辦理. 以案情論

該犯將伊改嫁祖母之弟毆傷 原與死者無干 毋庸傳訊. 因該犯捏情妄詐 致被傳質 又因該
犯跪求代認毆傷 致死者以事介兩難 且慮到官受累 憂急輕生 罪坐非由. 在凡人偶有誣告
致死擬絞之條 因系該犯改嫁祖母 故仍照子孫違犯教令例定擬 以名分而論 改嫁祖母與
義父母同一無服制而有名分 而其間亦有不可並論者. 義父母系以義合 與親父母之屬毛
離里者不同. 祖父母系父母之所自出 一脈相延 恩義綦重. 且查從前辦過義子于義父母
有犯 照親子取問如律之案 嘉慶二十年直隸齊蘭城系過失殺義母 在凡人罪止准鬪殺收贖
十八年直隸曹上得系不聽教訓 致義母自盡 二十一年直隸趙氏系煮粥過稀 致義姑自盡
二十一年直隸滑黑子因將牛私賣贖當 致義母自盡. 此等情節 在凡人不過杖責 故齊蘭城
趙氏滑黑子外緩 照緩 曹上得外實 照緩. 各在案. 此案捏告致自嫁祖母自盡 較齊蘭城等
案情既輕重懸殊 而名分又與義父母較爲切近 職等詳細公同酌核 似此可將服制一層駁去
仍照實歸入常犯冊辦理 與出語妥爲聲敘. 是以照實. 江蘇司 道光四年.

總批 違犯嫁母 致令輕生之案 秋審時系入服制冊辦理 以嫁母之服雖降 而恩義猶存故
也. 至違犯改嫁祖母教令 查無辦過成案. 以恩義而論 似與嫁母無異. 惟查服制圖內嫁母
系降服期年 改嫁祖母則並未載有服制 即不應歸服制冊辦理. 既不歸服制冊 即可視情節
輕重 分別實緩. 此起該犯捏詞呈述 跪求改嫁祖母代認毆傷 不料其因此自盡. 此案情節
在凡人罪止杖責 定案時因究有名分 從重比例擬絞. 秋讞衡情 似尙可擬入緩決 恭候堂定
後 再將出語酌改 謹批.

(『部擬秋審實緩』卷7,「名分」)

案例20

子孫違犯教令 致祖父母父母自盡之案 向來俱歸常犯冊. 迨嘉慶十四年 本部奏准通行
將此項人犯歸入服制辦理 系專指本宗而言. 至義子之于義父母 原屬異姓 與本宗不同.
查例內所載義子過房在十五歲以下 恩養年久 或十六歲以上 曾分有房山 配有室家 若于
義父母及義父之祖父母父母有犯毆罵侵盜恐嚇詐欺誣告等情 即同子孫取問如律. 十八年
直隸省秋審內有曹上得一起 系義子違犯教令 致義母抱忿自盡 服制常犯均礙難列入. 因
而檢查成案 有乾隆四十四年直隸省秋審張泰一起 亦系義子違犯教令 與此案情節相仿
歸入常犯冊內 外實改緩 似可遵爲成式 曹上得一名 卽仿照歸入常犯冊辦理. 謹將犯名情
節列後 以備參考.

義子違犯教令

乾隆四十四年 直 張泰于六歲時 經張奉先繼爲義子 恩養二十餘年 配有室家 該犯娶
妻生子 皆在張奉先未行續娶劉氏之先 劉氏五十一歲嫁與張奉先爲妻 其時該犯已三十一
歲 且劉氏進門僅止三月 該犯卽被逐分炊 與自幼撫育恩養及分受財室者不同. 至劉氏因
該犯索布衍行開柜 嘮罵 繼復疑其私議 忿怒砸頭 傷由自撞 並非張泰過誤 未便以過失殺
論. 既據該督疏稱 研訊該犯 因見義母怒罵 卽用言勸慰 並無推毆情形. 且該犯送董保出

門 面朝前 劉氏在背後碰頭 該犯並未看見 亦未及提防. 是該氏之死 實因一時抱忿 在後 尾隨竊聽 自行撞跌受傷身死 核與輕生自盡者事同一轍. 査劉氏究系該犯義父續娶之妻 名分攸關 張泰雖無觸忤情事 而肇釁之由 究由該犯索布欲行開柜而起 未便輕縱. 比照子 孫違犯敎令 父母抱忿輕生例 擬絞. 外實 改緩.

　嘉慶十八年 曹上得 犯本異姓 抱養三十餘年 娶有妻室 因義母將麥給女帶去 該犯向 妻査詢 義母說明後 卽不復言. 後因與妻口角 義母喝阻不聽 自縊殞命. 該督後尾歸服制 冊情實 具題. 外實 改緩.

(『敍雪堂集』,「服制」「義子違犯敎令」)

인용 문헌(引用文獻)

1. 사료(史料)

『상서정의(尙書正義)』(십삼경주소본[十三經注疏本]), 중화서국(中華書局), 1957.

『모시정의(毛詩正義)』(십삼경주소본[十三經注疏本]), 중화서국(中華書局), 1957.

『의례주소(儀禮注疏)』(십삼경주소본[十三經注疏本]), 중화서국(中華書局), 1957.

『주례주소(周禮注疏)』(십삼경주소본[十三經注疏本]), 중화서국(中華書局), 1957.

『예기정의(禮記正義)』(십삼경주소본[十三經注疏本]), 중화서국(中華書局), 1957.

『논어주소(論語注疏)』(십삼경주소본[十三經注疏本]), 중화서국(中華書局), 1957.

『맹자주소(孟子注疏)』(십삼경주소본[十三經注疏本]), 중화서국(中華書局), 1957.

『공자가어(孔子家語)』, 요녕교육출판사(遼寧敎育出版社), 1997.

왕선겸(王先謙), 『순자집해(荀子集解)』(제자집성본[諸子集成本]), 상해서점(上海書店), 1986.

상앙(商鞅), 『상군서(商君書)』(제자집성본[諸子集成本]), 상해서점(上海書店), 1986.

신도(愼到), 『신자(愼子)』(제자집성본[諸子集成本]), 상해서점(上海書店), 1986.

한비(韓非), 『한비자(韓非子)』(제자집성본[諸子集成本]), 상해서점(上海書店), 1986.

관중(管仲), 『관자(管子)』(제자집성본[諸子集成本]), 상해서점(上海書店), 1986.

안자(晏子), 『안자춘추(晏子春秋)』(제자집성본[諸子集成本]), 상해서점(上海書店), 1986.

묵적(墨翟), 『묵자(墨子)』(제자집성본[諸子集成本]), 상해서점(上海書店), 1986.

이이(李耳), 『노자(老子)』(제자집성본[諸子集成本]), 상해서점(上海書店), 1986.

장주(莊周), 『장자(莊子)』(제자집성본[諸子集成本]), 상해서점(上海書店), 1986.

사마천(司馬遷), 『사기(史記)』(이십사사본[二十四史本]), 중화서국(中華書局), 1997.

반고(班固), 『한서(漢書)』(이십사사본[二十四史本]), 중화서국(中華書局), 1997.

범엽(范曄), 『후한서(後漢書)』(이십사사본[二十四史本]), 중화서국(中華書局), 1997.

진수(陳壽), 『삼국지(三國志)』(이십사사본[二十四史本]), 중화서국(中華書局), 1997.

심약(沈約), 『송서(宋書)』(이십사사본[二十四史本]), 중화서국(中華書局), 1997.

위수(魏收), 『위서(魏書)』(이십사사본[二十四史本]), 중화서국(中華書局), 1997.

구양수(歐陽修), 『신당서(新唐書)』(이십사사본[二十四史本]), 중화서국(中華書局), 1997.

탈탈(脫脫) 등(等), 『송사(宋史)』(이십사사본[二十四史本]), 중화서국(中華書局), 1997.

장정옥(張廷玉), 『명사(明史)』(이십사사본[二十四史本]), 중화서국(中華書局), 1997.

조이손(趙爾巽) 등(等), 『청사고(淸史稿)』, 중화서국(中華書局), 1997.

수호지진묘죽간정리소조(睡虎地秦墓竹簡整理小組), 『수호지진묘죽간(睡虎地秦墓竹簡)』, 문물출판사(文物出版社), 1978.

두귀지(杜貴墀), 『한률집증(漢律輯證)』(광서25년각본[光緒二十五年刻本]).

정복보(丁福保), 『전한삼국위진남북시(全漢三國晉南北朝詩)』, 중화서국(中華書局), 1959.

간보(干寶), 『수신기(搜神記)』, 요녕교육출판사(遼寧敎育出版社), 1997.

조조(曹操), 『조조집(曹操集)』, 중화서국(中華書局), 1974.

단도란(檀道鸞), 『속진양추(續晉陽秋)』(광서19년각본[光緒十九年刻本]).

이방(李昉), 『태평어람(太平御覽)』, 중화서국(中華書局), 1960.

왕흠약(王欽若), 『책부원구(冊府元龜)』, 중화서국(中華書局), 1960.

정극(鄭克), 『절옥귀감(折獄龜鑒)』(총서집성초편본[叢書集成初編本]).

오눌(吳訥), 『당음비사속편(棠陰比事續編)』(총서집성초편본[叢書集成初編本]).

계만영(桂萬榮)·오눌(吳訥), 『당음비사원편(棠陰比事原編)』(총서집성초편본[叢書集成初編本]).

두우(杜佑), 『통전(通典)』, 중화서국(中華書局), 2003.

이임보(李林甫) 등(等), 『당육전(唐六典)』, 중화서국(中華書局), 1992.

장작(張鷟), 『조야첨재(朝野僉載)』, 중화서국(中華書局), 2005.

백거이(白居易), 『백거이판(白居易判)』(민국11년각본[民國十一年刻本]).

이융기(李隆基), 『당개원어주효경(唐開元御注孝經)』(총서집성초편본[叢書集成初編本]).

백거이(白居易)·공전(孔傳), 『당송백공육첩(唐宋白孔六帖)』, 상해고적출판사(上海古籍出版社), 1992.

장손무기(長孫無忌) 등(等), 『당률소의(唐律疏議)』, 법률출판사(法律出版社), 1999.

설윤승(薛允升), 『당명률합편(唐明律合編)』, 법률출판사(法律出版社), 1999.

주원장(朱元璋), 『어제대고속편(御制大誥續編)』(속수사고전서본[續修四庫全書本]).

관수(官修), 『대명률(大明律)』(부(附): 『대명령(大明令)』·『문형조례(問刑條例)』), 법률출판사(法律出版社), 1999.

왕긍당(王肯堂), 『왕의부선생전석(王儀部先生箋釋)』(강희30년각본[康熙三十年刻本]).

주체(朱棣), 『성학심법(聖學心法)』(속수사고전서본[續修四庫全書本]).

주첨기(朱瞻基), 『오륜서(五倫書)』(속수사고전서본[續修四庫全書本]).

응공(應檟), 『대명률석의(大明律釋義)』(명가정28년각본[明嘉靖二十八年刻本]).

왕부지(王夫之), 『독통감론(讀通鑑論)』, 중화서국(中華書局), 1998.

심가본(沈家本), 『역대형법고(歷代刑法考)』(부[附] 『기이문존(寄簃文存)』), 중화서국(中華書局), 1985.

심가본(沈家本), 『심가본미각서집찬(沈家本未刻書集纂)』, 중국사회과학출판사(中國社會科學出版社), 1996.

설윤승(薛允升), 『독례존의(讀例存疑)』(광서31년북평율례관각본[光緒三十一年北平律例館刻本]).

왕휘조(汪輝祖), 『쌍절당용훈(雙節堂庸訓)』(광서12년산동서국각본[光緒十二年山東書局刻本]).

관수(官修), 『대청율례(大淸律例)』, 법률출판사(法律出版社), 1999.

관수(官修), 『대청률집해부례(大淸律集解附例)』(옹정조각본[雍正朝刻本]).

심지기(沈之奇), 『대청률집주(大淸律輯注)』, 북경대학출판사(北京大學出版社), 1993년(年) 영인본(影印本).

길동균(吉同鈞), 『대청률강의(大淸律講義)』(선통원년각본[宣統元年刻本]).

형부(刑部), 『대청률례비평집해(大淸律例批評集解)』(강희조각본[康熙朝刻本]).

오단(吳壇), 『대청율례통고(大淸律例通考)』(광서12년각본[光緒十二年刻本]).

만유한(萬維翰), 『대청율례집주(大淸律例集注)』(건륭34년각본[乾隆三十四年刻本]).

형부(刑部), 『대청율례전찬집성휘주(大淸律例全纂集成彙注)』(가경6년각본[嘉慶六年刻本]).

관수(官修), 『청회전사례(淸會典事例)』, 중화서국(中華書局), 1991년(年) 영인본(影印本).

형부(刑部), 『대청율찬수조례안어책고(大淸律纂修條例按語冊稿)』(가경7년각본[嘉慶七年刻本]).

채운봉(蔡云峰)·채연농(蔡研農), 『율례편람(律例便覽)』(동치8년각본[同治八年刻本]).

양영서(楊榮緖), 『독률제강(讀律提綱)』(광서3년각본[光緒三年刻本]).

일명(佚名), 『대청율례휘편(大淸律例彙編)』(건륭연간각본[乾隆年間刻本]).

관수(官修), 『청고종실록(淸高宗實錄)』, 중화서국(中華書局), 1985.

강내청(江來靑), 『율례약기(律例略記)』(광서10년각본[光緒十年刻本]).

원수정(袁守定), 『도민록(圖民錄)』(동치12년각본[同治十二年刻本]).

엄작림(嚴作霖), 『성유광훈(聖諭廣訓)(연가대주록[衍歌代謳錄])』(광서19년각본[光緒十九年刻本]).

이방적(李方赤), 『시이성사재관서(視已成事齋官書)』(도광28년각본[道光二十八年刻本]).

지화(志和), 『대청형률적요천설(大淸刑律摘要淺說)』(동치3년회문산방장판[同治三年會文山房藏版]).

허삼례(許三禮), 『천중허자정학합일집(天中許子政學合一集)』(강희15년각본[康熙十五年刻本]).

이탁(李鐸), 『월주임민록(越州臨民錄)』(강희29년각본[康熙二十九年刻本]).

장오위(張五緯), 『강구공제록(講求共濟錄)』(가경17년각본[嘉慶十七年刻本]).

일명(佚名), 『중각율조고시활투(重刻律條告示活套)』(명대각본[明代刻本]).

황경란(黃慶瀾), 『구해관정록(甌海觀政錄)』(민국10년연인본[民國十年鉛印本]).

담균배(譚鈞培), 『담중승주고(譚中丞奏稿)』(광서28년호북양서각본[光緒二十八年湖北糧署刻本]).

유여즙(俞汝楫), 『예부지고(禮部志稿)』(사고전서본[四庫全書本]).

서가(徐珂), 『청패류초(淸稗類鈔)』, 중화서국(中華書局), 1984.

종체지(鍾體志), 『시상용록(柴桑傭錄)』(광서16년각본[光緒十六年刻本]).

능주(凌燾), 『서강시얼기사(西江視臬紀事)(속보[續補])』(속수사고전서본[續修四庫全書本]).

소도원각비산인(小桃源覺非山人), 『이필궁계(珥筆肯綮)』(명대초본[明代抄本]).

유증록(劉增騄), 『몽원공독문집(夢園公牘文集)』(광서17년각본[光緒十七年刻本]).

손정렬(孫鼎烈), 『사서재결사(四西齋決事)』(광서30년각본[光緒三十年刻本]).

모술지(牟述之), 『모공안독존고(牟公案牘存稿)』(함풍2년각본[咸豊二年刻本]).

대진(戴震), 『맹자자의소증(孟子字義疏證)』, 중화서국(中華書局), 1982.

이몽소(李夢韶), 『판어록존(判語錄存)』(도광13년각본[道光十三年刻本]).

심연경(沈衍慶), 『괴경정적(槐卿政績)』(동치원년각본[同治元年刻本]).

축경기(祝慶祺)·포서운(鮑書蕓), 『형안회람(刑案匯覽)』(도광14년각본[道光十四年刻本]).

관수(官修), 『청문헌통고(淸文獻通考)』, 절강고적출판사(浙江古籍出版社), 2000.

형부(刑部), 『설첩(說帖)』(건륭·가경지도광연간초본[乾隆·嘉慶至道光年間抄本]).

송겸(宋謙), 『설첩집요(說帖輯要)』(가경연간초본[嘉慶年間抄本]).

청년(淸年), 『설첩집요초존(說帖輯要抄存)』(도광11년각본[道光十一年刻本]).

왕진지(汪進之), 『설첩변례신편(說帖辨例新編)』(도광17년각본[道光十七年刻本]).

허련(許槤)·웅아(熊莪), 『형부비조가감성안(刑部比照加減成案)』(도광14년각본[道光十四年刻本]).

허련(許槤), 『형부비조가감성안속편(刑部比照加減成案續編)』(도광23년각본[道光二十三年刻本]).

일명(佚名), 『비조안(比照案)』(도광연간초본[道光年間抄本]).

옥덕(玉德), 『조례약편(條例約編)』(건륭58년각본[乾隆五十八年刻本]).

마세린(馬世璘), 『신증성안소견집(新增成案所見集)』(건륭58년각본[乾隆五十八年刻本]).

일명(佚名), 『양기안독(兩歧案牘)』(도광23년각본[道光二十三年刻本]).

소승청(邵繩淸), 『양기성안신편(兩歧成案新編)』(도광13년각본[道光十三年刻本]).

일명(佚名), 『성안비고(成案備考)』(가경연간초본[嘉慶年間抄本]).

오광화(吳光華), 『모읍비고(謀邑備考)』(청대초본[淸代抄本]).

형부(刑部), 『조례(條例)(부성안[附成案])』(청대초본[淸代抄本]).

양사양(楊士驤), 『대청율례신편(大淸律例新編)』(광서32년석인본[光緒三十二年石印本]).

일명(佚名), 『신집형안휘편(新輯刑案彙編)』(청말각본[淸末刻本]).

전지청(錢之淸)·육봉래(陸鳳來), 『대청률전석합초(大淸律箋釋合鈔)』(강희44년각본[康熙
　　　四十四年刻本]).

서원서(徐元瑞), 『이학지남(吏學指南)』(청대초본[淸代抄本]).

서건학(徐乾學), 『독례통고(讀禮通考)』(광서7년강소서국각본[光緒七年江蘇書局刻本]).

축경기(祝慶祺), 『속증형안회람(續增刑案匯覽)』(속수사고전서본[續修四庫全書本]).

심가본(沈家本), 『형안회람삼편(刑案匯覽三編)』(청말고본[淸末稿本]).

전사조(全士潮), 『박안신편(駁案新編)』(속수사고전서본[續修四庫全書本]).

심의덕(沈衣德), 『서설당집(敍雪堂集)』(청대초본[淸代抄本]).

허신망(許伸望), 『추언지(秋讞志)』(광서6년각본[光緒六年刻本]).

형부(刑部), 『추심실완비교휘안(秋審實緩比較彙案)』(청말초본[淸末抄本]).

형부(刑部), 『추심실완비교성안속편(秋審實緩比較成案續編)』(청말각본[淸末刻本]).

강의(剛毅), 『추언집요(秋讞輯要)』(광서12년각본[光緒十二年刻本]).

형부(刑部), 『부의추심실완(部擬秋審實緩)』(청대초본[淸代抄本]).

안준언(顔俊彦), 『맹수재존독(盟水齋存牘)』, 중국법정대학출판사(中國政法大學出版社), 2002.

공연희(孔延禧), 『향약전서(鄕約全書)』, 향약인(鄕約引)(순치18년각본[順治十八年刻本]).

금하각(襟霞閣), 『청대명리판독칠종휘편(淸代名吏判牘七種彙編)』, 노고문화사업고빈유
　　　한공사(老古文化事業股份有限公司), 2000.

왕원량(王元亮), 『당률석문(唐律釋文)』, 『중국율학문헌(中國律學文獻)』 제2집(第二輯)·
　　　제1책(第一冊), 흑룡강인민출판사(黑龍江人民出版社), 2005.

중국사회과학원역사연구소송요금원사연구실(中國社會科學院歷史硏究所宋遼金元史硏究
　　　室), 『명공서판청명집(名公書判淸明集)』, 중화서국(中華書局), 2002.

초웅이족문화연구소편(楚雄彝族文化硏究所編), 『청대무정이족나씨토사당안사료교편(淸
　　　代武定彝族那氏土司檔案史料校編)』, 중앙민족학원출판사(中央民族學院出版社),
　　　1993.

2. 저술(著述)

장태염(章太炎), 『태염문록초편(太炎文錄初編)』(민국8년각본[民國八年刻本]), 상해우문
　　　사(上海右文社).

양계초(梁啓超), 『양계초사학논저사종(梁啓超史學論著四種)』, 악록서사(嶽麓書社), 1998.

담사동(譚嗣同), 『인학(仁學)』, 화하출판사(華夏出版社), 2002.

양계초(梁啓超), 『선진정치사상사(先秦政治思想史)』, 동방출판사(東方出版社), 1996.

이귀련(李貴連), 『심가본전(沈家本傳)』, 법률출판사(法律出版社), 1999.

이귀련(李貴連), 『근대중국 법제와 법학(近代中國法制與法學)』, 북경대학출판사(北京大
　　　學出版社), 2002.

소역공(蘇亦工), 『명청 율전과 조례(明淸律典與條例)』, 중국정법대학출판사(中國政法大
　　　學出版社), 2000.

주진학(周振鶴), 『성유광훈: 집해와 연구(聖諭廣訓: 集解與研究)』, 상해서점출판사(上海
　　　書店出版社), 2006.

호평생(胡平生)·장덕방(張德芳), 『돈황현천한간석수(敦煌縣泉漢簡釋粹)』, 상해고적출판
　　　사(上海古籍出版社), 2001.

진고응(陳鼓應), 『황제사경금주금역－마왕퇴한묘출토백서(黃帝四經今注今譯－馬王堆漢墓
　　　出土帛書)』, 상무인서관(商務印書館), 2007.

진인각(陳寅恪), 『수당제도연원약론고(隋唐制度淵源略論稿)』, 생활·독서·신지삼련서
　　　점(生活·讀書·新知三聯書店), 2001.

구동조(瞿同祖), 『중국법률과 중국사회(中國法律與中國社會)』, 중화서국(中華書局), 2003.

하린(賀麟), 『문화와 인생(文化與人生)』, 상무인서관(商務印書館), 1988.

류이징(柳詒徵), 『류이징설문화(柳詒徵說文化)』, 상해고적출판사(上海古籍出版社), 1999.

정수덕(程樹德), 『구조율고(九朝律考)』, 중화서국(中華書局), 2003.

대염휘(戴炎輝), 『당률통론(唐律通論)』, 정중서국(正中書局), 1977.

나사륙(那思陸), 『중국심판제도사(中國審判制度史)』, 정전출판문화유한공사(正典出版文
　　　化有限公司), 2004.

유준문(劉俊文), 『당률소의전해(唐律疏議箋解)』, 중화서국(中華書局), 1996.

유준문(劉俊文), 『돈황·투르판 당대법제문헌고석(敦煌吐魯番唐代法制文書考釋)』, 중화
　　　서국(中華書局), 1989.

손가홍(孫家紅), 『시야의 확장: 청대 추심결과에 관한 신고찰(視野放寬: 有關淸代秋審結
　　　果的新考察)』, 『청사연구(淸史研究)』 2007년(年) 제4기(第四期).

손가홍(孫家紅), 『청대의 사형감후(淸代的死刑監候)』, 사회과학문헌출판사(社會科學文獻出版社), 2007.

조여녕(曹旅寧), 『진률신탐(秦律新探)』, 중국사회과학출판사(中國社會科學出版社), 2002.

조여녕(曹旅寧), 『장가산한간연구(張家山漢律研究)』, 중화서국(中華書局), 2005.

염애민(閻愛民), 『한진가족연구(漢晉家族研究)』, 상해인민출판사(上海人民出版社), 2005.

채만진(蔡萬進), 『장가산한간〈주언서〉연구(張家山漢簡〈奏讞書〉研究)』, 광서사범대학출판사(廣西師範大學出版社), 2006.

구동조(瞿同祖), 「청률의 계승과 변화(淸律的繼承和變化)」, 『역사연구(歷史硏究)』 1980년(年) 제4기(第四期).

진고원(陳顧遠), 『중국문화와 중국법계-진고원법률사논집(中國文化與中國法系-陳顧遠法律史論集)』, 중국정법대학출판사(中國政法大學出版社), 2006.

왕약생(王躍生), 『18세기 중국혼인가정연구-1781~1791년에 수립된 특별 안건에 기초한 분석(十八世紀中國婚姻家庭研究-建立在1781-1791年個案基礎上的分析)』, 법률출판사(法律出版社), 2000.

황우창(黃右昌), 『로마법과 현대(羅馬法與現代)』, 경화인서국(京華印書局), 민국19년(民國十九年).

강평(江平) 주편(主編), 『십이표법(十二表法)』, 법률출판사(法律出版社), 2000.

강평(江平)·미건(米健), 『로마법기초(羅馬法基礎)』, 중국정법대학출판사(中國政法大學出版社), 2004.

주남(周枏), 『로마법원론(羅馬法原論)』, 상무인서관(商務印書館), 2005.

[영국] 배리 니콜라스(Barry Nicholas), 『로마법개론(羅馬法槪論: An Introduction to Roman Law)』(황풍[黃風] 역[譯]), 법률출판사(法律出版社), 2005.

[영국] 메인(Henry Sumner Maine), 『고대법(古代法: Acient law)』(심경일[沈景一] 역[譯]), 상무인서관(商務印書館), 1996.

[영국] 러셀(Bertrand Arthur William Russell, 3rd Earl Russell), 『진실과 사랑-러셀산문집(眞與愛-羅素散文集)』(강연[江燕] 역[譯]), 상해삼련서점(上海三聯書店), 1988.

[영국] 데이비드 쇼트(David Shotter), 『로마공화의 쇠망(羅馬共和的衰亡)』(허수남[許綏南] 역[譯]), 상해역문출판사(上海譯文出版社), 2001.

[미국] 요한 헨리 메리만(John Henry Merryman), 『대륙법계(大陸法系: The Civil Law)(고배동[顧培東] 등역[等譯]), 법률출판사(法律出版社), 2004.

[미국] R. H. 배로(Reginald Haynes Barrow), 『로마인(羅馬人: The Romans)』(황도[黃韜] 역[譯]), 상해인민출판사(上海人民出版社), 2000.

[독일] 테오도르 몸젠(Christian Matthias Theodor Mommsen), 『로마사(羅馬史: Römische Geschichte)』(이가년[李稼年] 역[譯]), 상무인서관(商務印書館), 2004.

[고대로마] 유스티니아누스(Justinianus), 『법학제요(法學階梯: Institutiones)』(서국동[徐國棟] 역[譯]), 중국정법대학출판사(中國政法大學出版社), 2005.

[이탈리아] 쥬세페 그로소(Giuseppe Grosso), 『로마법사(羅馬法史)』(황풍[黃風] 역[譯]), 중국정법대학출판사(中國政法大學出版社), 1998.

[프랑스] 몽테스키 외(Charles-Louis de Secondat, Baron de La Brde et de Montesquieu), 『로마성쇠원인론(羅馬盛衰原因論)』(요령[姚玲] 역[譯]), 상무인서관(商務印書館), 2005.

[프랑스] 쿨랑주(Numa Denis Fustel de Coulanges), 『고대도시-고대 그리스 · 로마의 제사 · 권리와 정제 연구(古代城邦-古希臘羅馬祭祀 · 權利和政制研究)』(담립주[譚立鑄] 등역[等譯]), 화동사범대학출판사(華東師範大學出版社), 2006.

[이탈리아] 피에트로 본판테(Pietro Bonfante), 『로마법교과서(羅馬法教科書)』(황풍[黃風] 역[譯]), 중국정법대학출판사(中國政法大學出版社), 1992.

[이탈리아] 산드로 스키파니(Sandro Schipani) 선편(選編), 『혼인 · 가정과 유산계승(婚姻 · 家庭和遺産繼承)』(비안령[費安玲] 역[譯]), 중국정법대학출판사(中國政法大學出版社), 2001.

[오스트리아] 미하엘 미터라우어(Michael Mitterauer) · 라인하르트 지더(Reinhard Sieder), 『유럽가정사(歐洲家庭史: The European family)-중세기에서 현재까지 부권제에 동반되는 관계(中世紀至今的父權制到夥伴關系)』(조세령[趙世玲] 등역[等譯]), 화하출판사(華夏出版社), 1991.

[미국] 루이스 · 헨리 · 모건(Lewis Henry Morgan), 『고대사회(古代社會: Ancient Society)』(양동순[楊東蓴] 등역[等譯]), 상무인서관(商務印書館), 1995.

[독일] 츠바이게르트(Konrad Zweigert) · 괴츠(Hein Kotz), 『비교법총론(比較法總論: Einfuhrung in die rechtsvergleichung)』(반한전[潘漢典] 등역[等譯]), 법률출판사(法律出版社), 2003.

[고대로마] 유스티니아누스(Flavius Anicius Justinianus), 『법학총론-법학제요(法學總論-法學階梯: The Institutes of Justinian), (장기태[張企泰] 역[譯]), 상무인서관(商務印書館), 1996.

옮긴이의 말

이 책은 중국 전근대 예교법률(禮敎法律)의 핵심인 「자손위범교령조(子孫違犯敎令條)」에 대한 역사적 변천을 미시법사학적(微視法史學的)으로 고찰한 손가홍(孫家紅)의 『'자손의 교령위반'에 관한 역사적 고찰 - 미시법사학적 시도(關於'子孫違犯敎令'的歷史考察 - 一個微視法史學的嘗試)』(북경[北京]: 사회과학문헌출판사[社會科學文獻出版社], 2013)를 완역한 것이다.

이 책은 「자손위범교령조」가 가정윤리사상(家庭倫理思想)에서 법률제도가 되기까지의 변천 및 본 조문의 입법연혁과 사법실천을 연구대상으로 해서 본 조문 및 그것을 대표하는 가족주의 법률정신, 그 속에 내포된 권리·의무 관계의 법사적 원형을 상·하 두 편으로 나누어 논술하고 있다. 상편에서는 「자손위범교령조」의 연원(淵源) 및 그것이 진한·위진남북조를 거쳐 당률(唐律)에 입법된 역사과정, 당률 중 「자손위범교령조」의 법률구성 및 본 조문과 불효죄의 차이와 연계(連繫), 당률의 교령권(敎令權)과 로마법의 가부권(家父權)의 대비 등을 분석하고 있다. 하편에서는 명(明)·청(淸) 시기 '자손의 교령위반[子孫違犯敎令]'에 대한 입법과 사법의 실천 문제로서 명청률(明淸律)과 당률 간의 연원과 계승관계, 청대 안례(案例) 자료에 보이는 '자손의 교령위반' 안건에 대한 사법적 실천 등을 구명한 후에 「자손위범교령조」의 중국고대 법사(法史)에서의 위치에 대해 종합적인 평가를 내리고 있다. 본문 다음에는 부론(附論)으로서 '미시법사학(微觀法史學) 추의(芻議): 중국법사학의 사고(思考)와 토론(討論)을 위한 주요 제언(提言)'이라는 법사학 방법론에 관한 비평성 문장도 첨부하고 있다. 이처럼 이 책은 전근대, 즉 선진(先秦) 시기부터 청말까지 「자손위범교령조」에 관한 제반 문제를 총괄적으로 분석한 전문 학술서라고 할 수 있다.

내가 이 책을 번역하기 시작한 것은 2014년 초 무렵이었던 것으로 기억된다. 처음 이 책의 번역을 의뢰받았을 때, 책의 성격상 전체를 혼자서 완역하는 것은 무리라고 생각하여 난색을 표하였다. 그러나 이후 재차 권유를 받게 되었고, 이에 고민을 거듭한 끝에, 책의 완성도를 생각해서, 명·청률 부문인 하편을 번역하겠다는 선생님이 있으면 상편(선진시기에서 당률까지 부문)은 내가 맡겠다고 하였다. 하지만 번역의 학술적 가치 때문인지 내용의 특수성 때문인지 분담하려는 본래의 의도는 무산되었고, 결국 내가 전담하게 되었다. 사실 처음부터 무리인줄 알면서도 이 책을 번역하게 된 것은 무엇보다 법제사 관련 전문 학술서가 부족한 국내의 현실을 생각했기 때문이었다. 이러한 현실에서 '자손의 교령위반'이라는 하나의 법조문을 통시대적으로 구명하고 있는 이 책을 소개하는 것은 중국의 전통 법률을 이해하는데 일조할 수 있을 뿐 아니라 한국의 법제사 분야에도 연구 방법론이나 시각적인 측면에서 많은 도움이 될 것으로 판단하였던 것이다.

그러나 이러한 기대와는 달리 번역을 시작하고부터 어려움은 한두 가지가 아니었다. 이 책의 전체적인 구성에서 「자손위범교령조」의 입법 과정 및 당률에서의 법률구성, 본 조문과 불효죄와의 이동점(異同點) 등 선진 시기에서 당률까지의 여러 관련 내용들에 대해서는 나의 관심 분야이기도 하여 관련 자료와 연구서 등에서 간혹 접했던 것이기 때문에 생경하지는 않았다. 그러나 당률의 확장 문제를 집중 조망하고 있는 명·청 시기의 법사(法史) 자료들, 그중에서도 명·청대 율례합편(律例合編) 체계에서 「자손위범교령조」를 둘러싸고 제정된 다양한 입법 자료 및 청대 본 조문의 사법적 실천 문제를 다루고 있는 안례(案例) 자료 등에 대한 번역은 조문의 내용과 성격만이 아니라 용어, 개념, 시대적 배경 등 당시의 법률조문에 관한 여러 전문적 지식이 뒷받침되지 않으면 원형 그대로 표현하기가 쉽지 않았고, 게다가 이러한 상황에서 저자가 분석한 내용을 우리말로 옮기는 것조차 뜻대로 되지 않았다. 이 책에 인용되어 있는 자료들이 국내에서 간행된 저서와 역서, 연구 논문 등에 있지 않을까하는 기대감에서 기존의 간행물을 검토했지만, 이마저도 찾기가 쉽지 않았다. 이에 다시 중국 및 일본의 연구자들이 간행한 논저들을 조사·분석하여 그 속에서 다소 관련된 자료들을 볼 수 있었고, 그들이 번역한 내용을 기초로 이 책에 있는 자료들을 하나하나 비교·검토하는 작업을 거쳐 비로소 전체적인 번역을 겨우 마칠 수 있었다.

그러나 초벌 번역이 어느 정도 끝난 상황에서도 정확성을 기하기 위해 다시 원서와 대조하는 등 수정작업을 거듭하였고, 원고를 서경문화사에 넘기고 초교(初校)가 나온 이후에도 재차 전체적인 손질을 하였기 때문에 시간만 부질없이 흘렀다. 내가 이렇게까지 한 것은 이 책에서 저자가 전달하려는 원래의 내용을 가감 없이 재현하기 위한 것이었지만, 그럼에도 역자의 무지와 부주의로 적지 않은 오류가 있을 것을 생각하니 두려움이 앞선다. 독자들의 많은 양해를 바라마지 않는다.

끝으로 예정일보다 늦은 출판에도 불평 없이 기다려준 저자 손가홍 선생님을 비롯하여 부족한 나에게 이 책의 번역을 권유해 주시고 또 경북대학교 아시아연구소의 아시아총서로 발간해 주신 임대희 선생님께 진심으로 감사드린다. 또한 출판에 즈음하여 원고를 세심하게 읽고 오류를 지적해 주신 남인국 선생님과 이준갑 선생님께 삼가 감사의 말씀을 드린다. 그리고 번역 원고를 꼼꼼히 검토해 주시고 거듭된 나의 수정에도 묵묵히 협조를 아끼지 않으신 서경문화사 김선경 사장님과 김소라님에게도 진심으로 감사의 뜻을 표시하는 바이다.

2018년 12월
전 영 섭